MS WILHELM GUSTLOFF

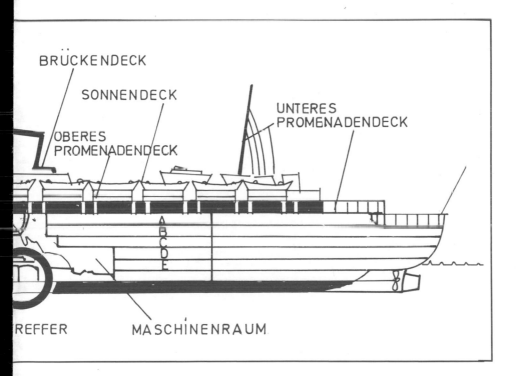

BRÜCKENDECK

SONNENDECK

OBERES
PROMENADENDECK

UNTERES
PROMENADENDECK

REFFER   MASCHINENRAUM

verglast war. Das darüber gelegene Obere Promenadendeck war von einer offenen Reling umgeben. Darüber erst lag das Sonnendeck. Erst von hier aus war der Zugang zu den Rettungsbooten möglich. Über den Aufbauten des Sonnendecks (›Laube‹ und einige andere Räume) erstreckte sich das Brückendeck mit der Kommandobrücke, u. a. das Steuerhaus mit den anschließenden Navigations- und Kapitänsräumen, und die Funkstation, die mit ihren Anlagen fast die Hälfte der Brücke umfaßte.

SCHÖN · DIE ›GUSTLOFF‹-KATASTROPHE

DER UMFASSENDE DOKUMENTARBERICHT
ÜBER DAS ›KRAFT DURCH FREUDE‹-SCHIFF
WILHELM GUSTLOFF,
VON DER TAUFE BIS ZUR LETZTEN REISE ALS
FLÜCHTLINGSSCHIFF AM 30. JANUAR 1945,
DIE TORPEDIERUNG UND DEN UNTERGANG
IN EISIGER WINTERNACHT IN DER OSTSEE,
AUF DER HÖHE VON STOLPMÜNDE, BEI DEM
MEHR ALS FÜNFTAUSEND MENSCHEN DEN
TOD FANDEN.
GESCHRIEBEN VON EINEM ÜBERLEBENDEN
DIESER KATASTROPHENNACHT

HEINZ SCHÖN

Die ›Gustloff‹-*Katastrophe*

**Bericht eines Überlebenden
über die größte Schiffskatastrophe
im Zweiten Weltkrieg**

MOTORBUCH VERLAG STUTTGART

Einband und Schutzumschlag: Siegfried Horn.

ISBN 3-613-01027-5

3. Auflage 1994
Copyright © by Motorbuch-Verlag, Postfach 10 37 43, 70032 Stuttgart.
Ein Unternehmen der Paul Pietsch Verlage GmbH + Co.
Sämtliche Rechte der Speicherung, Vervielfältigung und Verbreitung
sind vorbehalten.
Satz: Becht-Druck, 72119 Ammerbuch-Pfäffingen.
Druck: Dr. Cantz'sche Druckerei, 73760 Ostfildern.
Bindung: Karl Dieringer, 70839 Gerlingen.
Printed in Germany.

Inhalt

MIT DANK GEWIDMET
DEN BESATZUNGSMITGLIEDERN DER SCHIFFE:
TORPEDOBOOT *T 36.*
UNTER FÜHRUNG VON KAPITÄNLEUTNANT
ROBERT HERING, TORPEDOBOOT *LÖWE*
UNTER FÜHRUNG VON KAPITÄNLEUTNANT
PAUL PRÜFE, MINENSUCHBOOT *M 387*
UNTER FÜHRUNG VON OBERLEUTNANT
KARL BRINKMANN, MINENSUCHBOOT *M 375*
UNTER FÜHRUNG VON OBERLEUTNANT
WALTER WEICHEL, MINENSUCHBOOT *M 341*
UNTER FÜHRUNG VON OBERLEUTNANT
HARRY RICKMERS, TORPEDOFANGBOOT *TF 19*
UNTER FÜHRUNG VON OBERLEUTNANT
WALTER SCHICK, DAMPFER *GÖTTINGEN*
UNTER FÜHRUNG VON KAPITÄN
FRIEDRICH SEGELKEN, DAMPFER *GOTENLAND*
UNTER FÜHRUNG VON KAPITÄN
HEINZ VOLLMERS, VORPOSTENBOOT *VP 1703*
UNTER FÜHRUNG VON KAPITÄNLEUTNANT
HELMUT HANEFELD, DIE UNTER DEM EINSATZ DES
EIGENEN LEBENS BEIM UNTERGANG DES M/S
WILHELM GUSTLOFF IN DER NACHT VOM 30.
ZUM 31. JANUAR 1945 *1252* MENSCHEN DAS LEBEN
RETTETEN.

ZUR ERINNERUNG GEWIDMET
DEN *5348* KINDERN, FRAUEN UND MÄNNERN
DIE BEIM UNTERGANG DES M/S *WILHELM GUSTLOFF*
DEN TOD IN DER OSTSEE FANDEN.

Heinz Schön

Vorwort

des letzten Kapitäns des M/S *Wilhelm Gustloff*
Friedrich Petersen,
das dieser der ersten Buchveröffentlichung von
Heinz Schön im Jahre 1951 gewidmet hat.

So haben sechstausend Menschen in eisiger Winternacht eine Schiffskatastrophe erleben müssen, die in ihrer Grauenhaftigkeit fast einmalig in der Weltgeschichte ist.

Wer dieses Buch liest, glaubt die Katastrophe mitzuerleben. So fesselnd schildert Heinz Schön den verzweifelten Kampf der Sechstausend um das nackte Leben; das Wimmern, Schreien, Brüllen, den Anblick des Todes, aber auch die Hilfsbereitschaft liebender Menschen und die opferbereiten Rettungstaten tapferer deutscher Seeleute.

Erschütternd und eindrucksvoll, sachlich und objektiv, wahrheitsgetreu und ohne jede Übertreibung hat der Verfasser ein Bild der Katastrophe aufgezeichnet, das man nie vergißt.

Dieses Buch ist mehr als ein Tatsachenbericht; ein würdiges Denkmal der Erinnerung an die fast fünftausend Toten einer der größten Schiffskatastrophen aller Zeiten, ein Dankesbrief an die rettenden Männer der See, die eintausend Menschen dem Tode entrissen, es ist ein Stück Seegeschichte, ein wichtiges Kapitel dunkelster deutscher Geschichte, aus der die ganze Welt lernen möge.

Heute werden überall in der Welt neue Schiffe gebaut und junge Menschen wachsen heran; möge ihnen all das erspart bleiben.

Friedrich Petersen

s. Zt. Kapitän des M/S *Wilhelm Gustloff.*

9

Vorwort des Verfassers

Wilhelm Gustloff —
Ein Schiff und sein Schicksal

Das Schicksal des M/S *Wilhelm Gustloff* begleitet mich seit 40 Jahren, seit meinem 17. Lebensjahr.

Im Sommer 1943 sah ich dieses Schiff zum ersten Male. Nach Ablegung der Seesportprüfung ›C‹ auf dem Segelschulschiff *Horst Wessel* in Stralsund, führte mich eine Exkursion mit Marine-Hitler-Jugend-Führern nach Danzig und Gotenhafen. Hier besichtigten wir einige Schiffe, u.a. auch die *Wilhelm Gustloff*, von dem ich spontan begeistert war. Sieben Monate später gehörte ich als Zahlmeister-Aspirant der Handelsmarine zur zivilen Stammbesatzung des Schiffes.

Wenige Wochen an Bord, begann ich, mich für die Vergangenheit dieses ehemaligen ›Kraft durch Freude‹-Schiffes, das nach wie vor der NSDAP gehörte, zu interessieren, für den Bau, die Taufe, die KdF-Reisen bis zum Kriegsausbruch, den Einsatz als Lazarettschiff und die Aufgabe der Gegenwart. Ich las alle für mich erreichbaren Veröffentlichungen, sammelte Zeitungsberichte und Fotos und unterhielt mich mit Besatzungsmitgliedern, die sich bereits seit dem Stapellauf an Bord der *Gustloff* befanden.

Beim Untergang der *Wilhelm Gustloff*, den ich mit all seinen Schrecken, die mir für immer unvergeßlich bleiben werden, miterlebte, rettete ich, wie alle Überlebenden, nur mein nacktes Leben.

Das Schicksal des Schiffes und sein tragisches Ende in der Ostsee ließ mich von diesem Augenblick an nicht mehr los.

Da ich in der Schiffs-Zahlmeisterei der *Gustloff* an der Einschiffungsliste für die letzte Fahrt mitgearbeitet und mich dem DRK-Suchdienst in Hamburg für Auskünfte zur Verfügung gestellt hatte, erhielt ich nach Kriegsende viele Anfragen von Angehörigen von *Gustloff*-Verschollenen und wurde in den ersten zehn Nachkriegsjahren von Gerichten bei beantragten Todeserklärungen von *Gustloff*-Opfern als Zeuge gehört.

Mitte des Jahres 1945 begann ich mit der systematischen Sammlung aller erreichbaren Unterlagen, Dokumente und Berichte über die *Gustloff*-Katastrophe und ihre Zusammenhänge. Nach und nach erhielt ich Kontakt mit vielen Überlebenden und Augenzeugen des Unterganges, die ich befragte oder die mir Berichte, Erlebnisse und Beobachtungen schriftlich übermittelten. Erste Zeitungsveröffentlichungen brachten mir weitere Hunderte von Zuschriften, die mich zum Aufbau eines ›Gustloff-Archivs‹ veranlaßten. In eine weitere Befragungsaktion im Jahre 1951 schloß ich die Kommandanten, Kapitäne, Offiziere und Mannschaften der an der Rettung Gustloff-Schiffbrüchiger beteiligten Kriegs- und Handelsschiffe ebenso ein, wie alle wichtigen Wissensträger, die in verantwortlicher Position bei den Marinedienststellen im Zusammenhang mit der letzten Fahrt der Wilhelm Gustloff am 30. Januar 1945 und der Rettungsaktion tätig waren.

Widersprüche in Aussagen und Berichten über die Anzahl der bei der letzten Fahrt an Bord befindlichen Personen, die Geleitsicherung, den Funkverkehr in der Untergangsnacht, der an der Rettungsaktion beteiligten Schiffe und der Zahl der Überlebenden, konnte ich erst nach mühsamen, jahrelangen Nachforschungen und Befragungen klären. In den meisten Nachkriegsveröffentlichungen wurde die Zahl der bei der letzten Fahrt der Gustloff an Bord befindlichen Personen weit übertrieben, die Anzahl der Geretteten mangels fehlender Informationen untertrieben.

Diese Feststellungen treffen auch auf sowjetische Veröffentlichungen der Nachkriegszeit zu, mit weit übertriebenen Zahlen.

1958 wurde ich über mehrere Monate hinweg Zeuge des Bemühens des Film-Regisseurs Frank Wisbar — der für den Stalingrad-Film »Hunde wollt ihr ewig leben« mit dem Bundesfilmpreis ausgezeichnet worden war — die Gustloff-Katastrophe filmisch darzustellen. Dies gelang in »Nacht fiel über Gotenhafen« zwar im dokumentarischen Teil des Filmes, nicht aber in der Spielhandlung.

1964 begann ich Zeitungsveröffentlichungen in Polen, der DDR und auch in der Bundesrepublik nachzugehen, wonach sich im Wrack der Gustloff Kisten mit dem ›Bernsteinzimmer‹ befinden sollen, was eine Tauchergruppe der Technischen Universität Danzig zu Tauchversuchen an der Untergangsstelle der Gustloff veranlaßte. Meine intensiven Nachforschungen über den Verbleib des ›Bernsteinzimmers‹, das aus dem Zarenschloß ›Zarskoje Selo‹ bei Leningrad entfernt, nach Königsberg gebracht und dort vorübergehend ausgestellt wurde, brachten mir nicht die absolute Gewißheit, daß die Kisten mit dem ›Bernsteinzimmer‹ in der Zeit vom 25. bis zum 29. Januar 1945 tatsächlich auf die Wilhelm Gustloff gelangten. Andererseits ist dies aber nicht auszuschließen. Meine Befragung von Augenzeugen und Wissensträgern haben diese Frage noch nicht endgültig klären können.

Aus dem Massenschicksal der 6600 Menschen, welche die Todesfahrt am 30. Januar 1945 miterlebten, schälte sich wenige Jahre nach dem Krieg das Schicksal des letzten Überlebenden heraus, der sieben Stunden nach dem Untergang der Gustloff aus einem nahezu leeren Rettungsboot geborgen wurde. Ich bin dem Schicksal dieses damals einjährigen namenlosen Jungen, der von seinem Retter, einem Oberbootsmannsmaaten auf dem Vorpostenboot 1703, behalten und später in der DDR adoptiert wurde, während der vermeintlich echte in Lörrach wohnende Vater, der Frau und Tochter bei der *Gustloff*-Katastrophe verlor und jahrelang um die Rückgabe seines Jungen kämpfte, nachgegangen, weil dieses Schicksal des *Gustloff*-Findlings einmalig ist.

Mehr oder weniger zwangsläufig interessierte mich auch der Mann, dessen Namen das Schiff trug, dessen Untergang ich miterlebte: Wilhelm Gustloff. Ich informierte mich vor Ort in der Schweiz durch Studium von Presseberichten und in Archiven, über das Leben und Wirken des Landesgruppenleiters der NSDAP, Wilhelm Gustloff in der Schweiz, über seine Ermordung im Februar 1936 in Davos, über den Prozeß gegen den Mörder, die Beisetzung Gustloff's in Schwerin und dem damit verbundenen Propagandaaufwand der Nazis, die Zusammenhänge Gustloffs mit Adolf Hitler und der NSDAP. Dies führte mich ein in die Geschichte des Entstehens der Deutschen Arbeitsfront und der ihr angeschlossenen ›NS-Gemeinschaft Kraft durch Freude‹, dem Einsatz von Schiffen unter dem Zeichen ›KdF‹ für ›Seereisen für Arbeiter‹ und schließlich zum Bau des ersten parteieigenen Schiffes *Wilhelm Gustloff*.

So entstand im Laufe von vierzig Jahren intensiver Nachforschungen dieser umfassende dokumentarische Bericht über das Schicksal des ›Kraft durch Freude‹-Schiffes *Wilhelm Gustloff* auf dem Hintergrund einer Zeit, die als Zeit des Dritten Reiches in die Geschichte eingegangen ist.

Den Schwerpunkt der Schilderung bildet, wie könnte es auch anders sein, die letzte Fahrt der *Gustloff*, die Katastrophe und ihre Zusammenhänge. Dabei habe ich die eigenen Erlebnisse neben die anderer Überlebender gestellt, wobei ich wegen des Umfanges des Buches leider nur einen geringen Teil der mir zur Verfügung gestellten Berichte verwenden konnte.

Dieser dokumentarische Bericht von einer der erschütterndsten Tragödien des Zweiten Weltkrieges und einer der größten Katastrophen in der Geschichte der Seefahrt, ist ein Beitrag zur Geschichte der unheilvollen Kriegsjahre, die Not und Tod über uns brachte, der Jugend das Leben und die Zukunft nahm und schließlich in der Vertreibung von Millionen von Menschen aus ihrer angestammten Heimat im Osten endete.

Aus einem ›Schiff der Lebensfreude‹ wurde ein ›Schiff der Tränen und des Todes‹ — und was vor Madeira und in den norwegischen Fjorden so herrlich begann, endete in Panik und Schrecken auf dem Grunde der von Winterstürmen gepeitschten Ostsee. So sind die Ereignisse dieses Buches zugleich das Sinnbild einer ganzen Zeit, einer Zeit, die am 30. Januar 1933 begann und am 30. Januar 1945, jenem Tage, an dem die dunklen Fluten des Meeres über der *Wilhelm Gustloff* zusammenschlugen, ihrem Ende entgegenging.

Mögen die Seiten dieses Buches zu Blättern der Erinnerung an jene Fünftausend werden, die der Tod damals in die Tiefe nahm — zugleich aber auch zu einem Denkmal für alle diejenigen, die in selbstloser Opferbereitschaft und nimmermüder Nächstenliebe für die mit dem Tode Ringenden ihr Leben wagten.

Heinz Schön

Prolog

Wilhelm Gustloff —
Ein Mann, ein Mord, ein Märtyrer

Donnerstag, 30. Januar 1936. Die Bahnsteiguhr in Davos-Platz zeigt 17.17 Uhr. Ein Zug läuft ein. Er kommt aus Bern. Unter den aussteigenden Fahrgästen befindet sich ein junger Mann: David Frankfurter, Student der Medizin. Im Hotel ›Zum Löwen‹ bezieht er ein Zimmer. Gepäck hat er nicht. Er will nur eine Nacht bleiben.

Frankfurter ist mit einer bestimmten Absicht nach Davos gekommen. Er will einen Mann erschießen, den er nicht kennt und noch nie gesehen hat. Der Mann heißt Wilhelm Gustloff und ist Landesgruppenleiter der Nationalsozialistischen Deutschen Arbeiterpartei. Für David Frankfurter ist er der Stellvertreter Hitlers in der Schweiz.

Auf dem Bettrand sitzend, schlägt er die Zeitung auf, die er sich am Bahnhof gekauft hat. Sein Blick fällt auf eine Notiz: ›Gustloff bei Hitler‹. Zum ›Tag der Machtergreifung‹, dem heutigen 30. Januar, ist Gustloff zu seinem Führer nach Berlin gefahren und wird erst am 4. Februar in Davos zurückerwartet.

Angekleidet legt sich der Student auf das Bett, starrt auf die weiß gekalkte Zimmerdecke, versinkt in Gedanken.

Obwohl erst 26 Jahre alt, hat David Frankfurter bereits eine bewegte Vergangenheit hinter sich. Als jüngster Sohn eines Rabbiners, 1909 in Jugoslawien geboren, im Elternhaus streng erzogen, ist er seit seiner Geburt krank. Er leidet an Knochenhautentzündung. Sechsjährig erlebt er die erste Operation, der bis zu seinem 23. Lebensjahr sechs weitere folgen. Die Ärzte geben ihm keine lange Lebenserwartung. Seiner Neigung entsprechend, beginnt er 1929 das Studium der Medizin in Wien, geht dann später nach Leipzig, Berlin und Frankfurt.

Im März 1933, wenige Wochen nach der Machtübernahme durch Adolf Hitler, bricht es wie ein Gewitter über ihn herein.

Deutschland ist einer Partei in die Hände gefallen, die entschlossen ist, die Juden, sein Volk, zu entrechten. Im Hörsaal, in der Klinik, im Labor, in den

Treppenhäusern und auf den Korridoren, überall begegnet er von dieser Stunde an feindlichen Blicken. Am Schwarzen Brett der Frankfurter Universität werden ›12 Thesen‹ angeschlagen. Darin heißt es u.a.: »Der Jude kann nur jüdisch denken, schreibt er deutsch, so lügt er. Wir fordern, daß jüdische Werke in hebräischer Sprache erscheinen. Deutsche Schrift steht nur den Deutschen zur Verfügung.«

Wenige Tage später wird Frankfurter mit anderen jüdischen Studenten beschimpft. Die Karte, die seinen Laborplatz bezeichnet, ist mit Hakenkreuzen beschmiert.

Für den jungen Medizinstudenten beginnt damit ein Leidensweg ohnegleichen. Am 1. April 1936, der zum ›Tag des Juden-Boykotts‹ erklärt wird, geht er durch die Straßen Frankfurts. An den Ladentüren und den Schaufenstern jüdischer Geschäfte kleben grelle Plakate: »Juda verrecke — Achtung Lebensgefahr!« David Frankfurter erschrickt, fühlt sich persönlich betroffen, es scheint ihm, als sei das finstere Mittelalter wieder auferstanden, als seien uralte, schlummernde Instinkte der Masse wachgerüttelt. An den Plakatsäulen wird zum Kampf gegen die Juden aufgerufen: »Zeigt den Juden, daß sie nicht ungestraft Deutschland in seiner Ehre herabwürdigen und beschmutzen können!« Erschüttert wendet er sich ab, geht zurück zur Universität. Dort ist ein großer Scheiterhaufen errichtet. Johlende Studenten verbrennen die Werke jüdischer Autoren. Auch die der Toten, auch die von Heine und Spinoza.

An einem Kiosk kauft er sich eine Zeitung. Er liest: In Breslau sind in diesen Tagen jüdische Richter und Anwälte aus dem Gericht getrieben, in Annaberg sind Käufer in jüdischen Geschäften von SA-Männern im Gesicht gestempelt worden: »Wir Verräter kauften bei Juden.«

Der Haß wendet sich auch gegen die Hilflosen: Jüdische Blinde und Taube werden aus Anstalten ausgewiesen.

Was sich in diesen Wochen und Monaten tut, erfüllt den jüdischen Studenten mit Entsetzen. In seinem Bekanntenkreis häufen sich die Übergriffe: Kaufleute verlieren ihre Geschäfte, Ärzte und Anwälte müssen ihre Praxen schließen, wie im Krieg werden jüdische Familien auseinandergerissen.

Von Abscheu gehetzt, von Furcht gejagt, von Krankheit gezeichnet, völlig deprimiert, flieht Frankfurter im Oktober 1933 in die Schweiz. In Bern setzt er sein Studium fort. Hier atmet er auf, er ist in einem freien Land, in dem niemand wegen seiner Rasse oder seines Glaubens gedemütigt und verfolgt wird, in welchem Zeitungen noch die Wahrheit schreiben dürfen, auch über das, was seinen Landsleuten jetzt im Hitler-Deutschland zugefügt wird.

David Frankfurter erlebt eine innere Wandlung. Er, der körperlich Schwache, der seinem Leiden hoffnungslos ausgeliefert ist, wacht plötzlich aus seiner Depression auf. Von Tag zu Tag nimmt er am Schicksal der gequälten Menschen in Deutschland immer stärkeren Anteil, aus seiner Schwachheit wächst der Wunsch nach Rache, der Mut zum Handeln. Das Aufbäumen gegen die Gewalttaten des Hitlerregimes wird in dem Studenten

14

immer stärker; denn immer grauenhafter werden die Berichte aus Deutschland. Zum ersten male hört er den Namen Dachau. Viele seiner Bekannten sind dort inhaftiert. ›Schutzhaft‹ sagen die deutschen Behörden, die Inhaftierten sollen vor der Volkswut ›geschützt‹ werden. Frankfurter weiß, was Volkswut ist, er hat sie neun Monate miterlebt. Er erinnert sich an Braunhemden, die, Plakate mit Hetzparolen vor sich hertragend, in Frankfurt jüdische Geschäfte zertrümmerten. Das Erlebte hat sich in seinem Hirn eingemeißelt, als sei es erst gestern geschehen.

Dachau und Oranienburg sind die Namen, die jedem Juden in Deutschland das Blut in den Adern gefrieren lassen. Sie haben Angst davor, obwohl sie weder wissen noch ahnen, was sie dort hinter den Stacheldrahtzäunen erwartet.

David Frankfurter weiß mehr. In Schweizer Zeitungen sind erste Berichte von Juden veröffentlicht, denen die Flucht aus diesen Lagern gelungen ist. Die Berichte nähren in dem jungen Studenten den Haß gegen die braune Macht.

Aber das, was 1933 in Deutschland den Juden geschieht, ist nur ein Anfang. Von Monat zu Monat, Jahr für Jahr, werden die Drangsale schlimmer. Aus der aufgehetzten Volkswut wird ein systematischer Vernichtungskampf. Die Nazi-Zeitung ›Der Stürmer‹, die ›Deutsche Arbeitsfront‹, die NSDAP und alle anderen Parteiorganisationen erklären immer wieder: »Der Jude ist unser Volksfeind Nummer 1.« Sie verkünden dies so lange, bis es auch der letzte Deutsche gehört oder gelesen hat.

Doch Frankfurter weiß, daß es nicht *die* Deutschen sind, die den Juden hassen, er verallgemeinert nicht. Er weiß: Es sind die Vertreter *der* Partei, die bedingungslos ihrem Führer folgen, der schon in seinem Buch »Mein Kampf« zum Kampf gegen die Juden aufgerufen hat. Jetzt, da er an der Macht ist, folgen viele seinem Aufruf.

In zahlreichen deutschen Städten wird den Juden das Baden im Fluß, See und in Badeanstalten verboten. Aus Bad Tölz müssen 400 kranke jüdische Gäste innerhalb von 24 Stunden abreisen, in Magdeburg ist Juden die Benutzung der Straßenbahn untersagt, in fränkischen Städten wird kein Jude mehr rasiert, in Tilsit kein Brot mehr an Juden verkauft. Andere Städte sperren ihre Krankenhäuser für Juden, verwehren Juden den Zutritt zu Theatern, Konzerten, Museen, Bibliotheken, Veranstaltungen. Anderswo ist Apothekern verboten, Juden Medikamente zu verkaufen.

Landauf, landab wächst in Deutschland der Haß gegen die Juden, angeschürt von Parteiparolen und dem persönlichen Druck durch den Parteiapparat.

An all das erinnert sich David Frankfurter an diesem Abend des 30. Januar 1936 in seinem Zimmer im Hotel ›Zum Löwen‹ im schweizerischen Davos.

Immer stärker ist in den letzten drei Jahren sein Entschluß gewachsen, sich eines Tages für all das, was in Deutschland den Juden geschieht, zu rächen. Ende Dezember 1935 hat er sich in Bern die automatische Pistole gekauft, die jetzt neben ihm auf dem Bett liegt, er hat auch schon einige

15

Schießübungen damit gemacht. Mit dieser Pistole wird er Gustloff erschießen, sobald dieser aus Berlin zurückgekehrt ist. In vier Tagen wird dies
geschehen, sein Entschluß steht unabänderlich fest.

Wilhelm Gustloff sitzt an diesem Abend des 30. Januar 1936, seinem 41.
Geburtstag, zu dem ihm Hitler persönlich gratulierte, bei seinem Führer in
Berlin. Die Schar der Parteigrößen, die Hitler zu diesem Nationalfeiertag,
dem »Tag der Machtergreifung« zu sich eingeladen hat, ist groß, unter den
Größen sein treuer Gefolgsmann Gustloff, der, am 30. Januar 1895 im
mecklenburgischen Schwerin geboren, seit 19 Jahren in Davos lebt. Zunächst Bankbeamter, ging er 1917 aus gesundheitlichen Gründen, er war
lungenkrank und deshalb auch kein Soldat, in die Schweiz. Hier wurde er
Observationssekretär am Meteorologischen Institut, einer deutschen Gründung, die später in eine schweizerische Stiftung umgewandelt wurde. 1921
schloß sich Gustloff dem deutschvölkischen Schutz- und Trutzbund an, trat
im Juli 1929 in die Nationalsozialistische Deutsche Arbeiterpartei ein, gründete im September 1930 den ›Stützpunkt Davos der NSDAP‹, ein Jahr
später die ›Ortsgruppe Davos‹ und wurde vom Führer zum ›Landesgruppenleiter Schweiz der NSDAP‹ ernannt.

Gustloff schwor Hitler die bedingungslose Treue, die einschloß dafür
einzutreten, daß der Punkt 1 des Parteiprogramms der NSDAP auch in der
Schweiz realisiert wird: »Wir fordern den Zusammenschluß *aller* Deutschen
zu einem Groß-Deutschland.« Für Hitler wie für Gustloff ist eindeutig, daß
hierzu auch die ›Alemannen‹, die deutschsprachigen Schweizer, gehören.

Was Gustloff in den letzten drei Jahren für seinen Führer und seine Partei
geleistet hatte, ist für Hitler beispielhaft.

Bereits am 9. November 1933 weihte Gustloff in Davos eine neue Fahne
für die Hitlerjugend auf den Namen ›Glaube an Deutschland‹. Dreihundert
›Volksgenossen‹ nahmen an dieser Propagandafeier teil. An der Hauptstraße
in Davos ließ er ein großes Schild aufstellen mit dem Hinweis zu seiner
Residenz: »Landesgruppe Schweiz der NSDAP.« Innerhalb von drei Jahren
machte Gustloff Davos zu einem ›Hitler-Bad‹. An der Promenade flogen die
Arme, schrillten die Heilrufe herüber und hinüber, ›Heil Hitler‹ wurde für
viele zum Tagesgruß. Wurde in Deutschland gewählt, mußten auch die
Deutschen in der Schweiz wählen. In Davos geschah dies mit viel Aufsehen
in der Öffentlichkeit.

Doch der Landesgruppenleiter beschränkte seine Tätigkeit keinesfalls nur
auf Davos, vor allem nach 1934 nicht mehr, nachdem er ›hauptamtlich‹ in
den Dienst der NSDAP getreten war. Er gründete in der deutschsprachigen
Schweiz 45 ›Ortsgruppen‹ und ›Stützpunkte‹ der NSDAP, denen 21 Grup-
pen der Hitler-Jugend angeschlossen waren. Für die 3 500 Deutschen, die in
Bern wohnten, wurden 12 Parteiorganisationen gegründet, darunter eine
Ortsgruppe der Partei, Ortsgruppen der Hitler-Jugend, der Bund Deutscher
Mädel, der NS-Frauenschaft, der NS-Studentenschaft, verschiedener NS-
Berufsgruppen, der Hitler-Hilfe usw. Und dies geschah in einer Bundes-

hauptstadt, in der alle Staaten der Welt vertreten waren und nicht ein einziger dieser Staaten Gleiches oder Ähnliches versuchte.

Gustloff aber schreckte vor nichts zurück, wenn es darum ging, seinem Führer und seiner Partei zu dienen und nationalsozialistisches Gedankengut zu verbreiten.

Hitler ist dies alles bekannt. Mit Genugtuung hat er auch gelesen, was Gustloff kürzlich einem schweizerischen Journalisten auf die Frage geantwortet hat, was er am meisten liebe: »Ich liebe auf der Welt am meisten meine Frau und meine Mutter. Wenn aber der Führer mir befähle, sie zu töten, so würde ich ihm gehorchen!« Gustloffs bedingungslose Treue zu Adolf Hitler war nicht zu überbieten.

Auch David Frankfurter hatte dieses Treuebekenntnis Gustloffs zu Hitler gelesen, es stand im ›Reichsdeutschen‹, der Parteizeitung für die Deutschen in der Schweiz, die laufend und ausführlich über die Aktivitäten Gustloffs und seiner NS-Organisation berichtete.

So kam es, daß Frankfurter sich in den letzten drei Jahren mit niemandem mehr beschäftigt hatte, als mit Wilhelm Gustloff und dessem unheilvollen Wirken für das Hitler-Deutschland in der Schweiz. Ihn, den Vertreter Hitlers in der Schweiz, zu töten, sah er als seine große Aufgabe an.

Am Dienstag, dem 4. Februar 1936 schreitet er zur Tat. Durch das verschneite Davos gehend, in der Manteltasche die Pistole, sucht er das Haus Parkhaus 3 auf. Kurz vor 20 Uhr klingelt er an Gustloffs Wohnungstür. Die Frau des Landesgruppenleiters öffnet. Auf seine Bitte, Herrn Gustloff sprechen zu dürfen, wird er gebeten, im Arbeitszimmer Platz zu nehmen. Das erste, was der Student hier sieht, ist das große Bild Adolf Hitlers an der Wand; über dem Schreibtisch des Landesgruppenleiters hängt dessen Ehrendolch. Nebenan telefoniert Gustloff. Frankfurter glaubt zu hören: »... wir werden schon noch fertig mit diesen Schweinejuden und Kommunisten ... !«

Als Gustloff einen Augenblick später durch eine Seitentür das Zimmer betritt, zieht Frankfurter, ohne ein Wort zu sagen, die Pistole. Fünf Schüsse in Kopf, Hals und Brust strecken den Landesgruppenleiter nieder.

Sofort nach der Tat verläßt der Täter die Wohnung, hört im Hinausgehen noch den Entsetzensschrei von Frau Gustloff, dann steht er draußen in der kalten Winternacht, holt tief Luft. Es ist getan — — —

Ohne zu zögern geht er ins Nachbarhaus, bittet telefonieren zu dürfen, wählt die Nummer der Polizeiwache Davos und sagt: »Ich habe soeben Wilhelm Gustloff erschossen...!« Das Eintreffen der Polizei wartet Frankfurter nicht ab. Durch den Schnee watet er zum Rathaus. In der Polizeiwache meldet er sich mit den Worten: »Sie haben ja schon gehört, was im Haus Parkhaus 3 vorgefallen ist. Ich bin der Täter!«

Bleich im Gesicht, sichtlich erregt eine Zigarette rauchend, gibt er dem Wachhabenden seine Personalien bekannt und übergibt unaufgefordert die Pistole. Die eilig herbeigerufene Frau Gustloff identifiziert ihn als den Mörder ihres Mannes.

Gegen Mitternacht trifft der Untersuchungsrichter, Dr. Dedual, aus Chur ein. In dem folgenden Verhör erklärt Frankfurter:

»Ich bin der Sohn eines Rabbiners und in Jugoslawien geboren. 1929 begann ich in Leipzig mit dem Studium der Medizin, seit Oktober 1933 studiere ich in Bern. Ich bin allein zu dem Zweck, Gustloff zu töten, nach Davos gekommen. Ich habe Gustloff weder persönlich gekannt, noch ihn jemals zuvor gesehen, seine Adresse habe ich dem Telefonbuch entnommen. Ich habe sofort auf Gustloff geschossen als dieser sein Arbeitszimmer betrat, in welchem ich auf ihn wartete. Ich tat dies, weil er ein nationalsozialistischer Agent ist.« Auf die Frage, warum er sich gerade diese Aufgabe gestellt habe, antwortete Frankfurter dem Untersuchungsrichter:

»Ich habe nicht anders handeln können. Eigentlich hätten die Kugeln Hitler treffen sollen. Ich habe die Tat ausgeführt, weil in Deutschland die Juden verfolgt werden. Persönliche Gründe für die Tat hatte ich nicht, sondern nur ideelle Gründe haben mich dazu veranlaßt. Ich habe nie irgendeinem Verein oder einer Vereinigung angehört, weder politischen noch sonstigen Organisationen. Meinen Entschluß, Gustloff zu töten, faßte ich vor drei Wochen. Die Pistole kaufte ich in Bern. Ich bin von dort allein nach Davos gefahren, habe von niemandem Auftrag zur Tat gehabt, noch bin ich von irgend jemand dazu angestiftet worden!«

Nach diesem umfassenden Geständnis wird Frankfurter sofort in Haft genommen.

Noch in der gleichen Nacht erfährt Hitler vom Tod seines Freundes. Der Führer zeigt sichtliche Betroffenheit. Seine persönliche Nähe zu dem Ehepaar Gustloff hat einen besonderen Grund: Bis zum 8. November 1923 war Hedwig Gustloff Hitlers Sekretärin. Mit seinem wohlwollenden Einverständnis siedelte sie Mitte November 1923 von München nach Davos über, um dort den ihr schon länger bekannten Wilhelm Gustloff zu heiraten.

Am frühen Morgen des 5. Februar 1936 erhält Hedwig Gustloff ein persönliches Telegramm Hitlers mit folgendem Wortlaut: »Zu dem schweren Verlust, der Sie getroffen hat, spreche ich Ihnen im Namen des ganzen Volkes meine aufrichtige Teilnahme aus. Das ruchlose Verbrechen, das dem blühenden Leben eines wahrhaft deutschen Mannes ein Ende setzte, hat in der ganzen Nation tiefste Bewegung und Empörung ausgelöst. Adolf Hitler.«

Am 5. und 6. Februar 1936 widmen alle deutschen Zeitungen der Ermordung Gustloffs Schlagzeilen, Titelseiten, Berichte und Kommentare. Im ›Völkischen Beobachter‹ ist zu lesen: »Der ruchlose Mord des Juden David Frankfurter erhellt mit geradezu schlagartiger Deutlichkeit, wie notwendig die durch den Nationalsozialismus für Deutschland herbeigeführte Scheidung zwischen Deutschen und Juden war.

Wenn es noch einer Rechtfertigung für die Einstellung des Nationalsozialismus zur Judenfrage bedurft hätte, so war es diese schändliche Tat an Wilhelm Gustloff!«

Hitler ordnet am Morgen des 5. Februar ein großes Staatsbegräbnis an und überträgt dem Reichspropagandaleiter der NSDAP, Pg. Dr. Goebbels, persönlich die Durchführung der Beisetzungsfeierlichkeiten in seiner mecklenburgischen Heimatstadt Schwerin. Mit diesem Auftrag wird deutlich, daß die Partei den Tod Gustloffs zu einem Propagandafeldzug gegen die Juden mißbrauchen will.

Am Sonnabend, dem 8. Februar abends um 20.30 Uhr findet in der evangelischen Kirche Davos-Platz ein Trauergottesdienst statt, in welchem der Gauleiter der Auslandsorganisation, Bohle, den Toten als ›ersten Blutzeugen des nationalsozialistischen Auslandsdeutschtums‹ bezeichnet. Am nächsten Morgen um 8.30 Uhr wird der Sarg zum Bahnhof gebracht, um am 10. 2. von Singen aus mit einem Sonderzug die Reise nach Schwerin anzutreten, begleitet von einer Ehrenabordnung der Partei. Bevor am Montagabend um 20.40 Uhr der Sonderzug in Schwerin eintrifft, macht er Halt in Stuttgart, Würzburg, Erfurt, Halle, Magdeburg und Wittenberg. Dort stehen Ehrenabordnungen der Partei und ihrer Gliederungen auf den Bahnsteigen, um den Toten zu ehren.

Sofort nach Ankunft des Sonderzuges wird der Sarg zur Schweriner Festhalle gefahren. Die Straßen, durch die sich der Trauerzug bewegt, sind mit schwarz umflorten Hakenkreuzfahnen geschmückt. Mitglieder sämtlicher Parteiorganisationen umsäumen den Weg mit brennenden Fackeln. Den ganzen Dienstag bleibt die Festhalle geöffnet, um der Bevölkerung Gelegenheit zu geben, ihrem toten Landsmann die letzte Ehre zu erweisen.

Am Mittwoch, dem 12. Februar, findet der große Trauerakt statt, den Goebbels vorbereitet hat.

35 000 Trauergäste nehmen daran teil. 16 Sonderzüge und mehrere hundert Autobusse haben sie nach Schwerin gebracht. Die ganze Stadt ist auf den Beinen, um diesen Tag mitzuerleben. Sämtliche Amtsstellen und Behörden, Geschäfte, Praxen, Fabriken, Werkstätten und Schulen sind geschlossen. Mehrere tausend Schulkinder bilden Spalier in den Straßen. Alle deutschen Rundfunksender übertragen die Trauerkundgebung aus der Schweriner Festhalle.

Pünktlich um 12.00 Uhr läuft der Sonderzug des Führers ein. Zur Begleitung Hitlers gehören sein Stellvertreter Rudolf Heß, der Gauleiter Hildebrandt, der Reichsführer der SS, Himmler, der Stabschef der SA, Lutze, ferner Dr. Goebbels, Hermann Göring, Bormann, Ribbentrop und viele andere Führungskräfte der Partei. Kaum jemals hat es bisher ein größeres Aufgebot an Staatsprominenz im Dritten Reich gegeben als an diesem Tage zu Ehren des toten Wilhelm Gustloff.

In der Festhalle nimmt Adolf Hitler in der ersten Reihe Platz neben der Witwe, der Mutter und dem Bruder des Toten. Vor dem Sarg liegt als einziger Kranz der des Führers und Reichskanzlers, auf einem Samtkissen der Ehrendolch und die Ehrenzeichen Gustloffs.

Gauleiter Bohle, der als erster spricht, beendet seine Rede mit den Sätzen: »Ein ganzes Volk, im Reich und draußen, trauert an seiner Bahre. Wilhelm Gustloff ist für Deutschland und für ein nationalsozialistisches Auslandsdeutschtum gefallen. Deutschland hält ihm für alle Zeiten die Treue, die er Deutschland hielt. Unsere Losung heißt: Über Gräber vorwärts!«

Hitlers Trauerrede für seinen Freund und Weggenossen Wilhelm Gustloff endet in einer an Deutlichkeit nicht zu überbietenden Kampfansage an die Juden:

»Hinter diesem Mord steht die haßerfüllte Macht unseres jüdischen Feindes, eines Feindes, dem wir nichts zuleide getan hatten, der aber versuchte, unser deutsches Volk zu unterjochen und zu seinem Sklaven zu machen, der verantwortlich ist für all das Unglück, das uns im November 1918 getroffen hat, und verantwortlich ist für das Unglück, das in den Jahren danach Deutschland heimsuchte.

Wir begreifen diese Kampfansage, und wir nehmen sie auf.

Mein lieber Parteigenosse, du bist nicht umsonst gefallen. Jeder wird deinen Namen im Herzen tragen, und er wird nimmermehr vergessen sein in alle Zukunft.

Das ist unser Gelöbnis: Diese Tat fällt auf den Täter zurück. Nicht Deutschland wird dadurch geschwächt, sondern die Macht, die diese Tat verübte.

Das deutsche Volk hat einen Lebenden im Jahre 1936 verloren, allein einen Unsterblichen für die Zukunft gewonnen!«

Im Anschluß an die Trauerfeier, die nur mit der für den Reichspräsidenten Hindenburg vergleichbar ist, erfolgt die Überführung der Leiche in das Krematorium. Der Urne, die auf dem neu eingerichteten Ehrenfriedhof in Schwerin beigesetzt wird, läßt Hitler eine Urkunde beilegen:

»In dieser Urne sind die sterblichen Überreste des Landesgruppenleiters in der Schweiz der Auslandsorganisation der NSDAP, Parteigenossen Wilhelm Gustloff, beigesetzt.

Am 4. Februar 1936, feige von jüdischer Mörderhand in Davos getötet, wurde er unter größter Anteilnahme des gesamten deutschen Volkes aus der Schweiz überführt.

Der Führer und Reichskanzler Adolf Hitler, sowie die Deutsche Reichsregierung gaben diesem ersten Blutzeugen der Auslandsorganisation der Partei das letzte Geleit. Unter der Hakenkreuzfahne gekämpft und gelitten für diese Fahne und ihre Ideen sein Leben gegeben, wird sein Tod späteren Generationen ein Vermächtnis sein, das ewig in der Geschichte des deutschen Volkes bleibt.«

Als sich der Führer am 10. Februar von der Witwe Gustloffs verabschiedet, verspricht er ihr, ihrem Mann und Freund ein ›bleibendes Denkmal‹ zu setzen, das Generationen überdauern wird und den Namen Wilhelm Gustloff in der Geschichte der Deutschen unauslöschlich macht. Niemand kann wissen, daß Hitler sich in diesem Augenblick entschlossen hat, dem ersten deutschen Arbeiterschiff, das im Auftrag der NSDAP gebaut wird, den Namen *Wilhelm Gustloff* zu geben.

In großer Aufmachung berichten deutsche Zeitungen tags darauf über das Staatsbegräbnis und die Rede des Führers. Kurze Zeit später, im Vorfeld des zu erwartenden Prozesses gegen den Mörder, beginnt eine Pressekampagne, von der deutsche wie schweizerische Zeitungen, aber auch internationale Blätter gleichermaßen betroffen sind.

Am 7. Februar 1936 schreibt bereits die ›Zürcher Zeitung‹ über die Durchsuchung der Berner Wohnung des Täters: »Die Durchsuchung ergab keinerlei Anhaltspunkte dafür, daß der Mörder irgendwelche Mitwisser hatte. Es konnte auch keinerlei politisches Material gefunden werden, das auf die Zugehörigkeit zu einer politischen Organisation schließen läßt.« Mit dieser Meldung wird das Gerücht vom ›Jüdischen Komplott‹, das die Tat vorbereitet haben sollte, vom Tisch gewischt.

»Internationale Propagandaaktion für den Täter« überschreibt die ›Deutsche Allgemeine Zeitung‹ (Berlin) in ihrer Ausgabe vom 3. Juni 1936 einen längeren Beitrag, in dem es u.a. heißt: »Im Herbst dieses Jahres ist in Chur der Prozeß gegen den Mörder des Landesgruppenleiters Gustloff zu erwarten. Daß Kräfte an der Arbeit sind, diesen Prozeß zu einer internationalen Propagandaaktion gegen das nationalsozialistische Deutschland zu machen, enthüllt die Schrift von Wolfgang Diewerge: »Der Fall Gustloff — Vorgeschichte und Hintergründe der Bluttat von Davos.«

Mit seinem Beitrag »Eine eindeutige Klarstellung — Der Fall Gustloff« empfiehlt der ›Völkische Beobachter‹ in seiner Ausgabe am 3. Juni jedem Volksgenossen die Lektüre dieser Schrift und bezeichnet den Autor, Wolfgang Diewerge, als »einen ausgezeichneten Kenner jüdischer Rechtsschliche«. Die Broschüre ist im Zentralverlag der NSDAP in München erschienen.

Der in den Niederlanden lebende jüdische Emigrant Emil Ludwig nimmt in seiner Broschüre »Der Mord von Davos« eindeutig Partei für David Frankfurter; er wird dafür in deutschen Zeitungen heftig attackiert.

Am Mittwoch, dem 9. Dezember 1936, vormittags um 10.00 Uhr, beginnt vor dem Kantonsgericht des Kantons Graubünden der Prozeß gegen den Gustloff-Mörder. Der Prozeß findet im Saal des Graubünderischen Kantonsparlaments in Chur statt, die Prozeßdauer wird auf vier Tage festgesetzt.

Das Kantonsgericht besteht aus fünf Richtern mit Dr. Ganzoni als Präsident, dem Altregierungsrat Dr. Viele als Vizepräsident, ferner aus dem Rechtsanwalt und Großrat Dr. Nicola, Oberst Gartmann und Standespräsident Dr. Sonder. Alle Richter sind Juristen. Die Anklage vertritt Staatsanwalt Dr. Brügger, die Zivilpartei wird vertreten durch die Anwälte Dr. Ursprung und Dr. Badrutti, sowie der aus zahlreichen politischen Prozessen in Deutschland bekanntgewordene Professor Dr. Grimm aus Essen. Die Verteidigung von David Frankfurter hat der 71jährige Zürcher Anwalt Dr. Eugen Curti übernommen.

Zur Beurteilung der Tat kommt das Strafgesetzbuch des Kantons Graubünden in Frage, das aus dem Jahre 1851 stammt und das für Mord lebenslängliche Zuchthausstrafe vorsieht, welche bei besonders mildernden Umständen bis auf 15 Jahre reduziert werden kann.

Der in einen Gerichtssaal umgewandelte Kantorats-Parlamentssaal ist bei Prozeßbeginn und auch an den folgenden Tagen bis auf den letzten Platz besetzt.

129 Journalisten aus vielen Ländern, darunter 24 aus Deutschland, wollen über den Prozeß berichten, der weit über die Schweiz und Deutschland hinaus Beachtung findet.

Geführt von zwei Kantonspolizisten wird der Angeklagte in den Saal gebracht und auf die Anklagebank vor dem Präsidentensitz geführt. Der Präsident eröffnet die Verhandlung mit der Verlesung des vom Kreisamt Davos eingereichten Berichtes über die Mordtat und stellt danach Angaben zur Person des Angeklagten fest:

»Angeklagt ist Frankfurter, David, Detlef, jugoslawischer Staatsangehörigkeit, geboren am 9. Juli 1909 in Daruvas, Sohn des Moritz und der Rebecca, geb. Pagel, cand. med., ledig, wohnhaft in Bern, Erlachstraße 18, nicht vorbestraft, in Untersuchungshaft seit dem 4. Februar 1936, gemäß Beschluß der Anklagekammer beim Kantonsgericht Graubünden am 5. Juni 1936 wegen des Mordes in den Anklagezustand versetzt ... !«

Danach trägt der Anklageverteter die Anklageschrift vor, die im ersten Teil auf den Tatbestand des Attentats eingeht, danach die Vorgeschichte des Mordes behandelt, um sich im zweiten Teil der Persönlichkeit David Frankfurters zu widmen.

Abschließend stellt der Anklagevertreter den Strafantrag:

»Frankfurter hat im allgemeinen, abgesehen von verschiedenen Widersprüchen über die Tatumstände in der Untersuchung, über seine Mordpläne und den Entschluß zur Tat Auskunft gegeben, wobei er von Anfang an gestanden hat, mit Vorbedacht die Ermordung Gustloffs ausgeführt zu haben.

Für die Urteilsfindung sind anwendbar die §§ 87, 88, 48 und 50 des bündnerischen Gesetzbuches und die §§ 88 und 59 der Strafverfügungen. Deshalb wird folgender Antrag gestellt:

Frankfurter ist des Mordes, begangen an Wilhelm Gustloff, für schuldig zu erklären.

Er ist dafür mit 18 Jahren Zuchthaus, Aberkennung der bürgerlichen Ehrenrechte und lebenslänglicher Landesausweisung zu bestrafen; Frankfurter ist grundsätzlich zur Ersetzung aller durch den Mord entstandenen Schäden haftbar zu machen; die bei der Tat verwendete Waffe ist zu konfiszieren; Frankfurter hat sämtliche Untersuchungs-, Gerichts- und Strafvollzugskosten zu tragen.«

Mit diesem Antrag des Anklägers endet der erste Verhandlungstag.

Der zweite Verhandlungstag ist ausgefüllt mit der Vernehmung von Frau Gustloff, die als Zeugin und Zivilpartei zugelassen ist. Sie bestreitet u.a., daß in dem Telefonat, das ihr Mann kurz vor der Tat geführt hat, das Wort ›Judenschwein‹ gefallen sei und bestätigt, daß Frankfurter ihre Frage, die sie kurz nach der Tat in der Polizeiwache Davos an ihn gestellt habe: »Warum haben Sie das getan, obgleich sie meinen Mann doch gar nicht kannten .. ?«

beantwortet hat: »Eben weil ich ihn nicht kannte, konnte ich es tun. Ich habe es getan, weil ich Jude bin.«

Einer der beisitzenden Richter bringt die Frage nach der Zeitungslektüre Frankfurters nochmals zur Sprache und fragt den Angeklagten, ob er seine Kenntnisse über die Ereignisse in Deutschland ›nur‹ aus schweizerischen Zeitungen gewonnen habe, was Frankfurter zu der erstmals abgegebenen Erklärung veranlaßt, daß er auch deutsche Parteizeitungen gelesen habe, sowohl während seines Aufenthaltes in Deutschland, als auch in Bern, und daß er auch sogenannte ›Emigrantenbücher‹ wie »Die Moorsoldaten« und »Das Braunbuch« als Lektüre benutzt habe.

Der dritte Verhandlungstag gehört ausschließlich dem Verteidiger Dr. Eugen Curti.

Nach einer ausgezeichneten Einleitung, einer meisterhaften captatio benevolentiae verlegt sich Dr. Curti volle sechs Stunden auf die Produktion von Material über die Tätigkeit der nationalsozialistischen Auslandsorganisation und vor allem über den Antisemitismus im Dritten Reich. Er legt dem Gericht eine ›Dokumentarsammlung‹ über die Entrechtung, Ächtung und Vernichtung der Juden in Deutschland seit der Regierung Hitler, abgeschlossen am 15. Oktober 1936, vor, die insgesamt 245 Seiten umfaßt. Er ergänzt diese Schrift mit einer »Photografischen Dokumentation über die Entrechtung und Ächtung der Juden in Deutschland« und verschiedenen Nummern des ›Stürmer‹. Danach folgt die Verlesung der literarischen Zeugnisse über die Behandlung von Juden in deutschen Konzentrationslagern, deren Verfasser eidesstattlich die Echtheit ihrer Zeugnisse bekräftigt haben. Es sind Auszüge aus Büchern und Schriften von Walter Hornung, Kurt Hiller, Gerhard Seeger, Wolfgang Langhoff, Max Abraham, Otto Strasser, Renée Sonderegger und weiteren Autoren. Die Verteidigung hat Auszüge aus diesen Büchern drucken lassen. Dr. Curti verliest aus diesen Publikationen ausgewählte Stellen die im Gerichtssaal Eindruck hinterlassen, aber auch Proteste.

Eines hat der Verteidiger des Angeklagten mit seinem Sechsstunden-Plädoyer erreicht: Der dritte Verhandlungstag, das wurde allen Augenzeugen und Zuhörern deutlich, gehörte nicht nur zur ›Mordsache Frankfurter‹, er diente vorrangig der politischen Anklage gegen die NSDAP und dem Antisemitismus im Hitler-Deutschland.

Am vierten und letzten Verhandlungstag erhält der Verteidiger Dr. Curti noch einmal eine Redezeit von eineinhalb Stunden. Er bezeichnet zunächst die Zivilklage als ›antisemitische Hetze‹, befaßt sich dann mit dem Täter und erklärt, daß er im Gegensatz zum psychiatrischen Gutachten die Zurechnungsfähigkeit Frankfurters im Moment der Tat in Frage stellen muß.

Er weist in diesem Zusammenhang darauf hin, daß die Judenverfolgungen in Deutschland das Gemüt Frankfurters viel stärker belastet haben, als der Experte dies in seinem Gutachten zum Ausdruck bringt. Dr. Curti bestreitet ferner das Vorliegen des Vorbedachts und spricht von einem ›schleichenden Affekt‹, so daß nach seiner Meinung nur Totschlag in Frage kommt.

Dann opponiert er gegen das vom Ankläger beantragte Strafmaß von 18 Jahren Zuchthaus und erklärt, daß selbst für Mord eine mildere Strafe von 15 Jahren zur Anwendung kommen könne. Als Milderungsgründe nennt der Verteidiger den politischen Charakter der Tat, die Unbescholtenheit des Angeklagten, seine Geständigkeit sofort nach der Tat, die schwere Erkrankung, die damit verbundene geringe Lebenserwartung des Täters und seine ständig gewachsene Empörung über das seinem Volke zugefügte Leid in Deutschland. Indirekt macht der Verteidiger den Nationalsozialismus für die Tat verantwortlich, als er sagte: »Wer Wind sät, muß Sturm ernten!«

Dr. Friedrich Brügger, der Amtsankläger, lehnt die politischen Exkurse des Verteidigers ab und stellt fest, daß diese weniger für das Gericht, als für eine »gewisse Presse« bestimmt seien. Er erklärt, daß die ganze Schwemme zweifelhafter Druckerzeugnisse, die von der Verteidigung produziert und generös verteilt wurden, in keinem Zusammenhang mit dem Kriminalfall ständen. Für die strafrechtliche Beurteilung des Falles Frankfurter sei diese tendenziöse Literatur irrelevant. Auch wenn den Juden in Deutschland Unrecht geschehen sei, wäre dies keine Entschuldigung für die Tat und den Täter. Politische Verhältnisse gäben kein Recht zum Mord. Dem Graubündener Strafgesetz fehle jede Grundlage, um den politischen Mord milder beurteilen zu können als den gemeinen Mord.

Am Montag, dem 14. Dezember 1936 um 17.00 Uhr verkündet das Kantonsgericht von Graubünden sein Urteil im Strafprozeß David Frankfurter:

1. David Frankfurter hat sich des Mordes an Wilhelm Gustloff schuldig gemacht.

2. Dafür wird er bestraft mit 18 Jahren Zuchthaus, abzüglich acht Monaten Untersuchungshaft, zum Verlust der bürgerlichen Ehren und Rechte während der gleichen Zeitdauer und zu lebenslänglicher Landesverweisung.

3. Die Waffe des Täters wird konfisziert.

4. Der Verurteilte wird grundsätzlich zum Ersatz des gesamten durch das Verbrechen verursachten Schadens verpflichtet.

5. Der Verurteilte hat sämtliche Untersuchungs- und Verfahrenskosten zu tragen.

Mit diesem Urteil folgte das Gericht dem Antrag des Anklägers. Zwischen der Mindeststrafe von 15 Jahren und der Höchststrafe für Mord im Kanton Graubünden von 25 Jahren hat das Gericht — so die Urteilsbegründung —»ein Strafmaß gewählt, das der Schwere der Tat Rechnung trägt«. Hierbei hat offensichtlich die Verletzung des Gastrechts bei der Festsetzung des Strafmaßes eine nicht unwesentliche Rolle gespielt. Als Milderungsgrund wurde insbesondere der geschwächte Gesundheitszustand des im Innersten zerstörten jungen Täters berücksichtigt. Ob auch andere Milderungsgründe mitgesprochen haben, vor allem der seelische Druck, dem der Täter aufgrund der ihm bekanntgewordenen Vorgänge an Juden in Deutschland ausgesetzt war, geht auch aus der schriftlichen Urteilsbegründung nicht hervor.

Einen Tag nach der Urteilsverkündung, am 15. Dezember 1936, schließen sich hinter dem 27jährigen jüdischen Medizinstudenten David Frankfurter die Tore der Kantonalen Strafanstalt Sennhoff Chur.

Sie bleiben für ihn weiter verschlossen, auch nachdem am 21. Dezember 1936 in Paris die › Weltliga gegen den Antisemitismus‹ zum › Fall Frankfurter‹ die Entschließung faßt, sich mit allem Nachdruck für die Freilassung des Verurteilten einzusetzen. Die Bemühungen bleiben erfolglos.

›Kraft durch Freude‹-Schiff
M/S Wilhelm Gustloff

Art des Schiffes:	Motor-Passagierschiff
Eigentümer:	Deutsche Arbeitsfront / SG-Gemeinschaft ›Kraft durch Freude‹
Reederei:	Hamburg-Südamerikanische Dampfschifffahrts-Gesellschaft Hamburg
Bauwerft:	Schiffsbauwerft Blohm & Voss Hamburg — Baunummer 511
Baukosten:	25 Millionen Reichsmark
Größe und Maße:	25 484 Bruttoregistertonnen, Länge: 208,5 m — Breite: 23,5 m — Größte Höhe vom Kiel bis zur Mastspitze: 53 m — Seitenhöhe: 17,3 m — Tiefgang: vorn 6 m, hinten 7 m
Antriebsart:	Vier 8-Zylinder 2-Takt-Dieselmotoren mit Getriebe, 2 Schrauben, 9500e
Höchstgeschwindigkeit	15,5 Knoten = ca. 29 km pro Stunde
Besatzung und Passagiere	417 Besatzungsmitglieder, 1463 Passagiere, Ein-Klasse-KdF-Schiff
Stapellauf:	5. Mai 1937 — Taufe durch Hedwig Gustloff in Anwesenheit des Führers Adolf Hitler und Dr. Robert Ley
Fertigstellung und Jungfernreise:	Ablieferung: 15. März 1938 — Jungfernreise: 23. März 1938 in die Nordsee
Einsatz als ›Kraft durch Freude‹-Schiff	Von der Jungfernreise bis zum 26. August 1939 In 17 Monaten wurden 44 Seereisen durchgeführt mit insgesamt 65 000 Urlaubern

ERSTES KAPITEL

Das Arbeiterschiff

Seereisen mit ›Kraft durch Freude‹

*Es begann am 30. Januar 1933 / Die Deutsche Arbeitsfront und ›KdF‹
/ Das Unglück des Dampfers Dresden / Dampfer St. Louis der Sonne entgegen / Ein KdF-Propagandaschiff wird gebaut / Unsre Fahne
flattert uns voran / »Ich taufe Dich auf den Namen* Wilhelm Gust
loff *!« / Das erste ›klassenlose‹ KdF Schiff / Die Jungfernreise der
Europa des Arbeiters / Adolf Hitler auf der Wilhelm Gustloff / Rettungsaktion Kohlendampfer* Pegaway */ Als ›schwimmendes Wahllokal‹ in England / Die erste Gustloff — Reise nach Madeira / Kurs
Madeira — Tripolis — Neapel — Genua / Zehnmal ›Rund um Italien‹ / Noch größer und schöner: KdF-Schiff Robert Ley / Bewäh-
rung als ›Truppentransporter‹: Legion Condor / Als ›Sportlerschiff‹
im Stockholmer Hafen / Zum letztenmal in die Fjorde Norwegens /
Das Ende der ›Kraft durch Freude‹-Zeit: Krieg!*

ES BEGANN AM 30. JANUAR 1933

Der 30. Januar 1933 ist die Geburtsstunde für den ›Arbeiterstaat‹ Adolf
Hitlers. Hindenburg beruft Hitler zum Reichskanzler, der Führer ›ergreift‹
die Macht, die NSDAP übernimmt die Regierung.

Von diesem Zeitpunkt an beginnt die Verwirklichung des Parteiprogramms der NSDAP, die Ausschaltung aller politischen Gegner, das Verbot
der Gewerkschaften, Arbeitgeberverbände und Parteien.

Am 27. Februar geht der Reichstag durch Brandstiftung in Flammen auf.
Der Reichstagsbrand bietet den Nazis den Vorwand, gegen alle Gegner mit
größter Härte vorzugehen. Schon am nächsten Tag wird eine »Verordnung
zum Schutz von Volk und Staat« erlassen.

Am 5. März finden die letzten Reichstagswahlen mit mehreren Parteien statt, die NSDAP erhält 44 % aller Stimmen und 288 Sitze im Reichstag. Am 15. März beruft Hitler seinen treuen Gefolgsmann Dr. Josef Goebbels zum Minister für Volksaufklärung und Propaganda.

Am 20. März gibt der Münchner Polizeipräsident Heinrich Himmler bekannt, daß bei Dachau ein Konzentrationslager eröffnet wird, das 5000 Personen aufnehmen kann und in dem alle kommunistischen und marxistischen Führer untergebracht werden.

Am 24. März beschließt der Reichtstag das Ermächtigungsgesetz; damit haben Hitler und seine NSDAP ›freie Hand‹.

Am 1. April wird zum Boykott jüdischer Geschäfte aufgerufen, am 14. Juli wird das Gesetz zur Neubildung von Parteien beschlossen. Damit wird der ›Einparteienstaat‹ des ›Dritten Reiches‹ besiegelt.

Am 14. Oktober verläßt Deutschland die Internationale Abrüstungskonferenz, und fünf Tage später, am 19. Oktober, erfolgt der Austritt aus dem Völkerbund.

Am 28. Oktober erklärt Hitler in einer großangelegten Rede in Stuttgart: »Wir kennen den Krieg, wir wollen ihn nicht, wir wollen arbeiten und unsere Ruhe haben!«

Am 12. November 1933 finden die ersten Reichstagswahlen im ›Einparteienstaat‹ statt, die NSDAP erhält 92 % aller Stimmen.

Einer, der sehr früh erkannt hat, was die Berufung Hitlers zum deutschen Reichskanzler bedeutet und der Hitler aus der Zeit politischer Freundschaft zu ihm gut kennt, ist General Ludendorff. Zwei Tage nach der Berufung Hitlers zum Reichskanzler schreibt Ludendorff seinem ehemaligen Kampfgefährten Hindenburg: »Sie haben durch die Ernennung Hitlers zum Reichskanzler unser heiliges deutsches Vaterland einem der größten Demagogen aller Zeiten ausgeliefert. Ich prophezeie Ihnen feierlich, daß dieser unselige Mann unser Reich in den Abgrund stürzen und unsere Nation in unfaßbares Elend bringen wird. Kommende Geschlechter werden Sie wegen dieser Tat in Ihrem Grabe verfluchen.«

DIE DEUTSCHE ARBEITSFRONT UND ›KDF‹

Mit der ›Machtübernahme‹ beginnt die NSDAP gezielt den Aufbau des ›Arbeiterstaates‹. Die Großkundgebungen am 1. Mai 1933 lassen ahnen, was die Partei plant. Am 2. Mai werden alle deutschen Gewerkschaften, die zu dieser Zeit ca. 3,5 Millionen Mitglieder haben, und auch die Arbeitgeberverbände verboten; sie werden in der ›Deutschen Arbeitsfront‹ (DAF) vereinigt. Zur Auflösung der Gewerkschaften erklärte Robert Ley, der zum ›Führer‹ der DAF ernannt wird, am 2. Mai in einer Rede vor Arbeitern:

»Das, was die Gewerkschaften aller Richtungen, die Roten und die Schwarzen, die Christlichen und die ›Freien‹, auch nicht annähernd zustande brachten, was selbst in den besten Jahren des Marxismus nur ein Schatten, ein elender erbärmlicher Abklatsch gegenüber dem gewaltig Großen des gestrigen Tages, des 1. Mai 1933 war, schafft der Nationalsozialismus im ersten Anlauf.

Er stellt den Arbeiter und Bauern, den Handwerker und den Angestellten, mit einem Wort, alle schaffenden Deutschen, in den Mittelpunkt seines Denkens und Handelns und damit in den Mittelpunkt seines Staates, und den Raffenden und den Bonzen macht er unschädlich.

Schon drei Monate nationalsozialistischer Regierung beweisen Dir: Adolf Hitler ist Dein Freund! Adolf Hitler ringt um Deine Freiheit! Adolf Hitler gibt Dir Brot!

Wir treten heute in den zweiten Abschnitt der nationalsozialistischen Revolution ein. Ihr werdet sagen: Was wollt Ihr denn noch, Ihr habt doch die absolute Macht. Gewiß, wir haben die Macht, aber wir haben noch nicht das ganze Volk, Dich Arbeiter haben wir noch nicht hundertprozentig, und gerade Dich wollen wir, wir lassen Dich nicht, bis Du in aufrichtiger Erkenntnis restlos zu uns steht. Du sollst auch von den letzten marxistischen Fesseln befreit werden, damit Du den Weg zu Deinem Volke findest. Denn wir wissen: Ohne den deutschen Arbeiter gibt es kein deutsches Volk!«

Robert *Ley*, der Führer der Deutschen Arbeiterfront, war ein Mann der NSDAP der ersten Stunde. Am 15. 2. 1890 in Niederbreidenbach im Kreis Gummersbach geboren, fand er sehr früh zur NSDAP, war bereits 1925 Gauleiter, wurde 1928 Mitglied des Preußischen Landtages und 1930 Mitglied des Deutschen Reichstages. Nach dem Ausscheiden von Gregor Strasser ernennt ihn Hitler Ende 1932 zum ›Leiter der Politischen Organisation der NSDAP‹.

Nun, vom Mai 1933 an, widmet er sich mit einer wahren ›Organisationswut‹ seiner neuen Aufgabe.

Am 16. Juli 1933 ordnet er an, daß alle Beamten und Angestellten des Öffentlichen Dienstes mit dem Hitler-Gruß zu grüßen haben, am 7. August wird angeordnet, daß alle Lehrer und Schüler sich mit dem Hitler-Gruß zu begegnen haben, am 24. August folgt die Anordnung, daß der Hitler-Gruß in allen deutschen Betrieben eingeführt wird. ›Heil Hitler‹ wird überall zum Tagesgruß.

Am 27. November 1933 rückt Robert Ley die Deutsche Arbeitsfront in den Mittelpunkt der Erziehung aller Deutschen zum nationalsozialistischen Staat und zur nationalsozialistischen Gesinnung; er gründet das größte Freizeitwerk der Welt, die Freizeitbewegung ›Kraft durch Freude‹ (KdF) als Anschlußorganisation an die DAF. Seine Erklärung hierzu: »Wir dürfen nicht nur fragen, was tut der Mensch bei der Arbeit, sondern wir haben auch die Pflicht, uns um ihn zu kümmern, wenn der Feierabend kommt. Wir müssen uns darüber klar sein, daß nicht Langeweile erholt, sondern Unterhaltung in verschiedenster Form. Diese Unterhaltung, diese Ausspannung zu organisieren, wird eine unserer wichtigsten Aufgaben sein.«

Robert Ley hat sich zur Aufgabe gestellt, in der ›Deutschen Arbeitsfront‹, der Massenorganisation aller ›schaffenden Deutschen der Stirn und der Faust‹, nicht nur alle sozialen Gegensätze zwischen Arbeitnehmern und

Arbeitgebern aufzuheben und mit der DAF die gesamte Bildungsarbeit zu übernehmen; mit seiner Organisation KdF beabsichtigt er die ›totale Verplanung‹ der Freizeit der Werktätigen nach Feierabend und im Urlaub. Auch der Abend und der Urlaub sollten dazu dienen, den Werktätigen »weltanschaulich umzuerziehen und politisch zu kontrollieren.«

Dieser Zielsetzung dient dann auch die Verordnung Adolf Hitlers über die Deutsche Arbeitsfront vom 24. Oktober 1934, die Wesen und Ziel der Deutschen Arbeitsfront festlegt:

»Die Deutsche Arbeitsfront ist die Organisation der schaffenden Deutschen der Stirn und der Faust. In ihr sind insbesondere die Angehörigen der ehemaligen Gewerkschaften, der ehemaligen Angestelltenverbände und der ehemaligen Unternehmer-Vereinigungen als gleichberechtigte Mitglieder zusammengeschlossen.

Das Ziel der Deutschen Arbeitsfront ist die Bildung einer wirklichen Volks- und Leistungsgemeinschaft aller Deutschen. Die Deutsche Arbeitsfront ist eine Gliederung der NSDAP im Sinne des Gesetzes zur Sicherung von Partei und Staat vom 1. Dezember 1933.«

DAS UNGLÜCK DES KDF-DAMPFERS *DRESDEN*

Jeder Arbeiter und jeder Angestellte soll nach dem Willen von Dr. Ley die Möglichkeit erhalten, mindestens einmal im Jahr an einer preiswerten ›KdF-Urlaubsreise‹ teilzunehmen. Dabei sollen nicht nur die schönsten deutschen Urlaubsgebiete angeboten werden, sondern auch Seereisen. Die Verwirklichung dieses Vorhabens stellt die Deutsche Arbeitsfront und die NS-Gemeinschaft ›Kraft durch Freude‹ jedoch vor eine Reihe von Problemen.

Sicher, es gibt zu Beginn des Jahres 1934 viele Möglichkeiten für Seereisen. Doch wer kann sich diese Seereisen finanziell leisten und wie sehen die Schiffe aus, mit denen 1934 Seereisen durchgeführt werden?

Schiffe gibt es genug. Doch die meisten sind im Liniendienst eingesetzt und befördern neben Passagieren auch Fracht, oder sie sind sehr luxuriös ausgestattet mit verschiedenen Fahrgastklassen, so daß sie kaum für die Bildung einer echten ›Volksgemeinschaft‹ an Bord im Sinne der NSDAP und der DAF geeignet erscheinen.

Jedoch auch diese Schwierigkeiten überwindet Robert Ley gleich zu Beginn des Jahres 1934. Er chartert für die von ihm geplante KdF-Flotte die ersten beiden Schiffe: von der Hamburg-Südamerikanischen Dampfschifffahrts-Gesellschaft in Hamburg das 1924/25 bei Blohm & Voss in Hamburg gebaute Motor-Passagierschiff *Monte Olivia* (13 750 BRT) und vom Norddeutschen Lloyd in Bremen den 1914/15 bei der Bremer Vulkan in Bremen gebauten Dampfer *Dresden* ex *Zeppelin* (14 167 BRT). Die *Monte Olivia* mit 349 Mann Besatzung kann rund 2500 Passagiere befördern, der Dampfer *Dresden* mit 320 Mann Besatzung 2165 Passagiere. Beide Schiffe eignen sich deshalb sehr gut für den Massentransport von See-Urlaubern.

Schon am 4. Mai 1934 gehen die Schiffe gemeinsam auf die erste ›Kraft durch Freude‹-Seereise und besuchen die Südküste Englands. Diese Reise ist eine Art ›Probe-Reise‹, auf der man erste Erfahrungen mit ›Arbeiterurlaubern auf See‹ sammelt.

Schon die nächsten Reisen der beiden KdF-Schiffe haben ein anderes, schöneres Ziel: die Welt der norwegischen Fjorde. Diese ›KdF-Seeurlauber-Reisen‹, wie sie offiziell heißen, Hamburg—Norwegen—Bremerhaven, dauern jeweils 5 Tage. Die Teilnehmer dieser Norwegen-Reisen kehren begeistert in die Heimat zurück; ihr Loblied auf KdF-Seereisen wird in Presse, Rundfunk und vor allem in den Betrieben mit großer Umsicht von der NS-Propaganda verbreitet.

Am 18. Juni 1934 starten *Monte Olivia* und *Dresden* die 7. Norwegen-Reise, für den Dampfer *Dresden* wird es von dieser Reise keine Wiederkehr geben. Beide Schiffe verlassen Hamburg gemeinsam, die *Monte Olivia* zuerst, danach die *Dresden*. Da die *Monte Olivia* erst 10 Jahre alt ist, der Dampfer *Dresden* aber 20 und deshalb nicht mehr so schnell laufen kann, wird der Abstand zwischen den Schiffen am 2. Reisetag größer.

Der Dampfer *Dresden* hat in den vergangenen 20 Jahren schon viel Wasser unter dem Kiel gehabt. Er lief am 9. Juni 1914 unter dem Namen *Zeppelin* vom Stapel. Mit einer Länge von 173 m, einer Breite von 20,42 m, einer Höhe von 14,63 m und einer Größe von 14167 BRT, gebaut für 2165 Passagiere, gehörte D. *Zeppelin* zu den größten bis dahin von der Bremer Vulkan-Werft erbauten Passagierschiffen. Die Taufe vollzog der alte Graf Zeppelin persönlich, unter Blitz und Donner, in strömendem Regen während eines Gewitters, lief das Schiff vom Stapel. Abergläubische sagten daraufhin dem Schiff kein langes Leben voraus.

Nach Fertigstellung und Ablieferung des Schiffes am 21. Januar 1915 an den Auftraggeber, den Norddeutschen Lloyd, wurde der Dampfer *Zeppelin* für die Kriegsdauer aufgelegt, am 28. März 1919 mußte das neue Schiff an die Alliierten abgeliefert werden, unterstand Shipping Controller in London, wurde von der White Star Linie bereedert und brachte unter der Flagge der USA zunächst Soldaten von Brest in die USA nach Hause.

1920 wurde der Dampfer *Zeppelin* von der britischen Orient-Linie Orient Steam Navigation Co. Ltd., London, erworben. Das Schiff wurde dann in Belfast und in Rotterdam umgebaut und machte, umbenannt in *Ormuz*, am 12. November 1921 die erste Reise von London nach Australien.

Sieben Jahre später, im April 1927, kaufte der Norddeutsche Lloyd in Bremen sein Schiff zurück und gab ihm den Namen *Dresden*. Am 5. August 1927 machte der Dampfer unter diesem Namen unter der Flagge des NDL seine erste Reise von Bremerhaven nach New York, wurde in den folgenden Jahren auf dieser Route, aber auch für Kreuzfahrten, eingesetzt.

Der Dampfer *Dresden* hatte also schon viele Fahrten und eine bewegte Schiffsgeschichte hinter sich, als er sich am 20. Juni 1934 auf einer ›Kraft durch Freude‹-Reise in norwegischen Gewässern befand.

Dieser Tag, der 20. Juni 1934, wurde für das Schiff ein Unglückstag.

20. Juni 1934.

Schon am frühen Morgen nimmt der Wind zu und wird stärker und stärker. Die Passagiere bleiben unter Deck. Das Schiff befindet sich bei Kopervik, der Lotsenstation in der Nähe von Hausgesund, die man für solche Schiffe eingerichtet hat, die den ›Schärenhof‹ für die Fahrt nach Norden, nach Drontheim, Tromsö oder Murmansk benutzen. Auf der Kommandobrücke des Dampfers *Dresden* steht neben dem Kapitän der norwegische Hafenlotse Jakobsen. Er soll das Schiff sicher durch das gefährliche Klippengebiet lotsen, was für ihn keine schwierige Aufgabe ist, da er sich hier auskennt und zu Hause ist.

Im Karmsund, in der Nähe von Utsire, vollzieht sich das Schicksal des Dampfers *Dresden* an diesem Mittwochnachmittag des 20. Juni 1934.

Eine durch den Sturm vertriebene Boje des Arsgrundes läßt den Dampfer an der Nordkante eines Granitbrockens entlangschlittern. Das Schiff bekommt Grundberührung und wird leck. Die Schiffswand reißt in einer Länge von 30 Metern und einer Breite von 4 Metern auf.

Der Dampfer *Dresden* ist nicht mehr zu retten und sinkt.

Der Kapitän und der Lotse reagieren sofort und versuchen, das todwunde Schiff an der Ostküste der Insel Karm aufzusetzen. Das gelingt und bewahrt die *Dresden* vor einem schnellen Sinken im tiefen Wasser und rettet somit den Passagieren das bedrohte Leben.

Die eintausend KdF-Urlauber an Bord des Dampfers *Dresden* sind zu Tode erschrocken, als sie um 30 Minuten nach 3 Uhr nachmittags, die meisten sitzen beim Kaffeetrinken, einen starken Ruck verspüren und die Kaffeetassen umfallen. Sie spüren fast hautnah das Entlangschurren des 173 Meter langen Schiffskörpers an einem Felsen. Einige Passagiere fallen von den Stühlen, einige, die in den unteren Decks sich zum Schlaf in die Kojen gelegt haben, aus den Betten.

In den ersten Augenblicken herrscht unter den Passagieren Unruhe, man läuft in die Kabinen, sucht nach den Schwimmwesten —

Dann erfolgt bereits die erste Lautsprecherdurchsage:

»Bewahren Sie Ruhe. Es besteht keinerlei Gefahr!«

Doch es besteht Gefahr.

Der Kapitän und der Lotse, die Brückenoffiziere und die Decksleute und auch die Ingenieure im Maschinenraum wissen jetzt schon mit Sicherheit:

Der Dampfer *Dresden* ist nicht mehr zu retten und sinkt.

Der Kapitän hat schon wenige Minuten nach der Kollision den Funker beauftragt, SOS zu funken und Hilfe für das sinkende Schiff zu erbitten.

Zu den ersten Empfängern des SOS-Rufes gehört das KdF-Schiff *Monte Olivia*. Kapitän Friedrich Petersen und seinem 1. Offizier Louis Reese fährt der Schreck in die Glieder, als der Funker den Spruch auf die Brücke bringt:

»dampfer dresden mit unterwasserfelsen kollidiert — bordwand meterweit aufgerissen — starker wassereinbruch — brauchen dringend Hilfe — schiff

Nach der Zerschlagung der deutschen Gewerkschaften setzt sich am 2. Mai 1933 Dr. Robert Ley an die Spitze der Staatsgewerkschaft des Dritten Reiches, die den Namen DAF = Deutsche Arbeitsfront erhält und gründet danach die ›NS-Gemeinschaft Kraft durch Freude‹, kurz ›KdF‹ genannt. *(Foto: AHM)*

Die NDL-Schiffe *Sierra Cordoba* und *Der Deutsche* Ende Dezember 1933 vor ihrer Übergabe an die DAF für den KdF-Reisen-Einsatz 1934. *(Foto: HPLD)*

Am 4. Mai 1934 gehen der NDL-Dampfer *Dresden* (Foto) und M/S *Monte Olivia* von der Hamburg-Süd auf die erste gemeinsame ›KdF‹-Seereise an die Südküste Englands. *(Foto: ABVU)*

Das ist das Motor-Passagier-Schiff *Monte Olivia*, 13 750 BRT groß, das die DAF 1934 für ›Kraft durch Freude‹-Reisen von der Hamburg-Sudamerikanischen Dampfschifffahrts-Gesellschaft chartert. *(Foto: HSDG/GAHS)*

An Bord des Dampfers *Dresden.* Die Reise in die Welt der norwegischen Fjorde hat begonnen. Trotz des schlechten Wetters herrscht unter den KdF-Urlaubern an Bord frohe Laune. *(Foto: AHM)*

Die Urlauber auf dem Dampfer *Dresden* freuen sich über den ersten Blick auf die norwegischen Fjorde. *(Foto: AHM)*

Fahrgäste des KdF-Dampfers *Dresden* beim Bootsmanöver, das man als interessantes ›Spiel‹ betrachtet. Man ist vergnügt dabei. *(Foto: AHM)*

Am 20. Juni 1934 wird am Vormittag der Wind stärker, entwickelt sich zum Sturm. Am Nachmittag läuft der Dampfer *Dresden* auf einen Unterwasserfelsen und sinkt. Alle Fahrgäste müssen das Schiff verlassen. Das Schiffsunglück fordert einige Verletzte. Zwei Frauen sterben an Bord des norwegischen Rettungsschiffes *Kong Haakon*. Für die KdF-Organisation ist der Verlust des KdF-Schiffes *Dresden* ein schmerzlicher Rückschlag. *(Foto: AHM)*

Auf der Kommandobrücke des M/S *Monte Olivia* schlägt der Funkspruch des Dampfers *Dresden* über die Kollision mit einem Unterwasserfelsen wie eine Bombe ein. Da aber andere Rettungsschiffe der *Dresden* zu Hilfe eilen, kann *Monte Olivia* die KdF-Reise fortsetzen. *(Foto: HSDG/GA)*

Schnell noch ein Fo[...]
das ›KdF‹-Familiena[...]
zur Erinnerung an d[...]
se mit dem D. Dresd[...]
(Foto: AHM)

Das Promenadendeck des
M/S *Monte Olivia*, das
den D. *Dresden* auf der
Norwegenreise begleitet.
Die *Monte Olivia* hat
schon mehrere KdF-Rei-
sen hinter sich und ihre
Bewährungsprobe als ›Ar-
beiter-Urlaubsschiff‹ be-
reits bestens bestanden.
(Foto: HSDG/GAHS)

Komfort für die KdF-Ur-
lauber auf M/S *Monte Ro-
sa*. Das Bild zeigt die große Halle, sie ist ein belieb-
ter Treffpunkt bei den
Abendveranstaltungen an
Bord. (Foto:
HSDG/GAHS)

Zur ersten ›Kraft durch Freude-Flotte‹ gehören 1934 neben dem D. *Dresden* und *Monte Olivia* die Schiffe *St. Louis* (Foto), *Sierra Cordoba*, *Der Deutsche* und *Oceana*. *(Foto: HAPAG/GA)*

Bereits am 1. Februar 1934 geht der NDL-Dampfer *Der Deutsche* in den Besitz der DAF über und wird ein ›Kraft durch Freude‹-Schiff. *(Foto: NDL/GA)*

Auch der NDL-Dampfer *Sierra Cordoba* wird von der DAF bereits 1934 ›entdeckt‹ und als KdF-Schiff für ›Arbeiter-Seereisen‹ eingesetzt. *(Foto: AHM)*

Der NDL-Dampfer *Oceana*, mit 8 791 Bruttoregistertonnen das kleinste, 1934 für KdF-Reisen gecharterte Schiff, findet schon auf den ersten Reisen die Begeisterung der Passagiere. *(Foto: HPLD)*

Dr. Robert Ley bei der Ansprache vor dem KdF-Schiff *Der Deutsche* aus Anlaß der Eröffnung der KdF-Seereise-Saison 1935. *(Foto: AHM)*

1938 und 1939 werden die beiden Hamburg-Süd-Schiffe *Monte Rosa* (mittleres Bild) und *Monte Sermiento* (unteres Bild) für KdF-Reisen ›Rund um Italien‹ und für Norwegenfahrten eingesetzt. *(Foto: HSDG/GA)*

›Kraft durch Freude‹ bei den Urlaubern auf M/S *Monte Rosa*. Tagsüber sind die Oberdecks die beliebtesten Aufenthaltsorte für die Passagiere. *(Fotos: PR/GAHS)*

sinkt auf Position...«

Petersen und Reese sind sich klar darüber, daß *Monte Olivia* sofort auf Gegenkurs gehen muß, um dem Dampfer *Dresden* zu helfen und dessen Passagiere an Bord zu nehmen. Sie wissen aber auch, daß sie für die plötzliche Umkehr ihres Schiffes den Passagieren eine Erklärung geben müssen und daß diese mit Sicherheit an Bord große Unruhe auslösen wird.

In diesen Überlegungen: »Wie sagen wir es unseren Passagieren« — erhält Kapitän Friedrich Petersen einen zweiten Funkspruch überreicht, der vor wenigen Augenblicken eingetroffen ist.

»norwegischer dampfer kong haakon und französisches inspektionsschiff ardent ganz in unserer nähe — kommen zu Hilfe —hilfeleistung monte olivia deshalb nicht erforderlich — gute weiterreise — —«.

Petersen und Reese atmen auf. *Monte Olivia*, die ihre Fahrt nach dem Eintreffen des ersten Funkspruches vorübergehend gestoppt hatte, setzt die Reise fort. Über Funk erfährt die Schiffsleitung am späten Nachmittag von der Bergung aller Schiffsbrüchigen.

Die Bergungsaktion auf dem Dampfer *Dresden* geht in aller Ruhe vor sich. Der Kapitän hat angeordnet, alle Boote zu besetzen und zu Wasser zu lassen. Diszipliniert und ohne eine Spur von Panik folgen die Urlauber den Anweisungen, die über Lautsprecher bekanntgegeben werden. Auch die Übernahme der Schiffbrüchigen aus den Rettungsbooten an Bord des norwegischen Dampfers *Kong Haakon* geht ohne Hast vor sich. Lediglich ein Boot kentert bei dem stürmischen Seegang, zwei Frauen ohne Schwimmwesten, drohen zu ertrinken. Zwei Männer der Besatzung springen sofort von der Reling ins Wasser und retten die beiden Frauen. Der größte Teil der Passagiere wird vom Dampfer *Kong Haakon*, der direkt an der *Dresden* festgemacht hat, übernommen. Das gleiche tut auch das französische Schiff *Ardent*. Auch bei diesem verläuft die Anbordnahme der Schiffbrüchigen in völliger Ruhe und Ordnung.

Zwei Stunden nach Beginn der Bergungsaktion sind alle Passagiere von Bord und auf der Fahrt nach Stavanger.

Auf dem norwegischen Dampfer *Kong Haakon* sterben zwei der Schiffbrüchigen, zwei Frauen, an Herzschwäche: Emma Erzheimer aus Otterberg in der Rheinpfalz und Else Cherdron, ebenfalls aus der Rheinpfalz.

Die Schiffbrüchigen werden in Stavanger in Hotels und Kasernen untergebracht, die an Bord des Dampfers *Dresden* befindlichen und geborgenen SA-Leute finden Unterkunft in einer Militärbaracke auf dem Exerzierplatz Malde bei Stavanger. Eine ganze Gruppe von geretteten Schiffbrüchigen werden in Bauernhäusern in der Umgebung von Stavanger untergebracht, sie finden hier eine so herzliche Aufnahme, daß sie ihre Gastgeber spontan für den Sommer zu einem Besuch in der Pfalz einladen.

Bei dem Unfall des Dampfers *Dresden* werden zwei Frauen schwer verletzt, zwölf Frauen kommen mit leichten Verletzungen davon, der Schiffskoch Berroth hat zwar einige Rippen gebrochen, ist aber trotzdem transportfähig.

Sofort nach Bekanntwerden des Unfalls wird noch am Abend des Unglückstages der in Bremerhaven liegende Dampfer *Stuttgart* des Norddeutschen Lloyd ausgerüstet, um die Passagiere und die Besatzung des Dampfers *Dresden* in Stavanger abzuholen.

Die Befürchtung des Kapitäns und des Lotsen, der Dampfer *Dresden* würde sehr rasch sinken, bewahrheitet sich indessen nicht. Das gekenterte Wrack hält sich an dem Steilhang des Sundes viel länger, als erwartet. So können noch einige Teile geborgen werden, darunter auch die auf dem Vorschiff angebrachte Schiffsglocke, die noch die Inschrift ›Zeppelin Bremen‹ trägt. Die Norweger hängen diese Glocke an den Anlieger in Kopervik, um damit die säumigen Passagiere auf Trab zu bringen, wenn die Routeboote von Stavanger und Bergen klar zur Abfahrt sind.

Das Unglück des Dampfers *Dresden* auf einer KdF-Urlaubsreise in Norwegen löst sowohl bei der NS-Gemeinschaft ›Kraft durch Freude‹ in Berlin als auch beim Norddeutschen Lloyd in Bremen, Entsetzen aus.

Besonders bestürzt ist Dr. Robert Ley, dem man die Nachricht am frühen Abend des 20. Juni 1934 übermittelt. Der Untergang eines KdF-Schiffes zu Beginn der erst vor sechs Wochen mit großem Propagandaaufwand gestarteten Ferienaktion ›Seereisen für Arbeiter‹ paßt so ganz und gar nicht in seine Konzeption. Er muß sich aber mit der Tatsache dieses Schiffsverlustes aufgrund ›höherer Gewalt‹ abfinden und er muß auch einsehen, daß es ihm nicht möglich sein wird, über das Unglück eine totale Nachrichtensperre zu verhängen.

Die erste Information der Öffentlichkeit überläßt Robert Ley der Reederei, dem Norddeutschen Lloyd. Der Text lautet:

»Vom Norddeutschen Lloyd wird zum Unfall der *Dresden* mitgeteilt, daß bei dem Schiffsunglück zwei Frauen gestorben sind. Sie sind nicht ertrunken, sondern auf dem norwegischen Dampfer, der sich bei den Rettungsarbeiten beteiligte, an Herzschwäche gestorben. Die übrigen Passagiere befinden sich alle in guter Pflege. Die norwegischen Behörden haben sich mit großer Fürsorge und Tatkraft ihrer angenommen. Vermißt wird keiner der Passagiere und keiner der Schiffsangehörigen.

Die *Dresden* ist gesunken.

14 Personen und der Koch befinden sich mit leichten Verletzungen im Hospital, der Koch hat Rippenbrüche davongetragen, eine Frau Arm- und Beinbrüche.«

Kein Wort in dieser kurzen Meldung, wie und wo das Unglück geschah, kein Wort darüber, daß sich der Dampfer *Dresden* auf einer ›Kraft durch Freude‹-Reise befand.

Dr. Ley sandte zunächst ein Telegramm an den Norddeutschen Lloyd mit dem Inhalt:

»Kapitän und Mannschaft der *Dresden* herzlichen Dank für die Rettung unserer Arbeitskameraden.«

Einen Tag später ließ Robert Ley im ›Völkischen Beobachter‹ folgende einspaltige Meldung veröffentlichen:

42

»Ganz Deutschland trauert um den Tod der beiden Frauen, die mitten in ihrer Erholung von des Tages Müh und Last jäh aus dem Leben gerissen wurden. Durch die Aufregung erlitten sie einen Herzschlag. Die Urlaubsreise der NS-Gemeinschaft ›Kraft durch Freude‹ fand einen betrüblichen Abschluß. Jedoch dürfte niemand ein Verschulden treffen. Kapitän und Besatzung des Schiffes erfüllten bis zum letzten ihre Pflicht. Besonderer Dank gebührt den norwegischen Schiffen und den Behörden, die durch ihre schnelle Hilfeleistung möglich machten, daß die Passagiere sofort an Land befördert und in Hotels untergebracht werden konnten.

Aber nichts kann uns davon abhalten, weiter unseren Volksgenossen durch Seereisen Erholung zu geben. Wie jeden Tag ein Eisenbahnunglück, ein Automobilunfall usw. Opfer fordern kann, so wurde auch hier die *Dresden* das Opfer einer höheren Gewalt. Bedauerlich ist natürlich, daß zwei Frauen diesen Unfall, der sonst so glimpflich verlief, mit dem Tode bezahlen mußten. Ihr schwaches Herz hielt diese Anstrengung nicht aus und sie verstarben.

Wir richten nunmehr den Appell an alle Volksgenossen, sich durch nichts von den Urlaubsreisen auf deutschen Schiffen abhalten zu lassen. An dem Unglücksfall der *Dresden* sehen wir, daß auf deutschen Schiffen größte Sicherheit gewährleistet ist. Gelang es doch, sämtliche Passagiere in den Rettungsbooten unterzubringen!«

Am Sonnabend, den 23. Juni 1934, nachmittags um 15.00 Uhr, trifft der NDL-Dampfer *Stuttgart*, der die Passagiere und die Besatzung des Dampfers *Dresden* in Stavanger abholte, in Bremerhaven ein. Noch in der Nacht zum Sonntag treten die Passagiere die Heimreise an.

Der unerwartete Rückschlag, den die NS-Gemeinschaft ›Kraft durch Freude‹ zumindest propagandistisch durch den Verlust des Dampfers *Dresden* am 20. Juni 1934 erlitten hat, veranlaßt Dr. Robert Ley eine Woche später zu einem Schritt nach vorn. Er chartert Ende Juni 1934 gleich eine ganze Flotte von Schiffen für KdF-Reisen: von der Hamburg-Amerika-Linie die Dampfer *St. Louis* (16 732 BRT) und *Oceana* (8 791 BRT) und vom Norddeutschen Lloyd Bremen die Dampfer *Der Deutsche* (11 453 BRT) und *Sierra Cordoba* (11 496 BRT). *St. Louis*, *Der Deutsche* und *Sierra Cordoba* können jeweils 900 Urlauber an Bord nehmen, *Oceana* 700. Mit der *Monte Olivia*, die bereits von der Hamburg Süd gechartert wurde, verfügt die KdF-Flotte ab Ende Juni 1934 über fünf Schiffe.

Das Wrack des Dampfers *Dresden* wird im August 1934 an ein Unternehmen in Stavanger zum Abbruch verkauft. 1937 läßt der Norddeutsche Lloyd Bremen bei der Werft Bremer Vulkan ein neues Schiff mit dem Namen *Dresden* bauen.

KDF-REISE NACH MADEIRA

1934 nehmen bereits 80 000 Arbeiter an Seereisen teil, 1935 steigt die Zahl auf 135 000. Während 1934 überwiegend achttägige Norwegenfahrten durchgeführt werden, die den Teilnehmer RM, 40,— für die Seereise und RM 10,— für die Anfahrt zum Hamburger Hafen per Bahn kosten, wird 1935 mit Atlantik-Seereisen begonnen. Reiseziel ist die Insel Madeira.

Über die erste ›Kraft durch Freude‹-Reise mit dem Dampfer *St. Louis* schreibt Hans Biallas in seinem Bericht ›Der Sonne entgegen‹:

»Als die einzelnen die Nachricht erreichte, daß sie, gerade sie, nach Madeira fahren sollen, da standen sie fassungslos vor Glück, z. B. der alte Bergmann, der schon seit vierzig Jahren in die Grube fährt. Als der Blockwalter der Deutschen Arbeitsfront zusammen mit dem Beauftragten von ›Kraft durch Freude‹ an ihn herantrat, als er es erfuhr und sie ihm mit herzlichen Worten gratulierten, da dauerte es eine ganze Weile, ehe er wirklich erfaßt hatte, was die beiden denn von ihm wollten. Dann aber rannen ihm die Tränen vor Rührung und Freude über die zerfurchten Wangen und das ›Heil Hitler‹, das er zum Abschied rief, war noch nie so herzlich und frei von seinen Lippen gekommen.«

So war es auch bei allen anderen Fahrtteilnehmern. Überall überraschte sie die freudige Mitteilung am Arbeitsplatz. In Fabriken, Werkstätten und Kontore drang das Glück und suchte den Arbeiter am Schraubstock, die Arbeiterin am Webstuhl und die Stenotypistin hinter der Schreibmaschine auf.

Und jetzt sitzen sie nun wirklich und wahrhaftig schon seit Stunden im Zug und fahren Hamburg entgegen, wo die ›Kraft durch Freude‹-Flotte sie erwartet.

An den St. Pauli-Landungsbrücken liegen vier mächtige Schiffe: *St. Louis, Der Deutsche, Oceana* und, weiter entfernt, die *Sierra Cordoba*. Das ist die deutsche ›Kraft durch Freude‹-Flotte 1935, die heute mit viertausend deutschen Arbeitern nach Madeira ausläuft, es ist ›die deutsche Flotte des Friedens‹.

Nacheinander kommen die Sonderzüge in Hamburg an. Trotz der langen Nachtfahrt, die fast alle Teilnehmer hinter sich haben, sieht man kein müdes oder unfrohes Gesicht. Sie kommen von weit her. Aus allen deutschen Gauen sind sie ausgewählt worden, und die Erwartung, die freudige innere Erregung, die im Herzen eines jeden Madeirafahrers herrscht, prägt sich auf allen Gesichtern aus.

Bayerischer Dialekt mischt sich mit Hamburger Platt, viele kommen so gekleidet, wie sie es nicht anders kennen und wie sie es in ihren Bergen gewohnt sind. Die »Kurzen« vermißt man, aber dafür ist es wohl doch noch zu frisch. Aber vielleicht haben sie ihre »Krachledernen« für die wärmeren Zonen mitgebracht, um in Lissabon oder Funchael Aufsehen zu erregen...

Jetzt marschieren auch die Kolonnen der SA, SS, HJ, Politischen Leiter und des Arbeitsdienstes an. Die Betriebe sind durch ihre Werkscharen vertreten, ihnen gebührt heute der Ehrenplatz; denn heute ist ein Jubeltag des deutschen Arbeitertums. Heute ist das Wirklichkeit geworden, was noch vor vier Jahren von jedem — und mit Recht — als Utopie verlacht worden wäre. Heute fährt der deutsche Arbeiter als Repräsentant der Nation in die

Welt. »Deutschland fährt mit euch«, verkünden Transparente, die am Ufer ausgespannt sind. Der Abschied, den Hamburg diesen ›Kraft durch Freude‹-Urlaubern bereitet, ist wahrhaft erhebend. Tausende von Menschen säumen die Ufer. Fahnen über Fahnen. Hamburg an einem grauen und kalten März-tage. Aus dem Dunst ragen die Stahlgerüste der Hellinge hervor. Die klei-nen Hafenbarkassen kreuzen mit schäumendem Bug eilig hin und her. Am Ufer huschen die gelben Wagenzüge der Hochbahn entlang. Weiß leuchten die Transparente und blutigrot die Fahnen des Dritten Reiches.

Zwanzigmal ist der Arbeiter Oldenkamp alle Treppen im Schiff hoch-und runtergelaufen.

Erstens ist es nicht einfach, sich in einem Schiff zurechtzufinden, wenn man nicht schon in die Geheimnisse all der Gänge, Decks, Treppen und Stiegen eingeweiht ist und in den unergründlichen und doch so weisen Plan, nach dem der Schiffbauer sie angelegt hat. Zweitens gibt es auf allen Seiten immer wieder etwas Neues zu sehen. Nachdem ihm die tiefere Bedeutung von Backbord und Steuerbord, Luv und Lee, Achtern und Back eingegangen war, war es bedeutend leichter. Als es durch die Lautsprecher schallt: »Back-bord voraus Kreuzer *Köln* in Sicht«, läuft er erst nach der falschen Seite und hätte beinahe den prachtvollen Anblick versäumt.

So wie Oldenkamp geht es auch den anderen. Überhaupt, daß ein Schiff so schön ist, hat niemand gedacht. Die ›Kraft durch Freude‹-Reisenden liegen auch nicht etwa in Schlafsälen und essen von langen Holztischen, sondern sie leben genauso wie die übrigen Passagiere der Hapag und des Norddeutschen Lloyd. Sie wohnen in den schönen, eleganten Kabinen, ein-zeln, zu zweien oder zu dreien. — Und das Essen! Also — gegessen wird immerzu, wie ja die Hauptbeschäftigung an Bord eines Schiffes meistens das Warten von einer Mahlzeit auf die andere ist. Die Speisekarte übertrifft an Reichhaltigkeit alle Erwartungen. Die Güte des Essens ist über jedes Lob erhaben!

Fritz Oldenkamp hat jedenfalls noch niemals in seinem Leben so gut und so viel gegessen. Er hat auch bereits so viele Bekanntschaften geschlossen, daß er eigentlich schon wie zu Hause ist. Da sind erst einmal seine Tisch-nachbarn — man sitzt an Einzeltischen wie auf jedem Passagierdampfer. Ihm gegenüber sitzt eine bekannte Sängerin. ›Kraft durch Freude‹ hat nämlich für die Madeirafahrt auch eine Anzahl namhafter Künstler, Musiker, Kom-ponisten, Schriftsteller, Sänger, Maler, Dichter und Vortragskünstler einge-laden, die ihr Bestes zur Ausgestaltung der langen Tage geben.

Sie ist gar nicht stolz, sondern, wie er zu seinem Erstaunen feststellt, kann er sich mit ihr genauso unterhalten wie mit seinem Kameraden. Jetzt merkt er erst, wie wahr es ist, daß alle Volksgenossen Kameraden sind. Hier, wo alle künstlichen gesellschaftlichen Schranken gefallen sind, erkennt und schätzt man den inneren Wert eines Volksgenossen und nicht nur seine äußere Stellung.

›Kraft durch Freude‹ hat dafür gesorgt, daß die Passagiere eines Schiffes ein Spielgebild der wirklichen Volksgemeinschaft bieten. Sie hat daher auch viele Betriebsführer um ihre Teilnahme gebeten. Auch diese haben freudig zugesagt, und wenn wirklich einige Skeptiker dabei waren, so hat sie schon der erste Tag eines Besseren belehrt, und auch sie fühlen sich nur als Volksgenossen unter Volksgenossen und erkennen, daß echte Volksgemeinschaft und Kameradschaft den Menschen ein Gefühl der inneren Erhebung und Aufrichtung gibt, wie es niemals im Rahmen einer sogenannten Gesellschaftsklasse sein kann...

Je länger die Fahrt dauert, desto wärmer wird es. Die Urlauber lassen ein Kleidungsstück nach dem anderen aus. Zuerst verschwinden die Wintermäntel, dann kommen Turnschuhe und helle Hosen zum Vorschein, die Mädchen und Frauen holen ihre Sommerkleider und Strandanzüge hervor. Alle Liegestühle sind besetzt. Die Sonne scheint vom blauen Himmel und bräunt die Gesichter. Niemand will mehr in den Innenräumen sitzen, sondern spaziert auf den Decks auf und ab, liegt in der Sonne oder lehnt sich an die Reling. Lustige Bordspiele werden veranstaltet, am Abend ist Tanz, sind Vorträge und Kino, für Stimmung und Humor ist auf jeden Fall gesorgt.

Als die Urlauber in der Frühe erwachen und aus ihren Kabinen hinaussehen, blicken sie auf bizarre Felsenformationen, die sich steil und fast senkrecht aus dem Meer erheben.

Die ersten Strahlen der Morgensonne beleuchten Madeira, das Endziel ihrer Reise, einen Punkt der Erde, den wohl nicht viele jemals in ihrem Leben erreicht haben und erreichen werden. Viele tausend Kilometer trennen sie jetzt von ihrer Heimat. Ein fremder Erdteil tut sich auf. Sie erinnern sich, daß sie sich jetzt auf gleicher Höhe mit Algerien und Marokko befinden, das nicht allzuweit entfernt liegt. Direkt aus dem Meer empor reckt sich ein gewaltiges Bergmassiv, das bis über 1800 Meter in seiner höchsten Spitze hinaufreicht. Gelb und grün leuchten die Hänge an den Ufern. Eine üppige, tropische Vegetation in allen leuchtenden Farben des Südens bedeckt die steilen Felsen, auf denen jedes Fleckchen ausgenützt scheint.

Langsam fährt das Schiff die Küste entlang. Die Urlaubskameraden drängen sich an Bord, um voll und ganz den herrlichen Ausblick zu genießen...

Felsige Berghänge, gestaffelte Gärten, Blüten über Blüten, Bananen, Zuckerrohr, das wie ein Wald bis hoch hinaufzieht, Kakteen, Bodenfarne, Drachenbäume, Magnolien und Palmen in den verschiedensten Arten und Formen, Weinberge, Kartoffeläcker, große Felder mit Zwiebeln vervollständigen das Bild eines großen, gepflegten Gartens, das dieses Land bietet.

In den steilen und engen Gassen Funchals und der zahlreichen Dörfer, die sich die ganze Küste entlangziehen, erblickt man überall Spuren der Stickereiindustrie. In den Türen der Häuser, vor den kleinen Hütten, in Gärten und auf den Gassen sitzen Frauen und Mädchen die eifrig mit den heimischen Handarbeiten beschäftigt sind, die ebenfalls einen wichtigen Exportartikel ausmachen. Ebenso wird überall geflochten, Korbmöbel und Strohhüte werden angefertigt, und jeder Vorübergehende kann bei der Arbeit zuschauen, was sich die Urlauber nicht entgehen lassen. Hier ist die beste Gelegenheit, die üblichen Reisegeschenke zu kaufen und mit nach Hause zu nehmen. Die Geschäfte in Funchal sind angefüllt mit Seltenheiten des Landes, die verhältnismäßig billig zu haben sind.

Es läßt sich schon leben auf Madeira. Das merken die deutschen Arbeiter sehr bald. Man kann für wenig Geld vornehm speisen und lebt dabei im gesündesten Klima der Welt. Es wird auf Madeira nicht wärmer als 30 °C und im Winter nicht kälter als 10 °C des nachts. Dazu die herrliche Vegetation und die wunderbare Landschaft. Es gibt auch Ausflugsmöglichkeiten genug. Erstens auf der Insel selbst und dann nach der nur zwanzig Seemeilen entfernten Insel Porto Santo, die einen wunderschönen Badestrand hat und viel im Sommer aufgesucht wird. Oben an der Steilküste Madeiras erblickt man nach Süden zu noch einige weitere kleine Inseln, die aber völlig unbewohnt sind. Ihr Name ›Desertas‹, die ›Verlassenen‹, deutet das auch schon an. Viele reiche Fremde, vor allem Engländer, haben sich das auch zunutze gemacht und Madeira als Ruhesitz gewählt. Sie haben sich prächtige Villen erbaut und verzehren hier ihre Renten inmitten der üppigen Vegetation und der Blütenwunder ihrer Gärten, die ihre Zufluchtsstätte zu einem Paradies machen. Die schöne Zeit vergeht viel zu schnell.

Nach der nächtlichen Abfahrt von Madeira geht der Kurs der ›Kraft durch Freude‹-Flotte geradewegs der Heimat zu. Tag für Tag sehen die Urlauber um sich herum nichts als den unendlichen Ozean und die langen, rollenden Wogen des Atlantiks. Es scheint ihnen, als seien sie schon wochenlang unterwegs. Ein schöner Urlaub, der herrlichste ihres Lebens, nähert sich seinem Ende. Unendlich viel haben die Arbeitskameraden in diesen wenigen Tagen erlebt und gesehen, so daß der Blick auf das weite Meer eine Erholung für sie bedeutet ...

Wieder geht ein kühler, nebliger Morgen über dem Hamburger Hafen auf. Langsam schiebt sich, von Schleppern gezogen, ein mächtiges Schiff an die Landungsbrücken heran. Es ist die *St. Louis*, das erste Schiff der ersten Madeirafahrt 1935, das wieder zurückgekehrt ist. Von Bord gehen Menschen mit gesunden, gebräunten Gesichtern. Die deutschen Arbeiter kehren wieder heim, in die Heimat zurück.

Und auch Fritz Oldenkamp geht von Bord. Wie die anderen wirft auch er einen letzten Blick vom Land auf das Schiff, das vierzehn Tage lang seine Heimat war. Da packt es ihn, er reckt sich empor, jauchzend dringt sein Ruf hinan, und tausend deutsche Arbeiter stimmen ein:

»Dem Führer Sieg Heil!«

Diese Begeisterung für Hitler und das Dritte Reich nach erlebter ›Kraft durch Freude‹-Reise ist das, was Robert Ley unter »weltanschaulicher Umerziehung im Urlaub« verstand. Trotzdem: die Urlaubsfahrten der gecharterten KdF-Schiffe entsprechen noch nicht seinen Vorstellungen. Was er sich wünscht, ist ein ›klassenloses KdF-Schiff‹, das nicht einer Reederei gehört, sondern der Deutschen Arbeitsfront, der NS-Gemeinschaft ›Kraft durch Freude‹, ein Schiff, doppelt so groß wie das größte der bisher eingesetzten gecharterten KdF-Schiffe, ein wirkliches ›Arbeiterschiff‹, das den Idealvorstellungen der nationalsozialistischen Idee entspricht.

Robert Leys Idee wird Wirklichkeit. In Absprache mit dem Führer erteilt er am 22. Januar 1936 der großen deutschen Schiffsbauwerft Blohm & Voss in Hamburg den Auftrag, für den Betrag von 25 Millionen Mark ein ›Kraft durch Freude‹-Schiff zu bauen und setzt dafür konkrete Termine: Am 4. August 1936 soll die Kiellegung erfolgen, am 5. Mai 1937 der Stapellauf, und am 16. März 1938 soll das fertige Schiff abgeliefert werden.

EIN KDF-PROPAGANDASCHIFF WIRD GEBAUT

Der Name für diesen ersten KdF-Schiff-Neubau steht bei der Auftragserteilung am 22. Januar 1936 noch nicht fest. Im Reichspropagandaministerium überlegt man, dem Schiff den Namen *Adolf Hitler* zu geben, zumal es sich um das erste Schiff handelt, das der Partei gehört und als ›Propagandaschiff‹ für die Nationalsozialistische Deutsche Arbeiterpartei im Ausland werben soll.

Doch kaum drei Wochen nach Auftragserteilung entschließt sich Hitler, nach der Beisetzung seines Freundes Gustloff in Schwerin, dem in Davos durch einen Juden ermordeten Parteigenossen, mit der Namensgebung *Wilhelm Gustloff* ein Denkmal zu setzen.

Bereits am 10. Februar 1936 steht für den Führer fest: Das erste ›Kraft durch Freude‹-Schiff wird *Wilhelm Gustloff* heißen, und die Witwe Gustloffs wird es taufen.

Aufbauend auf den mit gecharterten Schiffen gemachten Erfahrungen stellte die Deutsche Arbeitsfront bei Auftragserteilung an die Schiffswerft für den Bau des ersten, nur für ihre Zwecke bestimmten Neubaues, klare Forderungen. Als grundlegend galt die Forderung auf Weiträumigkeit bei der Anlage aller von Fahrgästen und der Besatzung benutzten Räume. Hierzu gehörten besonders:

Große, freie Decks, ohne die auf Schiffen üblichen zahlreichen Lüfterköpfe, ohne störende Lüftungsmaschinen, Winden und sonstige sperrige Decksausrüstungen, ausreichend für Liegeplätze aller Fahrgäste an Bord; außerdem genügend Flächen für Spiele, Promenaden und Versammlungen der Fahrgäste und der Besatzung; große, helle Säle im Schiffsinneren mit bequemer Sitzgelegenheit für alle Fahrgäste, ohne Inanspruchnahme der Speisesäle, die nur während der Mahlzeiten benutzt werden sollten.

Unterbringung aller Fahrgäste in Außenkabinen.

Unterbringung der Besatzung in Kabinen, die in Bezug auf Größe und Ausstattung denen für Fahrgäste gleichwertig sein sollten.

Selbstverständlich war die Forderung: Größtmögliche Sicherheit sowohl in Bezug auf die Schwimmfähigkeit und Stabilität des Schiffes wie auch gegen Ausbruch und Ausbreitung von Feuer sowie bezüglich der Navigationsmittel.

Der Werft war nach Maßgabe der gestellten Bedingungen bei den Entwurfsarbeiten völlige Freiheit gelassen.

Nachdem die Entwurfsarbeiten zufriedenstellend abgeschlossen waren, diese und das Modell die Zustimmung des Auftraggebers Robert Ley gefunden hatten, wurde der erste ›Kraft durch Freude‹-Schiffsneubau am 4. August 1936 bei Blohm & Voss in Hamburg auf Kiel gelegt.

»UNSRE FAHNE FLATTERT UNS VORAN … !«

Zu dieser Zeit, Anfang August 1936, hörte ich bei einem ›Heimabend‹ des ›Jungvolks‹ zum ersten Male den Namen *Wilhelm Gustloff*. Bei einem politischen Schulungsabend wurde über den Mord des Gauleiters in der Schweiz gesprochen.

Dem Jahrgang 1926 angehörend, war ich am 3. Juni 1936 zehn Jahre alt geworden. Jedoch schon etwa sechs Wochen vorher wurde ich in die Jugendorganisation der Hitler-Jugend, das ›Deutsche Jungvolk‹ aufgenommen. Der Jahrgang 1926 wurde erstmalig ›eingezogen‹, d. h. in die Jugendorganisation der Hitler-Jugend eingegliedert. Am Vorabend des Geburtstages des Führers, am 19. April 1936, erlebte ich in meiner Heimatstadt Jauer in Niederschlesien die Aufnahme und die Vereidigung auf den Führer:

»Ich verspreche, in der Hitler-Jugend
allzeit meine Pflicht zu tun,
in Liebe und Treue zum Führer
und zu seiner Fahne,
so wahr mir Gott helfe!«

Beim Abmarsch vom Aufnahmeplatz sangen wir das Lied, dessen Text der Reichsjugendführer Baldur von Schirach geschrieben hat.

»Unsere Fahne flattert uns voran:
Vorwärts! Vorwärts! Schmettern die hellen Fanfaren.
Vorwärts! Vorwärts! Jugend kennt keine Gefahren.
Deutschland — du wirst leuchtend stehn,
mögen wir auch untergehn …
Vorwärts! Vorwärts! Schmettern die hellen Fanfaren.
Vorwärts! Vorwärts! Jugend kennt keine Gefahren.
Ist das Ziel auch noch so hoch,
Jugend zwingt es doch.
Unsere Fahne flattert uns voran.
In die Zukunft ziehn wir Mann für Mann.
Wir marschieren für Hitler durch Nacht und durch Not
mit der Fahne der Jugend für Freiheit und Brot.
Unsere Fahne flattert uns voran,
unsere Fahne ist die neue Zeit.
Und die Fahne führt uns in die Ewigkeit.
Ja, die Fahne ist mehr als der Tod!«

Wir 10jährigen, die wir dieses Lied sangen, begeisterten uns für die ›neue Zeit‹ ohne zu ahnen, wie sie enden würde und daß die Fahne Adolf Hitlers viele von uns in den Tod führen würde.

Das »Gesetz über die Hitlerjugend« vom 1. Dezember 1936 nahm das HJ-Dienstpflichtgesetz für den Kriegsdienst vorweg:

»Die gesamte deutsche Jugend innerhalb des Reichsgebietes ist in der Hitler-Jugend zusammengefaßt.« In den HJ-Heimen wurde der Wochenspruch ausgehängt:

»Du bist nichts, dein Volk ist alles!«

Ende 1936 zählte die Hitler-Jugend 5 400 000 Mitglieder, eines der jüngsten war ich.

»ICH TAUFE DICH AUF DEN NAMEN *WILHELM GUSTLOFF*!«

Am 1. Mai 1937 wird in Presse und Rundfunk bekanntgegeben: »Der erste KdF-Schiff-Neubau der NS-Gemeinschaft ›Kraft durch Freude‹ in der ›Deutschen Arbeitsfront‹ wird am Mittwoch, dem 5. Mai 1937 auf dem Werftgelände von Blohm & Voss in Hamburg getauft. Der Führer und Reichskanzler Adolf Hitler kommt zu diesem Ereignis nach Hamburg. Die Taufe nimmt die Witwe des im Februar 1936 in Davos ermordeten Landesgruppenleiters Schweiz der NSDAP, Frau Hedwig Gustloff, vor; die Taufrede hält Reichsorganisationsleiter Robert Ley.«

Ganz Hamburg fiebert diesem Ereignis entgegen.

Bereits am Dienstag, dem 4. Mai, kündigt sich das einmalige Ereignis in Hamburg an: die gesamte ›Kraft durch Freude‹-Flotte, die zu Beginn des Jahres auf insgesamt sechs Schiffe erweitert wurde, trifft im Hamburger Hafen ein und macht, über die Toppen geflaggt, an der festlich geschmückten Überseebrücke fest. In langer Reihe präsentieren sich die hellen Schiffskörper der *Sierra Cordoba, St. Louis, Der Deutsche, Oceana, Monte Olivia* und *Stuttgart*.

An diesem und am frühen Morgen des nächsten Tages nehmen die sechs Schiffe 6500 ›Arbeiter-Urlauber‹ an Bord: 1000 nimmt die *Sierra Cordoba* auf, 963 die *St. Louis, Der Deutsche* nimmt 1000 Hitlerjungen aus dem Gebiet Westfalen an Bord, auf die *Oceana* kommen 721 Passagiere, auf die *Monte Olivia* sogar 1800 und auf die *Stuttgart* 1000.

Die sechs KdF-Schiffe werden nach der Taufe des ersten KdF-Schiff-Neubaues den Hamburger Hafen mit Kurs Norwegen verlassen und mit dieser Fahrt die ›Kraft durch Freude‹-Reisesaison 1937 beginnen. Noch niemals hatte eine Reisezeit einen so großartigen Auftakt.

Hamburg erlebt in diesen Tagen eines der größten Ereignisse in der traditionsreichen Geschichte der Hansestadt.

In den frühen Morgenstunden des 5. Mai sammeln sich die Menschen zu Tausenden und Zehntausenden in den Straßenzügen, durch die der Führer vom Bahnhof aus seinen Weg zum Hafen nehmen wird. Zehntausende stehen am Dammtorbahnhof, wo Ehrenabordnungen aller Gliederungen der Partei, der Wehrmacht und der Polizei aufmarschiert sind. Die letzten Arbeiterurlauber, die mit den KdF-Schiffen Hamburg verlassen werden, gelangen durch die langen Röhren des Elbtunnels von der Stadtseite nach der anderen Seite des Hafens, wo die Schiffe liegen.

Kurz nach 10 Uhr trifft der Sonderzug des Führers in der Halle des Dammtorbahnhofs ein. Jubelnder Empfang Zehntausender begrüßt Adolf Hitler. Zur Begrüßung des Führers, in dessen Begleitung sich der Reichsführer SS Heinrich Himmler, SA-Obergruppenführer Brückner und SS-Gruppenführer Lorenz befinden, haben sich auch auf dem Bahnsteig Reichsorganisationsleiter Robert Ley, Gauleiter und Reichsstatthalter Kaufmann, der Regierende Bürgermeister Hamburgs Krogmann und der Kommandierende General des X. Armeekorps Knochenhauer, eingefunden. Nach einer kurzen Begrüßung begibt sich der Führer mit seiner Begleitung durch die festlich geschmückte Empfangshalle auf den Bahnhofsplatz. Unter den Klängen des Präsentiermarsches schreitet Hitler die Front des Ehrensturms der SS-Standarte ›Germania‹ ab. Im Kraftwagen begibt er sich dann mit seiner Begleitung zum Hafen.

Die Fahrt im offenen Wagen durch Hamburgs Straßen wird für den Führer und Reichskanzler zu einem wahren Triumphzug. Zu beiden Seiten der Anfahrtsstraßen haben mehrere tausend Hitlerjungen und Abordnungen von den verschiedenen Parteiorganisationen Aufstellung genommen.

Als die Fahrzeuge, allen voran das des Reichskanzlers, an den Landungsbrücken eintreffen, kennt der Jubel der dort wartenden Massen keine Grenzen. In einer Barkasse begibt sich der Führer durch den Hafen zur Bauwerft. Auch während dieser kurzen Fahrt bietet sich ihm ein imposantes Bild: Alle im Hafen liegenden Schiffe, gleich welcher Nationalität, haben aus Anlaß des großen Tages, des Stapellaufs des Arbeiterschiffes M/S *Wilhelm Gustloff*, geflaggt.

An dem Weg, den der Führer vom Landungssteg der Barkasse bis zur Taufkanzel auf dem Werftgelände zurücklegt, haben 400 Fahnen der Bewegung Aufstellung genommen. Vom Podium der Tribüne grüßen Standarten der SA und SS. Über allem empor ragt der massige Rumpf des neuen Ozeanriesen über Hellinggerüsten und Werftgebäuden.

Beim Betreten des Werftgeländes wird Hitler von dem Betriebsführer, Staatsrat Rudolf Blohm, und Betriebszellenobmann Pauly begrüßt. Eine große Schar von führenden Vertretern von Partei, Staat und Wehrmacht begleitet den Führer bis zur Taufkanzel, unter ihnen Reichsorganisationsleiter Robert Ley, Reichsführer SS Himmler, der Oberbefehlshaber der Kriegsmarine, Generaladmiral Raeder, Gauleiter und Reichtsstatthalter Kaufmann, Gauleiter Bohle, SS-Obergruppenführer Sepp Dietrich, Gauleiter Hildebrandt, Gauleiter Bürckel, der deutsche Generalkonsul in Schanghai, SA-Gruppenführer Kriebel, SS-Brigadeführer Schaub, SA-Brigadeführer Schaefer, der deutsche Geschäftsträger in der Schweiz, Pg. Freiherr von Bibra, der NSDAP Ortsgruppenleiter in Davos/Schweiz, Böhme, der Regierende Bürgermeister Krogmann und weitere Vertreter der Hansestadt Hamburg.

Von Heilrufen umbrandet, besteigt der Führer mit seiner Begleitung und Frau Gustloff die Taufkanzel, wo ihm der Reichsamtsleiter des ›Amtes für Reisen, Wandern und Urlaub‹ der NS-Gemeinschaft ›Kraft durch Freude‹, Pg. Dr. Lafferentz, die Meldung erstattet:

»Mein Führer!

Zum Stapellauf des ersten KdF-Schiffes sind 50 000 deutsche Männer und Frauen versammelt!«

Danach begrüßt Reichsstatthalter Gauleiter Kaufmann den Führer mit den Worten:

»Es ist mir eine stolze Freude, Sie mein Führer, auf dieser Werft und in Hamburg aufs herzlichste begrüßen zu dürfen. Ist doch dieses Ereignis, das wir heute feiern, ein Ereignis, das in der Welt einmalig dasteht. Dieses stolze Schiff, das in wenigen Monaten mit Arbeitern an Bord die Meere befahren wird, ist ein Denkmal und ein Wahrzeichen dessen, was Sie, mein Führer, geschaffen haben. Wir grüßen Sie in tiefer Dankbarkeit dafür, daß diese Werft wieder hämmert und dieses Schiff gebaut wird, daß dieser Hafen wieder erfüllt ist mit pulsierendem Leben, und daß als Erfüllung eines jahrhundertelangen Traumes Groß-Hamburg Wirklichkeit geworden ist.«

In das ›Sieg Heil‹ auf den Führer stimmen die 50 000 jubelnd und begeistert ein.

Dann ergreift der Betriebsführer der Bauwerft Blohm & Voss, Staatsrat Blohm, das Wort zur Begrüßung:

»Wenige nur von allen, die jetzt staunend zu diesem Schiff aufsehen, können sich wohl einen Begriff davon machen, welche Unsumme an Arbeit des Kopfes und der Hand in ihm verkörpert ist. Jeder Schiffsbau stellt eine Gemeinschaftsleistung in höchstem Sinne dar, und jeder, ob er an dem Schiff selbst gearbeitet oder Bauteile dafür geliefert hat, trägt mit an der Verantwortung, daß alles rechtzeitig zusammenkommt und daß das Schiff als Ganzes später den Ruf guter deutscher Werkmannsarbeit in die Welt trägt. Jeder aber auch, der zum Bau beigetragen hat, fühlt sich dann diesem Schiff für immer verbunden und ist stolz auf das gemeinsame Werk.

Einen besonderen Stolz aber empfindet die ganze Werft, daß uns das Vertrauen entgegengebracht worden ist, dieses erste Urlauberschiff für die NS-Gemeinschaft ›Kraft durch Freude‹ zu bauen, und daß Sie, mein Führer, durch Ihre Anwesenheit den Tag des Stapellaufs zu einem unvergleichlichen Ehrentag gestalten für die Werft und die 50 000 Menschen, die als Zuschauer aus allen Gegenden Deutschlands hierhergekommen sind.

Ihnen mein Führer, melde ich im Namen der Werft:

Das Urlauberschiff, Baunummer 511, fertig zum Stapellauf!«

Nach dem Beifall der Zuhörer tritt Reichsorganisationsleiter Robert Ley an das Mikrophon, um die Taufrede zu halten:

»Deutsche Menschen!

Der heutige Tag ist für uns alle und für mich im besonderen ein gewaltiger

Tag. Was gestern noch Gedanken waren, ist zur Tatsache geworden. Es ist etwas unerhört Großes, es ist einmalig und erstmalig in der Welt, daß es ein Staat unternimmt, für seine Arbeiter ein so großes Schiff zu bauen. Nicht alte Kästen nehmen wir Deutsche für unsere Arbeiter, sondern das Beste ist gerade gut genug für unsere deutschen Arbeiter.

Als ich vor vier Jahren den Namen ›Kraft durch Freude‹ verkündete, war das alles so neu, daß es selbst bei uns nur wenige gab, die glaubten, man könne diese großen Pläne verwirklichen und in die Tat umsetzen. Der Führer gab mir damals den Befehl: »Sorgen Sie dafür, daß der deutsche Arbeiter seinen Urlaub bekommt, damit er seine Nerven behält, denn ich könnte tun und lassen, was ich wollte, es wäre zwecklos, wenn das deutsche Volk seine Nerven nicht in Ordnung hätte. Es kommt darauf an, daß das deutsche Volk, die deutschen Massen, der deutsche Arbeiter, stark genug sind, um meine Gedanken zu begreifen.«

Das sagte der Führer zu mir.

Und was damals noch nebelhaft war, ist heute Gemeingut der Deutschen geworden, und das ist der Beweis für die Richtigkeit des ›Kraft durch Freude‹-Werkes. Das Volk hat den Gedanken aufgenommen und begriffen.

Euch allen hier sage ich: ›Kraft durch Freude‹ ist kein Vergnügungsverein. Und wenn manche Reaktionäre glaubten, daß die Deutsche Arbeitsfront durch ihre ›Kraft durch Freude‹-Arbeit sich von den übrigen großen sozialen Aufgaben ablenken lassen werde, so ist das eine entschiedene Täuschung. Wir haben, während wir ›Kraft durch Freude‹ aufbauten, unsere übrigen sozialen Ziele nicht vernachlässigt. Gerade das ›Kraft durch Freude‹-Werk hat uns die größten Impulse gegeben, auch unsere übrigen großen Aufgabengebiete mit dem gleichen Elan und mit derselben Begeisterung in Angriff zu nehmen.

So ist denn auch der heutige Tag für den Kritiker von draußen der klarste Beweis dafür, daß sich in Deutschland alles gewandelt hat, daß wir nicht mehr mit Wirtschaftskämpfen, Tarifverhandlungen, Lohnverhandlungen, Konferenzen, Parlamenten und Tagungen unsere Zeit vertrödeln, sondern daß wir ein neues soziales Deutschland aufbauen.

›Kraft durch Freude‹ ist wohl der volkstümlichste und kürzeste Ausdruck für das Wollen des neuen Deutschland.

Wir wollen leben, nicht der Freude wegen, sondern wir wollen aus der Freude schöpfen, um dafür zu sorgen, daß Deutschland ewig ist. Wenn wir an die Ewigkeit Deutschlands glauben, dann bejahen wir damit auch das diesseitige Leben mit all seinen Freuden und Sorgen. Wir wollen dem ganzen deutschen Volke die Kraft geben, seine Sorgen zu meistern.

Wir kapitulieren im neuen Deutschland nie wieder.

Mein Führer! Sie führen unser Volk zum Schönen.

Sie geben ihm einen neuen Lebensstil und eine innerliche und äußerliche Lebenshaltung, die auf das Schöne hinzielt. Sie geben unserem Volk schöne Autobahnen, große und schöne Bauten in Nürnberg, in München und bald auch hier in Hamburg. Das Schöne ist es, das uns heute beseelt. Wir wollen, daß jeder stark und gesund wird, denn dann wird Deutschland leben und ewig sein. Und deshalb taufen wir dieses Schiff auf den Namen eines unserer Helden: Wilhelm Gustloff, eines Mannes, der gefallen ist für Deutschland!«

Während der letzten Worte des Reichsorganisationsleiters sind am Bug des Schiffes die bislang verdeckten Namensschilder sichtbar geworden, und der Name Wilhelm Gustloff leuchtete in großen Lettern auf.

Als nun die Witwe Gustloffs, Hedwig Gustloff, den Taufakt mit den Worten vollzieht:

»Ich taufe dich auf den Namen Wilhelm Gustloff«, vereint sich das Klirren der am Bug des Schiffes zersplitternden Flasche mit dem begeisterten Jubel der festlich gestimmten Masse, der kein Ende nehmen will.

Augenblicke später löst sich dann, glatt und reibungslos, der mächtige Schiffsrumpf von seinen Haltevorrichtungen und gleitet unter den Klängen der Lieder der Nation in sein Element. Von der Taufkanzel her grüßen der Führer, der neben Hedwig Gustloff steht, und seine Begleitung mit erhobener Rechten das erste eigene Schiff der NS-Gemeinschaft ›Kraft durch Freude‹, das erste ›Arbeiterschiff‹ des neuen Deutschlands.

Während flinke Schlepper die *Wilhelm Gustloff* einfangen und das Schiff zum Ausrüstungskai bringen, wo es fertiggestellt werden wird, verläßt der Führer das Werftgebäude und begibt sich an den Landungsbrücken an Bord des Aviso *Grille*, wo er mit dem Präsentiermarsch begrüßt wird.

Von der *Grille* aus nimmt der Führer die Vorbeifahrt der gesamten KdF-Flotte ab, der ersten Ausfahrt 1937. Mehr als einhunderttausend Menschen säumen das Ufer.

Pünktlich um 13.30 Uhr werden alle Schiffe, die die Elbe beleben, durch Signale angewiesen die Fahrrinne freizumachen.

Als erstes Schiff der KdF-Flotte hebt die *Sierra Cordoba* die Anker. Auf dem Achterdeck der *Grille* hat inzwischen der Führer zur Abnahme der Vorbeifahrt Aufstellung genommen. Neben ihm stehen der Reichsorganisationsleiter Ley und Generaladmiral Dr. h. c. Raeder, sowie die übrigen Ehrengäste. Die Besatzung der *Grille* ist an der Reling angetreten.

Langsam zieht der weiße Rumpf der *Sierra Cordoba*, die über und über mit bunten Wimpeln beflaggt ist, an dem Führerschiff vorbei. An Bord wird der Badenweiler Marsch gespielt. Die Oberdecks sind voller jubelnder Zuschauer.

Als zweiter Dampfer folgt die *St. Louis*. Fast alle Fahrgäste haben sich an Steuerbord versammelt, und auch hier wehen von allen Decks und aus allen Kabinenfenstern Tücher und Fahnen, und die Heilrufe wollen kein Ende nehmen.

1000 westfälische Hitlerjungen stehen in ihren Uniformen auf den Oberdecks des Dampfers *Der Deutsche* und grüßen ihren Führer, als das Schiff an der *Grille* vorbeifährt. »Sieg Heil! Sieg Heil! Wir grüßen unseren Führer!« Immer wieder klingt dieser Ruf herüber.

Dann folgen die Dampfer *Oceana*, *Stuttgart* und *Monte Olivia*. Nach dreißig Minuten ist das grandiose Schauspiel vorbei. 6500 Arbeiter fahren mit dieser KdF-Flotte in die norwegischen Fjorde.

Um 15.00 Uhr legt Aviso *Grille* ab. Die Fahrt elbabwärts wird von vielen Barkassen begleitet, die immer wieder dem an Deck stehenden Führer und seinen Begleitern zuwinken.

Auf der Höhe von Cuxhaven passiert die *Grille* noch einmal die KdF-Flotte.

Wenige Minuten später kommt das Panzerschiff *Graf Spee* in Sicht, das bei der Flottenparade in Spithead anläßlich der englischen Krönungsfeierlichkeiten die deutsche Flotte vertrat. Beim Passieren der *Grille* und der KdF-Flotte gibt das Panzerschiff Salutschüsse ab. Die Besatzung des Panzerschiffes hat an Bord Paradeaufstellung genommen und die Kapelle grüßt den Führer mit dem ›Horst-Wessel‹-Lied.

Danach erfolgt die Rückfahrt der *Grille* nach Hamburg.

Ein Tag ist zu Ende, ein großer Tag für Hamburg, aber ein noch größerer Tag für die nationalsozialistische Bewegung, die Deutsche Arbeitsfront und die NS-Gemeinschaft ›Kraft durch Freude‹. Der Stapellauf des ersten KdF-Schiffes *Wilhelm Gustloff* ist zu einem Propagandatag für die Partei geworden, wie man ihn sich nicht hätte besser vorstellen können. Robert Ley hat eine weitere Schlacht um den deutschen Arbeiter gewonnen, und Wilhelm Gustloff hat ein Denkmal erhalten, das Denkmal, das ihm Hitler bei seiner Beisetzung in Schwerin Anfang Februar 1936 versprochen hat. Noch niemand ahnt an diesem 5. Mai des Jahres 1937, daß sich an den Namen Wilhelm Gustloff noch Menschen erinnern würden, nachdem das Dritte Reich das ›ewig‹ dauern sollte, schon Jahrzehnte der Vergangenheit angehörte und bereits Geschichte war.

DAS ›KLASSENLOSE‹ KRAFT DURCH FREUDE-SCHIFF

Knapp neun Monate später, in den letzten Januartagen 1938, nähert sich die *Wilhelm Gustloff* ihrer Vollendung. Der Abliefertermin an den Auftraggeber ist auf den 15. März 1938 festgelegt worden; die Schiffswerft Blohm & Voss hat zugesagt, diesen Termin auch einzuhalten.

Die NS-Gemeinschaft ›Kraft durch Freude‹ in der Deutschen Arbeitsfront hat inzwischen die Hamburg-Südamerikanische Dampfschiffahrtsgesellschaft in Hamburg, Holbrücke 8, mit der Bereederung des Schiffes beauftragt. Das bedeutete: Die Hamburg-Süd muß für das entsprechende Personal, die Ausrüstung und die -Betreuung der Fahrgäste sorgen. Bei der Auswahl des Personals hat sich der Schiffseigentümer, die Deutsche Arbeitsfront, vertreten durch den Reichsorganisationsleiter Robert Ley, ein entscheidendes Mitspracherecht eingeräumt. Es scheint der DAF selbstverständlich, daß auf diesem Schiff, welches der Partei gehört und das der Volksaufklärung, der Propaganda und der Verbreitung nationalsozialistischen Gedankengutes unter den Fahrgästen dienen soll, nur Personal, vom

Kapitän bis zum Schiffsjungen, vom Obersteward bis zum Koch, beschäftigt wird, das der Partei oder einer ihrer Gliederungen angehört.

Die Hamburg-Süd muß sich damit abfinden, setzt aber trotzdem viele ihrer erfahrenen Leute durch, die nicht unbedingt als absolut linientreue Nazis anzusehen sind. So schickt die Reederei als Kapitän Carl Lübbe auf die *Wilhelm Gustloff*. Der am 1. Juli 1880 in Reitbrook bei Hamburg geborene Kapitän hat die übliche Laufbahn in der Seeschiffahrt hinter sich: Schiffsjunge, Leichtmatrose auf Segelschiffen, danach Navigationsschule und Erwerb des Kapitänspatents. Am 2. Dezember 1904 ist Carl Lübbe als 4. Offizier bei der Hamburg-Süd eingetreten und wird nach insgesamt zwanzigjähriger Fahrzeit als 4., 3., 2. und 1. Offizier im November 1924 zum Kapitän befördert. Zuletzt führt er eines der großen Hamburg-Süd-Schiffe, M/S *Monte Sermiento*, das u. a. 1936 und 1937 als Charterschiff auch einige KdF-Reisen gemacht hat. Gemeinsam mit dem Kapitän hat man August Hansen als Leitenden Ingenieur auf die *Gustloff* geschickt.

Zur Verstärkung der Bauaufsicht und zur eigenen Information tritt am 30. Januar 1938 der Schiffsingenieur Erich Goering, ein geborener Hamburger, als 2. Ingenieur seinen Dienst auf dem neuen KdF-Schiff an. Der erst 35jährige hat sich über dieses Kommando sehr gefreut und hofft, daß er mit der *Gustloff* viele schöne Reisen machen wird. Nach den Informationen, die er bei der Reederei erhalten hat, sollen insgesamt 40 Mann den Dienst in den drei Maschinenräumen verrichten: Ein Leitender Ing., drei II. Ing., drei III. Ing., drei IV. Ing. als Wachgänger für den Hilfsmaschinendienst und Kesselraum, ferner sieben Assistenten, drei Elektriker, drei Mechaniker, ein Lagerhalter, ein Deckschlosser, sowie Motorenwärter und Motorenhelfer.

Nur wenige Tage an Bord, inspiziert Erich Goering mit großem Interesse die Maschinenräume und überzeugt sich davon, daß Blohm & Voss beim Bau des Schiffes eine Meisterleistung vollbracht hat.

Der Gesamtmaschinenraum besteht aus dem Hauptmotorenraum, dem Kesselraum und dem Hilfsmaschinenraum. Angetrieben wird das Schiff durch zwei Propeller, die von vier achtzylindrigen Zweitakt-M.A.N.-Dieselmotoren mit insgesamt 9500 PS ihre Kraft über Umsetzungsgetriebe erhalten.

Das Schiff erreicht eine Geschwindigkeit von maximal 16 Knoten.

Fast sämtliche Hilfsmaschinen werden elektrisch angetrieben. Den Gleichstrom von 220 Volt erzeugen fünf Generatoren, die je mit sechszylindrigen M.A.N.-Viertakt-Dieselmotoren gekuppelt sind; einer befindet sich auf der Backbord- und einer auf der Steuerbordseite im Hauptmotorenraum, die drei anderen nebeneinander in der Mitte des Hilfsmaschinenraumes. Hier sind ebenfalls die CO_2 Kältemaschinen mit den Solepumpen und Rücklauftank, die Lenzpumpen, die Entöler sowie die Umwälzpumpe für die Schiffsheizung und dem dazugehörigen Tank untergebracht. Im Heizraum befinden sich durch Abgase der Diesel oder auch Öl, notfalls auch durch Öl und Abgase beheizte Warmwasserkessel. Da der erzeugte Dampf nur für Hilfszwecke, wie Pumpen, Ölvorwärmung für die Kessel, Wäscherei,

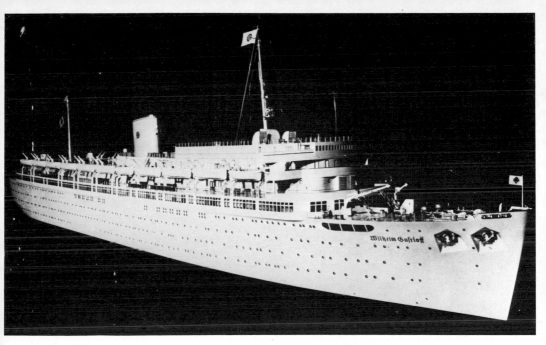

Das Modell des ersten ›klassenlosen‹ Kraft durch Freude-Schiffes — eine Idealvorstellung von Reichsorganisationsleiter Dr. Robert Ley. *(Foto: ABVO)*

Den Auftrag, das erste ›parteieigene‹ KdF-Schiff zu bauen, erhält die Hamburger Schiffsbauwerft Blohm & Voss. Das Foto zeigt den Baubeginn. *(Foto: ABVO)*

Bau Nr. 511 bei Blohm & Voss in Hamburg. KdF-Schiff-Neubau M/S *Wilhelm Gustloff* geht seiner Vollendung entgegen. *(Foto: ABVO)*

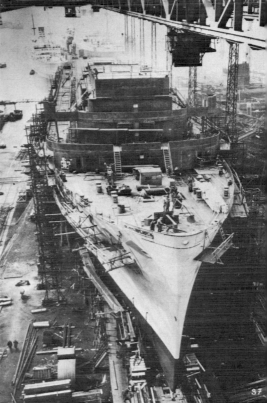

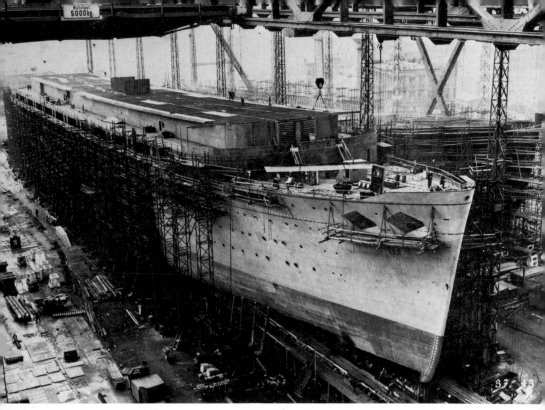

Innerhalb weniger Monate wachsen die acht Stahldecks des KdF-Schiff-Neubaues auf dem Werftgelände bei Blohm & Voss. *(Foto: ABVO)*

Die Baukosten für M/S *Wilhelm Gustloff* sind mit 25 Millionen Reichsmark veranschlagt. *(Foto: ABVO)*

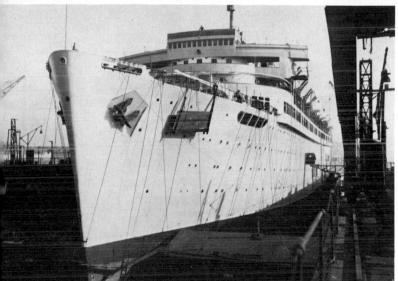

Bald wird das KdF-Schiff *Wilhelm Gustloff* auf seine erste Reise gehen können. Fieberhaft wird an der Fertigstellung gearbeitet. *(Foto: ABVO)*

Noch fehlt der Name des Schiffes an dem cremefarbigen Bug des KdF-Schiff Neubaues: ›Wilhelm Gustloff — Heimathafen Hamburg‹. *(Foto: ABVO)*

Das Zweischrauben-Fährgast-Motorschiff *Wilhelm Gustloff*, 25 484 Bruttoregistertonnen, ist für den Stapellauf gerüstet. *(Foto: ABVO)*

Am Mittwoch, dem 5. Mai 1937, mittags 12 Uhr, findet in Hamburg auf der

Werft Blohm & Voß der

Stapellauf

des ersten neuen KdF.-Dampfers

statt. Ich lade Sie hierzu herzlichst ein.

Heil Hitler!

Dr. R. Ley

Wiedergabe der Original-Einladung zum ›Stapellauf des ersten neuen KdF-Dampfers‹ für Mittwoch, 5. Mai 1937, 12 Uhr mittags in Hamburg auf der Werft Blohm & Voss, unterzeichnet von Dr. R. Ley. *(Fotos: PR/GAHS)*

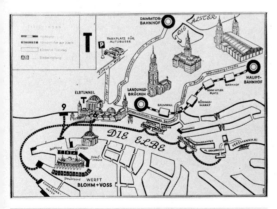

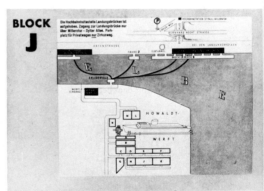

Die Deutsche Arbeitsfront / NS.-Gemeinschaft „Kraft durch Freude"

Zur gefl. Beachtung!

Da die Feier pünktlich um 11 Uhr beginnt, werden die Teilnehmer höflichst gebeten, ihre Plätze auf dem Werftgelände bis spätestens 10 einzunehmen.

Zugang zur Werft nur durch den Elbtunnel in der Zeit von 8.30—9.50 Uhr. Die Werfttore werden pünktlich um 10 Uhr geschlossen! Auch für den Rückweg muß der Tunnel benutzt werden.

Der Führungsdienst der Hamburger KdF.-Dienststelle wird Ihnen behilflich sein. Die Besichtigung der Werftanlage ist unmöglich.

Diese Platzzuteilung ist genauestens innezuhalten.

Steuerbordseite / Block **E**

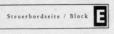

Nr. 6190

Überfichtsplan umseitig!

Betr. Stapellauf des K. d. F.-Schiffes am 5. 5. 37.

Die auf der Originaleinladung für den Anmarsch vorgesehenen Zeiten müssen aus organisatorischen Gründen geändert werden.

Sie werden gebeten, sich bis spätestens 9 Uhr auf der Helgoländer Allee, unten bei den Landungsbrücken, einzufinden.

Kurz nach 9 Uhr wird Block E geschlossen durch den Elbtunnel zur Werft geführt. Allein werden Sie unter keinen Umständen durch den Elbtunnel gelassen.

30. April 1937.

NS. Gemeinschaft „Kraft durch Freude" Gau Hamburg

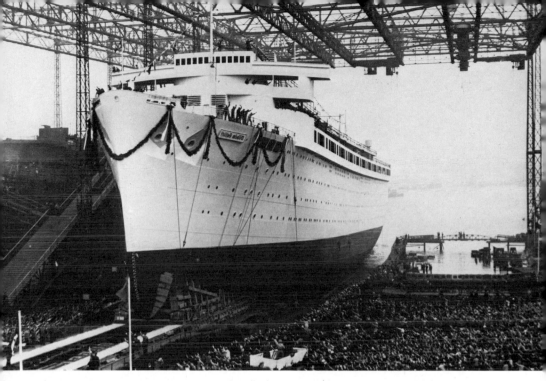

Mehr als zehntausend Menschen haben sich zum Stapellauf des ersten KdF-Schiffes M/S *Wilhelm Gustloff* auf dem Werftgelände bei Blohm & Voss eingefunden und warten auf Adolf Hitler und sein Gefolge. *(Foto: ABVO)*

Hitler und die Witwe Gustloffs auf der Taufkanzel. In Begleitung des Führers befinden sich u. a. Dr. Ley, der Reichsführer der SS Heinrich Himmler, der Oberbefehlshaber der Kriegsmarine, Generaladmiral Raeder, Gauleiter und Reichsstatthalter Kaufmann und viele prominente Parteiführer. — Als die Witwe Gustloffs, Hedwig Gustloff, den Taufakt mit den Worten vollzieht: »Ich taufe Dich auf den Namen Wilhelm Gustloff«, vereint sich das Klirren der am Bug zerschellenden Flasche mit dem begeisterten Jubel der festlich gestimmten Menge. *(Foto: ABVO)*

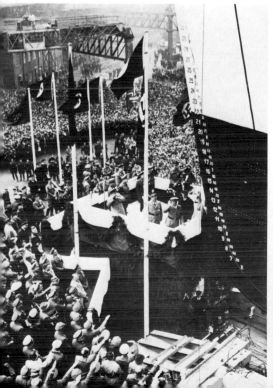

Unter den Klängen des Deutschlandliedes gleitet das 25 000-Tonnenschiff in sein Element, um danach von Schleppern wieder eingefangen zu werden, die es zum Ausrüstungskai bringen, wo es fertiggestellt wird. *(Foto: ABVO)*

An Bord des *Aviso Grille* läßt bei Cuxhaven Adolf Hitler die gesamte ›Kraft durch Freude‹-Flotte an sich vorbeiziehen. *(Foto: AHM)*

Am 23. März 1938 geht M/S *Wilhelm Gustloff*, die ›Europa des Arbeiters‹ wie Hitler das Schiff nennt, auf die ›Jungfern-reise‹. An Bord befinden sich 1000 Österreicher, 300 BdM-Mädchen und 165 Journalisten aus allen Teilen Deutschlands. Auf einer Dreitage-Reise können die Fahrgäste das Schiff von unten bis oben bestaunen. *(Foto: Ullstein)*

Die Musikhalle der *Gust-loff* ist ein 22 m langer Raum mit 240 Sitzplätzen und großem Tanzparkett: Wände Schleiflack mit Nußbaumsockel. Auf den zehn Wandflächen farbige Schnitzereien ›Aus deutschen Landen‹. Deckenschalenbeleuchtung mit Seidenschirmen, Vorhänge Gobelin. Bechsteinflügel auf dem Podium. *(Foto: ABVO)*

Theatersaal: 210 Sitzplätze, große Tanzfläche, Schleiflack, farbig abgesetzt. Türen und Sockel in Nußbaum. An der Vorder- und Hinterwand Wandbilder (Mittelmeerlandschaften). Auf den Füllungen der Seitenwände Landschaften (Reiseziele des Schiffes). In die hintere Wand eingebaut Kinovorführanlage. *(Foto: ABVO)*

Küche, Warmwasser, Heizung, sowie für das Schwimmbad mit der dazugehörigen Anlage genutzt wird, ist die Dampferzeugung relativ gering.

Die Trinkwasserfilter- und Pumpenanlage befindet sich im Heizraum der Steuerbordseite. Im Hauptmaschinenraum ist alles, was zu einer entsprechenden Anlage gehört, untergebracht: Backbordseite zwei Anlaßflaschen mit zwei Luftkompressoren, Treibölpumpe mit Filter, Notlenzpumpe u. a. Auf der Steuerbordseite befindet sich u. a. Frischwasser-Rückkühler mit den Pumpen und der Ballastpumpe.

Da die *Gustloff* nur für Fahrgäste vorgesehen ist, ist es nicht notwendig, im Maschinenraum mit Platz zu sparen. Hinter den Hauptmotoren und vor dem Tunnelschott ist noch reichlich Platz für Ölkühler mit Pumpen und Filter, Warmfrischwassertank mit Anwärmer, Feuerlöschpumpen, Ballastpumpen, Schottenschließanlage mit Pumpen und Tanks. Wellentunnel (2), Hauptmaschinenraum und Kesselraum sind durch Schotten voneinander getrennt.

Die Durchgänge können durch wasserdichte eiserne Schiebetüren mittels Wasserdruck geöffnet und geschlossen werden. Die Betätigung erfolgt von der Brücke aus oder auch durch Handhebel an jeder einzelnen Tür.

Vorschrift ist, die hydraulische Schottenschließanlage ebenso wie die anderen Sicherheitseinrichtungen, durch fast tägliches Probieren stets in einem einwandfreien Zustand zu halten.

Vorkante Hauptmaschinenraum oberhalb der Zylinderstation der Hauptmotoren befindet sich der geräumige Manöverstand mit Maschinentelegraphen, Bedienungseinrichtungen, Telefon, Abgasregelanlagen usw. Die breite, gut übersichtliche Schalttafel aller Generatoren und Motoren, versehen mit Meyer-Überlastabschaltung, bilden den Abschluß des Hauptmotorenraumes.

Es ist eine helle Freude, in diesen Maschinenräumen Dienst zu machen.

Am 15. März 1938 ist es endlich soweit. Nach nochmaligen Erprobungen von Hilfsdiesel, Schalttafel, Pumpen und sonstiger Aggregate kann die *Wilhelm Gustloff* den Ausrüstungskai verlassen und die erste Probefahrt antreten; Fahrtziel ist die Nordsee.

In den letzten zwei Wochen hat die Hamburg-Süd das Personal des Schiffes fast auf die ›Sollstärke‹ von 426 Personen gebracht; an Bord befinden sich am 15. März 1938 417 Besatzungsmitglieder.

Nach den ›Richtlinien‹ der ›Deutschen Arbeitsfront‹, NS-Gemeinschaft ›Kraft durch Freude‹ setzt sich die ›Gefolgschaft‹ von 417 Besatzungsmitgliedern wie folgt zusammen: 237 Parteigenossen, darunter 26 Politische Leiter, 150 SA-Männer (Marine SA) und 30 HJ-Männer (Marine-HJ).

Die »Gefolgschaft M/S *Wilhelm Gustloff*« ist straff organisiert, sie wird geführt von einem Ortsgruppenleiter, welchem Zellenleiter KdF-Wart, Jugendwart, Pressewart und Kassenwart als weitere Führungskräfte unterstehen. Diese Gliederung der Besatzungsmitglieder macht deutlich, daß die *Wilhelm Gustloff* das ›neue‹ Deutschland propagieren soll. Nach außen hin, ein ›Arbeiterschiff‹, ist es tatsächlich ein ›Parteischiff‹, wie kein anderes zuvor in der deutschen Seeschiffahrt.

Auf dem ersten KdF-Schiff-Neubau ist vieles anders als auf anderen deutschen Passagierschiffen. Daran müssen sich die Besatzungsmitglieder schon bei der ersten Probefahrt gewöhnen; sie wird nicht, wie sonst allgemien üblich, ohne Passagiere durchgeführt, sondern es werden für diese 2-Tage-Reise in die Nordsee 1 465 Passagiere an Bord genommen, also die maximale Anzahl von Passagieren, die das Schiff überhaupt aufnehmen kann.

Die Passagiere sind zum größten Teil Belegschaftsmitglieder der Schiffsbauwerft Blohm & Voss, die am Bau des Schiffes mitgewirkt haben, zu einem großen Teil mit ihren Frauen. Der Rest der Passagiere sind weibliche Angestellte, der G.E.G., der Konsumgenossenschaft Hamburg, fast ausschließlich Verkäuferinnen.

Als die *Gustloff* die Nordsee erreicht, werden die Flaggen gewechselt und das Schiff an den Eigentümer, die NS-Gemeinschaft ›Kraft durch Freude‹ in der Deutschen Arbeitsfront, übergeben. Da die DAF und ihre Unterorganisationen, so auch KdF, der NSDAP angeschlossen sind, bedeutet dies, daß die Nationalsozialistische Deutsche Arbeiterpartei jetzt das erste Schiff als Eigentümerin besitzt. Nach dem Willen von Robert Ley sollen noch weitere KdF-Schiffe gebaut werden, noch größer und schöner als das erste KdF-Schiff, die *Wilhelm Gustloff*.

Viel zu schnell gehen die Stunden auf der *Gustloff* vorbei. Trotz stürmischen Wetters und zahlreicher Seekranker ist die ›Probefahrt‹ für die meisten an Bord ein schönes Erlebnis. Beide Nächte an Bord haben viele mehr gefeiert als geschlafen.

Nach Hamburg zurückgekehrt, gehen die vierzehnhundert ersten Gustloff-Passagiere von Bord. In den folgenden Tagen werden noch einige kleine Restarbeiten erledigt und das Schiff für die ›Jungfernreise‹ gerüstet, die am Donnerstag, dem 24. März 1938 beginnen und drei Tage dauern soll.

DIE JUNGFERNREISE DER ›EUROPA DES ARBEITERS‹

Am Mittwoch, dem 23. März 1938 kommen die Passagiere an Bord, die an der ›Jungfernreise‹ teilnehmen dürfen, es sind ›ausgewählte‹ Fahrgäste. Das ist eine weitere Besonderheit der *Gustloff*. Der deutsche Arbeiter, dem dieses Schiff gehören soll, kann nicht einfach eine *Gustloff*-Reise buchen, wie dies sonst bei Schiffspassagen üblich ist. Nein, wer mit der *Gustloff* reisen darf, ist ein ›Ausgezeichneter‹, ein ›Auserwählter‹. Die Auswahl nehmen die KdF-Warte, die Betriebsobmänner der DAF und die Partei vor. Das geschieht für die ›Jungfernreise‹ so, und nach diesem Prinzip wird auch später bei allen KdF-Reisen verfahren. Wer mit der *Gustloff* reisen darf, bestimmt die Partei, und die Entscheidung der Partei ist unanfechtbar.

Das also ist der Sozialismus, wie ihn der Nationalsozialismus versteht. Und wer wagt schon, in den Betrieben und Büros dagegen aufzumucken?

Für die ›Jungfernreise‹ des ersten deutschen KdF-Schiff-Neubaus hat die Parteileitung 1000 Österreicher ausgewählt, 300 BDM-Mädchen und 165

Journalisten aus allen Teilen Deutschlands.

Kaum hat die 3-Tage-Reise in die Nordsee begonnen, werden die Journalisten zu einem Presseempfang in den Festsaal gebeten, der gleichzeitig auch als Kinosaal dient.

Der Reiseleiter der NS-Gemeinschaft ›Kraft durch Freude‹, Parteigenosse Paul Wulff, stellt den Pressevertretern mit auf die Leinwand geworfenen Farbdias und einer Fülle von Detailinformationen das KdF-Schiff vor und kündigt an, daß nach dem Vortrag eine eingehende Besichtigung des Schiffes, von der Kommandobrücke bis in den Maschinenraum, folgen wird.

Was die Journalisten hören und sehen, ist in der Tat beeindruckend.

Das Motor-Schiff *Wilhelm Gustloff* ist mit 25 484 Bruttoregistertonnen das fünftgrößte deutsche Passagierschiff. Vor ihm liegen die Dampfer *Europa, Bremen, Columbus* und *Cap Arcona*, in der Liste der Welthandelsflotte nimmt es den 25. Platz ein.

Das Schiff ist 208,5 m lang, die größte Breite beträgt 23,5 m, die Höhe vom Kiel bis zur Mastspitze beträgt 56 m, vom Kiel bis zum Schornstein 37 m, der Schornstein selbst ist 13 m hoch, hat einen Breitendurchmesser von 5 m und einen Längsdurchmesser von 11 m, der Tiefgang des Schiffes beträgt 7 m.

Bis zum B-Deck ist das Schiff genietet, der andere Teil aufwärts geschweißt, hierfür waren 75 Kilometer Schweißdraht nötig.

Die *Gustloff* hat insgesamt 10 Decks. Dies sind von unten nach oben das E-Deck, das D-Deck, das C-Deck, das B-Deck, das A-Deck, das Untere Promenadendeck, das Obere Promenadendeck, das Sonnendeck, das Brückendeck und das Peildeck.

Vom E-Deck bis zum Oberen Promenadendeck befinden sich 461 Kammern (Kabinen — auf der *Gustloff* nennt man sie Kammern!) mit 1505 Kojen, außerdem für die Besatzung 155 Kammern mit 420 Kojen. In den insgesamt 616 Kammern können maximal einschließlich der Besatzung 1924 Menschen untergebracht werden. Das Schiff hat 145 Brausen und 58 Bäder.

Das oberste Deck, das Peildeck, ist nur den Schiffsoffizieren zugänglich.

Auf dem Brückendeck befinden sich die Kommandobrücke, das ›Gehirn‹ des Schiffes, die Kammern des Kapitäns und der Decksoffiziere, außerdem die Rundfunkstelle mit eigenem Sender und eigenem Verstärker. Der Rundfunkstelle angeschlossen sind 14 Sprechstellen und 138 Lautsprecher. Für das Schallplattengerät stehen 300 Schallplatten zur Verfügung.

Das Sonnendeck ist vollständig frei von Aufbauten, also im wahrsten Sinne ein ›Sonnendeck‹, es dient auch als Sport- und Versammlungsdeck, ist 18 m breit und 60 m lang und bietet nicht weniger als 4000 Menschen einen Stehplatz. Die Gesamtflächen der Decks betragen auf der *Gustloff* 5000 qm, eine Fläche, die kein Schiff dieser Größe bisher aufweisen kann. Eine besondere Neuerung auf dem Sonnendeck ist eine Wasserberieselungsanlage zur Kühlung des Decks gegen zu starke Sonnenbestrahlung.

Auf dem Sonnendeck befinden sich ferner die ›Laube‹, die Turnhalle und die Funkstation.

Die *Gustloff* hat die modernste Funkstation, die zu dieser Zeit überhaupt auf Handelsschiffen gefahren wird, sie ist mit fünf Funkoffizieren besetzt, hat vier Sender (2 Kurzwellensender, 1 Grenzwellensender und 1 Mittelwellensender), zwei Notsender und vier Empfänger. Auf dem Schiff kann man, was bisher nicht möglich war, auf einmal an zwei Stellen gemeinsam telefonieren und an zwei Stellen zur gleichen Zeit telegrafieren. Ein Gespräch von See an Land kostet normalerweise 36 Mark, auf der *Gustloff* jedoch nur 5 Mark.

Mit dem Fahrstuhl, dessen Hubhöhe 25 m beträgt, kann man vom Oberen Promenadendeck abwärts fahren bis zum B-Deck.

Auf dem Oberen Promenadendeck befinden sich 22 Rettungsboote, die meisten davon sind mit Dieselmotoren ausgestattet, zwei sogar mit einer vollständigen Funkeinrichtung und Scheinwerferanlage.

Auch was die Rettungsboote betrifft, ist der erste KdF-Schiffneubau mustergültig ausgestattet. Vom Oberen Promenadendeck bis zum Meeresspiegel sind es 17,25 m.

Auf dem Unteren Promenadendeck befindet sich die 150 m lange Flucht der Gesellschafts- und Tanzräume: der Rauchsalon, die Festhalle, der Trachtensaal, die Deutschlandhalle, die Musikhalle und der Wintergarten. Die sieben ›Bars‹ nennt man auf der *Gustloff* ›Schänken‹. Ergänzt wird dieses Vergnügungsdeck durch die Bücherei mit 1500 Bänden. Langeweile ist auf diesem KdF-Schiff ein Fremdwort. Das Untere Promenadendeck lädt aber auch zum Spaziergang ein oder sogar zur sportlichen Betätigung. Die Hallen und Säle sind mit einem durch 300 Sekuritfenster wetterfest abgeschlossenen Umgang versehen. Ein Umgang macht 335 m, drei Umgänge ca. 1 km.

Im A-Deck befinden sich der Vordere und der Hintere Speisesaal, die beide zusammen so groß sind, daß alle Passagiere auf einmal speisen können, ferner die Küche, die Kaffeeküche, die Anrichte und der Aufwasch. Fast 2000 Menschen zu verpflegen, ist eine nicht leichte Aufgabe. In der Küche sind 28 Mann Personal tätig. Hier werden pro Mahlzeit 400 Liter Suppe, 160 Liter Soße, 400 Kilo Gemüse, 20 Zentner Kartoffeln zubereitet oder verarbeitet. Die technische Ausrüstung der Küche besteht aus zwei elektrisch geheizten Herden von je 8 qm Fläche, sieben Dampfkesseln à 400 Liter, einem großen Wolf mit 50 kg Fassungsvermögen und einer Kartoffelschälmaschine. Rings um die Küche befinden sich Wärmeschränke. In der Regel marschiert acht Minuten nach der Suppe der erste Gang.

In der Kaffeeküche werden pro Tag ein Zentner Kaffee, ein Doppelzentner Zucker und pro Mahlzeit 800 Liter Naß und 250 Liter Milch verbraucht.

In der Anrichte, die Brot schneiden, schmieren und packen zu erledigen hat, werden für 10 000 Scheiben Brot pro Tag 2 Faß Butter à 125 kg und 2 Zentner Käse pro Käsemahlzeit verbraucht.

Der Aufwasch wird von 12 Mann Personal erledigt, zu waschen sind täglich 35 000 Teller mit der Tellerwaschmaschine, die täglich benutzten 3000 Tassen werden handgewaschen, außerdem Butterteller, Bestecke, Silberkannen usw.

M/S »WILHELM GUSTLOFF«

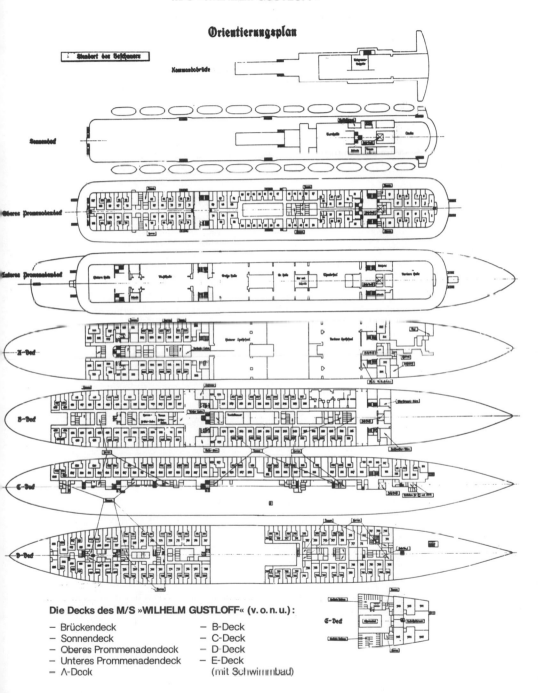

Die Decks des M/S »WILHELM GUSTLOFF« (v. o. n. u.):

- Brückendeck
- Sonnendeck
- Oberes Prommenadendeck
- Unteres Prommenadendeck
- A-Deck

- B-Deck
- C-Deck
- D-Deck
- E-Deck
  (mit Schwimmbad)

69

Auch für die ärztliche Versorgung der Passagiere und der Besatzung ist auf der *Gustloff* gesorgt, die entsprechenden Räumlichkeiten befinden sich ebenfalls im A-Deck. An Bord befinden sich ein Arzt, zwei Schwestern, ein Heildiener und ein Zahnarzt. Wartezimmer, Sprechzimmer, Untersuchungszimmer, Behandlungs- und Operationsraum sind nach neuesten Erkenntnissen ausgestattet. Das Bordkrankenhaus besteht aus einem Männer- und einem Frauenraum sowie einer Isolierstation mit zwei Räumen.

Im A-Deck befinden sich ferner die Aufenthalts- und Gemeinschaftsräume für die dienstfreie Besatzung.

Das B-Deck ist das sogenannte ›Einschiffungsdeck‹, denn durch dieses Deck gelangen alle Passagiere an Bord. Hier sind deshalb auch das Zahlmeisterbüro, das Oberstewardbüro, die Reiseleitung, ein Fotoladen und ein Friseursalon untergebracht.

Auch die Bordwäscherei befindet sich im B-Deck. An den drei Waschmaschinen sind 12 Männer tätig, die täglich 25 Zentner Wäsche waschen. Sechs Plätterinnen ergänzen das männliche Personal. Mit dem modernen Trockenapparat ist in 1/4 Stunde das Wäschestück bügeltrocken.

Der Wäschebestand an Bord der *Gustloff* ist beträchtlich, für die 2000 Betten ist dreimal Bettwäsche, insgesamt sind also 6000 Stück Bettwäsche vorhanden, außerdem 4000 Wolldecken, 2000 Tischtücher, 4000 Badetücher, 2000 Barbierservietten, 6000 Matratzenschonbezüge, 6000 Keilkissen, 5000 Tellertücher, 5000 Serviertücher, 1000 Staubtücher, 1000 Gläsertücher, 15000 Küchentücher und 12000 Handtücher.

Im C-Deck befindet sich der breiteste Gang unter Deck, der ›Betriebsgang‹. Hier liegen neben dem Zugang zum Maschinenraum die Fleischerei, die Bäckerei, die Druckerei und der Zugang zu den Kühl- und Provianträumen.

In der Fleischerei werden pro Mahlzeit 30 halbe Schweine verarbeitet oder 5000 Würstchen, 140 Kilo Wurst bzw. 2000 Bratwürstchen mit einer Gesamtlänge von 300 m. Vier Schlächter liefern das Material so nach oben in die Küche, wie es hier zur Weiterverarbeitung benötigt wird.

In der Bäckerei verbraucht man am Tag 350 Kilo Weizenmehl und 200 Kilo Roggenmehl, um pro Mahlzeit 100 Brote à 2 Kilo herzustellen, 5500 Rundstücke, 4000 Kopenhagener, 130 Mandelpuffer und 50 Platenkuchen.

In der Druckerei schaffen zwei Drucker mit modernsten Kleinmaschinen die Tagesprogramme und die Bordzeitungen, die die allerwichtigsten Geschehnisse der Welt, die von der Funkstelle abgehört werden, dem Urlauber mitteilen.

Die Provianträume, die mit Kühlraummaschinen versehen sind, gliedern sich in Fleischräume -7 bis 8 Grad, den Gemüseraum +3 bis 4 Grad und den Bierraum +5 Grad. Im Bierraum liegen 1700 Fässer à 25 Liter. Drei Proviantküper sorgen dafür, daß der angeforderte Proviant nach oben kommt.

Durch einen besonderen Lastenfahrstuhl ist das C-Deck mit der im A-Deck liegenden Schiffsküche verbunden.

Während das D-Deck fast ausschließlich als Wohndeck eingerichtet ist, weist das E-Deck eine weitere Besonderheit auf: Hier ist die ›Jugendherberge M/S *Wilhelm Gustloff*, mit 60 Kojen die einzige ›schwimmende Jugendherberge Deutschlands‹, untergebracht.

Auch bei dieser Fahrt ist sie, diesmal mit Mitgliedern des Bundes Deutscher Mädel, (BDM) besetzt. Neben den Schlafräumen befinden sich Aufenthalts- und Probekammern für die mitfahrende Jugend.

Außerdem ist im E-Deck die Schwimmhalle: Ein Schwimmbecken mit 60 Tonnen Wasserinhalt mit einem Ausmaß von 10 x 5 m und 28 Umkleidekabinen.

Unter dem E-Deck liegt schließlich der Doppelboden mit dem Trinkwasser. Von hier aus wird es in den Hochtank des Schornsteins gepumpt, der damit die Funktion eines ›Wasserturms‹ dieser kleinen schwimmenden Stadt übernommen hat. Für jede Reise können 3 400 Tonnen Trinkwasser mitgenommen werden, der Tagesverbrauch ist mit 200 Tonnen veranschlagt. Die Brausen werden, wie auf keinem anderen Schiff, mit Süßwasser gespeist. Das Schiff ist ferner mit einem Seewasserverdampfer ausgerüstet und im E-Deck mit Schlingertanks zum Ausgleich der Schiffsbewegungen bei starkem Seegang.

Nach diesem Vortrag mit einer Fülle von Daten, Zahlen und Fakten will einer der Journalisten wissen, was der Bau des Schiffes gekostet hat, ein anderer fragt nach der Höchstgeschwindigkeit, ein dritter nach dem Gewicht der Anker. Auch auf diese Fragen hat der Reiseleiter die Antworten parat.

Der Bau des M/S *Wilhelm Gustloff* hat 25 Millionen Reichsmark gekostet.

Die Schiffsmaschinen erlauben eine Höchstgeschwindigkeit von 16 Knoten = ca. 30 km, eine Seemeile hat 1852 m.

Die *Gustloff* hat 3 Bug-Anker aus Siemens-Martin Stahl-Formguß. Ein Anker wiegt 6 894 Kilo. Die zwei Ankerketten haben eine Gesamtlänge von dreihundert Meter. Ein Glied der Kette wiegt 30 Kilo. 4 Glieder auf 1 m bei 300 m Länge macht pro Kette 36 000 Kilo, beide Ketten zusammen 72 000 Kilo.

Außerdem hat das Schiff einen kleinen Heckanker, der 2 500 Kilo wiegt. Zum Transportieren dieser gesamten Masse von Eisen und Stahl braucht man einen Güterzug mit 14 Wagen.

Nach dem 30minütigen Vortrag folgt der Rundgang durch das Schiff, der im Maschinenraum beginnt und auf der Kommandobrücke endet. Bis spät in die Nacht sitzen die Presseleute danach im Rauchsalon zusammen und diskutieren über dieses Schiff und vieles, was sie gehört und gesehen haben.

Nicht nur die Presseleute, die am nächsten Tag das Leben und Treiben auf dem Schiff in vollen Zügen genießen und zum Abschluß einen großen Tanzabend in allen Gesellschaftsräumen miterleben, sind voll des Lobes über die *Wilhelm Gustloff*, sondern auch die tausend Österreicher sind es, die am Abend des 25. März 1938 dem Führer und Reichskanzler in Berlin ein Telegramm mit folgendem Text übermitteln:

»In diesen Tagen überwältigender Kameradschaft, die wir österreichischen ›Kraft durch Freude‹-Urlauber überall im Reich begeistert erlebten, dürfen wir heute die ersten Fahrgäste an Bord des neuen KdF-Schiffes *Wilhelm Gustloff* sein. Mit freudigem Stolz bewundern wir diese neue Glanzleistung des Nationalsozialismus, das stolzeste Schiff der Welt, das auch uns gehört. Tage auf hoher See sind die schönsten unseres befreiten Lebens. Wir danken Ihnen einmütig am 10. April.

Tausend glückliche Österreicher.«

Für den 10. April ist die Volksabstimmung in Deutschland und Österreich über den bereits vollzogenen ›Anschluß‹ Österreichs an Deutschland zu einem ›Großdeutschlands‹. Die Stimmen der 1000 Österreicher, die auf der *Gustloff* waren, sind dem Führer absolut sicher.

Unter der Überschrift »Ein unerhörtes Erlebnis — die Jungfernfahrt des M/S *Wilhelm Gustloff* beendet«, schreibt die Parteizeitung ›Völkischer Beobachter‹ in seiner Ausgabe am 26. März 1937 u. a.:

»Die *Wilhelm Gustloff*, das erste für die NS-Gemeinschaft ›Kraft durch Freude‹ erbaute Schiff, hat am Freitag seine Jungfernfahrt beendet.

Die dreitägige Fahrt war ein unerhörtes Erlebnis.

1000 deutsche Volksgenossen aus Österreich waren dabei, 500 kamen aus dem Salzburger Land, 500 aus Oberösterreich, 400 Mädel aus Hamburg und 100 Pressevertreter aus allen Gauen des Reiches.

Mittags lag die *Wilhelm Gustloff* wieder fest an der Überseebrücke. Unseren Kameraden aus der Südostmark ist alles noch wie ein Traum. »Fünf Jahre lang hat uns ein Gewaltsystem betrügen wollen«, sagen sie, »aber jetzt sehen wir das nationalsozialistische Deutschland, wie es wirklich ist.«

Und sie werden nun zu Hause erzählen, was sie erlebt haben. Sie werden es für ihr ganzes Leben nicht vergessen. Und gerade sie, die noch nie das Meer und noch nie einen Dampfer gesehen haben, waren die *ersten*, die mit der *Wilhelm Gustloff* fahren durften.

ADOLF HITLER AUF DER *WILHELM GUSTLOFF*

Am gleichen Tage, an welchem dieser Bericht erscheint, beginnt auf der *Gustloff* das Groß-Reinemachen. Der höchste Besuch, den das Schiff jemals haben kann, hat sich angekündigt. Wie ein Lauffeuer verbreitet sich die Nachricht über alle zehn Decks und in allen Sälen und Kabinen: Der Führer kommt an Bord.

Das wird am Dienstag, dem 29. März 1938 geschehen, genau zwei Jahre nach dem Tag, an dem Hitler bei der Reichstagswahl 1936 99 % aller Stimmen erhält, das Ergebnis einer Wahl, bei der es nichts zu wählen gibt.

Nun, am 29. März 1938, hat Adolf Hitler einen anderen Grund, nach Hamburg zu kommen:

Das Schwesternschiff des M/S *Wilhelm Gustloff*, der zweite KdF-Schiff-neubau, ist auf der Schiffsbauwerft Howardwerke — Deutsche Werft fertiggestellt und läuft vom Stapel.

Die Taufrede hält der Führer persönlich, da er diesem Schiff, das äußerlich der *Wilhelm Gustloff* zum Verwechseln ähnlich sieht, den Namen seines Freundes geben will: ›Robert Ley‹. Hitler begründet dies in seiner Rede mit den Worten: »Das erste dieser beiden KdF-Schiffe erhielt den Namen eines Märtyrers unserer Bewegung, Wilhelm Gustloff. Es liegt heute bereits fertig vor und hat die ersten Fahrten hinter sich. Es ist, meine Volksgenossen, die ›Europa des deutschen Arbeiters‹.

Jetzt sind wir im Begriff, die ›Bremen des deutschen Arbeiters‹ vom Stapel zu lassen, und ich will diesem Schiff den Namen des größten Idealisten in der deutschen Arbeiterschaft geben, den Namen meines alten Mitkämpfers und Parteigenossen Dr. Robert Ley.«

Für den Taufakt hat Hitler eine unbekannte deutsche Jungarbeiterin, Lieschen Kiesling, ausgewählt, die den Taufakt vornimmt und das zweite KdF-Schiff auf den Namen *Robert Ley* tauft; es soll bis zum 24. März 1939 fertiggestellt werden und dann mit seinen KdF-Reisen beginnen.

Im Anschluß an den Stapellauf des M/S *Robert Ley* begibt sich Hitler mit seiner Begleitung auf das M/S *Wilhelm Gustloff*. Eigens für ihn ist auf diesem Schiff eine ›Führerkabine‹ eingebaut worden, die sich von allen anderen Kabinen des ›klassenlosen Schiffes‹ durch bessere, aber nicht ausgesprochen luxuriöse Ausstattung unterscheidet. Bei der Besichtigung des Schiffes sieht sich der Führer auch diese Kabine an. Sie wird bis zum Tage des Untergangs dieses Schiffes unbewohnt bleiben und am 30. Januar 1945 zu einer der vielen Todeskabinen werden, in denen unschuldige Frauen und Kinder für den Führer ihr Leben lassen müssen.

Aber am 29. März des Jahres 1938 ist Adolf Hitler noch auf dem Höhepunkt der Macht.

Auf dem Sonnendeck der *Gustloff* ist die gesamte ›Gefolgschaft Wilhelm Gustloff‹ angetreten. Alle Besatzungsmitglieder werden dem Führer vorgestellt, dann begibt er sich mit seiner Begleitung in die Säle der verschiedenen Decks, spricht von einem ›Wunderschiff‹, beglückwünscht den Kapitän und die ihn begleitenden Offiziere immer wieder zu diesem ›prächtigen Schiff‹ und läßt sich abschließend vom 2. Ing. Erich Goering im Maschinenraum einige technische Erläuterungen geben.

Dann ist auch das vorbei: Der Führerbesuch auf der *Gustloff*.

RETTUNGSAKTION KOHLENDAMPFER *PEGAWAY*

Am Sonnabend, dem 2. April 1938 läuft M/S *Wilhelm Gustloff* erneut aus, sie ist bis auf den letzten Platz besetzt. Das Ziel der 3-Tage-Reise ist der Eingang zum englischen Kanal. Hier soll sie die von einer längeren Mittelmeerreise kommenden drei gecharterten KdF-Schiffe *Der Deutsche*, *Oceana* und *Sierra Cordoba* in Empfang nehmen und nach Hamburg zurückbegleiten.

Als die *Gustloff* den Hamburger Hafen verläßt, ist herrliches Frühlingswetter. Der blaue Aprilhimmel verspricht drei erholsame Tage auf See. Einige hundert Passagiere stehen an der Reling. Als das Schiff ausläuft, winken sie hinüber zum Land. An Land stehen viele Schaulustige, die die Ausfahrt des über die Toppen geflaggten cremefarbigen KdF-Schiffes miterleben möchten. So mancher der Zuschauer wünscht sich, jetzt mit an Bord zu sein, um diese Reise miterleben zu können. Aber nur 1 400 sind auserwählt dafür.

Von einer Vielzahl von Barkassen begleitet, läuft die *Gustloff* inmitten der breiten Elbe an Blankenese vorbei und steuert Cuxhaven an.

Menschen vieler Berufe sind an Bord: Sekretärinnen und Hausfrauen, Verkäuferinnen und Krankenschwestern, Frauenschaftsführerinnen und BDM-Mädchen, Fabrikarbeiter und Maurer, Angestellte und Betriebsleiter, und hier und dort sieht man einige Politische Leiter und NS-Funktionäre in braunen Uniformen. Sie dürfen bei keiner KdF-Reise fehlen. Von überall sind die Fahrgäste angereist, von Bayern und Pommern, von Königsberg und Freiburg, von München und Berlin, von Schlesien und Ostpreußen. Fast alle deutschen Gaue sind vertreten. Die Stimmung an Bord ist gut, sie könnte gar nicht besser sein. Rasch werden Bekanntschaften geschlossen. Für viele liefert das Schiff selbst den ersten Gesprächsstoff, ist dies doch für die meisten die erste Seereise.

Die Stimmung läßt auch nicht nach, als sich hinter Cuxhaven die Sonne verdunkelt und Wind aufkommt. Nach dem Passieren von *Feuerschiff Elbe I* wird das Wetter ungemütlicher, die Bewegungen des Schiffes unruhiger. Nach und nach sieht man immer mehr Passagiere mit leidendem Gesichtsausdruck auf dem Oberdeck über die Reling gebeugt: ›Wasserleichen‹ nennen die Seeleute diese Seekranken. Diensteifrige Stewards verteilen große Plastiktüten oder führen die Passagiere unter Deck in ihre Kammern.

Die Nacht vom Sonnabend zum Sonntag ist für viele Fahrgäste eine unruhige Nacht. Der Wind hat zugenommen, das Schiff kämpft gegen meterhohe Wellen an. Das spürt mancher im Magen.

Am frühen Morgen wird aus dem Wind ein Sturm. Er kommt aus Nordwest, macht die See immer unruhiger und läßt die Wellen immer höher werden. Aus der ruhigen Erholungsreise wird eine stürmische Seereise. An der *Gustloff* vorbei versuchen kleinere Schiffe den nächsten Hafen zu erreichen, sie fürchten offenbar weitere Wetterverschlechterung. Die *Gustloff* aber setzt unbeirrt ihre Reise fort.

Am Sonntagnachmittag fängt der Funker der *Gustloff* einen SOS-Ruf auf. Er kommt von dem englischen Kohlendampfer *Pegaway*, der sich etwa 20 Seemeilen nordwestlich der holländischen Insel Terschelling mit gebrochenem Ruder und zerschlagener Ladeluke in Seenot befindet und sinkt. Augenblicke nach dem Empfang des SOS-Rufes gibt der Funker die Meldung zur Brücke: »Britischer Dampfer zwanzig Seemeilen nordwestlich Terschelling in Seenot — Schiff sinkt!«

Kapitän Carl Lübbe läßt unverzüglich vom Navigationsoffizier im Kartenhaus den genauen Standort des Havaristen ermitteln und gibt danach den Auftrag, folgenden Funkspruch abzusetzen:

»Sind in zwei Stunden bei Ihnen. Halten Sie mit uns ständige Verbindung! M/S *Wilhelm Gustloff*.«

Kurze Zeit später kommt die Antwort:

»Verstanden — Vielen Dank — *Pegaway*.«

Ohne Zögern gibt der Kapitän der *Gustloff* Befehl zur Kursänderung. Der Auftrag, die drei heimkehrenden KdF-Schiffe am Kanaleingang zu empfangen und sie nach Hamburg zu begleiten, tritt in diesem Augenblick für ihn in den Hintergrund. Britische Seeleute und ihr Schiff befinden sich in Gefahr; sie zu retten, hat also absoluten Vorrang.

Nicht wenige Fahrgäste haben sich wegen des starken Seegangs nach dem Mittagessen in ihre Kojen gelegt; einige haben ihre Kammern überhaupt noch nicht verlassen und auf das Essen verzichtet. So merkt kaum einer der Passagiere etwas von der Kursänderung.

Das Wetter verschlechtert sich weiter. Wind und Sturm nehmen zu, das Vorwärtskommen des Schiffes wird schwerer.

Zwischen der *Gustloff* und der *Pegaway* besteht Funkkontakt. Man erfährt, daß der Kohlendampfer mit Schlagseite nach Backbord sinkt, sich aber noch einige Stunden halten wird und daß insgesamt 19 Seeleute einschließlich des Kapitäns sich an Bord befinden.

Es wird dunkler. Die zwei Stunden sind längst vorbei, von dem Havaristen ist jedoch weit und breit nichts zu sehen. Wegen der zunehmenden Dunkelheit vereinbart man Lichtsignale. Doch auch davon sieht man noch nichts. Die Offiziere auf der Kommandobrücke der *Gustloff* starren durch ihre Nachtgläser voraus. Wann wird die *Pegaway* in Sicht kommen, oder ist die Standortbestimmung des Havaristen falsch?

Während im Kartenhaus an Hand der Seekarte noch einmal gerechnet wird, meldet einer der Offiziere:

»Blaufeuer voraus!«

»Scheinwerfer leuchten«, befiehlt der Kapitän.

Augenblicke später erfassen die Lichtkegel die sinkende *Pegaway*. *Gustloff* fragt an, wie lange sich der Kohlendampfer voraussichtlich noch halten kann. Kapitän Lübbe hält es für fast unmöglich, bei dieser Wetterlage und der Dunkelheit ein Boot auszusetzen. Die Gefahr ist zu groß, daß der Sturm das Boot an die Bordwand drückt und dieses zerbricht.

Pegaway antwortet: »Hoffen uns bis zum Tagesanbruch halten zu können«.

Der Funker der *Gustloff* erkundigt sich nach der Lage an Bord des Havaristen. Auf der *Pegaway*, die bereits starke Schlagseite hat, haben sich die Männer festgebunden, um von den immer wieder über Deck rollenden Wellen nicht von Bord gespült zu werden.

Endlich — um fünf Uhr morgens, wird es heller, obwohl Wind und Wellen noch immer nicht nachgelassen haben. Im Gegenteil: Der Nordweststurm hat noch zugenommen. Die Rettung der 19 Mann vom Kohlendampfer *Pegaway* wird nicht einfach werden. Darüber sind sich Kapitän Lübbe und seine Männer auf der Brücke völlig im klaren. Längst hat man beraten, was zu tun sei.

Inzwischen kommt ein weiterer Notruf von dem Havaristen:

»Achterschiff bereits unter Wasser, sinken rascher, helft uns!« Höchste Eile ist jetzt geboten.

Der große Schiffskörper der *Gustloff* schiebt sich an den Havaristen heran. Unter dem Kommando des 2. Offiziers Meyer wird ein Ruderboot mit zwölf Freiwilligen ausgesetzt, dreißig haben sich spontan gemeldet. Die Männer ahnen nicht, was sie erwartet. Sie wissen es, als das Boot, gerade gefiert, die Wasseroberfläche erreicht. Eine plötzlich aufsteigende Kreuzsee wirft das Boot mit voller Wucht gegen die Bordwand. Der 2. Offizier und seine Männer stürzen übereinander, Holz zersplittert, einer der Männer schreit.

Entsetzt sehen die Männer von der Kommandobrücke nach unten auf das winzig erscheinende Boot, das zu kentern droht.

»Volle Kraft zurück«, ruft der im Brückennock stehende Kapitän auf die Brücke. Der Versuch, die *Gustloff* von dem Rettungsboot wegzuziehen, gelingt.

Jetzt tanzt das Boot auf den Wellenbergen, wird wie eine Spielzeugschachtel hin und her geworfen. Das Dollbord ist zerschlagen, ein Riemen ist zerbrochen, doch der 2. Offizier Meyer macht durch Handzeichen deutlich, daß er seinen Auftrag ausführen will.

Mit aller Kraft legen sich die Männer in die Riemen, hart klingt das Kommando des Bootsführers: »Hau ruck — Hau ruck!«

Da — eine zweite Kreuzsee steigt auf, erfaßt das Boot, das gerade einige Meter von der Bordwand entfernt ist, wirft es hoch, schleudert es erneut gegen die *Gustloff*.

Ein zweiter Riemen zersplittert, das Dollbord wird noch stärker beschädigt, aber die nächste Welle trägt das Boot in die See und vergrößert den Abstand zum Schiff.

Auf der Kommandobrücke verfolgt man die Bemühungen des Bootes, an den Havaristen heranzukommen, mit größter Aufmerkamkeit. Jeder Meter muß erkämpft werden. Immer wieder verschwindet es in den Wellentälern hinter den Wellenbergen, kommt wieder in Sicht, wird zurückgeworfen, hat keinen Meter gewonnen.

»Das wird nichts — —« kommentiert der Kapitän der *Gustloff* die Bemühungen des Bootes.

Seit einiger Zeit regnet es. Jetzt nimmt der Regen zu, eine Regenbö jagt die andere, der Himmel verdunkelt sich.

Im nächsten Augenblick ist nichts mehr zu sehen, weder vom dem *Gustloff*-Boot noch von dem Havaristen. Das Wetter spielt verrückt. Selbst die *Gustloff* spürt das.

Als die Bö vorbei ist und die Sicht klar wird, ist von dem Ruderboot nichts mehr zu sehen. Die Männer auf der Brücke erschrecken, doch wenige

Augenblicke später entdecken sie das verschwundene Boot; abgetrieben schwimmt es in der offenen See. Durch die Gläser erkennt man, daß der Bootsführer offensichtlich die Riemen hat einziehen lassen. Das Boot hat seinen Treibanker geworfen und ist selbst zum Havaristen geworden, der gerettet werden will.

Kurz entschlossen entscheidet Kapitän Lübbe:

»Motorboot aussetzen!«

Der 2. Offizier Schürmann, ein Ingenieur und acht Mann steigen in das Boot, dessen Motor schon läuft, werden abgefiert, setzen auf. Das Boot läuft ab, entfernt sich immer mehr. Obwohl kein Wort darüber gesprochen wird, läuft das *Gustloff*-Motorboot zunächst den Kohlendampfer an. Die 19 Männer des Havaristen zu retten, ist die vordringendste Aufgabe.

Das Oberdeck der *Gustloff* ist inzwischen voller Menschen. Gespannt verfolgen die Fahrgäste die Rettungsaktion.

Bootsführer Schürmann überlegt, wie er die *Pegaway*-Besatzung retten kann. Entweder läßt er die Leute in die See springen und holt einen nach dem andern heraus oder er versucht, an dem Havaristen anzulegen und die Männer von Deck zu holen. Er entscheidet sich für den zweiten nicht so zeitraubenden, aber gefährlicheren Weg.

Mit großem Geschick schiebt sich das Motorboot an die Backbordseite des Havaristen. Das waghalsige Unternehmen glückt; 18 englische Seeleute springen in das *Gustloff*-Boot. Auf dem Deck der *Pegaway* ist niemand mehr.

»Unser Kapitän«, sagt einer der Engländer.

Gemeinsam schreien sie nach dem Kapitän. Erfolglos. Noch einmal ruft die gesamte Mannschaft gemeinsam im Chor. »Hallo — Captain!«

Da taucht Kapitän Ward aus dem Schiffsinneren auf, zögert jedoch, von Bord zu gehen und sich retten zu lassen. In diesem Augenblick erfaßt eine neue Welle den Havaristen, klatscht über das Deck, bringt auch das *Gustloff*-Boot in Gefahr. Im letzten Augenblick springt der Kapitän des Kohlendampfers *Pegaway* in das Rettungsboot. Sein Tod auf dem Havaristen hätte niemandem genutzt.

Während dieses Rettungsmanövers ist das Ruderboot der *Gustloff* mit den 13 Männern von der Besatzung weiter abgetrieben. Offensichtlich hat der Treibanker nicht gefaßt oder ist gerissen.

Jetzt müssen zunächst die 19 Seeleute von der *Pegaway* an Bord der *Gustloff* genommen werden. Auch dieses Manöver ist nicht ungefährlich, die Mannschaft des Rettungsbootes aber darin geübt. Begünstigt wird die Anbordnahme durch eine Sturmpause, das Wetter scheint ein Einsehen zu haben, sogar die Sonne kommt ab und zu durch die Wolkendecke.

Auf der *Gustloff* hatte man inzwischen alles für die Aufnahme der Schiffbrüchigen vorbereitet, die seitliche breite Pforte im B-Deck geöffnet und einige Mannschaftskabinen für die *Pegaway*-Besatzung freigemacht.

Nachdem das Motorboot an der Pforte angelegt hat, kommen die Geretteten an Bord.

Durch die breite Pforte sollen die erschöpften Seeleute an Bord der *Gustloff* gelangen. Doch das ist schwieriger als man angenommen hat. Das an der Bordwand angelegte Motorboot wartet Woge für Woge ab. Wenn eine Woge das Boot auf die Höhe der Seitenpforte anhebt, kann einer der Schiffbrüchigen durch die Pforte an Bord springen. Hier stehen Matrosen, die den Springenden auffangen und in das Schiff ziehen. Nach der Rettung der 19 englischen Seeleute wird das Motorboot wieder an Bord gehievt.

Vom ersten unter dem Kommando des 2. Offiziers Meyer ausgesetzten Rettungsboot sieht man inzwischen nichts mehr. Wie ein Lauffeuer verbreitet sich diese Nachricht unter den Passagieren, die noch immer auf dem Sonnendeck, dem Oberen und Unteren Promenadendeck ausharren, um Zeugen der Rettungsaktion zu sein.

Auch auf der Brücke des inzwischen wieder Fahrt aufgenommenen KdF-Schiffes macht man sich einige Sorgen. Doch weit konnte das Boot nicht abgetrieben sein.

»Da — unser Boot«. Der Wachhabende hat es als erster bemerkt.

Langsam schiebt sich die *Gustloff*, die Fahrt vermindernd, in die Nähe des Bootes.

Die Männer im Boot atmen auf, als die *Gustloff*, ihr Schiff, in Sicht kommt. Neuer Lebensmut hat die total erschöpften und durchnäßten Männer gepackt. Mit letzter Kraft ergreifen sie die Riemen und pullen an die breite, noch immer geöffnete Pforte heran. Wie die Schiffbrüchigen von der *Pegaway*, werden sie an Bord genommen.

Der Beifall der Fahrgäste auf den Oberdecks begleitet diese Aktion. Der Beifall gilt aber auch den Männern, die unter Einsatz ihres eigenen Lebens ihre englischen Kameraden gerettet haben.

Nach Abschluß der Rettungsaktion gibt Kapitän Carl Lübbe über Funk die Rettung der *Pegaway*-Besatzung bekannt. Nicht nur in Deutschland ist man auf die Besatzung der *Wilhelm Gustloff* stolz, über diese Rettungstat des ersten neuen ›Kraft durch Freude‹-Schiffes, auch in England wird die Nachricht über alle Rundfunkstationen und in der Presse mit lobenden Kommentaren verbreitet.

Als die *Gustloff* die Unfallstelle verläßt, gehen die Blicke der Männer auf der Brücke noch einmal zurück zum Wrack der *Pegaway*, das immer tiefer in den Fluten der See versinkt und dann gänzlich verschwindet.

Auf der Rückreise nach Hamburg trifft M/S *Wilhelm Gustloff* doch noch die drei KdF-Schiffe *Oceana*, *Der Deutsche* und *Sierra Cordoba*. Am Montagabend laufen die vier Schiffe in Hamburg ein und werden stürmisch empfangen.

Am Dienstagmorgen verabschieden sich die Geretteten vom Kohlendampfer *Pegaway* mit einem herzlichen Händedruck von ihren Rettern. Der Britische Generalkonsul nimmt sie in Empfang und sorgt für ihren Rücktransport in die Heimat.

Bereits einen Tag später, am 6. April 1938, kommt der Gauinspektor Seefahrt der Auslandsorganisation der NSDAP, Brigadeführer Schormann, an Bord der *Gustloff*. Er überreicht im Beisein aller Schiffsoffiziere den Mannschaften der beiden Rettungsboote ein Anerkennungsschreiben und eine Ehrengabe des Gauleiters Bohle und lobt den Einsatz des KdF-Schiffes *Wilhelm Gustloff* bei der Rettung der Schiffbrüchigen des britischen Kohlendampfers *Pegaway* als Beispiel ›internationaler Kameradschaft unter Seeleuten‹.

ALS ›SCHWIMMENDES WAHLLOKAL‹ VOR DER ENGLISCHEN KÜSTE

Zeit zum Ausruhen findet die Besatzung der *Gustloff* jedoch nicht. Schon 24 Stunden später, am frühen Morgen des 7. April 1938, erhält Kapitän Carl Lübbe einen ›Sonderauftrag‹ für sein Schiff. Es ist ein ungewöhnlicher Auftrag: Das KdF-Schiff wird für einen Tag, den nächsten Sonntag, ›schwimmendes Wahllokal‹. »Volksabstimmung auf der Wilhelm Gustloff«, kommentiert der 1. Offizier schmunzelnd, ein erfahrener Decksoffizier. »So etwas habe ich tatsächlich in meiner Fahrenszeit noch nicht erlebt, mal sehen, was das gibt...« kommentiert er den Auftrag, in dem es kurz und knapp heißt:

»Am Sonntag, dem 10. April 1938 findet die Volksabstimmung über den Anschluß Österreichs statt. Auch den in England wohnenden Reichsdeutschen und Österreichern soll Gelegenheit gegeben werden, an dieser wichtigen Abstimmung teilzunehmen. Zu diesem Zweck begibt sich M/S *Wilhelm Gustloff* am 9. April nach London. In der Themsemündung werden die Wähler, die mit einem besonderen Wahlausweis versehen sind, an Bord genommen, außerdem Vertreter britischer Zeitungen, die ebenfalls im Besitz eines Sonderausweises sind. Danach fährt die *Gustloff* außerhalb der Drei-Meilen-Zone. Hier geben die Wähler ihre Stimmzettel ab. Die Wahl wird streng geheim durchgeführt. Dafür werden Wahlkabinen aufgestellt. Nach erfolgter Wahl und Stimmauszählung unter dem Beisein der britischen Pressevertreter und deutscher Journalisten bringt das Schiff die Wähler und die britischen Pressevertreter nach England zurück, um danach die Rückreise nach Hamburg anzutreten. An der Reise nehmen Vertreter aller Organisationen der NSDAP, der Hitler-Jugend, des Bundes Deutscher Mädel, der NS-Frauenschaft, der Bewegung ›Glaube und Schönheit‹, der SA, SS, der DAF, der KdF-Organisation und politische Leiter zur Durchführung der Wahl an Bord teil. Die Einschiffung erfolgt am Freitag, dem 8. April und ist bis 20.00 Uhr abzuschließen. Entsprechende Anweisungen an die Fahrtteilnehmergruppen sind über die Dienststellen der Partei bereits erfolgt.«

Nach Erhalt dieses ungewöhnlichen Auftrages für ein Schiff erteilt Kapitän Carl Lübbe die entsprechend erforderlichen Anweisungen an die Besatzung.

Am nächsten Morgen, 8.30 Uhr, betreten die ersten Fahrgäste das Schiff. Die Einschiffungsaktion wird pünktlich, wie angeordnet, beendet. Als Letzter betritt um 19.59 Uhr ein Schriftleiter des ›Völkischen Beobachters‹ Berlin das Schiff.

Die nächste Propagandareise des Parteischiffes *Wilhelm Gustloff* kann beginnen; in den frühen Morgenstunden verläßt das KdF-Schiff mit rund eintausend Uniformierten des Dritten Reiches den Hamburger Hafen. Zivil tragen nur die Journalisten, soweit sie nicht Parteizeitungen vertreten.

Während der Reise erklingen überall Gesänge und Musik. Kapellen, Mädchen und Jungen der Hitler-Jugend und des BDM proben Lieder ein. Den Wählern, und besonders den englischen Journalisten, soll ein Programm im Stil des neuen Deutschland geboten werden. Da durch die Rettungsaktion *Pegaway* das KdF-Schiff *Wilhelm Gustloff* in England durch Presse und Rundfunk mit einem Schlage bekannt geworden ist, versprechen sich die Partei und die Organisation NS-Gemeinschaft ›Kraft durch Freude‹ von dieser Reise in die Themsemündung einen großen Propagandaerfolg, zumal für die Partei das Ergebnis der Volksabstimmung schon jetzt feststeht, es dürfte nicht unter 99 % liegen.

Die Erwartungen in die Vertreter der englischen Presse gehen auch in Erfüllung. Für die britischen Journalisten an Bord wird alles getan, Programm und Betreuung sind ausgezeichnet: Jedem Journalisten wird eine Kammer zugewiesen, obwohl diese kaum benötigt werden. Die Abstimmung erfolgt in ihrem Beisein, man staunt über die deutsche Perfektion, Offenheit, Gastlichkeit, ja Freundschaft.

Als das ›Abstimmungsschauspiel‹ vorbei ist, werden im Festsaal, der als ›Wahllokal‹ umfunktioniert worden ist und in dem eigens für die Abstimmung Wahlkabinen aufgestellt worden waren, die Stimmen ausgezählt. Danach gibt der Wahlleiter, ein hoher politischer Leiter der NSDAP, das Ergebnis bekannt:

»Abstimmungsberechtigt waren 1172 deutsche Reichsbürger und 806 österreichische Staatsbürger. Mit ›Ja‹ haben gestimmt 1 167 Deutsche und 801 Österreicher, mit ›Nein‹ haben gestimmt 5 Deutsche und 5 Österreicher.«

Mit Jubel und Heilrufen wird dieses Ergebnis aufgenommen, mehr als 99 % der Stimmberechtigten haben in geheimer Abstimmung im Beisein britischer Journalisten für die Politik Adolf Hitlers, für die Verwirklichung des in ›Mein Kampf‹ lange vor der Machtergreifung angekündigten ›Großdeutschland‹ gestimmt. Kann es eine bessere Propaganda für die Politik Hitlers geben als diese ›Volksabstimmung‹ auf dem KdF-Schiff *Wilhelm Gustloff*?

Erneut hat das ›Arbeiterschiff‹ sich als Partei- und Propagandaschiff wie kein anderes deutsches Handelsschiff bewährt.

Die parteigelenkten Zeitungen in Deutschland schlachten diesen neuen Propagandaerfolg weidlich aus. Der ›Völkische Beobachter‹ berichtet zwei Tage später, die *Gustloff* ist längst wieder nach Hamburg zurückgekehrt, in einem längeren Kommentar über die ›Volksabstimmung auf dem KdF-Schiff Wilhelm Gustloff‹ u. a.:

Große Halle: 380 Sitzplätze, zwei Tanzflächen. Vorderer Teil in Schleiflack mit Wandgemälden (Deutsche Trachten). Sockel und Türen aus Kirschbaum mit Pergamentfüllungen. An der Innenwand je eine große Landschaft (Bückeburg und Lindau). *(Foto: ABVO)*

Die vordere Halle hat 110 Sitzplätze. Die Wände sind ganz getäfelt in Nußbaum mit Füllungen in Nußbaummaser, die Vorder- und Hinterwand mit großen lederbedeckten Feldern, auf diesen an der Vorderwand ein Ölbild Adolf Hitlers, an der Hinterwand ein Ölbild von Dr. Ley. *(Foto: ABVO)*

Hintere Halle: 126 Sitzplätze und große kreisrunde Tanzfläche. Hinterer Hauptteil der Halle mit zahlreichen deutschen Landschaften an den Wänden. *(Foto: ABVO)*

Der vordere Speisesaal hat 390, der hintere Speisesaal 370 Tischplätze, so daß 790 Personen gleichzeitig und die Gesamtzahl der Passagiere in zwei Gruppen essen können. *(Foto: ABVO)*

Speiseraum für die Besatzung auf dem D-Deck im Vorschiff mit 180 Sitzplätzen. Ein heller, in Rüsterholz getäfelter Raum, der zugleich auch vom Betriebsgang im C-Deck zugänglich ist. *(Foto: ABVO)*

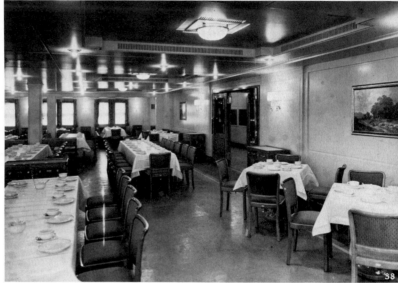

Unten links: Bücherei am B.B.-Längsgang von der vorderen Halle nach dem Treppenhaus. Die Wandtäfelung und die an den Querwänden bis zur Decke reichenden Bücherschränke sind in poliertem Nußbaumholz ausgeführt. *(Foto: ABVO)*

Unten rechts: Laube auf dem Sonnendeck. Kleiner hübscher Aussichtsraum mit Tanzfläche. Wände in Schleiflack und Brüstung aus poliertem Birnbaumholz. Zahlreiche Gemälde an den Wänden. *(Foto: ABVO)*

Auf dem Unteren Promenadendeck, welches rings um die Säle verläuft und durch große, nicht zu öffnende Fenster abgeschlossen ist, laden Liegestühle zum Ausruhen und Sonnen ein. *(Foto: ABVO)*

Für die Benutzung in der Freizeit ist beim Treppenhaus im Hinterschiff auf dem A-Deck für die Besatzung ein großer, in Rüsterholz getäfelter Gemeinschaftsraum angelegt mit insgesamt 220 Sitzplätzen. Die Wandflächen sind geschmückt mit Großphotos von Adolf Hitler, Rudolf Heß und Dr. Ley, sowie farbigen Radierungen. *(Foto: ABVO)*

Die Schwimmhalle im E-Deck, zugänglich über eine breite Treppe, mit Nebenräumen. Größe des Beckens 10 x 5 m mit Bereichen für Schwimmer und Nichtschwimmer. Nebenräume: 22 Ankleidekabinen für Männer, 16 für Frauen, 4 Brauseräume. Auf hinterer Querwand: Künstlerisches Wandbild aus Glasmosaik. *(Foto: ABVO)*

Der erste Kapitän des KdF-Schiffes *Wilhelm Gustloff*, Carl Lübbe (Foto links) erlag am Freitag, den 22. April 1938 um 15.00 Uhr im Alter von nur 58 Jahren auf hoher See einem Herzschlag. Die Reederei schickte Kapitän Friedrich Petersen von der *Monte Olivia* nach Lissabon, um die *Wilhelm Gustloff* zu übernehmen, nach Madeira und von dort zurück nach Hamburg zu bringen. Hier übernimmt Heinrich Bertram (Foto rechts) die Führung des KdF-Schiffes und bleibt Kapitän dieses Schiffes bis Anfang Februar 1944. Dann wird er von Kapitän Friedrich Petersen abgelöst, der das Kommando auf dem in Gotenhafen-Oxhöft am Kai liegenden ›Wohnschiff der 2. ULD‹ übernimmt. *(Fotos: PR/ GAHS)*

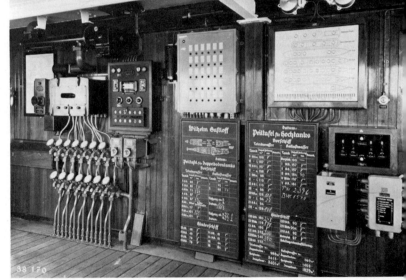

Von Maschinenraum bis zur Kommandobrücke ist das KdF-Schiff *Wilhelm Gustloff* hervorragend ausgestattet und auf dem neuesten Stand modernster Schiffbaukunst. *(Foto: ABVO)*

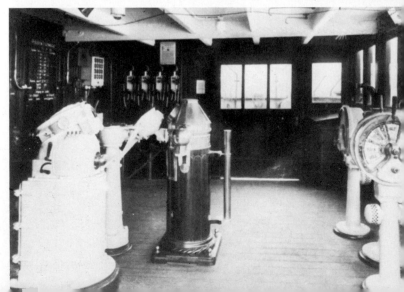
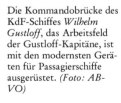

Die Kommandobrücke des KdF-Schiffes *Wilhelm Gustloff*, das Arbeitsfeld der Gustloff-Kapitäne, ist mit den modernsten Geräten für Passagierschiffe ausgerüstet. *(Foto: ABVO)*

Nach diesem Modell entsteht 1937/38 bei den Howaldts-
werken Deutsche Werft Hamburg der zweite KdF-Schiff-
Neubau *Robert Ley* als erstes ›Elektro-Motor-Schiff‹. *(Fotos: AKLU)*

Am Dienstag, dem 29. März 1938, um 14.30 Uhr, findet in
Hamburg auf der Howaldtwerft der

Stapellauf unseres zweiten Schiffes

statt. Ich lade Sie hierzu herzlichst ein.

Heil Hitler!

Das zweite ›Kraft durch Freude‹-Schiff läuft am 29. März
1938 in Hamburg vom Stapel. Adolf Hitler hält die Taufrede und gibt diesem neuen ›Flaggschiff der Kraft durch
Freude-Flotte‹ den Namen Robert Ley. *(Foto: AHM)*

Am 2. April 1938 läuft die *Gustloff* erneut aus. Ziel einer Dreitage-Reise ist der englische Kanal. Hier soll sie die drei von einer Mittelmeerreise zurückkehrenden KdF-Schiffe *Der Deutsche, Oceana* und *Sierra Cordoba* in Empfang nehmen und nach Hamburg zurückbegleiten. Doch da ereignet sich ein Zwischenfall. *(Foto: GAHS)*

Am 4. April 1938 empfängt M/S *Wilhelm Gustloff* SOS-Rufe des im Sturm sinkenden britischen Kohlendampfers *Pegaway*. Das KdF-Schiff eilt sofort zu Hilfe. Das Foto zeigt den sinkenden britischen Dampfer von Bord der *Gustloff* aus. *(Foto: GAHS)*

Trotz stürmischen Wetters gelingt es der *Gustloff*-Besatzung, ein Rettungsboot auszusetzen, um die Mannschaft des Havaristen zu bergen. *(Foto: GAHS)*

Das *Gustloff*-Rettungsboot auf der Fahrt zu dem immer rascher sinkenden britischen Dampfer *Pegaway*. *(Foto: GAHS)*

Das Rettungswerk ist gelungen. Bei stürmischer See versucht das vollbesetzte Boot mit den Rettern und den Geretteten an der *Gustloff* festzumachen. *(Foto: GAHS)*

Gemeinsam kehren die KdF-Schiffe *Oceana*, *Sierra Cordoba*, *Der Deutsche* und *Wilhelm Gustloff* nach Hamburg zurück. Für die *Pegaway*-Rettungsaktion wird die gesamte Mannschaft der *Gustloff* später durch die britische Regierung geehrt. *(Foto: GAHS)*

M/S *Wilhelm Gustloff* ist in den Heimathafen Hamburg zurückgekehrt. *(Foto: AHM)*

Die *Wilhelm Gustloff* vor
ihrer ersten Ferienreise
nach Madeira. *(Foto:
AHM)*

Die *Wilhelm Gustloff* ——
der Stolz der ›Kraft durch
Freude‹-Flotte 1938, von
oben. *(Foto: AHM)*

»Einen ganz großen Eindruck hat, wie ein Blick in die Londoner Morgenpresse ergibt, die Abstimmungsfahrt des neuen KdF-Schiffes *Wilhelm Gustloff* hinterlassen.«

Zahlreiche englische Journalisten, die an Bord des Schiffes Gelegenheit hatten, die Wahlhandlung in allen Einzelheiten zu verfolgen, berichten spaltenlang über ihre Eindrücke und schildern hierbei auch das schöne Schiff. Sie sind ohne Ausnahme begeistert und heben die Unparteilichkeit und absolute Korrektheit des Abstimmungsvorganges hervor.

Der Berichterstatter des ›Daily Telegraph‹ schildert eingehend, daß die Deutschen und die Österreicher, die für den Anschluß Österreichs an Deutschland stimmen wollten, aus ganz Großbritannien zusammengekommen waren, um sich an der Abstimmung zu beteiligen, und unterstreicht, daß die Abstimmung völlig geheim gewesen und keinerlei Zwang ausgeübt worden sei. Diese Feststellung ist insofern bedeutsam, als man in England nicht selten das Gegenteil behauptet hatte. Die Abstimmung, fährt der Korrespondent fort, habe drei Stunden gedauert. Die britischen Pressevertreter hätten sogar Gelegenheit gehabt, der Zählung der abgegebenen Stimmen beizuwohnen.

Der Vertreter der ›Daily Mail‹ weist darauf hin, daß das Schiff auf ihn einen besonderen Eindruck gemacht habe. Er schildert die ausgezeichnete Unterbringung auf dem Schiff und die Gesellschaftsräume. Dabei hebt er besonders hervor, daß das Sonnendeck auf der *Gustloff* größer sei als ein Fußballplatz. Auch er schildert dann eingehend den Wahlakt.

Der marxistische *Daily Herald* erklärt, die Fahrt auf der *Wilhelm Gustloff* sei wie ein Sonntagsausflug gewesen. Der an diesem Ausflug teilnehmende Berichterstatter des Blattes schildert dann freimütig, daß ein deutsches Mädel ihm erklärt habe, der ›Daily Herald‹ sei Gift, weil er nicht die Wahrheit über Deutschland schreibe. Auch dieser Pressevertreter verzeichnet, daß der Wahlakt vollkommen ordnungsgemäß vor sich ging.

Der ›News Chronicals‹ verzeichnet die freudige Stimmung, die an Bord des KdF-Schiffes geherrscht habe. Jeder Mann und jede Frau hätten vor Freude gestrahlt. Er habe noch niemals eine ergreifendere Szene von Massenfröhlichkeit gesehen. Niemand könne behaupten, daß diese Freude nicht spontan gewesen sei. Er habe mit vielen Deutschen gesprochen und später Gelegenheit gehabt, die Abstimmung zu beobachten, sie sei tatsächlich geheim gewesen.

Sämtliche britischen Zeitungen bringen im übrigen Dutzende von Bildern von Bord der *Wilhelm Gustloff*, die zu drei Vierteln die Bilderseiten nahezu aller Zeitungen füllen.«

Soweit die im ›Völkischen Beobachter‹ und in anderen deutschen Zeitungen veröffentlichte »Presseschau über die Volksabstimmung auf dem KdF-Schiff Wilhelm Gustloff« vor der englischen Küste. Daß es in England aber auch Anti-Nazis gibt, die die Volksabstimmung auf der *Gustloff* zu einer Demonstration gegen das Hitler-Deutschland nutzten, davon steht in deutschen Zeitungen nichts zu lesen.

In einem nicht bebilderten Bericht schreibt die Londoner ›Times‹ in ihrer Ausgabe vom 10. April 1939 unter der Überschrift: »Deutsche, die in England leben — 2 000 wählen im Passagierdampfer.«

»Fast 2 000 in Großbritannien lebende Deutsche und Österreicher gaben ihre Stimme an Bord des deutschen Dampfers *Wilhelm Gustloff*, mit welchem sie von Tilbury zu einem Punkt außerhalb der Drei-Meilen-Zone gebracht wurden, ab. Das Ergebnis der Abstimmung war: ›Ja‹, 1 167 Deutsche und 801 Österreicher, ›Nein‹, 5 Deutsche und 5 Österreicher.

Die Deutschen und die Österreicher verließen gestern in einem Sonderzug St. Pancras nach Tilbury und hatten von ihrer Botschaft ausgestellte Stimmzettel bei sich.

Am Bahnhof waren viele Anti-Nazis, repräsentativ für deutsche und österreichische Gefangene, und hielten große Plakate mit den Worten hin: ›Deutsche, stimmt für Frieden, Freiheit und Wohlstand.‹ Die Wähler kamen von allen Teilen des Landes.

Gegen 9.00 Uhr legte die *Wilhelm Gustloff*, ein Passagierdampfer, gebaut, um der arbeitenden Bevölkerung durch die Bewegung ›Kraft durch Freude‹ billige Seereisen zu ermöglichen, an der Landebrücke an. Die 1 500 Passagiere und die Wähler warteten unter Hochrufen und Gesängen, während die Bordkapelle die deutsche Nationalhymne spielte und die Deutschen den Nazigruß vollzogen. Als die Wähler an Bord gingen, hakten sie sich an Deck ein, tanzten und sangen zu Akkordeonmusik.

Der weitaus größte Teil derer, die an der Abstimmung teilnahmen, waren Frauen, die meisten im Alter zwischen 21 und 30 Jahren. Während sie ihrer Verpflichtung zur Abgabe der Stimmen nachkamen, blieben sie ungefähr 12 Stunden auf See. Es war ein billiges Tagesvergnügen, denn sie bezahlten jeder nur drei Schillinge und wurden verpflegt mit zwei Mahlzeiten und hellem Bier.«

DIE ERSTE ›GUSTLOFF‹-REISE NACH MADEIRA

Am 20. April 1938, dem Geburtstag Adolf Hitlers, geht für die gesamte Besatzung des KdF-Schiffes *Wilhelm Gustloff* und 1 465 an Bord befindliche Passagiere ein Traum in Erfüllung: Die erste Reise nach Madeira beginnt.

An diesem Mittwoch ist herrliches Wetter, als am späten Nachmittag die *Gustloff* auslaufbereit ist. Sie fährt nicht allein. Zwei weitere ›Kraft durch Freude‹-Schiffe, *Der Deutsche* und die *Sierra Cordoba*, werden das neue KdF-Schiff nach Madeira begleiten.

Über 3 330 Urlauber nehmen auf den drei Schiffen an der Fahrt teil und erwarten das Erlebnis einer großen 14tägigen Seereise.

Auch Kapitän Carl Lübbe freut sich auf diese erste große Reise mit seinem neuen Schiff. Der 58jährige ahnt nicht, daß es für ihn die letzte Reise sein wird.

Zwei Tage später, am Freitag dem 22. April, nachmittags um 15.00 Uhr, beendet ein Herzschlag sein Leben. Wenige Augenblicke zuvor hatte er noch auf der Kommandobrücke der *Gustloff* gestanden. Erschüttert nimmt die Besatzung, die vom 1. Offizier auf das Sonnendeck gerufen wird von dem plötzlichen Tod ihres Kapitäns Kenntnis. In manches Auge stiehlt sich eine Träne, Kapitän Lübbe war unter seiner Mannschaft sehr beliebt.

Die Flagge des Schiffes wird auf Halbstock gesenkt, die Reiseleitung ordnet für 48 Stunden Bordtrauer an. Die Passagiere verzichten an diesem und am nächsten Abend auf Tanz und Musik, die Stimmung ist gedrückt. Sie wird erst wieder besser, nachdem die *Gustloff* den Hafen von Dover angelaufen hat und die Leiche des toten Kapitäns von Bord gegeben wird. Zuvor hatte für die Besatzung und die Urlauber an Bord eine Trauerfeier stattgefunden.

Am nächsten Tag, dem 23. April, veröffentlicht der ›Völkische Beobachter‹ folgenden Nachruf des Reichsorganisationsleiters Dr. Ley für den toten Kapitän des M/S *Wilhelm Gustloff*:

»Vor wenigen Tagen hat Kapitän Lübbe den Führer auf der Kommandobrücke unseres herrlichen ›Kraft durch Freude‹-Schiffes *Wilhelm Gustloff* begrüßen dürfen. Als ich einige Stunden später noch einmal mit Carl Lübbe durch unser Schiff ging, hat er mir gesagt, daß seine Begegnung mit dem Führer gerade auf diesem, ihm anvertrauten »Schiff der deutschen Arbeiter« der Höhepunkt seines an Geschehen reichen Lebens sei.

Kapitän Lübbe war ein deutscher Seemann, ein deutscher Mensch mit einem deutschen Herzen. Die entschlossene Rettung der 19 englischen Seeleute, eine Tat, die ihm und seinen Männern die Anerkennung der ganzen Welt brachte, zeigte aufs neue seine Kühnheit, seine Treue und seine Tatkraft. Und uns, die wir ihm das stolze Flaggschiff unserer ›Kraft durch Freude‹-Flotte übergeben hatten, bewies die Rettungstat, daß wir den richtigen Mann auf den richtigen Platz zu stellen wußten.

Kapitän Lübbe, deutscher Soldat und deutscher Arbeiter, starb auf hoher See zwischen deutschen Arbeitern. Mit mir entbietet das gesamte schaffende Deutschland dem ersten Kapitän des ›Kraft durch Freude‹-Flaggschiffes *Wilhelm Gustloff* tiefempfundene Abschiedsgrüße. Heil Hitler, Dr. Robert Ley.«

Am Montagfrüh, dem 26. April, läuft der Hamburg-Süddampfer *Teneriffa*, von Dover kommend, wo er die sterblichen Überreste von Kapitän Carl Lübbe übernommen hatte, in Bremen ein. Auf dem freien Werftgelände stand eine Ehrenabordnung der Bremer Werkscharen. Neben der Witwe, den Söhnen des Kapitäns und anderen Verwandten hatten sich Vertreter der Gauleitung, der Kriegsmarine, der bremischen Regierung, des Vorstandes der Hamburg-Süd und sämtliche Kapitäne und Offiziere der im Hafen liegenden Schiffe versammelt.

Nachdem die Sirenen, die um 12.00 Uhr die Werft-Mittagspause verkündet hatten, verklungen waren, wird der mit der Fahne des Dritten Reiches geschmückte Sarg aus der mittleren Ladeluke des Schiffes an Land gehievt.

Der Gauobmann der DAF widmet dem Toten Worte des Gedenkens, dann tragen sechs Werkscharmänner den Sarg zu dem Wagen, der ihn nach Hamburg bringt. Dort wird er am Nachmitag in der Halle des Ohldorfer Krematoriums aufgebahrt, zwei Tage später erfolgt die Beisetzung in der Familiengruft.

Das Leben auf dem KdF-Schiff *Wilhelm Gustloff* ist inzwischen weitergegangen. Der erst 33jährige 1. Offizier Richard Vollert hat den Auftrag erhalten, das Schiff nach Lissabon zu bringen. Hier soll der Hamburg-Süd-Kapitän Friedrich Petersen, der mit der *Monte Olivia* bereits eine KdF-Reise nach Madeira gemacht hat, die weitere Führung des M/S *Wilhelm Gustloff* auf dieser Reise übernehmen. Danach soll nach Rückkehr in Hamburg ein neuer Kapitän an Bord kommen.

Zu den deutschen Journalisten, welche die erste Reise des KdF-Schiffes *Wilhelm Gustloff* nach Madeira miterleben, gehört auch Heinrich Zerkaulen, der in »Köhlers Flottenkalender« über diese Fahrt u. a. berichtete:

»Es ist Sonntag, auch im Herzen. Jeder Tag auf diesem Schiff ist ein Sonntag. Sechzig Seemeilen weitab liegt die nationalspanische Küste, und die Biskaya meint es gut mit uns; die dunkelblaue See, nur da und dort von weißen Schaumkronen überhöht, liegt friedlich und still. Und das weite Sonnendeck der *Wilhelm Gustloff* ist zum Treffpunkt Deutschlands geworden, alle Dialekte des Reiches, von Königsberg bis Wien, sind vertreten.

Da ist Lieschen Kiesling! Sie schaut gut aus in ihrem Strandanzug mit den blauen und roten Ankern. Wird wohl einer daran hängen bleiben, an einem solch hübschen Anker? Lieschen Kiesling hat erst vor wenigen Wochen das neueste und jüngste ›Kraft durch Freude‹-Schiff auf den Namen *Robert Ley* getauft und darf als Anerkennung dafür an der ersten Madeira-Fahrt der *Gustloff* teilnehmen, und Lieschen ist in ihrer gänzlich stillen und unaufdringlichen Art in den wenigen Tagen auch schon der Liebling der *Gustloff* geworden.

Übrigens fahren auch englische und amerikanische Journalisten mit uns.

Da ist John Scanlon beispielsweise, ehemals Dockarbeiter, heute ein Mann der Feder, unbestechlich, mit einem breiten Leserecho in seiner Heimat. Er hört gut zu, als mich gerade Schorschel begrüßt. Schorschel ist mein Tischnachbar der ersten Tischrunde. Als wir uns miteinander bekannt machen, meint er zu Röschen: »Sagen Sie einfach Schorschel zu mir.« Röschen ist meine andere Tischnachbarin. Sie kommt aus Trier und ist schon braungebrannt wie ein Portugiesenmädchen. Schorschel, Metallschleifer aus Aschaffenburg, erzählt dem Mister John Scanlon, daß er zum ersten Male auf See fahre. Ob es so etwas auch in England gebe? John Scanlon hat ein in rotes Saffianleder gebundenes Wörterbuch bei sich, darin blättert er, wenn ihm ein deutsches Wort entfallen ist. Der Schorschel kann lange warten, ehe Mister Scanlon seine Antwort beisammen hat.

Statt vieler Worte zwei Beispiele an dieser Stelle für die innere Haltung der unbekannten Kameraden im deutschen Volke:

Im Rauchsalon heute früh beugte sich einer verstohlen nieder, um leise mit der Hand über den Boden zu streichen. Er nickte dazu: »Gute Arbeit ist hier an Bord gemacht worden, Donnerwetter, beste deutsche Facharbeit!« Und ein anderer stand bei einem Matrosen, der mit einer Ölkanne hantierte. Mein Kamerad sah still zu, eine ganze Weile. Dann sagte er einfach: »In vierzehn Tagen, wenn ich wieder zu Hause an meinem Arbeitsplatz in der Werft bin, mache ich dasselbe wie Du!« Die zwei blickten sich an und lachten.

Unser Schiff macht eine so herrliche Fahrt, daß es sündhaft scheinen will, derweilen in der Kammer zu sitzen, um zu schreiben. Ach — es strömt so viel auf einmal hier zusammen, soviel Freude, soviel Freunde!

Eine schöne, immer noch junge alte Frau mit schneeweißem Haar fährt mit uns auf dem Schiff; zwei Kinder hat sie für das Leben versorgt, die Tochter und auch den Sohn.

Ihr Mann und sein Werk werden allzeit leben im deutschen Volke. Gorch Fock hieß dieser Mann. Und die schöne, immer noch junge alte Frau mit schneeweißem Haar ist die Witwe Gorch Focks.

Wir fahren unter Portugals Küste. Durch das Bullauge flattert die Melodie der Bordkapelle.: »Blau ist das Meer ...«

Und dann lernen wir die Deutschen in Lissabon kennen. Die Hafenarbeiter haben gestaunt über das prächtige *Gustloff*-Schiff, also erzählten es uns die neuen Freunde. Sie haben gemeint: »Ja — die Deutschen, die haben es gut.« Ob am Hafen oder in der Stadt, ob vor der Stierkampfarena mit ihrem schönen Museum, darin die goldbestickten Kleider, Hüte und Lorbeerkränze erfolgreicher Toreros aufbewahrt werden, oder im kühlen Marmorkreuzgang des ehemaligen Klosters Belem oder endlich im blumenüberschütteten ›Park Eduard VVI‹ — nach den Hakenkreuzfahnen der *Gustloff*-Urlauber ist starke Nachfrage.

Die Deutschen von Lissabon sprechen mit heller Begeisterung von den portugiesischen Legionären, strammen Burschen im grünen Hemd, das grüne Kreuz sichtbar am Rockaufschlag. Ja, Lissabon gibt allerhand Vergleichsmöglichkeiten, sie fallen durchaus nicht immer günstig für das Land aus, wenngleich es tapfer bemüht scheint, der immer weiter ansteigenden Arbeitslosigkeit Herr zu werden. Es meinen auch einige von uns, daß Lissabon in den letzten drei Jahren, seitdem erstmalig ein KdF-Schiff hier anlegte, an Sauberkeit und Ordnung entschieden gewonnen habe.

Es sind nicht nur Tage, die uns geschenkt werden, sie runden sich zu Jahren zu ganzen Lebensabschnitten. Als die Lichtkaskaden des großen Feuerwerks von den drei KdF-Schiffen *Wilhelm Gustloff*, *Der Deutsche* und *Sierra Cordoba* den Hafen von Lissabon in silbernen und goldenen Regen tauchten, als das Trommelfeuer der schweren Lichtraketenbomben die Terrassenstadt hinauf rannte, als Tausende von Zuschauern am dunklen Kai in Begeisterung rasten — da glaubten wir, der Höhepunkt dieser unvergeßlichen Reise sei gekommen.

Wir dachten es, weil wir noch nichts wußten von der tropfenden Stille jener blauen Dämmerstunde, als unser weißes Schiff die breite Flußmündung entlang glitt, hinaus in den Atlantik, da wir Schulter an Schulter auf dem Offiziersdeck standen und unser Kamerad von der ungarischen Presse, einst k. u. k.-Batterieoffizier, vom großen Krieg erzählte — — —

Dann nahm uns der Hafen von Madeira auf.

Die Kinder der deutschen Schule aus Funchal hielten in den Händen Büsche flammender Blumen, aus dem Paradies tropischer Verschwendung geschmückt, sie winkten uns aus ihrem Boot, schrien, jubelten der deutschen Heimat zu, die mit der *Gustloff* zu ihnen kam.

Immer wieder müssen wir von unserem Schiff schwärmen!

Gestern saßen die Kapitäne der *Sierra Cordoba* und *Der Deutsche* an unserem Pressetisch. Unser ganzes Schiff hat dem 1. Offizier, dem ein Sohn geboren wurde, gratuliert. Michael soll der Junge heißen. Das ist ein guter und wacher Name: Michael, der wachgewordene Michael! Ja, hier unten sehen sie, wie wach Deutschland geworden ist. Es gibt keine Emigranten und auch keine Hetzpresse, die ihnen das auszureden versucht. Das neue KdF-Schiff *Wilhelm Gustloff* führt keine versteckten Waffen mit sich, nur eine ganze Schiffsladung voller Freude.

Und die wollen wir mit nach Hause bringen — Freude! Mit zwanzig Eskudos läßt sich auf Madeira zwar kein Weinberg kaufen, doch reichen sie für einen Berg voll innerer Kraft. Hört ihr die Trompete über das Deck klingen?

»Freut Euch des Lebens!«

Madeira war schön. Die Lichterkette der Häuser von Funchal vom Wasser hinauf bis zur Höhe von fünfzehnhundert Metern die schaukelt im lieblichen Abglanz der Erinnerung längst in unserem Herzen.

Doch in Deutschland ist der Rasen grün, und es blühen die Bäume, es winken die Menschen, die guten Schiffssirenen dröhnen, die Flaggen senken sich und steigen knatternd wieder in den Wind, als wir wieder in Hamburg einlaufen.

Es hat beim Abschied auch einer der englischen Journalisten unter der Uhr auf dem Sonnendeck gesprochen. Er meinte, daß England, daß sein Volk auf die Dauer an solch segensreichem Werk wie dem der Deutschen Arbeitsfront nicht vorübergehen könne. Er hat den tieferen Sinn der Gemeinschaft wohl gespürt, der die Menschen eines solchen Schiffes wie mit magischer Gewalt miteinander verketten kann. Auch der englische Journalist hebt wie unter einem Zwang den rechten Arm zum Gruß, da noch einmal des Mannes gedacht wird, des Führers, dem auch die *Wilhelm Gustloff* gehört mit allem, was mit dem Namen dieses Schiffes verbunden ist, Adolf Hitler.

Wie arm doch das Wort ist, wenn es eine neue Wirklichkeit schildern soll, die noch gleich den Wogen der See in uns sich hebt und senkt; wenn eine Wirklichkeit beschrieben werden soll, die aus der Freude geboren ist, um Freude zu schenken.

Ihr aber werdet zu Kindern, Freunde! Vergeßt auch nie das Wort, das ihr so oft an Bord gesprochen habt, fast ein jeder vom Mund des anderen ablesen konnte: »Es war die schönste Fahrt unseres Lebens!«

Einen Tag nach der Ankunft des M/S *Wilhelm Gustloff* in Hamburg findet auf der Kommandobrücke der geplante Kapitänswechsel statt. Friedrich Petersen, der anstelle von Carl Lübbe in Lissabon das Schiff übernommen hatte, begrüßt den neuen *Gustloff*-Kapitän Heinrich Bertram. Beide Hamburg-Süd-Kapitäne kennen sich seit vielen Jahren. Sie ahnen bei diesem Kommandowechsel allerdings nicht, daß sie sich im Februar 1944 auf M/S *Wilhelm Gustloff* erneut zu einem Kommandowechsel treffen werden. Dann aber wird die *Gustloff* kein ›Kraft durch Freude‹-Schiff mehr sein, kein Schiff mehr der Lebensfreude, sondern der Lebensangst. Denn zu dieser Zeit, ein Jahr nach Stalingrad, der großen Wende des Krieges im Osten, nähert sich der Zweite Weltkrieg für Deutschland zu einem Ende ohne Sieg und für die Partei, der dieses Schiff gehört, zum totalen Untergang, zur Auflösung in ein Nichts.

Unter dem Kommando seines neuen Kapitäns macht das Schiff zunächst bis Mitte Juni noch zwei Fahrten nach Madeira. Dann beginnen die Norwegenreisen. Jede dieser Reisen dauert fünf Tage, ein Landgang ist nicht möglich, die Fahrgäste verbleiben während der gesamten Reise an Bord. Der Preis der Reise beträgt 50,— Reichsmark, für die Anreise mit der Bahn nach Hamburg und wieder zurück in den Heimatort werden erhebliche Ermäßigungen gewährt. So kostet z. B. eine Bahnfahrkarte für Hin- und Rückfahrt Breslau-Hamburg 10 Mark.

Den ganzen Sommer über fährt die *Gustloff* in die norwegischen Fjorde, insgesamt 11mal. Da das Schiff auf jeder Reise voll besetzt ist, nehmen mehr als 16 000 Urlauber im Sommer 1938 an diesen Norwegenfahrten teil.

Am Freitag, dem 16. September 1938 liegt das KdF-Schiff *Wilhelm Gustloff* im Hamburger Hafen; es soll an diesem Tage eine besondere Ehrung erfahren. Auf dem Sonnendeck haben sich die Vertreter der Hamburgischen Behörden, der Hamburg-Süd, der Deutschen Arbeitsfront, der Organisation NS-Gemeinschaft ›Kraft durch Freude‹, die Offiziere des Schiffes unter Führung ihres Kapitäns und die Besatzungsmitglieder, die an der Rettung des britischen Kohlendampfers *Pegaway* beteiligt waren, versammelt.

Das ›Board of Trades‹ hatte vier Wochen nach der Rettungsaktion bei der Schiffsleitung angefragt, ob die Mitglieder der *Gustloff*-Rettungsmannschaft einzeln geehrt werden sollten, oder ob eine Ehrung des Schiffes erwünscht sei.

Spontan entschied sich die Rettungsmannschaft für eine Ehrung des Schiffes.

Aus diesem Anlaß befindet sich am 16. September 1938 der Britische Generalkonsul L. M. Robinson an Bord, um im Auftrage seiner Regierung die Ehrung vorzunehmen.

In seiner Ansprache erinnert der Generalkonsul an die vorbildliche Rettungstat, den ausgezeichneten Empfang der geretteten britischen Seeleute an Bord der *Gustloff* und stellt lobend heraus, daß man für die Ehrung nicht einzelne Besatzungsmitglieder, sondern das Schiff gewählt habe. »Damit haben die Männer der *Gustloff* bewiesen, daß sie nicht nach persönlichem Ruhm streben, sondern daß sie vielmehr an die Kameradschaft auf See, an die Gemeinschaft der Arbeit und an das Ansehen ihres Schiffes, des KdF-Schiffes *Wilhelm Gustloff*, gedacht haben.« Durch die Plakette, die er zu überreichen habe, erklärte der britische Generalkonsul, »wird daher nicht nur dem Kapitän und den Männern der Besatzung, sondern auch der ›Kraft durch Freude‹-Organisation und der Hamburg-Süd Dank und Anerkennung der britischen Regierung übermittelt.«

Die Plakette, die dann dem Kapitän als Führer des Schiffes überreicht wird, trägt folgende Inschrift:

> »Überreicht von S.M. Regierung im Vereinigten Königreich Großbritannien an das deutsche KdF-Schiff M/S *Wilhelm Gustloff* in Anerkennung der Verdienste bei der unter gefährlichen Umständen geleisteten Rettung der Besatzung des britischen SS. *Pegaway*, das ungefähr 25 Meilen von Terschelling-Feuerschiff am 4. April 1938 unterging.«

Mit einem Gedenken an den verstorbenen Kapitän Carl Lübbe, der zur Rettungstat das Schiff führte, dankt Kapitän Heinrich Bertram für die Ehrung und stellt fest, daß die großen Tugenden der alten Seefahrer auch der neuen Generation zu eigen seien. Bertram bittet den britischen Generalkonsul, den Dank der Besatzung der britischen Regierung zu übermitteln und verspricht, der Plakette einen Ehrenplatz auf der *Gustloff* zu geben.

Noch am gleichen Tage findet die Plakette ihren Platz im Gemeinschaftsraum der Besatzung.

KURS MADEIRA — TRIPOLIS — NEAPEL — GENUA

Anfang Oktober 1938 rüstet die *Gustloff* für die längste KdF-Reise, eine einmalige Reise, die auch die schönste im Leben dieses Schiffes wird. Die Reise dauert 20 Tage. Ziele sind Madeira, Tripolis in Nordafrika, Neapel und Genua.

Zu den 1 465 Passagieren dieser Reise, die am Mittwoch, dem 12. Oktober in Hamburg beginnt und am Montag, dem 31. Oktober in Genua endet, gehören auch 20 Schriftleiter von Berliner Werkzeitschriften. Einer von ihnen, Leopold Zethauser, lieferte wenige Tage nach seiner Rückkehr in Berlin folgenden Bericht ab:

»In Hamburg angekommen, verlassen wir den Sonderzug und fahren bei schönem Herbstwetter in Omnibussen durch die Hansestadt zum Hafen, geben unser Geld ab und erhalten dafür Bordgeld; die Tore zum Hafen stehen uns dann offen, wir kommen auf den Kai und stehen vor dem herrlichsten deutschen Urlauberschiff, der *Wilhelm Gustloff*.«

Neben mir drängt alles zum Laufsteg. Geduldig warte ich, besteige dann das Schiff. Kaum an Bord, beginnt die Reise, die Kapelle spielt: ›Muß i denn zum Städtele hinaus...‹, und zurückschauend entschwindet langsam der Hafen und die Heimat unseren Blicken.

Noch bevor ich im Schiff auf Entdeckungsreise gehen kann, nachdem ich meine Kabine, die ich mit einem Kollegen teile, bezogen habe, ruft der Gong zum Essen. Ich bin überrascht, als ich den Speisesaal betrete.

Die Inneneinrichtung bietet dem Auge Schönheit in Farbe und Gestaltung, Harmonie im Zusammenklang aller Dinge. Beleuchtungskörper, Decken, Wände, Fußboden, Geschirr, alles ist sorgfältig aufeinander abgestimmt. Die Einnahme des Essens ist Freude. Und wie es schmeckt! — So kann es bleiben, denke ich, und jede Mahlzeit bestätigt dann, wie hier für das leibliche Wohl auf das Beste gesorgt wird.

Elbabwärts nimmt nun das Schiff in ruhiger Fahrt Kurs, wir passieren Elbe-Feuerschiff. Mit vielen neuen Eindrücken beladen, schlafen wir in die erste Nacht hinein und merken gar nicht, daß wir uns schon auf hoher See befinden.

Der nächste Tag bringt in der Nordsee und im englischen Kanal Windstärke 8, eine ziemlich stürmische Angelegenheit, die mich aber keineswegs zur Fischfütterung bewegen kann; ich werde nicht, wie andere ›seekrank‹.

Fünf Reisetage trennen uns noch von dem ersten Reiseziel. Und die Zeit vergeht wie im Fluge.

Ein Vortrag belehrt uns erstmals über das Motor-Schiff *Wilhelm Gustloff*. U. a. erfahren wir, daß die Inneneinrichtung von Prof. Woldemar Brinkmann (München), der als Innenarchitekt des Deutschen Hauses auf der Pariser Weltausstellung allgemein bekannt geworden ist, gestaltet wurde. Brinkmann hat die ihm gebotene räumliche Großzügigkeit des Schiffes zu einer Lösung benutzt, die fern allen Prunks ist. Kein Raum auf diesem Schiff ist wie der andere. Jeder hat seine eigene Note, sein eigenes Gesicht.

Wir erfahren auch, daß das Schiff eine Höchstgeschwindigkeit von etwa 16 Seemeilen, das sind ca. 30 km in der Stunde, fahren kann und daß die Funk- und Telefonanlage so groß ist, daß sie der einer Stadt von etwa 20 000 Einwohnern gleichgestellt werden kann.

In gleichmäßiger Schnelligkeit nimmt unser Schiff Kurs auf Madeira. Beim Morgengrauen des 18. Oktober liegt die Insel in ihrem Lichterglanz vor uns, wir ankern davor auf offener Reede.

Große Übersetzboote, von geschickten Insulanern gesteuert, bringen uns rasch an Land. Dann geht's zur Station der Zahnradbahn. Sie bringt uns zur 876 Meter hoch gelegenen Bergstation des Torreiro de Lucia. Von hier wandert der Blick ringsum und hinunter auf die aus dem Meer aufsteigende Stadt Funchal, auf die leuchtend weißen Schiffe, die beiden KdF-Schiffe *Wilhelm Gustloff* und *Stuttgart*, die sich majestätisch von der azurnen Bläue des Meeres abheben, und hinaus auf den unendlichen Ozean.

Vom Torreiro de Lucia führt eine sechs Kilometer lange Schlittenstraße abwärts. Die Insel besteht aus vulkanischem Gestein. Am Strand werden die rundgewaschenen Steine gewonnen, und alle Straßen sind damit gepflastert. Auf diesen glatten Straßen fahren die mit Ochsen bespannten Fahrzeuge auf Schlittenkufen. So auch auf der Schlittenstraße; infolge des Gefälles gleiten die Schlitten von selbst, müssen aber von kundigen Einwohnern gesteuert werden.

Da wir mit den uns zur Verfügung stehenden Devisen sehr sparsam umgehen müssen, nehmen immer mehrere Urlauber eine Taxe, um die Umgebung schneller zu erforschen. Bei dieser Gelegenheit können wir die hohe Geschicklichkeit der portugiesischen Fahrer bewundern, geht es doch in engen und kurvenreichen Straßen an steilen Hängen aufwärts.

Der erste Abend endet mit einem großen Bordfest im Zusammensein mit den Inselbewohnern, mit denen wir in herzlicher Kameradschaft die Stunden des Beisammenseins feiern.

Am zweiten Tag auf Madeira durchstöbern wir die Stadt und beobachten die Bewohner bei ihrem Leben und Treiben in den Straßen.

Der späte Abend beschert uns ein schönes Feuerwerk, dann nimmt unser Schiff Abschied, wir verlassen Madeira und fahren dem Mittelmeer entgegen. Ein dichter Nebel, der uns vor der Straße von Gibraltar empfängt, zwingt das Schiff zu langsamerer Fahrt. Doch dann teilt sich der Nebel, der Felsen von Gibraltar kommt in Sicht. Wir genießen ausgiebig die afrikanische Sonne, sehen ganze Schwärme von Fischen, die unser Schiff begleiten. Schiffe verschiedener Nationen ziehen an uns vorbei, und mittlerweile nähern wir uns der nordafrikanischen Stadt Tripolis, die wir im erwachenden Morgen des 25. Oktober, einem Dienstag, anlaufen.

Das Festmachen des Schiffes gestaltet sich hier sehr schwierig und stellt unsere Entdeckerlust auf eine lange, dreieinhalbstündige Probe.

Nun werden wir von Faschistenabordnungen mit Musik begrüßt. Der am Hafen bereitstehende Zug entführt uns bei tropischer Hitze durch Olivenhaine in das Märchenland unserer Kinderträume.

In dieser fremdartigen Flora bestaunen wir die Araber, die heute noch wie vor Jahrhunderten das Land mit Ziegenschläuchen bewässern. Die Bewässerung, für unsere Begriffe sehr primitiv, ist immerhin sinnreich und erzielt eine große Fruchtbarkeit. Dann wandern wir mit unseren Dolmetschern gruppenweise durch das Judenviertel. Hier herrscht ekelhafter Gestank und Schmutz.

Weiter geht's in das Araberviertel mit seinen typisch engen und krummen Gäßchen. Nach Handwerkerarten getrennt, findet man hier eine Gasse der Pantoffelmacher, der Weber, der Kupfer- und Silberschmiede, Teppichknüpfer und vieler anderer Handwerker.

Sie alle halten ihre Waren vor ihren primitiven Läden auf der Erde feil. Interessant sind auch die Suks oder Basarstraßen, die meistens überdacht sind. In diesen engen Gassen mit ihren verschiedenen Verkaufsläden atmet der Urlauber echte orientalische Luft. Kauende Kamele liegen ringsum und warten auf die Befehle ihrer Treiber. Mit verschiedenen Lasten bepackte Esel traben auf den Straßen an uns vorbei; buntes orientalisches Leben spielt sich hier ab.

Der neu errichtete Stadtteil zeigt uns in seinen Bauten den großen Aufbauwillen des Faschismus. An großen Hotels, Banken, Reisebüros und neuen Wohnblocks wandern wir entlang, vorbei an herrlichen Anlagen, die der Stadt ein reizvolles Gepräge geben. Nur zu schnell geht auch hier unser Landaufenthalt seinem Ende entgegen.

Den Abschluß unseres Tripolis-Aufenthaltes bildet bei unserer Ausfahrt ein grandioses Riesenfeuerwerk, das an Bord des KdF-Schiffes *Stuttgart* abgebrannt wird.

Tripolis liegt hinter uns. Die Mittelmeersonne bestrahlt uns wieder in den Liegestühlen auf dem herrlichen Sonnendeck und tönt uns allmählich bronzefarben.

Neapel ist unser nächstes Ziel. Am 28. Oktober laufen wir ein, gehen an Land, gewinnen neue Eindrücke. Pompeji ist unser Eisenbahnziel; nach einstündiger Fahrt erreichen wir es. Mehr als 1800 Jahre lag diese oskische Stadt mit ihrer hellenischen Kultur verschüttet und vergessen. Im Jahre 65 nach Chr. zerstörte ein Erdbeben viele Häuser, die, wieder aufgebaut, erneut von einem Erdbeben heimgesucht wurden. Grauenhaft diesmal die Auswirkungen der Katastrophe. 36 Stunden lang spielte der Vesuv Tod und Verderben, ein vollständiges Zerstörungswerk. 2000 von 20 000 Einwohnern waren Opfer dieses Vesuvausbruches, denn nicht aus der Krateröffnung, sondern aus einer plötzlich entstandenen Seitenöffnung schleuderte der Vesuv seine glühenden Lavamassen.

Seit 1860 sind Ausgrabungen im Gange, die halbe Stadt ist freigelegt, und heute erforscht man noch eifrig die große Kultur des Altertums. Forum, Hauptplatz, Basilika, Markthalle, großes und kleines Theater, Amphitheater, Wohnhäuser, Handwerkerstuben usw. finden wir Besucher gut erhalten vor, bestaunen alles. Große Achtung nötigen uns Betrachtern die Leistungen der römischen Baukunst ab, aber auch Zeugnis von der Sittenlosigkeit brachten die Ausgrabungen zutage.

Danach bewundern wir in der Stadt Neapel die grandiosen Neubauten aus Marmor, so das neue Hauptpostgebäude. Dieses edle Gestein wird bei Bauten dort viel verwendet, ist doch Italien reich an Marmorbrüchen.

Bei unserer Ausfahrt regnet es in Strömen, fast wolkenbruchartig.

Dann sind wir mit unserem Schiff wieder unterwegs. Noch einen Tag wiegen wir uns auf den Wogen des Mittelmeeres. Beim Tagesgrauen des 3. Oktober 1938, einem Sonntag, geht unsere große und herrliche Seereise zu Ende.

Die *Gustloff* läuft in Genua ein.

Herzlich empfängt uns hier die italienische Bevölkerung. Wir verleben in dieser Stadt den letzten Urlaubstag. Nach allen Richtungen fahren die *Gustloff*-Urlauber in die Umgebung. Unser Ziel ist der nur etwa 10 km entfernt liegende Ort Nervi. Bei dem milden Klima in dem entzückenden Nervi wären wir gern länger geblieben, aber wir müssen zurück nach Genua. Hier verbringen wir die letzten Stunden.

Dann gehen wir wieder an Bord unseres Schiffes, um notwendige Erledigungen vorzunehmen. Das restliche Bargeld wird umgewechselt, und die Fahrkarten für die Heimreise werden uns ausgehändigt.

Am Abend verabschiedet sich die *Gustloff* von uns mit einem großen Bordfest mit Tanz in allen Sälen.

Fünf Tanzparkette hat das Schiff, und alle sind übervoll, so herrlich ist die Stimmung.

Am nächsten Morgen verabschieden wir uns, blicken noch einmal zurück. Wartend liegt der Schiffsriese am Kai, um die nächsten Urlauber aufzunehmen.

Wir aber besteigen den Zug, erschauen auf der Heimreise die stolzen Bergriesen mit ihren leuchtenden Firnen in der Schweiz. Dann sind wir wieder in der Heimat. Das große Paradies der Erinnerung ist um ein großes Erlebnis reicher geworden. Unsere Liebe gehört dir, schönes, großes deutsches Vaterland!«

Der Schriftleiter Leopold Zedhauser ist in sein Berlin heimgekehrt. Aus seiner Reiseschilderung spricht die Begeisterung für die ›Kraft durch Freude‹-Idee und die nationalsozialistische Bewegung, die dieses Werk hervorgebracht hat und systematisch pflegt, damit, wie der Führer sagte, »der deutsche Arbeiter seine Nerven behält«. Der Führer weiß schon heute, wozu der deutsche Arbeiter seine Nerven behalten wird, dann nämlich, wenn aus den Arbeitern Soldaten werden müssen und wenn der Führer Großdeutschlands, der die These vom »Volk ohne Raum« propagiert, zum großen Angriff bläst, der der ›Kraft durch Freude‹-Idee für viele unerwartet ein jähes Ende setzt und sie in einem Meer von Blut und Tränen enden läßt.

Nur wenige ahnen, daß die *Gustloff* nur noch zehn Monate für ›Kraft durch Freude‹ fahren wird, danach wird die Freude ein Ende haben. Gefragt ist dann nur noch Kraft, Kraft für den Krieg, Kraft ohne Freude.

ZEHNMAL ›RUND UM ITALIEN‹

›Heimathafen Hamburg‹ steht in großen Lettern am Heck des KdF-Schiffes *Wilhelm Gustloff*. Doch im Herbst und Winter wird Genua der vorübergehende Heimathafen des Schiffes.

Von hier aus unternimmt von Ende Oktober 1938 an das Schiff bis Anfang März 1939 zehn Italien-Rundreisen. Bis Genua gelangen die Reiseteilnehmer mit der Bahn, treffen jeweils sonntags ein, werden sofort nach Ankunft eingeschifft, und am nächsten Tage beginnt die Mittelmeer-Rundreise. Das erste Reiseziel auf jeder dieser Reisen ist Neapel.

Nicht nur viele Journalisten, sondern auch zahlreiche Prominente aus Partei, Staat, Wirtschaft und Vertreter von NS-Organisationen nehmen an den beliebten Mittelmeer-Rundreisen teil. Auf einer dieser Reisen kann der

Kapitän Heinrich Bertram Professor Dr. Porsche begrüßen, den Vater des Volkswagens, der sich ganz besonders — wie sollte es auch anders sein — für die Maschinenanlage der *Gustloff* interessiert. Der 2. Ing. Erich Goering übernimmt gern die Aufgabe, dem wißbegierigen, sehr interessierten Professor die Maschinenanlagen des Schiffes zu erläutern und seine vielen Fragen zu beantworten.

Zur Weihnachtszeit und zum Jahreswechsel macht das Schiff in Genua volle zwei Wochen ›Pause‹. Der größte Teil der Besatzung fährt nach Hause. Sonderzüge bringen die *Gustloff*-Besatzung über den Brenner und zu Beginn des neuen Jahres wieder zurück.

Das Schicksalsjahr 1939 beginnt; die *Gustloff* setzt ihre Mittelmeer-Rundreisen fort.

Gertrud Meyer ist eine der Auserwählten, die an der 28. Reise des KdF-Schiffes *Wilhelm Gustloff*, der 9. ›Rund-um-Italien-Fahrt 1938/39‹ teilnimmt, die am Mittwoch, dem 15. Februar 1939 beginnt und am 24. Februar endet.

Gegen 16.00 Uhr betritt sie das Schiff, erhält mit einem anderen weiblichen Fahrgast, einer fast gleichaltrigen Postbeamtin aus Nürnberg, eine Zweibett-Kammer und begibt sich, nachdem sie ihren Koffer ausgepackt hat, auf einen Schiffsrundgang.

Gertrud Meyer hat schon sehr viel von der *Gustloff* gehört und gelesen, und vor ihrer Abreise nach Genua haben ihr viele Arbeitskollegen, Bekannte und Verwandte zu dieser herrlichen Mittelmeerreise mit dem schönen KdF-Schiff gratuliert. Jetzt will sie es sehen, von oben bis unten, vom Schwimmbad bis zum Sonnendeck, das so groß sein soll wie ein Fußballplatz.

Schon bevor sie an Bord ging und am Kai wartete, hatte sie einen grandiosen Eindruck von dem Schiff gewonnen. Sie hatte an dem elfenbeinfarbigen Schiffsrumpf entlanggesehen, die Bullaugen zu zählen und die mögliche Schiffslänge zu schätzen versucht. Was war das für ein gewaltig großes Schiff!

Und jetzt ging sie durch das Schiff, bewunderte die Gänge, Säle, Räume, fühlte sich überwältigt von den Eindrücken. Überall ist es licht und freundlich. Die großen Fenster auf beiden Seiten des Unteren Promenadendecks lassen den Tag herein. Und Platz hat man — zum Aussuchen! Winkel zum Absondern gibt es allerdings nicht, dafür aber Durchblicke auf schöne Bilder, auf gemütliche Gruppen von Fahrtgenossen im Nachbarraum. Fröhliches Treiben hat hier eine Freistatt sondergleichen: Fünf Tanzparkette, Konzertpodium, Kino. Bilder schauen von den Wänden. Das Licht spiegelt sich in edelverarbeiteten deutschen Hölzern.

Und jeder Raum hat seine Besonderheiten, seine eigene Schönheit. Da ist der Rauchsalon, ohne Tanzfläche, ein Raum für die Gemütlichkeit mit nußbaumgetäfelten Wänden und mit lederbedeckten Feldern in der Vorder- und Rückwand. Da hängt das Führerbild, dort das Portrait von Robert Ley. Über den Raum verteilt um kleine Tische bequeme Sofas, auch urbehagliche Großvaterstühle zum Nickerchen nach Tisch.

All das nimmt Gertrud Meyer interessiert in sich auf. Sie versteht was davon, sie ist Innenarchitektin, Raumgestalterin.

Und dann der Theatersaal: In Schleiflack gehaltene Wände, große Fenster mit Gobelinvorhängen, Tanzfläche, Podium, alles hell, heiter, festlich, auch die lichten Mittelmeerwandbilder an der Vorder- und Hinterwand sowie an den Seitenwänden.

Noch beeindruckt von dem Gesehenen, steht sie in der großen Halle, die vier Räume in sich vereinigt: Den Trachtensaal mit den auf hellem Schleiflackgrund stehenden Trachtenfresken aus allen deutschen Gauen; anschließend backbord und steuerbord die als Schreibzimmer eingerichteten Verbindungszimmer zum nächsten Saal, der eine besondere Note durch die lebensvollen Wandbilder aus Deutschland erhält. Die Bilder bedecken die ganzen Wandfüllungen zwischen den Fenstern. Man hat also deutsches Land im Bilde um sich und dazwischen das durch die großen Fenster hereinleuchtende Meer. ›Deutschlandhalle‹ heißt diese großartige Halle zu Recht.

Weiter geht es zur Musikhalle, auch hier ein Tanzparkett, aber trotzdem eine etwas ernstere Raumstimmung mit großen, farbigen Landschaftsreliefs, von denen einige eine besonders dekorative Ausdruckskraft haben. Die ebenfalls in dunklerem Ton gehaltene hintere Halle mit großen Fenstern nach drei Seiten schließt die großartige Raumflucht zum Achterschiff hin ab; sie ist wie ein stiller, behaglich tönender Ausklang. Ohrenklappsessel warten auf beschauliche Gäste mit geruhsamem Blick auf schöne Blumengruppen und auf das Leben auf Deck draußen.

Und dann die Decks: Das Untere und Obere Promenadendeck, das Sonnendeck ganz oben — einfach herrlich!

Von unten nach oben, von oben nach unten, durchwandert Gertrud Meyer die *Gustloff*, bleibt immer wieder staunend stehen und vergißt die Zeit um sich. Der Trompetenruf zum Abendessen bringt sie in die Wirklichkeit zurück. Im Speisesaal erwarten sie neue Eindrücke.

Nach dem Essen spricht sie mit ihren Tischnachbarn über ihre Eindrücke. Dann ist das ›Reise-Programm‹, das ihnen nach dem Essen ausgehändigt wird, ein aktuelleres Gesprächsthema.

Für den nächsten Tag, den 16. Februar, ist eine Stadtbesichtigung in Genua vorgesehen, danach Ausflüge nach Rapallo (Ligur. Rivierea), S. Margharita und zum Campo Santo. Bis 17.30 Uhr müssen alle Reiseteilnehmer an Bord sein, um 18.00 Uhr verläßt das Schiff Genua. Am 17. Februar werden die Passagiere das Mittelmeer erleben, um 7.10 Uhr wird die Insel Elba passiert, um 17.10 Uhr wird das Leuchtfeuer von Fiumara Grande auftauchen, und am nächsten Morgen, dem 18. Februar, ist die Ankunft in Neapel vorgesehen. Das Schiff wird dann bereits 398 Seemeilen zurückgelegt haben. Am Ankunftstag in Neapel sind Ausflüge nach Pompeji, Ischia und Solfatara (kl. Vesuv) vorgesehen. Auch den nächsten Tag wird das Schiff in Neapel liegen und bietet ein umfangreiches Ausflugsprogramm an und auch eine eingehende Stadtbesichtigung. Für 20.00 Uhr ist die Abreise des Schiffes aus Neapel vorgesehen.

Am nächsten Morgen, dem 20. Februar um 8.30 Uhr, wird die *Gustloff* in Palermo auf Sizilien erwartet. Einem Spaziergang durch die Stadt wird sich ein Ausflug nach Stromboli anschließen. Um 17.30 Uhr verläßt das Schiff Palermo.

Am Dienstag, dem 21. Februar, morgens zwischen 6.40 Uhr und 7.15 Uhr will das Schiff Stromboli umsteuern, die Einfahrt in die Straße von Messina ist für 10.20 Uhr vorgesehen, etwa um 12.30 Uhr wird — nach dem Programm — an Backbordseite Capp del Armi passiert.

Am Mittwoch, dem 22. Februar, setzt die *Gustloff* ihre Mittelmeer-Rundreise, die wieder in Venedig endet, fort. Um 10.15 Uhr wird Korfu passiert, um 11.15 Uhr der Nord-Kanal und abends um 23.30 Uhr ist eine Begegnung mit dem KdF-Dampfer *Oceana* vorgesehen, der wie die beiden weiteren KdF-Schiffe *Der Deutsche* und *Sierra Cordoba* im Winterhalbjahr 1938/39 Griechenland- und Jugoslawien-Reisen durchführt.

Am Donnerstag, dem 23. Februar, wird das Schiff um 10.15 Uhr die Insel Lissa passieren, dann soll an Steuerbordseite die Dalmatinische Küste in Sicht kommen, danach folgt die letzte Nacht auf See.

Die Ankunft in Venedig ist für Freitag, dem 24. Februar um 7.00 Uhr morgens vorgesehen. Insgesamt 911 Seemeilen gleich 2628 km wird die *Gustloff* dann auf ihrer 9. und vorletzten Italien-Rundreise durch das Mittelmeer zurückgelegt haben.

Noch einen Tag können die Fahrgäste dann an Bord bleiben und die Zeit für die Besichtigung der Stadt Venedig mit ihren herrlichen Sehenswürdigkeiten, dem Dogenpalast und dem Marcusplatz zum Beispiel, nutzen, bevor am Morgen des 25. Februar die Heimreise mit der Eisenbahn angetreten wird.

»Und das alles liegt noch vor uns...«, kommentiert Gertrud Meyer das Reiseprogramm des KdF-Schiffes *Wilhelm Gustloff* am Abend des 15. Februar nach dem Abendessen im Speisesaal des Schiffes. Und die Reise verläuft genauso wie angekündigt, ohne jeden Zwischenfall.

Auch die Tage auf See werden Gertrud Meyer und den übrigen 1464 Fahrgästen auf der *Gustloff* nicht langweilig. Dafür sorgt das ›Bordprogramm‹, das jeden Abend für den nächsten Tag beim Abendessen auf allen Plätzen liegt. So auch am Donnerstag, dem 16. Februar. Und so sieht das ›Bord-Programm‹ für den 17. Februar aus:

6.20 Uhr:	Wecken
6.30 Uhr:	Frühsport auf dem Sonnendeck
8.00 Uhr:	Fröhliche Morgenmusik (Schallplatten)
8.30 Uhr:	Achtung! Unser Bordfunk! (Briefkasten)
9.15 Uhr:	Begrüßung der Urlauber auf dem Sonnendeck durch Kapitän Parteigenosse Heinrich Bertram und Reiseleiter Parteigenosse P. Wulff, anschließend Wissenswertes über den Landgang in Neapel.
10.30 Uhr:	100-Kilometer-Marsch unserer Italien-Fahrer auf dem Unteren Promenadendeck, anschließend Decksmusik mit der Bordkapelle. Leitung: Kapellmeister G. A. Weissenborn.

13.15 Uhr:	In der Festhalle:
	»Italien, Neapel—Palermo«
	Vortrag von Bordberichterstatter Parteigenosse K. Fincke, mit
	Übertragung in den Trachtensaal und die Deutschlandhalle.
13.30 Uhr:	
bis	Allgemeine Schiffsruhe
15.30 Uhr:	
17.00 Uhr:	In der Musikhalle:
	»Tönende Schiffs-Illustrierte«
	Es spielt das Bordorchester des M/S *Wilhelm Gustloff*
	Leitung: Kapellmeister G. A. Weissenborn. Das Konzert wird
	in die Festhalle, in die Deutschlandhalle, in den Trachtensaal
	und in den Wintergarten übertragen.
20.00 Uhr:	Über alle Lautsprecher:
	»Das wußten Sie noch nicht!«
	Eine Rundfunkreportage
20.30 Uhr:	Musik und Tanz in allen Räumen
23.30 Uhr:	Barschluß
23.45 Uhr:	Musikschluß
24.00 Uhr:	Ruhe im Schiff.

Das Frühstück wird von 7.00 bis 8.00 Uhr eingenommen, Mittagessen ab 11.30 bis 12.30 Uhr. Den Nachmittagskaffee gibt es von 16.00 Uhr bis 16.30 Uhr mit Kaffee oder Tee nach Wahl, Napfkuchen und Kopenhagener Gebäck. Das Abendessen ist für die Zeit von 18.30 Uhr bis 19.30 Uhr vorgesehen. Der Beginn der drei Hauptmahlzeiten Frühstück, Mittagessen und Abendessen wird durch Trompetenruf bekanntgegeben.

Um 22.00 Uhr werden belegte Brote ausgegeben.

Die Turnhalle ist sowohl nachmittags als auch am frühen Morgen geöffnet, ebenso das Schwimmbad und die Bücherei. Der Schiffsarzt hat seine Sprechstunde von 10 bis 11 Uhr und von 17.30 bis 18.00 Uhr, der Zahnarzt von 8.45 bis 10.00 Uhr und von 16.30 bis 18.00 Uhr.

So sieht das Tagesprogramm auf dem KdF-Schiff *Wilhelm Gustloff* für Freitag, den 17. Februar 1939 aus, es läßt Langeweile überhaupt nicht aufkommen. Und das ist auch alle Tage so, bis die Urlauber wieder von Bord gehen und mit vielen unvergeßlichen Eindrücken beladen nach Hause fahren und dort erzählen, wie wunderbar es auf der *Gustloff* im Mittelmeer war.

Am 28. Februar 1939 läuft das Schiff von Genua zur letzten, der »10. Reise rund um Italien 1938/39« aus, um danach nach Hamburg zurückzukehren.

NOCH GRÖSSER UND SCHÖNER: DIE *ROBERT LEY*

Mitte März 1939, nachdem die Winter-Reise-Saison 1938/39 zu Ende ist, kehrt die *Gustloff*, von Genua kommend, in ihren Heimathafen Hamburg zurück; rechtzeitig, bevor das Schwesternschiff *Robert Ley*, in Dienst gestellt wird.

Das geschieht am Freitag, dem 24. März 1939.

Mit 27 288 Brutto-Registertonnen ist der zweite KdF-Schiff-Neubau der NS-Gemeinschaft ›Kraft durch Freude‹ noch größer, schöner und moderner. Während der Bau der *Gustloff* 25 Millionen kostete, spricht man hier von 50 Millionen Reichsmark Herstellungskosten. Genaues weiß niemand. Die ›Kraft durch Freude‹-Gemeinschaft und die Deutsche Arbeitsfront scheinen im Geld zu schwimmen. Beim Bau des zweiten KdF-Schiffes wurde jedenfalls an nichts gespart. Das Elektro-Motorschiff *Robert Ley* ist das größte dieselelektronische Schiff der Welt.

Die Hamburg-Amerika-Linie, die unermüdliche Vorkämpferin für den elektronischen Propellerantrieb, hat sich als Leiterin der Konstruktions- und Bauaufsicht auch beim Bau der *Robert Ley* wie bei ihren eigenen Schiffen für den elektronischen Antrieb eingesetzt und durchgesetzt. Der Hamburg-Amerika-Linie wird von der DAF auch die Bereederung des von der Howaldtwerke AG Hamburg gebauten Schiffes übertragen.

Reichsorganisationsleiter Robert Ley, der sich die Indienststellung des Schiffes, das seinen Namen trägt, selbstverständlich nicht entgehen läßt, feiert damit einen weiteren Erfolg in seiner Karriere als unumstrittener Führer einer Organisation, die inzwischen 23 Millionen Mitglieder hat und damit fünfmal so stark ist wie die NSDAP. Bereits zum Jahresbeginn 1939 hatte er Presse und Funk einen Rechenschaftsbericht über seine bisherige Arbeit für DAF und KdF im Dritten Reich übergeben.

Peter Hüttenberger kommentierte diesen »Ley-Erfolgsbericht« in der Zeitschrift ›Die Gauleiter‹ u. a. wie folgt:

»Die Übernahme des Gewerkschaftsvermögens und das Einkommen der Mitgliederbeiträge machten die Deutsche Arbeitsfront (DAF) zu einer außerordentlich finanzstarken Organisation. Als ›angeschlossener Verband‹ der NSDAP besaß sie im Gegensatz zu den Gliederungen der NSDAP eigenes Vermögensrecht. Der Reichsschatzmeister der NSDAP hatte nur bestimmte Aufsichts- und Revisionsvollmachten, war aber nicht Verwalter des DAF-Vermögens. Mit ihren Ende 1938 mehr als 23 Millionen Mitgliedern war die Deutsche Arbeitsfront zahlenmäßig fast fünfmal so stark wie die NSDAP, und während viele NSDAP-Gaue in den ersten Jahren des Dritten Reiches noch immer verschuldet waren, konnte die DAF eigene Banken und potente wirtschaftliche Organisationen errichten und ihren Einfluß kontinuierlich ausdehnen.

Robert Ley, dem man ›krankhafte Organisationswut‹ nachsagte und der tüchtige Organisatoren, wie Selzner, zur Seite hatte, baute ab Juni 1934 das Reichsheimstättenwerk auf, das bis 1936 bereits über 200 000 Bauprojekte in Angriff nahm. Die DAF errichtete zahlreiche Schulen und Werkstätten für die Berufserziehung und Umschulung, in denen nach Aussage Leys bis 1936 rund 250 000 Lehrkräfte beschäftigt und 2,5 Millionen Arbeitnehmer geschult wurden.

Die DAF organisierte die Reichsberufswettkämpfe und gab in eigenen Verlagen 88 verschiedene Fach- und Berufs-Zeitschriften mit einer Gesamtauflage von 10 Millionen Exemplaren, außerdem eine Reihe von politischpropagandistischen Zeitschriften heraus, wie z. B. ›Arbeitertum‹, ›Schönheit der Arbeit‹, ›Der Aufbau‹. Sie überwachte und leitete Einrichtungen zur Förderung der Volksgesundheit, organisierte das Riesenunternehmen ›Kraft durch Freude‹, baute Tausende von Grünanlagen, Hunderte von Sportplätzen und Schwimmbädern, unterhielt eigene Theater, ein Reichs-Symphonieorchester und andere Kulturinstitutionen und -einrichtungen, besaß ein Volksbildungswerk und einen sogenannten ›Arbeiterdank‹ zur Betreuung von ›Wehrmachts-Reservisten‹.

BEWÄHRUNGSPROBE ALS ›TRUPPENTRANSPORTER‹: LEGION CONDOR

Der größte Stolz der Deutschen Arbeitsfront und der ihr angeschlossenen NS-Gemeinschaft ›Kraft durch Freude‹ ist die KdF-Flotte, die zu Beginn des Jahres 1939, einschließlich der vor der Vollendung stehenden *Robert Ley* inzwischen 13 Schiffe umfaßt. Es sind dies: *Robert Ley*, 27 288 BRT, *Wilhelm Gustloff*, 25 484 BRT, *St. Louis*, 16 732 BRT, *Berlin*, 15 286 BRT, *Monte Rosa*, 13 882 BRT, *Monte Olivia*, 13 750 BRT, *Monte Sermiento*, 13 625 BRT, *Stuttgart*, 13 325 BRT, *Sierra Cordoba*, 11 469 BRT, *Der Deutsche*, 11 453 BRT, und *Oceana* 8 791 BRT. Außerdem stehen für KdF-Tagesfahrten die Seebäderschiffe *Kaiser*, *Königin Luise* und *Cobra* zur Verfügung, die für den Helgoland-Hamburg-Dienst eingesetzt sind und die KdF-Schoner *Jutta* und *Edith*, die Ostseekreuzfahrten nach Stockholm durchführen. Die Absicht Dr. Leys, auch den NDK-Dampfer *Columbus*, 32 354 für KdF-Reisen zu chartern, läßt sich nicht verwirklichen, da für ein Schiff dieser Größenordnung die entsprechenden Anlaufhäfen in europäischen Reiseländern fehlen.

Immerhin: Auf den 13 für KdF-Reisen eingesetzten Schiffen mit über 175 000 Brutto-Register-Tonnen, können rund 12 000 Urlauber an KdF-Reisen teilnehmen.

Dieses grandiose Seereise-Werk für den Arbeiter rechnet sich Robert Ley als Eigenleistung an. Sein größter Stolz ist ›sein Schiff‹, das seinen Namen trägt, die *Robert Ley*, dem er bei der Taufe »viele schöne Seereisen mit Zehntausenden von Arbeitern« wünschte.

Die erste große Reise der *Robert Ley* ist jedoch keine ›Arbeiter-Urlaubsreise‹, sondern eine Bewährungsreise als ›Truppen-Transporter‹.

Dieser ›Probelauf‹ steht allerdings auch der *Wilhelm Gustloff* bevor und einigen anderen ›KdF-Schiffen‹.

Anfang April 1939 beginnt für die *Gustloff* die ›Madeira-Reise-Saison‹. Geplant sind fünf Reisen. Danach, im Sommer, stehen dann wieder die Fünf-Tage Norwegen-Fjord-Reisen auf dem Programm, und im Oktober wird das Schiff wieder von Genua aus die beliebten Mittelmeer-Reisen ›Rund um Italien‹ durchführen.

So die Planung. Doch es kommt anders.

Als die *Gustloff* am 16. Mai 1939 in Hamburg einläuft mit der Absicht, am 20. Mai die nächste Madeira-Reise zu beginnen, erhält Kapitän Bertram Order, keine Passagiere an Bord zu nehmen. Das Schiff soll gemeinsam mit der *Robert Ley*, die ebenfalls im Hamburger Hafen liegt und ihre Probefahrten in die Nordsee ohne Passagiere erfolgreich abgeschlossen hat, einen neuen Auftrag erhalten.

Auf der *Gustloff* beginnt das Rätselraten um den neuen Fahrtauftrag, als am 20. Mai angeordnet wird, daß das gesamte weibliche Personal und auch ein Teil des Bedienungspersonals ›vorübergehend abmustern‹ soll unter Mitnahme sämtlichen Gepäcks, d. h., die betroffenen Besatzungsmitglieder müssen ihre Kammern total räumen. Keiner weiß, warum. Die Betroffenen wissen nur, daß sie am 31. Mai wieder ›anmustern‹, d. h., mit ihrer Habe auf das Schiff zurückkehren sollen. Die Frage, was dieser ›Zwangsurlaub‹ zu bedeuten hat, weiß weder der Zahlmeister noch der Kapitän zu beantworten; sie wissen es selbst nicht.

Doch die Ungewißheit dauert nur 48 Stunden.

Am Nachmittag des 22. Mai kommt der Lotse der Hamburg-Süd, Lührs, an Bord und meldet sich auf der Kommandobrücke bei Kapitän Heinrich Bertram. Er erklärt diesem: »Ich habe den Auftrag, das Schiff bis nach Brunsbüttelkoog zu bringen.«

»Und weiter — — —?« fragt der Kapitän.

»Das steht in diesem Brief, er darf aber erst in Brunsbüttelkoog geöffnet werden«, antwortet der Lotse und gibt dem Kapitän einen verschlossenen Umschlag.

Ohne einen einzigen Passagier an Bord, mit reduziertem Personal, läuft die *Gustloff* elbeabwärts.

Kapitän Heinrich Bertram erfährt von dem Lotsen, daß auch die anderen in Hamburg liegenden KdF-Schiffe die gleiche Order erhalten haben.

In Brunsbüttel ankert bereits das KdF-Schiff *Stuttgart*, nimmt Anker auf und setzt sich danach hinter die *Gustloff*. Bei Feuerschiff Elbe I werden die Lotsen von beiden Schiffen mit einer Barkasse abgeholt.

Auf der Kommandobrücke beider Schiffe öffnen die Kapitäne fast zur gleichen Minute eine versiegelte Order, die ihnen vorher von den Lotsen übergeben worden war.

Heinrich Bertram ist sichtlich gespannt darauf, was diese Order für eine Nachricht enthält, sein 1. Offizier blickt ihm über die Schulter, als er das Siegel aufbricht:

»Die KdF-Schiffe *Robert Ley, Wilhelm Gustloff, Stuttgart, St. Louis, Oceana, Sierre Cordoba* und *Der Deutsche* erhalten die Order, den spanischen Hafen Vigo anzulaufen, dort die ›Legion Condor‹ abzuholen und nach Hamburg zu bringen. Welche Truppenteile auf welche Schiffe zu verladen sind, entscheidet der Befehlshaber der ›Legion Condor‹, Generalmajor Freiherr von Richthofen, nach erfolgten Schiffsbesichtigungen im Hafen von Vigo durch die Truppenführer. Mit dem Einlaufen der Schiffe in Vigo wird spätestens Mittwoch, 24. Mai 1939, 20.00 Uhr gerechnet. Mit der Truppenübernahme soll am 25. Mai begonnen werden.«

Nun weiß jeder woran er ist.

In Spanien ist inzwischen der Bürgerkrieg zu Ende gegangen. Die deutsche Beteiligung an diesem Krieg auf spanischem Boden, einer Art ›Probierbühne‹ für den zweiten Weltkrieg, hatte am 1. August 1936 mit dem Eintreffen der ersten 85 deutschen Freiwilligen begonnen. Danach hatte sich Hitler entschlossen, den Faschisten Franco massiv zu unterstützen. Er investierte für diesen Truppenübungsplatz für neue Waffen und neue Taktiken zwischen 1936 und dem Frühjahr 1939 für 500 Millionen deutsche Flugzeuge, Panzer, Munition und 20 000 Soldaten.

Jetzt wurde der Sieg gefeiert. Nicht nur in Spanien, auch in Deutschland. Die KdF-Flotte, eine ›Flotte des Friedens‹ holte die deutschen Sieger dieses Krieges ab.

Die Fahrt nach Vigo verläuft für die *Gustloff* und die anderen KdF-Schiffe ohne Zwischenfälle. Im Englischen Kanal, den die Schiffe durchlaufen, herrscht Hochbetrieb. Auf der französischen Seite, im Hafen von Calais, liegen mehrere Kriegsschiffe. Die KdF-Schiffe hissen wie verabredet, ihre Flaggen zum Gruß, die französischen Schiffe erwidern ihn. Pünktlich wie angeordnet, läuft die KdF-Flotte im nordspanischen Hafen Vigo ein.

In den frühen Morgenstunden des 25. Mai 1939 betreten hohe spanische Bereits mittags kommen die ersten Soldaten mit Gepäck und Waffen an Bord, es sind Einheiten des Luftwaffen-Flak-Regiments 88.

Schon am frühen Abend ist die Einschiffung beendet, nachdem alles wie am Schnürchen gelaufen ist.

Am nächsten Morgen verläßt die *Gustloff* mit der KdF-Flotte den Hafen von Vigo. Franco-Spanien hat für diesen Abschied alles aufgeboten. Zu Tausenden stehen die Faschisten im Hafen, um ihren Mitstreitern Lebewohl zu sagen; am Abend zuvor haben sie mit ihnen noch an Bord gefeiert. Alle verfügbaren Boote werden eingesetzt und geben der KdF-Flotte das Geleit bis zum offenen Meer. Jubel erklingt, Sirenen heulen, dann sind die Schiffe unterwegs.

An Bord herrscht Bombenstimmung. Die Legionäre freuen sich, die Heimat bald wiederzusehen, und es gefällt ihnen an Bord der *Gustloff, dem* ›Arbeiterschiff‹, das bei diesem ›Sonderauftrag‹ aus Berlin seine Generalprobe als ›Truppentransporter‹ mit der Note 1 besteht. Man wird dies in Berlin sicher zu registrieren wissen.

Am Pfingstsonntag, dem 28. Mai 1939, trifft die KdF-Flotte bei Feuerschiff-Borkum ein. Hier warten bereits mehrere große deutsche Kriegsschiffe, um die sieben KdF-Schiffe am nächsten Tag nach Hamburg zu geleiten.

Am Pfingstmontag kurz nach 15 Uhr laufen die Schiffe in Hamburg ein. Ein Jubel ohnegleichen empfängt sie. *Robert Ley* und *Wilhelm Gustloff*, die beiden größten Schiffe der KdF-Flotte, legen nacheinander an der Überseebrücke an. Zum Empfang spielt die Kapelle der Lufwaffe »In der Heimat gibt's ein Wiedersehen...« und danach den Preußischen Grenadiermarsch. Offiziere und deutsche Luftwaffenoffiziere die *Gustloff*, sprechen mit Kapitän Bertram und inspizieren das Schiff. Man zeigt sich zufrieden.

Danach meldet der Befehlshaber der ›Legion Condor‹ am Kai dem Chef der deutschen Luftwaffe, Reichsmarschall Hermann Göring, die Heimkehr des Expeditionskorps aus Spanien. Brausender Beifall begleitet diese Zeremonie. Göring ist umgeben von hohen Militärs aller Waffengattungen und Vertretern des Hamburger Senats. Am Abend des gleichen Tages stattet Hermann Göring in Begleitung von Robert Ley und einigen höheren Offizieren und Parteiführern *Robert Ley* und *Wilhelm Gustloff* einen Besuch ab, um am nächsten Tag in Hamburg eine große Parade der zurückgekehrten Spanienkämpfer abzunehmen.

Auf M/S *Wilhelm Gustloff* kehrt an diesem Tage wieder der Alltag ein, das Schiff macht sich bereit für weitere KdF-Reisen, die vor der Spanienreise abgemusterten Besatzungsmitglieder kommen wieder an Bord.

ALS ›SPORTLER-WOHNSCHIFF‹ IM STOCKHOLMER HAFEN

Am Sonnabend, dem 3. Juni 1939, läuft die *Gustloff* zu ihrer ersten Sommerreise in die Norwegischen Fjorde aus. Diese Reisen haben sich schon im Sommer 1938 bestens bewährt und erfreuen sich größter Beliebtheit, da sie nur wenige Tage dauern und sehr billig sind.

Die 5-Tage-Reisen kosten 45,— RM und bieten ein volles Bordprogramm, Landgang ist nicht möglich, da die *Gustloff* in keinem Hafen anlegt. Nach Rückkehr zwei Tage Liegezeit in Hamburg, danach beginnt die nächste Reise. So werden bis zum 15. Juli 1939 sechs solcher Norwegen-Reisen durchgeführt. Danach erwartet die *Gustloff* erneut ein ›Sondereinsatz‹.

Bereits im Frühjahr 1939 hatte der deutsche Reichssportführer von Tschammer und Osten eine Einladung der schwedischen Regierung angenommen, sich an der erstmalig in Stockholm stattfindenden ›Lingiade‹ im Sommer 1939 zu beteiligen. Dieses Weltturnfest wurde aus Anlaß des 100. Todestages des Schweden Pehr Henrik Ling veranstaltet und erhielt deshalb die Bezeichnung ›Lingiade‹. Es fand vom 20. Juli bis zum 4. August statt, die Schirmherrschaft hatte der schwedische König Gustav V. übernommen. Mit der Organisation der deutschen Beteiligung wurde Dr. Diem beauftragt.

Nicht nur für den Reichssportführer, sondern auch für das Reichspropagandaministerium erschien die ›Lingiade‹, wie zuvor die Olympiade in Berlin, ein willkommener Anlaß, für das nationalsozialistische Deutschland zu werben. Von Tschammer und Osten äußerte sich zur deutschen Beteiligung:

»Es gilt, die regen freundschaftlichen Beziehungen zwischen Schweden und Deutschland zu bekräftigen, eine willkommene Gelegenheit, das germanische Brudervolk zu besuchen, nicht mit einer alltäglichen Sportreise, sondern einer sorgfältig durchdachten Expedition, da die gesamtdeutsche Entwicklung seit der nationalsozialistischen Revolution der Leibeserziehung in Deutschland zur großen Entfaltung verholfen hat..!«

Deshalb mußte auch zahlenmäßig die deutsche Beteiligung ungewöhnlich ausfallen.

Von den 37 beteiligten Ländern mit insgesamt 7339 Teilnehmern stellte Deutschland nach Schweden und Dänemark mit 1 400 Teilnehmern die drittgrößte Gruppe, sie umfaßte 450 Männer und 450 Frauen, darunter 240 Arbeitsmaiden des Reichsarbeitsdienstes, eine Kindergruppe kleinster und kleiner Kinder, die Nationalmannschaft der Reckturner, eine Altersriege am Barren und eine Gymnastikgruppe, alles in allem mit Begleitern und Funktionären 1 400 Personen, vom Kleinkind bis zum 63jährigen.

Bei einer zahlenmäßig so starken Vertretung Deutschlands mußte die Frage der Beförderung, Unterbringung und Verpflegung besonders sorgfältig überlegt werden. Es tauchte deshalb bei den Beratungen in Berlin der Plan auf, ein Schiff der KdF-Flotte für diesen Zweck zu chartern. Die Wahl fiel auf die M/S *Wilhelm Gustloff*.

Der Reichssportführer zu dieser Entscheidung: »Das Schiff kann die Mannschaft auf deutschem Boden bis in die Feststadt Stockholm befördern, man braucht den schwedischen Quartiergebern keine unnötigen Schwierigkeiten mit der Quartierbeschaffung zu bereiten, außerdem bringt die straffe Zusammenfassung einer so zahlreichen Mannschaft unter idealen Wohnverhältnissen, dazu an einem Platz, der mit allen Errungenschaften der Technik, wie Lautsprecheranlagen usw. ausgestattet ist, unschätzbare organisatorische Vorteile mit sich. Nicht zuletzt war bei der Entscheidung für das KdF-Schiff *Wilhelm Gustloff* der Wunsch ausschlaggebend, den deutschen Volksgenossen im befreundeten Schweden ein Stück deutschen Bodens, und wenn es auch nur die Planken eines Schiffes sind, vor Augen zu führen.«

Selbstverständlich erhielten alle deutschen Teilnehmer an der ›Lingiade‹, auch alle Begleitpersonen, für das »geschlossene Auftreten an Bord und in Stockholm« eine einheitliche Bekleidung sowohl für die Vorführungen als auch für die Freizeit, um ›das neue Deutschland‹, das nationalsozialistische Deutschland, in Schweden zu präsentieren.

So kam die *Wilhelm Gustloff* zu dem ›Sonderauftrag‹ aus Berlin, der Kapitän Heinrich Bertram gleich nach Ankunft in Hamburg am Abend des 15. Juli 1939 übermittelt wurde. Bereits am 17. Juli kamen die Fahrgäste an Bord, am 18. Juli morgens verläßt das Schiff Hamburg mit Kurs Stockholm.

Die Reise nach Stockholm, der Aufenthalt an Bord und die ›Lingiade‹ wird für alle Beteiligten zu einem großen Erlebnis, auch für die zahlreichen Journalisten, die auch auf dieser Fahrt nicht fehlen.

Die *Gustloff* läuft nicht in den Stockholmer Hafen ein, sie ankert in Sichtweite. Auch das ist abgesprochen. Mit sämtlichen Gustloff-Motor-Rettungsbooten wird ein regelrechter Pendelverkehr eingerichtet. Morgens werden die Passagiere an Land gebracht, zum Mittagessen wieder an Bord geholt, danach wieder an Land gebracht und abends wieder zurückbefördert. Der Transport vom Hafen zu den Sportstätten erfolgt mit schwedischen Omnibussen.

An der feierlichen Eröffnungsveranstaltung der 1. ›Lingiade‹ nehmen auch Kapitän Bertram und seine Offiziere teil; bei der Abschlußveranstaltung wird allen offiziellen Begleitern und allen Übungsleitern eine von König

110

Gustav V. gestiftete Erinnerungsplakette überreicht.

Am Sonntag, dem 6. August 1939 läuft M/S *Wilhelm Gustloff* wieder im Hamburger Hafen ein und entläßt seine Passagiere. Das Schiff hat auch diesen ›Sonderauftrag‹ zur Zufriedenheit des Reichssportführers und des Reichsorganisationsleiters und damit auch seine Generalprobe als ›Wohnschiff‹ bestanden.

ZUM LETZTEN MALE IN DIE NORWEGISCHEN FJORDE

Am 9. August setzt M/S *Wilhelm Gustloff* die durch die Stockholm-Reise unterbrochenen Norwegen-Fahrten fort. Das Schiff kehrt am 13. August abends nach Hamburg zurück, läuft aber schon am Mittwoch, dem 16. August wieder aus, um am Sonntag, dem 20. August wieder im Hamburger Hafen festzumachen.

Noch nicht einmal 48 Stunden bleibt die *Gustloff* in Hamburg liegen. Am Dienstag, dem 22. August um 20.00 Uhr legt das Schiff erneut ab, wird in die Fahrrinne gezogen, läuft elbabwärts, nimmt Kurs auf die Nordsee und dann auf Südnorwegen.

Steurer Wilhelm Smeilus, ein erfahrener Mann der Christlichen Seefahrt, der kurz vor der Spanienreise zur Abholung der ›Legion Condor‹ in Hamburg anmusterte, erinnert sich an diese letzte KdF-Reise noch sehr genau:

Der 22. August 1939, es war ein Dienstag, war ein herrlicher warmer Sommertag. Die Abendbrotzeit war vorbei, als wir Hamburg verließen und die Reise antraten. Zumeist waren es Arbeiter aus Berlin, Magdeburg, Hannover und dem Ruhrgebiet, aber auch aus Hamburg und Bremen, die sich an Bord befanden und sich auf einige schöne Ferientage freuten, obwohl sie wußten, daß sie das Schiff die nächsten fünf Tage nicht verlassen konnten, denn nirgendwo wurde angelegt, und es war deshalb auch kein Landgang möglich.

Die *Gustloff* bot aber so viele Möglichkeiten der Unterhaltung, der Entspannung, der Erholung, daß niemand Langeweile zu empfinden brauchte; sie kam garnicht auf.

Bereits als wir ausliefen, waren die Decks voller Menschen, das Sonnendeck, das Obere- und auch das Untere Promenadendeck, jeder wollte die Abreise miterleben.

Die nächsten zwei Tage vergingen wie im Fluge. Und die Nächte waren kurz. Es wurde viel gefeiert.

Die meisten Mitreisenden nahmen Tagesereignisse kaum zur Kenntnis; diese Reise erschien ihnen so herrlich und erlebenswert, daß man sie in vollen Zügen genoß.

Und es gab ja auch so viel zu sehen auf dieser Reise. Die Nordsee, die wir am Morgen des 23. August durchliefen, war wesentlich ruhiger als sonst, so daß wir kaum ›Seekranke‹ hatten. Rasch näherten wir uns der südnorwegischen Küste. Dann begann die Reise durch die herrlichen norwegischen Fjorde.

Es war schon ein ergreifendes Erlebnis, als die *Gustloff* in den Balfjord einlief und sich ein herrlicher Blick auf Bergen bot, oder später in den Hardangerfjord mit einer wunderschönen Sicht auf Norheimsund.

Am Donnerstag erreichten wir schließlich einen der schönsten norwegischen Fjorde, den Sognefjord. Hier begrüßte uns am Nachmittag eine Vielzahl norwegischer Kinder in Nationaltrachten. Mit großen Booten wurden sie bis ganz nahe an unser Schiff gefahren und jubelten unseren Fahrgästen zu. Mancher KdF-Urlauber holte an diesem Nachmittag seinen Fotoapparat aus der Kammer, um diese freundliche Begrüßung und die herrliche Landschaft rings um den Fjord im Bild festzuhalten. Für manchen wurden diese Bilder später zu einer schönen Erinnerung an die letzte Urlaubsreise im Frieden.

Immer wieder beugten sich an diesem Nachmittag des 24. August 1939 die Passagiere über die Reling, bestaunten die herrliche Natur, den erhebenden Anblick der Landschaft, die sich hier in den norwegischen Gewässern zeigte, schwärmten davon, daß sie dies alles sehen und erleben konnten.

In den Kammern waren nur wenige, die meisten Fahrgäste befanden sich auf dem Sonnendeck, auf dem Oberen Promenadendeck oder lagen bequem in Liegestühlen, wind- und sonnengeschützt im Unteren Promenadendeck. Viele hatten schon ihren ›Stammplatz‹ auf diesem Schiff, auch an Oberdeck.

Trügerischer Friede lag über dem klaren Wasser dieses norwegischen Fjordes.

Doch als dieser Tag vorbei war und ein neuer Tag begann, näherte sich dieser trügerische Friede seinem Ende.

Ich hatte in dieser Nacht vom 24. zum 25. August 1939 Nachtwache, die um 24.00 Uhr begann und um 4.00 Uhr morgens endete. Kapitän Bertram, der an einer Bordveranstaltung im Festsaal teilgenommen hatte — um 24.00 Uhr war ›Ruhe im Schiff‹ — kam gegen 1.00 Uhr noch einmal auf die Kommandobrücke um sich zu erkundigen, ob alles in Ordnung sei. Der 1. Offizier, der sich ebenfalls auf der Brücke befand, bestätigte ihm dies.

Als der Kapitän im nächsten Augenblick die Brücke verlassen wollte, betrat einer unserer Funkoffiziere hastig und sehr aufgeregt die Brücke und überreichte mit den Worten ›soeben eingetroffen‹ Kapitän Bertram einen entschlüsselten Funkspruch.

»Da haben wir's... nun ist es wohl so weit...« hörten wir den Kapitän zu sich selbst sagen. Mit dem Funkspruch in der Hand, der wohl nur ein bestimmtes Kennwort enthielt, verließ er die Brücke, kam aber kurze Zeit später mit einem versiegelten Umschlag in der Hand zurück. Wir sahen ihn gespannt an, als er das Siegel aufriß und den Brief las. Für einen Augenblick herrschte Totenstille im Brückenraum. Wir wußten nicht, daß der Brief mit der Aufschrift ›QWA 7‹ und sich fünf weiterer solcher Briefe mit den Aufdrucken ›QWA 8—12‹ seit einiger Zeit im Besitz des Kapitäns befanden und diese Briefe »Sonderanweisungen im Kriegsfall für deutsche Handelsschiffe« enthielten. Was der Inhalt der Order ›QWA 7‹ für uns bedeutete, erfuhren wir aus dem nächsten Kommando des Kapitäns:

»Wir müssen die Reise sofort abbrechen und nach Hamburg zurückkehren!«

Nach einer Weile betretenen Schweigens fügte Bertram hinzu:

»Morgen früh werde ich über Lautsprecher der Mannschaft und den Passagieren bekanntgeben, daß wir uns bereits auf Heimatkurs befinden...!«

Der 1. Offizier Schmidt sah den Kapitän an, keiner von beiden sagte ein Wort, doch beide dachten wohl das gleiche. Sie waren wohl die einzigen auf der *Gustloff*, welche die Nachricht, die uns total überraschte, erwartet hatten. Bertram und Schmidt hatten in den letzten Tagen die Rundfunknachrichten und verschiedene Funksprüche mit besonderem Interesse verfolgt; sie schienen auch zu ahnen, daß Entscheidendes bevorstand:

Krieg!

Als am nächsten Morgen nach dem Frühstück die Nachricht vom Abbruch der Reise und der vorzeitigen Heimkehr nach Hamburg bekanntgegeben wurde, glaubten viele Passagiere und auch Mannschaftsmitglieder noch an eine Art ›Vorsichtsmaßnahme‹. Erst als am Nachmittag ein englischer Zerstörer das mit Höchstgeschwindigkeit zurücklaufende KdF-Schiff *Wilhelm Gustloff*, das kurze Zeit später die Heimreise fortsetzen konnte, stoppte, begann bei Fahrgästen und Mannschaftsmitgliedern die Erkenntnis zu wachsen, daß die plötzlich angeordnete Rückkehr des Schiffes doch mehr zu bedeuten hatte als nur eine Vorsichtsmaßnahme.

Kein Wunder, daß in den letzten Stunden der Reise kein echte Fröhlichkeit mehr aufkommen konnte. Jeder an Bord schien seinen Gedanken nachzuhängen, Gedanken sicher auch an die Zukunft, die plötzlich ungewiß geworden war.

Hier und da bildeten sich kleinere Gruppen, es wurde eifrig diskutiert. Journalisten, die an unserer Reise teilnahmen, kamen auf die Kommandobrücke um Näheres zu erfahren. Doch auch der Kapitän wußte nichts anderes als die Tatsache, daß die *Gustloff* mit Höchstgeschwindigkeit nach Hamburg zurückkehren sollte.

Am Nachmittag des 26. August liefen wir in Hamburg ein und machten fest. Am nächsten Morgen gaben wir die Passagiere an Land. Wir ahnten alle, daß wir die letzte KdF-Reise der *Gustloff* hinter uns hatten, es würde keine mehr folgen.

In den nächsten Stunden und Tagen jagte eine Nachricht die andere. Wir hingen in unseren Kammern mit den Ohren fast buchstäblich in den Radioempfängern. Und immer wieder stellten wir uns die Frage: »Gibt es Krieg — und was wird dann aus unserem Schiff und uns?«

DAS ENDE DER KDF-SEEREISEN: KRIEG!

Am frühen Morgen des 1. September 1939 erfährt auch die Besatzung der *Gustloff*, was die Stunde geschlagen hat: Deutschland befindet sich im Krieg.

»Seit 4.45 wird zurückgeschossen . . . !« ertönt die Stimme des Führers in den Lautsprechern. Die ersten Schüsse fielen in der Danziger Bucht, genau um 4.45 Uhr, sie kamen von dem Linienschiff *Schleswig-Holstein* und trafen die polnische Westerplatte in Danzig.

Am gleichen Tage zieht Adolf Hitler seine braune Parteiuniform aus, zieht den Soldatenrock an, tritt als ›erster Soldat des Reiches‹ in Berlin vor den Deutschen Reichstag und erklärt nach der von ihm befohlenen deutschen Mobilmachung und bereits vollzogenem Angriff auf Polen, ohne vorherige Kriegserklärung:

»Wenn ich nun vom deutschen Volke Opfer, und, wenn notwendig, alle Opfer fordere, dann habe ich ein Recht dazu. Denn ich bin auch selbst heute genau so bereit, wie ich es früher war, jedes persönliche Opfer zu bringen.

Ich verlange von keinem deutschen Mann etwas anderes, als was ich selber über vier Jahre freiwillig bereit war, jederzeit zu tun. Es soll keine Entbehrung in Deutschland geben, die ich nicht selbst sofort übernehme. Mein ganzes Leben gehört von jetzt ab erst recht meinem Volk. Ich will nichts anderes jetzt sein als der erste Soldat des Deutschen Reiches.

Ich habe damit wieder jenen Rock angezogen, der mir selbst der heiligste und teuerste war. Ich werde ihn nur ausziehen nach dem Sieg, oder ich werde dieses Ende nicht erleben!

Als Nationalsozialist und als deutscher Soldat gehe ich in diesen Kampf mit einem starken Herzen hinein. Mein ganzes Leben war nichts anderes als ein einziger Kampf für mein Volk, für seine Wiederauferstehung, für Deutschland. Über diesem Kampf stand immer nur ein Bekenntnis des Glaubens an dieses Volk. Ein Wort habe ich nie kennengelernt, es heißt: Kapitulation.

Wenn irgend jemand aber glaubt, daß wir vielleicht einer schweren Zeit entgegengehen, dann möchte ich ihn bitten zu bedenken, daß einst ein preußischer König mit einem lächerlichen kleinen Staat einer der größten Koalitionen gegenübertrat und in drei Kämpfen am Ende doch erfolgreich bestand, weil er jenes gläubige starke Herz besaß, das auch wir in dieser Zeit benötigen. Und ich möchte daher jetzt in der ganzen Umwelt gleich versichern: Ein November 1918 wird sich niemals in der deutschen Geschichte wiederholen.

Wir alle bekennen uns damit zu unserem alten Grundsatz: Es ist gänzlich unwichtig, ob *wir* leben, aber wichtig ist es, daß unser Volk lebt, daß Deutschland lebt!«

Nach diesen Worten Adolf Hitlers am ersten Tage des zweiten Weltkrieges vor dem Deutschen Reichstag in Berlin, die über alle deutschen Rundfunksender in jedes Haus, in jeden Betrieb getragen wird, weiß jeder Deutsche, was die Stunde geschlagen hat und daß der Krieg von ihm Opfer fordern wird, Opfer, deren Ausmaß in dieser Stunde keiner kennt.

DER ANFANG VOM ENDE — EINEM ›ENDE MIT SCHRECKEN‹

Das neue Deutschland befindet sich seit dem 1. September 1939 im Krieg. Was das bedeutet, zeigen schon die ersten Kriegstage. Jeder Deutsche, jede Familie, wird davon unmittelbar betroffen:

Aus Arbeitern werden Soldaten, HJ-Führer, SA- und SS-Leute werden ›Kriegsfreiwillige‹, aus BdM-Mädels Wehrmachts-, Luftwaffen- und Marine-Helferinnen, Arbeitsmaiden, DRK-Helferinnen oder ›Dienstverpflichtete‹ in den Rüstungsbetrieben oder Behörden, aus Hausfrauen DRK-Schwestern in den Lazaretten, aus Seeleuten Kriegsmarinesoldaten.

Die NS-Gemeinschaft ›Kraft durch Freude‹ veranstaltet keine Land- und Seereisen, keine Ferienfahrten mehr, betreut nicht mehr Arbeiter und Urlauber, sondern organisiert die ‹Wehrmachtsbetreuung›. Aus dem KdF-Theater wird das Front-Theater. Jetzt gilt es nicht mehr die Stimmung der Arbeiter hochzuhalten, sondern die der Soldaten an der Front, in der Etappe und vor allem in den Lazaretten, den ersten von denen der Krieg Opfer abverlangte. Die Zeit der Freude wird abgelöst durch eine Zeit der Tränen und des Leides. Die Lebensfreude weicht der Todesangst. Bis zum bitteren Ende gibt es viele Tote in diesem Krieg. Millionen. Aber dieses Ende mit Schrecken erlebt der Führer nicht mehr, er richtet sich selbst nach den eigenen Worten, die er am ersten Tage des Krieges, dem 1. September 1939 öffentlich verkündet:

»Ich werde meinen Soldatenrock, den ich heute angezogen habe, nur ausziehen nach dem Sieg, oder ich werde dieses Ende nicht erleben . . .!«

Der Reichsorganisationsleiter Dr. Robert Ley, dessen Macht in den letzten Jahren ständig gewachsen ist, dem nicht nur die mächtige deutsche Arbeitsfront und die NS-Gemeinschaft ›Kraft durch Freude‹ unterstehen, sondern die Schulung des gesamten Parteiapparates und der Ordensburgen, sieht am Ende des Krieges ›Kraft durch Freude‹ als europäisches Werk wiedererstehen und gibt dieser Zuversicht zu Beginn des Krieges mit einer Erklärung bekannt, die folgenden Wortlaut hat:

»Der dem deutschen Volke aufgezwungene Abwehrkampf hat die Urlaubsreisen mit Kraft durch Freude« nach dem Auslande für die Dauer des Krieges unterbrochen. So sind die Schiffe der KdF-Flotte heute als Hospital- bzw. Lazarettschiffe eingesetzt.

Während des Krieges gilt die besondere Sorge der größten Freizeitorganisation der Welt den Soldaten der Wehrmacht. Wo immer sie die Wacht halten, bringt ihnen ›Kraft durch Freude‹ den Gruß der Heimat durch Veranstaltungen mannigfacher Art.

Die Waffen werden einmal schweigen. Es wird wieder Friede sein. Aus dem gewaltigen Ringen der Gegenwart wird ein neues, glücklicheres Europa hervorgehen. Dann wird auch der Reise- und Urlaubsverkehr mit ›Kraft durch Freude‹ wieder im vollen Umfang aufleben und noch wesentlich erweitert werden . . .«

Soldatenschiff M/S *Wilhelm Gustloff*

1. September 1939:	*Gustloff* wird ›Hilfsbeischiff der Kriegsmarine‹ Einsatzanweisungen erteilt die Kriegsmarinedienststelle Hamburg
22. September 1939:	Nach erfolgtem Umbau — Indienststellung als ›Großes Lazarettschiff‹
27. September 1939 — 20. November 1940:	Einsatz als ›Lazarettschiff‹ in der Ostsee und in Norwegen Bilanz des Lazarettschiff-Einsatzes der *Gustloff*: 3 151 Verwundete und Kranke stationär behandelt 3 746 Verwundete und Kranke ambulant behandelt an Bord erfolgten 1 739 Röntgen-Untersuchungen 347 Operationen und 12 564 klinische Untersuchungen. Auf vier Transporten wurden insgesamt 1 961 Verwundete befördert
21. November 1940:	Außerdienststellung des Großen Lazarettschiffes *Wilhelm Gustloff* in Gotenhafen-Oxhöft
22. November 1940 — 20. Januar 1945:	›Wohnschiff‹ der 2. Unterseeboots-Lehrdivision in Gotenhafen-Oxhöft

ZWEITES KAPITEL

Das Soldatenschiff

Vom ›Lazarettschiff‹ zum ›Kasernenschiff‹

Die Gustloff *als ›Hilfsbeischiff der Kriegsmarine‹ / KdF-Schiffe werden Lazarettschiffe / Erster Einsatz in der Ostsee / Die* Gustloff *und der ›Fall Weserübung‹ / ›Unternehmen Seelöwe‹ — Blinder Alarm für die* Gustloff */ Das Ende der Lazarettschiffzeit / »Ich bin ein begeisterter Hitler-Junge!« / Das ›Kasernenschiff‹ für U-Boot-Soldaten / Bomben auf Gotenhafen / ›Marschbefehl‹ auf die* Wilhelm Gustloff */ Der neue Kapitän: Friedrich Petersen / Soldaten und ›Halb-Soldaten‹ / Seeleute als Volkssturmmänner / Das Wunder des 20. Jahrhunderts.*

DIE *GUSTLOFF* WIRD ›HILFSBEISCHIFF DER KRIEGSMARINE‹

Vom 1. September 1939 an gab es kein ›Kraft durch Freude-‹Schiff *Wilhelm Gustloff* mehr. Damit mußten sich die Besatzungsmitglieder schon am ersten Kriegstage abfinden. Der Traum vom Urlauberschiff, von Seereisen für Arbeiter, von den herrlichen Fahrten nach Madeira, rund um Italien und in die Welt der norwegischen Fjorde war ausgeträumt. Es war ein kurzer KdF-Schiff-Traum, den die *Wilhelm Gustloff* träumen durfte. Er dauerte nur ein Jahr und 161 Tage.

Die Zeit der Freude war nun vorbei.

Jetzt war Krieg!

Die *Wilhelm Gustloff* fuhr von jetzt an keine Arbeiter mehr in den Urlaub, sondern Soldaten in den Krieg.

Aus dem ›Arbeiterschiff‹ ist ein ›Soldatenschiff‹ geworden.

Doch welche konkrete Aufgabe man im Krieg der *Gustloff* zugedacht hatte, wußte noch keines der 417 Besatzungsmitglieder. Nur eines wußten sie alle: Die nächsten Tage würden Veränderungen in ihrem Leben bringen, für viele würde es der Abschied von der *Gustloff* sein.

So war es auch.

Steurer Wilhelm Smeilus erinnert sich an diese ersten Kriegstage auf der *Wilhelm Gustloff* noch sehr genau:

»An Bord herrschte ein völliges Durcheinander, als wir vom Kriegsausbruch hörten. Zu groß war die Ungewißheit für uns alle, was aus uns Besatzungsmitgliedern und aus unserem Schiff werden sollte.

Schon einen Tag später, am 2. September, kündigte es sich an. Fast alle weiblichen Besatzungsmitlieder, die Stewardessen, Plätterinnen, Wäscherinnen und Küchenhilfen mußten abmustern und von Bord gehen. Nur ganz wenige durften bleiben.

Dann trafen die Gestellungsbefehle für die jüngeren männlichen Besatzungsmitglieder ein, sie wurden zum Militärdienst einberufen und gingen ebenfalls von Bord.

Vier Tage lang dauerte das Abschiednehmen. Viele nahmen Abschied für immer, ohne es zu ahnen.

An Bord blieben nur Kapitän Heinrich Bertram, ein Teil der älteren Brückenoffiziere, der größte Teil des Deckpersonals, das Maschinenpersonal mit dem Chefingenieur und einigen Ingenieuren und Maschinisten, der Oberzahlmeister, der Obersteward, der Oberkoch mit einem Teil des Küchenpersonals, vor allem älteren Leuten, und unser Ortsgruppenleiter Kaufhold, der die Bordwäscherei leitete.

Am 5. September wurde die *Gustloff* der Kriegsmarinedienststelle Hamburg unterstellt. Wir erhielten Soldbücher wie Soldaten, jedoch mit dem roten Stempelaufdruck ›Wehrmachtsgefolge‹ und wurden darüber belehrt, daß der Einsatz des Schiffes nicht mehr unserer Reederei, der Hamburg-Süd in Hamburg oblag, sondern der Kriegsmarinedienststelle Hamburg. Die *Wilhelm Gustloff* war von diesem Tage an ein ›Hilfsbeischiff der Kriegsmarine‹. So stand es auch auf unserem neuen Heuerschein, den man uns aushändigte.

Am 9. September hörten wir, daß die *Gustloff* zum Lazarettschiff umgebaut und danach sofort zum Einsatz gelangen würde. Vielleicht hatte man schon beim Bau des Schiffes daran gedacht, es im Kriegsfall als Lazarettschiff einzusetzen. Ich jedenfalls vermutete das schon am ersten Tage, als ich an Bord kam und habe mich über diese Vermutung in den folgenden Monaten oft mit meinen Kameraden gestritten, da diese dies für unmöglich hielten.«

KDF-SCHIFFE WERDEN LAZARETTSCHIFFE

Die Entscheidung, KdF-Schiffe für den Kriegsfall zu Lazarettschiffen umzubauen, fiel bereits Jahre vor Kriegsbeginn. Sie wurde eingeleitet durch die Machtübernahme Hitlers am 30. Januar 1933 und die damit verbundene Wiederaufrüstung Deutschlands.

118

Schon 1935 erklärte der Führer des nationalsozialistischen Deutschlands die Deutschland im Versailler Vertrag gemachten Auflagen für null und nichtig. Der Einführung der Allgemeinen Wehrpflicht am 16. März 1935 folgte am 18. August 1935 das deutsch-britische Flottenabkommen.

Die Wiederaufrüstung Deutschlands hatte begonnen.

Hitlers Gedanken beschäftigten sich intensiv mit der Planung eines neuen Krieges, der das Ziel haben sollte, ›dem deutschen Volk Lebensraum im Osten‹ zu schaffen.

Die Aufrüstung der Marine schloß die Schaffung eines leistungsstarken Marinesanitätswesens ein.

Bei der Erarbeitung von Mobilmachungsplänen, bei denen der sogenannte ›Ost-Mob-Plan‹ — der Ost-Mobilmachungs-Plan — eine bedeutende Rolle spielte, wurde im Sommer 1936 die Bereitstellung von vier kleinen Lazarettschiffen für notwendig gehalten. Man stellte Betrachtungen über die Umbauzeit der Schiffe und ihre möglichen Transportleistungen aus ostpreußischen Häfen nach Westen an.

Im November 1936 ging man bei weiteren Mobilmachungs-Gesprächen von einer Kriegsstärke der ostpreußischen Armee von 300 000 Mann aus und schätzte die Zahl der Verwundeten, die von Lazarettschiffen zu transportieren wären, auf 3 000 pro Woche. Ausrechnungen ergaben, daß dafür sieben Lazarettschiffe erforderlich wären.

Im April 1937 wurde die Bereitstellung der großen Lazarettschiffe neu festgelegt. Es wurden 24 Handelsschiffe ausgewählt, die für Lazarettschiffaufgaben besonders geeignet erschienen. Hierzu gehörten auch die drei KdF-Schiffe *Der Deutsche* (11 453 BRT), *Sierra Cordoba* (11 492 BRT) und *Oceana* (8 791 BRT).

Diese drei Schiffe und der Dampfer *Ubena* (8 791 BRT) kamen 1938 in die engere Wahl als Lazarettschiffe für die Ostsee.

Im Juni 1939 forderte der Generalstab des Heeres das Oberkommdando der Kriegsmarine auf, für den Abtransport von Verwundeten und Kranken aus ostpreußischen Häfen in Lazarette Schleswig-Holsteins zwei große Lazarettschiffe bereitzustellen. Als Termin nannte man den 25. August 1939. Die beiden Schiffe sollten an diesem Tage um 8.00 Uhr in den Häfen von Königsberg und Pillau bereitliegen und eine Kapazität von 1000 Betten haben.

Hitler hatte für den folgenden Tag, den 26. August 1939, den Angriff auf Polen geplant.

Das Marineamt hatte angeordnet, die Passagierschiffe *Berlin* (15 286 BRT) und *Stuttgart* (13 387 BRT), zwei ebenfalls für KdF-Reisen eingesetzte Schiffe, aus dem Verkehr zu ziehen und als große Lazarettschiffe ›A‹ und ›C‹ umzubauen. Für den Umbau wurde ein Zeitraum von 28 Tagen angesetzt.

Schon am 23. Juli 1939 machte die *Berlin* beim Technischen Betrieb der Hamburg-Amerika-Linie in Hamburg fest. Genau einen Monat später, am 23. August 1939, wurde das ›Lazarettschiff‹ *Berlin* durch den Chefarzt in Dienst gestellt.

Die *Stuttgart* wurde im gleichen Zeitraum von den Schiffswerkstätten der Afrika-Linien zum Lazarettschiff umgebaut und ebenfalls am 23. August 1939 in Dienst gestellt.

Beide Schiffe hatten noch am 23. August Hamburg verlassen mit der Anweisung, Pillau anzulaufen, wo sie am 25. August eingetroffen waren.

In Pillau lag bereits der Befehl vor, *Berlin* und *Stuttgart* gemäß der Genfer Konvention äußerlich als Lazarettschiffe kenntlich zu machen mit dem vorgeschriebenen weißen Grundanstrich, den um den ganzen Schiffsrumpf herumlaufenden 1,50 m breiten grünen Streifen, sowie den roten Kreuzen auf jeder Seite des Schornsteins.

Vom 26. August an, ab 8.00 Uhr morgens, lagen beide Schiffe weisungsgemäß zur Aufnahme von Verwundeten bereit.

Der Kriegsbeginn ließ allerdings noch auf sich warten.

Die Besatzungen nutzten die Tage bis zum 1. September, um sich mit dem Rollendienst vertraut zu machen und alle denkbar möglichen Arten des Verwundetentransports zu üben.

Die KdF-Schiffe *Berlin* und *Stuttgart* waren die ersten einsatzbereiten Lazarettschiffe im Zweiten Weltkrieg in der Ostsee.

Schon in den nächsten Tagen folgten weitere Schiffe.

ERSTER EINSATZ IN DER OSTSEE

Der Angriff auf Polen wurde in wenigen Tagen zu einem ›Blitzkrieg‹, der den Einsatz von Lazarettschiffen zunächst überflüssig machte. Trotzdem hatte am 4. September 1939 die Kriegsmarinedienststelle Hamburg vom Oberkommando der Kriegsmarine den Auftrag erhalten, innerhalb von 12 Tagen zwei weitere Schiffe als große Lazarettschiffe ›B‹ und ›D‹ in Dienst zu stellen.

Die Wahl war auf die KdF-Schiff-Neubauten *Wilhelm Gustloff* und *Robert Ley* gefallen, die durch geringste Umbauten innerhalb kürzester Zeit mit jeweils 500 Betten und den erforderlichen Behandlungsräumen ausgestattet werden konnten. Die Nachteile, die in ihrer Größe und dem damit verbundenen erhöhten Personalbedarf lagen, wurden in Kauf genommen.

Nachdem am 9. September 1939 die Umbauentscheidung zugunsten dieser beiden Schiffe gefallen war, wurde bereits am 10. September beim Technischen Betrieb der Hamburg-Amerika-Linie in Hamburg mit den Umbauarbeiten begonnen. Die *Wilhelm Gustloff* wurde am 22. September 1939 als großes Lazarettschiff ›D‹, die *Robert Ley* zwei Tage später als großes Lazarettschiff ›B‹ in Dienst gestellt.

Das erste deutsche Lazarettschiff, welches im Zweiten Weltkrieg eingesetzt wurde, war der Dampfer *Berlin*. Er hatte schon am 12. September 1939 Order erhalten, nach Danzig auszulaufen und nahm hier bis zum 20. September 416 Verwundete an Bord. Nachdem in Pillau weitere 133 Schwer-

Die Schiffsglocke des M/S *Wilhelm Gustloff. (Foto: AIIM)*

Oben links: Nicht nur die KdF-Urlauber, sondern auch die Mannschaftsmitglieder bestaunen ihr schönes Schiff, die *Gustloff. (Foto: AHM)*

Die Mannschaft des KdF-Schiffes *Wilhelm Gustloff* im Mannschaftsspeiseraum. *(Foto PR/GAHS).*

Eine große Schar von Stewards bemüht sich um die KdF-Urlauber — das Essen ist serviert. *(Foto: AHM)*

Sonnenbaden auf dem
›Sonnendeck‹ der *Gustloff*
— kann es erholsameres in
frischer Meeresluft geben?
(Foto: AHM)

Passagiere besichtigen die
Kommandobrücke des
Schiffes, das ›Gehirn‹ der
Gustloff. (Foto: AHM)

Begegnung auf hoher See: Panzerschiff *Deutschland* und KdF-Schiff *Wilhelm Gustloff*. *(Foto: AHM)*

Arbeiter, die mit der KdF-Flotte nach Madeira gekommen sind, bei ihrem ersten Landgang. *(Foto: AHM)*

Reges Treiben auf der Reede und im Hafen von Funchal/Madeira. *(Foto: AHN)*

Fröhliche KdF-Urlauber
auf der Insel Madeira. *(Foto: AHM)*

Die *Wilhelm Gustloff* kehrt von ihrer ersten Madeira-Reise zurück. Begeistert wird das Schiff im Hamburg empfangen. *(Foto: AKLU)*

Das Seebäderschiff *Königin Luise* wird 1938/39 für KdF-Ausflugsfahrten gechartert. *(Foto: WIHA)*

Das Seebäderschiff *Kaiser* wurde für Ausflugsreisen in die Ostsee, aber auch für Helgoland-KdF-Fahrten eingesetzt. *(Foto: KHSB)*

Im Herbst 1938 verläßt die *Gustloff* ihren Heimathafen Hamburg und wird für den Winter nach Genua verlegt. Von hier aus macht das Schiff KdF-Reisen ›Rund um Italien‹. Die Passagiere reisen mit der Bahn in Genua an. *(Foto: AHM)*

Das KdF-Schiff *Wilhelm Gustloff* auf dem Weg nach Genua, dem ›Heimathafen‹ für die Winter-Seereise-Saison 1938/39. Sonne und Seeluft genießen die KdF-Urlauber an Bord der *Gustloff*. *(Fotos: GAHS, AHM)*

Dokumente der 28. Reise des KdF-Schiffes *Wilhelm Gustloff*, der ›9. Rund-um-Italien-Reise‹ vom 15. Februar bis zum 24. Februar 1939. *(Fotos: GAHS)*

Die Deutsche Arbeitsfront

Seereisen

der

N.S.-Gemeinschaft »Kraft durch Freude«

Seereisen der

N.S.-Gemeinschaft »Kraft durch Freude«

Willkommen an Bord!

Wir heißen Sie alle herzlich willkommen und hoffen, daß Sie die rechte Ferienstimmung mitgebracht haben und uns so in die Lage versetzen, Ihnen diese Reise zu einem einmaligen Erlebnis zu gestalten.

Schiffsleitung und Besatzung
Heinrich Bertram
Kapitän

NS-Gemeinschaft „Kraft durch Freude"
Paul Wulff
Reiseleiter

Mittwoch, den 15. Februar 1939

In der Musikhalle:

20.30 Uhr Konzert der Bordkapelle
Leitung: Kapellmeister G. A. Weißenborn

22.30 „ Bärschluß :: 22.45 Musikschluß

23.00 „ Ruhe im Schiff

Auszug aus dem Schiffstagebuch

Dat.	Mittagsort Breite / Länge	See-meilen	Wind	Bemerkungen
15. 2.	Genua		Süd 2	13.30 – 19.00 Einschiffung der Urlauber. Wetter: Sonnig und warm, ruhige See.
16. 2.	Genua		Umlsd. 1	Stadtbesichtigung, Ausflug nach Rapallo (Siam. Riviera), S. Margherita und zum Campo Santo. 19.00 Abfahrt von Genua. Wetter: Sonnig und warm, ruhige See.
17. 2.	42° 29′ N 11° 07′ O	157	Ostl. 3-4	7.10 passierten Insel Elba an St. B. 11.34 Leuchtturm Zannone Straße. Wetter: Bedeckt, zeitweise Regenböen, mäßig bewegte See.
18. 2.	Neapel Distanz Genua – Neapel	181 338	Stille	7.00 Ankunft in Neapel, sonnig nach Pompeji, Ischia, Sollatara (N. Febr.). Wetter: Sonnig, ruhige See.
19. 2.	Neapel		Stille	Stadtbesichtigung, Ausflüge wie 18. 2. 20.00 Abfahrt von Neapel. Wetter: Stille, leicht bewegte See.
20. 2.	Palermo (Sizilien)	170	Umlsd. 1	7.30 Ankunft in Palermo, Ausflug nach Monreale, Stadtrundfahrt durch die Stadt. 19.00 Abfahrt von Palermo. Wetter: Bedeckt, ruhige See.
21. 2.	38° 01′ N 15° 37′ O	158	NNO 3-5	6.40 – 7.15 fuhren an der Straße von Messina in die Straße von Messina. 12. u. passierten Cap del Armi an St. B. Wetter: Bedeckt, leicht bewegte See.
22. 2.	39° 53′ N 19° 52′ O	283	Umlsd. 3-5	10.15 passierten Korfu (Stadt) an St. B. 11.15 passierten die Nord-Insel. 23.30 passierten den NO.-Dampfer „Oceana". Wetter: Bedeckt, mäßig bewegte See.
23. 2.	43° 11′ N 15° 49′ O	269	NNO 2	7.15 passierten Insel Vis. Salzausbeute hauptsächlich in der Sicht. Wetter: Leicht bewölkt, heitere.
24. 2.	Venedig Distanz Palermo-Venedig	901 911	Umlsd. 9	7.00 Ankunft in Venedig. Einheitsheiten sonnig, Dogenpalast, Markusplatz. Wetter: Heiter, ruhige See.

Abreise: Am 25. 2. 20 vormittags.

Gesamtdistanz der Italienreise: 1410 Seemeilen = 2628 Kilometer

---

MS. „Wilhelm Gustloff" * 28. Reise
9. Rund um Italienfahrt 1938-39

Tagesgestaltung

für
Freitag, den 17. Februar 1939

6.20 Uhr Wecken

6.30 „ Frühsport auf dem Sportdeck

8.00 „ Fröhliche Morgenmusik (Schallplatten)

8.30 „ Achtung! Unser Bordfunk. (Preisrätsel)

9.15 „ Begrüßung der Urlauber auf dem Sportdeck durch Kapitän Dr. H. Bertram und Vortragsleiter Pg. P. Wulff
Anschl.: Wissenswertes über den Landgang in Neapel.

10.30 „ 100 m-Marsch unserer Italien-Fahrer auf dem unteren Promenadendeck.
Anschließend Ländermusik der Bordkapelle
Leitung: Kapellmeister G. A. Weißenborn

In der Frühhalle:

13.15 „ Italien, Neapel-Palermo"
Vortrag von Bordkameraden der Pg. R. Jäncke
Mit Übertragung in den Touristenraum und in die Trachtenkabine

13.30 – 15.30 Uhr Allgemeine Schiffsführung

In der Musikhalle:

17.00 Uhr „Tönende Schiffsillustrierte"
Das Neueste vom MS. „Wilhelm Gustloff"
Leitung: Kapellmeister G. A. Weißenborn
Achtung! Die Vorberichte für ›Neapel‹ wird in der Nachtsilbe, in die Touristenkabine über die Lautsprecher in den Wintergarten übertragen. Über alle Lautsprecher:

20.00 „ „Das wußten Sie noch nicht!"
Eine Ansichtskartenreise

20.30 „ Musik und Tanz in allen Räumen

23.30 Uhr Bärschluß 23.15 Musikschluß 24.00 Ruhe im Schiff

Wintergarten und Musikhalle sind Nichtraucher-Räume

Die Deutsche Arbeitsfront
N. S. Gemeinschaft „Kraft durch Freude"

MS. „Wilhelm Gustloff"

Tischkarte
für den hinteren Speisesaal

Gruppe B   Tisch Nr. **54/55**
Stuhl Nr. **8**

Diese Karte ist als Platzausweis für die Dauer der Reise gültig

---

Gruppe B

Tischzeiten:

für die Dauer der 1. Reisehälfte:	für die Dauer der 2. Reisehälfte:
Frühstück .... um 8.00 Uhr	Frühstück .... um 7.00 Uhr
Mittagessen ... um 12.30 Uhr	Mittagessen ... um 11.30 Uhr
Kaffee .... um 16.30 Uhr	Kaffee .... um 16.00 Uhr
Abendessen ... um 19.30 Uhr	Abendessen ... um 18.30 Uhr

Der Beginn der Mahlzeiten wird durch einen Trompetenstoß bekanntgegeben. Es wird gebeten, die Tischzeiten pünktlich einzuhalten, da ein Nachbedienen nicht möglich ist.

Speisenfolge

Frühstück:
Gruppe A 7.00 Uhr — Gruppe B 8.00 Uhr
Kaffee, Tee, Kakao
Butter, Marmelade, Brötchen, Brot
Milchbrühe mit Zucker und Zimt — Haferschleim

10.00 Uhr: Auf dem unteren Promenaden-Deck
Fleischbrühe in Tassen, Brötchen

Mittagessen:
Gruppe A 11.30 Uhr — Gruppe B 12.30 Uhr
Mandverlsuppe
Schweinebraten, Burgundertunke
Rotkohl, Kartoffeln
Weißbrot
Mandelsulz, Fruchtsaft

Nachmittag:
Gruppe A 16.00 Uhr — Gruppe B 16.30 Uhr
Kaffee, Tee
Napfkuchen, Kopenhagener Gebäck

Abendessen:
Gruppe A 18.30 Uhr — Gruppe B 19.30 Uhr
Hamburger Gurkenfleisch mit Spaghetti
Butter Grau- und Schwarzbrot Tee

✳

22.00 Uhr: Belegte Schnitten

✳

Sprechstunden des Schiffsarztes: 10.00 – 11.00 und 17.30 – 18.00 Uhr
Medikamenten-Ausgabe:
Sprechstunden des Zahnarztes: 8.15 – 10.00 und 16.30 – 18.00 Uhr
Die Turnhalle ist geöffnet von 6.30 – 7.30 und von 15.30 – 18.30 Uhr
                                                     8.30 – 11.30
Das Schwimmbad: 7.00 – 12.00 15.30 – 18.00 Uhr
Die Bücherei: 11.00 – 11.00 15.30 – 16.30 Uhr
(Zum Ausleihen der Bücher, bitten wir, als Ausweis die Bordkarte mitzubringen)

»Wilhelm Gustloff«

TEILNEHMERKARTE

Stadtrundfahrt in Palermo

20. Februar 1939

✳

Änderung der Tages- und Uhrzeiten vorbehalten, deshalb auf die Bordbekanntmachungen achten

Dieser Abschnitt ist auf Verlangen abzugeben

✳

DIE DEUTSCHE ARBEITSFRONT

NS-GEMEINSCHAFT
»KRAFT DURCH FREUDE«
Reichsamt für Reisen, Wandern und Urlaub

verwundete eingeschifft worden waren, lief das Lazarettschiff *Berlin* mit 549 Verwundeten an Bord nach Swinemünde.

Am 13. September 1939 machte das Lazarettschiff *Stuttgart* am Seedienst-Bahnhof in Pillau fest, um 161 Verwundete und Kranke an Bord zu nehmen. Mit Lazarettzügen schaffte man dann weitere 133 Schwerverwundete heran. Mit 294 Verwundeten und Kranken lief die *Stuttgart* dann nach Stettin und kehrte danach leer wieder nach Pillau zurück.

Das große Lazarettschiff *Wilhelm Gustloff* verließ Hamburg am 27. September 1939 mit Fahrtziel Danzig-Neufahrwasser. Hier eingetroffen, wurden zunächst 685 polnische Verwundete an Bord genommen. Danach folgten am 2. Oktober 10 deutsche Verletzte des tags zuvor in der Danziger Bucht auf eine polnische Mine gelaufenen Minensuchbootes M 85. Am 4. Oktober 1939 erhielt das Schiff den Auftrag, nach Rendsburg auszulaufen und dort alle Verwundeten auszuschiffen.

In Rendsburg wurde die *Gustloff* bereits von Sanitätsfahrzeugen erwartet. Eine Musikkapelle hatte Aufstellung genommen und wollte die Verwundeten in der Heimat begrüßen. Als der Kapellmeister jedoch erfuhr, daß sich an Bord fast ausschließlich polnische Verwundete befanden, ließ er die Musikinstrumente einpacken. Ohne auch nur einen Ton gespielt zu haben, rückte die Kapelle wieder ab.

Nach Ausschiffung aller Verwundeten lief das Schiff wieder nach Danzig, um an der Westerplatte festzumachen, wo wenige Tage später auch die *Robert Ley*, die während des Polenfeldzuges überhaupt nicht eingesetzt worden war, eintraf. Beide Schiffe lagen einige Tagen in Sichtweite voneinander entfernt und warteten vergeblich auf neue Einsatzbefehle.

Nachdem die Kampfhandlungen beendet waren und der Polenfeldzug offiziell als beendet galt, wurde im November 1939 vom OKM und dem Marineamt über die weitere Verwendung der Lazarettschiffe entschieden.

Es wurde beschlossen, in der Nordsee und in der Ostsee je ein großes Lazarettschiff für den ›Katastrophenfall‹ zu stationieren. Einen ›Katastrophenfall‹ sah man in der massiven Bombardierung einer bedeutenden Hafenstadt an der Nord- oder Ostseeküste. Man hielt einen solchen massierten Luftangriff für möglich.

Während am 29. November 1939 das Lazarettschiff *Stuttgart* von Stettin nach Wesermünde beordert wurde, erhielt die *Wilhelm Gustloff* den Auftrag, in Gotenhafen festzumachen und hier die Aufgabe eines schwimmenden Standortlazarettes für den Danziger Raum zu übernehmen.

Das Lazarettschiff *Berlin*, das Anfang Oktober 1939 noch 500 Schwerverwundete nach Hamburg gebracht hatte und am 11. Okober wieder in Pillau eingetroffen war, wurde am 12. November 1939 von Pillau nach Danzig verlegt und hier mit einer sechstägigen Wiederindienststellungs-Bereitschaft aufgelegt.

Robert Ley stellte man am 22. November 1939 außer Dienst. Man ließ die Lazarettschiff-Einrichtung zunächst aber unverändert, um eine dreitägige

Wiederindienststellung sicherzustellen. Ende Mai 1940 verzichtete man allerdings auch darauf und machte das Schiff zu einem Wohnschiff für Marineeinheiten. *Robert Ley* ist nie als Lazarettschiff gefahren.

DIE *GUSTLOFF* UND DER ›FALL WESERÜBUNG‹

Am 27. Januar 1940 begann beim Oberkommando der Wehrmacht die Bearbeitung der ›Studie W‹. Hinter der Tarnbezeichnung ›Unternehmen Weserübung‹ verbarg sich die Besetzung Norwegens und Dänemarks.

In der von Hitler am 1. März 1940 erlassenen Anweisung (WFA/Abt. L Nr. 22 070/40 g.Kdos. Chefs. — Weisung für den ›Fall Weserübung‹) hieß es u. a.:

»Die Entwicklung der Lage in Skandinavien erfordert es, alle Vorbereitungen dafür zu treffen, um mit Teilkräften der Wehrmacht Dänemark und Norwegen zu besetzen (›Fall Weserübung‹). Hierdurch soll englischen Übergriffen nach Skandinavien und der Ostsee vorgebeugt, unsere Erzbasis in Schweden gesichert und für Kriegsmarine und Luftwaffe die Ausgangsstellung gegen England erweitert werden.

Kriegmarine und Luftwaffe fällt im Rahmen der gegebenen Möglichkeiten die Sicherung des Unternehmens gegen das Eingreifen englischer See- und Luftstreitkräfte zu.

Die für den ›Fall Weserübung‹ einzusetzenden Kräfte werden im Hinblick auf unsere militärpolitische Stärke gegenüber den nordischen Staaten so schwach wie möglich gehalten. Ihre zahlenmäßige Schwäche muß durch kühnes Handeln und überraschende Durchführung ausgeglichen werden.

Grundsätzlich ist anzustreben, der Unternehmung den Charakter einer friedlichen Besetzung zu geben, die den bewaffneten Schutz der Neutralität der nordischen Staaten zum Ziel hat. Entsprechende Forderungen werden mit Beginn der Besetzung den Regierungen übermittelt werden. Flotten-und Luftdemonstrationen werden erforderlichenfalls den nötigen Nachdruck geben...«

Am Dienstag, dem 9. April 1940, gab das Oberkommando der Wehrmacht über den Deutschen Rundfunk folgende ›Sondermeldung‹ bekannt:

»Um dem im Gang befindlichen britischen Angriff auf die Neutralität Dänemarks und Norwegens entgegenzutreten, hat die Deutsche Wehrmacht den bewaffneten Schutz dieser Staaten übernommen...«

Die britische Presseagentur Reuter meldete am gleichen Tage:

»Nach Berichten aus Kopenhagen haben deutsche Truppen in Schleswig-Holstein die dänische Grenze überschritten...«

Innerhalb von 48 Stunden gelang es den deutschen Truppen, die wichtigsten norwegischen Häfen zu besetzen. In Dänemark waren deutsche Truppen kaum auf Widerstand gestoßen.

Das ›Unternehmen Weserübung‹ vollzog sich in Norwegen nicht ohne

Kampfhandlungen. Das Fehlen von Feldlazaretten — die mit Sanitätsmaterial nach Oslo geschickten Schiffe waren torpediert worden — machte den Einsatz von Lazarettschiffen erforderlich.

Schon am 8. April hatte das in Wesermünde liegende Lazarettschiff *Stuttgart* die Anweisung erhalten, die an Bord befindlichen 165 Kranken an das Marinelazarett Wesermünde abzugeben, für 300 Mann Besatzung und 500 Kranke für einen Monat Verpflegung an Bord zu nehmen und sich sofort auf Helgoland-Reede für einen Sondereinsatz bereit zu legen. Über Art und Ziel dieses Sondereinsatzes wurde der Schiffsleitung nichts mitgeteilt. Einen Tag später erfuhr man von der Besetzung Dänemarks und Norwegens.

Am 15. April 1940 erhielt das Lazarettschiff *Stuttgart* den Befehl, durch den Nord-Ostsee-Kanal nach Kiel zu gehen und von dort Oslo anzulaufen Am 20. April lief die *Stuttgart* in Oslo ein und übernahm sofort die Aufgabe als Standortlazarett.

Bereits zu Beginn des ›Unternehmens Weserübung‹ hatte auch die in Gotenhafen liegende *Wilhelm Gustloff* den Befehl erhalten die sofortige Auslaufbereitschaft herzustellen, um in Norwegen eingesetzt werden zu können.

Am 17. April 1940 schickte man das Schiff zunächst nach Saßnitz, um hier weitere Anweisungen abzuwarten. Diese trafen am 10. Mai 1940 ein.

In Oslo hatte man inzwischen alle Verwundeten und Kranken, deren Behandlung länger als sechs Wochen in Anspruch nehmen würde, aus Krankenhäusern von Oslo und Umgebung auf das Lazarettschiff *Stuttgart* zum Abtransport nach Deutschland gebracht. Dieser Transport konnte aber erst angetreten werden, wenn für Ersatz für die *Stuttgart* in Oslo gesorgt war. Dieser ›Ersatz‹ war die *Wilhelm Gustloff*, die am 10. Mai 1940 Order erhielt, nach Oslo zu gehen. Nach Eintreffen der *Gustloff* in Oslo lief die *Stuttgart* aus und brachte die Verwundeten und Kranken nach Swinemünde, um dann wieder nach Oslo zurückzulaufen.

Das große Lazarettschiff *Wilhelm Gustloff* verließ Oslo am 2. Juli 1940 mit 736 Verwundeten an Bord. 563 Verwundete wurden tags darauf in Kiel von Bord gegeben. Danach lief die *Gustloff* weiter nach Swinemünde, um hier die restlichen Verwundeten an Land zu geben.

Danach fuhr das Schiff nicht nach Oslo zurück, sondern wurde vom 10. Juli bis zum 25. August 1940 als schwimmendes Lazarett in Stettin eingesetzt.

Für die *Gustloff* war damit ihr Einsatz beim ›Unternehmen Weserübung‹ beendet.

Nicht nur für die ehemaligen KdF-Schiffe *Stuttgart* und *Wilhelm Gustloff*, sondern auch für den Dampfer *Berlin* hatte das ›Unternehmen Weserübung‹ eine neue Aufgabe gebracht. Am 14. April übernahm das Lazarettschiff *Berlin* im Raum Danzig-Gotenhafen die Aufgabe, die bisher die *Gustloff* wahrgenommen hatte, am 22. Juni wurde sie dann angewiesen nach Kopenhagen zu laufen, wo sie als schwimmendes Lazarett eingesetzt wurde.

›UNTERNEHMEN SEELÖWE‹ — BLINDER ALARM FÜR DIE *GUSTLOFF*

Nachdem Dänemark und Norwegen besetzt waren und auch der Frankreich-Feldzug für Hitler als »erfolgreich beendet« galt, plante der Führer als Oberbefehlshaber der Wehrmacht unter der Tarnbezeichnung ›Unternehmen Seelöwe‹ den nächsten Eroberungsfeldzug. Er galt England. Einzelheiten hierfür hatte Hitler am 16. Juli 1940 in seiner »Weisung Nr. 16 über die Vorbereitung einer Landungsoperation in England« festgelegt. Darin hieß es u. a.:

»Da England trotz seiner militärisch aussichtslosen Lage noch kein Zei-chen der Verständigungsbereitschaft zu erkennen gibt, habe ich mich entschlossen, eine Landeoperation gegen England vorzubereiten und wenn nötig, durchzuführen.

Zweck dieser Operation ist es, das englische Mutterland als Basis für die Fortführung des Krieges gegen Deutschland auszuschalten, und wenn es erforderlich werden sollte, in vollem Umfange zu besetzen.

Hierzu befehle ich folgendes:

Die Landung muß sich in Form eines überraschenden Überganges in breiter Front, etwa von Ramsgate bis in die Gegend westlich der Insel Wight, vollziehen, wobei Teilen der Luftwaffe die Rolle der Pioniere zufallen wird. Ob es zweckmäßig ist, vor dem allgemeinen Übergang Teilaktionen, etwa zur Besetzung der Insel Wight oder der Grafschaft Cornwall, zu unternehmen, ist vom Standpunkt jedes Wehrmachtsteils aus zu prüfen und das Ergebnis mir zu melden. Die Entscheidung behalte ich mir vor.

Die Vorbereitungen für die Gesamtoperation müssen bis Mitte August 1940 abgeschlossen sein..«

Aufgrund dieser Weisung des Führers forderte das Oberkommando der Wehrmacht am 1. August 1940 eintausend Betten Lazarettschiffraum an.

Dabei ging man davon aus, keine großen, sondern 20 kleine Lazarettschiffe mit je 50 Betten einzusetzen. Man dachte an kurzfristige Verwundetentransporte, aber auch an den Einsatz der Schiffe bei der Bergung von Schiffbrüchigen.

Mitte August 1940 wurde entschieden, auch die im Dienst befindlichen großen Lazarettschiffe aus ihren Einsatzhäfen herauszuziehen und für das ›Seelöwe-Unternehmen‹ bereitzustellen.

Bereits kurz nach der Erteilung der Weisung Nr. 16 ›Unternehmen Seelöwe‹ hatte man die *Wilhelm Gustloff* von Stettin nach Kiel geschickt, um hier die defekte MES-Anlage überprüfen zu lassen. Am 5. September 1940 machte dann die *Gustloff* befehlsgemäß in Wesermünde fest.

Hier traf am 7. September auch das Lazarettschiff *Stuttgart* ein, dem man schon in Danzig eine MES-Anlage (Minen-Eigenschutz-Anlage) hatte einbauen lassen. Auch das Lazarettschiff *Berlin* schickte man von Kopenhagen nach Kiel und dann ebenfalls nach Wesermünde.

Geplant war, diese drei großen Lazarettschiffe im Rahmen des ›Unternehmens Seelöwe‹ wie folgt zu stationieren:

Wilhelm Gustloff in Rotterdam
Stuttgart in Cherbourg
Berlin in der Scheldemündung.

Ferner sollten *Oberhausen, Rügen* und *Glückauf* in Le Havre stationiert werden.

15 kleine Schiffe, die man für das Landungsunternehmen zu Lazarettschiffen mit einer Kapazität von je 50 Betten umgebaut hatte, wurden in Hamburg mit 24-stündiger Bereitschaft im Kirchenpauer-Hafen zusammengezogen. Aus Luftschutzgründen verteilte man diese Schiffe am 12. September 1940 auf das gesamte Hamburger Hafengebiet.

Für das ›Unternehmen Seelöwe‹ wurden bis zum 15. September 1940 von der Marine insgesamt 155 Transportschiffe mit zusammen 700 000 Bruttoregistertonnen, 1 277 Prähme und Leichter, 471 Schlepper und 1 161 Motorboote bereitgestellt.

Das OKH stellte die Armeen 9 und 16 mit insgesamt 25 Divisionen. In der ersten Welle sollten 13 Divisionen eingesetzt werden, die 6. Armee sollte die Reserve bilden.

Doch aus der Landung in England wurde nichts — —

Am 12. Oktober 1940 wurde das ›Seelöwe-Unternehmen‹ vorläufig abgeblasen. Das Oberkommando der Wehrmacht teilte auf Befehl Hitlers mit, der Führer habe sich entschlossen, die Landung in England zunächst nicht durchzuführen, sondern das vorbereitete Unternehmen bis zum Frühjahr 1941 nur noch als Druckmittel gegen England zu benutzen. Am 10. Januar 1941 folgte der Befehl zur endgültigen Einstellung. Tatsächlich waren für die Absage des Unternehmens andere Gründe maßgebend: Es fehlte der deutschen Luftwaffe an der erforderlichen Luftherrschaft über das vorgesehene Landegebiet. Auch die Kriegsmarine hatte sich unter Berücksichtigung der Stärke der Royal Navy nicht zur Durchführung der Operation entschließen können.

DAS ENDE DER LAZARETTSCHIFFZEIT

Nach der Absage des ›Seelöwe-Unternehmens‹ wurden die meisten der kleinen Lazarettschiffe außer Dienst gestellt, man hatte im Augenblick für sie keine Verwendung.

Dies galt aber nicht für die großen Lazarettschiffe, die sogar äußerst dringend benötigt wurden.

Von August 1940 an hatte man den Bereich Norwegen-Dänemark fast völlig von Lazarettschiffen entblößt, so daß von Kirkenes bis Oslo und Kopenhagen dringend große Lazarettschiffe benötigt wurden.

Deshalb erhielt das große Lazarettschiff *Berlin* Order, sofort nach Oslo zu gehen.

Das große Lazarettschiff *Stuttgart* wurde zunächst nach Kiel geschickt, nahm dort zusätzliche Sanitätsausrüstung an Bord und lief am 20. November von dort mit Zielhafen Kirkenes aus.

Am 22. Oktober 1940 erhielt das große Lazarettschiff *Wilhelm Gustloff* Order, nach Oslo auszulaufen, nahm hier 414 Verwundete an Bord und brachte diese am 12. November 1940 nach Swinemünde. Bis zum 16. November konnten alle Verwundeten von Bord gegeben werden, so daß das Schiff am 17. November erneut auslaufbereit war.

Die *Gustloff* erhielt aber nicht den Befehl, wieder nach Oslo zu gehen, sondern die Order, noch am 17. November nach Gotenhafen auszulaufen und im Oxhöfter Hafen festzumachen.

Hier wurde am 20. November das Lazarettschiff *Wilhelm Gustloff* endgültig für den Zweiten Weltkrieg außer Dienst gestellt.

Nach dem sorgsam und genau geführten ›Ärztlichen Kriegstagebuch‹ der *Wilhelm Gustloff* wurden während des Lazarettschiffeinsatzes des Schiffes vom 22. September 1939 bis zum 20. November 1940 insgesamt 3 151 Verwundete und Kranke ambulant behandelt, an Bord erfolgten 1 739 Röntgen-Untersuchungen, 347 Operationen und 12 564 klinische Untersuchungen. Auf vier Transporten wurden insgesamt 1961 Verwundete befördert.

Am 21. November 1940, nachdem das Schiff in Gotenhafen-Oxhöft festgemacht hatte, mußte das gesamte Sanitätspersonal innerhalb von zwei Tagen die *Wilhelm Gustloff* verlassen. Auch ein Teil der Handelsschiffbesatzung ging von Bord.

Das ehemalige KdF-Schiff *Wilhelm Gustloff* erhielt eine neue Aufgabe: Es wurde Wohnschiff für die II. Abteilung der 2. Unterseeboots-Lehrdivision.

»ICH BIN EIN BEGEISTERTER HITLERJUNGE«

Ich war 1941, inzwischen 15 Jahre alt, ein begeisterter Hitler-Junge.

Nachdem ich 10jährig am 20. April 1936 in das ›Deutsche Jungvolk‹ aufgenommen worden war und es bis zum Jungzugführer gebracht hatte, wurde ich, 14 Jahre alt, am 20. April 1940 in die Hitler-Jugend übernommen.

Da ich mit Begeisterung dabei war und für meinen HJ-Dienst meine ganze Freizeit opferte, wurde ich rasch bis zum Oberscharführer befördert.

Doch Sammelaktionen, Heimabende, die anderen ›Dienste‹ und auch das Schießen machten mir nicht so richtig Freude. Schon beim Jungvolk hatte man uns das Luftgewehrschießen gelehrt, in der Hitler-Jugend legte man besonderen Wert auf das Kleinkaliberschießen. Das Ziel der Schießausbildung war, »den Hitlerjungen schon vor Eintritt in die Wehrmacht zum sicheren Schützen werden zu lassen!«

Mein besonderes Interesse lag auf einem anderen Gebiet. Seit meiner frühesten Jugend galt mein Interesse der Seefahrt und der Marine. Bereits als 10jähriger verschlang ich Bücher über Schiffe, die Seefahrt und das Meer.

Doch die See und das Meer waren von meiner Heimatstadt Jauer in Niederschlesien, nahe am Riesengebirge, sehr, sehr weit entfernt.

Wohl gab es in Jauer in der Hitler-Jugend auch zwei Sondereinheiten, die ›Motor-HJ‹ und die ›Flieger-HJ‹, doch eine ›Marine-HJ‹, die anderswo schon wegen ihrer blauen Uniformen die wohl bekannteste Sondereinheit in der HJ war, gab es bei uns nicht.

1941 las ich in ›Köhlers Flottenkalender‹, dessen Jahrgänge ich von 1935 an besaß, einen längeren Beitrag über die Marine-Hitler-Jugend, in welchem es u. a. hieß:

»Die Gründung der Marine-Hitler-Jugend war eine Maßnahme, die nicht nur von der besonderen Aufgabenstellung der Marine-HJ als Nachwuchsorganisation zur Handels- und Kriegsmarine bestimmt war, sondern die auch der Liebe und Begeisterung jedes rechten Jungen für die Seefahrt ein praktisches Betätigungsfeld eröffnet. Die erste Aufgabe der Marine-Hitler-Jugend war und ist es, Verständnis und Liebe für den schweren und verantwortungsvollen Beruf des Seemannes zu wecken und den Jungen durch Vermittlung besonderer Fertigkeiten und Kenntnisse in allen mit dem Seesport zusammenhängenden Dingen, die Arbeit bei der Kriegs- und Handelsmarine zu erleichtern.

Aus diesem Grunde wurde das »Seesportabzeichen der HJ« geschaffen. In den ersten beiden Jahren seines Dienstes hat jeder Marine-Hitler-Junge das Seesportabzeichen der HJ, das gewissermaßen das ABC der blauen Jungen der MHJ ist, zu erwerben. Das Seesportabzeichen besteht aus einer dunkelblauen Armscheibe mit einem roten Anker und wird nach Bestehen der Prüfungen in Seemannschaft, Schiffahrtskunde und Signaldienst verliehen, wozu knoten und spleißen, Bootskommandos nennen, Riemen klarlegen, Wurfleinen werfen, Kompaß erklären, Handlog bedienen, Morsen und Winken, gehören.

Wer Führer in der Marine-HJ werden will, kann das nur, wenn er die A-, B- und C-Prüfung ablegt.

Die A-Prüfung umfaßt die erweiterten Kenntnisse im Boots- und Signaldienst, die B-Prüfung verlangt bereits vielseitige Kenntnisse und der Erwerb des C-Scheines, die höchste Prüfung, umfassende Kenntnisse in allen Dingen der Seefahrt. C-Schein-Inhaber gehören laut Reichsgesetz zur ›seemännischen Bevölkerung«.

Der Marine-Hitler-Jugend stehen drei Reichsseesportschulen zur Verfügung, eine in Prieros/Mark, eine in Seemoos am Bodensee und das Segelschulschiff ›Horst Wessel‹ als Reichsseesportschule I in Stralsund.

Der Erwerb des C-Scheines ist mit einer Ausbildungsreise auf einem Segelschiff auf der Ostsee verbunden ...!«

Nachdem ich das gelesen hatte, wußte ich, wohin mein Weg gehen würde: in die Marine-Hitler-Jugend. Ich nahm mir vor, sowohl das Seesportabzeichen als auch die A-, B- und C-Prüfungen abzulegen.

Schon im Frühjahr 1941 meldete ich mich zu einem Lehrgang im »Marine-HJ-Wehrertüchtigungslager Schlesiersee« bei Glogau, erhielt die ›Einberufung‹ und war nach drei Wochen im Besitz des Seesportabzeichens.

Als ich danach bei unserem Bannführer erschien und ihm klarzumachen versuchte, daß ich in Jauer eine Marine-HJ gründen wollte, sah er mich zunächst etwas mitleidig an, aber schließlich gelang es mir doch noch, ihn zu überzeugen.

Im Herbst machte ich dann in Prieros/Mark den A-Schein, und im Frühjahr 1942 folgte der Erwerb des B-Scheines auf der Reichsseesportschule Seemoos am Bodensee. Mein Traum, den C-Schein auf dem Segelschulschiff *Horst Wessel* machen zu können, ging im Frühjahr 1943 in Erfüllung. Die ›Einberufung‹ zum C-Lehrgang erhielt ich am 20. April 1943.

Inzwischen gehörte die Marine-HJ-Schar in Jauer zu den beliebtesten Sondereinheiten der HJ. Ich wurde ›Marinesachbearbeiter beim Bann 810‹ mit dem Auftrag, mich innerhalb des Bannes um die Organisation von Marine-HJ-Einheiten zu bemühen.

Dann endlich kam die Reise nach Stralsund und die erlebnisreichen Wochen auf dem Segelschulschiff *Horst Wessel* und die Ausbildungsfahrt auf der Jacht *Jutta*, die vor dem Krieg als KdF-Schoner gedient hatte.

Am 3. Juni 1943, meinem 17. Geburtstag, hielt ich meinen C-Ausweis in der Hand. Er war unterzeichnet vom Reichsjugendführer und Vizeadmiral von Trotha, dem Ehrenführer der Marine-HJ.

Nach dem Lehrgang machte eine Gruppe von Marine-HJ-Führern, zu der auch ich gehörte, eine Exkursion nach Danzig und Gotenhafen.

Wir besichtigten einige Kriegs- und Handelsschiffe.

Und eines dieser Schiffe interessierte mich besonders.

Es war die *Wilhelm Gustloff.*

Von diesem Schiff, das wir zuletzt besichtigten, vom Schwimmbad, den HJ-Räumen und der Jugendherberge im untersten Deck, bis zur Kommandobrücke, war ich hellauf begeistert, zumal ich über die *Gustloff* schon viel gelesen hatte.

Ich ahnte in diesen Junitagen des Jahres 1943 nicht, daß schon sieben Monate später die *Wilhelm Gustloff mein* Schiff werden würde.

Dies konnte ich auch nicht ahnen. Ich hatte mich schon im Frühjahr 1943 freiwillig zur Kriegsmarine gemeldet, war auch als KOB (Kriegsoffiziersbewerber) angenommen und wartete im Sommer 1943 täglich auf meine Einberufung.

Die große Enttäuschung kam im Herbst 1943, als bei einer Nachuntersuchung beim Wehrbezirkskommando in Liegnitz ›zunehmende Kurzsichtigkeit‹ bei mir festgestellt wurde. Das bedeutete das ›Aus‹ für den seemännischen Dienst in der Kriegsmarine.

Da ich unbedingt zur Seefahrt wollte, bewarb ich mich bei der Hamburg-Südamerikanischen-Dampfschiffahrts-Gesellschaft in Hamburg um Aufnahme in die Berufszahlmeisterlaufbahn der Handelsmarine — und wurde angenommen.

Daß mich mein erstes Bordkommando allerdings auf die *Wilhelm Gustloff* führen würde, erfuhr ich erst viel später.

DAS ›KASERNEN-SCHIFF‹ FÜR U-BOOT-SOLDATEN

Das Ende der Lazarettschiffzeit brachte ab November 1940 für das ehemalige ›Kraft durch Freude‹ Schiff *Wilhelm Gustloff* erhebliche Veränderungen mit sich.

Steurer Wilhelm Smeilus von der zivilen Stammbesatzung erinnert sich an diese Zeit:

»Nachdem das gesamte Sanitätspersonal von Bord gegangen war, wurde auch die zivile Handelsschiffsbesatzung weiter reduziert. Viele meiner Kameraden, vor allem die Jüngeren und noch ›Wehrtauglichen‹, wurden zur Wehrmacht eingezogen. Das Decks- und Maschinenpersonal wurde so stark abgebaut, daß nur noch ein Wach- und Wartedienst übrig blieb, damit die Maschinen nicht verrotteten. Offensichtlich rechnete man damit, daß die *Gustloff* nicht mehr fahren würde.

Der Chefarzt wurde von einem U-Boot-Offizier, einem Korvettenkapitän, abgelöst, der Chef der II. Abteilung der 2. Unterseeboots-Lehrdivision war. Er wohnte an Bord und war der ranghöchste Marineoffizier auf der *Gustloff*. Der Handelsschiffskapitän Heinrich Bertram wurde dazu verurteilt, eine Statistenrolle zu spielen. Er war nur noch der Dienstvorgesetzte der Handelsschiffsbesatzung. Damit teilte er das Los vieler ›Wohnschiffs-Kapitäne‹ in den Häfen.

Wir, die wir zur Handelsschiffsbesatzung gehörten, gewöhnten uns sehr schnell an die neue Aufgabe der *Gustloff* als ›Wohnschiff‹ und ›Kasernen-Schiff‹. Wir lagen in der Etappe und hatten ein richtiges Gammelleben, denn vom Krieg sahen und hörten wir kaum etwas, außer in den Rundfunk-Nachrichten.

Zwischen der Zivilbesatzung und den an Bord wohnenden Ausbildern der Kriegsmarine, den Maaten, Obermaaten, Feldwebeln und auch Offizieren, entstand ein gutes kameradschaftliches Verhältnis, das keinerlei Probleme aufwarf.

Man hatte den großen Rauchsalon auf dem Unteren Promenadendeck zu einem Speise- und Aufenthaltsraum für die Offiziere, sowohl der Kriegs- als auch der Handelsmarine, als ›Offiziersmesse‹ eingerichtet. Die Unteroffiziersdienstgrade und die Mannschaften aßen in den großen Speisesälen. Die Zivilbesatzung hatte ihren eigenen Speise- und Aufenthaltsraum im Vorschiff. Verpflegt wurden an Bord rund 1000 Menschen täglich. Später kamen auch an Land wohnende Einheiten und Marinehelferinnen zum Essen auf die *Gustloff.*

Zweimal am Tag gab es im Theatersaal Kinovorstellungen, und auch sonst war an Bord immer was los.

Die jungen U-Boot-Leute, die zur Ausbildung auf die *Gustloff* kamen, blieben etwa drei bis vier Monate an Bord, dann war die Ausbildung beendet. Die Ausbilder, das sogenannte ›Stammpersonal‹ wohnte ständig an Bord, viele der Ausbilder hatten auch ihre Familien nachgeholt und besaßen in Oxhöft oder Gotenhafen eine Landwohnung.

In den ersten beiden ›Liegejahren‹ in Gotenhafen-Oxhöft, 1941 und 1942, versorgte sich das Schiff selbst mit Strom, Dampf und Wasser.

1943 änderte sich dies, nachdem an Land ein kleines Kesselhaus gebaut worden war, um die zur 2. ULD gehörenden drei Schiffe, *Gustloff*, *Hansa* und *Oceana*, sowie den daneben liegenden Dampfer *Antonio Delfino* mit Dampf zu versorgen. Die an Bord der *Gustloff* befindlichen zwei Kessel wurden entleert, gereinigt und konserviert. Kurze Zeit später erhielten wir auch noch einen Stromanschluß an Land.

Mit diesen Maßnahmen wurde noch einmal weiteres Personal eingespart und abkommandiert, sowohl Decks- als auch Maschinenpersonal. Von der ›Friedensstärke‹ von ca. 400 Besatzungsmitgliedern waren jetzt nur noch etwa 150 übrig geblieben. Hiervon war noch ein beachtlicher Teil Ausländer, vor allem Kroaten, die als Helfer im Reinigungsdienst, in der Küche, an Deck und in der Maschine eingesetzt wurden.

Im März 1943 erlebte die *Gustloff* und die 2. ULD einen großen Höhepunkt: den Besuch des Großadmirals Dönitz.

BOMBEN AUF GOTENHAFEN

Im Herbst 1943 begann es in Gotenhafen und in der Danziger Bucht unruhiger zu werden. Die Etappe wurde langsam zum Kriegsschauplatz. Der Krieg kam näher, zunächst aus der Luft. Öfter als zuvor heulten die Sirenen.

So auch am Sonnabend, dem 9. Oktober 1943.

Es gab Fliegeralarm.

Nicht die Sowjets, sondern Verbände der 8. amerikanischen Luftflotte griffen Gotenhafen an. Ihr Großangriff galt nicht so sehr der Stadt selbst, sondern dem Hafen, den Hafenanlagen, den Docks und den Schiffen.

Obwohl die im Hafen und auf Reede liegenden Kriegsschiffe die Angreifer mit einem heftigen Flakfeuer empfangen hatten, gelang es den Bombern, ihre todbringende und vernichtende Bombenlast abzuwerfen.

Dieser erste amerikanische Großangriff brachte der Marine schmerzliche Verluste. Nach den Eintragungen im Kriegstagebuch der Seekriegsleitung gingen bei diesem Angriff verloren oder wurden beschädigt:

Lazarettschiff *Stuttgart*, brennend aus dem Hafen geschleppt mit Totalverlust.

Dampfer *Cuxhaven*, nach Volltreffer gesunken.

Finnischer Dampfer *Vipjoern*, gesunken.

Schwedischer Dampfer *A. K. Fernstroem*, gesunken.

Deutsches U-Boot-Begleitschiff *Eupen*, gesunken.

Schiff *47*, gesunken, später gehoben.

U-Jäger *UJ 1210* (ex Kuj 13), gesunken, später gehoben.

Schlepper *Saspe*, gesunken, später gehoben.

Schlepper *Reval*, gesunken, später gehoben.

Minensuchboot *Nordpol*, gesunken, später gehoben.
Deutscher Dampfer *Ginnheim*, beschädigt.
Deutscher Schlepper *Atlantik*, im Dock schwer beschädigt
und mit dem Dock am folgenden Tag gesunken.
Deutscher Dampfer *Neidenfels*, beschädigt.
Soweit die Eintragungen im Kriegstagebuch der Seekriegsleitung unter
dem Datum 9. Oktober 1943.

Die *Wihelm Gustloff* war mit einem blauen Auge davongekommen. Das
Schiff wurde zwar nicht getroffen, aber unmittelbar neben der Bordwand
war eine Bombe ins Wasser gefallen und hatte einen nicht unerheblichen
Schaden angerichtet.

Kurz nach dem Angriff hatte der 2. Ingenieur Erich Goering den Schaden
festgestellt: Im Bereich der Steuerbord-Wellenhose war die Schiffs-Außen-
haut aufgerissen. Mit eigenen Mitteln versuchte man zunächst mit Erfolg,
den 1,50 Meter langen Riß mit Holzkeilen so gut es ging abzudichten, so
daß es nur noch tropfte. Man war sich aber klar darüber, daß die *Gustloff* in
absehbarer Zeit eingedockt werden mußte, um den Riß zu verschweißen.

›MARSCHBEFEHL‹ AUF DIE *WILHELM GUSTLOFF*

Sonnabend, 15. Januar 1944.

Als ich am Morgen dieses Tages, kurz nach 8 Uhr, das Kalenderblatt für
diesen Tag im Zentralbüro der Hamburg-Südamerikanischen Dampf-
schiffahrts-Gesellschaft in Hamburg abreiße, ahne ich nicht, daß mir schon
eine Stunde später eine erfreuliche Nachricht bevorsteht.

Nach anfänglicher Beschäftigung in der Personal- und Heuerabteilung der
Hamburg-Süd bin ich seit einigen Tagen in der Ausrüstungsabteilung im 1.
Stock des Reedereigebäudes Holzbrücke 8 tätig. Die Berufslaufbahn des
Schiffszahlmeisters beginnt nicht auf einem Schiff, sondern mit einer Einar-
beitsphase im Reedereibetrieb. Viel lieber hätte ich gleich ein Bordkomman-
do gehabt, als ich als Zahlmeister-Anwärter bei der Hamburg-Süd begann,
aber »so schnell geht das nicht — jeder fängt *hier* an«, hatte man mir bei
Dienstantritt bedeutet.

In den vergangenen Tagen habe ich des öfteren daran denken müssen, daß
ich möglicherweise überhaupt kein Bordkommando mehr erhalte. Schon
nach wenigen Tagen Tätigkeit in der Personal- und Heuerabteilung wurde
mir klar, wieviele Schiffe die Reederei vom Kriegsbeginn an bereits verloren
hatte. Jeden Monat, vor allem bei jedem Angriff auf die Häfen, meldete man
weitere Schiffsverluste.

Wenn das so weitergeht — denke ich auch an diesem Morgen.

Das Telefon reißt mich aus meinen Gedanken.

Der vor mir sitzende Leiter der Ausrüstungsabteilung nimmt den Hörer
ab, antwortete dem Anrufer kurz und knapp: »Ich schicke ihn nach unten —«
und wendet sich dann an mich mit den Worten:

»Herr Schön — der Personalchef erwartet Sie!«

Vielleicht soll ich am Montag wieder in eine andere Abteilung, frage ich mich im Hinuntergehen.

Augenblicke später erfahre ich meinen neuen Auftrag:

»Wir haben ein Schiff für Sie, die *Wilhelm Gustloff*, sie liegt als Wohnschiff in Gotenhafen-Oxhöft. Gehen Sie sofort zum Seemannsamt, danach zur Kriegsmarinedienststelle ins Chilehaus, erledigen Sie dort alle Formalitäten, Marschbefehl usw., usw. —«

Im ersten Augenblick bringe ich kein Wort hervor und bin im wahrsten Sinne des Wortes sprachlos, als ich diese Mitteilung höre — —

»Was — auf die *Gustloff* —?«

Ich kann es immer noch nicht glauben — ein besseres und schöneres Kommando konnte es gar nicht geben — —

»Sie müssen sich schon morgen Nachmittag auf den Weg machen, Ihr Dienstantritt ist am 17. Sie lösen auf der *Gustloff* den Zahlmeister-Assistenten Purwin ab, der ein neues Kommando in Oslo erhalten hat. Melden Sie sich an Bord bei Oberzahlmeister Jensen und Kapitän Bertram — — und: Gute Reise!«

Das ist zuviel für mich an diesem Sonnabendvormittag. Erst nach einigen Minuten wird mir bewußt, daß dies kein Traum ist:

Mein erstes Bordkommando ist die *Wilhelm Gustloff*! Damit geht für mich ein Wunsch in Erfüllung.

Zwei Tage später.

17. Februar 1944, 19.00 Uhr.

Ungeduldig warte ich in Gotenhafen auf die Fähre, die mich nach Oxhöft bringt, zum Liegeplatz der *Wilhelm Gustloff*.

Wenige Minuten später ist es soweit, und gegen 19.30 Uhr zeige ich dem Posten am Fallreep des Schiffes meinen Marschbefehl; er läßt mich passieren.

Dann bin ich an Bord, auf meinem Schiff! Ich kann es immer noch nicht glauben.

Ich melde mich bei Oberzahlmeister Peter-Martin Jensen, der seit seiner Jugend bei der christlichen Seefahrt ist und zunächst als Decksoffizier fuhr, bis seine Sehkraft nachließ.

»Beziehen Sie erst einmal Ihre Kammer, und dann gehen Sie zum Essen. Der Obersteward-Assistent wird Ihnen alles zeigen. Beim Kapitän können Sie sich morgen früh melden!«

Mit diesen Worten meines neuen Chefs bin ich für den ersten Tag entlassen.

DER NEUE KAPITÄN: FRIEDRICH PETERSEN

Kapitän Heinrich Bertram, 47 Jahre alt, seit dem Sommer 1938 Schiffsführer des M/S *Wilhelm Gustloff*, begrüßt mich am nächsten Morgen recht freundlich. Er findet sogar Zeit, sich fast eine Stunde lang mit mir zu unterhalten und will wissen, wie ich zur christlichen Seefahrt gekommen bin und warum ich mir ausgerechnet die Zahlmeisterlaufbahn ausgesucht habe. Ich erzähle ihm, daß ich 1943 auf der *Horst Wessel* meine C-Prüfung gemacht habe, danach auch auf einer Exkursion die *Gustloff* besichtigte und daß mich der Dienst in der Marine-Hitler-Jugend immer begeistert hat.

»Darüber unterhalten wir uns in den nächsten Tagen noch einmal ausführlich, ich unterhalte mich gern mit jungen Leuten...«, sagte er mir nach dem Gespräch.

Doch zu einer weiteren Unterhaltung kommt es nicht mehr.

Schon am nächsten Tag erhält Kapitän Bertram die Nachricht, daß er sich am 21. Februar in Hamburg zu melden habe, um danach wieder ein ›Schiff in Fahrt‹ zu übernehmen. In der Mitteilung wird angekündigt, daß ihn am 20. Februar Kapitän Friedrich Petersen auf der *Gustloff* ablösen wird. Die beiden Kapitäne kennen sich seit vielen Jahren.

Heinrich Bertram verabschiedet sich von der *Gustloff* und seiner Besatzung sowohl mit einem lachenden als auch mit einem weinenden Auge. Das Schiff, das er nun nach fast sechsjähriger ununterbrochener Bordzeit verlassen muß, ist ihm ans Herz gewachsen, und er geht nicht gern von Bord, doch andererseits tauscht er gern den Posten des ›Wohnschiff-Kapitäns‹ mit dem eines ›Fahr-Kapitäns‹. Er freut sich darauf, bald wieder ein Schiff fahren zu können.

Am 20. Februar 1944 erfolgt dann offiziell der Kapitänswechsel, und ich bin nicht der einzige an Bord, der auf den neuen Kapitän gespannt ist.

Wir wurden nicht enttäuscht.

Kapitän Friedrich Petersen macht auf mich zunächst den Eindruck eines gemütlichen, graubärtigen ›alten Herrn‹. Er ist auch wesentlich älter als Kapitän Bertram, schon 62 Jahre, und gehört dem Jahrgang 1882 an. Petersen ist ein erfahrener Schiffsführer.

Tage später erfahre ich mehr über ihn.

Seit seinem 15. Lebensjahr fährt er zur See. Seine Laufbahn in der christlichen Seefahrt begann er als Schiffsjunge am 19. Juli 1897 auf der Bark *Luna*. Später wurde er Leichtmatrose, dann Vollmatrose. Im September 1903 bestand er die Prüfung zum Steuermann mit der Traumnote ›Mit Auszeichnung‹, trat danach am 16. Dezember 1904 als 4. Offizier bei der Hamburg-Süd ein, erwarb 1909 das Kapitänspatent für große Fahrt, ebenfalls mit dem Prädikat ›Mit Auszeichnung‹. Den ersten Weltkrieg begann er als Leutnant zur See d. Res., geriet kurze Zeit später in Gefangenschaft, verbrachte zweieinhalb Jahre in England, wurde 1917 in der Schweiz interniert, danach nach Deutschland abgeschoben und 1919 offiziell als Kapitänleutnant der Reserve des Seeoffizierskorps entlassen.

Am 19.3.1919, kurz nach seiner Entlassung, musterte Petersen als 1. Offizier auf dem Dampfer *Cap Finisterre* an, fuhr danach als Kapitän die *Alcogonda* und eine Reihe weiterer Schiffe, bis er Ende 1932 auf die *Monte Sermento* kam und 1934 die Führung der *Monte Olivia* übernahm, die für

›Kraft durch Freude‹ fuhr. Als Kapitän Gerds 1938 auf *Wilhelm Gustloff* plötzlich verstarb, schickte man Kapitän Petersen nach Lissabon. Er brachte die *Gustloff* nach Madeira und zurück nach Hamburg, um dann wieder die *Monte Olivia* zu übernehmen.

Wenige Tage vor Ausbruch des Zweiten Weltkrieges befand sich Petersen mit der *Monte Olivia* in Montevideo. Am 26. August 1939 bekam er von der Hamburg-Süd-Agentur in Buenos Aires die Order, daß alle Passagiere wieder ausgeschifft werden müßten, ebenso die weiblichen Besatzungsangehörigen. Danach sollte Petersen mit der *Monte Olivia* den Hafen von Santos anlaufen. Der Zweite Weltkrieg war schon 12 Tage alt, als Petersen am 13. September 1939 Anweisung erhielt, trotz englischer Blockade die Heimreise nach Hamburg anzutreten. Am 14. September um 21 Uhr verließ die *Monte Olivia* Santos. In einer abenteuerlichen Reise, die 24 Tage und 14 Stunden dauerte, brachte Kapitän Petersen die *Monte Olivia* durch die Blockade. Nachdem das Schiff am 6. Oktober 1939, sechzig Seemeilen nördlich von Island, fast mit einem Eisberg kollidiert wäre, traf es am 9. Oktober 6.00 Uhr in Narvik ein, setzte danach die Reise fort und kam am 19. Oktober 1939 um 9.00 Uhr in Hamburg an, wo es am Oswaldkai festmachte.

Viel Zeit zum Ausruhen von dieser gefährlichen Reise fand Friedrich Petersen nicht. Schon im Januar 1940 wurde er als Kapitän auf den Truppentransporter *Florida* geschickt, der am 14. April 1940 vor der norwegischen Küste von dem britischen Unterseeboot *Snapper* unter Führung von Lt. W. D. A. King torpediert wurde und in der Position 57.59 Nord, 10,51 Ost, sank. Mehr als eine Stunde schwamm Kapitän Petersen im Wasser, das eine Temperatur von etwa 1 Grad hatte, bevor er von einem Minensuchboot gerettet wurde. Erfrierungen 2. Grades an Armen und Beinen waren die Folgen dieses überlebten Schiffsunterganges.

In Anerkennung seiner Verdienste als Blockadebrecher verlieh ihm der Oberbefehlshaber der Kriegsmarine, Großadmiral Raeder, am 4. Oktober 1940 das Kriegsverdienstkreuz 2. Klasse mit Schwertern.

Am 11. November 1940 wurde Friedrich Petersen mit dem Eisernen Kreuz 2. Klasse ausgezeichnet, eine für Handelsschiffskapitäne seltene Ehrung.

Die nächsten Kommandos führten ihn dann auf den Dampfer *General Osorio* und danach auf D. *Schwaben*. Von dort kam er auf M/S *Wilhelm Gustloff* und war sicher, daß er mit diesem Schiff das Kriegsende erleben würde.

Kapitän Friedrich Petersen hatte, wie mir dieser Lebenslauf in Kurzfassung deutlich machte, ein wirklich ›bewegtes Seemannsleben‹ hinter sich.

SOLDATEN UND ›HALB-SOLDATEN‹

Daß das Leben auf einem ›Wohnschiff‹, einer ›schwimmenden Kaserne‹, einem ›Soldatenschiff‹, oder wie man die *Gustloff* sonst noch bezeichnet, anders ist als auf einem fahrenden Schiff, merke ich schon nach wenigen

Tagen. Schnell habe ich mich mit den Gegebenheiten an Bord vertraut gemacht.

Das Soldatenleben beherrscht das Schiff nahezu ausnahmslos. Vier Kompanien der II. Abteilung der 2. Unterseeboots-Lehrdivision wohnen fast ständig an Bord, Maate, Obermaate, Feldwebel und eine stattliche Anzahl von Offizieren bilden das ›Stammpersonal‹, sie sind die Ausbilder der jungen U-Boot-Soldaten. Ranghöchster Marineoffizier an Bord ist Korvettenkapitän Wilhelm Zahn, ein erfahrener U-Boot-Kommandant. Er ist Kommandeur der II. Abteilung der 2. ULD. Die Ausbildung der U-Boot-Leute erfolgt sowohl an Bord als auch in den Lehrgebäuden der 2. ULD an Land. Nach erfolgreicher U-Boot-Ausbildung werden die Soldaten dann zu den U-Boot-Flottillen abkommandiert. Die Ausbildung ist zwar hart, aber die jungen Leute, ausnahmslos Freiwillige, sind begeistert.

Schließlich ist es für sie eine Ehre, zur U-Boot-Waffe gehören zu dürfen. So empfinden es jedenfalls viele junge Marinesoldaten, mit denen ich mich unterhalte.

Von der KdF-Handelsschiffbesatzung der *Gustloff*, die 426 Mann ›Friedensstärke‹ hatte, sind noch etwa einhundert an Bord, meist ältere Leute, die aus gesundheitlichen Gründen nicht kriegsdiensttauglich sind, mit Ausnahme einiger Messe- und Schiffsjungen, die noch in der Ausbildung sind — und von mir. Die restlichen fünfzig Besatzungsmitglieder sind Kroaten, darunter viele Volksdeutsche, die ›Reichsdeutsche‹ werden wollen. Dienstherr der Handelsschiffbesatzung ist der Kapitän als Vertreter der Reederei.

Die Zivilbesatzungsmitglieder sind Angestellte der Reederei, die das Schiff bereedert, der Hamburg-Südamerikanischen Dampfschiffahrtsgesellschaft in Hamburg, der dieses Schiff allerdings nicht gehört. Eigentümer der *Wilhelm Gustloff* ist nach wie vor die Deutsche Arbeitsfront und deren NS-Gemeinschaft ›Kraft durch Freude‹. Das ›Soldatenschiff‹ *Wilhelm Gustloff* ist nach Meinung Dr. Leys nur für die Dauer des Krieges ›zweckentfremdet‹.

Die zivilen Besatzungsmitglieder mit deutscher Staatsangehörigkeit sind gleichzeitig aber eine Art ›Halbsoldaten‹, sie gehören zum ›Wehrmachtsgefolge‹, haben neben dem obligatorischen Seefahrtsbuch, daß das Seemannsamt ausstellt, ein ›Soldbuch‹. Wo sie Dienst zu tun haben, bestimmt nicht die Reederei, sondern die ›Kriegsmarinedienststelle‹ in Hamburg, der alle »Hilfsbeischiffe der Kriegsmarine«, zu denen auch die *Gustloff* gehört, unterstellt sind. Daneben oder darüber gibt es noch den »Reichskommissar für die Seeschiffahrt«, kurz ›Reikosee‹ genannt, Gauleiter Kaufmann in Hamburg.

Zu den Aufgaben der Handelsschiffsbesatzung gehören u. a. die Instandhaltung des Schiffes, die Wartung und Bedienung der Maschinenanlagen, der Provianträume, Kühlkammern und Kühllasten, die Verproviantierung und Verpflegung aller an Bord befindlichen Personen, sowohl der militärischen wie der zivilen Besatzung, die Sauberbehaltung aller Schiffsräume mit Ausnahme der Kammern der militärischen Besatzung.

Für all diese Aufgaben stellt die Handelsmarine das erforderliche Personal: Heizer, Schmierer, Maschinenwärter, Mechaniker, Elektriker, Bootsmänner, Zimmerleute, Steurer, Küper, Kochshelfer, Köche, Schlachter, Bäcker, Stewards, Stewardessen, Aufwäscher, Plätterinnen, Wäscherinnen und Magazinverwalter. Zur Besatzung zählen auch ein Bademeister, der die Schwimmhalle der *Gustloff* beaufsichtigt, ein Drucker, der die täglichen Speisekarten und sonstigen Borddrucksachen in der schiffseigenen Borddruckerei herstellt, und ein Kinovorführer, welcher für das tägliche Kinoprogramm sorgt.

Zum Führungspersonal der Handelsschiffsbesatzung im Offiziersrang gehören der Oberkoch, der Obersteward, der Oberzahlmeister und dessen Assistenten, die Ingenieure und die Decksoffiziere, voim 3. bis zum 1. Offizier.

Den 1. Offizier, Louis Reese, Jahrgang 1877, 67 Jahre alt, also noch älter als Kapitän Petersen, lerne ich schon am dritten Tag meiner Bordanwesenheit näher kennen. Sein ›Lebenslauf‹ interessiert mich genau so wie der des Kapitäns.

Louis Reese begann seine seemännische Laufbahn bereits 1896 auf der in Cardiff stationierten Bark *Rifindo*, mit der er seine erste große Reise als Schiffsjunge nach Brasilien und Indien machte. Später fuhr er auf anderen Schiffen über fast alle Meere der Welt, kam 1908 zur Hamburg-Süd und wurde nach dem Erwerb des Steuermannspatents für große Fahrt 3., 2. und 1. Offizier. 1902 diente er als einjähriger Freiwilliger bei der Kaiserlichen Marine. Den 1. Weltkrieg erlebte Louis Reese als Kommandant eines Vorpostenbootes der Vorposten-Halbflottille West.

Nach dem Ende des 1. Weltkrieges fuhr er erneut auf verschiedenen Schiffen, bis er 1934 als 1. Offizier auf die *Monte Olivia* kam, die von Kapitän Friedrich Petersen geführt wurde. Mit der *Monte Olivia* erlebte Louis Reese im September/Oktober 1939 den Blockadedurchbruch von Santos nach Hamburg und war seit den *Monte-Olivia*-Jahren mit Kapitän Petersen freundschaftlich verbunden. Im Zweiten Weltkrieg machte er Dienst auf der *Monte Pascoal* in Wilhelmshaven, bevor auf die *Wilhelm Gustloff* kam. Nun sind sie wieder auf dem gleichen Schiff als Kapitän und 1. Offizier, Friedrich Petersen und Louis Reese.

Zwei Männer auf der *Gustloff* haben eine Art persönlichen Sonderstatus an Bord: Der Marinemaler Professor Bock und der »Ortgruppenleiter Wilhelm Gustloff der NSDAP«, der Pg. Kaufhold, im Zivilberuf Leiter der Bordwäscherei.

SEELEUTE ALS VOLKSSTURMMÄNNER?

Ende März 1944 wird die *Wilhelm Gustloff* eingedockt. Der beim letzten Bombenangriff im Oktober 1943 entstandene Riß, der mit Bordmitteln nur notdürftig repariert werden konnte, wird geschweißt. Nach einer kurzen

Probefahrt in die Danziger Bucht kehrt das Schiff an seinen alten Liegeplatz in Gotenhafen-Oxhöft zurück und wird wieder an Land angeschlossen.

Die nächsten Tage, Wochen und Monate vergehen wie im Fluge.

Langeweile kenne ich nicht. Der Dienst in der Zahlmeisterei ist interessant und macht mir Spaß. Ich lerne nach und nach nicht nur alle zivilen Besatzungsmitglieder kennen, sondern auch einige Offiziere, Maate und Obermaate von der militärischen Stammbesatzung.

In meiner Freizeit fahre ich oft nach Gotenhafen und Zoppot, vor allem aber nach Danzig.

In Danzig bin ich Stammkunde in der Bibliothek. Mein Interesse gilt Marinebüchern, Seefahrtsliteratur, Kriegsliteratur und Literatur über die NSDAP und die Deutsche Arbeitsfront, vor allem der NS-Gemeinschaft ›Kraft durch Freude‹. Ich beginne, Berichte und Bilder über die ehemalige KdF-Flotte zu sammeln, trage Veröffentlichungen über die ›Kraft durch Freude‹ Reisen, Reisen der *Wilhelm Gustloff* und der anderen KdF-Schiffe zusammen und korrespondiere mit verschiedenen Reedereien, deren Schiffe KdF-Reisen durchgeführt haben.

Nach und nach sehe ich mir viele andere große Schiffe an, die in Gotenhafen oder Danzig liegen, so die direkt neben uns in Oxhöft liegende *Hansa*, die *Oceana* und die *Antonio Delfino*, aber auch die *Cap Arcona*, die *Deutschland* und die *Hamburg*, um meinen Wissensdurst über Schiffe zu stillen.

Obwohl ich seit einiger Zeit dem »Marine-HJ Bann Seeschiffahrt« als Stammführer zugeteilt bin, mache ich nur noch gelegentlich Dienst, da die Zahl der im »Bann Seeschiffahrt« zusammengezogenen ›Lehrlinge‹ in der zivilen Seeschiffahrt im Raum Gotenhafen-Danzig, die Messejungen, Schiffsjungen und Kochslehrlinge, immer geringer wird, Neueinstellungen nicht mehr vorgenommen werden, da es immer weniger Schiffe gibt und die kaum 17jährigen wehrtauglichen Jungen zum Arbeitsdienst oder zur Wehrmacht eingezogen werden. Für die Aufnahme in die Partei bin ich noch nicht alt genug. Ortsgruppenleiter Kaufhold, der nur an seiner braunen Jacke als solcher erkennbar ist, nicht durch sein Verhalten, hat mich zwar schon mehrfach gemahnt, rechtzeitig vor Erreichen des 18. Lebensjahres den Aufnahmeantrag zu stellen. Doch das vergesse ich total.

Dafür muß ich wie andere einem Befehl des Gauleiters von Ostpreußen, Robert Koch, folgen, der im Juli 1944 die letzten noch zu Hause befindlichen Knaben und Greise zum Bau des ›Ostwalls‹ auch ›Robert Koch Wall‹ genannt, mobilisiert.

Diese ›Ostpreußenschutzstellung‹, wie sie offiziell heißt, soll die Sowjets bei einem möglichen Sturm auf Ostpreußen aufhalten; sie verläuft 20 km ostwärts der Reichsgrenze.

Wir werden zwar nicht zum Bau dieser ›Ostpreußenschutzgrenze‹ abkommandiert, sondern für das ›rückwärtige Stellungssystem‹ eingesetzt, an dem bereits seit dem 12. August 1943 gearbeitet wird. Mit Zivilisten aus Gotenhafen und Umgebung erhält die Zivilbesatzung der *Wilhelm Gustloff* — alles was abkömmlich ist — den Auftrag, an strategisch wichtigen, genau festgelegten Punkten bei Oxhöft Panzergräben auszuheben. Und das sonntags, wenn wir dienstfrei haben. Ein Teil der Besatzung muß Ende Juli sogar eine ganze Woche lang arbeiten; die Männer werden in einer Schule einquartiert, rücken morgens um 7 Uhr mit dem Spaten bewaffnet zum Panzergrabenbau aus und kommen abends um 17 Uhr todmüde in ihr Quartier zurück. Sie sind froh, als die Woche zu Ende geht und sie an Bord zurückkehren können.

Zwischenzeitlich hat die *Gustloff* auf höhere Weisung die vier Motor-Rettungsboote abgeben müssen; sie sollen bei Luftangriffen auf Gotenhafen als Nebelboote eingesetzt werden.

Am 24. September 1944 ruft Adolf Hitler zur Aufstellung des Volkssturmes auf. Unter der Parole ›Volk ans Gewehr‹ werden alle Männer von 16 bis 60 Jahren herangezogen. Auch die Zivilbesatzung der *Gustloff* wird ›erfaßt‹.

Jeder von uns, der zwischen 16 und 60 ist, erhält eine feldgraue Uniform, die wir einmal in der Woche anziehen müssen, um als Volkssturmmänner ausgebildet zu werden. Diese infanterietechnische Ausbildung umfaßt den Umgang mit leichten Waffen, wie Gewehren, Maschinengewehren und Handgranaten. Erfahrene Unteroffiziere sind unsere Ausbilder. Da ich bereits bei der Hitler-Jugend ›vormilitärisch‹ ausgebildet bin, ist für mich diese Volkssturm-Ausbildung nur ein Training.

Ich sehe aber, daß den älteren Besatzungsmitgliedern, die zwischen 50 und 60 Jahre alt sind, dieser Exerzier- und Infanteriedienst körperlich sehr schwerfällt. Den Kommandos ›Hinlegen‹ und ›Sprung auf — Marsch — Marsch‹ zu folgen, ist für einen 16jährigen sportlich trainierten Jungen fast ein Kinderspiel, für einen über 50jährigen aber eine fast unzumutbare körperliche Anstrengung. Doch die Ausbildung zum Volkssturmmann fordert diese Kommandos und andere, wie ›Im Laufschritt — Marsch — Marsch!‹

Zum Abschluß unserer Volkssturmausbildung ziehen wir sogar — bei Eis, Schnee und bitterer Kälte — Anfang November 1944 ins Manöver. Es findet auf der Halbinsel Hela statt. Die dreitägige Übung ist eine einzige Katastrophe. Das ist das Urteil unserer Ausbilder. Der Kommandeur dieser Volkssturmeinheit erklärt nach dem Manöver:

»Das sind weder Soldaten noch Halbsoldaten — das ist ein fürchterlicher Sauhaufen — mit solchen Leuten können wir nie den Krieg gewinnen!«

Unsere Volkssturm-Ausbildung ist ganz umsonst gewesen. Dafür sorgt ein Mann, der strikt dagegen ist, daß Handelsschiffsleute als Volkssturmleute eingesetzt werden.

Dieser Mann ist Konteradmiral Konrad Engelhardt, der Seetransportchef der Wehrmacht. Großadmiral Dönitz hat diesen erfahrenen Offizier beauftragt, den Transport von Soldaten und Verwundeten, seit einigen Monaten auch von Flüchtlingen, mit Schiffen der Handelsmarine über die Ostsee nach Westen zu organisieren. Der Admiral nimmt seine Aufgabe sehr ernst. Er tut alles, um zu verhindern, daß die Besatzungen von Handelsschiffen zum Volkssturm herangezogen werden. Er begründet diese Ablehnung auch mit überzeugenden Argumenten, die er der Parteikanzlei und anderen Dienststellen unmißverständlich vorträgt.

Der Seetransportchef weiß, was er tut und warum er es tut. Er hat ein gutes Gespür für das, was in den nächsten Monaten in den Häfen und auf der Ostsee zu erwarten ist. Nicht ein einziges Besatzungsmitglied der Handelsschiffe kann er entbehren und für den Volkssturm freigeben. Jeden einzelnen Mann wird er in den nächsten Monaten nötig haben, wenn die Schiffe mit Flüchtlingen beladen werden müssen und die ›Rettungsaktion Ostsee‹, die bereits seit Juli 1944 läuft, in großen Zügen beginnt. Der Admiral setzt sich auch durch, nicht nur in der Berliner Parteikanzlei und beim Reichskommissar für Seeschiffahrt in Hamburg, sondern auch bei den zuständigen Marinedienststellen. Die Zeit arbeitet für ihn und bestätigt schon vier Wochen später, daß seine schlimmen Befürchtungen nicht nur eintreffen, sondern noch weit übertroffen werden.

DAS WUNDER DES 20. JAHRHUNDERTS

Das Jahr 1944 geht zu Ende. Vier Wochen trennen uns noch vom Weihnachtsfest.

Die Ostseefront hat sich in den letzten Monaten verändert, der Rückzug über die Ostsee hat begonnen. An der Ostfront dringen sowjetische Truppen immer weiter nach Westen. Im Oktober erfolgt bereits der erste Einbruch in Ostpreußen. Zwar werden die Sowjets wieder hinter die Reichsgrenze gedrängt, aber es kann nur eine Angelegenheit von Wochen sein, bis sie unmittelbar an der Grenze Ostpreußens stehen.

Immer mehr Flüchtlingstransporte aus dem Memelland treffen in Danzig und Gotenhafen ein, mit Schiffen und mit der Bahn. Doch noch ist alles verhältnismäßig ruhig. Ist es die Ruhe vor dem Sturm?

Die Frontlage wird mehr und mehr zum Gesprächsstoff an Bord. In den Gängen, Sälen und in den Messen spricht man über nichts anderes mehr. Mit Spannung und Sorge verfolgen wir die täglichen Nachrichten.

Inzwischen haben wir den 18. Dezember. Es ist ein Montag, ein gewöhnlicher Tag wie jeder andere. Doch für die Hälfte der Zivilbesatzungsmitglieder bringt dieser Tag Anlaß zur Freude; sie dürfen zum Weihnachtsfest und zum Jahreswechsel nach Hause fahren; vom 20. Dezember an haben sie Urlaub.

Ich gehöre nicht zu den Glücklichen und muß an Bord bleiben.

Gegen 22.00 Uhr lege ich mich in meiner Kammer zum Schlafen.

Etwa eine Stunde später schrillen die Alarmglocken, dann dröhnt die Lautsprecherdurchsage durch das Schiff:

»Fliegeralarm —   !«

Wie schon viele Male zuvor in den letzten Wochen, ziehe ich mich an, versehe mich mit dem Nötigen und begebe mich nach draußen. Über zwei Fallreeps verlassen mehr als eintausend Menschen die *Gustloff*. Bei Fliegeralarm ist auch das achtere Fallreep geöffnet, so daß in kaum einer Viertelstunde das Schiff bis auf die an Bord verbleibenden Brand- und Schiffswachen leer ist.

Draußen empfängt uns Kälte und Schnee, der Boden ist vereist, man muß langsam gehen, um nicht zu fallen.

Einen Augenblick passe ich nicht auf, und schon liege ich auf der Nase. Aber was macht das schon.

Die meisten lassen sich Zeit. Sie wollen die Letzten sein, die die großen Betonbunker ›Dora‹ und ›Caesar‹ unweit der *Gustloff* am Oxhöfter Kai betreten, denn beide Bunker sind nicht gerade komfortabel eingerichtet und bei dieser Jahreszeit kalt und naß. Wer zuletzt in den Bunker geht, kommt als erster wieder heraus. So lasse auch ich mir Zeit.

Vor beiden Bunkern herrscht ein ziemliches Gedränge, denn auch von der *Hansa*, der *Oceana* und der *Antonio Delfino* strömen Soldaten und Zivilbesatzungsmitglieder in die Schutzräume.

In diesen Augenblicken hören wir Flugzeuglärm, danach Flakfeuer. Dann wird es taghell, als die Bomber ›Christbäume‹ setzen und ihr Angriffsziel markieren.

Jetzt wissen wir es: Der Angriff in dieser Nacht gilt nicht Danzig, sondern Gotenhafen und vor allem Oxhöft, da — wo wir jetzt stehen und die großen Schiffe liegen.

Im Nu geht alles schneller. Jeder hat es plötzlich sehr eilig, in die Bunker zu kommen.

Dann bricht ein Höllenlärm los, der sogar die dicken Betonwände durchdringt — —

Als das Bombardement der RAF, die — wie wir später erfahren — 824 to Bomben abgeworfen hat, beendet ist und wir die Bunker wieder verlassen können, ist die Marine um einige Schiffe ärmer. Die *Wilhelm Gustloff* hat gottseidank den Angriff heil überstanden; auch die Schiffe, die in unmittelbarer Nähe am Oxhöfter Kai liegen.

Wie groß der Schaden ist, den der Angriff der britischen Bomber angerichtet hat, erfahren wir am nächsten Morgen:

Das Linienschiff *Schleswig-Holstein* hat drei schwere Bombentreffer erhalten, sitzt mit dem Achterschiff auf Grund und hat leichte Schlagseite nach Backbord. Das Schiff ist als Totalverlust anzusehen und nicht mehr einsatzfähig.

Die Kriegsmarine hat ferner das *Torpedoboot 10*, das Zielschiff *Zähringen*, das U-Boot-Begleitschiff *Waldemar Kophammel* und einige kleinere Boote verloren.

Gesunken sind die Handelsdampfer *Zoppot*, *Warthe*, *Trude Schünemann*, *Leverkusen*, *Heinz Horn*, *Theresia L.M. Russ* und der Netzleger *9*.

Der Dampfer *Unitas* hat sechs Bombentreffer erhalten, schwimmt aber noch.

Wieviele Schiffe in der letzten Nacht beschädigt worden sind, erfahren

148

wir nicht. Wahrscheinlich ist dies zu diesem Zeitpunkt noch nicht vollständig bekannt.

Der nächtliche Bombenangriff hat uns auf der *Gustloff* deutlich gemacht, daß Gotenhafen und die Danziger Bucht jetzt nicht mehr zur ›Etappe‹ gehören, sondern daß der Krieg hierher zurückkehrt, wo er am 1. September 1939 begonnen hat.

Am Neujahrstag, dem 1. Januar 1945, läßt uns der Führer in einem, seinem letzten »Neujahrsaufruf an das deutsche Volk« wissen, was uns die nahe Zukunft bringen wird: »Das Wunder des 20. Jahrhunderts«.

Seine Worte aus dem Führerhauptquartier ›Adlerhorst‹ in Ziegenberg bei Bad Nauheim:

»Millionen Deutsche aller Berufe und aller Lebensstände, Männer und Frauen, Knaben und Mädchen bis herab zu den Kindern, haben zum Spaten und zur Schaufel gegriffen. Tausende von Volkssturm-Bataillonen sind entstanden oder im Entstehen begriffen. Divisionen sind neu aufgestellt. Volks-Artillerie-Korps, Werfer- und Sturmgeschützbrigaden sowie Panzerverbände wurden aus dem Boden gestampft, Jagdgeschwader wieder aufgefrischt und mit neuen Maschinen versehen, und vor allem die deutschen Fabriken haben durch die deutschen Arbeiter und Arbeiterinnen Einmaliges geleistet. So wurde, was immer unsere Gegner zerschlagen haben, mit übermenschlichem Fleiß und einem Heldenmut sondergleichen wieder aufgebaut, und dies wird solange geschehen, bis das Beginnen unserer Feinde eines Tages ein Ende findet.

Das, meine Volksgenossen, wird einmal eingehen in die Geschichte als das Wunder des 20. Jahrhunderts!

Ein Volk, das in Front und Heimat so Unermeßliches leidet, so Furchtbares erduldet und erträgt, kann daher auch niemals zugrunde gehen. Es wird aus diesem Glutofen von Prüfungen sich stärker und fester erheben als jemals zuvor in seiner Geschichte.«

Das sagt Adolf Hitler seinem Volk am 1. Januar 1945.

Doch die Wirklichkeit der nächsten Tage und Wochen wird alle Hoffnungen und Wünsche begraben. Die Menschen im Osten, mehr als drei Millionen Frauen und Kinder, werden sich erheben und fliehen, in Schnee, Eis und Kälte, über Land und mit Schiffen über die Ostsee.

Das wird das Ende sein — —

Das Ende des Krieges, das Ende eines Reiches.

Adolf Hitler erlebt dieses Ende nicht. Er richtet sich selbst nach seinen eigenen Worten, die er bei Kriegsausbruch sagte:

»Wir werden siegen — oder das Ende dieses Krieges nicht erleben!«

»Das Wunder des 20. Jahrhunderts«, das Adolf Hitler in seinem Neujahrsaufruf am 1. Januar 1945 ankündigt, wird es nicht geben.

Was es 1945 gibt, sind Tränen, Angst, Not, Schrecken und Tod!

Flüchtlingsschiff M/S *Wilhelm Gustloff*

21. Januar 1945:   Befehl zur ›Operation Hannibal‹: Verlegung der
2. Unterseebootslehrdivision in einen westlichen
Ostseehafen. Gleichzeitig Anordnung: Flüchtlinge
an Bord nehmen.

25. Januar 1945:   Beginn der Einschiffung von Flüchtlingen aus dem
Memelland, Ostpreußen, Elbing und Raum
Danzig-Gotenhafen. Sollzahl: 4 000.

28. Januar 1945:   Sollzahl erreicht — Befehl: Weitere Flüchtlinge an
Bord nehmen. Unterbringung vom Schwimmbad
im E-Deck bis zum Oberen Promenadendeck.

29. Januar 1945:   Eintreffen des Auslaufbefehls für 30. Januar 1945
mittags.

30. Januar 1945:   12.30 Uhr Auslaufen aus Gotenhafen-Oxhöft
An Bord über 6 600 Menschen
An Bord Rettungsmittel für 5 040 Personen:
12 große schiffseigene Rettungsboote mit einer
Tragfähigkeit von je 50—60 Personen, insgesamt
für ca. 700 Personen,
18 große Marinekutter für je 30 Personen, insgesamt 540 Personen,
380 Marineflöße für je 10 Personen, insgesamt
3 800 Personen,
An Bord außerdem ca. 5 000 Schwimmwesten.

DRITTES KAPITEL

Das Flüchtlingsschiff

Alle wollen auf ein Schiff — die *Gustloff*

Ostpreußen in Gefahr / Das Massaker von Nemmersdorf / Flucht in die Häfen / Hitlers Fehlentscheidung / Der Rote Sturm bricht los / Seetransportchef Engelhardt / Die Russen kommen / Gotenhafen — Hafen der Hoffnung / ›Operation Hannibal‹ / Die ersten drei Flüchtlinge an Bord / Die Gustloff *wird ›Flüchtlingsschiff‹ / Verpflegung für 6 000 Menschen / Vorsorge für den ›Ernstfall‹ / Russische Panzer in Elbing / Alle wollen auf die* Gustloff */ Die Einschiffung beginnt / 22 000 fliehen mit Schiffen aus Pillau / ›Flüchtlingsdampfer* Hansa‹ / ›Gustloff *weitere Flüchtlinge einschiffen‹ / Unterkunft in der Todesfalle / Der Landrat aus Angerapp / ›Ich will nicht auf das Totenschiff‹ / Auslaufen ohne Geleit? / Das Schicksal der Familie Freymüller / Endlich: der Auslaufbefehl / Die letzte Nacht im Hafen.*

OSTPREUSSEN IN GEFAHR

Januar 1945.

Der letzte Akt des Krieges beginnt. Nahezu zweihundertfünfzig sowjetische Divisionen sind zum Sturm auf das Reich angetreten, durchbrechen die schütteren Wälle vor den deutschen Ostgrenzen, werfen mit einer Übermacht an Menschen und Waffen die deutschen Truppen zurück und stehen vor den Grenzen Ostpreußens.

Niemand vermag diese russischen Soldaten in ihrem Siegestaumel aufzuhalten. Erbarmungslos, alles niedermachend, was sich ihnen in den Weg stellt, stürmen sie vorwärts.

Es kann nur noch Tage dauern, dann werden sie deutschen Boden betreten. Dann wird Ostpreußen von einem Sturm erfaßt werden, der zur Geschichte werden wird, zur Geschichte der Massenvertreibung Deutscher aus ihrer angestammten Heimat.

151

Die Ostpreußen sind gewarnt. Sie wissen, was mit ihnen geschieht, wenn die Russen kommen und ihre Dörfer und Städte besetzen. Das Wort ›Nemmersdorf‹ ist bis in den letzten Winkel Ostpreußens zu einem Fanal der Angst geworden.

Nemmersdorf zerstörte bei vielen Ostpreußen den Traum von der Wende des Krieges und von einem ›Endsieg‹ der Deutschen, den die Parteidienststellen des Gauleiters Erich Koch den Menschen in Ostpreußen immer wieder glauben machen wollten.

Ostpreußen war bis zum Sommer 1944 vom Krieg verschont geblieben. Hier herrschte fast tiefer Friede. Fliegeralarm gab es kaum und Angriffe auf Städte und Dörfer überhaupt nicht. Lediglich einige Ostseehäfen waren das Ziel von Bombenangriffen, Ostpreußen selbst schien eine Insel des Friedens.

DAS MASSAKER VON NEMMERSDORF

Doch dann kam der 16. Oktober 1944.

Die Rote Armee stieß plötzlich, völlig unerwartet, in einer Breite von 140 km über die Grenze Ostpreußens und erreichte drei Tage später die Kreise Gumbinnen und Goldap.

Die Menschen sahen sich erschreckt an, als die Russen auf ihren Feldern und in ihren Dörfern und Städten standen. Nach dem Erschrecken kam der Tod. Ein grausamer Tod.

Der russische Schrecken dauerte nur wenige Tage. Eine Gegenoffensive der deutschen Truppen warf die Russen wieder zurück. Am 5. November war kein Russe mehr auf ostpreußischem Boden.

Doch was sie zurückgelassen hatten, war grauenhaft, kaum glaubhaft. Als Soldaten und Volkssturmmänner die Kreise Goldap und Gumbinnen zurückerorbert hatten, suchten sie fast vergeblich nach Überlebenden. Sie fanden fast nur Tote: Säuglinge, Mädchen, Frauen und Greise.

General Friedrich Hoßbach, Oberbefehlshaber der 4. Armee, hatte bereits Ende August auf die Gefahr eines sowjetischen Angriffs auf die ostpreußische Grenze aufmerksam gemacht und dringend empfohlen, als vorbeugende Maßnahme die Evakuierung der Zivilbevölkerung der östlichen Gebiete Ostpreußens vorzunehmen.

Doch man hörte nicht auf den weitsichtigen, kriegserfahrenen General.

»Das ist übler Defätismus«, kommentierte der Gauleiter Ostpreußens Erich Koch die Vorschläge Hoßbachs und drohte jedem Ostpreußen härteste Bestrafung an, der seine Heimat verlassen wolle.

Nun, was der General erwartet hatte, war eingetroffen. Die Zivilbevölkerung war das erste Opfer des russischen Oktoberangriffs auf die ostpreußischen Grenzgebiete.

Was russische Truppen als Heldentaten unter der Zivilbevölkerung vollbringen konnten, zeigten die wenigen Besatzungstage in den Kreisen Goldap und Gumbinnen, vor allem aber in einem Dorf, in Nemmersdorf. Dieser

Ort mußte als erstes deutsches Dorf erleben, was sowjetische Besatzung bedeutet.

Drei Jahre lang hatten die Russen in ihrem eigenen Land gekämpft, zuerst verteidigend, dann angreifend, die deutschen Truppen immer mehr zurück-drängend, nur ein Ziel vor den Augen: Deutschen Boden zu betreten. Nicht nur soldatischer Kampfesmut erfüllte die vorwärtsstürmende Rote Armee, sondern Rachedurst für alles, was sie im eigenen Land mehr als drei Jahre lang als Kriegsleid erleben mußten.

Die ersten Deutschen, die ihnen in die Hände fielen, würden das zu spüren bekommen.

Die russische Propagandamaschine hatten diesen Rachedurst über den Rundfunk, Frontzeitungen, Tagesbefehle, Flugblätter, noch zu schüren ge-wußt.

Der fanatische Deutschenhasser Ilja Ehrenburg nutzte jede Gelegenheit, die Rote Armee anzustacheln. Regelmäßig erschienen seine Artikel in der ›Prawda‹ und der Soldatenzeitung ›Roter Stern‹. In einem seiner Beiträge Anfang Oktober 1944 in der Frontzeitung ›Roter Stern‹ rief er die sowjeti-schen Soldaten zu einem schonungslosen Massaker gegen deutsche Frauen und Kinder auf. Er schrieb:

»Die Deutschen sind keine Menschen.

Von jetzt ab ist das Wort ›Deutscher‹ für uns der allerschlimmste Fluch.

Von jetzt ab bringt das Wort ›Deutscher‹ ein Gewehr zur Entladung.

Wir werden nicht sprechen. Wir werden uns nicht aufregen. Wir werden töten.

Wenn Du nicht im Laufe eines Tages wenigstens einen Deutschen getötet hast, so ist es für Dich ein verlorener Tag gewesen.

Wenn Du einen Deutschen getötet hast, so töte einen zweiten.

Zähle nicht die Tage. Zähle nur eines: Die von Dir getöteten Deutschen.

Töte den Deutschen! — Dieses bittet Dich Deine greise Mutter.

Töte den Deutschen! — Dieses bitten Dich Deine Kinder.

Töte den Deutschen! — So ruft die Heimaterde.«

Einen Tag nach dem Vordringen sowjetischer Truppen in die Kreise Gumbinnen und Goldap veröffentlichte Ilja Ehrenburg in der gleichen Frontzeitung einen Artikel mit der Überschrift »Der Große Tag«, der mit der Feststellung schloß:

»Jetzt ist die Gerechtigkeit in dieses Land eingezogen. Wir befinden uns in der Heimat Erich Kochs, des Statthalters der Ukraine — damit ist alles gesagt. Wir haben es oft genug wiederholt: Das Gericht kommt. Jetzt ist es da!«

Und wie sah dieses Gericht in dem ostpreußischen Dorf Nemmersdorf aus?

Der Königsberger Volkssturmmann Karl Potrek, der die Rückeroberung von Nemmersdorf miterlebt hat, berichtete:

»Hinter einem großen Platz in Nemmersdorf stand ein Gasthaus ›Roter

Krug‹. An diesem Gasthaus stand längs der Straße eine Scheune. An den beiden Scheunentüren waren je eine Frau nackt, in gekreuzigter Stellung, durch die Hände angenagelt. Weiter fanden wir dann in den Wohnungen insgesamt 72 Frauen, einschließlich Kinder und einen alten Mann von 74 Jahren, die sämtlich tot waren, fast ausschließlich bestialisch ermordet bis auf wenige, die Genickschüsse aufwiesen.

Diese Leichen mußten wir auf den Dorffriedhof tragen, wo sie dann liegenblieben, weil eine ausländische Ärztekommission sich zur Besichtigung der Leichen angemeldet hatte. So lagen die Leichen dann drei Tage, ohne daß die Kommission erschienen war. Inzwischen kam eine Krankenschwester aus Insterburg, die in Nemmersdorf beheimatet war und hier ihre Eltern suchte. Unter den Ermordeten fand sie ihre Mutter von 72 Jahren und ihren Vater von 74 Jahren. Diese Schwester stellte dann fest, daß alle Toten Nemmersdorfer waren. Am vierten Tage wurden dann die Leichen in zwei großen Gräbern beigesetzt.

Erst am nächsten Tag erschien die Ärztekommission, und die Gräber mußten noch einmal geöffnet werden. Es wurden Scheunentore und Böcke herbeigeschafft, um die Leichen aufzubahren, damit die Kommission sie untersuchen konnte. Einstimmig wurde dann festgestellt, daß sämtliche Frauen wie Mädchen, auch die von 8—12 Jahren, vergewaltigt waren, auch die alte, blinde Frau von 84 Jahren. Nach der Besichtigung durch die Kommission wurden die Leichen endgültig beigesetzt!«

Für die Greueltaten sowjetischer Soldaten in den Kreisen Goldap und Gumbinnen im Oktober 1944 gibt es aber auch noch andere Augenzeugen.

Generalmajor Erich Dethleffsen, Stabschef der 4. Armee in Ostpreußen, erklärte zu den Vorfällen:

»Als im Oktober 1944 russische Verbände in der Gegend von Groß Waltersdorf bei Gumbinnen die deutsche Front durchbrachen und vorübergehend bis Nemmersdorf durchstießen, wurde in einer größeren Anzahl von Ortschaften bei Gumbinnen die Zivilbevölkerung, zum Teil unter Martern, wie Annageln an Scheunentore, durch russische Soldaten erschossen. Eine große Anzahl von Frauen wurde vorher vergewaltigt. Die betreffenden Ortschaften waren 48 Stunden später wieder in deutscher Hand.

Die Vernehmungen lebendgebliebener Augenzeugen, ärztliche Berichte über die Obduktion der Leichen und Fotografien der Leichen haben mir wenige Tage später vorgelegen!«

Oberleutnant Dr. Heinrich Amberger, Chef der 13. Fallschirmjäger- und Panzerkompanie im 2. Regiment ›Hermann Göring‹ erinnert sich:

»Am Straßenrand und in den Höfen der Häuser lagen massenhaft Leichen von Zivilisten, die augenscheinlich nicht im Laufe von Kampfhandlungen durch verirrte Geschosse getötet, sondern planmäßig ermordet worden waren. Unter anderem sah ich zahlreiche Frauen, die man, nach Lage der zerrissenen und verschobenen Kleidungsstücke zu urteilen, vergewaltigt und danach mit Genickschuß getötet hatte; zum Teil lagen daneben auch die ebenfalls getöteten Kinder!«

Das ›Massaker von Nemmersdorf‹ und die Geschehnisse in den Kreisen Goldap und Gumbinnen im Oktober 1944 wurden von der deutschen Parteipropaganda nicht etwa geheimgehalten, sondern in einer großangelegten Kampagne in Wort und Bild veröffentlicht. Das geschah nicht etwa, um bei den Ostpreußen Fluchtgedanken zu wecken, sondern ihnen deutlich vor Augen zu führen, was geschieht, wenn die Russen kommen, um sie noch stärker als bisher zur Verteidigung ihrer ostpreußischen Heimat zu bewegen.

Aber genau das Gegenteil bewirkten die Berichte über das ›Massaker von Nemmersdorf‹ und die Greueltaten russischer Soldaten, die sich wie ein Lauffeuer durch das ganze ostpreußische Land verbreiteten, bis nach Königsberg und bis nach Pillau. Schon Ende November begannen die Menschen Hab und Gut zusammenzupacken und zu Verwandten nach dem Westen zu reisen. Noch machte das keine Schwierigkeiten. Dann, als der harte Winter kam und die Front näher an die Grenzen heranrückte, bildeten sich die ersten Trecks und machten sich auf den Weg nach Westen.

FLUCHT IN DIE HÄFEN

Jetzt — in den ersten Januartagen des Jahres 1945 — als immer deutlicher wird, daß der Sturm auf Ostpreußen jeden Tag beginnen kann, als in den ostpreußischen Grenzgebieten der Geschützdonner, das Nahen der Front immer lauter wird und die deutschen Soldaten zurückströmen, gibt es kein Halten mehr.

Jetzt ist es höchste Zeit zu fliehen.

Keine Partei, kein Funktionär, kein Befehl kann die Menschen im östlichen Ostpreußen und weiter oben bei Königsberg mehr aufhalten.

Ein Land bricht auf und flieht ins Ungewisse.

Noch sind in diesen ersten Januartagen die Straßen nicht verstopft, der Fluchtweg nach Westen ist noch frei. Ganze Dörfer leeren sich. Endlos erscheinende ›Trecks‹ bilden sich, Wagen an Wagen, vollbepackt bis obenhin, darauf Frauen und Kinder und die Greise, die nur mit Mühe zum Trecken zu bewegen sind; sie wollen lieber in ihrer Heimat bleiben. Doch keiner läßt die Alten zurück. Denn selbst vor dem Alter machen die Russen nicht halt. Das hat Nemmersdorf gezeigt, und das wissen sie alle, die fliehen. Noch einmal zurückblickend auf ihren Hof, auf ihr Dorf, auf ihre Kirche, hoffend, bald wieder hierher zurückkehren zu können, verlassen sie die Heimat. Kaum einer glaubt an einen Abschied für immer.

Der Januar beginnt kalt. Der Schneefall behindert das Fortkommen auf den spiegelglatten Straßen. Die Menschen, die trecken, leiden Not. Nahrungsmittel fehlen. Es gibt keine Kochgelegenheiten für eine warme Mahlzeit. Es gibt keine Milch für Kleinkinder. Das Sterben beginnt.

Dafür sorgen auch die russischen Tiefflieger, die sich die langen Trecks zum Angriffsziel gewählt haben.

Kein Wagen kann den MG-Garben und Bomben ausweichen. Für viele endet bereits hier die Flucht auf der Straße.

Doch nicht alle sterben.

Viele Trecks erreichen Westpreußen, werden in Elbing aufgenommen, andere in Danzig, wieder andere in Gotenhafen.

Aus dem nördlichen Ostpreußen, aus dem Königsberger Raum und aus vielen anderen Städten und Orten bewegen sich die Trecks in Richtung Pillau, die Seestadt, die für Königsberg das ›Tor zur Freiheit‹ ist.

Es ist ein beschwerlicher Weg über das zugefrorene Frische Haff. 24 km sind es, die zurückgelegt werden müssen und normalerweise in sechs bis acht Stunden bewältigt werden können.

Der Weg über das Frische Haff ist gefährlich. Sehr gefährlich. Das Eis ist oft nicht so dick, daß es die schweren Treckwagen tragen kann. Manche brechen ein...

Doch einen Weg zurück gibt es nicht. Es gibt nur ein Vorwärts. Die Menschen auf den Wagen sind erschöpft, haben Hunger, frieren jämmerlich. Der Wind pfeift. Der Schnee treibt den Flüchtenden die Eiskristalle ins Gesicht. Kinder und Alte sterben, können nicht einmal beerdigt werden, müssen auf dem Eis zurückgelassen werden. Da fällt ein alter Mann tot vom Wagen, dort kniet eine Frau auf dem Eis, den toten Säugling im Arm, will nicht weiter, will bei dem toten Kind bleiben, wird gerufen, wieder auf den Wagen zu kommen...

Da tauchen plötzlich aus dem verhangenen Nachmittagshimmel Flugzeuge auf. Gnadenlos hämmern die Maschinengewehre und Bordwaffen. Pferde scheuen, brechen aus. Bomben fallen auf das Eis, zerschlagen es. Wagen versinken.

Unvorstellbares Grauen überschattet den Treck.

Viele sind tot. Auch die Frau ist getroffen, stirbt mit dem toten Säugling im Arm auf dem Eis des Frischen Haffs.

Die Lebenden legen die Toten auf das Eis. Einen neben den anderen, bleiben Augenblicke stumm stehen, falten die Hände. Dann gehen sie wortlos zu ihren Wagen, steigen auf und ziehen weiter, bis sie endlich nach Stunden Pillau erreichen.

Zweitausend waren es, die sich mit diesem Treck aufmachten, um ihr Leben zu retten. Nur knapp die Hälfte von ihnen erreicht lebend das Ziel, den Hafen von Pillau.

Doch hier warten schon Zehntausende. Oder sind es schon hunderttausend? Niemand weiß ihre Zahl.

Täglich kommen weitere Menschen hinzu. Nicht nur mit Trecks über das Frische Haff, sondern mit Schiffen und Schiffchen kommen Flüchtlinge nach Pillau. Aus den Kurlandhäfen Windau und Libau und vor allem aus Memel bringen die Schiffe eine traurige Last, laden sie im Hafen aus, fahren zurück, holen weitere Flüchtlinge. Tausende sind es, die in den ersten Januartagen 1945 mit dem Schiff nach Pillau gebracht werden. Gottseidank sind es nur wenige Schiffe, die von Minen, Torpedos oder Bomben getroffen, den rettenden Hafen nicht erreichen. Die geringen Verluste mögen auch daran liegen, daß die Fischkutter und kleinen Frachter, die Marinefährprähme und Hafenboote, die die Füchtlinge aus Memel holen, keine lohnenden Angriffsobjekte sind.

Denn die großen Passagierdampfer liegen noch im Hafenbecken I von Pillau. Dort, wo einst die Seebäderschiffe ihren Platz hatten, liegen die *Pretoria*, die *Robert Ley*, die *Ubena* und noch einige andere Schiffe. Doch keines darf in diesen Tagen Flüchtlinge an Bord nehmen. Der Befehl läßt noch auf sich warten.

Nicht nur der Hafen von Pillau gleicht einem Ameisenhaufen.

Dasselbe Bild bietet Gotenhafen.

Hier liegt eine ganze Flotte von großen Schiffen mit je über 20 000 BRT, von denen jedes mehr als 5 000 Menschen auf einmal in Sicherheit bringen könnte.

Aber auch hier gibt es noch keine entsprechenden Anweisungen der Partei oder von Marinedienststellen, Flüchtlinge aufnehmen zu dürfen.

Noch mehr als das wesentlich kleinere Pillau ist Gotenhafen das Ziel der Schiffe aus dem Kurlandgebiet und Memel. Schiff um Schiff nimmt Kurs auf Gotenhafen, die Stadt in der Danziger Bucht, die in den ersten Kriegstagen noch Gdingen hieß und dann den Namen Gotenhafen erhielt.

Hier, wo in unmittelbarer Nähe am 1. September 1939 die ersten Schüsse im Zweiten Weltkrieg fielen und dabei die ersten Menschen in diesem sinnlosen Krieg starben, zeigt sich der Unsinn des totalen Krieges und das Elend, das ein Krieg heraufbeschwört, in erschreckendem Maße: Die Flucht wehrloser Frauen und Kinder vor dem Schrecken des Kriegsgeschehens.

Mit eisüberkrusteten Decks laufen die kleinen Schiffe in Gotenhafen ein. Sie sind vollgepfropft bis auf den allerletzten Platz, bis in den allerletzten Winkel. Selbst auf den Oberdecks standen die Menschen während der Reise nach Gotenhafen. So mancher ist im Stehen erfroren.

In aller Eile wird die traurige Last ausgeladen, um sofort nach Memel oder Libau zurückzulaufen. Dort warten an den Kais weitere zehntausend Menschen in der Hoffnung, mit einem Schiff über die Ostsee gerettet zu werden.

Wie in Gotenhafen, so auch in Danzig das gleiche Bild.

Auf dem Danziger Bahnhof stauen sich die Flüchtlingszüge, werden entladen oder umgeleitet oder weitergeschickt. Viele mit der Bahn angekommenen Flüchtlinge strömen nach Danzig-Neufahrwasser in den Hafen. Sie haben gehört, daß hier die großen Schiffe liegen, die nach Westen, in die Freiheit, fahren. Den meisten Flüchtlingen erscheint die Flucht über die Ostsee absolut sicher, denn bisher ist keines der großen Schiffe untergegangen.

Daß die großen Schiffe noch keine Flüchtlinge an Bord nehmen dürfen, weil hierfür noch keine Anweisungen vorliegen, weiß allerdings noch niemand.

HITLERS FEHLENTSCHEIDUNG

Während sich in den Ostseehäfen Pillau, Danzig und Gotenhafen mehrere hunderttausend Flüchtlinge und Verwundete zusammendrängen, Elend, Hunger, Kälte und der Tod durch Straßen und Lazarette ziehen, die Verwundeten um Hilfe schreien und das Chaos überall an Türen und Lagerhäuser klopft, während die großen Handelsschiffe noch immer auf den Befehl warten, endlich Flüchtlinge und Schwerverwundete aufnehmen und die Flucht über die Ostsee beginnen zu können, fallen, fast eintausend Kilometer von der Danziger Bucht entfernt, tief im Inneren Deuschlands, die Würfel.

Es ist Dienstag, der 9. Januar 1945.

Ort der Handlung ist das Führerhauptquartier ›Adlerhorst‹ bei Ziegenberg, unweit Bad Nauheim.

Von hier aus versucht der Oberste Kriegsherr Adolf Hitler durch eine Wahnsinnsoffensive im Westen dem schon verlorenen Krieg eine entscheidende Wendung zu geben. Aber die Rundstedt-Offensive ist von vornherein zum Scheitern verurteilt.

Im Osten dagegen, in Ost- und Westpreußen, ist bei weitem noch nicht alles verloren. Noch hält hier die Front. Niemand weiß jedoch, wie lange noch.

General Gehlen, Chef der Abteilung ›Fremde Heere Ost‹, hat aufschlußreiche Unterlagen darüber zusammengetragen, wann, wo und in welcher voraussichtlichen Stärke die große sowjetische Winteroffensive mit dem Endziel Berlin beginnen wird. Generalstabschef Guderian ist persönlich im Führerhauptquartier erschienen, um anhand dieser Unterlagen dem Führer einen Lagebericht zu geben.

Die Besprechung findet im großen Arbeitsraum von Generaloberst Jodl statt.

Zwanzig Männer sind es, die hier, in der Nacht vom 9. zum 10. Januar 1945, eine der größten Fehlentscheidungen Hitlers miterleben müssen, unter ihnen Himmler, Göring, Keitel, Generalmajor Christian, der Marineadjutant von Puttkammer, der Chef des Führungsstabes Südraum, General Winter, Burgdorf, der Chef des Heerespersonalamtes. Dönitz und Bormann fehlen.

Der Chef des Generalstabes, Heinz Guderian, hat auf einem großen Kartentisch alle Skizzen, Pläne und Unterlagen, die ihm Gehlen erarbeitet hat, ausgebreitet. Mit den Worten: »Mein Führer!« beginnt er den für Hitler niederschmetternden Vortrag.

Mit aller Eindringlichkeit versucht Guderian, Hitler klarzumachen, daß die Ostfront nur zu halten sei, falls in den nächsten vierundzwanzig Stunden die ersten Verstärkungen aus dem Westen eintreffen. Mit Sicherheit steht fest, erklärt der Generalstabschef, daß die große Winteroffensive, die Berlin zum Endziel hat, in spätestens drei Tagen, also am 12. oder 13. Januar 1945 beginnen werde. Mit einer überwältigenden Übermacht an Menschen und

Material stehe die Rote Armee bereit, den Durchbruch zur deutschen Hauptstadt zu erzwingen. Nach den Unterlagen der deutschen Abwehr, die sorgfältigste Arbeit geleistet habe, stehen zehn deutschen Infanteristen einhundertzehn sowjetische, einem deutschen Panzer sieben russische Panzer, und zehn deutschen Geschützen zweihundert des Gegners gegenüber. Generalstabschef Guderian schließt seinen Bericht mit den Worten: »Mein Führer, es ist fünf Minuten vor zwölf. Ich hoffe, daß Sie sich aufgrund meines heutigen Vortrages entschließen werden, der Ostfront die nötigen Verstärkungen zuzuführen, und zwar noch in dieser Nacht!«

In wütender Erregung, die beim Vortrag Guderians von Minute zu Minute gewachsen ist, springt Hitler auf und verlangt mit sich fast überschlagender Stimme, daß der Verfasser dieser Unterlagen, General Gehlen, sofort abzulösen sei.

Er gehöre nach seiner Meinung in ein Irrenhaus. Alle Anwesenden halten nach diesem Wutausbruch von Hitler den Atem an, starren auf Gehlen, dann auf Guderian.

Doch Guderian ist zu allem entschlossen. Er bittet Hitler, wenn er Gehlen ablösen ließe, auch ihn — Guderian — abzulösen.

Noch nie hat ein Generalstabsoffizier Hitler so schroff und bestimmt widersprochen. Alle, die an dieser Lagebesprechung teilnehmen, fürchten nun, daß auch Guderian gehen müsse.

Doch Hitler winkt ab, fällt zurück in den Sessel, aus dem er sich vorher wütend erhoben hatte.

Für einige Minuten ist es still in dem großen Arbeitsraum von Generaloberst Jodl im Führerhauptquartier Ziegenberg.

Dann trifft Hitler seine Entscheidung.

Sie lautet: »Keine Verstärkungen für den Osten! Dort kann ich noch Boden verlieren, im Westen nicht. Der Osten muß sich allein helfen!«

Damit sind die Würfel gefallen.

Die Ostfront wartet vergeblich auf Verstärkung aus dem Westen. Hitler glaubt noch immer nicht an die Stärke der Russen, an die große sowjetische Winteroffensive, die kaum drei Tage später die deutsche Ostfront in einem Meer von Blut und Tränen ersticken wird.

Schon am nächsten Tag, dem 10. Januar 1945, meldet sich ein Abwehroffizier, ein Major im Generalstab, beim Oberbefehlshaber der 2. Armee, die nördlich von Warschau entlang des Narew bis zur ostpreußischen Grenze steht, mit einem Bericht über den Funkverkehr zwischen den russischen Generälen.

Mit einem fast starren Gesicht hört Generaloberst Weiß, der Oberbefehlshaber der 2. Armee, sich den Text dieser absolut korrekt entschlüsselten Funksprüche an:

»1. Weißrussische Front an Oberkommando der 2.: Es bleibt bei alter Einladung. Festbeginn 13. früh. Musik komplett. Panzer ausgeruht und unternehmungsfreudig!«

Zwei Stunden später antwortet der sowjetische Marschall Rokossowsky: »Danke für Einladung. Werde mich pünktlich wie abgesprochen beteiligen. Auf Wiedersehen in Berlin!«

Diese beiden Funksprüche werden am Nachmittag, dem 9. Januar 1945, aufgefangen, an dem gleichen Nachmittag, an dem sich im Führerhauptquartier Adlerhorst bei Ziegenberg Generalstabschef Guderian bemühte, Hitler von der bevorstehenden russischen Winteroffensive zu überzeugen.

In der Nacht vom 9. zum 10. Januar 1945 wurde ein weiterer Funkspruch der Sowjets mit einem fast gleichlautenden Befehl an alle sowjetischen Armeen von der deutschen Abwehr mitgehört und aufgenommen. Der Text lautete:

»An alle! Endgültiger Termin 13. Januar. Laßt drei Stunden die Hörner blasen. Dann sechs Uhr pünktlich Gas geben. Erwarte genaueste Planeinhaltung. Schukow!«

Damit sind auch bei den Russen die Würfel gefallen. Der große sowjetische Vormarsch, den Hitler, als er rechtzeitig darauf hingewiesen wurde, mit den Worten abtat: »Der Russe greift nie an. Das ist der größte Bluff seit Dschingis-Khan«, steht kurz bevor.

Mit dem erwachenden Morgen des 13. Januar bricht in den ostpreußischen Grenzgebieten die Hölle los. An diesem Morgen, eine Stunde nach Mitternacht, beginnt der rote Sturm, zerreißen die Geschütze aller Kaliber mit ihrem tosenden Gebrüll die schweren und überschweren Granatwerfer und die Stalinorgel mit ihren heulenden Geschossen die Stille des eiskalten Wintermorgens, überschütten mit vielen tausend Tonnen von Stahl und Sprengstoffen die dünn besetzten deutschen Stellungen.

Ein grausames Feuerwerk ohnegleichen prasselt auf die deutsche Front, als wolle man vor dem großen Sturm die gesamte Erde umpflügen.

Stunde um Stunde dauert dieser Beschuß, mäht die Sense des Todes die Männer in den deutschen Stellungen nieder.

Endlich, nach drei Stunden, ist es plötzlich still.

Den noch lebenden deutschen Soldaten, die diesen gewaltigen Feuerhagel unverwundet überstanden haben, stockt der Atem vor dieser unheimlichen, weiteres Unheil verkündenden Stille.

Die Feuerpause dauert einige Stunden.

Pünktlich um sechs Uhr beginnt der Höllenlärm von neuem.

Jetzt konzentrieren die Russen ihr Feuer auf schmale Land- und Waldstreifen entlang des ostpreußischen Grenzgebietes.

Sie schießen Sturmgassen.

Pausenlos dröhnt es, brüllt es, zittert die Luft.

Dann ist auch das vorbei.

Was danach kommt, ist weit schlimmer als erwartet.

Jetzt erst, in diesen Augenblicken der trüben frühen Morgenstunden des 13. Januars, wird die Übermacht der Russen deutlich. Mit Hunderten von

Im Frühjahr 1939 wird
auch der NDL-Dampfer
Berlin für einige KdF-Reisen gechartert. Das neben-
stehende Foto zeigt den
Speisesaal I. Klasse auf
dem D. *Berlin*.
(Foto: ΛBVV)

Der 24. März 1939 ist ein
Festtag für die NS-Ge-
meinschaft ›Kraft durch
Freude‹. Der zweite KdF-
Schiff-Neubau, die *Robert
Ley*, noch größer und
schöner als M/S *Wilhelm
Gustloff*, 27 288 Bruttore-
gistertonnen groß, geht
auf seine erste große Reise
nach Madeira. *(Foto:
AHM)*

KdF-Schiff *Robert Ley*: Der Theatersaal. *(Foto: AKLU)*

KdF-Schiff *Robert Ley*: Die große Halle. *(Foto: AKLU)*

KdF-Schiff *Robert Ley*: Die vordere Halle. *(Foto: AKLU)*

KdF-Schiff *Robert Ley*: Festhalle mit Tanzfläche. *(Foto: AKLU)*

Die prachtvolle Schwimmhalle auf der
Robert Ley. (Foto: AKLU)

KdF-Schiff *Robert Ley*: Das obere Promenadendeck. *(Foto: AKLU)*

KdF-Schiff *Robert Ley*: Die Kommandobrücke. *(Foto: AKLU)*

Allerlei Wissenswertes über das E.S. „Robert Ley"

Am 2. Mai 1936 wurde das KdF.-Schiff „Robert Ley" auf der Howaldtswerft in Hamburg auf Stapel gelegt. Dr. Ley hielt die Rede. Am 29. März 1938 fand der Stapellauf des Schiffes statt in Anwesenheit des Führers und des Pg. Dr. Ley. Der Führer selbst hielt die Taufrede und gab dem Schiff den Namen — wie er sagte: seines größten Idealisten. Fräulein Lieschen Riesling, eine Arbeiterin aus Leipzig, hatte das Los gezogen und durfte das Schiff taufen auf „Robert Ley". Am 23. und 24. März 1939 fand die Probefahrt statt, die zufriedenstellend für Alle verlief, sodaß am 24. März, nachmittags 5 Uhr, in einem feierlichen Akt auf dem Sportdeck das Schiff von der KdF in Besitz genommen wurde. Am 31. März 1939 wurde die erste Reise angetreten mit Urlaubern aus allen 40 Gauen des Großdeutschen Reiches. Die Reise führte nach Wilhelmshaven zum Stapellauf des Schlachtschiffes „Tirpitz". Unvergeßlich wird Allen der Augenblick bleiben, als der Führer an Bord kam und mit dem Schiff und den Urlaubern einige Tage auf der Nordsee verbrachte.

„Robert Ley" ist kein Dampfer, sondern das größte Diesel-Elektro-Schiff der Welt. Größe 27238 Brutto Register Tonnen.

Länge . . . . 203,6 m   Höhe, Wasserlinie - Brücke . . 24 m
Breite . . . . 21 „   — Prom.-Deck 17 „
Tiefgang, je nach Bel. 7 - 8 . . .   Masthöhe . 46 „

Das Schiff hat 11 Stockwerke: Peildeck, Brückendeck, Sonnen-, Boots-, Promenaden-Deck und die Decks A - F. Der Fahrstuhl fährt vom F-Deck bis zum Sonnendeck, also durch 9 Stockwerke.

Das Schiff hat Platz für rund 1750 Urlauber in 500 Kammern. Die Masten des Schiffes sind bis 7½ m klappbar, falls es unter den Brücken des Nord-Ostsee-Kanals hindurchfahren sollte. Der Schornstein hat eine Höhe von 9,5 m, einen Längsdurchmesser von 13 m und einen Querdurchmesser von 6 m. Im Schornstein befinden sich die Schmiede und die Feuerwerkskammer. Das Sonnendeck hat eine Größe von 1063 qm. Das Prom.-Deck rund herum ist 280 m lang, 3½ Rundgang gleich 1 km. Der Theatersaal hat 500 Sitzplätze und Kinoeinrichtung. Der Festsaal ist 1928 qm groß und faßt ca. 800 Personen. Außerdem sind vorhanden an Räumen: Wintergarten, Laube, Bibliothek, Turnhalle, Schwimmbad und die altdeutsche Halle zwischen den Sälen. Ein Anker wiegt: 7,4 t, die 3 großen Anker also 22,2 t. Dazu 2 Ankerketten von je 300 m Länge und einem Gewicht von über 100 t und ein kleiner Heckanker von 1,2 t. Die Diesel-elektr. Antriebsanlage des Schiffes besteht aus 6 Diesel-Drehstrom-Synchron-Generatoren mit einer Leistung von 12870 PS, und aus 2 Drehstrom-Synchron-Propeller-Motoren mit einer Maximal-Leistung von 8800 WPS. 158 Lautsprecher und 15 Mikrophon-Sprechstellen sind an Bord. Die Besatzung besteht aus ca. 450 Mann. Proviantverbrauch täglich 20 Zentner Fleisch, (3 Ochsen od. 6 Schweine), 60 Zentner Kartoffeln und bis 500 kg Gemüse. Für eine Fischmahlzeit ca. 15 Zentner Fische. Täglich werden 9000 Brötchen, ca. 900 kg Brot, ca. 80 Platten und 500 Stücken Kuchen, ca. 100 Platten belegte Brote gebraucht. 9000 Glühbirnen brennen im Schiff.

Sonderfahrt

anläßlich der 5. Reichstagung der NS.-Gemeinschaft „Kraft durch Freude"

Tagesgestaltung
Dienstag, den 25. Juli 1939

7.30 Uhr Wecken
8.00 „ Morgenmusik von Schallplatten
10.00 „ 100 Km-Marsch unserer Gäste auf dem Promenadendeck unter Vorantritt der Bordkapelle
        anschließend Decksmusik
11.00 „ Unterhaltungsmusik in der Festhalle
        Ein Streichkonzert der Bordkapelle
        Leitung: Kapellmeister Hugo Stierand
13.30—15.30 Uhr Allgemeine Schiffsruhe
        Im Theatersaal:
17.00 Uhr Nachmittagskonzert
        Ein Streichkonzert, ausgeführt von der Bordkapelle
        Leitung: Kapellmeister Hugo Stierand
        Spielfolge:
        1. Oberon-Ouverture . . . . C. M. v. Weber
        2. Legende vom Meer . . . . Glan
        3. Die verkaufte Braut, Fantasie . . . . Smetana
        4. Maria, Mari! Ständchen . . . . . . Capua
        5. Die Puppenfee, Potpourri . . . . . . Bayer
        6. Geschichten aus dem Wiener Wald, Walzer . . Strauß
20.00 „ Wetter, Tages- und Sportnachrichten
20.30 „ Tanz und Unterhaltungsmusik in beiden Sälen
23.30 „ Barschluß 23.45 Musikschluß 24.00 Schiffsruhe

An Bord des Elektro-Schiffes „Robert Ley"
Dienstag, den 25. Juli 1939

Speisenfolge

Frühstück
Gruppe 1 8.00 Uhr — Gruppe 2 8.45 Uhr
Haferflocken mit Milch
Rührei mit Schnittlauch
Aufschnitt
Kaffee   Tee   Schokolade   Milch
Butter   Marmelade   Honig
Brot   Brötchen

Mittagessen
Gruppe 1 12.00 Uhr — Gruppe 2 13.00 Uhr
Legierte Grießsuppe
Kalbsbraten, Spinat mit brauner Butter, Kartoffeln
Kirschschnitte mit Schlagsahne

Nachmittags
Gruppe 1 16.00 Uhr — Gruppe 2 16.30 Uhr
Kaffee   Tee   Schokolade
Apfelkuchen   Butterkuchen   Königskuchen

Abendessen
Gruppe 1 19.00 Uhr — Gruppe 2 20.00 Uhr
Blumenkohlsuppe
Filetsteak, Erbsen und Karotten, Kartoffeln
Eiscreme, Waffeln

★

22.00 Uhr: Belegte Brötchen

Allerlei Wissenswertes über das ›Elektro-Motorschiff *Robert Ley*‹. (Foto: GUHS)

Die KdF-Schiffe *Robert Ley* (Foto oben),
*Wilhelm Gustloff, Stuttgart, St. Louis,
Oceana, Sierra Cordoba* und *Der Deutsche* erhalten am 22. Mai 1939 den ›Sonderauftrag‹, die ›Legion Condor‹ aus dem
spanischen Hafen Vigo in die Heimat
zurückzuholen. *(Foto: AHM)*

Das KdF-Schiff *Robert Ley* bewährt sich
als ›Truppentransporter‹. Das Schiff (Foto links) auf der Rückreise nach Hamburg. An Bord Männer der ›Legion Condor‹. *(Foto: AHM)*

Auch das KdF-Schiff *Wilhelm Gustloff*
wird bei der Rückführung der ›Legion
Condor‹ aus Spanien erstmalig als
›Truppentransporter‹ getestet und be-
steht diesen mit Auszeichnung. *(Foto:
AHM)*

Die gesamte KdF-Flotte kehrt mit ihren Spanienkämpfern heim nach Hamburg und wird hier stürmisch begrüßt. Der Führer empfängt die mit den KdF-Schiffen in die Heimat zurückgeführten Spanienkämpfer der ›Legion Condor‹ mit einem großen Vorbeimarsch in Berlin. *(Fotos: AHM)*

M/S *Wilhelm Gustloff* auf dem Weg von Hamburg in die Ostsee. Mit Zwischenaufenthalt in Swinemünde führt die Reise nach Stockholm zur ›Lingiade‹, der ›Gymnastik-Olympiade 1939‹. *(Foto: AWAV)*

Im Hafen von Swinemünde nehmen die beiden KdF-Schiffe *Wilhelm Gustloff* und *Stuttgart* die letzten Sportler und Zuschauer für die ›Lingiade‹ in Stockholm an Bord. (Foto: KHSB)

Mit der Bahn sind die ›Lingiade‹-Sportler in Swinemünde angereist. Noch stehen die Koffer vor der *Wilhelm Gustloff*, die sie nach Stockholm bringen wird. (Foto: KHSB)

Das KdF-Schiff *Wilhelm Gustloff* vor Anker im Hafen von Stockholm. Erste Bewährungsprobe des KdF-Schiffes als
›Wohnschiff‹. Während der gesamten ›Lingiade‹ in Stockholm wohnen die Sportler auf der *Wilhelm Gustloff. (Foto:
AWAV)*

Panzern und Sturmgeschützen, umgeben von Tausenden von Infanteristen, die gleich Ameisen aus dem Erdboden hervorquellen, rollt die russische Dampfwalze in die Sturmgassen, alles zermalmend, was sich noch in den Weg stellt.

Gegen eine solche Übermacht gibt es kaum noch Widerstand. Tackt da und dort noch ein deutsches Maschinengewehr, so wird es im nächsten Augenblick überwalzt. Unaufhaltsam stürmen die erdbraunen Gestalten im Schutze ihrer Panzer vorwärts. In ihren Taschen und Herzen tragen sie den Aufruf des sowjetischen Schriftstellers Ilja Ehrenburg, den Aufruf zum Vergewaltigen, den Aufruf zum Morden, zum Auslöschen alles noch Lebenden:

»Tötet, ihr tapferen Rotarmisten. Tötet.

Es gibt nichts, was an den Deutschen unschuldig ist.

Die Lebenden nicht und die Ungeborenen nicht.

Folgt der Anweisung des Genossen Stalin und zerstampft das faschistische Tier in seiner Höhle. Brecht mit Gewalt den Rassenhochmut der germanischen Frauen. Nehmt sie als rechtmäßige Beute.

Tötet, ihr tapferen, vorwärts stürmenden Rotarmisten. Tötet!«

Während die Rotarmisten, angestachelt von diesem Befehl, im Schutze der Panzer und Sturmgeschütze vorwärtsstürmen, ist die Luft über ihnen erfüllt vom Motorenlärm der russischen Flugzeuge, Schlachtflieger und Bomber. Hunderte von sowjetischen Maschinen fliegen an diesem Morgen des 13. Januar nach dem Westen, werfen ihre todbringenden Lasten auf die Reste der deutschen Truppen, fliegen weiter ins westliche Hinterland, verwandeln Städte und Dörfer, Bahnhöfe und Schienenstränge, Straßen und Häfen in Trümmerhaufen, ersticken alles in einem Meer von Feuer, Asche, Blut und Tränen.

SEETRANSPORTCHEF ENGELHARDT

Im Führerhauptquartier, beim Oberkommando der Wehrmacht und beim Oberbefehlshaber der deutschen Kriegsmarine ist man sich in den letzten Tagen, in denen sich die Meldungen von der Front in Ostpreußen überstürzten, offensichtlich klar darüber geworden, daß es eine Frontberuhigung, ein Aufhalten der Sowjetarmee oder gar eine Gegenoffensive mit kurzfristig eintretenden Erfolgen nicht geben wird. Man weiß auch, daß die Zivilbevölkerung des Memellandes, Ostpreußens und Danzig-Westpreußens in den nächsten Tagen und Wochen fliehen wird.

Mehr als zwei Millionen Menschen. Und man weiß auch, daß der wichtigste und vielleicht auch sicherste Fluchtweg der Weg über die Ostsee sein wird.

Spät kommt diese Einsicht.

»Die Stunde ist gekommen, die größte Evakuierungsaktion in der Seegeschichte einzuleiten«, ist die Meinung von Großadmiral Dönitz. Er setzt die Freigabe alles verfügbaren Schiffsraumes für die Ostseeflucht durch.

Bis ins Detail wird diese Evakuierungsaktion über die Ostsee organisiert.

Die Gesamtleitung der Operation wird dem M.O.K. (Marineoberkommando Ost), Generaladmiral Kummetz, übertragen, im Raume Danziger Bucht-Kurland der 9. Sicherungs-Division unter Fregattenkapitän Blanc, im Raume westlich davon bis Swinemünde der 10. Sicherungs-Division unter Fregattenkapitän Heydel. Die gesamte Steuerung der Schiffahrt im Ostseeraum wird dem Seetransportchef Konteradmiral Konrad Engelhardt übertragen. Das ist der Mann, auf dessen Schultern die Verantwortung für die Rettung über die Ostsee gelegt wird.

Er hat breite Schultern, dieser 46jährige, hünenhaft wirkende Admiral, der seinen Sitz nicht etwa in irgend einem Hafen an der Ostseeküste hat, sondern in der ehemaligen Panzerkaserne in Eberswalde, einer Kleinstadt an der Bahnstrecke Berlin-Stettin.

Admiral Konrad Engelhardt, Sohn eines preußischen Landrates, in Lüneburg geboren, ist seit seiner Jugend ein Mann der Seefahrt. Als der Krieg begann, war er Chef des Stabes Nordfrankreich und mit der Aufgabe betraut, die nötige Tonnage für das ›Unternehmen Seelöwe‹ zusammenzustellen. Biarritz war einer seiner nächsten Einsatzorte. Hier sollte er das Unternehmen ›Ferdinand und Isabella‹ leiten, das auf Gibraltar zielte, dann aber in letzter Stunde abgeblasen wurde, wie zuvor das ›Unternehmen Seelöwe‹.

Anschließend kam Konrad Engelhardt an die Ostseefront nach Reval, um den Nachschub für die Truppen bis nach Finnland zu organisieren. Dann mußte er wieder wandern, er kam zum italienischen Admiralstab als ›Seetransportchef Italien‹. Doch als Afrika, die Krim, Sizilien, Sardinien und Korsika verlorengingen, wurde er, 1944 von Dönitz zum Konteradmiral befördert, ›Seetransportchef der Wehrmacht‹.

Seine Dienststelle in der ehemaligen Panzerkaserne von Eberswalde, die jetzt einige Ämter des Oberkommandos der Kriegsmarine beherbergte, ist die Schiffahrtsabteilung der Seekriegsleitung, kurz ›Seetra‹ genannt.

Bei den zu bewältigenden Transportaufgaben im Ostseeraum war der Konteradmiral schon sehr früh, Mitte 1944, mit dem Flüchtlingsproblem konfrontiert worden. Als die ersten deutschen Soldaten beim Rückzug aus Finnland darum baten, ihre finnischen Frauen und Angehörigen auf den nach Westen laufenden Schiffen mitnehmen zu können, stellte sich für ihn das Problem, neben Soldaten auch Zivilisten mitzunehmen, zum ersten Mal.

Als Truppen aus Reval, Riga, Windau und Libau abgezogen und mit Schiffen über die Ostsee zurückgeführt wurden, baten Esten und Letten, mitgenommen zu werden. Erst waren es einige hundert, dann einige tausend, zuletzt einige zehntausend. Der Admiral genehmigte auch dies. Er tat es, ohne darüber das Führerhauptquartier zu informieren, denn er mußte fürchten, daß die Gauleiter Erich Koch (Ostpreußen) und Albert Forster (Danzig-Westpreußen) solche ›Evakuierungsaktionen‹ strikt ablehnen und ihn möglicherweise sogar in Schwierigkeiten bringen würden. Admiral Engelhardt hatte für diese Aktionen eine Rückendeckung: die ausdrückliche Genehmigung von Großadmiral Dönitz, der voll hinter ihm stand und ihn decken würde, wenn Parteidienststellen ihn angriffen.

Aufgrund der Erfahrungen und Erkenntnisse bei diesen ersten ›inoffiziellen‹ Flüchtlingstransporten machte sich Engelhardt seit einigen Monaten seine eigenen Gedanken über den Krieg im Ostseeraum. In seinem fast spartanisch eingerichteten Büro hing seit einiger Zeit eine große Karte des gesamten Ostseeraumes. Der Seetra-Chef wußte, daß dieses Gebiet irgendwann sein großes Aufgabengebiet werden würde, und er war sicher, daß dieses ›irgendwann‹ Anfang Januar in der Luft lag.

Wie gewöhnlich betritt Admiral Engelhardt am 15. Januar 1945 pünktlich um 8.00 Uhr sein Büro, reißt das Kalenderblatt ab, der Tag ist ein Montag, und setzt sich hinter seinen Schreibtisch, auf dem die bereits geöffnete Post liegt.

Der breitschultrige Seetra-Chef blickt zum Fenster und stellt fest, daß es mit Eiskristallen überzogen ist. Dann greift er zum Telefon und führt ein Hausgespräch. Mitten im Satz wird er unterbrochen:

»Führungsblitzgespräch aus Berlin — ich verbinde!«

20 Minuten dauert dieses Gespräch, das der Admiral mit dem Satz beendet: »Sie können sich auf mich verlassen!«

In Berlin ist eine wichtige Entscheidung gefallen.

Admiral Engelhardt hat den Auftrag erhalten, die Evakuierung der Bevölkerung Ost- und Westpreußens über die Ostsee einzuleiten.

Bevor sich der Admiral zur Besprechung begibt, holt er aus seinem verschlossenen Schreibtisch einige Akten, die er offensichtlich für den ›Tag X‹ bereitgelegt hat.

Erwartungsvoll blicken ihn seine engsten Mitarbeiter an, als er sich an die Stirnseite des großen rechteckigen Tisches setzt. Zunächst blickt er einen nach dem anderen an, um sich zu vergewissern, daß niemand fehlt.

Der Seetra-Chef hat seine Dienststelle exakt organisiert und die Zuständigkeiten fachgerecht aufgegliedert. Seine Referenten sind: Kapitänleutnant Grössel (Truppentransporte), Leutnant zur See Petersen (Flüchtlingsschiffe), Leutnant zur See Fritzen (Binnenschiffahrt), Korvettenkapitän Pospischil (Handelsschiffe), Fregattenkapitän Fritze (Brennstoffe), Stabsarzt Dr. Kutscher (Lazarettschiffe und Verwundetentransportschiffe) und Oberstabsintendant Tennstedt (Verwaltung).

»Meine Herren«, eröffnet der Admiral die Konferenz, »ich habe Sie mit einer neuen Aufgabe bekanntzumachen, die uns nicht nur die nächsten Wochen, sondern vielleicht die nächsten Monate beschäftigen wird und unseren vollen Einsatz, vielleicht rund um die Uhr, erforderlich macht.

Vizeadmiral Voß, der ständige Vertreter des Oberbefehlshabers der Marine im Oberkommando der Wehrmacht/Führerhauptquartier hat mir soeben einen wichtigen Auftrag des Führers übermittelt.

Aus den Kurlandhäfen Windau und Libau sollen zum Entsatz der ostpreußischen Heimatfront fünf Divisionen, darunter eine Panzerdivision und die 31. Infanteriedivision, über die Ostsee zurückgeholt werden.

Von Memel soll die Panzerabteilung 511 abtransportiert werden, die Räumung des Stützpunktes Memel ist in den nächsten Tagen zu erwarten, was weitere Transporte erforderlich machen wird.

Zielhafen für die Transporte aus Windau, Libau und Memel soll Pillau sein.

In Pillau haben sich bereits rund einhunderttausend Flüchtlinge aus Ostpreußen gestaut, die auf Abtransport über See warten. Gleiche Situationen sind in Danzig-Neufahrwasser und in Gotenhafen festgestellt.

Mit der Freigabe der in Pillau, Gotenhafen und Danzig-Neufahrwasser liegenden großen Passagierschiffe, die zur Zeit noch von der U-Boot-Waffe als Wohnschiffe genutzt werden, ist durch den Führer der U-Boote (F.d.U.-Ausb.) kurzfristig zu rechnen.

Für den Transport der Flüchtlinge und Truppen ist jeder verfügbare Schiffsraum zu nutzen. Die Aktion soll sofort begonnen werden!«

Das also ist die neue Aufgabe für die Männer der Dienststelle ›Seetransport Wehrmacht‹, eine Aufgabe, die man schon früher erwartet hatte. Denn nach dem Verlust von Reval und Riga hatte man sich an fünf Fingern abzählen können, welche Aufgaben bei der Räumung von Windau, Libau, Memel, noch anfallen werden. Jetzt kommt noch Pillau dazu, und dann folgen Danzig-Neufahrwasser und Gotenhafen.

Obwohl die Referenten des Seetransportchefs Engelhardt nach Bekanntgabe des Befehls wissen, was sie in den nächsten Tagen zu tun haben, werden in den folgenden Stunden alle Maßnahmen, die zu ergreifen sind, im einzelnen besprochen.

Es gibt noch viele Fragen und Probleme zu klären.

Erstellt werden muß eine Liste aller Schiffe, die im Ostseeraum als ›Flüchtlingsschiffe‹ eingesetzt werden können, vom Frachter bis zur *Wilhelm Gustloff* und der *Cap Arcona*. Diese ›Flüchtlingsschiffe‹ müssen für den Massentransport von Menschen umgerüstet werden. Das erfordert die Beschaffung von Bettgestellen, Matratzen, Decken, Strohsäcken und vielem anderen. Für die Massenbeförderung müssen auch die sanitären Einrichtungen erweitert werden, soweit dies überhaupt kurzfristig möglich ist. Auch Fragen der Schiffsführung sind zu klären, da einige der Handelsmarine angehörenden ›Wohnschiff-Kapitäne‹ bereits das Rentenalter erreicht haben. Das ist bei weitem noch nicht alles: Das Maschinenpersonal ist auf vielen Schiffen zu verstärken, die ›Wohnschiffe‹ müssen wieder ›fahrbereit‹ gemacht werden, wozu auch die Verstärkung des Deckpersonals gehört.

Ganz wichtig erscheint auch die Ausrüstung der ›Flüchtlingsschiffe‹ mit Flakgeschützen zur Flugabwehr und die Geleitsicherung gegen mögliche U-Boot-Angriffe.

Die Dienststelle des Seetransportchefs Konteradmiral Engelhardt in Eberswalde hat also alle Hände voll zu tun. Die Zeit eilt. Hunderttausende warten bereits auf Rettung über die Ostsee.

DIE RUSSEN KOMMEN

Am gleichen Tage, weit von Eberswalde , dem Sitz des Seetra-Chefs entfernt, tritt die sowjetische 2. Weißrussische Front aus dem Narew-Brückenkopf bei Pultsuk, unterstützt von der 4. sowjetischen Luftarmee, zum Angriff an. Die Spitze des Angriffsskeils bildet die 5. Garde-Panzerarmee. Ziel des Angriffs ist, an Elbing vorbei bis zur Küste bei Tolkomit ans Frische Haff vorzustoßen und damit die Verbindung der 4. deutschen Armee in Ostpreußen mit der 2. deutschen Armee in Westpreußen zu unterbrechen.

Einen Tag später, am 16. Januar 1945, greift die 3. Weißrussische Front mit Unterstützung durch die 1. sowjetische Luftarmee an, um nördlich von Gumbinnen vorbei auf Königsberg vorzustoßen. Gleichzeitig greift die 43. Armee der sowjetischen 1. Baltischen Front von Tilsit aus an und stößt entlang des Kurischen Haffs nördlich an Königsberg vorbei.

Der Kampf um Ostpreußen ist jetzt in vollem Gange. Ein Sturm von nie erwartetem Ausmaß fegt über das Land hinweg.

In wenigen Tagen sind Hunderttausende auf der Flucht.

Der Schrei: »Die Russen kommen«, treibt sie vorwärts über vereiste Straßen, durch Schneestürme, durch eisige Nächte, alles Hab und Gut zurücklassend.

Jetzt gilt es nur noch, das nackte Leben zu retten.

Das Leben?

Für Tausende bedeutet diese Flucht den Tod, Tod in den Eisstürmen der Trecks, Tod in den Geschoßgarben der Tiefflieger, Tod an den Kaimauern der Häfen.

Jetzt gibt es keine freien Fluchtwege mehr wie noch vor wenigen Wochen. Jetzt geht es mühsamer vorwärts. Lastkraftwagen mit Soldaten, die zur Front wollen, und meterhohe Schneewehen versperren oft die Straßen. Immer wieder brechen urplötzlich russische Panzer hervor, walzen alles nieder, zerstören alles sich noch Bewegende mit ihren Waffen.

»Der Russe ist da«, schreien dann die Menschen in den Trecks. Doch manchem erstirbt schon dieser Schrei, getroffen von einer tödlichen Kugel, auf den Lippen.

Manche, die Glück haben, erreichen irgendwo noch einen Zug. Jeder versucht in den kalten Waggons noch einen Platz zu finden. Immer sind es aber viel mehr, die mit wollen. Selbst auf den Trittbrettern stehen die Menschen.

Nur fort, nur fort, bevor die Russen kommen. Die nackte Angst starrt ihnen aus den Gesichtern.

Setzt sich dann endlich der Zug in Bewegung, befördert dieser nicht nur Lebende. So mancher ist in seinem Abteil oder in einem der Güterwagen für immer eingeschlafen. Die Strapazen der Flucht, die grimmige Kälte und der furchtbare Hunger haben das Licht des Lebens ausgelöscht. Unterwegs, wenn Halt gemacht wird, zieht man die Toten heraus. Manchmal ist nicht einmal Zeit, oder es fehlt der Spaten, um ihnen ein Grab zu schaufeln.

Neben den Schienen bleiben sie liegen...

Das Reiseziel der Züge ist Danzig.

Dort — in Neufahrwasser und in dem wenig entfernt liegenden Gotenhafen liegen die großen Schiffe, welche die Flüchtlinge aufnehmen und über die Ostsee nach Westen bringen werden.

Das hoffen alle.

GOTENHAFEN — HAFEN DER HOFFNUNG

20. Januar 1945.

Es ist ein Sonnabend.

Über der Danziger Bucht lastet ein schwerer, dunkler Himmel. Der Sturm peitscht Wolken messerscharfer Eiskristalle über die Speicher und Lagerhäuser des Gotenhafener Hafens. Aufheulend verfängt er sich in den Masten und der Takelage der Schiffe, die unter seiner Gewalt wild auf den schweren Wellen hin und her tanzen.

Auf dem Bahnhof Gotenhafen stauen sich die Züge.

Die wenigen noch unzerstörten Schienenstränge nach dem Westen sind verstopft. Die noch aus Ost- und Westpreußen ankommenden Züge haben hier ihr vorläufiges Ziel erreicht. Die Waggons leeren sich, denn hier ist Endstation. Der Weitertransport, die Flucht, kann jetzt nur noch über das Meer, die Ostsee, erfolgen.

Auf dem Bahnhofsvorplatz rotten sich die Vertriebenen zu Kolonnen zusammen und setzen sich durch die schneeverwehten Straßen in Marsch. Gaststätten, Schulen, Schuppen und Lagerräume sind ebenso überfüllt wie die Hausflure, die Schutz vor den Unbilden des Wetters, vor allem der grimmigen Kälte, bieten. Immer mehr Menschen strömen in die Stadt des Elends, die noch einen ›Hafen der Hoffnung‹ besitzt. Die Parteidienststellen, die Wehrmacht, die Marinedienststellen und die NSV versuchen in gemeinsamer Arbeit, ein Chaos zu verhindern. Das Deutsche Rote Kreuz sieht sich einer kaum lösbaren Aufgabe gegenübergestellt.

Zehntausende haben Hunger. Seit Tagen haben sie auf der Flucht kein warmes Essen mehr gehabt. Mütter, mit Säuglingen auf den Armen, flehen um Milch.

In den großen Hafenschuppen sind Auffangstellen und Verpflegungsabgabestellen eingerichtet. In langen Schlangen stehen die Menschen geduldig mit Tellern und Näpfen und sind dankbar, wenn sie nach langem Warten ein Stück Brot oder etwas Suppe bekommen.

Aber nicht nur Flüchtlinge, Frauen, Kinder und ältere Menschen ziehen durch die Straßen der Stadt. Auch einige tausend Männer befinden sich auf dem Elendsmarsch und suchen noch nach einem Bett. Es sind verwundete Kurlandkämpfer, die — notdürftig verbunden — mit Schiffen und Zügen hierhergekommen sind in der Hoffnung, mit einem Schiff weiter nach Westen transportiert zu werden. Nur für die Schwerverwundeten hat man Platz in den Lazaretten gefunden, die längst überfüllt sind. Provisorisch werden weitere Schulen und Turnhallen als Not-Lazarette eingerichtet. Aber auch sie reichen nicht aus, alle Verwundeten und Kranken einigermaßen erträglich unterzubringen.

Zu groß ist die Zahl der Hilfsbedürftigen, die sich nicht mehr selbst helfen können. Immer noch stehen Verwundete und Kranke auf Treppen und Fluren und stöhnen nach einer Liegestatt.

Sie alle hoffen auf die Erlösung von der Qual des Wartens, der Schmerzen. Sie alle warten auf ein Schiff, das sie endlich in Sicherheit bringt.

Zu Tausenden ziehen sie in diesen Tagen nach Oxhöft, Ein Sturm auf den Hafen hat eingesetzt. Hier liegen die Schiffe, an die sich ihre Hoffnung klammert. Die Zahl derer, die schon an der Pier steht, hoffend und wartend, Tag und Nacht bei eisiger Kälte, ist nicht zu schätzen, sie wird von Stunde zu Stunde größer. Immer neue Schiffe laufen ein und bringen weitere Flüchtlinge aus Königsberg, Pillau und aus dem Memelland, aus Windau und Memel.

Dicht gedrängt stehen die Menschen auf den überfüllten Oberdecks der kleinen Schiffe. Sie haben keinen Platz mehr unter Deck gefunden und müssen die Überfahrt auf den Oberdecks erleben. Manche von ihnen liegen zusammengekrümmt und seltsam klein auf den vereisten nackten Schiffsplanken. Andere wieder sehen wie eigentümliche, gläserne Mumien aus, erstarrt unter den Brechern der während der Seereise über die Decks rollenden Wellen. Als sich die Menschenknäuels auf den Schiffsdecks lösen, fallen sie um. Tot. Opfer der erbarmungslosen Flucht über die Ostsee.

Den Überlebenden starrt die Angst aus den Augen. Sie pressen die Leiber aneinander und sind stumm vor Erschöpfung, bringen kein Wort hervor. Besser hatten es die Mütter mit Kindern und Säuglingen und auch die älteren Menschen. Die meisten von ihnen hatten noch Platz unter Deck gefunden. Jetzt verlassen alle noch Lebenden die Schiffe, gehen an Land, werden getragen, gestützt oder an die Hand genommen wie kleine Kinder.

Der Hafen ist voller Menschen, die hier mit ihrem letzten Hab und Gut, manchmal auch nur mit einer Tasche, dem Letzten, was sie noch besitzen, auf ihre Rettung warten. Oder auf ihren Tod? Niemand weiß das vorauszusagen.

Der Tod hält eine furchtbare Ernte an diesem 20. Januar des Jahres 1945 in Gotenhafen.

Niemand zählt seine Opfer. Keine Statistik erfaßt sie.

Es ist ein trostloses Bild des Elends, diese ermatteten Menschen an die eisigen, nassen Steinmauern der Lagerhäuser gekauert zu sehen. Doch die Hoffnung läßt den Willen zum Leben in ihnen nicht erlöschen.

Andere scharen sich am Kai des Hafens zusammen, um die Ersten zu sein, die auf ein Schiff gelangen. Noch weiß jedoch niemand, welche Schiffe überhaupt Flüchtlinge an Bord nehmen dürfen und welche Schiffe zuerst auslaufen werden.

Es liegen viele Schiffe in Gotenhafen und in Danzig, die auf ihre Einsatz-befehle als ›Flüchtlingsschiffe‹ warten.

So die *Cap Arcona*, das einstige Flaggschiff der Hamburg-Süd, das größte unter allen, der Dampfer *Deutschland*, die *Hamburg*, die *Potsdam*, das Wal-fangmutterschiff *Unitas*, die ›Wohnschiffe‹ der 2. Unterseebootslehrdivi-sion: *Hansa, Antonio Delfino*, die *Oceana* und nicht zuletzt das ehemalige ›Kraft durch Freude‹-Schiff *Wilhelm Gustloff*, das jetzt, am Beginn des Jah-res 1945, eine neue Aufgabe als ›Flüchtlingsschiff‹ übernehmen soll.

Neben diesen ›Großen‹ wartet noch eine Vielzahl kleiner Schiffe darauf, als ›Flüchtlingsschiffe‹ eingesetzt zu werden.

Zu den großen Kriegsschiffen, die in Gotenhafen stationiert sind, zählen u. a. die Schweren Kreuzer *Admiral Hipper* und *Prinz Eugen*.

Gotenhafen ist seit langem einer der wichtigsten Stützpunkte der deut-schen Kriegsmarine und zum Sammelbecken für die restliche Tonnage der Handelsschiffahrt geworden. Mit seiner insgesamt 14 km langen Pier ist die Stadt zugleich der größte Ostseehafen. Darüber hinaus ist Gotenhafen im-mer noch einer der wichtigsten Hauptversorgungsplätze für die Kurland-front.

Das ist eine große Bedeutung, die die einstige kleine polnische Hafenstadt Gdingen, die mit ihren würfelförmig gebauten Flachdachhäusern und den breiten Straßen und Plätzen noch nicht ganz fertig zu sein scheint, im Januar 1945 erhalten hat, eine Bedeutung, die sicher auch der Feind nicht unterschätzt. Täglich rechnet man mit einem zweiten großen Luftangriff der RAF oder der Russen. Denn nie in der Geschichte dieser Stadt haben sich im Hafen so viele Schiffe und Menschen versammelt wie in diesen Januartagen.

Die Ungeduld unter den Handelsschiffskapitänen, aber auch bei den Kriegsschiffkommandanten, wächst.

Seit Tagen wartet man nun schon auf weitere Befehle, vor allem auf den Befehl, mit der Evakuierung der im Hafen wartenden Flüchtlinge und nicht zuletzt auch der Bevölkerung von Gotenhafen beginnen zu können. Die Entscheidung drängt, denn fast stündlich treffen mit Schiffen, Trecks und Zügen weitere Menschen ein.

Doch die Entscheidung läßt auf sich warten.

Wenn nicht bald etwas geschieht, werden die Flüchtlinge die im Hafen liegenden Schiffe stürmen. Lange dauert dies nicht mehr.

In der Zweigstelle Gotenhafen der Kriegsmarinedienststelle Danzig klin-gelt fast pausenlos das Telefon. Seetra-Chef Admiral Engelhardt drängt auf Anbordnahme der Flüchtlinge, fragt immer wieder nach, was los ist und informiert sich über die Lage in Gotenhafen.

Der Leiter der Zweigstelle Gotenhafen der KMD Danzig, ein energischer Korvettenkapitän und erfahrener Spezialist für das Räumungs- und Nach-schubwesen, informiert sich über die Lage, und das nicht vom Schreibtisch aus. Er fährt los in den Hafen und in die Stadt, er besieht sich das Elend in den Straßen, die Fülle der Lazarette, überzeugt sich von der Unmöglichkeit des Weitertransportes der Flüchtlinge oder Verwundeten und Kranken, die auf kalten Fluren und in Kellern liegen, das Betteln hungriger Kinder, er sieht in die Augen hilfloser Mütter und Greise. Dem Korvettenkapitän wird bei dieser Lagebesichtigung deutlich, daß sich in aller Kürze ein unbeschreibliches Chaos entwickeln wird, wenn nicht unverzüglich die Schiffe für die Flucht nach dem Westen freigegeben werden. Es mußte schnell und unbürokratisch gehandelt werden.

Auch mit dem Gotenhafener Seekommandanten nahm der Korvettenkapitän Verbindung auf, mußte aber zu seinem Entsetzen feststellen, daß dieser sonst auf See so erfahrene Marineoffizier bereits die Nerven verloren hatte. Er berief zwar eine Besprechung nach der anderen ein, es wurde beraten und beraten, doch es geschah nichts Entscheidendes.

Alles, was er gesehen und gehört hatte, berichtete der Korvettenkapitän wenige Stunden später telefonisch Admiral Engelhardt, der inzwischen Kenntnis davon hatte, daß Tilsit gefallen und in sowjetischer Hand war und Tausende Tilsiter in Richtung Pillau strömten. Allenstein war ebenfalls hart umkämpft und würde noch heute oder morgen aufgegeben werden müssen, so daß auch aus diesem Raum weitere Flüchtlinge zu erwarten waren. Sowohl für Pillau, als auch für Gotenhafen und Danzig wurden die Probleme stündlich größer.

Engelhardt, wie auch der Korvettenkapitän der KMD-Zweigstelle Gotenhafen wußten auch, warum die Einschiffung von Flüchtlingen noch nicht begonnen hatte. Der F.d.U. — der Führer der U-Boote — hatte die großen Wohnschiffe der 1. und 2. Unterseebootslehrdivisionen noch immer nicht für Flüchtlingstransporte freigegeben, den Befehl noch nicht gegeben, die U-Boots-Lehrdivisionen mit ihrem Personal in westlichere Häfen zu verlegen.

»Glauben die Herren vielleicht noch an ein Wunder?« kommentierte der Admiral diese ihm unverständlichen Verzögerungen und fügte hinzu:

»Wenn bis heute Abend nichts geschieht, wende ich mich direkt an den Großadmiral Dönitz!«

Der Admiral tat dies auch. Noch am gleichen Abend des 20. Januars.

OPERATION ›HANNIBAL‹

Das Kalenderblatt zeigt den 21. Januar 1945.

Als am Morgen dieses Tages die schwache Wintersonne hinter den schmutziggrauen Wolken für Augenblicke hervorlugt und die Danziger Bucht in eine milchigen Schleier hüllt, ahnt noch niemand der Flüchtlinge und Verwundeten in den Häfen in Danzig und Gotenhafen, in den Kasernen und Lazaretten, in den Schulen, Turnhallen, Häusern und Gaststätten, daß heute, an diesem Sonntag, die Entscheidung fallen wird.

Es gibt eigentlich nur zwei Möglichkeiten für diese Entscheidung:

— entweder — die Danziger Bucht, also der Raum Danzig Gotenhafen, ist durch den Einsatz der vorhandenen Marineeinheiten, also auch der Angehörigen der Unterseeboots-Lehrdivisionen und der U-Boot-Besatzungen, zur Verstärkung der Landeinheiten, Infanterie und Volkssturm, zu verteidigen, um einen neuen Brückenkopf zu bilden,

— oder — Schiffe und Menschen sind nach westlicher gelegenen Ostseehäfen in Sicherheit zu bringen, was bedeutete, daß die große Flucht über die Ostsee gewagt werden mußte, trotz aller erkennbaren Gefahren aus der Luft und von der See.

Am frühen Morgen des 21. Januar trifft in Gotenhafen die Entscheidung ein. Sie kommt direkt vom Oberbefehlshaber der deutschen Kriegsmarine, Großadmiral Dönitz. Er hat das Entscheidende angeordnet.

Bereits eine Stunde nach dem Eintreffen des Befehls des OKM treffen sich im Stabsgebäude der 2. Unterseeboots-Lehrdivision in Gotenhafen-Oxhöft die Abteilungskommandeure und Stabsoffiziere zum Befehlsempfang. Die Gesichter der erfahrenen Marineoffiziere sind ernst.

Sie wissen alle: Das Leben von vielen Menschen, das Schicksal der großen Handelsschiffe, das Schicksal eines beachtlichen Teiles der deutschen U-Boot-Waffe und ihrer Männer, nicht zuletzt aber auch ihr eigenes Schicksal hängt von diesem Befehl ab.

Großadmiral Dönitz hat eine weitreichende, wichtige Entscheidung, die nicht nur in den nächsten Tagen, sondern bis Ende dieses Krieges über zwei Millionen Menschen das Leben retten wird, getroffen.

Sein Befehl hat folgenden Inhalt:

»Die Häfen der Danziger Bucht sind von den beiden Unterseeboots-Lehrdivisionen aufzugeben.

Die Unterseeboots-Lehrdivisionen sind umgehend in die Häfen der Lübecker Bucht zu verlegen, wo die Ausbildung schnellstmöglichst fortzusetzen bzw. abzuschließen ist. Auch die bereits ausgebildeten U-Boot-Besatzungen, die Marinehelferinnen und das Werftpersonal sind im Rahmen der Absatzbewegungen auf die Schiffe zu verladen und nach noch zu bestimmenden westlicheren Ostseehäfen zu verlegen. Die ausgebildeten U-Boot-Besatzungen sind dort auf neuen U-Booten einzusetzen.

Von diesem Befehl werden betroffen:

Die zwei Unterseeboots-Lehrdivisionen in Danzig-Gotenhafen und Pillau, die in diesen Häfen stationierten Unterseeboots-Flottillen, einschließlich aller ihrer Boote, Zielschiffe, Torpedofangboote und der großen Wohnschiffe *Wilhelm Gustloff*, *Hansa*, *Hamburg* und *Deutschland*.

Für die einzelnen Schiffe in Danzig-Gotenhafen gelten folgende Anweisungen:

Das gesamte Lehrmaterial der zwei Unterseeboots-Lehrdivisionen ist auf die *Hansa* zu verladen, die auch das Offizierskorps aufnimmt und ca. 3000 Flüchtlinge.

Die *Wilhelm Gustloff* nimmt außer den Angehörigen der II. Abteilung der 2. U-Boots-Lehrdivision, den Marinehelferinnen und einer bestimmten Anzahl Schwerverwundeter, deren Abtransport auf dem Seewege dringend notwendig erscheint, nach den von der Gauleitung Danzig-Westpreußen erlassenen Richtlinien die ›nichtkampffähige‹ Bevölkerung aus dem Raum Gotenhafen-Danzig auf, sowie noch in Gotenhafen sich befindliche Flüchtlinge aus Ost- und Westpreußen. Für die Zivilbevölkerung, die mit der *Wilhelm Gustloff* abtransportiert werden soll, sind nach den Anweisungen der NSDAP-Gauleitung besondere ›Fahr-Ausweise‹ in doppelter Ausfertigung auszugeben. Die Ausgabe dieser ›Ausweise‹ obliegt der Kreisleitung der NSDAP in Gotenhafen, die hierfür im Stadtgebiet besondere Ausgabestellen einrichtet. Mit der Ausgabe der ›Fahr-Ausweise‹ ist unverzüglich zu beginnen.

Soweit vorhandener Laderaum auf den Dampfern *Hamburg* und *Deutschland* für Marineangehörige der U-Boot-Ausbildungseinheiten und U-Boot-Flottillen einschließlich Begleitpersonal und Marinehelferinnen nicht benötigt wird, ist jeder freie und verfügbare Raum für den Flüchtlingstransport zu räumen und freizugeben. Die Belegung der Schiffe mit Flüchtlingen hat ebenfalls nach den Anweisungen der Gauleitung der NSDAP zu erfolgen.

Mit allen erforderlichen Vorbereitungsarbeiten soll in den beiden Häfen und auf allen genannten Schiffen sofort begonnen werden!«

Das ist ein klarer und eindeutiger Befehl.

Die Marineoffiziere, die im Stabsgebäude der 2. ULD in Gotenhafen-Oxhöft als erste von diesem Befehl Kenntnis erhalten, atmen auf.

Jetzt kann's losgehen.

Auch die Schiffsleitungen der Handelsschiffe, die am Vormittag dieses Sonntags umfassend über den Dönitz-Befehl informiert werden, sind erleichtert.

Endlich ist es soweit.

Aber bis die ersten Flüchtlinge an Bord genommen werden können, bis alle organisatorischen Vorbereitungen zur Flucht über die Ostsee getroffen sind, muß von den Angehörigen der Kriegsmarine und den Besatzungen der Handelsschiffe in Tag- und Nachtschicht ein Übermaß an Arbeit geleistet werden.

Doch das stört niemanden. Alle wissen: Die Aufgabe, die der Dönitz-Befehl der Marine stellt, ist nur durch den pausenlosen Einsatz aller Kräfte zu lösen. Dabei ist es völlig unwichtig, ob die Männer der Kriegsmarine angehören oder den zivilen Handelsschiffsbesatzungen. In der Zusammenarbeit stellen sich überhaupt keine Probleme.

Nach dem Dönitz-Befehl sollen von den einzelnen Schiffen aufgenommen werden:

3000 Menschen auf die *Hansa*
5000 Menschen auf die *Hamburg*
6000 Menschen auf die *Deutschland*
6000 Menschen auf die *Wilhelm Gustloff*

Das bedeutet also, daß etwa 20000 Menschen in diesen vier Schiffen in den nächsten Tagen aus Gotenhafen die Flucht über die Ostsee antreten können.

Am Kai, in den großen Lagerhallen, in den Schuppen, Speichern, den Häusern, den Lazaretten und auf den schneebedeckten Straßen Gotenhafens warten aber mehr als 20 000!

Allein in Gotenhafen sind es mehr als 100 000!

In Danzig sind es noch mehr, die warten und hoffen.

Noch weiß keiner von ihnen, daß nur 20 000 Menschen auf den vier Schiffen in Gotenhafen einen Platz finden werden und andere zurückbleiben müssen.

Wenn diese Tatsache unter den Flüchtlingen bekannt wird, droht ein Chaos. Wenn die wartenden Menschen nach Beginn der Einschiffung selbst sehen, daß weit mehr Menschen da sind als Schiffe, wenn ihnen die Angst im Nacken sitzt, nach so langem Warten und Hoffen nun doch noch zurückbleiben zu müssen, bei Hunger und Kälte und in der Angst vor dem nächsten Bombenhagel oder den Russen, die immer näher rücken — — —

Was wird dann geschehen?

Es wird einen Sturm auf die Schiffe geben. Und niemand wird dann noch nach einem ›Fahr-Ausweis‹ fragen, nach einem Fetzen Papier, der das Leben bedeuten kann und die Rettung.

Der Sturm auf die Schiffe muß in jedem Fall verhindert werden.

Soweit darf es nicht kommen.

Das oberste Gesetz in diesen Stunden heißt für alle, die an der Vorbereitung der Flucht aus Gotenhafen mit den Schiffen über die Ostsee im pausenlosen Einsatz beschäftigt sind: »Ruhe bewahren!«

Es sind mehr Menschen als Schiffe in Gotenhafen.

Aber niemand soll das wissen.

DIE ERSTEN DREI FLÜCHTLINGE

Zu den Offizieren, die am 21. Januar über die ›Operation Hannibal‹, die Verlegung der 2. ULD nach Westen informiert wurden, gehörte auch Kapitänleutnant Alfred Voigt, Chef der 7. Kompanie auf der *Gustloff*. 1941 von Swinemünde nach Gotenhafen versetzt, hatte der erfahrene Marineoffizier schon kurze Zeit später seine Familie nachgeholt. In Gotenhafen-Oxhöft am Steinberg, Bülowweg 13, hatten die Voigts eine Wohnung gefunden und sich rasch in die neue Umgebung eingelebt.

Nun galt es, erneut Abschied zu nehmen, unfreiwillig Abschied zu nehmen. Was der Familie jetzt bevorstand, war kein Umzug, sondern Flucht.

Noch am Abend des 21. Januar ruft der Kapitänleutnant in seiner Wohnung an. »Packt die Koffer und kommt morgen früh auf die *Gustloff*!« Als seine Frau diese zehn Worte hört, hat sie den Ernst der Stunde verstanden. Gedankenverloren legt sie den Telefonhörer auf.

Nun ist es soweit, wir müssen fliehen.

Für sie und ihre beiden Töchter, Erika und Hildegard, kommt die Nachricht nicht überraschend. Sie haben in den letzten Wochen bereits mehrmals über eine mögliche Flucht gesprochen, falls die Front näherrücken sollte. Mit der *Gustloff* über die Ostsee nach Westen fliehen zu können, erscheint wie ein Geschenk des Himmels. Frau Voigt und ihre beiden Mädchen kennen das Schiff genau so gut wie ihre Wohnung, so oft sind sie in den letzten vier Jahren an Bord gewesen. Und auch an Bord kennt man die Familie des sympathischen und beliebten Kapitänleutnants. Die 23jährige Hildegard kennt die *Gustloff* am besten. Sie ist Marinehelferin bei der 2. ULD, Erika, 17 Jahre alt, geht noch zur Schule. Der Bruder der beiden ist Soldat, er besuchte im Herbst 1944 zum letzten Male seinen Vater auf der *Gustloff*.

Noch in der Nacht wird gepackt. An Schlaf ist kaum zu denken, denn es will wohlüberlegt sein, was man mitnehmen will. Ein Gegenstand nach dem anderen wird aus der Hand gelegt.

»Das muß hierbleiben — das nehmen wir mit!« Immer wieder sind diese Worte zu hören. Es sind Selbstgespräche, denn jede der drei Frauen hängt ihren Gedanken nach.

Jetzt beim Packen spüren sie, was Abschied nehmen heißt, sich trennen müssen von liebgewordenen Dingen, an die sich Erinnerungen knüpfen.

Doch sie wissen, daß sie nur das Nötigste mit an Bord nehmen dürfen. Es bleibt ihnen auch der Trost, daß sie in aller Ruhe packen können und ohne Angst und Gefahr, die in den letzten Tagen und Wochen schon so viele Flüchtlinge nach Gotenhafen vertrieben haben. Doch Trennung und Abschied fallen trotzdem schwer.

Am frühen Morgen machen sich die drei Frauen auf den Weg. Es hat die ganze Nacht über geschneit, und in den letzten Stunden ist es auch noch kälter geworden.

Der Weg von der Wohnung am Steinberg bis zum Hafenbecken, in dem die *Gustloff* liegt, ist nicht allzu weit, und der Schlitten, auf dem die Koffer festgebunden sind, trägt die Last gut.

»Bekannt« — sagt der Posten, als die drei am Fallreep der *Gustloff* angelangt sind. Ein anderer Posten springt herbei, um die Koffer an Bord zu tragen. Da die Familie des Kapitänleutnants Voigt eine Dauerbesuchskarte hat, um jederzeit an und von Bord gehen zu können, wird auch jetzt weder ein ›Fahrausweis‹ verlangt noch eine Gepäckkontrolle durchgeführt.

So kommen am frühen Morgen des 22. Januar die ersten drei Flüchtlinge an Bord der *Gustloff*.

Kapitänleutnant Voigt empfängt seine Familie am Schiffseingang im B-Deck. Er sorgt dafür, daß die Koffer im Laderaum des Schiffes verstaut werden, denn nur das Handgepäck mit den nötigsten Dingen kann in die Kammer mitgenommen werden. Die Zweibett-Kammer des Kapitänleutnants befindet sich im B-Deck neben der sogenannten ›Führerkabine‹, die unbewohnt ist. Für die beiden Mädchen ist nur auf dem Fußboden der Kammer Platz. Aber sie sind mit dieser Schlafgelegenheit zufrieden.

»Jetzt habt Ihr erstmal eine Bleibe — in den nächsten Tagen sehen wir weiter«, kommentiert Kapitänleutnant Voigt die Unterbringung seiner Familie.

Schon am nächsten Tag ergibt sich die Möglichkeit eines Umzugs, da eine Nebenkammer frei wird. Hier ziehen die beiden Voigt-Töchter ein. Und da noch genug Platz ist, holt Hildegard ihre Freundin Gundula Beilfuß, ebenfalls Marinehelferin bei der 2. ULD und in der Ub. Schreibstube tätig, in die Kammer.

DIE *GUSTLOFF* WIRD ›FLÜCHTLINGSSCHIFF‹

Wieder geht ein Tag zu Ende. Mit einbrechender Dunkelheit setzt Schneefall ein. Es wird kälter. Ich stehe auf dem Oberen Promenadendeck der *Gustloff* und schaue hinüber zu den Oxhöfter Höhen, die sich im dunkler werdenden Abendhimmel gerade noch in ihren Umrissen erkennen lassen. Es ist ruhig hier oben. Kein Mensch weit und breit.

Was wird aus der *Gustloff* werden?

Und was wird aus mir?

Werden wir alle, die noch zur ›wehrkampffähigen‹ Zivilbesatzung des Schiffes gehören, unsere in den letzten Monaten eingeprobte Rolle als Volkssturmmänner noch spielen müssen? Werden wir zur Verteidigung von Gotenhafen eingesetzt werden, wie gerüchteweise zu hören ist — oder?

Die Zukunft liegt an diesem Abend so im Dunkeln wie die anbrechende Nacht, die mich umgibt.

Und was werden meine Eltern in Schlesien machen, meine Schwestern, die noch zu Hause sind? Wo stehen die russischen Truppen in Schlesien? Tagtäglich verfolge ich die Nachrichten im Rundfunk, um zu hören, wie lange es noch dauern kann, bis meine Heimatstadt Jauer von den Sowjets besetzt werden wird. Dann werde auch ich mein Zuhause verlieren und heimatlos sein — —

Noch vor einem Jahr begeisterter Hitlerjugendführer, ist seit Monaten mein Glaube an ›Endsieg‹ und ›Kriegswende durch Wunderwaffen‹ verlorengegangen.

»Diesen Krieg überleben«, ist mein Vorsatz für die Zukunft. Und ich ahne nicht, wie schwer es sein wird, diesen Vorsatz in die Tat umzusetzen, zu überleben.

Gut, daß ich nicht weiß, was der *Gustloff* bevorsteht und daß dieses Schiff bis an mein Lebensende mein Schicksal werden wird.

Ich blicke auf die Uhr. Kurz vor sechs. Zeit zum Abendessen.

Auf dem Gang zur Messe treffe ich den Steurer Smeilus.

›Dicke Luft beim Alten‹, raunt er mir im Vorbeigehen zu. Mit dem ›Alten‹ ist der Kapitän gemeint.

Als ich in die Messe komme, höre ich die neuesten Gerüchte, die durch das Schiff schwirren:

»Der Russe steht 50 km vor Danzig. Wir müssen alle wieder runter, außer dem Brücken- und Maschinenpersonal, um mit der Marine, dem Heer und dem Volkssturm Danzig und Gotenhafen zu verteidigen.«

»Alles Quatsch«, kommentiere ich diese Gerüchte.

Und ich habe recht. Nichts, auch gar nichts stimmt an diesen Parolen, die nur Unruhe unter den Besatzungsmitgliedern stiften.

Korvettenkapitän Wilhelm Zahn, ranghöchster Offizier der Kriegsmarine an Bord der *Gustloff*, hat seine Offiziere in die Offiziersmesse befohlen und zu der beabsichtigten ›Lagebesprechung‹ auch Kapitän Friedrich Petersen, den I. Offizier Louis Reese, den Zweiten und Dritten Offizier, den Oberzahlmeister und den Leitenden Ingenieur eingeladen.

»Meine Herren«, beginnt Korvettenkapitän Zahn seine Ausführungen, »ich habe Sie hierher gebeten, um Sie mit Einzelheiten der ›Operation Hannibal‹ bekanntzumachen, einem Befehl des Oberbefehlshabers der Kriegsmarine, der die 2. U-Boots-Lehr-Division ebenso betrifft wie die *Wilhelm Gustloff*...«

Dann erläutert Zahn alle Einzelheiten des Dönitz-Befehls, der die Räumung der Häfen von Danzig und Gotenhafen vorsieht und für die *Wilhelm Gustloff* eine konkret und nicht ganz einfach zu lösende Aufgabe mit sich bringt. Die organisatorischen Vorbereitungen für die Anbordnahme von Schwerverwundeten und Flüchtlingen müssen sofort in Angriff genommen werden. In spätestens 48 Stunden muß mit der Einschiffung der Flüchtlinge und Anbordnahme der Verwundeten begonnen werden. Das bedeutet restlosen Einsatz aller Kräfte rund um die Uhr.

»Die Aufgabe, die M/S *Wilhelm Gustloff* und damit uns allen, ganz gleich, ob wir Angehörige der Kriegs- oder Handelsmarine sind, zufällt, ist nicht leicht zu lösen und besonders verantwortungsvoll. Die kommende Fahrt der *Gustloff* wird sicherlich keine ›Kraft durch Freude‹-Fahrt werden. Es ist unsere Pflicht, den Flüchtlingen, die wir an Bord nehmen, den Aufenthalt auf unserem Schiff so erträglich wie möglich zu machen. Jedes Besatzungsmitglied muß sich bemühen, diesen Menschen durch Hilfsbereitschaft, Zuvorkommenheit und Höflichkeit das Los ihrer Flucht und das Aufgeben der Heimat zu erleichtern...!«

Mit diesem Appell an die Hilfsbereitschaft entläßt Zahn die Offiziere. Die meisten von ihnen kennen sich bereits seit Jahren. Jeder von ihnen weiß, was er in den nächsten Stunden und Tagen zu tun haben wird. Nur ganz wenige finden in dieser Nacht, wie auch in den folgenden Nächten, Zeit zum Schlafen. Ein beglückendes Gefühl hält sie wach:

Die *Wilhelm Gustloff* wird wieder fahren...

»Mit den erforderlichen Vorbereitungsarbeiten ist sofort zu beginnen!«

So hieß es in dem Dönitz-Befehl.

In der Nacht vom 21. zum 22. Januar 1945 setzen auf der *Wilhelm Gustloff* die Vorarbeiten für die neue Aufgabe ein. Die neue Aufgabe heißt ›Flüchtlingsschiff‹. Und sie ist nicht einfach zu lösen. Mehr als vier Jahre hat die *Gustloff* als Wohnschiff gedient und am Kai gelegen als ›schwimmende Kaserne‹. Nun soll sie wieder fahren und muß dafür vorbereitet werden.

Mit Hochdruck ist die gesamte Schiffsbesatzung, sind Offiziere wie Mannschaften — ohne Ausnahme — an der Arbeit. Es muß viel getan werden, bis der erste Flüchtling das Schiff betreten, der erste Verwundete an Bord genommen werden kann.

In den Maschinenräumen flitzen die Ingenieure, Maschinisten und Heizer die steilen Aufgänge hinauf und hinunter, Werkzeuge und Putzwolle in den Händen.

Der leitende Ingenieur, Bruno Loebel, hat große Sorgen. Das Schiff hat seit Jahren stillgelegen, mit dem wenigen vorhandenen Personal konnte die Maschinenpflege nicht so vorgenommen werden, wie dies eigentlich notwendig gewesen wäre.

Kaum eine Maschine wird das Höchstmaß an Leistung erreichen, zumal eine gründliche Docküberholung in der kurzen Zeit überhaupt nicht möglich ist. Hoffentlich halten die Maschinen auf der Flucht über die Ostsee durch. Ein Maschinenschaden müßte sich katastrophal auswirken, denn dann dient das Schiff den gegnerischen U-Booten und Flugzeugen als willkommene Zielscheibe. Also mußte in den Maschinenräumen alles getan werden, um eine solche Katastrophe zu verhindern. Wenn das Herz des Schiffes, die Maschine, nicht intakt ist, nützt jedes seemännisch-taktische Können der Schiffsführung nichts. Aber eine solche Situation würde es ja nicht geben.

VERPFLEGUNG FÜR 5 000 MENSCHEN

Eine weitere nicht leichte Aufgabe hat der Obersteward der *Wilhelm Gustloff*, Max Schröder, zu lösen. Er muß Quartiere beschaffen. Das Schiff muß eine um das Dreifache größere Zahl von Passagieren als in KdF-Zeiten aufnehmen. Das bedeutet, daß die Kammern drei- bis vierfach belegt werden müssen, was bei den Platzverhältnissen nicht immer möglich ist. Aber selbst diese Maßnahme wird bei weitem nicht ausreichen. Noch mehr Platz wird benötigt. Massenquartiere müssen eingerichtet werden. Aus den großen Messen und Sälen verschwinden die Tische, Sessel und Stühle. Sie werden durch Matratzenlager ersetzt, durch die nur eineinhalb Meter breite Gänge führen. 200 bis 300 Flüchtlinge können in diesen Sälen untergebracht werden.

Kaum zu ändern sind in so kurzer Zeit die sanitären Anlagen: Waschräume und Toiletten. Immerhin wird man etwa 6 000 Menschen zwei bis drei Tage an Bord haben. So müßten für diese Personenzahl für beiderlei Geschlechter Waschräume und Toiletten vorhanden sein. Die Lösung dieser Aufgabe ist für den Obersteward die allerschwierigste. Und was in dieser Richtung auf der *Gustloff* noch geschieht, ist bei allem Erfindungsreichtum nur eine Notlösung.

Ebenso schwierige Probleme zu lösen hat Oberzahlmeister Martin Jensen. Er sieht sich von einem auf den nächsten Augenblick vor die ungewöhnliche organisatorische Aufgabe gestellt, für drei- bis viermal soviel Menschen sorgen zu müssen. Die Anbordnahme aller Passagiere, ihre namentliche Erfassung, ihre menschenwürdige Unterbringung und nicht zuletzt ihre ausreichende Verpflegung erfordern weittragende Entschlüsse, kurzfristige Dispositionen und ein ungeheures Pensum Arbeit.

Tonnenweise wird die Verpflegung herbeigeschafft, sowohl auf Lastkraftwagen wie in Bahn-Waggons, selbst durch kleine Verpflegungsschiffe. Pausenlos werden Säcke, Kisten und Eimer an Bord geschleppt. Allmählich füllen sich die Provianträume: Fett, Fleisch, Konserven, Käse, Trockenmilch und Marmelade nehmen nach und nach den letzten vorgesehenen Meter Raum ein.

Die elektrischen Öfen in der Bordbäckerei werfen bereits die ersten Brote aus. In der Bordschlachterei ist ebenfalls Hochbetrieb. Die Stewards stürmen Besen und Eimer schwingend durch die Gänge und über die Decks.

Sogar der Borddrucker Eugen Jeissle hat jetzt alle Hände voll zu tun. Wenn auch nicht wie in den KdF-Zeiten für die Speisekarten Büttenpapier und Kunstdruckkarton verwendet wird, so bringt der Druck von Essenskarten, Fahrausweisen, Milchkarten für Säuglinge, Listen und Formularen, endlich doch eine begehrte Abwechslung in diesen sonst so eintönig gewordenen Betrieb der kleinen Borddruckerei.

Der einzige Mann der zivilen Stammbesatzung, den der Dönitz-Befehl arbeitslos gemacht hat, ist der Kinovorführer. Er wird in der nächsten Zeit keinen Platz mehr für seine Veranstaltungen auf dem Schiff haben. Nachdem die gesamte Bestuhlung fortgeräumt wurde, hat der Kinosaal einem Massenquartier weichen müssen.

Der Rundfunkmechaniker Weber und seine Helfer hingegen haben jetzt Tag- und Nachteinsatz. Überall im Schiff müssen die Lautsprecher geprüft und neue Anlagen angebracht werden. Mehrere tausend Menschen kann man nur über die Lautsprecher dirigieren, zumal es sich bei den Flüchtlingen um schiffsungewohnte Menschen handelt, um Frauen und Kinder, die sich wohl zum ersten Mal in ihrem Leben auf einem so großen Schiff befinden.

Es wird diesen gehetzten und gejagten Menschen im ersten Augenblick schwerfallen, sich auf dem Schiff zurechtzufinden. Ein 25 000-Tonnen-Schiff ist schon eine kleine Stadt, in der man sich leicht verlaufen kann. Besonders für die Kinder bedeutet dieses Labyrinth von Gängen, Treppen und Decks die Versuchung für Entdeckungsreisen und damit die Möglichkeit des Verirrens. Auch hieran muß gedacht werden. Man versucht, durch Anbringung großer, farbiger Hinweisschilder, durch Wegweiser an den Treppenaufgängen und durch ähnliche Vorsichtsmaßnahmen, dieser Gefahr vorzubeugen. Die Schiffsführung ist für die Sicherheit von Tausenden von Menschenleben verantwortlich und muß daher im Bewußtsein dieser Verantwortung alles nur Erdenkliche tun.

Nicht nur der Kapitän des Schiffes, Friedrich Petersen, sein I. Offizier Louis Reese, die Decksoffiziere, der Oberzahlmeister, sondern alle, die zur Besatzung gehören, fühlen sich in diesen Vorbereitungsstunden der Umrüstung vom ›Wohnschiff‹ zum ›Flüchtlingsschiff‹ dafür verantwortlich, sicherzustellen, daß alles Menschenmögliche getan wird. Die wertvolle Menschenlast, die die *Gustloff* erwartet, erfordert den planvollen Einsatz aller Kräfte und die Anordnung vieler Maßnahmen.

VORSORGE FÜR DEN ›ERNSTFALL‹

Die Schiffsleitung der *Gustloff* muß auch für einen möglichen ›Ernstfall‹ Vorsorge treffen:

Die Alarmanlagen und die Verschlüsse der eisernen Schotten werden ausprobiert. In allen Schiffsgängen befinden sich große eiserne Türen. Drückt man auf der Kommandobrücke der *Gustloff* auf einen bestimmten Knopf, wird die bestimmte Tür automatisch geschlossen und läßt sich nicht wieder öffnen. Eine Schließung wird notwendig, falls das Schiff durch Bomben oder Torpedos beschädigt ist und Wasser eindringt. In den bedrohten Gängen werden dann die Schottentüren geschlossen, und das Wasser kann nicht weiter vordringen. Wer sich aber in diesem Augenblick in einem dieser Gänge befindet oder gar in einer in diesem Deck befindlichen Kabinen wohnt, der ist im Katastrophenfall hoffnungslos verloren; eingeschlossen wie eine Maus in der Falle, muß er dem Tod ins Auge sehen oder den letzten Ausweg wählen, wenn dieser noch offen ist: Zu versuchen, sich, wenn es sein Körperbau zuläßt, durch das runde Bullauge hindurchzuzwängen und in die See fallen zu lassen.

Nur diejenigen Besatzungsmitglieder, die schon seit Jahren zur See fahren, wissen von dieser Sicherheitsmaßnahme... Sie ist für die Betroffenen, die sich nicht mehr selbst zu retten vermögen, sicherlich grausam, aber unabänderlich. Das Schottenschließen hat sich schon oft segensreich ausgewirkt. So manches Schiff ist dadurch vom völligen Untergang bewahrt geblieben, und die Zahl der Opfer stand in einem geringen Verhältnis zu der Zahl der Menschen, die durch diese Maßnahme am Leben geblieben sind.

Aber es wird noch mehr für die Sicherheit der Passagiere getan.

Der *Gustloff* fehlen für die bevorstehende Flucht über die Ostsee noch Rettungsboote, Kutter und Flöße.

Es ist jedoch ganz unmöglich, so rasch so viele Rettungsboote und Flöße herbeizuschaffen, damit für jeden der 6 000 Passagiere, ob Kind, Frau oder Mann, ein Platz gesichert ist. Deshalb müssen auch noch einige tausend Schwimmwesten beschafft werden.

Diese werden nun in Lastkraftwagen herangeschafft. Matrosen schleppen die kostbaren Rettungsmittel an Deck, wo sie zunächst aufgestapelt werden.

Aber nicht nur von See, durch U-Boote, Schnellboote und vor allem Minen, droht Gefahr für das Schiff. Man muß auch mit Luftangriffen rechnen. Zur Abwehr von Tieffliegerangriffen werden deshalb einige Flakgeschütze an Bord gebracht und auf Deck aufgestellt. Für eine ordnungsgemäße Befestigung hat man allerdings keine Zeit mehr. Es gibt wohl auch niemanden, der damit rechnet, daß diese Geschütze tatsächlich eingesetzt werden müßten.

Aber — man will auf alles gefaßt sein.

Zwischendurch, wenn es die Zeit zuläßt, werden sowohl des Nachts als auch am Tage U-Boot- und Fliegeralarm geprobt. Die beteiligten Männer der zivilen Stammbesatzung, zum größten Teil ältere, seeerfahrene Leute, lächeln vereinzelt über diesen ›militärischen Zirkus‹, wie sie diese Bootsmanöver nennen. Schließlich sitzt bei ihnen seit vielen Jahren jeder Handgriff spielend. Sie könnten fast im Schlaf ein Rettungsboot zu Wasser bringen. Wie oft schon haben sie die Bootsmanöver für den ›Ernstfall‹ geübt! Aber noch nie ist ein solcher ›Ernstfall‹ eingetreten.

Keiner von ihnen ahnt, wie unmittelbar dieser ›Ernstfall‹ bevorsteht.

Auf der Kommandobrücke der *Gustloff* macht man sich aber nicht nur Sorgen um die Heranschaffung von Proviant und Rettungsmitteln, sondern vielmehr auch um die Heranziehung weiterer Personals. Während der jahrelangen Liegezeit des Schiffes war der Maschinenraum nur halb besetzt, die Funkstation war außer Betrieb gewesen, und man hatte nur das Personal an Bord, das unbedingt erforderlich war. Auf dem Wohnschiff *Wilhelm Gustloff* ist keiner zuviel an Bord. Nun aber, da das Schiff in wenigen Tagen wieder fahrbereit sein soll, muß rasch gehandelt werden, um das dringend erforderliche Personal zu erhalten.

Selbst auf der Kommandobrücke der *Gustloff* fehlt es an Offizieren und Brückenpersonal.

Weder Friedrich Petersen noch Louis Reese wollen allein die Verantwortung für die nächste Reise der *Gustloff* übernehmen; sie fordern weitere Navigationsoffiziere an, Obersteuerleute und Brückenpersonal.

Telegrafisch bittet Kapitän Petersen bei der Kriegsmarinedienststelle Hamburg um zwei jüngere Handelsschiffskapitäne, die während der ersten Reise der *Gustloff* als ›Flüchtlingsschiff‹ und der »kriegswichtigen Verlegung der 2. Unterseebootslehrdivision in einen westlich gelegenen Ostseehafen« auf der Kommandobrücke als Fahr- und Wachkapitäne eingesetzt werden sollen.

Kapitän Heuer, Leiter der Personalabteilung der KMD im Hamburger Chilehaus fällt es nicht schwer, den Wunsch des *Gustloff*-Kapitäns zu erfüllen. Viele Handelsschiffskapitäne sind in den letzten Kriegsmonaten durch den Verlust ihrer Schiffe schiffs- und arbeitslos geworden. Sie wohnen auf dem ›Durchgangsschiff‹ *Jupiter* im Hamburger Hafen, einem ›Wohnschiff für arbeitslose Seeleute‹.

Die Wahl Heuers fällt auf die beiden erfahrenen Kapitäne des Norddeutschen Lloyd, den 35jährigen Heinz Weller und den fast gleichaltrigen Karl-Heinz Köhler. Beide werden sofort nach Danzig in Marsch gesetzt mit dem Auftrag, sich bei der Marinedienststelle Danzig die Einsatzanweisungen abzuholen. Und sie erfahren tags darauf hier erst von Kapitän Leithäuser, daß sie auf die *Wilhelm Gustloff* kommandiert werden.

»Dann man nichts wie hin«, kommentiert Heinz Weller diesen ›Marschbefehl‹ nach Gotenhafen. Mit der Fähre gelangen sie nach Oxhöft und melden sich an Bord.

Knapp einhundert Kilometer südöstlich von Gotenhafen, am Anfang des Frischen Haffs, liegt die Stadt Elbing. Die Entfernung von Elbing und Danzig ist noch geringer. Neunzigtausend Menschen wohnten in normalen Zeiten in den Mauern dieser Stadt. Doch seit dem 16. Januar 1945, drei Tage nach dem Beginn der großen russischen Winteroffensive, hat sich das Bild in Elbing grundlegend gewandelt.

Von heute auf morgen wurde Elbing eine Flüchtlingsstadt.

Bis Mitte Januar 1945 lebte man hier noch fast wie im tiefsten Frieden. Über Nacht änderte sich plötzlich das Bild. Überraschend tauchten endlose Wagenschlangen auf, zu Hunderten zogen Pferdefuhrwerke mit Menschen — Frauen, Kindern und alten Männern — in die Stadt ein. Die Elbinger Einwohner blickten zunächst verwundert aus den Fenstern, rannten auf die Straßen und konnten es im ersten Augenblick überhaupt nicht fassen und begreifen, daß diese Menschen Haus und Hof verlassen haben.

Nun aber atmeten diese Vertriebenen auf, jetzt waren sie ja in Sicherheit. Denn Elbing war nicht gefährdet. Niemals, so glaubten sie alle, die in dieser Stadt wohnten oder hier Zuflucht gefunden hatten, würde der Russe bis hierher vordringen.

Am Sonntag, dem 21. Januar 1945, hatte man die Nachricht verbreiten lassen, daß Himmler, der Reichsführer der SS, auf der Marienburg sei und den Oberbefehl über die Heeresgruppe Weichsel übernommen habe.

Nun konnte angeblich überhaupt nichts mehr passieren. Es konnte nur noch Tage dauern, dann würde, wie im Herbst 1944, der letzte Russe aus Ostpreußen wieder verjagt worden sein. Und dann konnten alle, die mit den Trecks nach Elbing gekommen waren, wieder nach Hause.

Das glaubten viele. Aber die Wirklichkeit sah anders aus.

Konnte man das alles glauben, was diese Menschen aus den ostpreußischen Grenzgebieten, die nach Elbing geflüchtet waren, erzählten? Das wäre ja grauenhaft! Wenn nur ein Bruchteil davon wahr wäre, war das schon ungeheuerlich. Aber nur wenige Elbinger glaubten, was man auf der Straße erzählte. Es wurde zuviel erzählt in diesen Tagen, oft um vielleicht Mitleid zu erregen und Hilfe zu erhalten. So wurden nicht alle Schreckensnachrichten, die die Flüchtlinge nach Elbing trugen, für bare Münze genommen.

Auch dem Oberbürgermeister der Stadt Elbing, Dr. Hans Lesser, sind die Aussagen von Flüchtlingen zu Ohren gekommen. Er ist dadurch nachdenklicher geworden als vielleicht die meisten Bürger seiner Stadt. Er hat ohnehin genug Sorgen. Die Versorgungslage der Stadt mit Lebensmitteln und Bekleidung bereitet ihm erhebliches Kopfzerbrechen. Immerhin sind jetzt doppelt soviel Menschen in Elbing, als die Stadt früher an Einwohnern zählte, es mögen rund 200 000 sein.

Zwar sind viele Trecks schon in Richtung Danzig-Gotenhafen weitergezogen, aber immer neue Menschenmassen strömen vom Osten her ein. Mit jedem Tage, ja — mit jeder Stunde wird die Lage kritischer.

Seine Bemühungen, über die Lage an der Front Näheres zu erfahren, waren bisher ergebnislos verlaufen. Wenn auch durch Verwundetentransporte und militärische Stellen bereits durchgesickert ist, daß die gewaltige russische Winteroffensive die deutsche Front an vielen Stellen aufgerissen hatte und unmittelbare Gefahr für ganz Ost- und Westpreußen besteht, so kann sich der Elbinger Oberbürgermeister doch kein umfassendes Bild über die notwendigen Vorkehrungen für die nächsten Tage und Wochen machen. Vom Kreisleiter der NSDAP hörte er, daß die Russen vor einigen Tagen zurückgeschlagen seien und die militärische Lage sich stabilisiert habe. Der Kreisleiter wußte dies vom Gauleiter. Nach solchen Informationen aus erster Quelle der Partei war also Elbing nicht gefährdet.

Fast schien es auch so. Denn in der ganzen Stadt herrschte trotz einer nie gekannten Betriebsamkeit verhältnismäßig Ruhe. Von einer Panikstimmung war nirgends etwas zu spüren. Daß die Gaststätten und Cafés Tag und Nacht geöffnet und überfüllt waren, dafür hatte man Verständnis, suchten doch in ihnen hier viele Schutz vor der grimmigen Kälte. Aber sonst lief alles diszipliniert ab. Selbst vor dem großen Kino am Friedrich-Wilhelm-Platz, in dem der Film ›Opfergang‹ zu sehen war, drängten sich die Menschen.

So gesehen schien für Elbing wirklich keine Gefahr.

Trotzdem — — — Dr. Lesser ist mißtrauisch. Eine innerliche Unruhe zwingt ihn immer wieder zu neuen Überlegungen. Schon seit Tagen versucht er, einem vielleicht drohenden Chaos entgegenzuwirken und befaßt sich mit Evakuierungsplänen. Er muß sich einfach die Frage stellen: »Was geschieht, wenn...« Und er weiß, daß er sich damit im Gegensatz zu den Anordnungen der Parteidienststellen befindet.

Von der Gauleitung der NSDAP Danzig-Westpreußen ist es kategorisch abgelehnt worden, Gespräche über eine eventuelle Evakuierung der Bevölkerung Elbings zu führen. Warum auch? Die Front ist ja so weit entfernt und der Russe zurückgeschlagen.

So verkündet es der Gauleiter in Danzig.

Aber hat nicht auch der Gauleiter von Ostpreußen, Koch, immer wieder stolz verkündet: »Kein Russe betritt jemals ostpreußischen Boden?!«

Und wie schnell standen russische Truppen auf ostpreußischem Boden.

Elbings Oberbürgermeister Dr. Lesser glaubt nicht mehr so recht daran, was die Gauleiter der NSDAP und die Dienststellen der Partei sagen.

Er hat deshalb seinen Beamten die mündliche Anweisung gegeben, allen Menschen, die Elbing verlassen wollen, hierbei, soweit dies überhaupt möglich ist, jede Hilfe zu gewähren. Auch hat er die meisten weiblichen Bediensteten der Elbinger Stadtverwaltung in Urlaub geschickt oder ihnen empfohlen, den Urlaub irgendwo im westlicheren Deutschland zu verbringen. Dadurch hat er, ohne dies bei seiner Entscheidung zu ahnen, vielen hundert Menschen das Leben gerettet.

Für die Bürger der Stadt Elbing ist es gar nicht so einfach, die Stadt zu verlassen und nach Westen zu reisen. Es geht in diesen Tagen in Deutschland eben noch nicht ohne Abmeldungen, Bescheinigungen, Stempel und endlos langes Warten vor den Behörden und Dienststellen. Die Menschen, die trotzdem diese Mühe auf sich nehmen, wissen ein Lied davon zu singen. Auf dem Elbinger Bahnhof herrscht ein Betrieb, wie er hier noch nie zu verzeichnen war. Längst reichen die Personenzüge nicht mehr aus, um die Menschen nach Westen zu befördern. Man benutzt seit Tagen schon Güterzüge, sogar offene Waggons. Wagen reiht sich an Wagen, um alles abzutransportieren, was fort will. Die meisten dieser ›Reisenden‹ sind allerdings keine Elbinger. Es sind Flüchtlinge, die weiter wollen, irgendwohin nach Westen. Ihnen ist Elbing nicht sicher genug.

Und was diese Pessimisten prophezeien, ist schlimm genug.

Auch hierher wird eines Tages der Russe kommen — früher oder später — vielleicht in einem Monat — oder aber erst in zwei Monaten —. Aber kommen wird er...

Daß aber der Russe noch an diesem Tage, dem 23. Januar 1945 nach Elbing kommen wird, das ahnt freilich niemand.

Auch Dr. Lesser nicht.

Elbings Oberbürgermeister hat an diesem Dienstagnachmittag eine wichtige Konferenz im Rathaus. Es geht, wie schon oft zuvor, um die Versorgungslage der Stadt, die Heranschaffung von Lebensmitteln und Bekleidung für die Flüchtlinge. Aus Danzig ist von der dortigen Regierung ein Oberregierungsrat erschienen, um an der Besprechung teilzunehmen. Gerade wird festgestellt, daß die vorhandene Verpflegung für zwei Monate ausreichen muß — da klingelt das Telefon.

Ruhig und gelassen nimmt Dr. Lesser den Hörer ab.

Er fällt ihm fast aus der Hand...

Er wird leichenblaß. Seine Gesprächspartner starren ihn an.

»Was sagen Sie da — der Russe ist durchgebrochen — er ist schon in Preußisch-Holland...?«

Alle im Zimmer des Elbinger Oberbürgermeisters halten den Atem an, so erschrocken sind sie.

Preußisch-Holland liegt 20 km vor Elbing.

Nachdem das lähmende Entsetzen von den Anwesenden gewichen ist, greift Dr. Lesser zum Telefon, ruft den Kampfkommandanten der Stadt an, fragt, ob die Nachricht stimmen könne...

Zunächst ist es am anderen Ende der Leitung sehr ruhig.

Der Gesprächspartner hat zwar den Hörer abgenommen, aber er sagt zunächst nur: »Eine Augenblick bitte...!«

Dann hört Dr. Lesser nur fünf Worte:

»Russische Panzer sind in Pomehrendorf!«

Zweimal wiederholt Dr. Lesser diese Meldung. Dann legt er den Hörer auf die Gabel und blickt aus dem Fenster. Wenn die Russen schon in Pomehrendorf waren, dann müssen sie in wenigen Minuten hier sein. Denn zwischen Pomehrendorf und Elbing liegen nur ganze acht Kilometer.

Der Oberbürgermeister blickt auf die Uhr.

Es ist kurz vor achtzehn Uhr. Die Dämmerung senkt sich über die Stadt.

Die Herren bei ihm sind aufgestanden und zum Fenster getreten. Noch keiner kann es fassen.

»Die Russen kommen!«

Die Russen kommen wirklich.

Das ist kein Gerücht mehr, das ist die rauhe Wirklichkeit.

Plötzlich rattern Maschinengewehre, Panzerkanonen ballern. Auf der Straße herrscht plötzlich eine merkwürdige Unruhe...

Die Männer im Zimmer des Elbinger Oberbürgermeisters hören diesen Lärm, blicken auf die Straße... Das Rasseln der Panzerketten wird immer deutlicher. Es ist soweit.

Russische Panzer sind in Elbing.

Das alles ist fast wie ein Spuk, wie eine Vision.

Doch was die Männer sehen und hören, ist nicht wegzuleugnen.

Dr. Lesser und den Männern in seinem Zimmer stockt der Atem, so überrascht sind sie alle, so entsetzt.

Da rollen die graubraunen stählernen Kolosse mit Hammer und Sichel in die Straße, nach allen Seiten schießend und alles niederwalzend, was sich ihnen in den Weg stellt.

Da ist es eine vollbesetzte Straßenbahn, die plötzlich im Wege steht, die im nächsten Augenblick mit allen den Menschen, die darin sind, umgestoßen wird, und zwischen den Fahrgästen, die noch abspringen können, detonieren die Geschosse der Panzerkanonen.

Man muß die Augen schließen, um das nicht mit ansehen zu müssen.

Aber die Bilder werden noch schrecklicher.

Da plötzlich ein neuer Widerstand. Ein langer Flüchtlingstreck, Pferde, Wagen, Menschen — soeben in Elbing angekommen — steht auf der Straße im Weg. Die Panzer lassen sich nicht aufhalten. Erbarmungslos rollen sie auf den Treck zu. Die Menschen auf den Wagen glauben zu träumen, sind im nächsten Augenblick zu Tode erschrocken. Schreie des Entsetzens, als die ersten Panzer Pferde, Wagen und Menschen zermalmen...

Nur wenige Minuten dauert dieses grauenhafte Schauspiel, diese Entfesse-lung der Hölle gegen wehrlose Frauen und Kinder.

Dann rollen die Panzer weiter durch Elbings Straßen, kommen außer Sicht.

Inzwischen hat der Elbinger Kampfkommandant die wenigen Soldaten, die in der Stadt sind, alarmiert. Am Elbinger Bollwerk versucht man, die Panzer zu stoppen. Zwei der Kolosse bleiben, von Panzerfäusten getroffen, bewegungslos liegen.

Die anderen fünf aber verschwinden, so rasch wie sie gekommen sind, in der jetzt angebrochenen Winternacht.

War es nur eine Panzerspitze?

Niemand kann diese Frage beantworten.

Jetzt ist Elbing keine ruhige Stadt mehr. Was sich in den nächsten Minu-ten und Stunden der folgenden Nacht hier abspielt, ist ohne Beispiel in der Geschichte einer deutschen Stadt.

In Elbing rast die Panik.

In Windeseile hat sich die Schreckensnachricht vom Eindringen der russischen Panzer bis in den entferntesten Häuserwinkel verbreitet, unter den Elbingern wie unter den Flüchtlingen.

»Die Russen sind in Elbing...!«

Plötzlich glauben nun auch die Elbinger das, was ihnen die Flüchtlinge seit Tagen erzählen, alles das, was bisher kaum glaubhaft schien, was man für unmöglich gehalten hatte.

Jetzt zweifelt jeder an der Sicherheit dieser Stadt.

Nach dieser Panzervorhut würden sicher weitere Panzer kommen — mehr und mehr — und Geschütze und Soldaten — erdbraune Gestalten, von denen man weiß, daß sie keine Gnade kennen und kein Erbarmen mit den Frauen. Was das bedeutet, wissen die Elbinger von den Flüchtlingen, die die russische Soldateska bereits erlebt haben und ihr entkommen konnten. Keiner der jetzt in Elbing befindlichen Flüchtlinge will noch einmal den Russen in die Hände fallen. Die Elbinger wollen das ebensowenig.

Der materielle Schaden, den die sieben russischen Panzer während ihres Vorstoßes bis in die Elbinger Innenstadt angerichtet haben und die Zahl der zu beklagenden Toten und Verwundeten ist zwar, gemessen an anderen Kriegsereignissen nicht sehr hoch. Der psychologische Schaden, den ihr urplötzliches Auftauchen in dieser so ungefährdet erscheinenden Stadt angerichtet hat, ist ungeheuerlich, ist nicht mehr gutzumachen. Hier helfen keine Befehle mehr und keine Parteiparolen. Die Tatsachen wirken stärker. Und Tatsache ist: In Elbing sind russische Panzer. Schneller als ein Feuer hat sich diese Nachricht verbreitet.

Jetzt, da die Nacht hereingebrochen ist und das Thermometer bereits unter 22 Grad minus gesunken ist, beginnt die Flucht der Massen, der Aufbruch einer ganzen Stadt, die große Panik, die Elbings Oberbürgermeister Dr. Lesser zu verhindern suchte.

Eine Stadt, die nicht geräumt werden sollte, flieht.

Aus den Häusern stürzen die Menschen, Frauen und Kinder. Viele von ihnen sind völlig unzureichend bekleidet. Ihr Flüchtlingsgepäck besteht oft nur in einer Handtasche mit Papieren und Geld. Das ist alles, was die meisten mitnehmen. Zum Packen ist keine Zeit mehr. Jeden Augenblick können neue Panzer kommen — und die russischen Soldaten.

Im Nu drohen die Straßen zu verstopfen. Die Flüchtlingstrecks, die oft seit Tagen stillgestanden haben, setzen sich plötzlich wieder in Bewegung, verlassen in panischer Eile die bedrohte Stadt.

Währenddessen bemüht sich Oberbürgermeister Dr. Lesser, dem drohenden Chaos Einhalt zu gebieten. Doch er ist machtlos. Zu schnell ist alles gekommen, zu überraschend. An eine gelenkte Aktion ist nicht mehr zu denken.

In Elbing kommandiert die Angst!

Und die Partei?

Der Kreisleiter befiehlt: ›Räumungsstufe III!‹«

Das bedeutet, daß die gesamte Bevölkerung der Stadt Elbing, auch die

Leiter der Behörden und Dienststellen, die Stadt zu verlassen haben. Dr. Lesser erhält diesen Befehl telefonisch, hält noch einmal Rückfrage, gibt dann die Anweisung weiter.

Nun hat er Rückendeckung.

Elbing wird restlos geräumt.

Wird das überhaupt möglich sein?

Zehntausende sind jetzt auf den Staßen der Stadt. Frauen, Kinder, Greise. Viele tragen Rucksäcke und Koffer, andere ziehen Leiterwagen hinter sich her. Andere tragen nur eine Tasche, mehr nicht. Über die Fliehenden pfeift ein eisiger Nachtwind hinweg. Zu Tausenden sind sie auf den Beinen, zu Zehntausenden. Sie strömen der großen Brücke zu.

Überall Menschen und nochmals Menschen, Pferde, Wagen, Kisten, Säcke — und die Angst.

Die Angst peitscht sie aus der Stadt. Das Entsetzen ist noch in den Gesichtern derjenigen zu lesen, die die russischen Panzer sahen und das Krepieren ihrer Geschosse unter den Menschen. Noch klingt ihnen das Geschrei der Verwundeten in den Ohren. Schrecklich. Grauenhaft.

Einige der Fliehenden blicken verängstigt nach oben in den dunklen Nachthimmel. Wenn jetzt, in diesen Augenblicken, russische Schlachtflieger und Bomber erscheinen, wenn sie aus den Wolken hervorstoßen und mit ihren Bomben und Bordwaffen den Zug der Hunderttausend zum Ziel nehmen, dann wird Elbing in wenigen Augenblicken eine tote Stadt sein, und in den Straßen werden sich die Leichen häufen...

Gott möge das verhüten — — —

Wie viele Gebete mögen in diesen Augenblicken, in diesen bangen Minuten zum Himmel steigen? So hart kann ein Schicksal nicht sein, so gnadenlos unbarmherzig —

Und der Himmel hat Erbarmen.

Der Angriff russischer Flieger bleibt aus.

Der Auszug einer ganzen Stadt geht weiter.

Auf dem Elbinger Bahnhof gibt die Feldpolizei gegen Mitternacht alles Bemühen auf, Ordnung zu schaffen. An eine Kontrolle ist überhaupt nicht mehr zu denken. Hier regiert das absolute Chaos, der Wille, das nackte Leben zu retten, rauszukommen aus dieser Stadt.

Doch auch in dieser Situation behalten die verantwortlichen Transportleiter der deutschen Reichsbahn, der Wehrmacht und anderer Dienststellen die Nerven. Was diese Männer in diesen Stunden leisten, ist beispielhaft, bewundernswert. Alle überhaupt noch verfügbaren Wagen, ob Personen- oder Güterwagen, werden zusammengeschoben, aneinandergereiht, zu endlos erscheinenden Zügen zusammengestellt.

Total überfüllte Züge verlassen Elbing. Selbst auf den Dächern hocken Gestalten, auf Trittbrettern geklammert, in den Bremshäusern der Güterwagen, auf den Puffern zwischen den Wagen stehend — Menschen, Menschen, Menschen.

Und diese Züge, die Elbing in dieser Nacht verlassen, haben nur ein Ziel: Gotenhafen.

Aber nur ein Bruchteil der Menschen, die Elbing verlassen wollen, hat das Glück, einen Platz in einem Personen- oder Güterwagen zu erhalten und mit der Bahn zu fliehen. Der Ansturm auf die Züge ist viel zu groß, um alle Menschen auf einmal, in einer Nacht, abzutransportieren.

Zum Glück hat sich im Laufe der Nacht die Lage in Elbing etwas beruhigt.

Oberbürgermeister Dr. Lesser ist noch im Rathaus, trifft mit seinen Beamten seine Anweisungen, versucht das Menschenmögliche.

Kurz nach Mitternacht klingelt das Telefon. Gauleiter Forster aus Danzig ist der Anrufer.

»Ich werde jeden Behördenleiter erschießen lassen, der Elbing verläßt!«

Aber dazu wird der Gauleiter keine Gelegenheit mehr haben. Oberbürgermeister Dr. Lesser stellt fest, daß aufgrund des Kreisleiterbefehls, die Räumungsstufe III anzuordnen, die meisten Behördenleiter Elbing schon verlassen haben.

Wütend wirft der Gauleiter der NSDAP für Danzig-Westpreußen den Hörer auf die Gabel.

Die Stunden verrinnen. Auch diese Nacht geht zu Ende.

Ein neuer russischer Vorstoß bleibt aus.

Trotzdem bleibt die Stadt im Aufbruch. Zug um Zug verläßt den Bahnhof, Treck um Treck verläßt die Stadt.

Denn niemand weiß, wie lange diese Ruhe dauert.

Vielleicht ist es nur die Ruhe vor dem großen Sturm.

Die militärischen Stellen, die durch den Panzereinbruch in Elbing alarmiert worden sind, haben noch am Abend ihre Entscheidungen getroffen und die Verteidigungsstellungen um Elbing bezogen. Sie erkennen sehr schnell die Absicht der Russen. Diese zielt anscheinend nicht darauf ab, die Stadt Elbing einzunehmen, sondern der Vorstoß der Russen geht östlich an Elbing vorbei zum Frischen Haff hin. Damit wird der russische Kessel um die 4. deutsche Armee, die noch in Ostpreußen steht, geschlossen. Dadurch aber bricht der Flüchtlingsstrom von Osten her nach Elbing ab. Nur noch vereinzelt treffen im Laufe der Nacht Flüchtlinge in der Stadt ein.

Aber nun droht Elbing eine größere Gefahr.

Immer mehr schließt sich der Ring um diese Stadt. Schon am nächsten Tag wird die Bahnlinie nach Danzig-Gotenhafen abgeschnitten und auch die Straßenverbindung. Damit sitzen alle, die noch in Elbing sind, buchstäblich in der Falle. Nur ein letzter Weg führt noch hinaus.

Er führt nach Norden, in die Niederung des Nogat- und Weichseldeltas.

Die letzte Hoffnung für die noch Zurückgebliebenen sind die Zerstörer, Torpedoboote und Begleitboote, die am Ende des Elbing-Flusses, am Ausrüstungsbecken der Schichau-Werft, liegen. Dorthin konzentriert sich jetzt der Flüchtlingsstrom der Elbinger.

Jetzt greift der Russe ein.

Mit Stalinorgeln und Bombern versucht er, das Hafengebiet zu zerstören. Doch das gelingt ihm nicht. Trotz vieler Opfer gelingt die Flucht über das

Wasser, durch die schmale Rinne des fast zugefrorenen Haffs.

Die Schiffe, wie auch die Trecks und die Eisenbahnzüge, die Elbing in diesen zwei Tagen verlassen, haben das gleiche Ziel:

Gotenhafen.

Das ist der große Hafen der letzten Hoffnung.

Das ist das Tor zum Leben.

Das hoffen die Elbinger und die aus dieser Stadt kommenden Flüchtlinge.

Am Morgen des 25. Januar 1945 treffen die ersten in Gotenhafen ein. Der Sturm auf die Schiffe beginnt.

Das größte und schönste Schiff ist die *Gustloff*. So glauben viele.

ALLE WOLLEN AUF EIN SCHIFF, DIE *GUSTLOFF*

Doch es ist nicht einfach, an Bord der *Gustloff* zu gelangen, die in Gotenhafen-Oxhöft an der Pier liegt und die letzten Vorbereitungen trifft, einige tausend Flüchtlinge an Bord zu nehmen.

Die Belegung des Schiffes hat »nach den Richtlinien der Gauleitung« zu erfolgen, hieß es in dem Dönitz-Befehl, der über Nacht die *Gustloff* zu einem ›Flüchtlingsschiff‹ gemacht hatte.

Bei der Kreisleitung und auch der Ortsgruppenleitung der NSDAP in Gotenhafen versuchte man krampfhaft, mit energischer und kleinkarierter Bürokratie die ›Richtlinien‹ zu befolgen. Das bedeutet: Jeder, der auf die *Gustloff* will, muß einen ›Ausweis‹ erhalten.

Zunächst wollen die Parteileute ihren eigenen Familien, Verwandten, Freunden und Bekannten, einen Platz auf dem Schiff sichern. Immerhin ist die *Gustloff* im Gegensatz zu allen anderen in Gotenhafen liegenden Handelsschiffen, die ausnahmslos Reedereien gehören, nicht Reederei-Eigentum, sondern gehört der ›Deutschen Arbeitsfront‹. Die *Gustloff* gehört also der Partei.

Und deshalb, so meinen viele Leute in den Parteidienststellen, muß man zunächst diejenigen mit einem ›Fahr-Ausweis‹ bedenken, die der Partei angehören.

Durch diese Maßnahmen werden die ›Fahr-Ausweise‹ für die *Gustloff* zu begehrten Handelsobjekten, zu einer Art ›Mangelware‹, für deren Besitz manche Leute sogar Geld anbieten. So ist es kein Wunder, daß schon wenige Stunden nach Ausgabe dieser wertvollen ›Lebensrettungsscheine‹ die ersten Exemplare schwarz gehandelt werden.

Die Menschen, die vor dem Büro der Kreisleitung der NSDAP in Gotenhafen in bitterster Kälte in endlosen Schlangen warten, um einen solchen ›Gustloff‹ Fahrausweis zu erhalten, scheren sich aber wenig darum, was die Gauleitung in Danzig befohlen hat und was die Partei denkt. Sie alle, die aus dem ostpreußischen Grenzgebiet tagelang hierher getreckt sind, und die Flüchtlinge aus dem Elbinger Raum, haben Angst, doch noch den Russen in die Hände zu fallen. Sie warten und warten, werden aber immer ungeduldiger. Die meisten, die in der Menschenschlange stehen, sind Mütter und Kinder, aber auch viele alte Leute.

Das Gedränge und Geschiebe vor dem Kreisleiterbüro wird von Stunde zu Stunde größer. Es geht allen zu langsam. Die meisten können es kaum erwarten, dieses Stückchen Papier, das die endgültige Rettung vor den Russen bedeutet, in den Händen zu haben.

Jede Minute weiteren Wartens kostet Nerven. Und gute Nerven hat kaum noch jemand. Jetzt, nach den Strapazen der ersten Fluchttage und -wochen, so kurz vor der Rettung, will niemand aufgeben.

Nur noch den Fahrschein für die *Gustloff*, so fiebert es ungeduldig in ihnen, nur noch den Fahrschein, dann ist es endlich geschafft, dann ist man in Sicherheit. Denn die *Gustloff*, dieses große Schiff, bedeutet absolute Sicherheit — — —

Die Menschen aus Gotenhafen, die hier wohnen und leben, die auch schon vereinzelt nach einem *Gustloff*-Fahrausweis anstehen, können kaum verstehen, warum die anderen Wartenden so ungeduldig sind. Sie wissen noch nichts von dem Schrecken der Flucht, sie tragen das Schicksal der »Evakuierung der nichtkampffähigen Bevölkerung Gotenhafens« mit großer Gelassenheit und Ruhe. Aber diejenigen, die gestern und vorgestern aus Elbing gekommen sind, die wissen, worum es geht, denken daran, daß der Russe in den nächsten Tagen auch schon in Gotenhafen sein könnte. Gebe Gott, daß sie dann schon mit der *Gustloff* unterwegs sind, über die Ostsee, nach Westen.

Von diesem Schiff, der *Gustloff*, erzählt man sich Wunderdinge. Es soll phantastisch eingerichtet sein, eine mustergültige Krankenstation an Bord haben und sogar eine Geburtsklinik. Es soll ein großes und sauberes Schiff sein mit vielen Sälen, Räumen und schönen Kabinen und vor allem: Die *Gustloff* soll unsinkbar sein, eine Burg auf dem Wasser.

Das erzählen sich die Leute in Gotenhafen, während sie vor dem Kreisleiterbüro warten und auf einen Fahrausweis für die *Gustloff* hoffen. Das Schiff wird zur Hoffnung für Tausende. Vieles, was man Positives über das Schiff erzählt, ist stark übertrieben. Aber die Menschen glauben es.

Der Name *Wilhelm Gustloff* erhält den Nimbus der absoluten Sicherheit, der sichersten Rettung über die Ostsee vor den anstürmenden Russen.

Schnell erkennen die verantwortlichen Parteileute im Gotenhafener Kreisleiterbüro, daß es doch weit mehr ›Nicht-Mitglieder‹ der NSDAP gibt, als sich die Gauleitung dies wohl vorgestellt haben mag.

Die Parteimitglieder sind in der absoluten Minderheit.

Nachdem mehrere Flüchtlingsfrauen auf die Frage, ob sie der Partei angehören, den Herren in den braunen Uniformen mit der Hakenkreuzbinde einige nicht mißzuverstehende Grobheiten an den Kopf geworfen haben, geht es plötzlich reibungsloser. Man verzichtet darauf, nach der Parteizugehörigkeit zu fragen, nimmt einfach an, daß jeder in der Partei ist und gibt die *Gustloff*-Fahrausweise an alle aus. Die Gotenhafener Parteileitung begnügt sich damit, für einige besonders profilierte Persönlichkeiten der Partei und gute Bekannte der sogenannten ›Gotenhafener Gesellschaft‹ einige ›Fahr-Ausweise‹ für die *Gustloff* zu ›reservieren‹.

Insgesamt sollen zunächst viertausend Fahr-Ausweise ausgegeben werden, so befiehlt es die Gauleitung. Wie viele Menschen außerdem aber ohne Fahrschein als ›blinde Passagiere‹ an Bord gelangen werden, steht in keinem Befehl, das ergibt die Situation an der Oxhöfter Pier. Hier offenbart sich die Diskrepanz zwischen den Schreibtischanordnungen der Parteileitung und der rauhen Wirklichkeit. Hier am Fallreep der *Gustloff* sieht es wesentlich anders aus, als man in Danzig bei der Gauleitung und in Gotenhafen bei der Kreisleitung der NSDAP vermutet hatte oder wahrhaben wollte. Hier offenbaren sich die ersten Anzeichen einer Unruhe, die von Stunde zu Stunde wächst — und, wenn sie nicht bald durch die Anbordnahme der ersten Flüchtlinge zerstreut wird, sich zu einem Chaos, zu einem unkontrollierbaren Sturm auf das Schiff auswachsen wird.

Aber soweit soll es nicht kommen.

DIE EINSCHIFFUNG BEGINNT

25. Januar 1945.

Endlich ist es soweit. Die Vorbereitungsarbeiten für die Anbordnahme von Flüchtlingen und Verwundeten sind abgeschlossen. Die Einschiffung kann beginnen.

Als die Nacht dem Morgen weicht und es heller wird, beginnt der Ansturm auf die *Gustloff.* Unsanft werde ich an diesem Morgen geweckt. Ich habe nur drei Stunden geschlafen, da reißt mich ein lautes Pochen an der Kammertür aus dem Schlaf:

»Aufstehen — es geht los«, höre ich die Stimme des Nachtstewards Weber.

»Was geht los?« — — denke ich.

Doch im nächsten Augenblick bin ich hellwach, springe aus der Koje, schaue durch das Bullauge nach draußen. Es muß sich wie ein Lauffeuer in Gotenhafen herumgesprochen haben, daß an diesem Morgen die *Gustloff* mit der Einschiffung beginnt. Denn über das breite hölzerne Fallreep schiebt sich bereits eine Menschenmenge an Bord, und am Kai steht eine kaum übersehbare Menschenschlange. Es sind meist Frauen mit Kindern, die an Bord wollen, aber auch viele alte Männer und Jungen, die es besonders eilig haben, auf das Schiff zu gelangen.

Sehr rasch zeigt sich, daß die »Richtlinien der Gauleitung«, die für die Flüchtlingsschiffe erlassen waren und auch alle anderen ›Anweisungen‹ der Parteidienststellen nicht einmal das Papier wert waren, auf das sie geschrieben wurden. Die ›Richtlinien‹ bleiben Theorie. Das, was sich jetzt bei der Einschiffung auf die *Gustloff* zeigt, ist die Wirklichkeit.

Nach den ›Richtlinien‹ soll nur die »nichtkampffähige Bevölkerung« evakuiert werden, vornehmlich Frauen, Kinder und Greise.

Gehört nun aber ein 16jähriger, der mit seiner Mutter an Bord will, zur »nichtkampffähigen Bevölkerung« oder könnte dieser junge Mann nicht auch sofort Soldat werden und in das »letzte Aufgebot des Führers« eingereiht werden?

Und was ist mit dem noch rüstigen 60jährigen, der mit seiner um einige Jahre älteren Frau Einlaß auf die *Gustloff* begehrt? Ist dieser Mann ein ›alter Mann‹ und ›nicht kampffähig‹ oder gehört er nicht in die nächste Volkssturm-Kompanie?

Was heißt eigentlich ›nicht kampffähig‹? Wer soll feststellen, wer ›nicht kampffähig‹ ist? Viele Fragen, keine Antworten. »Ausführungsbestimmungen« hat der Gauleiter seinen ›Richtlinien‹ nicht beigefügt. Zu überraschend kam für ihn offensichtlich der Aufbruch der Massen, die Notwendigkeit der Flucht über die Ostsee.

Die Männer der Kriegsmarine, alles junge Leute, die am Fallreep der *Gustloff* die ›Kontrolle‹ vornehmen sollen, stehen den Dingen einigermaßen hilflos gegenüber. Sie interessieren sich am wenigsten für die Anordnungen der Partei. Die verhärmten Gesichter derer, die nach tagelanger Flucht und ebenso langem Warten auf das Schiff wollen, sprechen eine andere Sprache als die Partei. Wer von den jungen Offizieren, Unteroffizieren und Matrosen hat beim Anblick dieser vertriebenen Menschen den Mut, sie am Fallreep zurückzuweisen, wer von ihnen will die Verantwortung dafür übernehmen, den einen oder anderen Jungen oder Alten als ›kampffähig‹ einzustufen und zurückzuweisen?

Jeder von ihnen weiß: Ein Zurück kann den Tod bedeuten.

Auch die härtesten Marineleute beißen sich auf die Lippen beim Anblick der erschöpften Frauen, Kinder und Greise, die sich jetzt in das Schiffsinnere schleppen. Einige von ihnen brechen schon nach wenigen Schritten zusammen.

»Geschafft — endlich geschafft . . . !« stammeln sie vor sich hin. Es ist wie ein leiser Schrei der Erlösung. Es ist aber auch ein Dankesruf, endlich an Bord, endlich gerettet zu sein.

So geht es pausenlos — stundenlang, den ganzen Morgen, den ganzen Tag an diesem 25. Januar.

Der Andrang am Kai und auf dem Fallreep nimmt von Stunde zu Stunde zu. Wenn die Posten am Schiffseingang gefragt werden, wohin die Reise des Schiffes geht, müssen sie die Achseln zucken. Sie wissen es selbst nicht. Noch niemand weiß dies zu diesem Zeitpunkt auf der *Gustloff*. Selbst die Schiffsleitung nicht.

Seit den frühen Morgenstunden bin ich von meinem Arbeitsplatz am Schalter der Schiffszahlmeisterei, der Anmeldestelle für alle an Bord Kommenden, noch nicht hochgekommen. Fast monoton stelle ich immer wieder die Frage:

»Wer soll benachrichtigt werden — wenn Ihnen etwas zustößt?«

Ich muß die Antwort in der Schiffsliste vermerken.

Oft kommt plötzlich Leben in die vermeintlich apathischen Gesichter der Flüchtlinge, wenn ich diese Frage stelle.

»Wie bitte — was haben Sie gesagt — wenn mir etwas zustößt?«

Manchem kommt wohl jetzt erst richtig zum Bewußtsein, daß das Schiff draußen auf See auf eine Mine laufen oder von einem Torpedo getroffen werden könnte — — —

Aber warum sollte ausgerechnet der *Wilhelm Gustloff* ein Unglück zustoßen — — —?

Diese Gedanken beschäftigen viele Flüchtlinge, die mir eine Antwort auf die Frage geben sollen:

»Wer soll benachrichtigt werden — wenn Ihnen etwas zustößt?«

Es sind nicht wenige, die keine Antwort geben können. Sie haben keine Adresse mehr, die man benachrichtigen könnte. Die meisten Frauen sind allein, die Männer an der Front, irgendwo im Westen oder im Osten, an der Kurlandfront oder vielleicht schon tot — wer weiß?! Und die Verwandten! Sie wohnten alle im Osten, sind ebenfalls auf der Flucht.

So wird in der *Gustloff*-Einschiffungsliste für die letzte Reise hinter viele Namen nur ein Strich gemacht. Die Anschriftenspalte bleibt frei.

Viele wollen von mir und den Helferinnen in der Schiffszahlmeisterei genau wissen, was dem Schiff ›passieren‹ könne. Oft müssen wir uns alle Mühe geben, die Frager zu beruhigen

Wir fragen uns selbst: Was könnte der *Gustloff* auf dieser 2—3-Tage-Reise über die Ostsee schon passieren? Bisher ist noch kein großes Schiff bei der Evakuierung von Flüchtlingen, die bereits im Herbst mit der ersten Räumung der Stadt Memel begann, untergegangen. Dieses Wissen beruhigt.

Wichtig ist, daß die Einschiffung der Flüchtlinge und auch der noch zu erwartenden Verwundeten zügig vorangeht und die *Gustloff* bald auslaufen kann.

Aber soweit ist es noch lange nicht. Die ›Sollzahl‹ von 4 000 Flüchtlingen wird erst morgen oder übermorgen erreicht sein. Im Büro des Wohnschiffsoffiziers der *Gustloff* wird die Zahl der an Bord genommenen Passagiere ständig überprüft. Hier wird auch Auskunft darüber gegeben, ob weitere Familienangehörige oder Verwandte, die man auf der Flucht verloren hat, oder Bekannte und Freunde an Bord sind.

Der Wohnschiffsoffizier der *Gustloff*, Kapitänleutnant Dieter Rauch, zuständig für die Einweisung der Flüchtlinge in ihre Unterkünfte, meistert mit seinen Leuten die ihm zugewiesene Aufgabe hervorragend. Bis ins Detail ist alles organisiert.

Er hat dafür gesorgt, daß eine ausreichende Zahl von Offizieren, Unteroffizieren, Soldaten und Marinehelferinnen die Flüchtlinge an Bord empfängt. Jeder Passagier erhält eine numerierte Bordkarte mit Angabe der Kammer- oder Saalnummer für die Unterkunft. Auf der Rückseite der Bordkarte wird die Gepäckstücknummer notiert. Alle großen Gepäckstücke müssen abgegeben werden. Matrosen bringen sie in die vorbereiteten Lagerräume.

Handgepäck darf in die Unterkünfte mitgenommen werden. Marinehelferinnen bringen die Flüchtlinge in die Quartiere.

Dieser Aufnahmedienst arbeitet auch die nächsten Tage so präzise wie ein Uhrwerk und rund um die Uhr, ohne Pause.

Schon am ersten Einschiffungstag müssen die Marinehelferinnen eine zusätzliche Aufgabe übernehmen: Den Kindersuchdienst. Denn viele Kinder, die sich neugierig auf ›Entdeckungsreise‹ durch das Schiff begeben hatten, haben sich im Labyrinth der Gänge, Treppen und Decks verlaufen. Über die Lautsprecher wird nach ihnen gesucht. Und alle Mütter können beruhigt sein: Auf diesem Schiff kann kein Kind verlorengehen, auf die Oberdecks und herunter vom Schiff kam keines der Kinder.

Am späten Abend des 25. Januar kommen die ersten Danziger auf die *Gustloff*, und morgens um vier trifft der erste Verwundetentransport ein. Es sind Kurlandkämpfer. Die meisten können sich ohne fremde Hilfe an Bord schleppen. Die Schwerverwundeten werden an Bord getragen.

Der 26. Januar verläuft noch turbulenter. Der Andrang wird noch größer, die ersten Flüchtlinge aus Zoppot kommen an Bord, die Kammern sind alle schon vergeben, die Säle füllen sich ebenso wie das Lazarett und die Krankenstation.

Wann wird der 4 000. Passagier die *Gustloff* betreten?

22 000 FLIEHEN MIT SCHIFFEN AUS PILLAU

Während der Tage, an denen in Gotenhafen-Oxhöft die Flüchtlinge an Bord der *Wilhelm Gustloff* strömen, hat sich die militärische Lage in Ost- und Westpreußen weiter verschlechtert.

Der 23. Januar 1945 war ein rabenschwarzer Tag für Ostpreußen. Allenstein war in der Nacht vom 22. zum 23. Januar in sowjetische Hände gefallen. Die Russen hatten nichts Eiligeres zu tun, als zunächst das Tannenberg-Denkmal zu sprengen, aus dem allerdings vorher die Särge des ehemaligen Generalfeldmarschalls und Reichspräsidenten Paul von Hindenburg und seiner Frau von deutschen Truppen geborgen und abtransportiert waren.

An diesem 23. Januar stürmten die sowjetischen Truppen unter ungewöhnlichem Einsatz von Menschen und Waffen weiter in das deutsche Land. Das Krachen der Einschäge, das Rasseln der Panzer, das Hämmern der Maschinengewehre, das Dröhnen der Flugzeuge, das Bersten der Bomben, das Schreien der Verwundeten, erstickten das Stöhnen der Sterbenden.

An diesem Tag, an welchem die Panzerspitzen der 2. Weißrussischen Front unter dem Oberbefehl von Marschall Rokossowski von Südwesten her bis Elbing vorstießen und die Russen einen Keil zwischen die zerrissene Front der unter Generaloberst Weiss in Westpreußen kämpfenden 2. Armee und der unter Führung von General Hoßbach in Ostpreußen kämpfenden 4. Armee trieben, vollzog sich das Schicksal vieler deutscher Soldaten. Die 4.

Am 22. August 1939 verlassen mehrere KdF-Schiffe Hamburg zu einer Reise in die Norwegischen Fjorde. Es ist die letzte »Kraft durch Freude«-Reise der KdF-Schiffe mit Urlaubern. Der Krieg steht vor der Tür. *(Foto: dpa)*

Auf der *Wilhelm Gustloff*, wie auch auf der *Monte Olivia* und dem Dampfer *Stuttgart* bestaunen die Passagiere die herrliche Landschaft der Fjorde Norwegens. *(Fotos: AHM)*

Fröhliches Treiben an Bord der KdF-Schiffe bei der letzten Norwegenreise vor dem Ausbruch des Zweiten Weltkrieges. Noch keiner der Passagiere ahnt den nahen Kriegsbeginn. *(Foto: AHM)*

Unten links: Für viele Urlauber auf dem D. *Stuttgart* ist die August-Reise nach Norwegen die erste Seereise — für viele die letzte Urlaubsreise für lange Zeit. *(Foto: AHM)*

Unten rechts: Vorzeitig geht es zurück nach Deutschland. Am Morgen des 25. August 1939 erfahren es die Passagiere über Lautsprecher. Die KdF-Schiffe kehren heim und werden niemals mehr Arbeiter-Urlauber an Bord nehmen. Einige Schiffe werden vier Wochen später schon andere ›Fahrgäste‹ an Bord nehmen: Schwerverwundete. *(Foto: AHM)*

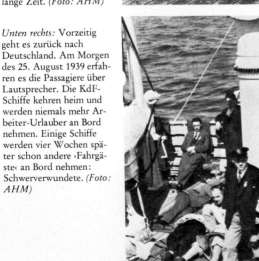

Wenige Tage vor Kriegsbeginn läuft das Linienschiff *Schleswig-Holstein* in Danzig ein. Das Foto zeigt im Hintergrund die Westerplatte in Danzig-Neufahrwasser. Hier fielen die ersten Schüsse des Zweiten Weltkrieges. *(Foto: PR/GAHS)*

Die Schüsse des Linienschiffes *Schleswig-Holstein* eröffnen am 1. September 1939 um 4 Uhr 45 den Zweiten Weltkrieg ohne Kriegserklärung. Das Foto zeigt die brennende Westerplatte. *(Foto: WZB)*

Adolf Hitler in Begleitung von Keitel, Forster, Rommel und Kapitän zur See Kleikamp von der *Schleswig-Holstein* bei der Besichtigung des Kampfgeländes ›Westerplatte‹. *(Foto: AHM)*

Gauleiter Forster bei seiner Rede in Marienburg, anläßlich der Rückgliederung der Gebiete Elbing, Marienburg, Stuhm, Marienwärder und Rosenberg in die wiedererstandene Provinz Westpreußen am 1. November 1939. *(Foto: AHM)*

Reichsinnenminister Dr. Frick führt in einer Feierstunde im Rathaus der ›Gauhauptstadt‹ Danzig Gauleiter Forster in sein Amt als Reichsstatthalter des ›Reichsgaues Danzig‹ ein. *(Foto: AHM)*

Das KdF-Schiff *Berlin* wird am 23. August 1939 als erstes deutsches Lazarettschiff im Zweiten Weltkrieg in Dienst gestellt. Das Foto oben zeigt die *Berlin* auf einer Fahrt durch den Nord-Ostsee-Kanal. Foto unten: Verwundete aus einem Lazarettzug werden auf die *Berlin* übernommen. *(Fotos: AKLU)*

Am 22. September 1939 wird das KdF-Schiff *Wilhelm Gustloff*, am 24. September 1939 wird das KdF-Schiff *Robert Ley* als ›Große Lazarettschiffe‹ in Dienst gestellt. Beide Schiffe sind zunächst für den Einsatz in der Ostsee bestimmt. *(Fotos: AKLU)*

Das KdF-Schiff *Stuttgart*, zum ›Großen Lazarettschiff‹ umgerüstet, läuft zu seinem ersten Kriegseinsatz aus (Foto links). Foto rechts: Vorbereitung der Ausschiffung des ersten Verwundetentransportes des Dampfers *Stuttgart*. *(Fotos: AKLU)*

Die ehemaligen ›Kraft durch Freude-Schiffe‹ *Robert Ley* und *Wilhelm Gustloff* Ende September 1939 in Danzig-Neu-fahrwasser am Kai der Westerplatte. *(Foto: AKLU)*

Zu den KdF-Schiffen, die zum Kriegsbeginn in ›La-zarettschiffe‹ umgerüstet werden, gehören auch die beiden Monte-Schiffe *Monte Olivia* (Foto) und *Monte Rosa*. *(Foto: AKLU)*

Der KdF-Dampfer *Der Deutsche* wird zum Beginn des Krieges zunächst als ›Wohnschiff‹ eingesetzt und erst im Februar 1945 ›Verwundeten- und Flüchtlingstransporter‹ in der Ostsee. *(Foto: AKLU)*

Das Lazarettschiff *Berlin* wird im Rahmen des Unternehmens ›Weserübung‹, Besetzung von Dänemark und Norwegen, eingesetzt. Das Foto zeigt, wie ein Leichter mit Verwundeten die *Berlin* ansteuert. *(Foto: AKLU)*

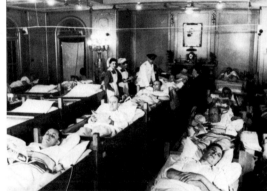

Einlaufen des Lazarettschiffes *Stuttgart* in Stettin. (Foto links oben). Foto rechts: der Schwerkrankenraum auf dem hinteren Promenadendeck der *Stuttgart*. *(Fotos: AKLU)*

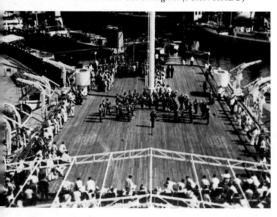

Am 2. Juli 1940 verläßt das Große Lazarettschiff *Wilhelm Gustloff* den Hafen von Oslo mit 736 Verwundeten an Bord. *(Fotos: PR/GAHS)*

deutsche Armee und die 3. deutsche Panzerarmee, die vor Königsberg und am Kurischen Haff kämpften, befanden sich plötzlich mit ihren 400 000 Mann in einem riesigen Kessel eingeschlossen, und nicht nur die Soldaten.

Von den rund 1,85 Millionen Menschen, die vor Beginn des sowjetischen Angriffs in Ostpreußen lebten und nach dem Befehl des Gauleiters Erich Koch ihre Heimat »mit der Faust verteidigen« sollten, konnten in aller Eile nur etwa 250 000 Menschen mit Pferden und Wagen in langen Trecks und mit Zügen fliehen.

Die anderen Flüchtlinge wählten den Weg an die Küste, nach Pillau.

Die Seestadt Pillau, vor dem Krieg wenig mehr als 12 000 Einwohner zählend, war für die Königsberger und viele Ostpreußen das ›Tor zur Ostsee‹. Jetzt wird es für die Flüchtlinge zum ›Tor zur Freiheit‹. Bis vor kurzem war es in Pillau noch relativ ruhig, doch die letzten Monate hatten die Stadt und ihre Bürger in zunehmende Unruhe versetzt. Als die ersten Schiffe mit Flüchtlingen aus Memel eintrafen, war es mit der Ruhe vorbei. Dann kamen die ersten Flüchtlinge mit Trecks und Zügen.

Am Dienstag, dem 23. Januar 1945 waren bereits doppelt soviele Flüchtlinge in Pillau, als die Stadt an Einwohnern zählte. Am 19. Januar war der erste große Schub gekommen, und seitdem hatte der Zustrom nicht mehr aufgehört. Der Chef der Pillauer Kriegsmarinekommandantur, Korvettenkapitän Dr. Schön, gab sich alle erdenkliche Mühe, Bürgermeister Scholz Marineunterkünfte zusätzlich als Notquartiere zur Verfügung zu stellen.

Kapitän zur See Poske, Kommandeur der 1. Untersee-Boots-Lehrdivision, der in Pillau stationiert war, ließ mehrere große Baracken in den Lagern Himmelreich und Schwalbenberg, die vorher der Marine-Flak und der Marineartillerie als Unterkünfte dienten, für die Unterbringung von Flüchtlingen räumen. Niemand sollte auf der Straße übernachten müssen, jeder sollte ein warmes Quartier haben.

Worauf man bei der 1. U-Boots-Lehrdivision in Pillau genauso wartete wie bei der 2. ULD in Gotenhafen, war der Auslaufbefehl für die großen Wohnschiffe der U-Boot-Waffe. Im Hafenbecken von Pillau lagen das ehemalige KdF-Schiff *Robert Ley* (27 288 BRT), der 16 662 BRT große Überseedampfer *Pretoria* und der Afrikadampfer *Ubena*.

Daß die Soldaten der 1. U-Boots-Lehrdivision von Pillau in einen westlicher gelegenen Ostseehafen verlegt würden, war sicher. Nur der Zeitpunkt stand noch nicht fest, und sicher war auch nicht, ob die Schiffe Flüchtlinge mitnehmen dürften. Das wäre zu grotesk angesichts der vielen im Hafen wartenden Menschen, aber — bei den Dienststellen der Partei war alles möglich.

Und so kam es auch.

Bürgermeister Scholz erhielt von der Königsberger Gauleitung einen knappen Anruf:

»Gauleiter Koch hat angeordnet, daß die Schiffe der ULD sofort auslaufen. Auf keinen Fall dürfen Flüchtlinge mitgenommen werden. Zwischen dem Reichsverteidigungskommissar und Großadmiral Dönitz ist diese Anordnung abgesprochen!«

Kapitän zur See Fritz Poske, von Scholz über den Anruf informiert, kommentierte diesen mit den Worten:

»Totaler Quatsch. Der Gauleiter Koch kann der Marine überhaupt nichts befehlen. Mein Vorgesetzter ist der Führer der U-Boote, Admiral von Friedeburg. Er allein entscheidet!«

Das war eine klare Auskunft. Und der Kommandeur der 1. ULD bemühte sich, diese Entscheidung von höchster Stelle, dem OKM, zu erhalten und stellte fest, daß zwischen Koch und Dönitz nie eine Vereinbarung getroffen worden war.

Noch am gleichen Abend traf der Befehl des F.d.U. ein, die 1. ULD von Pillau nach Westen zu verlegen und jeden freien Schiffsraum mit Flüchtlingen zu belegen. Knapp eine Stunde später erhielten die zivilen Dienststellen einen Befehl der Gauleitung, der drei Anordnungen umfaßte:

1. Die Straße Königsberg—Fischhausen—Pillau muß unter allen Umständen für die Wehrmacht und anderen kriegswichtigen Transporten frei bleiben.

2. Sämtliche aus Königsberg kommenden Flüchtlinge werden in Pillau auf Schiffe verladen. In Pillau geht niemand an Bord, der nicht mit einem Sonderzug aus Königsberg gekommen ist.

3. Bevölkerung sowie Trecks müssen in Samland verbleiben.

Der Gauleiter Ostpreußens und Reichsverteidigungskommissar wußte genau, warum er zunächst die Sonderzugfahrgäste auf die Schiffe haben wollte: Es waren Angehörige der Königsberger Parteiprominenz.

Der Gauleiter hatte die Rechnung allerdings ohne die Marine gemacht. Und die handelte nach eigenen Gesetzen. Für sie galten andere Kriterien der Flüchtlingsauswahl: Werdende Mütter, Mütter mit Kleinkindern und Mütter mit drei und mehr Kindern unter zwölf Jahren.

Die Einschiffung verlief reibungslos. Die Marinesoldaten versuchten zu helfen, wo sie nur konnten. Am 25. Januar nachmittags waren alle Schiffe beladen. An Bord der Schiffe war kein Platz mehr frei.

Gegen 18 Uhr warf die *Pretoria* als erstes Schiff die Leinen los und wurde mit Schleppern aus dem Hafen in das Seetief geschleppt. Dann folgten die anderen Schiffe. Total abgeblendet nahm das Geleit die Fahrt nach Westen auf, gesichert durch Fahrzeuge der Kriegsmarine, die die 9. Sicherungs-Division zur Verfügung gestellt hatte.

Das Geleit hatte Glück.

Bis auf die *Ubena*, die im Schneetreiben den Anschluß an das Geleit verlor und ohne Geleitschutz weiterlaufen mußte.

Doch wie die anderen Schiffe, erreichte auch sie ohne Schaden den Zielhafen.

22 000 Menschen wurden mit diesem Geleit in den Westen gerettet.

Der erste große Flüchtlingstransport über die Ostsee gelang im Schutze der 9. Sicherungs-Division ohne jede Feindeinwirkung.

210

Doch Ostpreußens Gauleiter Erich Koch wollte die verantwortlichen Offiziere, die entgegen seiner Anweisung Frauen und Kinder an Bord der Schiffe genommen hatten, vor ein Kriegsgericht stellen lassen.

Dazu kam es nicht mehr, weil schon am Tag darauf auch die Partei die Flüchtlingstransporte über See genehmigen mußte. Die Frontlage in Ostpreußen spitzte sich immer weiter zu.

Bereits am nächsten Tag drangen die 39. und 43. sowjetische Armee zwischen Königsberg und Cranz in das westliche Samland vor, kamen bis an Fischhausen heran und durchbrachen die Landverbindung Pillau-Königsberg.

Jetzt blieb nur noch der Seeweg offen.

War das Gelingen des ersten großen Transportes von Pillau aus ein gutes Omen für den zweiten Transport, der in den nächsten Tagen Gotenhafen verlassen sollte?

FLÜCHTLINGSDAMPFER *HANSA*

Am Morgen des 28. Januar kurz nach 10 Uhr beginnt es erneut zu schneien. Man kann kaum die Hand vor den Augen sehen, viel weniger den Namen des großen Schiffes erkennen, das unweit der *Wilhelm Gustloff* an der Oxhöfter Pier liegt.

Seit Jahren sind diese beiden Schiffe schicksalhaft miteinander verbunden.

Rund 5000 Menschen befinden sich bereits auf diesem Schiff: Frauen, Kinder, Greise und Marineoffiziere, eine bunt zusammengewürfelte Schiffsladung.

Früher waren es weit weniger Menschen, die das Schiff auf seinen Reisen über den Atlantik beförderte, früher trug es auch noch einen anderen Namen wie heute. Es hieß *Albert Ballin* und fuhr unter der Flagge der Hapag nach New York. 1934 gaben die neuen Machthaber im Dritten Reich dem Schiff den neuen Namen:

Hansa

Er steht heute noch am Bug des Schiffes.

Bis zum Kriegsbeginn machte die *Hansa* noch viele Amerika-Reisen und hatte jeweils bis zu 800 Passagiere an Bord, für deren leibliches Wohl 400 Besatzungsmitglieder sorgten. Mit 21131 Bruttoregistertonnen ist die *Hansa* etwas kleiner als die *Gustloff*. Beide Schiffe waren wenige Monate nach Kriegsbeginn nach Gotenhafen verbannt worden, um hier der 2. Unterseeboots-Lehrdivision als ›Wohnschiffe‹ zu dienen.

Zwei Schiffe — ein Schicksal.

Das trifft auch für die neue Aufgabe zu, denn auch die *Hansa* ist seit einigen Tagen ein ›Flüchtlingsschiff‹.

Während sich auf der *Gustloff* die II. Abteilung der 2. ULD befindet mit ihren Mannschafts- und Unteroffizierskompanien, befinden sich an Bord der *Hansa* die Seeoffizier-Schul-Kompanie, deren Chef Korvettenkapitän Herbert Juli als Kommandeur der I. Abteilung der 2. ULD ist, die Ingenieur-Kompanie unter Führung von Korvettenkapitän Rohwedder und der Kommandeur der 2. ULD, Kapitän zur See Neitzel.

Die *Hansa* hatte ferner den Auftrag erhalten, das gesamte Lehrmaterial der 2. Unterseeboots-Lehrdivision nach Westen zu bringen.

Wohin die Reise der *Hansa* und der *Gustloff* gehen sollte, wußte am 28. Januar noch niemand.

Fest stand: die auf beiden Schiffen befindlichen U-Boot-Leute sollten ihre begonnene Ausbildung in einem Hafen an der schleswig-holsteinischen Küste fortsetzen. Daraus war zu schließen, daß man in die U-Boot-Waffe, die wegen ihrer Eigenmächtigkeiten oft als ›vierter Truppenteil‹ bezeichnet wurde, noch große Hoffnungen für den Kriegsausgang setzte.

Oberzahlmeister Zeppelin, der auf der *Hansa* bereits die Vorkriegsfahrten miterlebt hatte und sich nun vor eine ihm völlig neue Aufgabe gestellt sah, meldete am Mittag des 28. Januar dem Kapitän:

»Wir haben für 5 000 Menschen Verpflegung für drei Tage an Bord!«

Die Offiziere und Unteroffiziere, die zum Stammpersonal der 2. ULD gehörten und auf der *Gustloff* und *Hansa* stationiert waren, hatten vor einigen Tagen erleichtert aufgeatmet, als sie die Genehmigung erhielten, ihre Frauen, Kinder und nächsten Angehörigen an Bord holen zu dürfen. Sie waren die ersten Passagiere, die auf die Schiffe kamen. So auch auf die *Hansa*. Für viele Familien war dieser Abschied von Gotenhafen nicht leicht. Das meiste mußte in den Wohnungen zurückgelassen werden. Und es gab nur wenige Marineangehörige der 2. ULD, die daran glaubten, jemals wieder einmal hierher zurückkehren zu können. Für alle war es ein Abschied ohne Wiederkehr.

Als die Angehörigen der Marineoffiziere an Bord der *Hansa* waren, kamen die Flüchtlinge. Wie auf der *Gustloff*; Tag für Tag, Stunde um Stunde.

Und auch jetzt noch standen sie zu Hunderten am Fallreep.

»Weitermachen — wir können die Leute nicht hierlassen...«, befiehlt ein Oberleutnant den Kontrollposten. Ein Flüchtling nach dem anderen schiebt sich durch die Eingangstür an Bord.

Manchmal gibt es am Fallreep auch Tränen.

Da die *Gustloff* eine Krankenstation und auch eine Säuglingsstation eingerichtet hat, müssen Mütter mit Säuglingen auf die *Gustloff*.

»Die Oma mit den drei großen Kindern kann hierbleiben, die Mutter mit dem Säugling muß auf die *Gustloff*, sagt ein Obergefreiter zu einer sechsköpfigen Familie.«

Vier Kinder hat die Mutter bei sich, zwei Mädchen und einen Jungen, alle zwischen vier und zehn Jahre alt, einen Säugling, sechs Monate alt, im Kinderwagen, und die Oma.

»Sieh — Hilde«, sagt die Oma — »auf der *Gustloff* ist es vielleicht noch schöner, und da hast Du noch eine bessere Pflege für die Kleine — da gibt's auch Milch für Kleinkinder...!«

Tränenüberströmt nehmen die sechs Abschied voneinander, denn sie trennen sich nicht gern. Und sie verabreden noch eine Adresse in Lübeck, bei einem Onkel. Falls die *Gustloff* nicht den gleichen Hafen wie die *Hansa* anläuft, wollen sie sich dort treffen.

Die Trennung wird ja nur einige Tage sein.

Daß es ein Abschied für immer wird, ahnt keiner der sechs.

In wenigen Tagen wird die Mutter mit dem Säugling mit dem Wrack der *Gustloff* auf dem Grunde der Ostsee ruhen.

Und die Oma mit den drei Kindern wird wochenlang vergeblich suchen und von Tag zu Tag hoffen, daß die Hilde und die kleine Barbara doch noch von irgendeinem Schiff beim Untergang der *Gustloff* gerettet wurden und leben. So grausam kann der Krieg doch nicht sein, denkt die Oma. Er hat ihr schon den Mann genommen, der auf der Flucht starb, und den Sohn, den einzigen, den Mann von Hilde, der am Tage der Geburt von Barbara an der Kurlandfront gefallen ist...

Aber — das ist nur ein Schicksal von vielen, die sich in diesen Tagen und Stunden zur Flucht über die Ostsee aufmachen. Doch noch ist es nicht soweit. Auch auf der *Hansa* wächst die Ungeduld vieler, die bereits seit Tagen an Bord sind. Das Schiff füllt sich immer mehr, und immer öfter wird die Frage gestellt:

»Herr Offizier — bitte sagen Sie mir, wann es endlich losgeht, wann wir endlich fahren, wir sind doch schon vier Tage hier auf dem Schiff — — ?«

Doch wann es losgeht, weiß man zu dieser Stunde auf der *Hansa* ebenso wenig wie auf der *Gustloff*. Beide Schiffe sollen Gotenhafen gemeinsam verlassen.

»*GUSTLOFF* WEITERE FLÜCHTLINGE EINSCHIFFEN«

28. Januar 1945

Auf der *Gustloff* herrscht an diesem Sonntagmorgen große Aufregung. Soeben hat man festgestellt, daß bereits 4 300 Flüchtlinge an Bord sind, dreihundert mehr, als aufgenommen werden sollten. Das Schiff ist total überfüllt. Und noch warten an der Pier mehrere Hunderte.

Kapitän Petersen läßt am späten Vormittag, nach Rücksprache mit seinen Offizieren und in Absprache mit dem Kommandeur der II. Abteilung der 2. ULD, Korvettenkapitän Zahn, einen Funkspruch absetzen:

»Erbitten Auslaufbefehl. Einschiffung abgeschlossen. 4 000 Flüchtlinge an Bord!«

Kurze Zeit später trifft bereits die Antwort ein:

»*Gustloff* weitere Flüchtlinge einschiffen!«

Die Männer auf der Kommandobrücke sehen sich an. Sie wissen, daß weitere Aufnahmen von Flüchtlingen fast unmöglich ist.

Auf der *Gustloff* ist jetzt schon kein Platz mehr frei.

Rückfragen ergeben, daß es auf anderen Schiffen, die mit Flüchtlingen beladen werden, nicht anders aussieht. Der Dampfer *Deutschland* hat zum

Beispiel schon 8 000 Flüchtlinge an Bord. Er ist eine Art ›Musterbeispiel‹ für die anderen Schiffe. Soll die *Gustloff* dem Beispiel der *Deutschland* folgen und ebenfalls 8 000 Menschen an Bord nehmen?

Das ist völlig unmöglich!

Als gegen Mittag in den großen Sälen und Hallen unter den Flüchtlingen bekannt wird, daß sich das Auslaufen noch weiter verzögert und noch mehr Menschen an Bord genommen werden sollen, gleicht das ganze Schiff einer Gerüchteküche.

»Alle Soldaten und alle Männer zwischen dem 16. und 60. Lebensjahr müssen wieder von Bord und sollen zur Verteidigung von Gotenhafen eingesetzt werden«, sagen die einen. Andere verbreiten andere Parolen. Doch Genaues weiß niemand.

Die Offiziere auf der Brücke der *Gustloff* können immer noch nicht glauben, daß der Dampfer *Deutschland* tatsächlich 8 000 Menschen an Bord hat, denn das Schiff ist kleiner als die *Gustloff*, es hat nur etwa 21 000 Tonnen.

Eine Rückfrage bestätigt es: Die *Deutschland* hat 8 000 Menschen an Bord und nimmt noch weiter Flüchtlinge auf.

Daß zur gleichen Zeit die *Cap Arcona* bereits über 9 000 Menschen an Bord genommen hat, weiß weder die Schiffsleitung der *Gustloff* noch des Dampfers *Deutschland*.

Neben der *Cap Arcona* gehört auch der Dampfer *Hamburg* zur ›Flüchtlingsflotte‹ in der Danziger Bucht und hat die Einschiffung ebenfalls noch nicht abgeschlossen.

UNTERKUNFT IN DER TODESFALLE

Die Unruhe auf der *Wilhelm Gustloff* wächst von Stunde zu Stunde. Seit drei Tagen läuft die Einschiffung der Flüchtlinge und die Anbordnahme der Verwundeten nahezu ununterbrochen.

Draußen hat sich das Wetter weiter verschlechtert. Es ist empfindlich kälter geworden. Ein eisiger Wind bläst Eiskristalle über den Oxhöfter Kai in die Gesichter der Mütter, Kinder und Greise, die hier, ungeduldiger werdend, warten.

Das Gedränge auf der breiten Holztreppe vor dem Schiff hat immer noch nicht nachgelassen. Im Gegenteil. Bei anbrechender Dunkelheit wird es noch stärker. Die Abendfähre von Gotenhafen hat eine weitere volle Ladung Menschen nach Oxhöft gebracht. Sie alle wollen auf die *Gustloff*, drängen nach vorn. Viele der Wartenden fürchten, daß die Einschiffung überraschend beendet wird, wenn die Sollzahl erreicht ist.

»Es sollen schon über 5 000 an Bord sein — —«, weiß eine der wartenden Frauen, drei Kinder um sich geschart, die auf dem Gepäck sitzen und frieren.

Eine andere Frau, die in der Nähe eines Postens ganz unten am Aufgang des Fallreeps steht, fragt diesen:

214

»Stimmt es, daß die *Gustloff* noch heute Nacht losfährt?«

Der Posten beruhigt sie.

»Keine Angst — sie kommen alle noch mit. Wir lassen niemanden hier zurück!«

Die Leute, die das hören, glauben es. Doch der Posten weiß selbst nicht, ob das stimmt, was er gesagt hat. Doch wenn er die Frauen und Kinder und die alten Leute vor sich sieht, zitternd vor Kälte und der Angst, daß die die Rettung versprechende *Gustloff* ohne sie ausläuft und Gotenhafen verläßt, spürt er Mitleid.

Sowohl in der Schiffszahlmeisterei als auch im Büro des Wohnschiffsoffiziers hat man bereits am Nachmittag übereinstimmend festgestellt, daß nun schon mehr als 4 500 Flüchtlinge an Bord sind.

Als Wohnschiffsoffizier Kapitänleutnant Dieter Rauch am frühen Abend von Korvettenkapitän Zahn nach dem Stand der Einschiffung gefragt wird, erklärt dieser:

»Mit Sicherheit haben wir bereits 4 500 Flüchtlinge an Bord, überwiegend Frauen und Kinder. Rechnen wir die Handelsschiffsbesatzung hinzu, die Verwundeten und unsere Leute von der II. Abteilung der 2. ULD, sind es rund sechstausend!«

Nachdenklich verläßt Korvettenkapitän Zahn das Büro des Wohnschiffsoffiziers, geht zur breiten Eingangstür im B-Deck, blickt nach draußen und sieht im Halbdunkel die Masse von Menschen, die noch vor der *Gustloff* auf Einschiffung warten.

»Wann hat das ein Ende...?« murmelt er vor sich hin und begibt sich auf einen Rundgang durch das Schiff.

Überall spürt er die Unruhe unter den Passagieren, unter der ungewöhnlichen Menschenfracht, die das ehemalige ›Kraft durch Freude‹-Schiff auf seiner nächsten Reise befördern soll. Die Leute hier haben nicht nur ihre Kinder und ihr Gepäck mitgebracht, sondern auch Angst und Ungeduld.

Gegen 20.00 Uhr trifft ein neuer Verwundetentransport ein. Viele der Verwundeten tragen nur einen Notverband. Offensichtlich kommen sie direkt von der Front, die sich immer mehr der Danziger Bucht nähert.

Um 21.30 Uhr hastet ein Zug Marinehelferinnen an Bord. Man hat unter den wartenden Flüchtlingen eine Gasse gebildet, um die Mädchen, 17—22jährige, durchzulassen. Die jungen Mädchen werden in den Unterkünften rund um das Schwimmbad untergebracht, in den HJ-Räumen und der ›*Gustloff*-Jugendherberge‹, der einzigen ›schwimmenden Jugendherberge‹ des Dritten Reiches. Selbst in dem wasserlosen Schwimmbecken hat man mit Matratzen und Strohsäcken Schlafstellen für die Marinehelferinnen eingerichtet.

Die Marinehelferinnen sind mit dieser Unterkunft zufrieden. Sie ahnen nicht, daß sie sich hier, im untersten Deck des Schiffes, im E-Deck, bereits weit unter der Wasseroberfläche befinden und daß sie in einer Todesfalle wohnen, aus der es in weniger als 48 Stunden nur noch für wenige ein Entrinnen geben wird — — —

Die jungen Mädchen sind die Letzten, die an diesem Tage an Bord genommen werden.

Kurz nach 22.00 Uhr wird die Einschiffung ›vorläufig abgeschlossen‹. Am nächsten Morgen gegen 7.00 Uhr soll sie fortgesetzt werden.

Die Unruhe hat in dieser Stunde auch auf die Schiffsleitung übergegriffen. Noch immer läßt der ›Auslaufbefehl‹ auf sich warten.

Die *Wilhelm Gustloff* ist zum Wartesaal geworden.

DER LANDRAT AUS ANGERAPP

In der langen Schlange der Flüchtlinge, die am Abend des 28. Januar am Oxhöfter Kai stehen und auf die *Gustloff* wollen, befindet sich auch der Landrat des Kreises Angerapp, Paul Uschdraweit, und sein Fahrer Richard Fabian. Die beiden Männer sind schon tagelang auf der Flucht. Nur langsam rückt die Menschenschlange dem Fallreep der *Gustloff* zu. Schritt für Schritt. Der Landrat und sein Fahrer sind gegen 22.00 Uhr bis auf etwa hundert Meter an die erste Stufe der breiten Holztreppe, die an Bord des Schiffes führt, herangerückt, das man in dem zunehmenden Schneesturm nur noch schemenhaft in seinen Umrissen erkennen kann.

Da entsteht plötzlich eine Unruhe unter den geduldig Wartenden. Der Anlaß:

Die *Gustloff* hat dicht gemacht, die Einschiffung wird erst am nächsten Morgen fortgesetzt.

Kaum zu fassen. Doch die Masse findet sich mit dieser Tatsache ab.

Die beiden Männer sehen sich an, entfernen sich mühsam aus dem Gewühl und waten durch den fast knietiefen Schnee zu einer abseits liegenden Holzbaracke. Sie wollen in der Nacht vor Kälte und Sturm geschützt sein. Als andere sehen, daß sie Einlaß in die Baracke finden, folgt ihnen eine große Schar nach. Keiner von ihnen will in dieser Nacht, kurz vor dem Eingang zu dem rettenden Schiff, der *Gustloff*, die immer mehr zu einer ›Arche Noah‹ wird, erfrieren.

In der rasch überfüllten Baracke verbringen die beiden Männer, zusammen mit vielleicht hundert oder mehr Flüchtlingen, die Nacht. Die zuletzt Kommenden finden keinen Sitzplatz mehr. Sie schlafen im Stehen. So dichtgedrängt stehen die Menschen.

Bereits um sieben Uhr steht der Landrat mit seinem Fahrer erneut in der langen und immer länger werdenden Schlange vor der *Gustloff*. Doch heute Morgen geht die Einschiffung wesentlich schneller voran.

Kaum eine Stunde später empfängt die beiden Männer die wohlige Wärme des Schiffes. Hier klappt alles wie am Schnürchen.

Nach dem Vorzeigen des Ausweises, Empfangnahme der Bordkarte, Eintragung in die Schiffsliste, Ablieferung des großen Gepäcks, erfolgt die Quartierzuweisung.

»Sie kommen in die Offiziersmesse«, erklärt der Matrose, der den Landrat und seinen Fahrer durch das Schiff nach oben führt.

Die Offiziersmesse, unterhalb der Kommandobrücke, ist vor wenigen Tagen in ein Massenquartier umgewandelt worden. Paul Uschdraweit ist mit diesem Quartier weit oben im Schiff zufrieden. Er erinnert sich:

»Zuerst mußten wir auf dem Boden sitzen und waren nach Stunden glücklich, endlich zwei Stühle organisieren zu können, um die müden Glieder zu strecken, die genug in den letzten Tagen strapaziert worden waren, um die armen Menschen meines Kreises zu suchen, die durch den Einbruch der Russen in der Gegend Preuß-Holland-Elbing in alle Winde verstreut waren.

In der Offiziersmesse befanden sich etwa 200 bis 300 Menschen, wenig Männer, sonst Frauen und Kinder jeden Alters. Die Gesichter verhärmt, oft entstellt von Frostbeulen und offenen und heimlichen Tränen. Und wiederum sah man bei mancher Mutter die Freude und Hoffnung, daß nun endlich die furchtbaren Erlebnisse der letzten Tage vorbei waren und dieses stolze große Schiff sie und ihre Kinder immer weiter von dem Grauen entfernen würde.

Ich hatte meinen Stuhl neben ein Sofa geschoben, auf dem eine etwa 30jährige Frau in der Uniform einer Marinehelferin saß. Neben ihr schliefen drei Kinder von etwa 7, 4 und 2 Jahren. Sie war die Frau eines Marineoffiziers und war scheinbar die Führerin der auf der *Gustloff* eingeschifften Helferinnen. Ich stellte mich vor, und wir plauderten eine Stunde. Alle Menschen schienen Lebensmittel eingepackt zu haben. Auch Fabian und ich aßen aus unseren Rucksäcken und holten ab und zu heißen Tee, der in reichlichen Mengen ausgegeben wurde. In bestimmten Abständen wurde bekanntgegeben, daß in dem großen Speiseraum warmes Essen verabfolgt würde.

Nachdem ich satt und warm geworden war, ging ich auf Entdeckungsreise, um einmal das Schiff kennenzulernen und eventuell Bekannte zu treffen.

Ich habe auf dem Schiff nur den Vorsteher des Reichsbahnamtes Goldap gesehen, sonst niemanden entdecken können, den ich kannte.

Da das Rauchen verboten war, wollte ich das Schiff verlassen und an die Pier gehen. Aber ein Fähnrich von der Besatzung riet mir ab, da noch laufend Flüchtlinge an Bord kamen und das Gedränge am Schiffseingang fürchterlich war. Ich wäre überhaupt nicht von Bord gekommen.

Im Scherz sagte ich zu dem Fähnrich, daß ich aber bestimmt noch eine Zigarette rauchen würde, falls das Schiff absaufen sollte.

»Malen Sie den Teufel nicht an die Wand«, meinte der Fähnrich, und wir kamen ins Gespräch, in dem ich erfuhr, welchen Gefahren die *Gustloff* bei ihrer geplanten Reise ausgesetzt war: Fliegerangriffe, Minen, Torpedos.

»Bei der ungeheuren Überbelegung und den nicht ausreichenden Rettungsmitteln wird die Panik an Bord unbeschreiblich sein, wenn uns etwas zustößt«, sagte der Fähnrich. Und ich wurde mir jetzt erst klar darüber, wie gefährlich diese meine erste Seereise werden würde.

Das Gespräch mit dem Fähnrich gab mir jedenfalls sehr zu denken, und ich überlegte die Möglichkeit meiner Rettung, wenn tatsächlich der *Gustloff* etwas zustoßen sollte.

Ich peilte die Lage. Mein Quartier, die Offiziersmesse, befand sich unterhalb der Kommandobrücke auf der Höhe des Unteren Promenadendecks und war von diesem durch mehrere hohe Fenster getrennt, die bis etwa 60 cm vom Boden reichten. Die Fenster waren durch einfaches Aufriegeln zu öffnen. Die Ausgänge aus der Messe gingen dagegen nach dem Heck und führten durch schmale Gänge nach Backbord und Steuerbord in das Untere Promenadendeck.

Die Ausgänge würden bei einer Panik hoffnungslos blockiert werden. Als ich das Untere Promenadendeck inspizierte, stellte ich fest, daß es mit bruchsicherem Glas vollständig umgeben war und daß es unmöglich sein würde, von hier aus nach den oberen Decks zu den Booten und Flößen zu gelangen.

Nach einigem Suchen fand ich vorn, in Richtung Back, zwei eiserne Schottentüren, die sich durch einfache Drehsicherung leicht öffnen ließen. Ich versuchte dies mit Erfolg und sah vor mir das weite Deckdreieck bis zur Bugspitze des Schiffes und neben den Türen eine eiserne Leiter, die bis zum obersten offenen Deck führte.

Nun war ich beruhigt. Ich ahnte aber nicht, daß mir diese ›Entdeckung‹ in der Untergangsnacht der *Gustloff* das Leben retten würde.

»ICH WILL NICHT AUF DAS TOTENSCHIFF«

Auf der *Gustloff* ist die Anbordnahme von Passagieren in dieser Stunde immer noch nicht abgeschlossen.

Für 31 Marinehelferinnen der MNO, die in Gotenhafen-Oxhöft in Wohnbaracken untergebracht sind, trifft gegen Mittag des 28. Januar 1945 ein überraschender Befehl ein, den niemand erwartet hat:

»Die Einheit wird auf die *Gustloff* eingeschifft und nach Westen verlegt.«

Die Mädchen springen freudig auf, beginnen sofort ihre Sachen zu packen.

Jede der 31 Helferinnen scheint diesen Befehl herbeigesehnt zu haben. In den letzten Tagen und Wochen hat immer wieder die Unruhe sie gequält, was aus ihnen werden sollte, wenn die Front näher rückt und die Russen kommen.

Und die Mädchen wissen von ihren Tätigkeiten in den Schreibstuben der Marinedienststellen, was die Stunde geschlagen hat, sie wissen, was sie erleben müssen, wenn sie den Russen in die Hände fallen.

»Bloß das nicht! Dann lieber gleich sterben...«, sagen oder denken sie.

Und über die Straßen auf zugigen LKWs oder mit der Bahn in überfüllten Zügen bei fast 20 Grad unter Null nach Westen befördert zu werden, das ist sicher kein Vergnügen. Da ist eine Fahrt mit der *Wilhelm Gustloff*, die sie fast täglich vor ihren Augen hatten, schon angenehmer und vor allem sicherer.

Deshalb sind die Mädchen überglücklich, als sie sozusagen als Sonntagsgeschenk den Befehl erhalten, sich auf die *Gustloff* zu begeben.

Alle.

Bis auf eine!

Die kaum zwanzigjährige Anni.

Während ihre Kameradinnen jubeln, an Bord der *Gustloff* zu dürfen, verkriecht sich Anni in die Ofenecke der Baracke und schluchzt herzzerbrechend.

Es sind keine Freudentränen, die das junge Mädchen weint.

Ihre Kameradinnen stehen einigermaßen fassungslos um sie herum, wissen nicht, was Anni hat, was sie bewegt.

»Ich gehe nicht auf das Totenschiff — ich will nicht auf die *Gustloff* — ich will nicht!«

Doch alles Weinen hilft nichts. Befehl ist Befehl. Auch für Anni, die Marinehelferin aus Hagen in Westfalen.

Sicher ist die Angst des Mädchens völlig unbegründet. Wie kam sie eigentlich auf die Idee, die *Gustloff* wäre ein Totenschiff?

»Sieh mal — was die *Gustloff* für ein schönes, großes Schiff ist...«, sagt eine Kameradin zu Anni, als sie an Bord waren und ihre Unterkünfte bezogen hatten.

Und anscheinend hat sich die 20jährige auch wieder beruhigt und die anfängliche Angst überwunden.

AUSLAUFEN OHNE GELEIT?

Am frühen Abend faßt die Schiffsleitung neue Hoffnung. Man ist sicher, am nächsten Tag, dem 29. Januar, den Auslaufbefehl zu erhalten. Alle Anzeichen sprechen dafür. Noch vor Mitternacht dieses Tages soll die Entscheidung darüber fallen. Es wird auch allerhöchste Zeit, das Schiff auslaufen zu lassen.

Doch ein Mann ist dagegen, daß die *Gustloff* Gotenhafen verläßt. Dieser Mann ist Korvettenkapitän Wolfgang Leonhardt, Leiter der Zweigstelle Gotenhafen der 9. Sicherungsdivision. Seine Dienststelle befindet sich am Kai zwischen dem Hafenbecken I und II in Gotenhafen. In dem spartanisch eingerichteten Büro arbeiten fünf Offiziere und einige Seeleute, die im Kartenzimmer und im Funkraum ihren Dienst verrichten. Diese kleine Mannschaft trägt eine große Verantwortung. Sie ist zuständig für einen Ostseebereich von etwa siebenhundert Seemeilen. Die Aufgabe der Zweigstelle Gotenhafen der 9. Sicherungsdivision ist es, für das entsprechende Sicherungsgeleit zu sorgen, wenn Schiffe die Häfen von Pillau, Gotenhafen oder Danzig verlassen. Korvettenkapitän Leonhardt trägt mit seinen Leuten die Verantwortung für viele Schiffe und für Tausende von Menschen auf diesen Schiffen, die über die Ostsee die Reise nach Westen antreten.

Die größte Sorge des dynamischen Korvettenkapitäns besteht darin, den Handelsschiffen, die in immer größerer Anzahl Flüchtlinge nach Westen befördern, die entsprechenden Geleitschiffe der Kriegsmarine zur Verfügung zu stellen: Minensuchboote, Torpedoboote, Vorpostenboote, Zerstörer und andere Einheiten.

Für ihn, den erfahrenen Geleitschutzmann, gibt es keinen Zweifel darüber, daß ihn die Bereitstellung der Geleitfahrzeuge für die Flüchtlingsschiffe *Wilhelm Gustloff, Hansa, Cap Arcona, Deutschland* und *Hamburg*, die in den nächsten Tagen Gotenhafen und Danzig verlassen werden, vor fast unlösbare Probleme stellen wird. Er weiß, welche Gefahren diesen Schiffen, die insgesamt rund 30 000 Menschen nach Westen über die Ostsee befördern sollen, aus der Luft und von See, durch Minen und U-Boote drohen.

Diese großen Handelsschiffe brauchen nicht nur einen ausreichenden Geleitschutz, um sie vor möglichen U-Boot-Angriffen zu sichern, sie brauchen auch einen ausreichenden Flakschutz gegen Luftangriffe, also eine genügende Anzahl von Kriegsschiffen als Geleit.

Doch diese Geleitfahrzeuge sind im Augenblick weder in Danzig noch in Gotenhafen vorhanden.

Es ist also nach Meinung des Korvettenkapitäns unverantwortlich, eines oder mehrere der großen Schiffe jetzt auslaufen zu lassen.

Leonhardt verkennt in keinem Fall die Situation der Schiffsleitungen. Er weiß, wie dringend es ist, die vollbesetzten Schiffe so schnell wie möglich auslaufen zu lassen, möglichst morgen noch.

Aber er kann das Auslaufen der Schiffe nur freigeben, wenn das erforderliche Geleit zur Verfügung steht und damit die Sicherheit von Menschen und Schiffen einigermaßen garantiert ist. Immer noch hofft der Leiter der Zweigstelle der 9. Sicherungsdivision, daß auch die verantwortlichen Männer der 2. Unterseeboots-Lehrdivision seinen Standpunkt respektieren und sich zunächst so lange mit der momentanen Situation abfinden, bis die angeforderten Geleitschiffe und -boote in Gotenhafen eintreffen.

Während die *Cap Arcona*, die *Hamburg* und die *Deutschland* der 9. Sicherungs-Division mitgeteilt haben, daß sie auslaufbereit sind, die Anbordnahme der Flüchtlinge abgeschlossen ist und man auf die Gestellung eines Geleites durch die 9. Sicherungs-Division wartet, ist eine solche Meldung von der *Gustloff* und der *Hansa* bei der 9. Sicherungs-Division noch nicht eingegangen. Korvettenkapitän Leonhardt weiß überhaupt nicht, wie weit die Anbordnahme von Flüchtlingen auf die Schiffe fortgeschritten war.

Nur durch einen Zufall erfährt Leonhardt von der Auslaufbereitschaft der *Hansa* und der *Gustloff*, die im Hafenbecken IX des Oxhöfter Hafens liegen. Einer seiner Offiziere ist an der *Gustloff* vorbeigegangen und hat die Anbordnahme der Flüchtlinge festgestellt.

Dies veranlaßt Korvettenkapitän Leonhardt, bei einem leitenden Offizier der 2. ULD anzurufen und sich nach den Absichten von *Gustloff* und *Hansa*, die dem Kommando der 2. Unterseeboots-Lehrdivision unterstehen, zu erkundigen.

Leonhardt erfährt zu seiner Bestürzung telefonisch, daß die *Gustloff* gemeinsam mit der *Hansa* in den nächsten vierundzwanzig Stunden auslaufen wird. Auf die Frage, ob die beiden Schiffe auch Geleitfahrzeuge der U-Boot-Waffe haben, erhält er keine definitive Antwort.

Kurze Zeit später erhält der Leiter der Zweigstelle Gotenhafen der 9. Sicherungs-Division eine telefonische Einladung von Kapitän zur See Neitzel, dem Kommandeur der 2. Unterseeboots-Lehrdivision. Eiligst begibt sich Korvettenkapitän Leonhardt mit einem seiner Offiziere in das Hauptquartier der 2. ULD.

Hier überrascht ihn Kapitän Neitzel mit der Mitteilung:

»Wir haben Befehl, die beiden Wohnschiffe der 2. Unterseeboots-Lehrdivision, *Gustloff* und *Hansa*, unverzüglich nach Westen zu verlegen. Die Einschiffung der Mannschaften und Offiziere der 2. ULD ist befehlsgemäß abgeschlossen, ebenso die Einschiffung der Flüchtlinge!«

Kapitän Neitzel bittet die beiden staunend zuhörenden Offiziere der 9. Sicherungs-Division um einen Bericht über die U-Boot-Lage in der östlichen Ostsee, andere feindliche Aktivitäten, insbesondere der feindlichen Luftaufklärung und Luftwaffe, über minenfreie Wege und andere Einzelheiten.

Als Korvettenkapitän Leonhardt diese Absichten und Mitteilungen hört, ist er zunächst bestürzt.

Er erkennt die Absicht der U-Boot-Leute, ohne Rücksicht auf das fehlende Sicherungsgeleit, auf eigene Faust die *Gustloff* und die *Hansa* mit insgesamt über 10 000 Menschen an Bord, den Weg über die Ostsee allein antreten zu lassen.

Korvettenkapitän Leonhardt tut, was in seinen Kräften steht. Er versucht, den versammelten Offizieren der 2. ULD kurz und bestimmt zu erklären, daß er als Leiter der Zweigstelle Gotenhafen der 9. Sicherungs-Division die Absichten der 2. ULD keineswegs gutheißen könne, da die Gefahren auf See durch Flugzeuge, Minen und sowjetische U-Boote weitaus größer seien, als die 2. ULD offensichtlich annehme.

»Die 9. Sicherungs-Division ist im Augenblick nicht in der Lage, *Gustloff* und *Hansa* auch nur einen einigermaßen ausreichenden Geleitschutz zu gewähren, ich muß deshalb das Auslaufen von *Gustloff* und *Hansa* so lange ablehnen, bis ausreichender Geleitschutz vorhanden ist!«

Doch damit geben sich die U-Boot-Leute von der 2. ULD nicht zufrieden. Auch der eindringliche Bericht von Leonhardt über die Feindlage in der östlichen Ostsee überzeugt sie nicht.

Der Kommandeur der 2. ULD antwortet dem erfahrenen Geleitschutzoffizier der 9. Sicherungs-Division nur:

»Ich bedaure sehr, Herr Korvettenkapitän, daß Sie uns ein ausreichendes Geleit für *Gustloff* und *Hansa* zur Zeit nicht zur Verfügung stellen können. Wir sind aber gezwungen, unverzüglich auszulaufen.«

Beide Standpunkte prallen hart aufeinander.

Die verantwortlichen Offiziere der 2. ULD weisen noch einmal mit Nachdruck darauf hin, daß die Ausbildung der an Bord genommenen U-

Boot-Männer der 2. ULD befehlsgemäß unverzüglich, d.h. sofort, in einem westlicheren Ostseehafen fortgesetzt und abgeschlossen werden muß, damit diese wichtige Spezialtruppe der Kriegsmarine auf neuen Booten schnellstmöglich zum Einsatz zur Verfügung steht. Außerdem wachse die Unruhe unter den seit Tagen eingeschifften Flüchtlingen auf beiden Schiffen von Stunde zu Stunde. Sowohl auf der *Gustloff* als auch auf der *Hansa* sei jeder verfügbare Raum belegt. Eine weitere Verzögerung des Auslaufens der beiden Schiffe würde an Bord zweifellos zu panikartigen Szenen führen. Und das wolle und müsse man auf alle Fälle verhindern.

So urteilen die meisten Stabsoffiziere der 2. ULD, und man muß ihnen bescheinigen, daß auch sie nur das Beste für alle im Sinn haben: Für die beiden Schiffe und die Menschen, die darauf sind.

Doch für Korvettenkapitän Leonhardt von der 9. Sicherungs-Division gelten andere Kriterien, er kann sich der Meinung der Offiziere der 2. ULD keinesfalls anschließen.

Für ihn ist die Sicherheit der Menschen und Schiffe das oberste Gebot. diese Sicherheit erscheint ihm sowohl für die Menschen als auch für die Schiffe im höchsten Grade stark gefährdet. Er ist bestimmt kein Schwarzseher, doch er kann sich ausmalen, welche hervorragenden Ziele diese beiden Riesenschiffe mit ihren hohen Aufbauten für die russischen Flieger und die U-Boote, die schon weit in die östliche Ostsee vorgedrungen sind und sogar schon für die mittlere Ostsee vereinzelt gemeldet wurden, bieten — ganz abgesehen von der Minengefahr. Leonhardt will deshalb auf keinen Fall, daß die beiden Wohnschiffe der 2. ULD, *Gustloff* und *Hansa*, in den nächsten 24 Stunden auslaufen, zumindest will er aber das Auslaufen verzögern, bis entsprechendes Geleit zur Verfügung steht.

Kann Leonhardt aber das Auslaufen der beiden Schiffe überhaupt noch verhindern?

Sofort nach Rückkehr von der für ihn ergebnislos verlaufenen Besprechung im Stabsgebäude der 2. ULD am Abend des 28. Januar 1945 ruft Leonhardt seinen Chef, den Kapitän zur See von Blanc, an. Der Chef der 9. Sicherungs-Division hat seinen Sitz in Windau.

Kapitän zur See von Blanc ist bestürzt über die Absicht der U-Boot-Leute, die oft als ›vierter Wehrmachtteil‹ bezeichnet wurden.

Er sagt Korvettenkapitän Leonhardt zu, sofort entscheidende Schritte bei der Seekriegsleitung zu unternehmen mit dem Ziel, das Auslaufen der *Gustloff* und der *Hansa* zu verhindern, zumindest zu verzögern.

Doch der Leitungsweg von der Dienststelle des Chefs der 9. Sicherungs-Division bis nach Berlin zur Seekriegsleitung und zurück nach Windau und von da nach Gotenhafen ist lang, zu lang.

Denn die U-Boot-Leute von der 2. ULD bleiben von den Warnungen des Korvettenkapitäns Leonhardt unberührt. Sie wollen in jedem Fall die *Gustloff* und die *Hansa* in den nächsten vierundzwanzig Stunden auslaufen lassen. Da die 9. Sicherungs-Division offensichtlich nicht in der Lage ist, für ein entsprechendes Geleit zu sorgen, wird die 2. ULD diese Aufgabe übernehmen. Schließlich stehen der 2. ULD mehrere Torpedoboote, Minensuch- und Torpedofangboote und einige weitere Kriegs- und Zielschiffe zur Verfügung, die man für Geleitaufgaben einsetzen kann.

Der Kommandeur der 2. Unterseeboots-Lehrdivision läßt die Auslaufvorbereitungen auf *Gustloff* und *Hansa* treffen, ohne abzuwarten, welche Sicherungsfahrzeuge die 9. Sicherungs-Division möglicherweise noch bereitstellen kann oder welche Ergebnisse bei den Gesprächen zwischen Kapitän zur See von Blanc und der Seekriegsleitung herauskommen.

Für *Gustloff*, die *Hansa* und die 2. ULD ist jetzt höchste Eile geboten.

Man ist nicht mehr bereit, noch länger in Gotenhafen zu bleiben und auf einen Auslaufbefehl zu warten.

Würde die *Gustloff* nun am Montag, dem 29. Januar auslaufen?

Die meisten auf dem Schiff hoffen dies.

Nicht nur die verantwortlichen Offiziere der 2. Unterseebootslehrdivision und der 9. Sicherungsdivision Zweigstelle Gotenhafen beschäftigt am 28. Januar 1945 das Schicksal der *Wilhelm Gustloff* , sondern auch den Kommandanten und die Offiziere des Schweren Kreuzers *Prinz Eugen*, der an diesem Tage in Gotenhafen liegt. 30 Besatzungsmitglieder des Kreuzers haben ihre Familien in Gotenhafen und in Danzig wohnen. Die Männer, die aus ihrem Ostseeeinsatz wissen, daß die Gefahr der Besetzung der Danziger Bucht durch sowjetische Truppen nicht mehr aufzuhalten ist und daß dies nur eine Frage der Zeit ist, machen sich ernstlich Sorgen um das Schicksal ihrer Frauen und Kinder. Sie wissen zugleich, daß sie ihre Familien mit dem Kreuzer *Prinz Eugen*, der in der östlichen Ostsee eingesetzt ist, nicht nach Westen bringen können. Nachdem sie erfahren haben, daß sich die *Wilhelm Gustloff* anschickt, Gotenhafen zu verlassen und auch Flüchtlinge an Bord aufgenommen werden, sehen sie darin eine gute Möglichkeit, ihre Familien nach Westen zu bringen.

Nachdem sich im Auftrage des Kreuzer-Kommandanten der I.O., Kapitän zur See Beck, bei der Schiffsleitung der *Gustloff* und dem Kommandeur der 2. ULD erkundigt hat, ob die Aufnahme der Familien der Kreuzer-Besatzungsmitglieder möglich ist und seine Frage bejaht wurde, erhalten die 30 Besatzungsmitglieder des *Prinz Eugen*, die ihre Familien im Raume Danzig-Gotenhafen wohnen haben, Gelegenheit, sie zu holen und an Bord der *Wilhelm Gustloff* zu bringen.

Unter den Frauen befindet sich auch Gertrud Nießen, die ihre Wohnung in Gotenhafen, Körner-Weg 6 hat. Als sie am 28. Januar abends, kurz nach 18.00 Uhr unter der Nummer 1520 in die Passagierliste der *Wilhelm Gustloff* eingetragen wird, ahnt sie nicht, daß Sie eine der zwei *Prinz-Eugen*-Frauen sein wird, welche die letzte Fahrt der *Wilhelm Gustloff* überlebt — — —

Noch in der Nacht vom 28. zum 29. Januar 1945 erhält der Schwere Kreuzer *Prinz Eugen* den Befehl, Gotenhafen wieder zu verlassen und die Küstenbeschießung im Raum Königsberg fortzusetzen. Dreißig Männer auf dem Schiff sind glücklich, ihre Frauen und Kinder auf der *Wilhelm Gustloff* zu wissen, die tags darauf auslaufen soll.

DAS SCHICKSAL DER FAMILIE FREYMÜLLER

Am 28. Januar 1945 entscheidet sich auch das Lebensschicksal der Familie Freymüller aus Gotenhafen. Doch sie ahnt nichts davon.

In der langen Schlange der Wartenden auf dem Kai in Oxhöft vor der *Gustloff* steht auch Elsa Freymüller aus Gotenhafen mit ihrer Tochter Jutta und dem 17 Monate alten Frank-Michael. Die Eheleute Klein, Elsa Freymüllers Eltern, geben ihnen das Geleit.

Während der langen Wartezeit hat Elsa Freymüller Zeit zum Nachdenken. Und das ist nicht gut für sie. Denn immer wieder kehren ihre Gedanken zurück zu ihrem Heim in Gotenhafen, Lenauweg 10, zurück zu ihrem Mann, der als Unterfeldwebel im Kraftfahrzeugpark Danzig Dienst tut. Er weiß nicht, daß sie und die Kinder auf die *Gustloff* gehen werden. Elsa Freymüller ist noch nicht lange verheiratet. Hermann Freymüller ist ihr zweiter Mann, die Tochter Jutta stammt aus erster Ehe, der kleine Frank-Michael aus der Ehe mit Hermann Freymüller. Vor einigen Wochen, in den ersten Tagen des neuen Jahres, hatte ihr Mann zum ersten Mal davon gesprochen, der Tag könne kommen, wo sie mit den Kindern aus Gotenhafen fliehen müsse. Bald darauf schon hatte es sich abgezeichnet, daß die Notwendigkeit einer Flucht immer dringender wurde. Hermann Freymüller selbst hatte gehofft, für seine Frau und die beiden Kinder eine Möglichkeit ausfindig zu machen, sie per Lastkraftwagen nach Westen bringen zu lassen. Aber es hatte nicht geklappt.

Auf der Bahn konnte niemand garantieren, daß sie in einem Personenzugabteil Platz finden würden; in einem Güterwagen oder — was noch schlimmer war — in einem der offenen Güterwaggons weitertransportiert zu werden, bedeutete eine ernsthafte Lebensgefahr nicht nur für Elsa Freymüller, sondern auch für die Kinder, besonders für den kleinen Frank-Michael.

So erschien es fast als ein Geschenk des Himmels, als tags zuvor der Gotenhafener Ortsgruppenleiter Liedtke, der mit Elsa Freymüllers Vater befreundet war, einen ›*Gustloff*-Fahrausweis‹ für Elsa Freymüller und ihre beiden Kinder ins Haus gebracht hatte.

Nun war der Weg zur Flucht frei, und nun, kaum vierundzwanzig Stunden später, stand Elsa Freymüller mit ihren Kindern und Eltern vor der *Gustloff*. Und ihr Mann wußte nichts davon.

Elsa Freymüller trieb es die Tränen in die Augen, als sie darüber nachdachte. Aber sie tröstete sich damit, daß ihre Eltern in Gotenhafen zurückblieben — ihr Vater durfte die Stadt noch nicht verlassen — und sie würden morgen Hermann in Danzig anrufen und ihn von ihrer Abreise verständigen. Sicher würde er sich darüber freuen, denn die *Gustloff* war ein so großes Schiff, dem nichts passieren konnte. Es bedeutete schon ein großes Glück, mit diesem Schiff über die Ostsee gerettet zu werden.

So dachte Elsa Freymüller. Ihre Eltern neben ihr dachten dasselbe.

Elsas Vater zog den Schlitten mit den schweren Koffern, sie selbst die

Sportkarre mit den in Wolldecken eingehüllten Frank-Michael. Oma Klein hatte Jutta an der Hand.

Geduldig warteten die fünf in einer endlosen scheinenden Schlange von Menschen. Sie hatten Sorge, überhaupt noch an Bord der *Gustloff* zu gelangen, denn immer wieder hörte man unter den Wartenden das Gerücht:

»Das Schiff ist überfüllt, es kommt niemand mehr drauf...«

Inzwischen ist es bereits 18.30 Uhr und schon dunkel. Und es wird immer kälter. Ein eisiger Wind setzt ein, treibt den Wartenden Eiskristalle ins Gesicht.

Erst gegen 22.00 Uhr hat das Warten ein Ende. Es gilt Abschied zu nehmen von den Eltern.

Wer von ihnen ahnt schon, daß es ein Abschied für immer ist.

Am Schalter der Schiffszahlmeisterei wird Elsa Freymüller mit ihren Kindern in die Schiffsliste aufgenommen. Sie erschrickt bei der Frage:

»Wer soll benachrichtigt werden, wenn Ihnen etwas zustößt?«

Doch die freundliche Marinehelferin hinter dem Schalter beruhigt sie rasch:

»Keine Angst — das ist nur eine Formfrage!«

Elsa Freymüller gibt die Anschrift einer Freundin in Neuwarp in Pommern an. Dorthin wollte sie, das hatte sie mit ihrem Mann schon vor Wochen abgesprochen.

Danzig, Wahlgasse 16.

Hier hängt ein kleines, unscheinbares Schild: »Kraftfahrzeugpark Danzig«. An irgendeiner Tür dieser militärischen Dienststelle gibt es eine Tür mit der Aufschrift: »Rechnungsführer Unterfeldwebel Freymüller«.

Hermann Freymüller steht an diesem Morgen des 29. Januar 1945 am Fenster und starrt nach draußen. Seine Gedanken sind bei seiner Familie.

Zu Hause, in Gotenhafen, Lenauweg 10, stehen die Koffer gepackt. Und dort warten seine Frau und die Kinder, vor allem sein kleiner Frank-Michael, an dem sein Herz hängt. Er ist es seiner Familie schuldig, etwas für sie zu tun, ihnen die rasche Flucht aus Gotenhafen auf einem sicheren Wege zu ermöglichen.

Aber es hat wieder nicht geklappt. Die Hoffnung, doch noch eine Mitfahrmöglichkeit für seine Familie zu finden, ist fehlgeschlagen. Alles Bemühen war bisher umsonst. Man sollte doch meinen, wenn einer überhaupt eine Möglichkeit hat, seine dreiköpfige Familie mit einem LKW aus der Gefahrenzone Gotenhafen wegzuschaffen, dann könnte er es doch nur sein, der schon anderen so viel und so oft geholfen hat.

Warum kann Hermann Freymüller im Kraftfahrzeugpark Danzig seiner Familie nicht helfen?

Möglicherweise verlangt er vielleicht zuviel. Denn er will die Garantie haben, seine Familie bis nach Pommern durchzuschleusen und nicht Gefahr laufen, daß sie bei diesem Wetter irgendwo an einer Landstraße oder in einem Dorf abgesetzt wird. Aber einen LKW finden, der Auftrag hat, nach Pommern zu fahren, hat er bisher noch nicht gefunden. Es ist wie verhext.

Plötzlich schrillt das Telefon. Erst beim zweiten Klingeln reißt sich Hermann Freymüller von seinen Gedanken los und nimmt den Hörer ab. Er erkennt sogleich die Stimme seiner Schwiegermutter:

»Ach, Du bist es, Mutter — — was gibt's?«

»Hermann, wir haben Elsa und die Kinder gestern nacht auf die *Wilhelm Gustloff* gebracht, der Liedtke hat uns noch einen Fahrausweis für das Schiff besorgt. Elsa hat auch alles Gepäck mitnehmen können — und...«

Hermann Freymüller preßt die Muschel des Hörers fester an sein Ohr, denn was seine Schwiegermutter am Ende der Leitung sagt, scheint für ihn unfaßbar zu sein. Dazu ist die Verständigung durch das Telefon auch sehr schlecht. Er brüllt ins Telefon:

»Was habt ihr —? Ausgerechnet auf die *Gustloff* — auf einen der Pötte, auf den die Russen schon lange warten — — — Wenn das nur gutgeht!«

Beruhigend meldet sich wieder die Stimme seiner Schwiegermutter: »Mach Dir keine Sorgen! Elsa ist gut aufgehoben! Telegrafiere bitte gleich der Gertrud in Neuwarp, daß Elsa in den nächsten Tagen dort eintrifft.«

Längst ist das Gespräch beendet, und Hermann Freymüller hat den Hörer wieder auf die Gabel gelegt. Aber noch immer steht er im Raum, hat beide Hände auf den Schreibtisch gestützt und starrt zum Fenster hinüber. Ihm bleibt jetzt nichts mehr zu tun als zu beten, daß die *Wilhelm Gustloff* eine ›Gute Reise‹ haben möge — — —

Vielleicht hat das Schiff schon Gotenhafen verlassen und befindet sich bereits auf dem Wege über die Ostsee nach Westen.

Vielleicht — — —

ENDLICH: DER AUSLAUFBEFEHL

Doch noch ist es nicht soweit.

Am Vormittag des 29. Januar kommt noch ein größerer Verwundetentransport an Bord. Ein Lazarettzug hat die Verwundeten bis nach Gotenhafen gebracht. Von hier aus wurden sie mit LKWs und Krankenfahrzeugen zur *Gustloff* befördert. Im Damensalon wird rasch ein weiteres Behelfslazarett eingerichtet. Die Verwundeten kommen in frischbezogene Betten. Man tut alles, damit sie sich geborgen fühlen.

Zu derselben Stunde versammelt der Kommandeur der II. Abteilung der 2. ULD, Korvettenkapitän Wilhelm Zahn, im Navigationsraum der *Gustloff* die Offiziere der Kriegs- und Handelsmarine. Wenige Minuten vorher hat Zahn einen Befehl des Kommandeurs der 2. Unterseeboots-Lehrdivision erhalten. Dort ist in den frühen Morgenstunden die Entscheidung gefallen, nicht weiter auf ein Geleit der 9. Sicherungs-Division zu warten, sondern auf eigene Verantwortung der U-Boot-Waffe die Flucht über die Ostsee zu wagen.

226

Neben Kapitän Petersen, den Fahrkapitänen Weller und Köhler, dem Ersten Offizier Reese, den Navigationsoffizieren, dem Chefingenieur Löbel und dem Oberzahlmeister Jensen nehmen von Seiten der Kriegsmarine außer Korvettenkapitän Zahn die vier Kompaniechefs der II. Abteilung der 2. ULD, die auf der *Gustloff* stationiert sind, teil.

Zahn erläutert kurz den Befehl des Kommandeurs der II. ULD:

»Die *Wilhelm Gustloff* wird morgen, am 30. Januar, auslaufen. Der genaue Auslaufzeitpunkt wird noch bekanntgegeben, der dürfte in den Mittagsstunden liegen.

Nach Angaben des Admiralstabsoffiziers, der über die Feindlage in der östlichen und mittleren Ostsee befragt wurde, besteht keine direkte und unmittelbare Gefahr.

Es ist kaum damit zu rechnen, daß die *Gustloff* auf ihrem Marsch nach Westen feindlichen Schiffen oder U-Booten begegnet.

Mit der *Gustloff* läuft gleichzeitig die *Hansa* aus.

Drei Sicherungsboote, die der U-Boot-Waffe unterstellt sind, werden das Geleit schützen.«

Korvettenkapitän Zahn schließt die Bekanntgabe des Befehls mit den Worten:

»Wir alle tragen die Verantwortung für Tausende, hauptsächlich für die Frauen und Kinder, die Kranken und Verwundeten und die alten Menschen an Bord — aber auch für unsere Männer.«

Die Offiziere der *Gustloff* atmen nach Kenntnisnahme dieses Befehls erleichtert auf.

Endlich.

Nun kann es nur noch vierundzwanzig Stunden dauern, dann wird die *Gustloff* ablegen und Gotenhafen verlassen. Dann endlich wird die Reise über die Ostsee beginnen, auf die jetzt schon fast sechstausend Menschen auf dem Schiff sehnsüchtig warten.

In diesen Augenblicken kommt eine Durchsage durch die Schiffslautsprecher:

»Achtung — Achtung —

wir führen jetzt eine Schottenschließübung durch —

das Schließen der Schotten wird durch drei kurze Klingelzeichen angekündigt — — —!«

Noch einmal wird die Durchsage wiederholt.

Dann schrillen die Alarmklingeln:

Dreimal kurz!

Die an Bord befindlichen Seeleute wissen, was dieses Kommando bedeutet und was das Schließen der Schotten auf sich hat. Doch die meisten Flüchtlinge, die Verwundeten und die Marinehelferinnen, die sich zum ersten Mal auf einem Schiff befinden, wissen das nicht.

Und Louis Reese, der I. Offizier der *Gustloff*, ahnt auch er nichts, glaubt er tatsächlich an die absolute Sicherheit seines Schiffes oder hat er Zweifel?

Denn eben hat er dem Borddrucker, der zur zivilen Stammbesatzung des

Schiffes zählt und ihn um Genehmigung bat, seine in Gotenhafen wohnende Frau und sein zwei Tage altes Kind noch an Bord nehmen zu dürfen geantwortet:

»Ich würde das nicht tun. Ich würde meine Frau und mein Kind nicht auf die *Gustloff* nehmen. Ich habe kein gutes Gefühl für die Reise. Aber bitte — Sie müssen selbst wissen, was Sie tun. Selbstverständlich können Sie — wie das auch Ihre Kollegen getan haben — Ihre Familie an Bord nehmen. Aber eines muß ich Ihnen sagen — und sagen Sie das bitte auch Ihren Kollegen: Ich lehne jede Verantwortung dafür ab. Jeder von Ihnen trägt die Verantwortung für seine Angehörigen selbst...«

Der 37jährige Buchdrucker Eugen Jeissle aus Gotenhafen, Gotenstraße 7, nahm wenige Stunden später seine Frau und seinen erst 48 Stunden alten Sohn, sein einziges Kind, an Bord der *Gustloff*. Als er sich bei Reese zurückmeldete, zuckte dieser die Schultern und schüttelte den Kopf. Er hätte anders gehandelt.

Wenn der Drucker der *Gustloff* in diesem Augenblick gewußt hätte, daß seine Frau, sein Sohn und er vierundzwanzig Stunden später auf der *Gustloff* den Tod finden würden, hätte er sicher auch anders gehandelt.

Aber wer kann schon seine Zukunft vorausahnen und seinem Schicksal aus dem Wege gehen?

DIE LETZTE NACHT IM HAFEN

Der 29. Januar nähert sich seinem Ende.

An Bord des Schiffes wird es immer unruhiger. Das endlose, lange Warten zehrt an den Nerven vieler. Die meisten fragen sich immer wieder, warum die *Gustloff* nicht ablegt und die Reise beginnt.

Und dieses bange Warten, diese Ungewißheit, ist immer wieder der Nährboden für Gerüchte:

»Heute nacht kommen wir alle wieder von Bord.

Wir laufen überhaupt nicht mehr aus.

Die Russen sind schon vor Gotenhafen.

Wir müssen alle die Stadt verteidigen...!«

Das in siedender Atmosphäre entstandene Gerücht pflanzt sich in Windeseile im Schiff fort. Im wilden Aufbegehren stürzen sich einige der Flüchtlinge zu den Büros des Wohnschiffsoffiziers und der Zahlmeisterei:

»Stimmt es, daß...?«

Da entschließt sich die Schiffsleitung, über Lautsprecher bekanntzugeben:

»Die *Gustloff* ist fahrbereit — morgen laufen wir aus...!«

Überall in den Gängen und Sälen wird diese Botschaft gehört.

Gottseidank...!

Es war zunächst beabsichtigt, den Auslauftag nicht bekanntzugeben, dafür hatte man seine Gründe. Doch die wachsende Unruhe an Bord zwang zu dieser Mitteilung am Abend des 29. Januar.

Die letzte Nacht an der Pier in Gotenhafen-Oxhöft wird für die meisten *Gustloff*-Passagiere zum Tage. Kaum einer findet Ruhe. Unentwegt rattern die Ladekräne, drängen immer noch Menschen auf das Schiff.

Ein neuer Flüchtlingstreck ist eingetroffen und wird noch aufgenommen. Wenig später folgt ein Zug verwundeter Infanteristen.

Schon sieht man in den Gängen Menschen auf Kisten und Koffern hocken, was unbedingt vermieden werden sollte. Trotz aller Bemühungen der Schiffsleitung erweist es sich aber als unmöglich, die Gänge freizuhalten und die Flüchtlinge ausschließlich in den Sälen und Kabinen unterzubringen. Nirgendwo ist mehr Platz.

Nur zwei große Räume sind noch frei, die sogenannte ›Führerkabine‹ und eine Offizierskabine auf dem Oberen Promenadendeck. Dies ist die ›letzte Reserve‹, die man für ›besondere Fahrgäste‹ hatte freihalten müssen.

Die im B-Deck liegende ›Führerkabine‹, die bestausgestattete Kabine an Bord der *Gustloff*, die eigens für Adolf Hitler beim Bau der *Gustloff* eingerichtet worden war und nur von ihm belegt werden durfte, wird am Abend des 29. Januar 1945 für die letzte Fahrt der *Gustloff* ›zweckentfremdet‹.

Der Oberbürgermeister der Stadt Gotenhafen, Schlichting, kommt mit seiner 13köpfigen Familie an Bord und erhält die sogenannte ›Führerkabine‹ zugewiesen. Der Oberbürgermeister begleitet seine Familie — Frau, Kinder, Großeltern, Personal — persönlich an Bord, verläßt selbst dann aber wieder das Schiff.

»Ich habe Gotenhafen mit zu verteidigen.«

Er tut dies auch und findet später dabei den Tod, während seine ganze Familie beim Untergang der *Gustloff* umkommt.

Auch für die bis zuletzt reservierte Offizierskabine auf dem Oberen Promenadendeck kommt am Vorabend der Abreise der *Gustloff* aus Gotenhafen noch die dafür bestimmte ›Einquartierung‹ an Bord: Die Familie des Kreisleiters der Partei aus Gotenhafen mit fünf Kindern, einem Dienstmädchen, einem Kindermädchen und der Ehefrau des Kreisleiters.

Auch er geht wieder von Bord und bleibt in Gotenhafen zurück.

Damit ist auch die allerletzte Kabine auf der *Gustloff* belegt.

Gestern schon hatte man das ›Ortsgruppenleiterbüro‹ ausgeräumt, mit Strohsäcken ausgelegt und hier eine größere Flüchtlingsfamilie untergebracht.

Mit der Umfunktionierung des Ortsgruppenleiterbüros zu einer Flüchtlings-Wohn-Kabine hat die *Gustloff* auch ihren letzten Nimbus als ›Parteischiff‹ verloren.

Jetzt ist alles klar, jetzt kann M/S *Wilhelm Gustloff* Abschied nehmen von Gotenhafen und ihre Reise beginnen, eine Reise ins Ungewisse, eine Reise auf den Grund der Ostsee.

Doch am Abend des 29. Januar 1945 ahnt niemand etwas von der Tragödie der *Gustloff* in der Ostsee.

Todesschiff: M/S *Wilhelm Gustloff*

Ostsee — *30. Januar 1945 —* *19.00 Uhr:*	*Wilhelm Gustloff* auf der Fahrt nach dem Westen Zielhäfen: Kiel und Flensburg
An Bord *6 600 Menschen*	918 Offiziere und Mannschaften der 2. ULD — 173 Zivile Besatzungsmitglieder der Handels- marine — 373 Marinehelferinnen — 162 Schwer- verwundete und etwa 5 000 Flüchtlinge
Geschwindigkeit:	Zwölf Knoten — Schneetreiben und Mond
Geleitsicherung:	Torpedoboot *Löwe*, Kommandant: Kapitänleutnant Paul Prüfe
21 Uhr 15: *Gustloff auf Position:*	24 Kilometer NNO Leuchtfeuer Stilo 55 Grad 7,5 Minuten Nord — 17 Grad 42 Minuten Ost, Wassertiefe: 61 Meter
21 Uhr 16: *Gustloff erhält drei* Torpedotreffer	Angreifer Sowjet-Unterseeboot *S — 13* Kommandant: Kapitänleutnant 3. Ranges, Alexander Marinesko
21 Uhr 17: *Gustloff beginnt zu* sinken	Nach Treffern im Vorschiff und Maschinenraum Wassereinbruch. Schiff ist nicht mehr zu retten
22 Uhr: Panik auf dem Höhepunkt	Befehl von der Kommandobrücke: »Alle Mann von Bord — rette sich wer kann«
22 Uhr 18: *Gustloff kentert und* sinkt	Im Augenblick des Unterganges springt die ge- samte Schiffsbeleuchtung an. Die *Gustloff* versinkt in den gleißenden Fluten der Ostsee.
Bilanz der *Katastrophe:*	5 348 Kinder, Frauen, Mütter, Männer finden beim Untergang der *Wilhelm Gustloff* den Tod. 1 252 Menschen werden von Besatzungsmitgliedern von neun Kriegs- und Handelsschiffen, die zur »Unfallstelle« eilten, aus der eiskalten Ostsee gerettet.

VIERTES KAPITEL:

Das Todesschiff

Drei Torpedos und 6 600 Menschen

Boote, Flöße, Flakgeschütze / Die Sorgen des Korvettenkapitäns / Drei ›Hurras‹ auf die Gustloff / Abschied von Gotenhafen / Reiseziele: Kiel und Flensburg / Hela-Reede: Warten auf Geleitfahrzeuge / Die Gustloff fährt allein nach Westen / Wie schnell kann die Gustloff fahren / Küstenweg oder Zwangsweg 58 / Ein Schiffsleib voller Schicksale / Der Tod lauert schon / Ein Schiff in Gottes Hand / Die verhängnisvolle Entscheidung / Genügen die Rettungsmittel / Kranke, Verwundete, Schwangere / Wer glaubt noch an den Führer? / Fünf Minuten vor der Katastrophe / Das Todeskommando auf S-13: »Feuer!« / 21 Uhr 16: Drei Torpedotreffer / Todesernte im Schwimmbad / Im Schiff rast die Panik / Alle wollen ihr Leben retten / Der Notruf der sinkenden Gustloff / Rettung nach ›Katastrophenplan‹ / Der Kampf um die Boote / »Zurück oder ich schieße!« / Sterben oder überleben / Kurs ›Unfallstelle Gustloff‹ / Der gläserne Sarg / Leere Rettungsboote an Backbord / »Alle Mann von Bord — rette sich wer kann!« / »Stirb anständig« / »Bitte erschieß mich!« / Das letzte Vaterunser / 22 Uhr 18: Die Gustloff kentert / Untergang mit Festbeleuchtung

BOOTE, FLÖSSE, FLAKGESCHÜTZE

Dienstag, 30. Januar 1945.

Für das Dritte Reich ist dieser Tag ein wichtiger nationaler Feiertag. Vor 12 Jahren ergriff Adolf Hitler mit seiner NSDAP, der Nationalsozialistischen Deutschen Arbeiter Partei, die Macht in Deutschland.

Für die *Wilhelm Gustloff* ist dieser Tag der Todestag. Das einst stolze ›Kraft durch Freude‹-Schiff, die ›Europa des Arbeiters‹, wie Hitler das Schiff

231

einmal nannte, wird heute, an diesem 30. Januar des Jahres 1945 auf den Grund der Ostsee sinken. Und mit dem Schiff werden über 5 000 Menschen sterben müssen, die den Krieg nicht gewollt haben: Kinder, Mütter, Greise, Verwundete und Soldaten.

Doch wer ahnt das Schicksal, das der *Gustloff* bevorsteht?

Ich bin einer derjenigen an Bord, die sich in absoluter Sicherheit wiegen. Und ich bin nicht allein mit dieser Zuversicht. Viele Gespräche in den letzten Stunden haben mir dies bestätigt. Die meisten Menschen auf dem Schiff sind glücklich, daß heute endlich die Reise über die Ostsee beginnt. Dieser Gedanke hat mich und viele andere in der letzten Nacht wachgehalten.

Alle, die Verantwortung für die *Gustloff* und ihre Menschenfracht tragen, ob sie zur Kriegsmarine gehören oder zur zivilen Besatzung, sind schon seit den frühesten Morgenstunden wieder auf den Beinen. Die Zahl der Flüchtlinge, die wir an Bord genommen haben, ist größer als ursprünglich erwartet, und da wir mit einer so langen Wartezeit vom Einschiffungsbeginn an nicht gerechnet hatten, muß weiterer Proviant herangeschafft werden. Seit mehreren Tagen werden an Bord täglich über 6 000 Menschen verpflegt. Was unsere Bordküche in den letzten fünf Tagen geleistet hat, ist beispielhaft und verdient Anerkennung.

Pausenlos wird an diesem Dienstagmorgen noch geladen. Sechzig halbe Schweine werden an Bord geschleppt. Viele Zentner Mehl, Zucker, Milchpulver, Kartoffeln, Brot und andere Nahrungsmittel füllen die Provianträume bis in den letzten Winkel; Fleisch, Eier und anderes lagert in den Kühlräumen. Oberzahlmeister Peter Martin Jensen rechnet damit, daß er die rund 6 000 Menschen auf der *Gustloff* noch vier Tage verpflegen muß, vielleicht auch noch einen Tag länger. Denn wann und wo die Passagiere ausgeschifft werden, konnte ihm auch die Schiffsleitung noch nicht sagen. Sie weiß es selbst nicht.

Es ist noch halb dunkel, die Nacht ist dem Morgen noch nicht vollends gewichen, da treffen einige große Lastkraftwagen, mit Kisten beladen, am Liegeplatz der *Gustloff* ein. Die Fahrer und Beifahrer helfen, die schweren Kisten an Bord zu bringen. Was darin ist, wissen sie nicht. Es hat auch niemand Zeit und Anlaß nachzusehen. Die Ladepapiere weisen eindeutig aus, daß es Fracht für die *Gustloff* ist. Vielleicht ist es Lehrmaterial der U-Boots-Lehrdivision oder gar Munition für die Flakgeschütze? Niemand interessiert der Inhalt der Kisten besonders. Erst Jahre nach dem Krieg taucht die Vermutung auf, daß sich in diesen Kisten die Wandtafeln des berühmten »Bernstein-Zimmers« aus dem Schloß Zarskoje Selo bei Leningrad befanden, die beim Rückzug der deutschen Truppen ausgebaut und nach Königsberg gebracht wurden, wo sie auch teilweise ausgestellt worden sind, und nun vor den Russen mit der *Gustloff* nach Westen in Sicherheit gebracht werden sollten.

Weitere Lastwagen kommen und bringen eine Ladung Schwimmwesten. Jeder der 6 000 Passagiere soll einen Rettungsgürtel erhalten.

Auf der Wasserseite des Schiffes werden Boote und Marineflöße an Bord gehievt.

Die schweren Metallflöße werden hochkant aufgestellt und festgezurrt, damit sie während der vielleicht etwas stürmischen Reise nicht in Bewegung geraten und über Bord gehen.

Danach folgt die Anbordnahme der Flakgeschütze. Die Vierlinge werden mit einem Schwimmkran auf dem Brückendeck aufgestellt. Der Betriebsdirektor der DW Gotenhafen, ein Oberingenieur, der einige Tage zuvor auch die Anbordbringung der Geschützunterbauten persönlich leitete, blickt an diesem Morgen mit etwas gemischten Gefühlen auf das auslaufbereite Schiff. Noch vor wenigen Tagen wollte er seine achtköpfige Familie auf die *Gustloff* bringen. Er tat es nicht und ist jetzt froh darüber. Der Gotenhafener Oberingenieur war wohl der einzige Gotenhafener, der seine ›*Gustloff*-Fahrausweise‹ für den 30. Januar 1945 zurückgab und damit seiner Familie das Leben rettete. Er erinnert sich, wie es dazu kam:

»Am 26. Januar 1945 erhielt das Werk Gotenhafen der Deutschen Werke Kiel den Auftrag, mit dem Schwimmkran Geschützunterbauten auf dem Brückendeck der *Wilhelm Gustloff* aufzustellen. Ich kannte die *Gustloff* von ihrem Kurzaufenthalt in unserem Dock, fuhr nach Oxhöft und nahm mit dem Kapitän eine Ortsbesichtigung vor. Bei der Rückfahrt nach Gotenhafen faßte ich den Entschluß, meine Familie auf das Schiff zu bringen, das am 26. Januar bereits viele Flüchtlinge, auch aus Gotenhafen, an Bord hatte. Ohne große Schwierigkeiten erhielt ich für meine achtköpfige Familie, meine 34jährige Frau, meine sechs Kinder im Alter von 2 1/2, 3, 5, 6, 8 und 14 Jahren und unser Pflichtjahrmädel die ›Fahrausweise‹ für die *Gustloff*. Als ich am Abend nach Hause kam und meiner Frau die Karten hinhielt mit den Worten: »In drei Tagen geht's los«, kamen mir plötzlich starke Bedenken, ob die *Gustloff* nicht doch für eine Flucht über die Ostsee zu groß war. Meine Frau teilte die Bedenken.

Noch in der Nacht fuhr ich zur Ausgabestelle, um die ›Fahrausweise‹ wieder zurückzugeben. Man sah mich zunächst etwas erstaunt und ungläubig wegen meines ungewöhnlichen Anliegens an, nahm mir aber die von anderen offensichtlich sehr begehrten Papiere gern wieder ab. Man entsprach auch sofort meiner Bitte, mir Fahrausweise für ein anderes, kleineres Schiff zu geben. »Sie können Ihre Familie auf die *Regulus* bringen, sie muß allerdings spätestens morgen früh um 8.00 Uhr an Bord !« Mit dieser Nachricht kam ich kurz vor Mitternacht wieder zu Hause an. Sofort wurde gepackt. Noch vor der Zeit brachte ich meine Familie an Bord der *Regulus*, die noch am Vormittag auslief und auch sicher in Swinemünde ankam. So rettete ich vorausahnend oder unwissend das Leben meiner Lieben und ersparte ihnen die Todesfahrt mit der *Wilhelm Gustloff*!«

Noch aber hat an diesem Morgen des 30. Januar 1945, die Uhr zeigt erst kurz vor neun, die Todesfahrt der *Gustloff* nicht begonnen. Es wird auch noch einige Stunden dauern, bis das Schiff ablegt. Die genaue Uhrzeit des Auslaufens ist noch niemandem bekannt.

DIE SORGEN DES KORVETTENKAPITÄNS

Korvettenkapitän Wilhelm Zahn ist an diesem Morgen schon sehr früh aufgestanden. Er hat in der vergangenen Nacht kaum ein Auge zugemacht. Als er sich gerade in seine Kammer zur Ruhe begeben wollte, erreichte ihn eine Stunde nach Mitternacht ein Blitztelegramm des ›Befehlshabers der U-Boote-Ost‹, das folgenden Wortlaut hatte:

»— drei feindliche u-boote 0 uhr 06 im seequadrat viktor toni 4923 rechts oben höhe königsberg laufen aufgetaucht langsame fahrt kurs nn — stop —sind erfaßt werden überwacht — stop — mittlere und westliche ostsee frei von u-booten — stop. —«

Trotz der beruhigenden Aussage fand Zahn keine Ruhe. Das gegen 6.00 Uhr morgens eingegangene zweite Telegramm war ebenfalls kein Anlaß, ihn von seinen Sorgen zu befreien. Der Text dieses zweiten Telegramms:

»— das für die fahrt der *gustloff* in frage kommende gebiet ist abgesucht und frei von feindlichen u-booten — stop — das gebiet wird weiterhin überwacht — stop — wie gemeldet sind die in der ostsee vorhandenen boote erfasst — stop — die drei feindlichen u-boote standen um 05 Uhr 10 vor pillau im quadrat ulrich ida 5157 links unten — stop — nach allen vorliegenden ergebnissen der deutschen u-boot-aufklärung würde die *gustloff* bei einer marschfahrt von 10 seemeilen fahrtbeginn 14 uhr das gebiet einer möglichen u-boot-gefahr hinter sich gelassen haben — stop —.«

Kurz nach sieben Uhr ist Zahn bereits auf dem Weg zum Stabsgebäude der 2. ULD in Oxhöft, das nur wenige hundert Meter vom Liegeplatz der *Gustloff* entfernt liegt.

An der Pier vor den Liegeplätzen der *Gustloff* und der *Hansa* warten noch immer einige hundert neuangekommene Flüchtlinge und hoffen, noch auf eines der beiden Schiffe zu gelangen.

Zahns Weg zum Stabsgebäude der 2. ULD ist nicht umsonst. Von Kapitän zur See Schütze, dem Führer der U-Boote-Ausbildung, erfährt er, daß die *Gustloff* nach einem vom I. Admiralstabsoffizier der Dienststelle »Admiral Östliche Ostsee« vorliegenden Befehl gegen Mittag gemeinsam mit der *Hansa* auslaufen kann, daß die *Hansa* auf Anweisung von Fregattenkapitän Bartels noch weitere Flüchtlinge am Vormittag aufnehmen muß, aber am Mittag ebenfalls auslaufbereit sein wird.

Kurz nach acht Uhr ist der Korvettenkapitän bereits wieder an Bord. Erneut wird ihm eine Meldung vorgelegt, die bestätigt, daß die östliche und mittlere Ostsee frei von feindlichen Unterseebooten ist.

Trotzdem — das Frühstück will ihm nicht so richtig schmecken . . .

Als erfahrener U-Boot-Kommandant fürchtet er ganz besonders einen U-Boot-Angriff. Mit einem etwas unguten Gefühl erinnert er sich an seinen letzten Einsatz als U-Boot-Kommandant. Zahn hat bisher mit niemandem an Bord darüber gesprochen, er konnte auch nicht ahnen, daß Großadmiral Dönitz diesen, seinen letzten Einsatz als U-Boot-Kommandant, in seinen 13

Jahre später erscheinenden Erinnerungen »10 Jahre und 20 Tage« nieder-
schreiben würde. Dönitz wörtlich:

»Am 30. Oktober 1939 erhielt ich von *U 56*, Kapitänleutnant Zahn, aus
diesem Seeraum die Meldung: ›10 Uhr *Rodney, Nelson, Hood,* 10 Zerstörer
Quadrat 3492, 240°. Drei Torpedos geschossen. Versager‹.

Die U-Boot-Besatzung hörte im unter Wasser fahrenden Boot die drei
Schläge des Auftreffens der drei Torpedos auf die *Nelson.* Die Torpedos
zündeten nicht. Der Kommandant des U-Bootes, der, sich voll einsetzend,
innerhalb einer Sicherung von 12 Zerstörern diesen Angriff durchgeführt
hatte, war nach diesem unverschuldeten Mißerfolg so tief deprimiert, daß ich
mich veranlaßt sah, ihn zunächst als Frontkommandanten abzulösen und in
der Heimat in der U-Boot-Ausbildung zu verwenden.

Wir erfuhren, daß zur Zeit des Vorfalls Churchill auf der *Nelson* eingeschifft war. Dieser Mißerfolg von *U 56* war ein außerordentlicher militärischer Fehlschlag!«.

Daß sich Zahn hieran ungern erinnert und mit niemandem darüber sprechen will, ist verständlich. Er hat als U-Boot-Kommandant sein Bestes gegeben. Doch das Glück war an diesem 30. Oktober 1939 nicht auf seiner Seite.

Ein schrecklicher Gedanke, daß ein sowjetischer U-Boot-Kommandant,
der drei Torpedos auf die *Wilhelm Gustloff* abschießt, das Glück auf seiner
Seite haben könnte — dieser Gedanke kommt selbst dem Korvettenkapitän
Zahn nicht an diesem Morgen, wenige Stunden vor dem Auslaufen der
Gustloff aus Gotenhafen.

Die Sorgen von Zahn werden nicht geringer, sondern noch größer, als er
wenig später erfährt, daß ihm die U-Boot-Waffe nur drei Geleitboote zur
Sicherung des aus der *Gustloff* und der *Hansa* bestehenden Geleits zur
Verfügung stellen kann. Gleichzeitig mit dieser Hiobsbotschaft erhält der
militärische Transportleiter die Auslaufzeit übermittelt:

12.30 Uhr.

Allen fällt ein Stein vom Herzen, als sie die Stunde des Auslaufens erfahren.

Noch zwei Stunden sind es bis dahin.

DREI ›HURRAS‹ AUF DIE *GUSTLOFF*

Jetzt werden an Bord der *Gustloff* fast die Minuten gezählt. So gespannt
wartet man auf den Beginn der Reise.

Um 10.40 Uhr kommt ein Kommando der Feldgendarmerie und eine
Gruppe des ›Sicherheitsdienstes Abwehr‹ an Bord. Über Lautsprecher werden alle männlichen Flüchtlinge zwischen 15 und 17 und 55 bis 60 Jahren auf
das Oberdeck gerufen. Doch diese Suche nach kriegsdiensttauglichen Volks-
sturmmännern verläuft ebenso ergebnislos, wie die Suche der Abwehrleute in
Gängen und Sälen nach Deserteuren. Man hat den Eindruck, für die Männer
der Feldgendarmerie und der Abwehr war dieser Bordbesuch nur eine Pflicht-
übung.

Um 11.00 Uhr gehen die Seeleute auf ihre Stationen und treffen letzte Vorbereitungen. Die Oberlichter werden dichtgemacht und die Bullaugen geschlossen. Über Bordlautsprecher werden auch alle Passagiere in den Kammern aufgefordert, die Bullaugen zu schließen.

Um 11.10 Uhr werden alle Passagiere, die noch nicht im Besitz einer Schwimmweste sind, aufgefordert, an den Ausgabestellen Schwimmwesten in Empfang zu nehmen.

Um 11.20 Uhr meldet sich auf der Kommandobrücke ein Hafenlotse.

Um die gleiche Zeit sind einige Frauen auf dem Unteren Promenadendeck dabei, Windeln zu waschen und sie an kreuz und quer gespannten Leinen zum Trocknen aufzuhängen. Auf dem Oberen Promenadendeck liefern sich in diesen Minuten einige größere Kinder eine zünftige Schneeballschlacht.

Gegen 12.00 Uhr beendet die Hafenwacht den Abbau der Telefon- und Landanschlüsse, die der *Gustloff* bisher Dampf, Wasser und Strom zuführten; damit verliert das Schiff die Landverbindung.

Um 12.10 Uhr werden in den Büros der Zahlmeisterei und des Wohnschiffsoffiziers in fieberhafter Eile die Einschiffungslisten abgeschlossen. Sie sind sicher nicht vollständig. Der Andrang in den letzten 24 Stunden war zu groß und zu hektisch.

Die erste der fünf Ausfertigungen bringt der Wohnschiffsoffizier, Kapitänleutnant Dieter Rauch, persönlich zum 1. Offizier Louis Reese, der sofort einen Blick auf die letzte Seite der Liste, die Zusammenstellung der Gruppen, wirft. Danach befinden sich an Bord:

918 Offiziere und Mannschaften der 2. ULD

173 Zivile Besatzungsmitglieder der Handelsmarine

373 Marinehelferinnen

162 Schwerverwundete und

4 424 Flüchtlinge, insgesamt also 6 050 Menschen.

Reese nimmt diese Zahl kommentarlos zur Kenntnis. Er hat es nicht für möglich gehalten, daß so viele Menschen auf der *Gustloff* Platz finden würden: 6050 Menschen auf einem Schiff, das für maximal 2000 gebaut worden ist.

Zwei Ausfertigungen der Einschiffungsliste werden von einem Kurier des Gotenhafener Stadtkommandanten abgeholt, der mit einem Verkehrsboot an der Wasserseite angelegt hat.

Um 12.20 Uhr verläßt Kapitänleutnant (Ing.d.R.) Emil Jauß das Schiff. Er muß mit einem »Sonderauftrag« an Land zurückbleiben. Jauß erhält die restlichen beiden Ausfertigungen der Einschiffungsliste mit dem Auftrag, diese im Stabsgebäude der 2. ULD abzuliefern.

Inzwischen haben vier Schlepper am Schiffsleib der *Gustloff* festgemacht, auf der Back klarieren die Männer von der Zivilbesatzung unter dem Kommando des Bootsmanns Brandt das Ankergeschirr.

Um 12.25 Uhr gellt ein langanhaltender Pfiff durch alle Decks. Danach folgt eine Lautsprecherdurchsage:

»Fremde von Bord — wir laufen aus!«

236

Dann kommt der große Augenblick, auf den so viele so lange gewartet haben, das Zeichen für den unmittelbar bevorstehenden Beginn der Reise; das Fallreep wird eingezogen, die Verbindung zu der breiten Holztreppe zum Eingang im B-Deck gelöst. Mehr als 5 000 Menschen haben über diese Treppe in den letzten fünf Tagen im Schiffsinneren Zuflucht gesucht. Jetzt wird die breite Eingangstür geschlossen. Sie wird sich nie mehr öffnen.

Unmittelbar am Kai vor der *Gustloff* bemühen sich Oberleutnant zur See Hans Ulbrich und sechs seiner Männer, die vereisten Trossen, mit denen das Schiff am Kai verbunden ist, abzuschlagen. Die sieben Männer tun diese Arbeit mit sehr gemischten Gefühlen. Sie gehören zu der Kompanie Marinesoldaten der 2. ULD, die bis jetzt auf der *Gustloff* stationiert waren und nun unter dem Kommando von Kapitänleutnant Emil Jauß in Gotenhafen zurückbleiben müssen, um einen »Sonderauftrag« auszuführen. Dieser besteht darin, beim Heranhahen der Sowjets die Anlagen der 2. Unterseeboots-Lehrdivision in Oxhöft zu sprengen. Die Soldaten sehen einer ungewissen Zukunft entgegen. Sie wären lieber mit der *Gustloff* nach Westen gefahren.

In nicht weniger als 24 Stunden sind sie allerdings anderer Meinung.

Mit drei kräftigen »Hurras« verabschieden sie die *Gustloff*.

ABSCHIED VON GOTENHAFEN

Die *Gustloff* nimmt Abschied von Gotenhafen. Die Flucht über die Ostsee beginnt.

Vier Schlepper ziehen das Schiff vom Kai ab. Der Abstand zwischen dem Kai und dem Schiffsleib wird jeden Augenblick größer. Die Schiffslautsprecher geben über alle Decks, in alle Gänge, Kammern und Säle den Befehl:

»Alle Passagiere Schwimmwesten anlegen!« Immer wieder wird dieses Kommando wiederholt.

Immer weiter ziehen die vier Schlepper das 25 000-Tonnen-Schiff aus dem Oxhöfter Hafenbecken. Noch hat die *Gustloff* selbst keine Fahrt aufgenommen, noch stehen die Schiffsmaschinen still.

Neben der Schiffswand der *Gustloff* taucht plötzlich ein kleines Schiff auf, fast wie eine Nußschale sieht es von oben aus. Doch da hallt ein Schrei aus vielen hundert Kehlen über die Decks der *Gustloff*, auf denen sich viele Passagiere eingefunden haben, um das Schauspiel der Ausfahrt des Schiffes mitzuerleben.

»Nehmt uns mit — nehmt uns mit« — schreien die Menschen auf dem kleinen Dampfer. Am Bug kann man jetzt auch den Namen erkennen.

Reval heißt dieses kleine Schiff. Mit etwa 500 bis 600 Flüchtlingen, sechsmal soviel wie es normalerweise fassen kann, ist es letzte Nacht überstürzt aus Pillau nach Gotenhafen ausgelaufen, um von hier aus mit einem großen Schiff nach Westen gerettet zu werden.

Und dieses große Schiff, die *Gustloff*, liegt nun unmittelbar vor ihren Augen, zum Greifen nahe. Es muß sie mitnehmen.

Nur wenige Flüchtlinge haben im Inneren der *Reval* Platz gefunden. Die meisten erlebten die Überfahrt auf dem freien Oberdeck liegend oder stehend in grimmiger Kälte. Jetzt sind sie plötzlich hellwach, schreien, brüllen laut, immer lauter:

»Nehmt uns mit — — — !«

Es ist ein Schrei Verzweifelter. Die *Gustloff*, dieses große Schiff, diese ›Arche Noah‹ für viele tausend Menschen, die auslaufbereit vor ihnen liegt, ist ihre letzte Hoffnung auf Rettung über die Ostsee.

Die Schiffsleitung hat Erbarmen mit diesen Unglücklichen. Noch einmal werden die Fallreeps heruntergelassen, noch einmal werden Flüchtlinge an Bord genommen. Mühsam klettern die völlig durchgefrorenen, ermatteten Menschen an Bord. Einer stützt den anderen. Matrosen fassen zu, helfen ihnen, über die steile Gangway nach oben zu gelangen. Niemand fragt nach Namen oder Ausweis, nach Herkunftsort, Alter oder Reiseziel. Und niemand zählt die an Bord Kommenden. Sind es fünfhundert oder sechshundert, einige weniger oder einige mehr . . . ?

Louis Reese, der 1. Offizier der *Gustloff*, steht kopfschüttelnd dabei, als die *Reval*-Flüchtlinge an Bord kommen und fast wie tot an Deck stolpern und fallen.

»Wir haben doch nur noch in den Gängen Platz«, spricht der 1. Offizier vor sich hin. Aber damit sind diese Menschen völlig zufrieden. Sie sind glücklich, daß man sie überhaupt noch aufgenommen hat auf einem so großen, warmen, sicheren Schiff. Unbemerkt falten einige von ihnen still die Hände und danken Gott für diese Rettung in letzter Minute. Nur etwa 15 Minuten hat dieses Zwischenspiel gedauert.

Dann ziehen die vier Schlepper wieder an, langsam wird das Schiff in Richtung Molenkopf Oxhöft gezogen.

Dann beginnen sich die Schrauben der *Gustloff* zu drehen, das Schiff beginnt Fahrt aufzunehmen. Kurz heult die Sirene auf. Ihr Schall bricht sich hundertfach an den Gebäuden und Lagerhallen des Oxhöfter Hafens.

Trotz zunehmender Kälte und einsetzendem Schneetreiben ist das Oberdeck des Schiffes voller Menschen: Kinder, Frauen, ältere Männer, Marinehelferinnen, einige Eisenbahner in ihren blauen Uniformen. Für viele ist dies die erste Seereise in ihrem Leben. Alle starren zum Festland hinüber, klammern sich an die vereiste Reling, halten sich an den Aufbauten fest oder blicken hinunter in das schmutziggraue Hafenwasser. Dann schauen sie unverwandt in die Ferne, über die langsam entschwindenden Höhen von Gotenhafen-Oxhöft, dorthin, wo ihre Heimat langsam am Rande des Horizonts verschwindet.

Der Abstand zum Festland wird immer größer und größer.

Und so mancher Flüchtling fragt sich in diesen Augenblicken — still in sich hinein —

»Werde ich das alles, was ich verlassen habe, jemals wiedersehen?«

Auch ich stehe an Oberdeck, um die Ausreise der *Gustloff* mitzuerleben.

In den letzten Tagen hatte ich kaum Zeit zum Schlafen oder gar an Deck zu gehen. Die Zahlmeisterei war Tag und Nacht geöffnet. Und über Langeweile konnten wir uns nicht beklagen. Aber nun ist die Hektik vorbei.

Neben mich ist ein Mann in einem Pelzmantel getreten.

Er stellt sich vor als Landrat aus Angerapp und will von mir wissen, wohin die Reise geht und wann wir dort sein werden. Es tut mir leid, Landrat Uschdraweit keine Auskunft geben zu können.

Da ich das Fahrtziel der *Gustloff* selbst noch nicht weiß, verspreche ich ihm aber, mich zu erkundigen. Er wird mich am frühen Abend in der Zahlmeisterei besuchen. Ein interessanter Gesprächspartner, stelle ich fest.

Ich verabschiede mich von dem sympathischen älteren Herrn, um unter Deck zu gehen. Es ist sehr kalt geworden, und heftige Schneeböen fegen über das offene Deck. Sie haben bereits die meisten Schaulustigen in das Schiffsinnere vertrieben.

Wohlige Wärme empfängt mich, als ich meine Kammer betrete. In den letzten fünf Tagen habe ich hier nur minutenweise eine Gastrolle gegeben. Nach so vielen schlaflosen Nächten kann ich endlich wieder einmal die Beine ausstrecken.

Der Lärm draußen auf dem Gang und das Heulen des Windes, das man bis in die Kammer hört, stören mich nicht. Das milchige Tageslicht, das durch das Bullauge hereinfällt, läßt die weißen Kabinenwände grau erscheinen. Wie Schatten ziehen an meinen Augen die Ereignisse der letzten Tage vorüber. Aber ich kann sie nicht mehr festhalten. Die Müdigkeit überwältigt mich, ich schlafe ein.

REISEZIELE: KIEL UND FLENSBURG

Inzwischen hat die *Gustloff* weiter an Fahrt aufgenommen.

Die Maschinenwache im Hauptmaschinenraum ist verstärkt worden, damit hier alles reibungslos läuft. Die riesigen Motoren stampfen ihren Rhythmus so ruhig und gleichförmig wie in Friedenszeiten, wie bei einer der ersten ›Kraft durch Freude‹-Fahrten. Offensichtlich hat die lange Liegezeit dem Schiff nicht geschadet. Vorsichtshalber sind die Schotten zwischen dem Wellentunnel und dem Hauptmaschinenraum sowie zwischen dem Haupt- und Hilfsmaschinenraum geschlossen.

Auch in der Funkstation, hoch auf dem Sonnendeck, läuft der Betrieb auf vollen Touren. Jahrelang war die Station nicht besetzt, weil ein ›Wohnschiff‹ diese nicht nötig hatte. Vor drei Tagen wurde sie wieder für den ›Fahrbetrieb‹ klargemacht und ist erstmals wieder voll besetzt: Zwei Männer hinter jedem Gerät und zwei an den Schlüsselmaschinen. Drei Wellenlängen, eine U-Boot-Sicherungswelle, eine Flug-Sicherungswelle und eine Welle mit dem Decknamen ›Orange‹ sind geschaltet. Im Äther jagt zu dieser Stunde ein Funkspruch den anderen, aber nur die wichtigsten werden zur Kommandobrücke weitergegeben.

Die Funker erfahren erst jetzt, als erste auf dem Schiff, die Fahrtziele der *Gustloff*. Es sind zwei: Kiel und Flensburg.

Jeweils die Hälfte der Passagiere soll in einem jeden der Häfen entladen werden, die Angehörigen der 2. ULD, Offiziere wie Mannschaften, sollen in Kiel von Bord gehen.

Gegen 13.30 Uhr beträgt die Funkdichte zwanzig Telegramme pro Stunde. Die Männer in der Funkstation kommen kaum zu einem persönlichen Gespräch. Es herrscht Hochbetrieb.

Der Landfunkstelle Oxhöft werden Auslaufzeit, Fahrtgeschwindigkeit und die Zahl der an Bord befindlichen Passagiere, aufgeteilt nach Marineangehörigen, Marinehelferinnen, zivilen Besatzungsmitgliedern, Verwundeten und Flüchtlingen, gemeldet.

Eine halbe Stunde später stürzt ein Läufer von der Kommandobrücke in den Funkraum und bringt eine Anfrage von Korvettenkapitän Zahn an die Landfunkstelle Gotenhafen-Oxhöft zur Weitergabe:

»Habe beide Torpedo-Fangboote wegen zu schwerer See entlassen — wo bleibt Geleit?«

Die beiden Torpedo-Fangboote, die die *Gustloff* bisher begleitet haben, schafften es tatsächlich nicht. Und man ist noch nicht einmal auf der offenen See.

Es blieb gar nichts anderes übrig, als sie zu entlassen.

Dreißig Minuten später kommt im Funkraum eine Antwort an:

»Boote bei Brennstoffübernahme — Geleit kommt nach!«

Langsam nähert sich die *Gustloff* der Halbinsel Hela.

Auf der Kommandobrücke stehen der Kapitän des Schiffes, Friedrich Petersen, die beiden Fahrkapitäne Köhler und Weller, der I. Offizier Louis Reese und Korvettenkapitän Wilhelm Zahn. Die fünf Männer starren mit ihren Gläsern durch die dickwandigen Brückenfenster in den von böigen Schneeschauern aufgewirbelten Januartag.

Man spricht über das Wetter. Es ist mit entscheidend für diese Fahrt.

Es kann nicht schlecht genug sein.

Eiskristalle prasseln unaufhörlich gegen die Scheiben der Kommandobrücke. Es scheint, daß der Wind sich drehen will.

Kapitän Petersen ist in Gedanken versunken. Er denkt an die sechseinhalbtausend Menschen, die ihm auf dieser Reise anvertraut sind. Er allein trägt für sie die Verantwortung. Kein anderer. Und er erinnert sich in diesem Augenblick an das Frühjahr 1938, als er die *Gustloff* zum ersten Male auf einer KdF-Reise nach Madeira fuhr. Damals waren fröhliche Urlauber an Bord, Arbeiter aus ganz Deutschland. Heute führt er die *Gustloff* als ›Flüchtlingsschiff‹. Es sind Menschen an Bord, die aus ihrer Heimat vertrieben wurden, und junge Mädchen und Soldaten, denen der Führer eine große Zukunft versprochen hatte . . .

Wie sehr hatte sich doch die Zeit geändert — — —

Der Kapitän der *Gustloff* dachte auch darüber nach, daß der *Gustloff* mit

240

Das Große Lazarettschiff *Wilhelm Gustloff* liegt vom 10. Juli bis zum 25. August 1940 als ›schwimmendes Lazarett‹ in Stettin (Foto oben). Unten: die *Gustloff* an der Hakenterrasse in Stettin. *(Fotos: KHSB)*

Anfang September 1940 erhält die *Gustloff* die Order, nach Wesermünde auszulaufen. Das Schiff soll im Rahmen des ›Unternehmens Seelöwe‹ — der Landung in England — eingesetzt werden. Die Fotos oben und Mitte zeigen die *Gustloff* kurz vor dem Verlassen des Liegehafens Stettin. — Unten: Das Große Lazarettschiff *Wilhelm Gustloff* verläßt Stettin mit Zielhafen Wesermünde. *(Fotos: KHSB)*

Das Ende der Lazarettschiffzeit der *Wilhelm Gustloff*. Am 20. November 1940 werden die letzten Verwundeten ausgeschifft. Der Lazarettschiff-Anstrich verschwindet und wird durch ein ›graues Kleid‹, das von nun an das ›Soldatenschiff Wilhelm Gustloff‹ ziert, ersetzt. Das Schiff wird ›Wohnschiff‹ der in Gotenhafen-Oxhöft stationierten 2. Unterseebootslehrdivision. Im Bildvordergrund der 2. Ing. der *Gustloff*, Erich Goering. *(Foto: PR/GAHS)*

M/S *Wilhelm Gustloff* am Kai von Gotenhafen-Oxhöft als ›Kasernenschiff‹ der 2. ULD. *(Foto: PR/GAHS)*

In den Lehrräumen der 2. Unterseebootslehrdivision werden die künfti-
gen U-Boot-Fahrer von erfahrenen
U-Boot-Leuten ausgebildet, die *Wilhelm Gustloff* dient ihnen als ›Wohnschiff‹. Die Fotos geben einen Ein-
blick in die Ausbildung der U-Boot-
Fahrer. *(Fotos: PR/GAHS)*

Abteilungsmusterung auf dem ›Sonnendeck‹ des ›Soldatenschiffes *Wilhelm Gustloff*‹, fast wie auf einem Kasernenhof. *(Foto: PR/GAHS)*

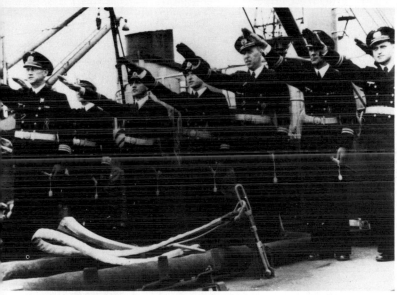

Offiziere und Ausbilder der **2.** Unterseebootslehrdivision, die ihren militärischen Wohnsitz auf *Wilhelm Gustloff* haben. *(Fotos: PR/GAHS)*

Ein großer Tag für die 2. Unterseebootslehrdivision in Gotenhafen-Oxhöft und besonders für die *Wilhelm Gustloff* ist der Besuch von Großadmiral Dönitz im März 1943. *(Fotos: PR/GAHS)*

Vor dem ›Wohnschiff *Wilhelm Gustloff*‹ nach dem Dönitz-Besuch. Rechts im Bild neben der *Gustloff* liegend das ehem. KdF-Schiff *Oceana*, das ebenfalls Wohnschiff der 2. ULD ist. *(Foto: PR/GAHS)*

Erinnerungsfotos an die Ausbildungszeit bei der 2 ULD und die ›schöne Zeit‹ auf der *Wilhelm Gustloff*, an die sich viele Soldaten gern erinnern. *(Fotos: PR/GAHS)*

Opfer des Luftangriffes auf Gotenhafen am 9. Oktober 1943 wird auch das in Gotenhafen als schwimmendes Lazarett stationierte Lazarettschiff *Stuttgart*, das vor dem Krieg als KdF-Schiff fuhr. Die Versenkung der *Stuttgart* ist der erste große Lazarettschiffsverlust der Marine im Zweiten Weltkrieg. *(Foto: AKLU)*

Am 16. Oktober 1943 stoßen plötzlich und völlig unerwartet sowjetische Panzertruppen bis in den Kreis Gumbinnen in Ostpreußen vor, besetzen dabei auch den Ort Nemmersdorf und ermorden alles, was lebt. *(Foto: BAKO)*

Auch die Kinder, Frauen und Greise, die in der Kirche von Nemmersdorf Zuflucht suchen, werden nicht verschont. *(Foto: BAKO)* dieser Menschenladung etwas geschehen könnte. Ein Fliegerangriff zum Beispiel — oder wenn das Schiff auf eine Mine laufen oder von einem Torpedo getroffen würde. Nicht auszudenken wäre, was sich dann auf diesem Schiff abspielen würde.

Die Gedanken an ein solches Unglück lassen den 63jährigen Kapitän nicht los.

Er ist in den letzten Tagen zwar immer wieder beruhigt worden. Von allen Seiten hat man ihm versichert, daß eine direkte U-Boot-Gefahr in der Danziger Bucht und der mittleren Ostsee nicht bestehe. Aber wer weiß schon, ob diese günstige Prognose auch noch für heute und morgen zutrifft.

Wie er, macht sich auch der militärische Transportleiter, Korvettenkapitän Zahn, der neben Petersen auf der Brücke steht, seine Gedanken über den möglichen Verlauf dieser Reise der *Gustloff*. Zahn kann sich auch konkret vorstellen, was geschehen würde, wenn das Schiff vor das Seerohr eines sowjetischen U-Bootes laufen würde. Aber er kann sich keinen Vorwurf machen. Er hat in der Tat in den letzten Tagen nichts unversucht gelassen, sich über die Feindlage, besonders über die U-Boot-Lage, bei den maßgebenden Stellen genau und umfassend zu informieren.

Die letzten Auskünfte, die er erhielt, waren für die *Gustloff* und ihr Vorhaben durchaus beruhigend. Und trotzdem bleibt das kleine:

»Wenn aber . . . !«

Wenn aber wirklich U-Boote in der Danziger Bucht auf die *Gustloff* warteten — wenn auch nur eins — dann Gnade Gott den mehr als Sechstausend auf diesem Schiff.

Beruhigend ist, daß bis zur Stunde eine Vielzahl, auch großer Schiffe, von Pillau aus, ohne jeden U-Boot-Angriff sicher einen westlichen Hafen erreicht hatten. Nur einige kleinere Schiffe waren sowjetischen Angriffen zum Opfer gefallen. Aber auf diesen Schiffen waren oft nur einige hundert Flüchtlinge, von denen noch die meisten gerettet wurden.

Warum sollte ausgerechnet den beiden Wohnschiffen der 2. ULD, der *Gustloff* und der *Hansa* etwas zustoßen — — ?

Da werden die Männer aus ihren Gedanken gerissen — —

Die vor der *Gustloff* ausgelaufene *Hansa* kommt in Sicht. Das Schiff liegt auf der Reede von Hela. Es macht keine Fahrt.

Die Männer auf der *Gustloff*-Kommandobrücke sehen sich an. Was hat das zu bedeuten? Die *Hansa* macht keine Fahrt?

Durch Winkspruch wird der *Gustloff* mitgeteilt:

»*Gustloff* ankern. Weitere Befehle abwarten!«

Als die Maschinen der *Gustloff* urplötzlich stoppen und der Anker mit lautem Getöse in den Grund der Ostsee rasselt, wache ich durch einen unsanften Ruck auf.

Mein erster Blick fällt auf die Uhr. Es ist sieben Minuten nach zwei, 14.07 Uhr. Erschrocken springe ich aus der Koje. Was ist los — warum stoppt das Schiff? Was kann das bedeuten?

Ich ziehe den Mantel über und haste an Deck. Ich will wissen, was los ist. In den Gängen stehen Menschen. Ratlos, fragend. Niemand weiß, warum das Schiff plötzlich keine Fahrt mehr macht. Da läuft mir auf dem Weg nach oben der 3. Offizier über den Weg. Bevor ich fragen kann, ruft er mir im Vorbeigehen zu:

»Wir warten auf das Geleit — — !«

Also kein Grund zur Beunruhigung. Kurze Zeit später erfahre ich mehr. Die für das Geleit bestimmten Sicherheitsfahrzeuge sind erst kurz vor dem Auslaufen der *Gustloff* in Gotenhafen eingetroffen. Sie liegen zur Brennstoffübernahme an der Pier. Die beiden Torpedofangboote, die uns bis Hela begleitet haben, sind zurückgelaufen.

Für die Fahrt über die Ostsee sollen *Gustloff* und *Hansa* von Sicherheitsfahrzeugen der U-Boot-Waffe, die über U-Boot-Ortungsgeräte verfügen, begleitet werden.

Da das urplötzliche Stoppen der *Gustloff* Unruhe unter den Flüchtlingen ausgelöst hat, gibt Fahrkapitän Weller über Lautsprecher bekannt:

»Achtung — Achtung — Es besteht kein Grund zur Beunruhigung. Die Fahrt wird in Kürze fortgesetzt. Wir warten auf Geleitfahrzeuge!«

Die Worte des 35jährigen Fahrkapitäns bewirken Wunder. Mehr als Sechstausend atmen erleichtert auf.

Auf der Kommandobrücke rechnet man jeden Augenblick mit dem Eintreffen der Geleitfahrzeuge. Doch anstatt der Boote kommt zunächst eine Hiobsbotschaft von der *Hansa*, die in Sichtweite liegt. Durch Winkspruch wird mitgeteilt:

»*Hansa* hat Maschinenschaden. Auslaufen verzögert sich.«

Korvettenkapitän Zahn kann sich nicht verkneifen, diese Mitteilung mit dem halblauten Ausspruch »verdammter Mist« zu kommentieren.

Weitere Minuten des Wartens vergehen.

Eine weitere Nachricht löst auf der *Gustloff*-Brücke Entsetzen aus. Die Landfunkstelle Gotenhafen-Oxhöft fragt an, wie lange die *Gustloff* noch auf Hela-Reede ankert und ob noch 2000 Flüchtlinge aufgenommen werden können.

Jetzt handelt die Schiffsleitung blitzschnell. Anfrage an *Hansa*:

»Wie lange dauert Beseitigung des Maschinenschadens?«

Gespannt wartet man auf Antwort. Die nächste Überraschung folgt sofort. Der Maschinenschaden auf der *Hansa* ist behoben, der Anker wieder aus dem Grund gehoben, aber nun streikt die Ruderanlage.

Die steuerlose *Hansa* wird von dem starken Wind auf das Wrack des Linienschiffes *Schleswig-Holstein* zugetrieben. Es besteht Kollisionsgefahr. Man kann dies mit bloßem Auge erkennen. In aller Eile hat man auf der *Hansa* Panikposten aufgestellt.

Minuten später ist die Gefahr vorbei. Kaum 30 Meter treibt die *Hansa* an dem Kriegsschiff-Wrack vorbei.

Im nächsten Augenblick meldet sich die *Hansa* erneut:

»*Hansa* nicht fahrbereit. Reparaturzeit unbestimmt. Fahren Sie allein weiter. Gute Reise!«

DIE *GUSTLOFF* FÄHRT ALLEIN NACH WESTEN

Für einige Augenblicke herrscht auf der *Gustloff*-Kommandobrücke Ratlosigkeit. Mit dieser Situation hat niemand gerechnet. Soll es die *Gustloff* im Alleingang versuchen.

Bevor man zu einer Entscheidung kommt, treffen die Geleitfahrzeuge ein. Anstatt drei, kommen nur zwei Sicherungsfahrzeuge: Das Torpedoboot *Löwe* und das Torpedofangboot TF 1.

Der erste, der etwas sagt, ist Fahrkapitän Weller:

»Dann lieber bis morgen warten und mit der *Hansa* fahren als mit diesem kümmerlichen Geleit«, meint er. Doch seine Meinung ist nicht gefragt. Die Entscheidung muß der Kapitän treffen. Und das ist Friedrich Petersen.

Die Vorgänge auf der *Gustloff* und der *Hansa* sind auch an Land nicht unbemerkt geblieben.

Korvettenkapitän Leonhardt von der Zweigstelle Gotenhafen der 9.Sicherungs-Division, der von Anfang an Bedenken gegen das Auslaufen von *Gustloff* und *Hansa* ohne den Schutz von Sicherungsschiffen der 9.Sicherungs-Division hatte, erhielt die Nachricht über die Situation von *Gustloff* und *Hansa* auf Hela-Reede von Kapitänleutnant Remien übermittelt.

Leonhardt atmet auf, als der den Funkspruch liest:

»*Hansa* und *Gustloff* ankern auf Weg 76 vor Hela.

Hansa hat Maschinenschaden und kann Fahrt nicht fortsetzen.

Von Gotenhafen sind Schlepper ausgelaufen, um *Hansa* zu helfen!«

Die Meldung ist für Leonhardt beruhigend. Die *Gustloff* wird also warten müssen, bis der Maschinenschaden der *Hansa* behoben ist. Das kann noch eine Nacht dauern. Und morgen sieht schon alles anders aus. Morgen werden der 9.Sicherungs-Division sicher Gleitfahrzeuge in ausreichender Zahl zur Verfügung stehen, so daß die U-Boot-Waffe *Hansa* und *Gustloff* nicht mit eigenen Schiffen, sondern mit Schiffen der 9.Sicherungs-Division nach Westen geleiten kann. Das Torpedoboot *Löwe*, 1940 beim Angriff auf Norwegen erbeutet, und das Torpedo-Fangboot *TF 1*, das bisher nur dafür eingesetzt wurde, verschossene U-Boot-Übungstorpedos einzufangen, aufzufischen, können sicher nicht als »Geleit« für *Gustloff* und *Hansa* angesehen werden. So gesehen ist es ganz gut, daß *Gustloff* und *Hansa* auf Hela-Reede warten müssen. Das Warten hat auch eine positive Seite: Ein sicheres Geleit am nächsten Morgen.

Doch die nächste Meldung, die Korvettenkapitän Wolfgang Leonhardt in seinem Büro über den Schreibtisch zugereicht wird, läßt ihn erblassen:

»*Gustloff* ist ankerauf gegangen und setzt Fahrt allein fort, *Hansa* bleibt zurück!«

»Wenn das nur gut geht — — «, sagt Leonhardt vor sich hin.

Aber diese Fahrt der *Gustloff* unterliegt damit nicht seiner Verantwortung als Zweigstellenchef der 9.Sicherungs-Division, sondern ganz allein der U-Boot-Waffe.

Offensichtlich hat der Führer der U-Boote (F.d.U. Ausb.), Kapitän zur See Schütze, die Entscheidung getroffen, daß die *Gustloff* nicht länger auf die Reparatur der *Hansa* wartet und die Fahrt allein fortsetzt.

Die Gründe hierfür kennt Leonhardt in diesem Augenblick nicht.

Kapitän Friedrich Petersen hat vor seiner Entscheidung, daß sein Schiff allein weiterläuft und nicht auf die *Hansa* wartet, das Für und Wider des Alleinauslaufens noch einmal gründlich mit den Offizieren auf der Brücke erörtert. Er weiß, er ist für die Menschen auf diesem Schiff verantwortlich, er ist der Kapitän dieses Schiffes und kein anderer. Aber gerade diese Verantwortung ist es, die es ihm unmöglich macht, die ihm anvertrauten Flüchtlinge noch weiter den erhöhten Gefahren des Stilliegens auf Hela-Reede für eine ungewisse Zeit auszusetzen, den Gefahren aus der Luft und den Gefahren der weiteren nervlichen Belastung dieser schon seit Tagen und Wochen gehetzten Flüchtlinge.

Und da ist noch eine andere Verantwortung: Die Verantwortung für die mehr als eintausend Soldaten und Marinehelferinnen der U-Boot-Waffe, die Elitemannschaften der 2. ULD, die — so der Befehl — »so rasch als möglich in einem westlicheren Hafen in der Ostsee ihre Ausbildung beenden sollen«. Dieser Teil der Passagiere der *Gustloff* macht das Schiff nicht nur zu einem »Flüchtlingsschiff«, sondern auch zu einem wichtigen »Truppentransporter«. Das Wort des Kommandeurs der II. Abteilung der 2. Unterseeboots-Lehrdivision, Korvettenkapitän Wilhelm Zahn, zu dem Problem: »Soll die *Gustloff* auf die *Hansa* warten oder allein weiterlaufen?« — ist für Kapitän Friedrich Petersen von allerhöchster Wichtigkeit.

Die Entscheidung, n i c h t auf die *Hansa* zu warten, sondern allein nach Westen zu laufen, wird von ihm in voller Übereinstimmung mit Korvettenkapitän Wilhelm Zahn getroffen.

Dieser hat seine Entscheidung ebenfalls nicht allein getroffen.

Er nahm zunächst Verbindung auf mit dem Transportchef für das *Hansa-Gustloff*-Geleit, Kapitän zur See Karl Neitzel, der sich an Bord der *Hansa* befand. Zahn nahm auch Kontakt auf mit dem F.d.U.Ausb. und erhielt von Korv.Kapt. Schulz den ausdrücklichen Befehl übermittelt, die Fahrt mit der *Gustloff* allein fortzusetzen.

WIE SCHNELL KANN DIE *GUSTLOFF* FAHREN?

Eine Woge der Erleichtung geht durch das Schiff, als die Anker gehievt werden, das Klacken der Kettenglieder zu hören ist, die Maschinen wieder zu arbeiten beginnen und die *Gustloff* sich wieder in Bewegung setzt.

Das Schiff macht sich auf den Weg nach Westen und fährt in die langsam anbrechende Nacht.

Damit ist sie auch der Notwendigkeit entgangen, weitere 2 000 Flüchtlinge aufnehmen zu müssen, die bei längerem Warten auf Hela-Reede an Bord genommen werden sollten. Landdienststellen hatten ihre Übernahme der Schiffsleitung bereits für den nächsten Morgen angekündigt.

Die Allein-Fahrt der *Gustloff* ist auf der Kommandobrücke des Schiffes aber nicht unumstritten. Hier ist eine lebhafte Diskussion, ja fast ein Streit über die Fahrtgeschwindigkeit und den Kurs ausgebrochen. Handelsschiffskapitän Petersen, sein 1. Offizier Reese und die beiden Fahrkapitäne Weller und Köhler, die Navigationsoffiziere und der militärische Transportleiter, Korvettenkapitän Zahn, haben unterschiedliche Meinungen, die hart aufeinanderstoßen.

Die Fahrtgeschwindigkeit des Schiffes ist von wesentlicher Bedeutung für diese Reise. Passagierschiffe sind im allgemeinen schneller als U-Boote. Das wissen nicht nur die Deutschen, sondern auch die Briten und die Amerikaner, die ihre größten Ozeanriesen, so auch die *Queen Mary*, als Truppentransporter einsetzten und sicher über den Atlantik brachten. Noch nie gelang es einem deutschen U-Boot, ein solches Schiff zu torpedieren. Darauf weist Zahn hin und sagt:

»Die *Gustloff* muß schneller sein als ein sowjetisches U-Boot!«

Aber wie schnell kann die *Gustloff* sein?

Sicher nicht so schnell wie in Friedenszeiten. Die lange Liegezeit im Hafen hat sich auf die Maschinen nicht gerade günstig ausgewirkt. Man wird also nicht jetzt sofort mit »äußerster Kraft« laufen können. Aber 12 Seemeilen pro Stunde wird die *Gustloff* sicher noch schaffen.

Das ist die Meinung von Friedrich Petersen.

Korvettenkapitän Zahn, dem erfahrenen U-Boot-Kommandanten, sind 12 Seemeilen viel zu langsam. Er kann die Gefahren eines U-Boot-Angriffes am besten beurteilen.

»Wir müssen 15 Knoten laufen, die absolute Höchstgeschwindigkeit«, fordert er.

Kapitän Petersen kommentiert diese Forderung mit nur einem Wort:
»Unmöglich!«

Er hat Gründe für seine Entscheidung. Er kennt sein Schiff und glaubt zu wissen, was er der *Gustloff* zumuten kann. In Friedenszeiten, bei optimalen Wetterbedingungen, mit einem topfiten Schiff mit bestausgebildeter eingefahrener Mannschaft, könnte die *Gustloff* sicher 15 Knoten erreichen oder sogar die maximale Höchstgeschwindigkeit von 16 Knoten. Heute jedoch, bei diesem Wetter, in der Verfassung, in welcher sich das Schiff befindet, ist dies unmöglich.

Nach diesen Überlegungen wiederholt der Kapitän nochmals:
»Zwölf Knoten und nicht mehr — — !«

Weitere Einwände weist er ab.

»Unter normalen Umständen hätten wir überhaupt nicht auslaufen dürfen. Einer der letzten Bombenangriffe auf Gotenhafen hat ein Loch in die Wellenhose gerissen. Das Loch wurde nur notdürftig repariert, weil die *Gustloff* nur als Wohnschiff diente und nicht mehr fuhr. Bei Höchstgeschwindigkeit laufen wir Gefahr, daß die Austrittswelle der Schraubenwelle an Steuerbord wieder aufreißt. Das kann ich nicht verantworten. Es bleibt bei 12 Seemeilen!«

An der Entscheidung von Kapitän Petersen war nicht mehr zu rütteln.

KÜSTENWEG ODER ZWANGSWEG 58?

Die schon gespannte Stimmung zwischen den Handelsschiffsoffizieren und den Offizieren der U-Boot-Waffe wird durch diese Entscheidung keinesfalls besser. Im Gegenteil. Zu viele Probleme sind in der Zeitnot nicht geregelt worden. Zu bunt ist die Gruppe der Offiziere, Steuerleute und Mannschaften auf der Kommandobrücke der *Gustloff* zusammengewürfelt. Über die Verteilung der Kompetenzen gibt es keinerlei Regelung.

Am Steuerrad des Schiffes steht in dieser Stunde ein Steuermannsmaat der Kriegsmarine, und der Maschinentelegraf wird von einem Marinegefreiten bedient. Beide erhalten ihre Befehle von einem Wachoffizier der Handelsmarine und dem Handelsschiffskapitän.

Eine ungewöhnliche Situation.

Vor dem Auslaufen des Schiffes hatte man aber andere Sorgen, als die Kompetenzen auf der Brücke der *Gustloff* zu regeln.

Dies wäre aber notwendig gewesen. Denn auch über den Kurs des Schiffes gibt es sehr unterschiedliche Auffassungen. Für die Fahrt nach Westen bieten sich der *Gustloff* zwei Möglichkeiten an:

Entweder der verminte Küstenweg, der die Gefahr von Minentreffern birgt, oder der von Minen geräumte Zwangstiefwasserweg 58, fernab der Küste.

Der 1. Offizier der *Gustloff*, Louis Reese, setzt sich mit Nachdruck für den langsameren verminten Küstenweg ein. Seine Argumente:

»Das Zehn-Meter-Fahrwasser ist für die *Gustloff* durchaus ausreichend. Wir haben vorn einen Tiefgang von sechs und achtern einen Tiefgang von sieben Metern. Von der Küste her kann uns ein U-Boot nicht angreifen. Erhalten wir von See aus Torpedotreffer oder laufen wir auf eine Mine, können wir das Schiff auf Grund setzen, und es besteht kaum Gefahr für das Leben der Passagiere!«

Petersen und Zahn können sich dieser durchaus einleuchtenden Argumentation des 1. Offiziers nicht anschließen. In der Frage des Fahrweges der *Gustloff* sind sich der Handelsschiffskapitän und der Militärische Transportleiter völlig einig:

»Wir nehmen den Zwangsweg 58!«

Die Anordnung des Kapitäns Petersen ist ein Befehl für die Kriegsmarineleute auf der Brücke.

Für Petersen und Zahn scheint es wichtiger, den minenfreien Zwangsweg zu wählen, um gefahrloser und vor allem schneller die Zielhäfen zu erreichen. Mehr als Minen und Torpedos fürchten sie Luftangriffe auf die *Gustloff* auf dem viel langsameren Küstenweg.

Auch diese Argumentation erscheint einleuchtend.

, Der Vorschlag eines Decksoffiziers, man könne auf dem Zwangsweg Zick-Zack-Kurs laufen, ist undurchführbar, da auf dem relativ schmalen minengeräumten Zwangsweg 58 Zick-Zack-Fahren nicht möglich ist und auch viel zu viel Zeit kosten würde.

Nach den lebhaften Diskussionen über Geschwindigkeit und Kurs beschäftigt man sich jetzt auf der Kommandobrücke der *Gustloff* mit der Wetterprognose für die nächsten Stunden und die kommende Nacht. Da keiner der Beteiligten das Wetter machen kann, gibt es darüber auch keine unterschiedlichen Auffassungen: Es kann nicht schlecht genug sein für die Sicherheit des Schiffes. Und die Prognosen kündigen dies auch an:

»Wind West-Nord-West, Stärke 6 bis 7, abends nach Westen drehend und auf 5 fallend. Dünung 4. Schneetreiben. Sichtweite 1—3 Seemeilen. Leichter bis mittlerer Frost.«

Der Wind bedeutet: Zunahme von Seekranken an Bord, Schnee und Kälte zeigen die Gefahr auf, daß an Oberdeck Vereisungen auf Deck und Geräten zu erwarten sind.

An Deck versuchen bereits einige Matrosen, das Eis von den Flakgeschützen zu entfernen. Steifgefroren kommen sie unverrichteter Dinge zurück. Das Schneetreiben und die Vereisung nehmen ständig zu.

»In dieser Suppe, wo man kaum die Hand vor den Augen sieht, kann uns sowieso kein Flugzeug sichten«, kommentierte ein Flakobergefreiter den Abbruch der Arbeiten.

Völlig abgedunkelt stiehlt sich die *Gustloff* durch die hereinbrechende Winternacht. Kein Lichtschein dringt nach draußen. Die See wird immer unruhiger. Hohe Brecher schlagen über die Back. In den Brückennocks haben die Posten alle Mühe, sich aufrecht zu halten und ihre Gläser nicht zu verlieren. Ständig müssen sie die Gläser von den Augen nehmen und die Linsen putzen.

Das Schneetreiben nimmt weiter zu, je weiter der Uhrzeiger vorrückt. Über die Flakstände auf dem achteren Bootsdeck pfeift ein eiskalter Wind. Außer den Ausguckposten und der Flakbesatzung ist niemand an Oberdeck. Warum auch? Zu sehen gibt's hier sowieso nichts.

Noch eine unangenehme Überraschung. Die *Gustloff* erhält einen Blinkspruch vom Geleitboot *TF 1*. Der Signalgast setzt den Spruch ab:

»Habe Riß in der Schweißnaht. Wassereinbruch festgestellt. Bitte um Entlassung aus dem Geleit!«

Die Umkehr von *TF 1* nach Gotenhafen muß genehmigt werden.

Nun ist die *Gustloff* nur noch von einem Schiff begleitet, von dem Torpedoboot *Löwe*.

»Das hat uns gerade noch gefehlt«, meint Kapitän Petersen.

»Ein Hund führt einen Riesen durch die Nacht«, kommentiert Korvettenkapitän Zahn. Er hat recht, vergleicht man die Größe der beiden Schiffe. Und doch ist die *Gustloff* nicht ganz allein.

Noch in dieser Nacht, in wenigen Stunden, wird sich zeigen, wie wichtig die Begleitung durch das Torpedoboot *Löwe* ist.

Die *Gustloff* hat den Wettlauf mit dem Tode aufgenommen.

EIN SCHIFFSLEIB VOLLER SCHICKSALE

Während in den Nachmittagsstunden des 30. Januar 1945 auf der Kommandobrücke der *Wilhelm Gustloff* wichtige Entscheidungen getroffen werden, um das Schiff so schnell wie möglich, und nach menschlichem Ermessen auch so sicher wie möglich über die Ostsee nach Westen zu bringen, waren die meisten Fahrgäste, die der große Schiffsleib barg, ruhiger und zuversichtlicher geworden.

Die *Gustloff* fuhr. Und das beruhigte viele, doch nicht alle.

So nicht die meisten der 150 Marinehelferinnen, die man im untersten Deck, dem E-Deck, im Schwimmbad, dem Jugendherbergsraum und in den Nebenräumen untergebracht hatte. Unter den Mädchen herrschte eine gedrückte Stimmung, viele waren seekrank.

Zu der Gruppe der 30 Helferinnen der MOH Gotenhafen, die in der *Gustloff*-Jugendherberge im E-Deck ihre Bleibe gefunden hatten, gehörten auch die 17jährige Sigrid Bergfeld aus Erlangen, die 20jährige Berlinerin Ursula Pautz, Anni Faust aus Hagen und Marianne Herzke. Anni Faust, von Todesängsten gepeinigt, hatte sich zunächst strikt geweigert, mit auf die *Gustloff* zu gehen. Sie wollte nicht auf das »Totenschiff«, wie sie es nannte. Doch den Kameradinnen gelang es, sie zu überreden. Schon einen Tag später hatte sie ihrer Freundin Ursula offenbart, daß sie wieder an Land ginge. Doch diesen Vorsatz konnte Anni nicht verwirklichen. Sie vermochte es nicht, ihrem Schicksal, ihrem vorausgeahnten Tod, dem sie noch in dieser Nacht begegnen würde, zu entgehen.

Helmut Wuttke, Jahrgang 23, gebürtiger Schlesier, seit Oktober 1944 als Maschinenmaat an Bord, hatte an diesem Nachmittag dienstfrei. Er lag angezogen auf seiner Koje in einer D-Deck-Kammer und döste vor sich hin. Bis vor wenigen Minuten hatte er noch Wachdienst in einem der großen Massenquartiersäle gemacht, der ›Deutschlandhalle‹. Immer wieder hatte er die Fahrgäste auffordern müssen, ihre Schwimmwesten nicht abzulegen und sich nicht auszuziehen.

Im D-Deck war auch der Seeausguck stationiert. In einigen völlig abgedunkelten Kammern spähten die Posten mit ihren Nachtgläsern durch die geöffneten Bullaugen. Das D-Deck lag auf gleicher Höhe mit der Wasserlinie, die Bullaugen standen etwa einen Meter darüber.

Zahlreiche Mitglieder der Zivilbesatzung und der militärischen Stammbesatzung wohnten in den Kammern im C-Deck, so der Maschinist Theodor

Schumann, seit dem 11. August 1938 an Bord der *Gustloff*, der Bootsmaat Ewald Kurzrock, der Stabsobermaschinist Gerhard Schmidt, der Steurer Wilhelm Smeilus, der Oberbootsmaat Henke und seine Ehefrau Dunja, die Marinehelferin ist.

Schumann hatte an diesem Nachmittag Dienst im Maschinenraum und alle Hände voll zu tun, Ewald Kurzrock schnappte gerade auf dem Oberen Promenadendeck, das immer mehr vereiste, frische Luft, Gerhard Schmidt unterhielt sich seit geraumer Zeit mit seinem Kameraden Walter Gärtner über Kriegserlebnisse. Helga, die Frau Gärtners, lag seekrank in der oberen Kabine.

Steurer Wilhelm Smeilus war gerade von der Brücke gekommen, hatte einige Stunden ›Freiwache‹, war aber nur kurz in seiner Kammer. Er wollte erst einmal einen Rundgang durch das Schiff machen, um zu sehen, »was anlag.«

Das Ehepaar Henke hatte in seiner Kammer das Ehepaar Berg aus Gotenhafen-Oxhöft mit vier Kindern, drei Mädchen und einem Jungen, aufgenommen. In dem kleinen Raum herrschte ein furchtbares Gedränge. Eine angeregte Unterhaltung vertrieb den Erwachsenen die Zeit, die Kinder tobten durch das Schiff.

Auch die Marinehelferin Ruth Rossow wohnte im C-Deck, sie teilte sich mit einigen Frauen eine Kammer, nachdem sie die erste Nacht nach der Einschiffung auf einer Matratze in einer der Massenunterkünfte geschlafen hatte. Sie war froh, jetzt eine Koje als Schlafstelle zu haben. Die Stimmung unter den vier Frauen war gut, man machte schon Pläne für den nächsten Tag und die Ankunft der *Gustloff* im Zielhafen.

Christa Böttcher aus Gotenhafen-Adlershorst, bewohnte eine Kabine im B-Deck. Nicht allein. Zehn Personen, vier Erwachsene und sechs Kinder teilten sich die paar Quadratmeter. Aber die Reise würde ja nicht lange dauern, tröstete man sich. Während man die Kinder in die Kojen zur Ruhe gelegt hatte, sprach man über das, was man hatte zurücklassen müssen und die ungewisse Zukunft, die vor ihnen lag.

Wesentlich vergnügter ging es in einer der Nebenkabinen, der Kammer 314, zu. Hier waren die Marinehelferin Erna Engisch und fünf ihrer Kameradinnen vom 9. Marineflakregiment, das im Hafenbecken I in Gotenhafen-Oxhöft stationiert war, einquartiert. Die Mädchen lachten und scherzten und waren glücklich, auf der *Gustloff* zu sein. Als dann Sonja Markowski, eine gebürtige Gotenhafenerin, mit einem Lied anstimmte, sangen sie alle mit. Man hörte die ausgelassene Stimmung bis draußen auf dem Gang.

Irene Stender war der Rauchsalon als Quartier zugewiesen worden. Sie hatte sofort nach »Einzug« in dieses Massenquartier aus der Not eine Tugend gemacht und zwei Sessel zusammengezogen, die ihr als Schlafstelle dienten. So brauchte sie nicht auf einer Matratze auf dem Fußboden zu schlafen, und — da sie höher lag — hatte sie auch noch einen Überblick über das Geschehen in diesem ungewöhnlich großen Wohn- und Schlafraum. Irene Stender hatte bereits ein schicksalsreiches Leben hinter sich. Sie stammte aus Estland, war Ende 1939 nach Gotenhafen umgesiedelt worden. Ihr Vater wurde Richter beim Amtsgericht Danzig. Nach ihrer Heirat, ihr Mann war Frontoffizier, studierte sie in Göttingen Medizin. Im Dezember 1944 besuchte sie ihre Eltern in Gotenhafen, blieb dort und wurde am 28. Januar, kurz vor 22 Uhr, auf die *Gustloff* eingeschifft. Ihr Vater durfte Danzig nicht verlassen.

So mußte sie sich von den Eltern trennen. Nun — am Nachmittag dieses ersten und letzten Reisetages des Flüchtlingsschiffes *Wilhelm Gustloff* —gehörte sie zu den ›Wasserleichen‹ auf diesem Schiff. Sie war seekrank und fühlte sich hundeelend. »Wenn diese Fahrt bald vorbei wäre — — —« dachte sie unentwegt.

Julius Rinnus, Eisenbahner aus Elbing, hatte in der B-Deck-Kammer seines Schwiegersohnes, Oberstabsfeldwebel Kluge, eine Bleibe gefunden. Er befand sich am Nachmittag des ersten Reisetages der *Gustloff* auf einem Rundgang durch das Schiff. Im Speisesaal blieb er hängen. Dort saßen einige Berufskollegen vom Eisenbahnbetriebsamt Goldap mit ihrem Amtmann. Sie vertrieben sich die Zeit mit Kartenspielen.

Die 17jährige Irene Darnedde aus Szugken, Kreis Tilsit im Memelland, gehörte zu den ersten vertriebenen Deutschen aus dem Osten. Ihre Eltern schickten sie schon im Juni 1944, als sowjetische Truppen das Memelland bedrohten, zu ihrer Tante nach Gotenhafen. Als sie sechs Wochen später, Ende Juli, wieder nach Hause fahren wollte, schrieb ihr Vater: »Bleib, wo Du bist. Hier kann täglich der Russe kommen!« Im August machte sich dann die übrige Familie Darnedde auf den Weg nach Gotenhafen, wo wenige Tage nach Ankunft der Vater zum Volkssturm eingezogen wurde. Am 27. Januar 1945 kam Irene mit ihrer Mutter, ihrer Schwester, ihren beiden kleinen Zwillingsbrüdern und ihrer Tante auf die *Gustloff*. Fünf aneinanderliegende Matratzen in der ›Deutschlandhalle‹ waren ihre Bleibe für die Zeit der Reise.

Im Krankenrevier gab es an diesem Nachmittag Musik für Kranke und Verwundete. Lisbeth Klaus, ihre Tochter Ingeborg und noch weitere fünf Marinehelferinnen hatten ein kleines Orchester gebildet, um mit Musik und Gesang die Hilflosesten auf diesem Schiff zu erfreuen, was auch gelang.

Zur gleichen Zeit versuchte Ernst Weber, Rundfunkmechaniker und zur zivilen Besatzung gehörend, auf dem Brückendeck einen Schaden an der Bordlautsprecheranlage zu reparieren, und Oberbootsmaat Otto Beckmann, als Geschützführer an einem der Flakgeschütze auf dem windumheulten Brückendeck eingeteilt, fror bei seinem eintönigen Dienst jämmerlich. Kein Wunder. Das Thermometer war inzwischen auf 16 Grad unter Null gefallen.

Hildegard und Erika, die Töchter des Kapitänleutnants Voigt, und mehrere Marinehelferinnen hielten sich indessen in der Ub-Schreibstube auf dem Sonnendeck auf. Die Stimmung war ausgezeichnet. Die Mädchen freuten sich über die Seereise, den Wellengang und den Sturm. Nichts konnte sie erschüttern. Erika hatte sich auf den Schreibtisch gesetzt und spielte auf ihrem Schifferklavier ein Stück nach dem anderen, Seemannslieder und Schlager, was ihr gerade so einfiel. Die Mädchen sangen begeistert mit. Zwischendurch trieben sie allerlei Unfug mit den Schwimmwesten. Trotz ausdrücklicher Anordnung hatte keines der Mädchen eine Schwimmweste umgebunden. Zwischen Gesang und Lachen kauten sie Keks und Bonbons.

»Wir müssen nach unseren Eltern sehen«, mahnte Hildegard. Erika spielte zum Abschied »Einen Hafen voller Matrosen«. Danach begaben sich die beiden Mädchen ins B-Deck in die Kammer der Eltern, um zu sehen, wie diese den Nachmittag verbracht hatten, denn ihre Mutter hatte sich schon zu Mittag nicht wohl gefühlt.

So verlief und verging für viele an Bord der letzte Nachmittag auf der *Gustloff*, die sich ungewollt angeschickt hatte, mit 6 600 Menschen in den Tod zu fahren und diesem Ziel Minute um Minute, Stunde um Stunde, näher kam.

Ahnungslos fuhren Säuglinge und Greise, Mütter und Kinder, Marinehelferinnen, Kranke, Verwundete und Soldaten ihrem unabänderlichen Schicksal entgegen. Doch keiner von ihnen wußte, was ihm in den nächsten Stunden bevorstand.

DER TOD LAUERT SCHON

Am 30. Januar 1945 waren außer der *Gustloff* und dem Torpedoboot *Löwe* viele andere Schiffe in der Ostsee unterwegs.

Eines dieser Schiffe war das U-Boot der sowjetischen Rotbannerflotte *S-13*, geführt von seinem Kommandanten, Kapitän 3.Ranges, A.U. Marinesko.

S-13 war bereits seit dem 11. Januar 1945 auf »Feindfahrt«. Es hatte an diesem Tage den Hafen von Hangö verlassen. Marinesko war fest entschlossen, ohne einen Abschuß nicht wieder zurückzukehren. Die Räumung von Memel und Königsberg würden ihm sicher einen großen Transporter vor die Torpedorohre bringen. Und Torpedos hatte *S-13* genug an Bord.

Gemeinsam mit zwei weiteren sowjetischen U-Booten, *Sch-310* und *Sch-307*, hatte er vor Memel in der Ostsee auf ein lohnendes Ziel gewartet. Vergeblich. Als er durch Funkspruch erfuhr, daß die Rote Armee den Hafen von Memel besetzt hätte, setzte er sich von den beiden anderen U-Booten ab und steuerte Hela an. *S-13* hatte ausreichend Treibstoff und Lebensmittel für einige Wochen an Bord.

Marinesko hatte sich ausgerechnet, daß auch aus den Ostseehäfen Pillau, Danzig und Gotenhafen in diesen Tagen die großen Handelsschiffe mit Soldaten, Verwundeten und Flüchtlingen an Bord auslaufen würden. Wenn er die Lage richtig einschätzte, würde man diesen Schiffen kaum ausreichendes Geleit zur Verfügung stellen können.

Denn so viele Begleitfahrzeuge, die auch für die U-Boot-Ortung und

U-Boot-Jagd geeignet waren, schien die deutsche Kriegsmarine in der Danziger Bucht nicht mehr zu haben.

Wenn auch — ein Risiko mußte man immer eingehen.

Marinesko scheute als erfahrener U-Boot-Kommandant dieses Risiko nicht. Aus verschiedenen Gründen war er zum Erfolg verurteilt. Er glaubte fest daran, daß er diesen Erfolg auf dieser »Feindfahrt« haben würde.

Er war stolz auf seine Besatzung, die sämtlich aus erfahrenen U-Boot-Leuten bestand. Da war zum Beispiel sein Navigationsoffizier, einer der Besten der sowjetischen Rotbannerflotte, Kapitänleutnant Nikolai Redkoborodow aus Leningrad, 24 Jahre alt. Da war der Oberbootsmann Michail Kolodnikow, der Telegraphist und gleichzeitiger Lebensmittelverwalter, da war sein erster Offizier Lew Jefremenkow, Kapitänleutnant und Träger des Ordens der Roten Fahne, am Horchgerät saß der Maat Iwan Schmapzew, 23 Jahre alt. Zur Besatzung von *S-13* gehörten ferner der Bootsmann 2. Klasse Anatoli Winogradow, der 28jährige Maat Andrej Pichut, der Torpedomechaniker von *S-13*, bereits mit dem Lenin-Orden ausgezeichnet, der Steuermann Nikolai Toropow und Kapitänleutnant Wladimir Krylow, der als politischer Kommissar an Bord von *S-13* war.

S-13 hatte zwölf Torpedos an Bord und hundertzwanzig Granaten für das 10-cm-Flakgeschütz, sowie ausreichende Flak-Munition.

Maat Andrej Pichut hatte bereits vor dem Auslaufen des *S-13* aus Hangö einige Torpedos mit Namen versehen oder Bezeichnungen. Er hatte dies nicht ohne Genehmigung von Kapitänleutnant Wladimir Krylow getan, denn die Reihenfolge mußte stimmen.

Den Torpedo im Rohr 1 hatte er mit der Aufschrift versehen: »Für das Mutterland«, im Rohr 2 befand sich ein Torpedo mit der Aufschrift »Für Stalin«, im Rohr 3 mit der Aufschrift »Für das sowjetische Volk«, im Rohr 4 schließlich »Für Leningrad«.

Als man am späten Nachmittag des 30. Januar mit *S-13* die Höhe von Hela erreichte, hingen alle vier Torpedos noch in ihren Rohren.

Auf *S-13* herrschte absolute Stille. Es war völlige Ruhe befohlen. Nur leise Kommandos und das eintönige Geräusch der Motoren waren zu hören.

S-13 blieb getaucht. Kapitän Marinesko fuhr das Periskop aus, durchstieß damit die Meeresoberfläche. Er sah nur einen Schlepper, der Mühe hatte, gegen die schwere See anzukämpfen. Sonst sah Marinesko nichts Außergewöhnliches um sich herum an diesem Abend des 30. Januar 1945. Die Ostsee schien völlig ruhig zu sein, was den Schiffsverkehr betraf. Weit und breit war durch das Seerohr kein großer Transporter zu sehen, auch kein Kriegsschiff, das *S-13* hätte gefährlich werden können.

Kapitän Marinesko entschloß sich deshalb, *S-13* auftauchen zu lassen. Wenige Minuten später kletterte er in seinem schmutzigen Schaffellmantel aus dem Turmluk. Grimmige Kälte und ein eisiger Wind empfingen ihn. Das Thermometer zeigte 17 Grad unter Null.

Nach Marinesko kletterte auch sein erster Offizier Lew Jefremenkow, Kapitänleutnant der sowjetischen Rotbannerflotte, der mit Marinesko schon drei Jahre auf *S-13* fuhr, aus dem Turmluk. Sein Versuch, eine Zigarette zu rauchen, scheiterte. Danach kam auch noch der Bootsmann 2. Klasse, Anatoli Winogradow, an Deck mit seinem Kameraden, dem Maat Andrej Pichut. Beide bemühten sich vergeblich, durch ihre Gläser mehr zu sehen als mit ihren Augen. Gischt und Schnee machten die Gläser fast unbenutzbar.

Marinesko hatte genug frische Luft geschöpft:

»Ich gehe hinunter, um etwas Heißes zu trinken. Übernehmen Sie hier das Kommando, sagte er zu seinem Ersten Offizier Jefremenkow und verschwand durch das Turmluk wieder nach unten.

S 13 wartete auf seine Beute. Auf ein Schiff, ein möglichst großes Schiff, das man mit vier Torpedos auf den Grund der Ostsee schicken konnte.

Würde sich das Warten lohnen?

EIN SCHIFF IN GOTTES HAND

Nachdem ich mich am Nachmittag von der Hektik der letzten Tage in meiner Kabine etwas ausgeruht und einige Stunden Schlaf nachgeholt habe, gehe ich sehr früh zum Abendessen.

Es schmeckte mir heute überhaupt nicht. Ich spüre plötzlich ein merkwürdiges Gefühl im Magen, für das ich keine Erklärung habe, und eine innere Unruhe erfüllt mich, eine gewisse Nervosität, die ich sonst überhaupt nicht kenne.

Meinem Nachbarn, einem weißhaarigen alten Mann, scheint es genauso zu gehen. Er spricht kein Wort. Stumm sitzen wir eine ganze Weile nebeneinander, bis der Alte plötzlich das Schweigen bricht.

»Sagen Sie mal, junger Mann, Sie sind doch von der Besatzung, wohin fahren wir eigentlich — und wann werden wir dort sein?«

Von meinem Eintopfteller aufblickend, antworte ich:

»Soweit ich weiß, fahren wir nach Kiel und Flensburg, wo je die Hälfte der Passagiere ausgeladen werden soll!«

Nach einer Weile füge ich hinzu, den Alten anblickend:

»Ich schätze, daß wir es bis übermorgen Mittag geschafft haben — wenn nichts dazwischenkommt!«

Dann ist es wieder still zwischen uns beiden.

Jetzt muß ich über die drei Worte, die mir so rasch und gedankenlos über die Lippen kamen, nachdenken: »Wenn nichts dazwischenkommt — — —«.

Aber — beruhige ich mich selbst — was soll schon noch dazwischenkommen? Bisher ist alles gut gegangen, die erste Etappe der Reise liegt hinter uns, wir werden auch die nächsten noch gut schaffen.

Ich hänge noch diesen Gedanken nach, als der Alte neben mir aufsteht und geht. Auch ich bin mit dem Essen fertig und folge ihm nach einer kurzen Weile nach. Als wir uns am Aufgang wieder treffen, schlage ich dem

Weißhaarigen vor, für eine halbe Stunde mit in meine Kammer zu kommen. Er willigt ein. Dort angelangt, beginnt der alte Mann nach einigen Minuten zögernd zu erzählen, wie er auf dieses Schiff kam:

»Vor vier Wochen bekamen wir den Räumungsbefehl, binnen 48 Stunden sollten wir unser schönes ostpreußisches Dorf verlassen.

Über sechs Jahrzehnte haben wir dort gelebt, und 32 Jahre waren wir verheiratet. Unsere beiden Jungen sind draußen geblieben, der eine in Rußland, der andere im Flugzeug über England. Da saßen wir nun eines Tages allein. Ganz allein. Ich bin Pfarrer, und wir hatten ein schmuckes Häuschen, gleich neben unserer Kirche.

Viel ist es nicht gewesen, was wir dann zusammenpackten, und ich wollte der Letzte sein, der aus dem Dorfe ging. Am Dorfausgang bin ich noch einmal stehengeblieben und habe zurückgeschaut.«

Er blickt eine Weile still zu dem fahlen Rand des Bullauges hinüber und fährt dann leise fort:

»Ja — und dann ging es über die vereisten Straßen, mit vielen Tausenden zusammen in einem schier endlosen Treck. Wir Alten spürten bald, daß wir den Strapazen nicht mehr lange gewachsen waren. Die Kälte und der Sturm machten uns schwer zu schaffen. Besonders meine Frau litt sehr darunter.

Die Beine versagten ihr bald den Dienst. Oft sind wir stehengeblieben um auszuruhen, aber der große Strom riß uns immer wieder mit.

Überall, wohin wir auch sahen, nur Elend und Verzweiflung.

Dann fand ich für meine Frau einen Platz auf einem Pferdefuhrwerk, einem Wagen, der nur mit einer Plane überdeckt war. Ich marschierte mit vielen anderen hinterher. Wenn wir Pause machten, kletterte ich auf den Wagen, um mit meiner Frau zu sprechen. Ich merkte von Tag zu Tag mehr, daß sie immer schwächer wurde. Sie ließ es sich kaum anmerken und wollte unbedingt durchhalten.

Seine Stimme ist bei den letzten Sätzen immer leiser geworden, bis sie jetzt fast in ein Flüstern übergeht.

»Dann — ja dann kam der Tag — der furchtbarste wohl in meinem Leben — — —

Wir hatten wieder einmal eine Ruhepause gemacht, irgendwo am Straßenrand, aßen ein Stück Brot, und meine Frau weinte still vor sich hin. Ich habe sie zu trösten versucht. Als ich aber in ihre Augen sah, wußte ich, daß sie sich nun auf den Heimweg begab — — — .

Dann haben wir noch einmal miteinander gebetet . . . !«

Seiner Brust entrang sich ein Seufzer. Er war still — — —

Ich weiß auf einmal nicht mehr, wo ich hinsehen soll. Der alte Pfarrer hat seinen Kopf in beide Hände gestützt und blickt mit leeren Augen vor sich hin.

Nach einer Weile beginnt er wieder zu sprechen.

»Wir haben meine tote Frau vom Wagen genommen, ich drückte ihr die Augen zu, und wir haben sie dann an den Straßenrand gelegt. Es war um die Mittagszeit. Ich bin bei ihr geblieben. Wie lange ich neben ihr gesessen habe, auf einem Stein, weiß ich nicht. Ich spürte auch die Kälte nicht.

Die Vorbeiziehenden mögen wohl geglaubt haben, daß ich auch nicht mehr zu den Lebenden zählte. Später habe ich aus dem nächsten Hof eine Spitzhacke und einen Spaten geholt. Sie sollte nicht am Weg liegenbleiben, wie so viele . . . !«

»Und wo wollen Sie nun hin?« frage ich nach einem langen Augenblick des Schweigens.

»Wohin? — Ich weiß es nicht. Auf dieser Welt habe ich niemanden mehr, der auf mich wartet. Aber unser aller Leben steht in Gottes Hand!«

Und nach einer Weile fügt er hinzu:

»Ich habe das Gefühl, daß ich bald bei IHM sein werde!«

Bei diesen Worten sieht mich der weißhaarige Pfarrer mit einem Blick an, der voller Ruhe und Zuversicht ist.

Dann erhebt sich der Alte, bedankt sich für die Einladung, Bewirtung und Anteilnahme, geht beschwerlich auf die Kammertür zu und reicht mir die Hand:

»Ich bin müde — leben Sie wohl — Gott schütze Sie — — !«

Das Gespräch mit dem Alten ist mir an die Nieren gegangen. Das Schicksal dieses Mannes, eines der vielen tausend Flüchtlinge auf diesem Schiff, hat mich tief bewegt, ich brauche frische Luft und muß auf andere Gedanken kommen.

Mühsam bahne ich mir den Weg durch das Schiff nach oben. Auf dem Brückendeck empfängt mich eine stürmische, eiskalte Nachtluft. Das vereiste Deck, auf dem man kaum gehen kann, ist leer. Kein Wunder bei diesem Wetter. Das Schneetreiben ist so dicht, daß die Ausguckposten nichts mehr sehen können. Ihre Nachtgläser vereisen immer wieder. Der eisige Wind pfeift über die Flakstände, die Boote, die Flöße, dringt durch meinen dicken Mantel bis auf die Haut. Die See ist unruhig. Schwere Brecher klatschen gegen die Bordwand.

All das nehme ich in mir auf und denke an morgen.

Morgen werden wir unserem Ziel ein gutes Stück näher sein, und bei diesem Gedanken ziehe ich meinen Mantel noch fester über die Brust. Ich bin sicher nicht der einzige, der jetzt auf diesem Schiff an morgen denkt. Und so mancher unter Deck wird jetzt die Hände falten und Gott bitten, daß die vor uns im Dunkel liegende Nacht bald vorübergehen möge.

Ich ahne nicht, daß unser Schiff den Wettlauf mit dem Tode bereits begonnen hat. Das Schicksal der *Gustloff* liegt in Gottes Hand.

DIE VERHÄNGNISVOLLE ENTSCHEIDUNG

Zur gleichen Zeit, als ich mich, an der vereisten Reling festhaltend, auf dem Brückendeck aufhalte, betritt ein Funkmaat die Kommandobrücke. Er übergibt Zahn einen Funkspruch.

»Auch das noch — «, kommentiert dieser, nachdem er das Papier überflogen hat.

»Ein aus mehreren Fahrzeugen bestehender Minensuchverband läuft uns in geöffneter Formation mit 12 sm Fahrtgeschwindigkeit auf Kurs Süd-Südost genau entgegen!«

»Das bedeutet Kollisionsgefahr«, stellt Kapitän Petersen fest.

Der Vorschlag Zahns: »Wir müssen Positionslichter setzen, bis der Verband vorüber ist, wir können unser Schiff keinesfalls der Gefahr einer Kollision aussetzen.« Das ist auch die Meinung des Handelsschiffskapitäns Petersen.

Doch Positionslichter setzen, das grüne an Backbord und das rote an Steuerbord, beschwört auch Gefahren herauf. Zahn weiß das am besten. Er kann sich in diesem Augenblick vorstellen, wie sich die Positionslichter der *Gustloff* im Fadenkreuz des Sehrohres eines sowjetischen U-Bootes ausmachen.

Eine Torpedierung des Schiffes wäre geradezu eine Leichtigkeit. Der Korvettenkapitän fühlt sich bei der zwingenden Notwendigkeit, Positionslichter setzen zu müssen, nicht ganz wohl in seiner Haut, tröstet sich aber mit der ihm gegebenen Zusicherung, daß dieses Gebiet, welches die *Gustloff* jetzt durchläuft, frei von sowjetischen U-Booten ist. Heute morgen war es jedenfalls noch so.

Der 2. Offizier Paul Vollrath, ein erfahrener Handelsschiffsoffizier, der als 2. Navigationsoffizier auf die Brücke der *Gustloff* kommandiert worden ist, erklärt kurz und bündig:

»Ich bin gegen das Setzen der Positionslichter!«

Schon vor einer Stunde hatte es zwischen ihm und Kapitän Petersen eine heftige Diskussion gegeben. Vollrath hatte sich entsetzt über die Anordnung Petersens gezeigt, bei anbrechender Dunkelheit Seiten- und Dampferlichter zu setzen. Er vertrat die Auffassung, daß es vollkommen genüge, mit der schwach brennenden blauen Lampe über dem Heck, nach oben und den Seiten hin abgeblendet, zu fahren. Vollrath setzte sich durch. Kapitän Petersen ließ die Dampferlichter löschen, nicht aber auch die Seitenlichter. Der 2. Offizier hatte dafür kein Verständnis.

Völlig unverantwortlich hält er jetzt das Setzen der Positionslichter. Für ihn schien die Gefahr einer Kollision weit geringer als die Entdeckung der *Gustloff* durch ein feindliches U-Boot bei fahrlässiger Lichterführung.

Doch Petersen bleibt bei seiner Entscheidung.

»Wenn wir Entgegenkommer haben, werden wir diese ohne Lichter auf die Hörner nehmen. Das ist nicht zu verantworten!«

Damit ist die Diskussion abgeschlossen, die Positionslichter werden gesetzt.

Es dauert länger als erwartet, bis der Verband erscheint.

Petersen, Zahn und fast alle Brückenoffiziere starren vom Signaldeck aus und den beiderseits der Brücke befindlichen Nocken angestrengt in die Nacht.

Um 19.26 Uhr meldet der Befehlsübermittler: »Posten Achterschiff« —
»Das letzte M-Boot passiert das Heck!«

Petersen befiehlt, die Positionslichter zu löschen.

Wie verhängnisvoll sich die Entscheidung, Positionslichter zu setzen, auf
das Schicksal der *Gustloff* auswirken wird, ahnt in diesem Augenblick auf der
Brücke der *Gustloff*, auf der nach diesem Zwischenspiel wieder Ruhe eingetreten ist, keiner.

Wer von den erfahrenen Offizieren auf der Kommandobrücke der *Gustloff*, von denen jeder nur das eine will, dieses Schiff mit seiner Last sicher
nach Westen zu bringen und Schaden von ihm abzuhalten, kann ahnen, daß
sich in unmittelbarer Nähe der *Gustloff* das sowjetische U-Boot *S-13* aufhält
und daß von dem Turm des aufgetaucht fahrenden Bootes die Positionslichter der *Gustloff* auszumachen sind.

Bootsmann Winogradow entdeckt die Lichter als erster. Er macht Kapitänleutnant Jefremenkow, der in diesen Augenblicken das Kommando führt,
darauf aufmerksam. Jefremenkow kann sich im ersten Augenblick überhaupt nicht erklären, wo die Lichter herkommen. Er hat vor dem Auftauchen von *S-13* die Seekarten studiert. Deshalb nimmt er zunächst an, die
Lichter kommen vom Leuchtfeuer Heisternest auf Hela. Es können aber
auch die Leuchtfeuer Hela-Rixhöft sein. Um zu klären, woher die Lichter
kommen, ruft Jefremenkow Kapitänleutnant Nikolai Redkoborodow auf
den Turm.

Nach gründlicher Diskussion ist man sich einig. Das sind nicht die Leuchtfeuer Hela-Rixhöft oder Heisternest.

Das sind eindeutig die Lichter eines Schiffes, wahrscheinlich eines großen
Schiffes.

Diese Erkenntnis ist Anlaß, den Kommandanten von *S-13*, Marinesko,
auf den Turm zu rufen. Dieser gibt sofort Befehl, die Alarmglocken läuten
zu lassen.

»Alle Mann auf Gefechtsstand!«

Marinesko entschließt sich zu einem waghalsigen Unterfangen. Er läßt
den Auftrieb von *S-13* reduzieren. Dadurch bot das U-Boot für die feindliche Radarerkennung eine wesentlich kleinere Silhouette. Feindliche Radar-
geräte werden *S-13* kaum ausmachen können, zumal ab und zu auch die
Wellen über Deck zusammenschlagen.

Steuermann Toropow muß allerdings höllisch aufpassen, nicht die Kontrolle über das Boot zu verlieren. Würde dies geschehen und *S-13* unter die
Wellen schneiden, während die Turmluks noch geöffnet sind, bedeutet dies
den Untergang des Bootes. Boot und Mannschaft hängen jetzt also nur von
seinem Können ab. Doch Marinesko weiß, daß er sich auf diesen kriegserfahrenen U-Boot-Steuermann verlassen kann.

Die Nerven der Männer auf *S-13* sind zum Zerreißen gespannt. Sie warten
auf den Augenblick, ein großes Schiff auf den Grund der Ostsee zu schicken.
Doch für den Abschluß der todbringenden Torpedos ist es jetzt noch zu
früh. Kommandant Marinesko ist sicher: Er hat Zeit, das Opfer wird ihm

nicht weglaufen, er hat es fest im Auge. Er wartet geduldig auf die günstigste Angriffsposition, die den größtmöglichen Erfolg verspricht. Einen Mißerfolg kann und will er sich nicht leisten.

Auf der *Gustloff* vergehen indessen die Minuten.

Die Uhr auf der Kommandobrücke zeigt 19 Uhr 36, als Kapitän Petersen den diensthabenden Navigationsoffizier Vollrath nach dem Standort des Schiffes fragt. Die Antwort folgt prompt:

»Wir haben um 19 Uhr 24 Rixhöft passiert, gegen 21 Uhr stehen wir etwa 12 Seemeilen querab Stolpmünde, gegen 1 Uhr laufen wir an Kolberg vorbei und etwa um 4 Uhr morgen früh stehen wir vor Swinemünde!«

Korvettenkapitän Zahn, der sich über den Kartentisch beugt, den Blick auf die Seekarte gerichtet, die mit vielen Eintragungen versehen ist, bestätigt:

»Stimmt — Morgen früh haben wir die gefährlichste Strecke hinter uns —— !«

Doch es soll alles ganz anders kommen.

Ein »Morgen früh« wird es für die *Gustloff* nicht mehr geben.

GENÜGEN DIE RETTUNGSMITTEL?

Ich ahne nichts von der Gefahr, in der sich unser Schiff seit einiger Zeit befindet, der Gefahr der Torpedierung, obwohl ich schon dem Gedanken nachgegangen bin, was passieren würde, wenn der *Gustloff* etwas zustößt. Dabei denke ich mehr an einen Minentreffer.

Inzwischen bin ich bei den Booten angelangt, beim Rettungsboot Nr. 5, dem ich als Steurer zugeteilt bin, wenn der »Ernstfall« eintritt. Groß und zum Greifen nah, hängt es vor meinen Augen. Doch ich erschrecke ——keines der Boote ist ausgeschwungen. Alle Boote hängen noch in den Davits und sind völlig vereist.

Sicher will man die Fahrgäste nicht unnötig beunruhigen. Ausgeschwungene Boote verbreiten Unruhe.

Und ich frage mich in diesem Augenblick, ob die Rettungsmittel für alle, die auf dem Schiff sind, genügen. Die letzten Zahlen der Einschiffungslisten habe ich gut im Gedächtnis.

6 050 war die Endzahl, dann kam noch ein Verwundetentransport, später noch die Flüchtlinge von der *Reval*. Insgesamt sind 6 600, in keinem Fall weniger, höchstens einige mehr an Bord. Von diesen 6 600 sind etwa 5 000 Flüchtlinge, Frauen, Kinder, alte Leute und Marinehelferinnen.

Und wie viele Rettungsmittel sind an Bord?

Darüber hatte ich mich nach dem letzten Bootsmanöver am Vormittag mit unserem 1. Offizier Louis Reese unterhalten. Er hatte mit seinen Decksleuten alle vorhandenen Rettungsmittel genau gezählt, die Boote, die Flöße, Kutter und auch alle Schwimmwesten und das Ergebnis fein säuberlich auf einen Zettel geschrieben. Danach trat die *Gustloff* die Reise mit folgenden Rettungsmitteln an:

12 große schiffseigene *Gustloff*-Rettungsboote mit einer Tragfähigkeit von je etwa 50 bis 60 Personen, insgesamt also für	700 Personen
18 große Marinekutter für je 30 Personen, insgesamt also für	540 Personen
380 Marineflöße für je 10 Personen, insgesamt also für	3 800 Personen.

Für *alle* Flüchtlinge, ob Säugling oder Greis, also für rund 5 000 Menschen ist Platz in den Booten, Kuttern und auf Flößen. Auch die Schwerverwundeten sind in diese Zahl eingerechnet.

Für alle Soldaten an Bord der *Gustloff*, die Männer der 2. Unterseeboots-Lehrdivision, die Männer der Handelsmarine, zu denen auch Steuerleute und Bootsbesatzungen gehörten, gibt es keine Plätze in Booten und Kuttern.

Aber — jeder der Sechstausendsechshundert an Bord besitzt eine Schwimmweste. Damit kann man sich eine ganze Zeitlang über Wasser halten.

Man hat also genug für die Sicherheit jedes Einzelnen getan. *Jeder* an Bord besitzt ein Rettungsmittel, wenn tatsächlich ein »Ernstfall« eintreten sollte.

Theoretisch kann bei einem Unglück der *Gustloff* niemand umkommen Theoretisch!

Als ich an den auf dem Achterdeck hochkant aufgestellten Marineflößen und den auf Deck aufgestellten Kuttern vorbeigehe, muß ich mich festhalten, um nicht auszurutschen. Die Eis- und Schneewehen der letzten Stunden haben das Deck an vielen Stellen in eine spiegelglatte Fläche verwandelt.

Trotz der Kälte haben sich hier auch einige Passagiere eingefunden, sie haben die Arme auf die Reling gestützt und lassen den Kopf über die Bordwand hängen.

›Wasserleichen‹ nennen wir diese Seekranken.

Der Anblick der Leute macht mich fast selbst noch krank. Ich mache mich noch einmal auf den Weg zum Vorschiff, um noch einen Blick in die ›Laube‹ zu werfen, in das neu eingerichtete Schiffslazarett für die an Bord genommenen Schwerverwundeten des Heeres. Bisher hatte ich noch keine Zeit dazu.

KRANKE, VERWUNDETE, SCHWANGERE

Die ›Laube‹ ist ein wintergartenähnlicher Raum, direkt unter der Kommandobrücke. Von hier aus ist das gesamte Vorschiff zu übersehen. Bett an Bett steht aneinander. Der Raum ist bis auf den letzten Platz besetzt.

Als die *Gustloff* noch im Hafen lag, war die Stimmung unter den Kranken und Verwundeten gut. Man hatte sogar eine kleine Kapelle zusammengestellt, für die man sich von den *Gustloff*-Besatzungsmitgliedern die Instrumente geliehen hatte.

Aber zu Beginn der Fahrt griff plötzlich eine merkwürdig gedrückte Stimmung in diesem »Asyl der Hilflosen« um sich. Jeder wollte ungestört mit seinen Gedanken allein sein. Das kleine Orchester verstummte. Die Stille wurde nur noch vom Stöhnen der Verwundeten und den Worten der Schwestern unterbrochen.

Vielleicht dachten einige der Verwundeten darüber nach, daß sie zu den Hilflosesten auf diesem Schiff zählten und nichts, auch gar nichts, allein zu ihrer Rettung tun konnten, wenn dem Schiff ein Unglück zustoßen würde.

Die Verantwortung für dieses ›Lazarett‹ liegt in den Händen von Marineoberstabsarzt Dr. Helmut Richter. Er ist der Leitende Sanitätsoffizier der 2. Unterseeboots-Lehrdivision und auf der *Gustloff* auch gleichzeitig der verantwortliche Schiffsarzt. Ein Oberassistenzarzt der Reserve, mehrere Sanitätsunteroffiziere, Sanitätsgasten und Krankenschwestern helfen ihm bei seiner Arbeit; in der Telefonzentrale sitzen zwei Marinehelferinnen, alles ist wohl organisiert.

Zu seinem Arbeitsbereich gehört nicht nur die »Laube«, sondern auch das Krankenrevier der *Gustloff*, eine ständige Einrichtung bereits zur Liegezeit des Schiffes in Gotenhafen-Oxhöft. Auch die Krankenstation ist voll belegt.

Aus der Überlegung heraus, daß sich höchstwahrscheinlich an Bord der *Gustloff* eine Reihe von Geburten und auch Fehl- und Früh-Geburten ereignen, hatte Dr. Richter bereits vor dem Auslaufen des Schiffes zusätzlich eine Geburtshilfestation, also eine Entbindungsstation eingerichtet und daneben in einer großen Wohnkabine ein Kreißzimmer. Diese Station hat Dr. Richter selbst übernommen; seinem Assistenzarzt übertrug er die operative Tätigkeit für die ›Laube‹ und das Krankenrevier.

Oberstabsarzt Dr. Richter fühlt sich für die werdenden Mütter ganz besonders verantwortlich. Er will ihnen das Los auf diesem ungewohnten Schiff erleichtern. Vom Tage der Einschiffung an hat er bereits vier gesunde Knaben entbunden, die fünfte Mutter liegt bereits in der Station. Er rechnet damit, daß es bei ihr zwischen 21 und 22 Uhr soweit ist. Hinzu kommt noch eine sechste hochschwangere Frau.

Über die Entbindungen hat Dr. Richter Krankenblätter geführt und auch Taufurkunden ausgestellt, die für die Mütter und die geborenen Kinder eine besondere Erinnerung an die Geburt auf der *Gustloff* für das ganze Leben sein sollten. Auf diesen Taufurkunden ist als Geburtsort *M/S Wilhelm Gustloff* angegeben mit Angabe des Längen- und Breitengrades, auf denen die Geburt stattfand. Dies war so üblich bei Geburten auf Schiffen, für die Mütter und Kinder auf der *Gustloff* allerdings sicher ungewöhnlich. Dr. Richter wollte die Dokumente den Müttern übergeben, wenn diese im Zielhafen ausgeschifft werden.

Die fünfte Hochschwangere, die in den nächsten Minuten auf die Geburt eines Kindes wartet, hat bereits Wehen, sie stöhnt vor sich hin.

Marineoberstabsarzt Dr. Richter beruhigt sie.

»Keine Angst — in einer Stunde ist alles vorbei!« Das beruhigt die junge Frau. Sie freut sich auf ihr Kind. Es ist ihr erstes Kind. Es soll ein Junge werden. Und er soll Joachim heißen. Das ist der Wunsch ihres Mannes, der irgendwo im Osten an der Front steht und jetzt sicher mit seinen Gedanken bei ihr ist.

Sein letzter Brief kam vor einer Woche. Er erreichte sie kurz vor ihrer plötzlichen Flucht aus Elbing. Die Schwangere hat diesen Brief unter ihrem Kopfkissen verwahrt. Noch am Nachmittag hat sie darin gelesen.

Aus jeder Zeile spricht die Sorge ihres Mannes, daß alles gut geht. Noch weiß er nicht, daß sie plötzlich aus Elbing flüchten mußte und daß sie das große Glück hatte, auf die *Gustloff* zu kommen, hier in diese Geburtsstation, wo alle so liebevoll und hilfreich sind, mit einem Arzt, zu dem man volles Vertrauen haben kann.

Die Schwangere beginnt plötzlich zu weinen, zu schluchzen. Eine Schwester tritt hinzu und fragt, wie stark die Schmerzen sind und ob sie eine Beruhigungsspritze wünscht.

Doch die junge Frau aus Elbing winkt ab. Sie weint nicht, weil sie Schmerzen hat, sie sind auszuhalten. Sie weint vor Glück, geborgen zu sein, hier auf der *Gustloff*. Denn sie hat darüber nachgedacht, wenn sie nicht auf das Schiff gekommen wäre, was dann . . . ? Wenn sie ihr Kind auf einem langen Marsch in einem Treck gebären müßte, oder im Abteil eines Eisenbahnzuges . . . Das wäre überhaupt nicht auszudenken. Aber sie hatte das Glück, auf die *Gustloff* zu kommen, liegt nun in einem weißen, weichen Bett, umgeben von Schwestern und einem Arzt.

Deshalb weint sie.

Gut, daß sie weder ahnt noch weiß, daß ihr so erwartetes Kind nicht auf der *Gustloff* geboren wird, daß ihr Schlimmeres bevorsteht — etwas, was vielleicht alle hundert Jahre einmal einer werdenden Mutter geschieht oder alle dreihundert Jahre: Die Geburt eines Kindes während einer der größten Schiffskatastrophen der Menschheitsgeschichte. Sie wird diese Mutter sein. Wenn man ihr in diesen Augenblicken am 30. Januar 1945, wenige Minuten vor 21.00 Uhr gesagt hätte: »Du wirst in einigen Minuten in ein Boot getragen werden und mit diesem überfüllten Boot voller Schiffbrüchiger, voller schreiender und tobender Menschen, die nur das nackte Leben retten wollen, noch eine Stunde lang bei Nacht und Sturm in der eiskalten Ostsee treiben müssen, bei 18 Grad unter Null — und danach wird erst Deine Stunde da sein, dann erst wird Dein Kind, Dein Sohn, auf einem Rettungsschiff geboren werden, von einem Mann ans Licht der Welt gebracht, der Dir vor wenigen Minuten noch gesagt hat: »Keine Angst — in einer Stunde ist alles vorbei«, sie hätte es nicht geglaubt oder sie hätte vor Angst den Verstand verloren.

Aber das, was der 21jährigen Frau aus Elbing in den nächsten Stunden bevorsteht, ist so erschütternd, daß es noch in Jahrzehnten unglaubhaft erscheint. Ein Wunder in einer Katastrophennacht steht ihr bevor . . .

Und auf diesem Schiff, der *Wilhelm Gustloff*, werden in den nächsten sechzig oder siebzig Minuten noch viele ungewöhnliche, fast unglaublich scheinende Dinge geschehen, die mit dem menschlichen Verstand nicht zu fassen sind — — —

WER GLAUBT NOCH AN DEN FÜHRER?

Ich bin noch immer im Schiff unterwegs. Über Wachende und Schlafende hinweg und vorbei an Gepäckstücken und Koffern, die in den Gängen stehen, mache ich mich auf den Weg in meine Kammer im B-Deck. Während der fünf Einschiffungstage hatte ich keine Zeit, mich im Schiff umzusehen. Was ich in den letzten zwei Stunden gesehen habe, läßt mich ahnen, was die Flüchtlinge auf diesem Schiff hinter sich haben. Viele von ihnen fühlen sich jetzt sicher und geborgen, haben nach tagelangen Strapazen endlich Ruhe gefunden.

Im Unteren Promenadendeck und im A-Deck sehe ich in die großen Säle, in denen die Menschen zu Hunderten auf Matratzen liegen. Trotz ausdrücklichen Verbotes haben sich viele ausgezogen, schlafen fast wie Tote. Die Schwimmwesten, die sie eigentlich umgebunden haben sollten, dienen vielen als Kopfkissen.

Irgendwo im A-Deck steht eine Kammertür offen, eine der vielen hundert Kammertüren auf diesem Schiff. Durch die Tür dringt eine Stimme auf den Gang hinaus.

Ich bleibe für einen Augenblick stehen und lausche. Dabei geht mein Blick den langen Gang entlang und fällt auf einen alten, gebückt dastehenden Mann, der wie ich die Worte zu verstehen versucht, die aus einem Radiolautsprecher durch die offene Kammertür dringen.

In diesem Augenblick hört man lang anhaltenden Beifall. Dann ist sie wieder da, die Stimme aus dem Nichts — — —

»Heute vor zwölf Jahren, am 30. Januar 1933, einem wahrhaft historischen Tag, hat mir die Vorsehung das Schicksal des deutschen Volkes in die Hand gelegt . . . !«

Mehr höre ich nicht, denn plötzlich fällt die Kammertür krachend ins Schloß. Unüberhörbar.

Ich bin inzwischen den Gang hinuntergegangen. Plötzlich steht der alte Mann vor mir. Ich sehe in ein verhärmtes Gesicht mit merkwürdig flackernden Augen — — —

Was mag in diesem alten Menschen, der mir gegenübersteht, in diesem Augenblick vorgehen? Er, der die Tür zugeschlagen hat, spricht kein Wort. Aber vielleicht denkt er jetzt an die Worte, die noch vor kurzer Zeit der Gauleiter und Reichsverteidigungskommissar für Ostpreußen, Erich Koch, mit donnernder Stimme den Ostpreußen zugerufen hatte:

»Der Führer ist in dieser Stunde mit all seinen Gedanken bei uns. Er wird Ostpreußen niemals preisgeben. Seine besten Divisionen werden Ostpreußen bis zum letzten verteidigen, und neu ausgebildete Armeen und neue

Waffen werden die bolschewistischen Horden wieder bis hinter den Ural zurücktreiben.

Ein Hundsfott, der jetzt als Ostpreuße sich nur eine Sekunde lang dem Gedanken hingibt, Ostpreußen werde jemals fallen, und wer daran denkt, nur sich selbst in Sicherheit zu bringen.

Unsere Sicherheit liegt in der Heimat, unsere stärkste Sicherheit liegt im Glauben an unseren Führer ... «

Nun, wo der Alte die Tür zugeschlagen hat, um die Stimme des Führers nicht mehr hören zu müssen, ist es mir, als sei diese Tür hinter einem ganzen Reich, einer ganzen Welt, zugeschlagen. Und ich frage mich: Wer glaubt auf diesem Schiff, zu dieser Stunde, noch an den Führer?

Die 150 Marinehelferinnen vielleicht, die im Schwimmbad und in der Hitler-Jugend-Herberge im E-Deck, mehrere Meter unterhalb der Wasserlinie auf diesem Schiff untergebracht sind, oder die Mütter, deren Männer an der Front sind und die mit ihren Kindern und vielleicht noch den Eltern auf diesem Schiff Zuflucht fanden, oder die amputierten Soldaten im Schiffslazarett, die ihre Glieder für Volk und Vaterland und ihren Führer opferten?

Und dann frage ich mich selbst: Glaubst Du noch an den Führer, dem Du als 10jähriger die Treue geschworen hast, damals, bei der Aufnahme in das Jungvolk in Jauer in Schlesien?

Mit diesem Gedanken betrete ich meine Kammer.

FÜNF MINUTEN VOR DER KATASTROPHE

Die Männer im Maschinenraum haben mit Sicherheit weder die Zeit noch die Gelegenheit, an diesem Abend des 30. Januar die Führerrede zu hören.

Hier unten im Schiff, sieben Meter unter dem Meeresspiegel, schlägt auch das Herz des Schiffes. Hier befindet sich der Maschinenraum der *Gustloff*, singen die Dieselmotoren ihr fast gleichförmiges Lied.

Gegen 18.00 Uhr hatte der 2. Ingenieur Erich Göring seine Wache beendet. Er hat nun seine ›Freiwache‹.

Als er den Maschinenraum verließ, ahnte er nicht, daß er diese Räume nie wieder betreten würde, die seit 1938 sein tägliches Arbeitsfeld gewesen waren und ihm nur die ›Freiwache‹ das Leben rettete — —

Jetzt, kurz vor 21.00 Uhr, inspiziert sein Chef, der Leitende Ingenieur Bruno Loebel, die fast fabrikgroße Halle, um sich zu vergewissern, daß alles läuft.

Im Maschinenraum ist alles Erdenkliche für die Sicherheit des Schiffes getan, um eventuelle Schäden sofort beheben zu können. Die Wachen sind verstärkt, das Personal der Handelsschiffsbesatzung ist durch erfahrene Maschinisten der Kriegsmarine wesentlich ergänzt. In der Zusammenarbeit ergeben sich überhaupt keine Schwierigkeiten oder Kompetenzstreitigkeiten.

Jeder ist auf seinem Posten und weiß um seine Aufgabe. Nach menschlichem Ermessen kann nichts schiefgehen. Der Maschinentelegraph zeigt die befohlene Fahrtstufe. Seit Stunden läuft das Schiff eine gleichmäßige Geschwindigkeit von 12 Seemeilen.

Befriedigt kann der Leitende Ingenieur seinen Rundgang durch den Hauptmaschinenraum beenden. Durch den Hilfsmaschinenraum verläßt er sein Arbeitsfeld. Jetzt kann er endlich zum Essen gehen.

Er blickt auf die Uhr. In wenigen Sekunden ist es 21 Uhr.

11 Minuten später zeigt die Uhr 21 Uhr 11.

5 Minuten noch bis zur Katastrophe, die niemand erwartet.

Auch ich nicht.

Ich sitze in meiner Kabine. Lust zum Hinlegen habe ich nicht. Das Schlingern des Schiffes stört mich. Ein merkwürdiges Gefühl hat mich befallen. Werde ich etwa auch ›seekrank‹, oder ist diese Unruhe in mir eine gewisse Vorahnung?

Vorahnung — worauf?

»Blödsinnige Gedanken«, schießt es mir durch den Kopf. Ich sollte einen Cognac trinken, vielleicht hilft das. Ich suche nach der Flasche — — —

Auf der *Gustloff* ist um 21.11 Uhr fast überall Ruhe eingekehrt. Das Gefühl der Geborgenheit und Sicherheit auf diesem großen Schiff hat sich unter den Flüchtlingen immer stärker verbreitet.

In Kabinen und Sälen, auf den Gängen und im Lazarett in der ›Laube‹, im Krankenrevier und auf der Geburtshilfestation, sind viele bereits in tiefen Schlaf versunken.

Die meisten sind mit dem Gedanken eingeschlafen: »Wenn wir wieder aufwachen, sind wir unserem Reiseziel schon ein gutes Stück näher . . . «

Doch bereits in wenigen Minuten wird es für viele ein böses Erwachen geben.

Und viele werden niemals mehr aufwachen. Der Tod wird sie im Schlaf überraschen.

Doch der Tod hat noch Zeit.

Auf der Kommandobrücke der *Gustloff* ist es in der letzten Stunde merklich ruhiger geworden. Die Hektik hat sich gelegt. Bis jetzt ist alles gut gegangen. Warum sollte dies nicht auch für den Rest der Reise der Fall sein? Warum sich unnötig Gedanken machen? Die *Gustloff* bahnt sich ihren Weg durch die Ostsee, als wäre sie in den letzten Jahren immer gefahren.

Der Schneesturm hat nachgelassen, die Sicht ist seit einer Stunde klarer geworden, und die Kälte hat nicht zugenommen.

In der Kabine des I. Offiziers Louis Reese haben sich Kapitän Friedrich Petersen und Korvettenkapitän Wilhelm Zahn zu ihrer ersten Mahlzeit seit dem Ablegen des Schiffes eingefunden.

Sie haben nach den anstrengenden letzten Stunden eine warme Erbsensuppe wohl verdient. Auch ein guter Schnaps soll dabeisein.

Max Bonnet, der Steward von Kapitän Petersen, serviert mit gekonntem Schwung das Tablett mit den Cognac-Gläsern.

»Auf eine gute Fahrt, meine Herren«, sagt der Kapitän.

Zur gleichen Zeit trägt Obersteuermann Rudolf Geiß die letzte Peilung am Kartentisch auf der Kommandobrücke ein.

Die Uhr zeigte in diesem Augenblick 21.15 Uhr.

Die *Gustloff* befindet sich jetzt querab Stolpmünde auf der Position 55 Grad 7,5 Nord und 17 Grad 42 Ost.

Niemand ahnt, daß sich hier an dieser Stelle in der Ostsee in den nächsten Minuten und Stunden eine der größten Schiffskatastrophen der Seefahrt abspielen wird.

Ein grausames Schicksal steht der *Gustloff* bevor.

Seit einigen Stunden ist das Schiff von der Außenwelt völlig abgeschnitten. Im Funkraum herrscht totale Stille. Die atmosphärischen Störungen haben so stark zugenommen, daß nur noch ganz vereinzelt völlig verstümmelte Funksprüche ankommen, mit denen man nichts anfangen kann. So empfängt man auf der *Gustloff* auch nicht die U-Boot-Warnung, die seit einigen Stunden für diesen Seeraum, in dem sich jetzt das Schiff befindet, ausgestrahlt wird.

Auch das der *Gustloff* in etwa drei- bis vierhundert Metern vorauslaufende Begleitschiff, das Torpedoboot *Löwe*, ist in diesen Augenblicken höchster Gefahr total ahnungslos. Im Funkraum des T *Löwe*, das der U-Boot-Waffe gehört, ist eine andere Welle geschaltet als die, über die die 9. Sicherungs-Division in Gotenhafen die U-Boot-Warnung für die von ihr gestellten Geleitschutzschiffe ausstrahlt. T *Löwe* gehört nicht dazu, empfängt deshalb auch die U-Boot-Warnung nicht.

Zu allem Unglück kommt noch hinzu, daß das U-Boot-Ortungsgerät des Torpedobootes *Löwe* durch totale Vereisung ausgefallen ist. Das bedeutet: Das Schiff kann ein feindliches U-Boot nicht mehr orten. Praktisch bedeutet dies, für die *Gustloff* ist jetzt auch das letzte Sicherungsfahrzeug ausgefallen, denn ohne die erforderliche FT-Verbindung für U-Boot-Warnungen und ohne U-Boot-Ortungsgeräte, die funktionieren, ist T *Löwe* nichts anderes als ein kleines Schiff, das der *Gustloff* vorausfährt, kein Schiff mehr, das die *Gustloff* vor Angriffen rechtzeitig warnen kann. Allerdings weiß dies nur der Kommandant von T *Löwe* und einige seiner Offiziere. Auch auf der Brücke der *Gustloff* weiß niemand etwas davon; man kann nur ab und zu über den Wellen das Hecklicht des vorauslaufenden T-Bootes erkennen. Das ist alles.

— —

»Ein Hund führt einen Riesen durch die Nacht — — «, hatte Kapitän Zahn beim Antritt der Reise auf der *Gustloff*-Kommandobrücke gesagt. Und jetzt zeigt sich, daß er Recht hat.

T *Löwe* ist nur noch ein Wachhund. Aber wie wichtig auch dieser Wachhund noch ist, beweist sich schon kurze Zeit später.

Das Schicksal der *Gustloff* ist jetzt nicht mehr aufzuhalten.

DAS TODESKOMMANDO AUF *S-13*: »FEUER!«

Seitdem der Kommandant des Sowjet-U-Bootes *S-13* die Lichter eines großen Schiffes erkannt hat, befindet er sich in einer Art Jagdfieber. Für ihn scheint der größte Augenblick in seiner militärischen Laufbahn greifbar nahe. Bisher ist es noch keinem sowjetischen U-Boot gelungen, in der Ostsee ein großes Kriegs- oder Handelsschiff zu versenken.

Marinesko wittert diese Chance für sich und *S-13* innerhalb der nächsten Stunde.

Seine Nerven sind gespannt. *S-13* läuft noch immer aufgetaucht durch die Ostsee. Marinesko sieht auch keinen Grund zu tauchen. Nirgendwo droht Gefahr für sein Boot.

Vom Land setzt plötzlich ein Schneesturm ein.

Die Männer auf dem sowjetischen U-Boot können nichts mehr erkennen.

Als der Schneesturm etwas lichter wird, sind die Lichter verschwunden. Marinesko aber weiß, hier — irgendwo in der Nähe — läuft ein großes Schiff mit Kurs nach Westen.

Als die Sicht wieder besser wird, der Schneesturm für Augenblicke nachläßt, werden die Umrisse eines großen Schiffes ganz deutlich erkennbar.

Marinesko entdeckt es als erster. Er preßt sein Glas noch fester an die Augen.

»Donnerwetter — der Kasten hat mehr als 20 000 Tonnen — und er ist sicher bis obenhin vollgepackt mit Soldaten!« ruft er seinem Navigationsoffizier auf dem Turm zu.

Im nächsten Augenblick ist das U-Boot wieder in Schnee eingehüllt. Man sieht nichts mehr. Weder Marinesko noch sein Navigationsoffizier haben ausmachen können, ob das große Schiff ein Kriegsschiff ist oder ein Handelsschiff. Dafür ist die Entfernung zu groß und die Sicht zu schlecht.

Eines ist jedoch absolut sicher:

Es ist ein großes feindliches Schiff.

Und dies allein ist für *S-13* wichtig.

Marinesko, ein erfahrener U-Boot-Kommandant, trifft in den nächsten Augenblicken zwei wichtige Entscheidungen.

Er entscheidet sich für einen Überwasserangriff.

Dieser birgt für sein Boot zwar ein ganz großes Risiko, aber Marinesko ist in diesen Augenblicken bereit, jedes Risiko für sich und sein Schiff einzugehen.

Er will in jedem Fall von dieser Feindfahrt einen Abschuß-Erfolg mitbringen. Und dieser erscheint ihm bei einem Überwasserangriff auf das feindliche Schiff weit sicherer als bei einem Unterwasserangriff.

Seine zweite Entscheidung betrifft die Angriffs-Position.

Marinesko entschließt sich, das Schiff nicht von der Seeseite aus anzugreifen, sondern von der Küstenseite.

Von dieser Seite würde man am wenigsten, wenn überhaupt, einen Angriff erwarten. Dessen ist sich Marinesko absolut sicher. Die Ausguckposten auf dem feindlichen Schiff werden sicher vor allem die Seeseite nach feindlichen U-Booten absuchen und weniger die Küstenseite. Auch mit dieser Vermutung liegt Marinesko richtig.

Allerdings erfordert der Plan, von der Küstenseite her anzugreifen, daß S-13 achtern um das feindliche Schiff läuft, um auf die Küstenseite zu gelangen. Das aber ist bei der relativ hohen Geschwindigkeit des U-Bootes bei Überwasserfahrt keine allzu große Schwierigkeit.

Auch das dem großen Schiff vorauslaufende kleinere Schiff, das Marinesko bei der schlechten Sicht nur ganz schwer hatte ausmachen können —sicher ein Begleitfahrzeug — würde einen Angriff auf sein Begleitobjekt keinesfalls von der Küstenseite her erwarten.

Mit all diesen Vermutungen hat Marinesko richtig getippt.

Das Glück des Angreifers scheint heute bei ihm zu sein.

Gegen 22.45 Uhr — Moskauer Zeit — ist das Manöver geglückt. S-13 läuft jetzt in einer Entfernung von etwa 2000 Metern steuerbord von dem großen Schiff und seinem kleinen vorauslaufenden Begleitschiff.

Für S-13 und die Mannschaft des sowjetischen U-Bootes sind die Entscheidungen des Kommandanten höchst gefährlich.

Die Ostsee ist an dieser Stelle nur etwa 30 Meter tief. Wenn S-13 auf eine Mine läuft, und hier treiben genug Minen herum, ist das Schiff verloren. Würde S-13 durch einen Angriff gezwungen zu tauchen, ist es ebenfalls verloren.

Aber: Marinesko hat jedes Risiko einkalkuliert, er wagt alles und setzt auf Sieg.

Die Zeit des Angriffes ist gekommen.

Jetzt will er keine Minute Zeit mehr verlieren.

Sein Navigationsoffizier Redkoborodow gibt die entsprechenden Befehle zur Vorbereitung des Angriffs.

»Ziel steuert 280 Grad.

Geschwindigkeit 12 Knoten.

Entfernung 2000 Meter!«

Die vier Torpedorohre auf S-13 werden feuerbereit gemacht.

Wladimir Krylow, Kapitänleutnant und politischer Kommissar an Bord von S-13, informiert die Mannschaft über das Vorhaben des Kapitäns. Die Männer unter Deck sehen und hören nichts von dem, was auf dem Turm des Bootes vor sich geht und was Marinesko vorhat.

Auf die Minute genau um 23.00 Uhr Moskauer Zeit nimmt das U-Boot Schußposition ein.

S-13 hat sich auf etwa 1000 Meter dem Ziel genähert.

Marinesko hatte befohlen, die Bugtorpedos für den Überwasserangriff klarzumachen und auf eine Tiefe von drei Metern einzustellen.

Erst als der Bug des riesengroß erscheinenden feindlichen Schiffes im Zentrum des Fadenkreuzes im Periskop von S-13 klar erkennbar war, gibt Marinesko den Befehl:

»F e u e r !«

Das ist das Todesurteil für die *Wilhelm Gustloff* und die Sechstausendsechshundert, die darauf sind . . .

Und ich bin einer dieser Sechstausendsechshundert — — —

21 UHR 16: DREI TORPEDOTREFFER

Als ich um 21 Uhr 15 auf die Uhr blickte, ahne ich nichts davon, daß auch
ich vom Tode bedroht bin. Meine Kammer im B-Deck liegt oberhalb der
Wasserlinie, drei Decks über d e r Stelle, auf die in rascher Geschwindigkeit
einer der Torpedos des sowjetischen U-Bootes *S-13* zusteuert — — —

Vor wenigen Augenblicken habe ich mir einen Cognac eingeschenkt, setze
gerade das Glas an die Lippen, trinke, spüre ein Brennen in der Kehle ———

Da trifft ein gewaltiger Schlag das Schiff — — —

Bruchteile von Sekunden später dröhnt das Krachen einer Detonation an
meine Ohren. Ein mächtiger Luftdruck schleudert mich an die Wand, raubt
mir den Atem — —

Da — ein zweiter Stoß — noch gewaltiger als der erste — dann kurz
danach — ein dritter — —

Ein gewaltiger Schreck fährt mir in die Glieder, lähmt mich, macht mich
total bewegungsunfähig, schaltet mein Bewußtsein aus.

Sekunden später weicht das jähe Entsetzen. Gedanken rasen durch mein
Gehirn —

Das waren keine Minen — das waren Torpedos — drei Torpedos.

»Drei Torpedos«, schießt es mir durch den Kopf.

Das alles ging so rasch, kam so unvorbereitet, daß ich einige Momente
überhaupt nicht zu begreifen vermag, was um mich geschieht. Das Licht ist
aus. Dunkelheit umgibt mich.

Ich greife nach der Taschenlampe, die ihren festen Platz hat. Der Lichtkegel erhellt matt die Umgebung. Der Schrank ist umgefallen, das Bücherregal
mit meinen Marinebüchern und den Fotoalben hängt nur noch leer an einem
Nagel, Fotos und Bücher bedecken den Boden — — dann bleibt der Ta-
schenlampenkegel auf einem der bunten Buchumschläge haften . . .

»Der Untergang der Titanic«.

Seltsam. Noch vor wenigen Tagen habe ich darin gelesen, bin die
Schreckensbilder nicht losgeworden — —

Mit einem Schlag bin ich hellwach. Blitzschnell begreife ich:

Die *Gustloff* ist von drei Torpedos getroffen und sinkt!

Auf einmal fällt alle Benommenheit von mir. Ich stürze aus der Kammer
auf den Gang. Plötzlich weiß ich, daß es vielleicht nur um Minuten geht.

Im Gang, nur drei Meter von meiner Kammertür entfernt, befindet sich
die eiserne Schottentür. Sie schließt das Vorschiff, in dem ich wohne, was-
serdicht vom Mittelschiff ab. Wenn die Schottentür geschlossen wird, sitze
ich in der Falle, aus der es kein Entkommen gibt —

In diesem Augenblick springt die Notbeleuchtung an, die Schlagseite des

Schiffes nimmt zu. Ich sehe vor mir die offene Tür, springe, ja fliege fast hindurch.

Dann höre ich hinter mir ein summendes Geräusch, verschrecke, blicke zurück — —

Das Schott war dicht. Alle, die jetzt noch im Vorschiff leben, sind zum Tode verurteilt.

Doch ich lebe noch, sehe überall Menschen aus den Kammern stürzen, schreiend, betend, fluchend, weinend. Sie alle haben wie ich nur ein Ziel: Das Bootsdeck! Doch bis dahin ist es sehr weit — —

Als die Uhr auf der *Gustloff*-Kommandobrücke 21.16 Uhr zeigte, war Fahrkapitän Weller gerade auf dem Wege vom Kartenzimmer zur Kommandobrücke. Die Gewalt der ersten Detonation war bis hier oben zu spüren. Der plötzliche Ruck, der durch das ganze Schiff ging, schleuderte Weller mit dem Kopf gegen den Türrahmen.

Sein erster Gedanke- ›Minen‹!

Laut schrie er es in das Dunkel der Kommandobrücke, die nur von einer schwachen Notlampe erhellt war.

Mit beiden Händen riß Weller den Maschinentelegraphen auf ›Stop‹.

Da folgten zwei weitere Detonationen.

Das schrille Klingelzeichen der Alarmglocke ging im Getöse der zweiten und dritten Detonation unter.

Dem Kapitänsteward Max Bonnet, der in der Kammer des Ersten Offiziers Louis Reese gerade die Erbsensuppe serviert hatte und die Cognacgläser abräumen wollte, fiel das Tablett aus den Händen. Zersplitternd stürzten die Gläser zu Boden.

›Hassan‹ der treue Schäferhund des Korvettenkapitäns Zahn, sprang jaulend auf den Teppich. In der Kammer war es stockdunkel.

Bruchteile von Sekunden sprachen Petersen, Zahn und Reese kein Wort.

Dann hörte man wie aus weiter Ferne die plötzlich brüchig scheinende Stimme von Kapitän Petersen.

Er sagte nur drei Worte:

»Da haben wir's . . . «

Im Nu waren Petersen, Zahn und Reese auf der Kommandobrücke.

Der laute Ruf von Fahrkapitän Weller:

»Schiff sackt nach vorn weg!« erübrigte sich eigentlich.

Denn was die drei Offiziere, Kapitän Petersen, Korvettenkapitän Zahn und der Erste Offizier Louis Reese jetzt durch die dickwandigen Scheiben der Kommandobrücke der *Gustloff* sahen, ließ ihnen fast das Blut in den Adern erstarren.

Das Schiff tauchte den Bug tief ins Wasser, die ersten Brecher rollten bereits über das Vorschiff.

Es ging alles in Windeseile.

Kapitän Petersen fuhr sich mit der Hand über die Augen. Er glaubte immer noch an eine böse Vision. Das konnte doch nicht möglich sein. Sein

Schiff, die *Gustloff*, zu Tode getroffen, sinkend, mit sechstausendsechshundert Menschen an Bord.

»Mein Gott — — — die armen Frauen und Kinder . . . « stöhnte er vor sich hin.

Es bestand kein Zweifel, ein Torpedofächer hatte die *Gustloff* getroffen. Drei Torpedos — —

Das Schiff war zum Sterben verurteilt.

Wer würde dieser sinkenden Hölle entkommen?

Denn was jetzt, in diesen Augenblicken auf dem total überfüllten Schiff ausbrechen würde, konnte sich wohl jeder ausmalen, dazu brauchte man wenig Phantasie.

Sechstausendsechshundert verzweifelte Menschen auf einem sinkenden Schiff, in stürmischer dunkler Winternacht, bei einer Lufttemperatur von etwa 18 Grad unter Null und einer Wassertemperatur bei etwa Null Grad — —

Wer würde das überleben?

Auch Korvettenkapitän Wilhelm Zahn war sich über das Schicksal des Schiffes völlig im klaren. Drei Torpedos waren für die *Gustloff* tödlich. Die relativ leichte Bauweise des Schiffes ließ nicht erwarten, daß es sich lange würde halten können.

Das aber war die Frage:

»Wie lange würde sich das todwunde Schiff halten können . . .?«

Niemand weiß das in diesem Augenblick, als die *Gustloff* bereits Schlagseite hat und sinkt — — —

Kaum zwei Minuten sind erst seit dem ersten Torpedotreffer vergangen. Vielleicht auch erst eine Minute.

Auf der Kommandobrücke ist man sich sofort einig, was jetzt geschehen muß.

Zunächst muß man versuchen, Klarheit über den Schaden zu erhalten.

Der Versuch, mit dem Maschinenraum Verbindung aufzunehmen, scheitert. Das Telefon ist tot.

Die Maschinen laufen nicht mehr.

Keine.

Das Herz des Schiffes steht still.

Mit einem Ruck neigt sich die *Gustloff* weiter nach Backbord, die Schlagseite nimmt zu.

Dann gibt es plötzlich wieder einen Ruck nach vorn.

Tonnenweise bricht die Ostsee durch riesige Löcher in den todwunden Schiffsleib. Mit lautem Getöse brechen in den untersten Decks des Vorschiffes die Schotten. Die Technik unterliegt der Naturgewalt des Wassers. Schäumend und gurgelnd bricht die See in das über zweihundert Meter lange Schiff mit seinen zehn Stockwerken.

Die Männer auf der Kommandobrücke der *Gustloff* können nur noch ahnen, was sich jetzt unter ihnen, in den zehn Stockwerken, bis hinunter zum Schwimmbad, sieben Meter unter dem Meeresspiegel, dort, wo die

Torpedos die Schiffswände zerrissen haben, dort, wo die Marinehelferinnen wohnen, abspielt. Und was mögen die Männer von der Zivilbesatzung jetzt tun, die fast alle im Vorschiff ihre Kabinen haben, hinter den geschlossenen eisernen Schotten; die Männer, die eigentlich dafür bestimmt sind, die Boote und Flöße zu Wasser zu bringen und Frauen und Kinder zu retten — —

Die meisten von ihnen leben schon nicht mehr, sie wurden bereits durch den ersten Torpedo in den Tod geschickt.

In jedem Fall muß eine Panik unter den Sechstausendsechshundert auf der *Gustloff* verhindert werden!

Doch das ist gar nicht möglich! Oder doch?

Überall in den Gängen, Kabinen und Sälen sind die Menschen — aufgeschreckt durch die Detonationen — hochgesprungen, oder aus den Kojen und Betten gefallen. Nur wenige können begreifen und erfassen, was geschehen ist.

Nachdem das lähmende Entsetzen des ersten Augenblicks von ihnen weicht, die blasse Notbeleuchtung anspringt und sie spüren, daß die Maschinen stillstehen, daß das Schiff keine Fahrt mehr macht und die Schlagseite ruckartig zunimmt, ergreift die meisten eine panische Angst —

Hunderte beginnen zu brüllen, zu beten, zu fluchen, zu stöhnen und zu weinen — —

Die Hoffnung der sechstausendsechshundert Menschen, die sich mit der *Gustloff* über die Ostsee retten wollten, zerbricht in diesen Augenblicken, erstickt in einem Meer von Tränen.

»Hilfe — Hilfe — wir sinken — — !«

Wie ein Orkan pflanzt sich der Hilfeschrei fort, von einem Deck zum anderen bis hinaus zur Kommandobrücke.

Die Schiffsleitung erkennt schnell, daß das Schiff nicht mehr zu retten ist und sinkt.

Von der Kommandobrücke werden kurz nacheinander drei Kommandos gegeben:

»Torpedoboot *Löwe* verständigen!«

»Rot schießen!«

»SOS-Ruf absetzen!«

Die eingetretene Katastrophe macht diese Befehle erforderlich, sie werden sofort ausgeführt:

Durch Blinksignale mit dem Signalscheinwerfer wird das Begleit-Boot T *Löwe* verständigt.

Der Signalgast auf dem Peildeck der *Gustloff* schießt rote Raketen. Krachend zwischen die Leuchtraketen in den Himmel, bleiben Bruchteile von Sekunden in der Winternacht stehen und verkünden den Notruf eines sterbenden Schiffes:

Die *Gustloff* sinkt.

Nur rund fünfhundert Meter entfernt macht Kapitän Marinesko, Kommandant des sowjetischen U-Bootes *S-13*, folgende Eintragung in das Logbuch seines Bootes:

»23.08 Uhr: Drei Torpedos auf Backbordseite des Zieles gefeuert. Alles Treffer. Entfernung 400—600 Meter.

23.09 Uhr: Ziel beginnt zu sinken.«

Doch auch für *S-13* besteht noch große Gefahr. Der Torpedo aus Rohr 2 ›Für Stalin‹ ist im Rohr hängengeblieben. Auch dieser vierte Torpedo sollte das feindliche Schiff treffen.

Jetzt hängt er noch im Rohr. Bei der geringsten Erschütterung wird er *S-13* mit seiner ganzen Mannschaft in Stücke zerreißen, wenn es nicht ganz rasch gelingt, ihn zu entschärfen — — —

TODESERNTE IM SCHWIMMBAD

Auf der sinkenden *Gustloff* hat der Kampf um das Überleben begonnen.

Während der erste Torpedo das Vorschiff aufgerissen und die meisten Zivilbesatzungsmitglieder bereits im ersten Augenblick in den Tod geschickt hat, ist der zweite Torpedo unmittelbar im Schwimmbad, der Unterkunft der Marinehelferinnen, explodiert. Die meisten Opfer werden nicht einmal mehr das Krachen gehört haben. Ihnen ist der Tod auf diesem Schiff am leichtesten gefallen, er hat sie im Schlaf überrascht.

Zwei, die noch leben, sind die 17jährige Erlangerin Sigrid Bergfeld und die 20jährige Berlinerin Ursula Pautz, die diese Augenblicke bis an ihr Lebensende in Erinnerung behalten wird:

»Das Licht brannte trübe in unserem kleinen Raum, und von meiner Koje aus konnte ich sehen, wie die Mädels vor Übelsein und Schwäche nicht schlafen konnten und sich jammernd hin- und herwarfen. Schließlich war ich doch eingeschlafen — —

Ein entsetzlicher Schlag riß mich plötzlich hoch. Gleich darauf folgte ein zweiter und dann ein dritter. Es war, als wenn Eisenplatten mit wahnsinniger Wucht gegeneinander geschlagen wurden. Entsetzensschreie rings um mich herum gellten durch die Luft. Wir alle begriffen nicht, was eigentlich los war. Plötzlich eine schrille Mädchenstimme: »Fliegerangriff, die werfen Gasbomben!«

Tatsächlich erfüllte ein starker Gasgeruch den Raum, so daß mir das Atmen schwer wurde. In der Dunkelheit tastete ich nach meiner Gasmaske und zog sie über das Gesicht. Jetzt flammte die Notbeleuchtung auf, und ich sah die Verwüstung.

Umgestürzte Spinde, eingeklemmte schreiende Mädchen — — Durch die Tür unseres Raumes, die zum Schwimmbad führte, drang Wasser. Ich riß sie mit Gewalt auf. Ich sah ein entsetzliches Bild.

Die schweren Tische und Bänke waren umgestürzt, darunter und dazwischen lagen meine Kameradinnen, teilweise schon im Wasser, ein schreiender, betender Haufen.

Das Wasser stieg von Sekunde zu Sekunde. Die Mädels, die noch nicht ertrunken waren und noch Kräfte verspürten, versuchten den Niedergang zu

»Töte den Deutschen — denn die Deutschen
sind keine Menschen.« Diesem Aufruf Ilja
Ehrenburgs folgen die sowjetischen Soldaten.
Was sie in Nemmersdorf zurücklassen, ist
grauenhaft. Als deutsche Truppen Nemmersdorf zurückerobern, finden sie nur noch
tote Kinder, Frauen und Greise. Hitler läßt
eine internationale Ärztekommission nach
Nemmersdorf kommen, um ihnen die Greueltaten der sowjetischen Truppen vorzufüh-
ren und der Bevölkerung Ostpreußens deutlich zu machen, wie wichtig die Verteidigung
ihrer Heimat ist (Bild oben links). Doch diese
Propagandaaktion schlägt genau ins Gegenteil um. Die Ostpreußen bekommen Angst.
Viele denken schon im Oktober 1944 an
Flucht. (Fotos: BAKO/GAHS)

Ein Bild, das keiner Erklärung bedarf. Hier
ruhen 24 tote Nemmersdorfer. (Foto: BA-
KO)

Wachablösung auf der *Wilhelm Gustloff*. Als neuer Kapitän kommt Friedrich Petersen an Bord. Er löst Heinrich Bertram ab, der die *Monte Rosa* übernimmt. Petersen wird der Kapitän der *Gustloff*, er wird das Ende dieses stolzen KdF-Schiffes am 30. Januar 1945 erleben — und überleben. *(Foto: PR/GAHS)*

Auszeichnungen, die Kapitän Friedrich Petersen als Blockadebrecher (*Monte Olivia*) und als Kapitän des von einem englischen U-Boot vor Norwegen torpedierten Truppentransporters *Florida*, den Petersen führte, erhielt. *(Fotos: PR/GAHS)*

Im Namen des führers
und Obersten Befehlshabers
der Wehrmacht

verleihe ich

dem

Kapitän

Friedrich Petersen

das

Eiserne Kreuz 2. Klasse.

Befehlsstelle, den 11. November 19 40

Der Marinegruppenbefehlshaber Nord

Carls

Generaladmiral

(Dienstgrad und Dienststellung)

Im Namen des führers
und Obersten Befehlshabers
der Wehrmacht

verleihe ich

dem

Kapitän
Friedrich Petersen
Reederei Hamburg - Süd

das

Kriegsverdienstkreuz 2. Klasse
mit Schwertern

Berlin, den 4. Oktober 1940

Der Oberbefehlshaber der Kriegsmarine

Raeder

Großadmiral, Dr. h. c.

mpa. I. B. Nr. 16402 /.40.

für die Richtigkeit:

(Dienstsiegel)

(Dienstgrad und Dienststellung)

Kapitän zur See u. Abt. Chef
im Marinepersonalamt

Das Linienschiff *Schleswig-Holstein*, das mit seinen ersten Schüssen am frühen Morgen des 1. September 1939 den Zweiten Weltkrieg einleitete, wird fast an gleicher Stelle ein Opfer des Krieges. Der Luftangriff am 18. Dezember 1944 auf Gotenhafen vernichtet die *Schleswig-Holstein* und andere Schiffe. *(Foto: AKO)*

Bei dem Bombenangriff auf Gotenhafen am 18. Dezember 1944 erhält auch das Walfangmutterschiff *Unitas* sechs Bombentreffer, doch das Schiff sinkt nicht (Bild Mitte). Das ebenfalls getroffene Zielschiff *Zähringen* ist nicht mehr zu retten, es sinkt brennend. *(Fotos: GAHS/WZB)*

Zivilbesatzungsmitglieder bei der letzten Silvesterfeier 1944 auf der *Gustloff*. Einen Monat später sind die meisten von ihnen tot und ruhen auf dem Grunde der Ostsee, auch der Ortsgruppenleiter der NSDAP auf der *Gustloff*, der Wäschereileiter Kaufhold, ganz links im Bild. *(Foto: PR/GAHS)*

Panzergräben rund um Oxhöft sollen die Sowjets aufhalten. Auch die Gustloff-Besatzung wird beim Panzergräbenbau eingesetzt. *(BUAK)*

An Gdingen, nach dem Polenkrieg in Gotenhafen umbenannt, ist der Krieg bis Ende 1944, außer einigen Luftangriffen, fast vorübergegangen. Die Luftangriffe 1943 und 1944 galten vorwiegend den Hafenanlagen und den Schiffen im Hafen. Bild oben: Blick auf einen Teil von Gotenhafen, Bilder Mitte und unten: Gotenhafener Hafenbecken. *(Fotos: GAHS)*

Ende 1944 ist Gotenhafen ein wichtiger Stützpunkt der Kriegsmarine, vor allem der U-Boot-Waffe; ist aber auch Liege-platz für größere Handelsschiffe (Bild oben). Im Hafenbecken IV liegen die größeren Schiffe. *(Fotos: WZBI)*

Bilder aus Gotenhafen:
Die Hermann-Göring-
Straße mit dem Postamt
(oben), die Adolf-Hitler.
Straße mit der Kirche
(Mitte), und der Adolf-
Hitler-Platz im Fahnen-
schmuck. *(Fotos: GAHS)*

Anfang Januar 1945 wird Gotenhafen mehr und mehr zu einer ›Flüchtlingsstadt‹. Viele Flüchtlingszüge aus Ost- und Westpreußen enden im Bahnhof Gotenhafen (Foto oben). In der Stadt sind Cafes, Restaurants, selbst Büros und Hausflure ›zweckentfremdet‹ und dienen Flüchtlingen als Unterkunft. Die Menschen warten auf die Möglichkeit, im Hafen auf ein Schiff zu kommen, das sie über die Ostsee rettet. *(Fotos: BAKO)*

erreichen, die Treppe, die nach oben führte. Als ich mich ebenfalls durchge-
kämpft hatte, erlosch meine letzte Hoffnung auf Rettung. Die Schotten
waren dicht.

Eine Stimme hinter mir sagte:

»Eingesperrt haben sie uns, gefangen sind wir, verloren — !«

Vor mir lag eine wimmernde Masse junger Mädchen. Ich hörte ihre Entsetzensschreie:

»Mutter — Mutter — warum hilfst Du mir nicht — ich will nicht sterben
— ich will nicht sterben — — — !«

Eine Kameradin neben mir hatte von irgendwoher ein Messer, und mit
irrem Ruf: »Wenn mir Gott nicht hilft, helfe ich mir selbst!« schnitt sie sich
die Adern an beiden Armen auf.

Das Blut mischte sich mit dem immer höher steigendem Wasser — —

Immer gewaltiger wurde der Schrei nach Mutter und Gott.

Dann stand plötzlich eine Kameradin neben mir. Es war Sigrid Bergfeld.
Sie rief mir zu:

»An dieser Seite muß ein Notausgang sein!«

Sie stieg über die schreiende Masse hinweg. Ich folgte dicht hinter ihr. Sie
zeigte auf eine schmale Tür an der Wand. Mit aller Kraft warfen wir uns
dagegen und brachen sie so weit auf, daß wir uns durchzwängen konnten.
Dann sahen wir die schmale Treppe vor uns. Es war der Notaufstieg aus dem
Maschinenraum.

Ungeahnte Kräfte wurden in uns wach. Wir liefen um unser Leben, die
schmalen Stufen der Eisentreppe hinauf, so schnell wir konnten. Wir wollten nichts weiter als überleben . . . «

IM SCHIFF RAST DIE PANIK

Drei Minuten nach den Torpedotreffern rast auf der *Gustloff* die Panik.
Ein Kampf auf Leben und Tod beginnt, ein zähes Ringen um jede Treppen-
stufe, die nach oben führt.

Wer überhaupt aus den Kammern herauskommt, drängt blindlings nach
oben. Das fahle Notlicht erhellt ein gespenstisches Bild und zeigt Gesichter
von Menschen, denen die Todesangst aus den Augen starrt. Das Schiff hat
Schlagseite nach Backbord, die ständig zunimmt. Jeder spürt, daß die *Gustloff* sinkt. Wohl niemand hat diese Katastrophe erwartet.

Maschinenmaat Wuttke wird von den Torpedotreffern überrascht, als er,
von der Wache kommend, die Tür seiner Kammer im D-Deck öffnen will.
Er spürt, wie ihn eine Riesenfaust hochhebt und wieder fallen läßt.

Bootsmaat Kurzrock begreift bei der dritten Detonation sofort, was los
ist und läuft aus seiner C-Deck-Kammer zu dem breiten Treppenaufgang,
der nach oben führt.

Dem Stabsobermaschinisten Gerhard Schmidt fällt das Brot aus der
Hand, das er zum Munde führen will, als die drei Detonationen das Schiff

erschüttern. Als erfahrener Seemann weiß er sofort, daß die *Gustloff* drei Torpedotreffer erhalten hat, stürmt nach draußen und sucht den kürzesten Weg zum Bootsdeck.

Obermaat Fritz Henke zögert keinen Augenblick, seine C-Deck-Kammer zu verlassen. Mit seiner Frau Dunja ist er eine Minute später im Gewühl auf der Treppe untergetaucht.

Ruth Rossow fällt aus ihrer Koje, als nach den Treffern das Schiff Schlagseite bekommt. Sie findet noch Zeit, sich den Pelzmantel anzuziehen und die Schwimmweste umzubinden. Auf der Treppe klammert sie sich an ihren Vordermann, einen Matrosen, der sie sicher bis an Deck bringt.

Christa Böttcher, die mit ihrer zweieinhalbjährigen Tochter und weiteren acht Personen eine B-Deck-Kabine bewohnt, wird im Schlaf überrascht, als die Torpedos treffen. Die ganze Kammereinrichtung stürzt durcheinander, die Betten reißen sich los, die Schränke stürzen zusammen, die Koffer fallen herunter, die Kinder schreien um Hilfe. Ein Chaos umgibt sie. Sie hat Mühe, die verklemmte Tür so weit zu öffnen, daß sich die Zehn nach draußen hindurchdrängen können. Schreiende Menschen empfangen sie vor dem Aufgang.

Erna Engisch wird durch die Detonationen ebenfalls aus dem Schlaf gerissen, ist Momente später bei vollem Bewußtsein. Wird sie sich der Gefahr bewußt, in der sie schwebt? Mit Mantel und Schwimmweste stürzt sie in den B-Deck-Gang.

Sie fühlt sich in ein Irrenhaus versetzt, als sie die um Hilfe schreienden Kinder und Frauen sieht, die zum Aufgang drängen.

Erika Voigt, die jüngste der Kapitänleutnants-Töchter, springt sofort aus ihrer Koje, als das Schiff von den Torpedotreffern geschüttelt wird. Sie läuft auf den Gang und reißt die Tür zur Nebenkammer auf, in der ihre Eltern wohnen. »Nach oben an Deck!« ruft ihr der Vater zu. Den Mantel über dem Arm, die Schwimmweste flüchtig übergeworfen, läuft sie ihren Eltern voran.

Der Eisenbahner Julius Rinnus unterhält sich gerade mit seinem Schwiegersohn, Obersteuermann Klug, in dessen B-Deck-Kammer, als durch die Erschütterungen der Treffer die Schränke umfallen und Tische und Stühle sich in Bewegung setzen. Die beiden Männer haben einige Mühe, sich zu befreien. Als sie den Treppenaufgang erreichen, sehen sie vor sich auf der Treppe einen Menschenteppich, der über einen halben Meter hoch ist. Sie wagen kaum, auf die gestürzten Leiber zu treten, um nach oben zu gelangen, werden dazu aber von noch Nachfolgenden gedrängt. Da verlieren sie sich aus den Augen.

Die Memelländerin Irene Darnedde, die mit ihren Angehörigen in der ›Deutschlandhalle‹ untergebracht ist, hört die Detonation wie aus weiter Ferne. Sie glaubt zu träumen. Erst als ihre Tante sie wachrüttelt und in diesem Augenblick sich ihre gesamte Umgebung in Bewegung setzt — Stühle, Sessel, Tische, Bänke, Koffer, Matratzen, Kinder und Frauen — ist sie vollends wach, springt auf und folgt ihrer Tante nach draußen. Ihre Mutter, Schwester und die Zwillingsbrüder sind schon fort.

Irene Stender wird von den Detonationen und der sofort eintretenden Schlagseite auf die Backbordseite der Offiziersmesse geschleudert samt ihrer Matratze, auf der sie liegt.

Eilig begibt sie sich nach draußen, merkt aber erst an Deck, daß sie die Schwimmweste nicht umgelegt hat. Als sie diese holen will, wird sie von einem Marineoffizier festgehalten. Als sie ihm erklärt, sie wolle zurück, um ihre Schwimmweste zu holen, legt er seine Weste ab, bindet sie ihr um und schickt sie zu den Booten.

Oberbootsmaat Otto Beckmann und sein Kamerad Peter Ochtrup fallen aus ihren Kojen, als die Torpedos treffen. Als das Notlicht anspringt, starren sie sich einen Augenblick an und stürzen dann nach draußen auf das Sonnendeck.

Hildegard Voigt, die zweite Tochter des Kapitänleutnants Voigt, hat es vorgezogen, an ihrem Arbeitsplatz, auf dem Schreibtisch der Ub-Schreibstube auf dem Sonnendeck zu schlafen. Durch die sofort eintretende Schlagseite des Schiffes rutscht sie vom Schreibtisch, auf den einen Moment später der große Büroschrank aufschlägt. Da die Tür verklemmt ist, kriecht sie durch das Bullauge auf das Sonnendeck.

ALLE WOLLEN IHR LEBEN RETTEN

Zehn Minuten mögen inzwischen seit den Torpedotreffern vergangen sein.

Auf der sinkenden *Gustloff* nimmt die Panik noch zu.

Alle auf diesem sterbenden Schiff ahnen wohl, daß die nächsten Minuten über Tod oder Leben entscheiden.

Und sie wissen auch: Wer überleben will, muß nach oben zu den Rettungsbooten, zu den Flößen.

Eine nicht zählbare, wie fast irrsinnig scheinende Menschenmasse kämpft um den Weg nach oben, ins Freie. Verzweifelte entwickeln Riesenkräfte. Stärkere schlagen brutal Schwächere nieder. Hunderte stampfen rücksichtslos über Zusammengebrochene hinweg.

Alle wollen ihr Leben retten.

Das ist das totale Chaos.

Das ist die Panik auf einem untergehenden Schiff, die mit Worten nicht beschreibbar und von keinem menschlichen Hirn im Bewußtsein erfaßbar ist.

Sind das überhaupt noch Menschen, die sich da gegenseitig von den mühsam erklommenen Treppenstufen herunterreißen, zu Boden trampeln und erbarmungslos über einen Teppich noch lebender oder schon toter Menschenleiber vorwärts, nach oben, stürmen?

Ich bin mitten unter ihnen.

Eingeklemmt in ein tobendes Menschenknäuel werde ich nach oben auf das rettende Bootsdeck getragen.

Unmenschliche Laute gellen durch die Luft des Treppenhauses, durch die Gänge und Säle. Ein merkwürdiger Geruch strömt durch das Schiff.

Von unten her dröhnt das Brechen der Schotten unter der Stärke der einbrechenden See. Die Ostsee verschlingt langsam aber sicher die *Gustloff*.

Ein hemmungsloser Trieb zum Leben peitscht die Menschen durch das Schiff. Niemand scheint mehr einen Gedanken für den anderen zu haben.

Niemand?

Eine Rettung aus dieser Hölle kann nur noch von außen her, von anderen Schiffen kommen. Zwar reichen theoretisch die vorhandenen Rettungsmittel, die Boote, die Kutter, die Flöße und die Schwimmwesten aus, alle sechstausendsechshundert Menschen auf der *Gustloff* zu retten, aber all das erweist sich als bloße Theorie.

Denn die Männer der Zivilbesatzung der *Gustloff*, die fast ausnahmslos im Vorschiff ihre Unterkünfte hatten und nicht zufällig zur Zeit der Torpedierung Dienst in den oberen Decks taten, sondern Freiwache hatten, leben nicht mehr.

Sie sind tot oder im Vorschiff lebend zum Tode verurteilt. Denn die Schotten zwischen Vorschiff und Mittelschiff waren Sekunden nach dem ersten Torpedotreffer geschlossen worden.

Wer also soll die Rettungsboote zu Wasser lassen, die schweren Metallflöße über Bord in die Ostsee werfen und die auf Deck aufgestellten zusätzlichen großen Marinekutter?

Wer?

Und wer soll all die, die in ihren Schwimmwesten im eiskalten Wasser der Ostsee schwimmen, von den Wellen hin- und hergeworfen werden und dem Tode durch Ertrinken oder Erfrieren preisgegeben sind, aufnehmen?

Wer?

Bei Tage hatte man bei offener See 18 Grad unter Null gemessen, gegen Abend hatte die Kälte nachgelassen, sie lag bei 15 Grad. Jetzt ist es wieder kälter geworden.

Die Hoffnung liegt also bei den Funkern.

Wird es ihnen gelingen, rechtzeitig durch einen SOS-Ruf Hilfe zu holen, große Schiffe herbeizurufen, die die Menschen von der *Gustloff* retten?

Und sind überhaupt große Schiffe in der Nähe der Untergangsstelle der *Gustloff*?

Das sind die Fragen, die alle Menschen auf der sinkenden *Gustloff* bewegen und auf die in diesem Augenblick niemand eine Antwort weiß — —

Vielleicht haben die Funker inzwischen erfahren, ob Schiffe in der Nähe sind, die der *Gustloff* helfen können?

DER NOTRUF DER SINKENDEN *GUSTLOFF*

Um 21.16 Uhr, als die drei Torpedos die *Gustloff* trafen, verstummten mit einem Schlage im Funkraum des Schiffes alle Geräte.

Normalerweise hätte nach dem Stromausfall automatisch das Notaggregat anspringen müssen.

Es war nicht angesprungen.

Aber was war schon noch normal in dieser Situation?

Der Leiter der Funkstation der *Gustloff*, ein erfahrener Oberfunkmeister, der erst kurz vor dem Auslaufen des Schiffes an Bord gekommen ist, blickt seine Leute an, mahnt sie zur Eile, die Anlage auf Akkumulatorenbetrieb umzustellen. Auch die Automatik hierfür hat versagt.

Doch auch das klappt nicht.

Der Oberfunkmeister ist verzweifelt.

»Wir saufen ab — und können nicht funken!« schreit er.

Doch das hilft auch nicht.

Er hat nur eine Erklärung für den Ausfall der gesamten Funkstation: Möglicherweise sind die Senderröhren der Funkgeräte und auch die Akkumulatoren durch die ungeheure Wucht zerstört worden. Das wäre eine, und auch die einzige, Erklärung.

Doch er gibt sich damit nicht zufrieden und sucht mit seinen Leuten fieberhaft weiter nach der Fehlerquelle — —

Die Männer im Funkraum der *Gustloff* wissen in diesem Augenblick ihrer Verzweiflung nicht, daß dieses ganz umsonst ist und daß das Torpedoboot *Löwe* bereits seit einigen Minuten den Notruf der sinkenden *Gustloff* absetzt — — .

Was inzwischen geschehen ist und in dieser Nacht in der Funkstation des Torpedobootes *Löwe* geschieht, daran erinnert sich der Leiter dieser Station, Oberfunkmaat Heinz Richter sehr genau:

»Nach dem Abendessen ruhte ein Teil der Freiwache. Im Rundfunk, durchgeschaltet in alle Decks, hielt Adolf Hitler seine Rede anläßlich des 12. Jahrestages der Machtübernahme. Gegen 21.16 (Bordzeit) ertönten 3 dumpfe Schläge, die im seemännischen Unteroffiziersraum nicht ernst genommen wurden, da wir annahmen, daß die Palaverboje (Geräuschboje) zur Abwehr von Geräuschminen, ausgebracht wurde. Kurze Zeit später wurde das Signal X (Funkmaat auf die Brücke, ein bordinternes Signal) in die Decks gegeben. Auf dem Weg zur Brücke sah ich Steuerbord achteraus die *Wilhelm Gustloff* gestoppt und mit Backbordschräglage liegen. Im Brückennock der *Gustloff* war auf Torpedoboot *Löwe* gerichteter Signalscheinwerferverkehr zu erkennen. Auf der Brücke bekam ich den Befehl, einen Funkspruch, mit dem Inhalt »*Gustloff* hat drei Minentreffer« abzusetzen. Dieser vom Kommandanten, Kapitänleutnant Prüfe, entschiedene Auftrag, wurde gegeben, bevor überhaupt vollständige Meldungen von der *Wilhelm Gustloff* eingegangen waren.

Auf meinem Weg zum Funkraum — der Signalverkehr zwischen *Gustloff* und *Löwe* war immer noch in vollem Gange — konnte ich mitlesen — TORPEDO — . Der Signalverkehr mit *Löwe* erfolgte über unseren Signalmaat Adolf Herder.

Im Funkraum angekommen, rief der Obersteuermannsmaat Erwin Hartung aus dem Kartenhaus, das mit dem Funkraum mittels einer Durchreiche verbunden war:

»*Gustloff* hat drei Torpedotreffer und sinkt!«

Darauf gab er die Position durch.

Für einen verschlüsselten Funkspruch — gemäß Auftrag — erschien mir die Zeit nicht mehr gegeben. Die Laufzeit eines Funkspruches, der verschlüsselt, dann abgesetzt, von der Gegenstelle aufgenommen, wieder entschlüsselt werden muß und erfahrungsgemäß bei den herrschenden schlechten Verkehrsbedingungen, oft verstümmelt eingeht, benötigt einen erheblichen Zeitaufwand. Andererseits gibt ein Kriegsschiff keine SOS-Meldung im üblichen Sinne ab.

Ohne auf der Brücke nachzufragen setzte ich daher, für ein Kriegsschiff als letztmögliche Maßnahme, eine Kriegsnotmeldung ab, die im Normalfall nur für das eigene Schiff seine Berechtigung hat:

KR   KR   KR
T   T   T
Position 55 grad 7,5 nord 17 grad 42 ost
schiff sinkt sehr schnell
WG durch DLW

KR bedeutete Dringlichkeit (nach FRR Führerspruch die höchste Dringlichkeitsstufe, T bedeutete -Torpedotreffer- WG war das Morsezeichen für *Wilhelm Gustloff* und DLW das Morsezeichen für *Löwe*.

Da der Spruch von der für die 27. Unterseebootsflottille in Gotenhafen-Oxhöft zuständigen Funkstelle nicht quittiert wurde, setzte ich die Meldung nochmals, zum besseren Verständnis, mit ausgeschriebenem Namen ab: *Wilhelm Gustloff* durch DLW als Unterschrift. Hieraus war ohne Mühe klar erkennbar, daß die *Wilhelm Gustloff* sank.

Auch diese Meldung wurde nicht quittiert.

Daraufhin wurde die Ostsee Küstenlangwelle »N« geschaltet und die Kriegsnotmeldung abgesetzt. Diese Meldung wurde sofort von der Ostsee Leitfunkstelle, MNO Kiel, Rufzeichen JDÜ, wiederholt. Anschließend wiederholte, nach dem Funkverfahren ordnungsgemäß, die Funkstelle MNO Swinemünde, Rufzeichen NÜS, diese Meldung. Damit war sichergestellt, daß die zur Weiterleitung verpflichteten MNO's, die Kriegsnotmeldung erhalten hatten.

Die Übermittlung der Kriegsnotmeldung hat keine Zeitverzögerung gehabt. Auch wenn die *Gustloff* selbst gefunkt hätte, wäre der Eingang beim Chef der 9. Sicherungsdivision nicht schneller gewesen, denn auch die *Gustloff* saß auf der U-Bootswelle. In nachrichtentechnischer Hinsicht hat die Übermittlung der Kriegsnotmeldung die Rettung der Schiffbrüchigen nicht verzögert, alle in See befindlichen Einheiten wären praktisch informiert und haben dies ja auch durch ihren Einsatz bewiesen.«

RETTUNG NACH ›KATASTROPHENPLAN‹

Wohl der einzige auf der sinkenden *Gustloff*, der für seine Abteilung einen »Katastrophenplan« ausgearbeitet hat, ist der auf der *Gustloff* eingeschiffte Leitende Sanitätsoffizier der 2. Unterseeboots-Lehrdivision, Marineoberstabsarzt Dr. Richter.

Dr. Richter ist ein erfahrener U-Boot-Mann. Als die *Gustloff* die Treffer erhielt, sagte er nur:

»Torpedos! — Der Fächer saß!«

Dann machte er sich an seine Aufgabe.

In seiner Kammer, hoch oben neben dem Lazarett, war schon beim ersten Treffer alles durcheinandergeflogen, und die Tür hatte sich verklemmt. Mit voller Wucht trat er die Holztür ein, die zum Vorraum des Reviers führte.

Dort traf er seinen Sanitätsoberfeldwebel Till.

Ihn hatte Dr. Richter über alle Maßnahmen im Katastrophenfall eingehend unterrichtet, und dieser hatte seine Leute informiert.

Von den Verwundeten, Kranken, den jungen Müttern und den Schwangeren wußte niemand von diesem »Katastrophenplan«, er hätte sie auch nur beunruhigt.

»Es geht alles nach Plan!« ruft Dr. Richter dem Sanitätsoberfeldwebel Till zu. Der sagt nur:

»Jawohl!«

Das ist alles.

Dr. Richter läuft zunächst in die Geburtshilfestation. Auf dem Tisch liegt die junge Frau aus Elbing, bereit für die Geburt. Mit dem Krachen der Explosion ist all ihre Hoffnung gewichen. Vor Schreck erstarrt, leichenblaß im Gesicht, starrt sie jetzt Dr. Richter an, der sich über sie gebeugt hat. Noch vor wenigen Minuten hat ihr dieser Arzt gesagt: »Seien Sie ruhig, liebe Frau, in einer Stunde ist alles vorbei.«

Und nun — was ist nun?

Dr. Richter sagt nicht viel.

»Ruhig bleiben — ruhig bleiben!« Er streicht der Frau über die Stirn und verabreicht ihr dann eine Spritze, die die Geburt stoppen soll.

Dann läßt er die Hochschwangere aus Elbing in Decken hüllen und von den Sanitätsgasten auf Deck tragen. Er selbst geht mit. Erst als die junge Elbingerin im Rettungsboot untergebracht ist, geht Dr. Richter zurück.

Sein ›Katastrophenplan‹ klappt tadellos. Seine Männer räumen rasch und minutiös das Krankenrevier, die ›Laube‹ und die Geburtshilfestation.

Die Geburtshilfestation wird von der Gruppe Eins geräumt. Alle Mütter und Säuglinge werden in Decken eingehüllt und zu den Booten gebracht.

Die Gruppe Zwei trägt die Schwerverwundeten in die Boote.

Die Gruppe Drei versorgt die Leichtverwundeten und Gehfähigen mit Schwimmwesten, die sie zum Teil abgelegt haben.

Das alles dauert nur wenige Minuten, als sei es hundertmal geübt worden.

Der Sanitätsoberfeldwebel hat seine Leute im Griff. Und vor allem, auch die Schwestern leisten in diesen Minuten Beispielhaftes.

Erst als sich Dr. Richter vergewissert hat, daß die ›Laube‹ ebenso geräumt ist wie das Revier und die Geburtshilfestation, begibt er sich auf das Oberdeck, das bis jetzt immer noch fast menschenleer ist.

Doch das ändert sich in Sekundenschnelle.

Denn jetzt stürzen die Massen aus den unteren Räumen auf die oberen Decks.

Dr. Richter atmet beruhigt auf.

Seine Verwundeten, Kranken und Schwangeren sind in Sicherheit.

Was man Sicherheit nennen kann.

Und da bleiben seine Gedanken bei der jungen Frau aus Elbing hängen.

»Die arme Frau«, murmelt er vor sich hin. Wird sie diese Katastrophennacht lebend überstehen?

Das wäre ein Wunder Gottes.

Doch vielleicht gibt es auch in diesem Krieg noch Wunder!

Während er diesen Gedanken nachgeht, nur sekundenlang, ist das Rettungsboot mit der Schwangeren aus Elbing bereits gefiert und treibt in der stürmischen Ostsee. Es ist das erste Rettungsboot der *Gustloff*, das überhaupt zu Wasser kommt.

In dem Boot liegt unter vielen anderen Frauen und Kindern, Verwundeten und Kranken, Gesunden und vor Angst fast Besinnungslosen, die 21jährige werdende Mutter aus Elbing.

Sie hat unter der Decke die Hände gefaltet und betet unaufhörlich vor sich hin:

»Gott hilf mir — bitte — Gott hilf mir — — — !«

Immer und immer wieder sagt sie diese drei Worte.

DER KAMPF UM DIE BOOTE

Auf der *Gustloff* ist inzwischen der Kampf um die Rettungsboote voll entbrannt. Irrsinnig vor Angst drängen die Menschen an Deck. Viele haben sich trotz des ausdrücklichen Verbots vor dem Schlafengehen entkleidet und suchen jetzt, halbangezogen ohne Schwimmweste, ihr Heil in der Flucht nach oben.

Das Schiff hat bereits eine bedenkliche Schlagseite nach Backbord, die von Zeit zu Zeit ruckartig zunimmt. Der Kampf um die Treppenstufen der Aufgänge zu den oberen Decks wird von Minute zu Minute brutaler. Das Schiff ist für 1400 Passagiere gebaut. Jetzt wollen über sechstausend Menschen auf einmal nach oben.

Alle vorher gegebenen Anweisungen für den ›Ernstfall‹ werden in den Wind geschlagen.

Schwache Notlampen erhellen fast nebelhaft das Chaos.

Auch meine Gedanken sind bei den Rettungsbooten. Wer wird darin Platz finden? Nur Frauen und Kinder! Das ist mir klar. Doch wenn ich die um mich herum von Todesangst getriebenen Menschen sehe, kann ich mir das Bild oben bei den Booten vorstellen.

In dem furchtbaren Gedränge bekomme ich jetzt kaum noch Luft. Vorn geht es schwer weiter, und vom Inneren des Schiffes her nimmt der Druck der verzweifelten Menge, die nach oben will, unerträglich zu. Mit Ellenbogen und Fäusten bahnen sich die Stärksten rücksichtslos ihren Weg. Frauen weinen und schreien, weil sie ihre Kinder verloren haben. Ihre Hilferufe gehen im Lärm unter. Hier schreit jeder um Hilfe, denn hier braucht jeder Hilfe.

Einige haben die Nerven verloren und lachen schrill. Einige andere wollen sogar zurück, nach unten.

Nur wenige Stufen noch, bis ich oben bin. Willenlos, ohne mein Zutun, werde ich von dem Strom der Menschen mitgetragen und entgehe so der Gefahr zu stolpern oder gar zu fallen. Wer hier stürzt, ist des Todes. Niemand vermag ihm zu helfen und ihn aufzurichten. Markerschütternde Schreie, wie aus einer Kehle, erfüllen das Schiff, dringen mir in die Ohren.

Ich werde gedrückt, geschoben, gestoßen, gezerrt.

Es scheint alles eine Ewigkeit zu dauern, doch es sind nur wenige Minuten.

Plötzlich spüre ich kalte Luft, sehe vor mir eine offene Tür und werde im nächsten Augenblick, einem Spielball gleich, mit einem wuchtigen Stoß auf das vereiste Deck geschleudert.

Nachdem ich mich aufgerichtet habe, blicke ich an mir herab. Meine Uniformjacke ist mir auf dem Schreckensweg von meiner Kammer bis hierher fast vom Leib gerissen. Sie hat nur noch einen Ärmel. Und ich habe auch nur noch einen Schuh an. Irgendein Gestürzter hat, am Boden liegend, mir den anderen vom Fuß gerissen.

Mit gespreizten Fingern fahre ich mir durch das wirr um den Kopf hängende Haar. Auch meine Mütze fehlt.

Ein eisigkalter Wind pfeift mir um die Ohren, als ich mich, an der Reling festhaltend, bemühe, zum Vorschiff zu gelangen.

Als ich zum Vorschiff hinuntersehe, erschrecke ich. Entsetzt klammere ich mich noch fester an die Reling. Vor meinen Blicken tut sich ein Abgrund auf, in den brausend die See rauscht.

Das also hat *ein* Torpedo vollbracht?!

Vom Kiel bis zum Unteren Promenadendeck ist das Vorschiff meterweit aufgerissen und fast völlig vom Mittelschiff getrennt. Die Menschen dort unten im Vorschiff, meine Kameraden von der Zivilbesatzung, die dort ihre Kammern hatten —

»Sie sind schon tot — oder ertrinken wie die Ratten — — « schießt es mir durch den Kopf, denn ich weiß: Die Schotten sind dicht. Da kommt keiner der noch Lebenden heraus — —

Ich kann den Anblick nicht mehr ertragen und wende mich ab. Doch das soll erst der Anfang dessen sein, was ich auf der sinkenden *Gustloff* in den nächsten fünfzig Minuten noch sehen werde.

Kann es überhaupt noch Schrecklicheres geben?

Von der Kommandobrücke her zischen erneut Leuchtraketen in die Luft und tauchen die Szenerie sekundenlang in einen blutroten Schein. Ein grauenvolles Bild steigt aus dem Dunkel der Nacht.

Mit jedem Aufleuchten der roten Sterne schwillt das Schreien der Menschen an — —

Immer noch an der Reling klammernd, spüre ich ein Stechen in der Brust. Nur für einen Augenblick. Dann erfasse ich wieder, was um mich herum geschieht.

Menschen hetzen an mir vorbei, rutschen aus, stürzen auf das spiegelglatte vereiste Deck, stehen auf, humpeln weiter.

Ein Mann trägt eine Frau auf dem Arm und läuft mit ihr nach achtern zu den Booten.

Da läuft eine Frau mit langen schwarzen Haaren, die im Winde wehen. Sie hat nur ein helles Nachthemd an und ist barfuß. Schreiend hastet sie über die eiskalten Schiffsplanken, immerfort rufend:

»Inge — Inge — wo bist du — — — ?!«

Wahrscheinlich eine Mutter, die ihr Kind verloren hat, wie so viele auf diesem Schiff.

Es gibt wohl kaum jemanden auf diesem Schiff, der jetzt ohne Angst ist. Die Männer nicht ausgenommen.

Auch ich habe Angst, die sich aber langsam legt, weil ich zu spüren glaube, daß die *Gustloff* langsamer sinkt als anfangs. Sicher werden Schiffe kommen, die uns retten.

Doch kaum habe ich diesen Gedanken beendet, geht wieder ein Ruck durch das Schiff. Die Schlagseite nimmt weiter zu.

Eine wuchtige Gestalt ist plötzlich neben mir aufgetaucht. Eine große Hand greift nach meinem Arm, preßt ihn zusammen, als befinde er sich in einem Schraubstock. Da zischt wieder eine Leuchtrakete in den Himmel. Ich erkenne das Gesicht des Mannes neben mir. Es ist unser Obersteward Max Schröder, ein etwa 1.90 Meter großer, breitschultriger Mann.

»Bloß runter vom Schiff — gleich saufen wir ab!« — schreit er mir zu. Ungläubig starre ich ihn an.

Mit dem Ausruf »Testament schon gemacht — — !?« hastet er, sich an der Reling haltend, weiter.

»ZURÜCK — ODER ICH SCHIESSE!«

»Testament schon gemacht . . . !?« klingt es mir in den Ohren nach, als auch ich nun versuche, zu den Booten zu gelangen. Immer wieder muß ich mich festhalten, um nicht auszurutschen.

Jetzt erst schießt mir meine Aufgabe durch den Kopf, meine Pflicht. Ich gehöre zur Stammbesatzung. Ich muß die Menschen retten — solange, bis mich der Befehl des Kapitäns: »Alle Mann von Bord — rette sich, wer kann!« von dieser Pflicht entbindet. Anstatt an diese Pflicht zu denken, irre ich über Deck und versuche, mein eigenes Leben zu retten.

»Was bin ich doch für ein feiges Schwein — — !« Dieser Vorwurf, den ich mir selbst mache, jagt mich weiter. Ich habe es plötzlich noch eiliger, zu den Booten zu kommen, zu einem Boot, zu meinem Boot, dem Boot Nr. 5, dem ich als Steurer zugeteilt bin. Wie oft habe ich in den letzten elf Monaten mit diesem Rettungsboot für den »Ernstfall« proben müssen. Nun ist er da, dieser »Ernstfall«.

Und ich bin auch am Ziel, am Boot Nr. 5.

Eine aufgebrachte Menschenmenge tobt um das Boot:

»Los — gebt das Boot frei — gebt das Boot frei — !« brüllt ein baumlanger Infanterist mit Kopfverband.

Doch vor dem Boot stehen zwei Offiziere und vier Matrosen mit entsicherten Pistolen. Das verschafft ihnen Respekt.

»In die Boote kommen nur Frauen und Kinder!« schreit einer der Marineoffiziere.

Doch der Infanterist kümmert sich wenig darum. Mit einem mächtigen Satz will er sich in das halb gefierte Boot retten.

Da kracht ein Schuß, ein Schrei gellt auf, hallt an den Schiffsaufbauten wider.

Der zu Tode Getroffene stürzt durch den Spalt zwischen Oberdeck und Kutterrand ab, klatscht wenig später auf dem Wasser auf. Die Frauen, die schon im Boot sind, sehen dem Fallenden nach. Dann halten sie sich die Hände vor die Augen.

Die Männer um das Boot weichen zurück, wachsbleich im Gesicht.

Ich dränge mich nach vorn und helfe, wie die anderen Männer es tun, Frauen und Kinder hinüberzureichen. In Windeseile ist das Boot voll und soll weiter abgefiert werden. Kein einziger Mann ist im Boot. Das ist doch Wahnsinn, denke ich. Vierzig oder mehr Frauen sind in dem Boot und kein Mann.

»Ich muß ins Boot — ich bin der Steurer!« brülle ich den unmittelbar vor dem Boot stehenden Marineleutnant an.

Mit unbewegtem Gesicht antwortet er hart:

»Das kann jeder sagen!« Und danach gibt er das Kommando:

»Fiert weg das Boot!«

Da fasse ich den Entschluß, dem Boot nachzuspringen, gebe aber auf, als ich ein kaltes, rundes Eisen spüre und vier Worte höre:

»Zurück — oder ich schieße!«

Ich weiche zurück, wütend, denn ich wollte nichts weiter, als meine Pflicht tun. Doch auch der Marineleutnant tut nur seine Pflicht. Er ist sicher, daß von den Männern, die bereits unten in der See schwimmen, einige in das Boot klettern und es von der sinkenden *Gustloff* wegpullen werden.

Ich haste zum nächsten Boot. Hier das gleiche Bild, dasselbe Kommando: »Zurück die Männer — nur Frauen und Kinder in die Boote!«

Benommen laufe ich ziellos weiter. Die Hoffnung auf Rettung sinkt. Ich bin ein Mann und zum Tode verurteilt.

Plötzlich stoße ich mit jemandem zusammen. Wir prallen förmlich aufeinander. Der Jemand ist der alte Pfarrer aus meiner Kammer, der sich mit den Worten verabschiedete: »Gott behüte Sie!« Er packt mich, ohne ein Wort zu sagen, am Arm, zieht mich mit, durch die nächste Tür in das Oberdeck. Ehe ich begreife, was geschieht, ist er in einer offenstehenden Kammer verschwunden, kommt wieder heraus und drückt mir ein Bündel in den Arm. Dann läuft er zurück, kommt wieder heraus, trägt eine Frau. Blitzschnell geht das alles.

»Mir nach!« schreit er mir zu.

Ich folge ihm, habe Mühe nicht auszurutschen, kann mich nirgendwo festhalten. Das Bündel, das ich trage, ist ein Kind, ein Baby. Ist die Frau, die der Pfarrer trägt, die Mutter des Kindes?

»Platz da — eine Kranke!« schreit der Pfarrer, als wir an einem fierbereiten Boot angelangt sind. Doch niemand weicht auch nur einen Schritt zurück. Da springt ein Feldwebel hinzu, zieht die Pistole. Endlich machen auch die Wütendsten Platz. Wir reichen Mutter und Kind in das Boot, das überfüllt mit Frauen und Kindern gefiert wird.

»Das waren die Letzten!« ruft mir sichtlich erleichtert der Pfarrer zu. Wie vielen Müttern und Kindern mag dieser alte Mann in den letzten 30 Minuten das Leben gerettet haben?

Niemand wird diese Frage je beantworten können.

Was nun? Ehe wir uns besinnen können, hören wir hinter uns Schüsse über das Deck peitschen. Nur noch mühsam können die Offiziere und Wachen die Massen, die die Boote stürmen wollen, aufhalten.

»Tempo — tempo — schneller — schneller!« kommen die Kommandos. Das Fieren der Boote dauert einigen zu lange.

Wir hasten zum nächsten Boot. Mehr als hundert Frauen und Kinder stehen davor, nur vierzig oder fünfzig werden einen Platz finden.

In dem Gedränge verliere ich den Pfarrer, denke nach, was ich tun soll. Blitzartig kommt mir der Gedanke:

»Die Flöße!«

Auf dem Achterdeck stehen massenhaft Flöße. Nichts wie hin. Doch das ist nicht einfach, denn auch andere haben das gleiche Ziel.

STERBEN ODER ÜBERLEBEN

Während die Menschen auf dem Oberdeck der *Gustloff* verzweifelt nach irgendeiner Rettungsmöglichkeit suchen, ringen im Schiffsinneren noch viele mit einem furchtbaren Schicksal, liegen verletzt oder von Detonationsgasen betäubt in den Kammern, auf den Gängen und in den Sälen, sind gestürzt, liegen am Boden oder rennen hilflos hin und her. Einige sitzen einfach starr und stumm irgendwo herum, haben sich und ihr Leben aufgegeben.

Verzweifelt bemühen sich Offiziere und Besatzungsmitglieder, ein weiteres Umgreifen der Panik zu verhindern. Doch auch die eiligst aufgestellten bewaffneten Panikposten in den Decks und an den Treppenaufgängen sind völlig machtlos.

Wer von diesen jungen Matrosen und Offizieren, die jetzt versuchen, mit entsicherten Pistolen Tobende und Rücksichtslose aufzuhalten, könnte es über das Herz bringen, tatsächlich von der Schußwaffe Gebrauch zu machen und auf einen dieser hilflosen Menschen zu schießen?

Niemand kann das!

Niemand gibt auch hierzu einen Befehl.

Doch schon die Ankündigung zu schießen, der Anblick einer Pistole, bringt den einen oder anderen, der sich mit brutaler Gewalt durchsetzen will, zur Vernunft.

Immer, wenn ruckartig die Schlagseite zunimmt, werden die Menschen im Schiff unruhiger, lauter, stürmischer, drängen noch stärker nach oben.

Die batteriegespeiste Uhr über dem Empfangsbüro im B-Deck geht immer noch.

Sie zeigt 21 Uhr 49.

Jetzt sind 33 Minuten nach den Torpedotreffern vergangen.

Lange 33 Minuten zwischen Bangen und Hoffen.

Die *Gustloff* stirbt in Zeitlupe.

Wie lange wird sich das Schiff noch halten können?

Wie lange wird es noch dauern, bis die Fluten der Ostsee das Wrack verschlingen?

Vielleicht sind es nur noch Minuten oder gar Sekunden — —

Niemand weiß das.

Sterben oder überleben — das ist die Alternative für jeden, der noch auf dem Schiff ist. Doch die Entscheidung über sterben müssen oder überleben dürfen liegt allein in der Hand Gottes, nicht in der der Menschen.

Die Verzweifelten fassen neuen Mut.

Gerüchte schwirren durch das Schiff und pflanzen sich schnell fort:

»Das Schiff sinkt nicht weiter — wir liegen auf einer Sandbank — Schiffe sind unterwegs, um uns alle zu retten!«

Dies und anderes wird gesagt, geschrien, geflüstert.

Doch nur eines stimmt: Schiffe sind unterwegs.

Alle anderen Beruhigungsmeldungen sind frei erfunden. Die Wirklichkeit sieht anders aus.

Das Schiff liegt auf keiner Sandbank, und man weiß auch nicht, wieviele Schiffe unterwegs sind — —

Indessen stürzt die Ostsee tonnenweise in das Wrack, rauscht durch die Gänge, überflutet jetzt in rasender Geschwindigkeit ein Deck nach dem anderen. Bei den Backbordkammern lassen sich die Türen nicht mehr öffnen. Das Wasser drückt an die Türen. Da und dort, wo noch Leben ist, hämmern die Kammerinsassen an Wände und Türfüllungen. Vergeblich. Eingeschlossen in ihren Kammern, bei klarem Verstand, verzweifelt und hilflos, zwingt sie das Schicksal, auf den Tod zu warten:

Das Wasser!

Jetzt dringt es schon in den breiten Betriebsgang im C-Deck, strömt über die hölzernen Planken, klettert rasend schnell an den beigefarbenen Wänden empor.

Da steht mutterseelenallein ein kleines Mädchen im Gang. Stumm schlägt es die Händchen vor das Gesicht, als es das Wasser kommen sieht. Ein beherzter Matrose springt hinzu, reißt das Mädchen an sich, nimmt es auf den Arm und trägt es nach oben. Am Aufgang stößt der Matrose mit einem jungen Mann zusammen, der nach unten will.

Nach unten? Dorthin, wo der Tod schon wütet, das Wasser rauscht? Ja — nach unten.

Dieser junge Mann ist der 19jährige Wäschergehilfe Helmut Zokolowski. Er ist aschgrau im Gesicht, die Augen scheinen ihm fast aus den Höhlen zu fallen. Er steht bereits kniehoch im Wasser. Gestern noch kam er sich wie ein Held vor, jetzt fühlt er sich wie ein Totengräber.

Helmut Zokolowskis Familie und alle Verwandten wohnten in Danzig. Er hat sie alle an Bord gebracht. Nacheinander, damit es nicht so auffiel. Jeden Tag drei oder vier. Zuerst den beinamputierten kriegsbeschädigten Vater und die Mutter, dann seine fünf Geschwister, alle unter 17 Jahren. Später die Eltern seiner Mutter, dann den Großvater, den Vater seines Vaters.

Am letzten Tag gelang es ihm noch, seine Tante mit drei Kindern, alles Mädchen, an Bord der *Gustloff* zu bringen. Es war nicht einfach. Aber er hat alles darangegeben, sie auf das Schiff zu bringen, ohne »Einweisungsschein« der Partei. Insgesamt 14 Personen. Das wollte schon was heißen. Er hatte seine ganze Familie gerettet — drei Generationen. Der Großvater hatte Tränen in den Augen gehabt, als er ihn an Bord brachte. Und auch die anderen hatten ihm mit feuchten Augen gedankt. Seine Kameraden in den Mannschaftslogis zeigten viel Verständnis, waren zusammengezogen, hatten in ihren Kammern Platz gemacht. Dazu war ein Abstellraum ausgeräumt worden, und so waren alle zufriedenstellend untergebracht. Niemand von ihnen mußte auf dem Gang schlafen oder in einem der Massenquartiere in den großen Sälen. Sie konnten alle im Vorschiff schlafen, seelenruhig, denn hier waren sie sicher.

Das dachte Helmut Zokolowski gestern noch.

Und heute?

Als die todbringenden Torpedos die *Gustloff* trafen, war er gerade an Oberdeck. Durch einen Zufall. Nur für einen Augenblick wollte er frische Luft schnappen und nach dem Wetter sehen.

Da trafen ihn die drei Detonationen wie Keulenschläge.

Sein erster Gedanke: »Ich muß runter — ins Vorschiff — zu Vater, Mutter, Geschwistern . . . !«

Dann sackte das Schiff nach vorn weg, die ersten Brecher schlugen über das Vorschiff. Helmut Zokolowski sah das, wußte, was das zu bedeuten hatte.

Das Vorschiff war getroffen — das Wasser brach ein — — —

Gegen eine nach oben stürmende Menschenmenge kämpfte er sich nach unten. Die meisten schienen ihn für wahnsinnig zu halten. Wer läuft schon jetzt nach unten, ins Vorschiff, dorthin, wo wasserfallweise die See in das Schiff einbricht, wo der Tod wütet, die Menschen ertrinken? Das konnte doch nur ein Wahnsinniger sein.

Aber der 19jährige Wäschergehilfe war bei klarem Verstand.

»Ich muß sie retten — ich muß sie rausholen . . .« hämmerte es in seinen Schläfen.

Plötzlich stand er vor einem Panikposten mit entsicherter Pistole.

Der Posten hielt ihn fest. »Nichts mehr zu machen — da unten — die Schotten sind dicht — ins Vorschiff kommt keiner mehr — und keiner mehr raus!«

Wie Peitschenhiebe trafen ihn diese Worte.

»Die Schotten sind dicht!«

Helmut Zokolowski wußte genau, was das bedeutet; alle, die noch im Vorschiff waren, mußten ertrinken — alle.

»Nein — nein — ich muß nach unten!« Mit einem wilden Aufbegehren riß er sich los, stürmte nach unten, versuchte den nächsten Niedergang zu erreichen, sprang Menschen an, die ihm entgegenliefen, die nach oben wollten, zu den Booten — —

Unendlich lange schien es ihm zu dauern, bis er endlich am Ende des Mittelschiffes war.

Doch dann stand er vor der eisernen Tür, die das Mittelschiff vom Vorschiff trennte. Hier gab es kein Durchkommen mehr. Die eiserne Tür war dicht, sie blieb dicht. Da half kein Hämmern mehr und kein Fluchen, kein Beten und kein Flehen. Die Tür blieb geschlossen.

Und hinter diesen eisernen Schottentüren befanden sich die Kammern der zivilen Stammbesatzung der *Gustloff*, der Männer, denen im »Ernstfall« wohl eine der wichtigsten Aufgaben zufiel: Menschenleben retten. Ihre Aufgabe wäre es jetzt, die Rettungsboote zu fieren und auf dem Wasser zu steuern. Immer wieder hatten sie vor dem Auslaufen des Schiffes die Bootsmanöver für den »Ernstfall« geübt.

Jetzt, wo der »Ernstfall« eingetreten war, waren sie die ersten, die auf dem sinkenden Schiff lebend zum Tode verurteilt waren.

Alle diese Menschen, die im Augenblick der Torpedotreffer sich hier im Vorschiff befanden, konnten nichts mehr zu ihrer Rettung oder gar der Rettung anderer tun. Sie konnten nur eines: Darauf warten, bis sie der Tod von den furchtbaren Qualen des Ertrinkens erlöste. Denn ein Entkommen gab es nicht.

Die Schotten waren dicht.

Und sie mußten gleich im ersten Augenblick nach den Torpedotreffern geschlossen werden. Wären sie offen geblieben, wäre die Ostsee sofort mit ungeheurer Wucht in alle unteren Decks geströmt, hätte das Wasser schon in den ersten Minuten Hunderte ertränkt, und dann wäre die *Gustloff* innerhalb kurzer Zeit gesunken. Die Menschen im Vorschiff mußten geopfert werden, um hundert oder tausend andere zu retten.

Das war die grausame Wirklichkeit.

Doch solche nüchternen Überlegungen stellte der 19jährige Wäschergehilfe Helmut Zokolowski nicht an. Fieberhaft gingen seine Gedanken, er mußte ins Vorschiff, koste es, was es wolle. Vielleicht war ein Deck höher noch eine Tür offen, oder vielleicht kam er irgendwie durch einen Notaufstieg ins Vorschiff. Seit fast drei Jahren war der Wäschergehilfe auf der *Gustloff*, er kannte jeden Gang, jedes Deck. Er *mußte* es versuchen, nach unten zu kommen, seine Familie zu retten, sie warteten doch auf ihn.

Während andere ihre letzte Hoffnung darauf setzten, noch nach oben zu kommen, zu den Booten, hastete Helmut Zokolowski durch die Gänge, um nach unten zu gelangen. Ganz nach unten in die *Gustloff*, in das Vorschiff, dorthin — wo die todbringenden Torpedos das Schiff getroffen hatten.

Er wußte nur eins: Wenn seine Lieben tot waren, dann wollte er auch nicht mehr leben, dann wollte er mit der *Gustloff* untergehen und sterben wie seine Familie. Drei Generationen.

Die Uhr rückt weiter.

Jetzt hört man schon das Gurgeln des Wassers im B-Deck, hier, wo überall noch Leben ist, wo in den Gängen noch Menschen sind und zum Teil gewartet haben in der Hoffnung, daß sich die *Gustloff* doch noch hält, daß sie nicht weiter sinkt.

Als jedoch das Wasser in den Gang strömt, zerfließt diese Hoffnung in ein Nichts.

Wie in den unteren Decks, sind auch hier, an Backbordseite des B-Decks, die meisten Türen verklemmt. Ein Matrose, der seine Verlobte an Bord hat und sie sucht, läuft von einer Tür zur anderen, versucht sie zu öffnen, aufzubrechen, um hilflos Eingeschlossene zu befreien.

Irgendwo kracht plötzlich ein Schuß!

Der Matrose bleibt stehen.

Da — dort muß es gewesen sein!

Schon ist er an der Kammertür und wirft sich mit voller Wucht gegen die Türfüllung — noch einmal — und noch einmal — endlich gibt die Tür nach.

Entsetzt weicht der Mann zurück. Mitten in dem kleinen Raum liegt ein Kind am Boden und daneben die Mutter. Tot. Ein etwa fünfjähriger Junge hält sich mit der Hand an dem Hosensaum des Vaters fest, der anscheinend völlig geistesabwesend zu der aufgebrochenen Tür starrt. Der Revolver in der Hand des Mannes, eines älteren Offiziers, sagt alles.

Hier hat eine ganze Familie den Entschluß gefaßt, den Freitod zu wählen, anstatt elend mit diesem Schiff unterzugehen, zu ertrinken, qualvoll zu sterben — — —

Sekundenlang sehen sich die beiden Männer in die Augen, bleiben stumm, sagen nichts.

Dann richtet der Offizier die Pistole auf den Matrosen in der Tür und sagt nur ein Wort:

»Weg — — — !«

Mit einem Satz springt der Matrose von der Tür fort.

Entsetzt.

Kurz darauf hört er zwei Pistolenschüsse.

Das Leben von vier Menschen auf der *Gustloff* ist zu Ende.

Und wie sie sterben, ist kein Einzelfall.

Es sind schon einige, die auf diesem Schiff ihrem Leben ein Ende bereitet haben. Sie haben es aufgegeben, um das nackte Leben zu kämpfen, sie wollten den Kampf um einen Platz in einem Rettungsboot oder das Ringen um Leben in der eiskalten Ostsee nicht aufnehmen.

Sie haben den Tod gewählt.

KURS »UNFALLSTELLE *GUSTLOFF*«

Die Menschen, die auf der sinkenden *Gustloff* versuchen, ihr nacktes Leben zu retten, an Oberdeck zu gelangen, um einen Bootsplatz kämpfen oder über die Reling in die eiskalte Ostsee springen, können nicht wissen, daß das Torpedoboot *Löwe* bereits vor geraumer Zeit mit der Rettung Schiffbrüchiger begonnen hat.

Sofort nach Eintreffen des Notrufes der *Gustloff* und dessen Weitergabe hatte Kapitänleutnant Paul Prüfe, Kommandant des T-*Löwe*, die Rettungsaktion eingeleitet. Zunächst versuchte er, näher an die *Gustloff* heranzukommen.

Was er sah, hatte ihn maßlos erschreckt.

Im vorderen Drittel der *Gustloff* klaffte ein großes Loch. Es reichte fast bis zum Unteren Promenadendeck. Die drei Torpedos hatten das Schiff offensichtlich zwischen Bug und Mittelschiff getroffen. Das Vorschiff war bereits gesackt, das Schiff hatte bereits 5 bis 7 Grad Schlagseite nach Backbord.

Nach Lage der Dinge würde es sich nicht lange halten können.

Um das Heck herumlaufend, hatte T-*Löwe* versucht, an der Steuerbordseite der *Gustloff* längsseits zu gehen. Der Kommandant hatte sein Boot bis etwa 30 Meter herantreiben lassen. Doch dann mußte T-*Löwe* seine Absicht aufgeben. Es erschien dem Kommandanten sinnlos, an der *Gustloff* zu kleben, ohne selbst eingreifen zu können. Zudem hätte er mit seinem Boot das Fieren der Steuerbord-Rettungsboote der *Gustloff* behindert. Das hatte er in jedem Fall vermeiden wollen.

305

Deshalb war ihm nichts anderes übrig geblieben, als *Löwe* wieder um das Heck herumlaufen zu lassen, um an der Backbordseite der *Gustloff* mit der Rettung der schon zu Hunderten im Wasser treibenden Schiffbrüchigen zu beginnen.

Bereits 20 Minuten nach dem empfangenen Notruf hatte das Torpedoboot *Löwe* die ersten Schiffbrüchigen an Bord genommen. Alle verfügbaren Besatzungsmitglieder wurden für die Rettungsaktion abgestellt, die von Oberleutnant zur See Eggert, dem Oberfähnrich Weckerle und dem Bootsmann Kampmann geleitet wird.

Jetzt, da die *Gustloff* immer rascher sinkt, die Schlagseite immer stärker wird und immer mehr Menschen über die Reling springen, ist das Torpedoboot umringt von einem Meer von Köpfen schwimmender, um Hilfe schreiender Menschen. Immer, wenn ein Scheinwerfer des Torpedobootes über das Wasser huscht, schwillen die Schreie der Schiffbrüchigen an. Wie aus einer Kehle klingt es dann den Männern auf T-*Löwe* entgegen:

»Hilfe — Hilfe!«

Das, was die Männer auf dem Torpedoboot in diesen Minuten leisten, ist beispielhaft, nahezu übermenschlich. Ein Schiffbrüchiger nach dem anderen wird steifgefroren, erschöpft, die Arme den Rettern entgegenstreckend, aus der Ostsee an Bord gezogen — —

Dann erfassen die Scheinwerfer ein Rettungsboot der *Gustloff*, das gerade gefiert wird und entweder durch Brechen des Kutterläufers oder falsches Fieren durchsackt und nun im vorderen Läufer hängen bleibt.

Das total überfüllte Rettungsboot bleibt plötzlich senkrecht an der Schiffswand hängen, und alle Bootsinsassen stürzen mit lautem Geschrei aus dem Boot auf die Wasseroberfläche.

Die aufgewühlte See erstickt ihre Schreie — — —

Noch immer setzt der Funker auf Torpedoboot *Löwe* den Kriegs-Notruf ab, damit noch mehr Schiffe zur »Unfallstelle *Gustloff*« kommen, um zu retten, was noch zu retten ist.

Auch der immer noch auf der Reede von Hela liegende Dampfer *Hansa* empfängt den Notruf der sinkenden *Gustloff*.

Als der Funker der *Hansa* den Funkspruch liest, stockt ihm der Atem, er wird kreideweiß. Die neben seinem Empfangsgerät stehenden beiden Kameraden starren ihn an.

»Was ist los — sag schon was — — !« sagt der eine.

»Die *Gustloff* säuft ab — — !« antwortet der Funker der *Hansa* stockend. Es ist still zwischen den drei Männern.

Und dann sagt der Funker:

»Meine Frau und meine zwei Kinder sind auf der *Gustloff* — — — Ich habe sie drei Stunden vor dem Auslaufen auf das Schiff gebracht, weil mir die *Gustloff* sicherer schien als die *Hansa* — — «

Dann sagt er nichts mehr.

Er ist mit seinen Gedanken bei seinen beiden Kindern und seiner Frau, die jetzt vielleicht an Bord der sinkenden *Gustloff* um ihr Leben kämpfen oder schon tot sind.

Der Mann im Funkraum der *Hansa* kann nichts für seine Familie tun. Nichts.

Und auch die *Hansa* wird nicht helfen können.

Der Funker gibt den Funkspruch an die Schiffsleitung weiter. Er löst Entsetzen aus.

Kapitän zur See Neitzel, der Kommandeur der 2. ULD und Korvetten-kapitän Herbert Juli, Kommandeur der 1. Abteilung der 2. ULD ordnen an, daß die Nachricht vom SOS-Ruf der *Gustloff* streng geheimgehalten wird. Sie tun dies mit Rücksicht auf viele Familien, die bei der Einschiffung ge-trennt wurden. Vor allem Mütter mit Säuglingen kamen auf die *Gustloff*, die älteren Kinder befinden sich, zum Teil mit ihren Großeltern, auf der *Hansa*.

Wenn diese Menschen erfahren, daß die *Gustloff* torpediert wurde und sinkt, bräche eine große Unruhe aus. Vielleicht auch unter allen 7 000 Men-schen, die sich an Bord befinden und sich zum großen Teil der Gefahr nicht bewußt sind, die mit einer Flucht über die Ostsee mit einem so großen Schiff verbunden ist.

Viele Marineoffiziere der 2. ULD finden in dieser Nacht auf der *Hansa* keinen Schlaf. Sie sind mit ihren Gedanken bei ihren Kameraden auf der *Wilhelm Gustloff*. Viele sind durch lange Freundschaften mit *Gustloff*-Ka-meraden verbunden.

Nicht nur die *Hansa* empfängt an diesem Abend des 30. Januar 1945 zwischen 21.16 und 22.00 Uhr den Funkspruch, daß die *Gustloff* nach drei Torpedotreffern sinkt, sondern auch andere Schiffe.

Auf dem Minensuchboot *M 341* schlägt die Nachricht wie eine Bombe ein.

Henry Rickmers, Oberleutnant zur See und Kommandant von *341*, glaubt nicht richtig verstanden zu haben, als der Funker auf die Brücke gerast kommt und schreit:

»Die *Gustloff* säuft ab — hat drei Torpedotreffer — voll mit Flüchtlingen — — !«

Blitzschnell stellt Rickmers fest, daß die angegebene Untergangsposition etwa zwei Stunden weit entfernt liegt.

Oberleutnant zur See Henry Rickmers, der den Auftrag hat, mit M *341* und einem anderen M-Boot den Dampfer *Gotenland*, den er in Pillau abge-holt hat, nach Swinemünde zu geleiten, verständigt sofort über F.T. die zum ›Geleit Orion‹ gehörenden Schiffe. Er läßt zwei Funksprüche absetzen.

»an geleit orion — gustloff torpediert — sinkt mit 6 000 menschen auf position 55.07 grad nord und 17.43 grad ost — braucht dringend hilfe — kurs auf unfallstelle nehmen — «

Das zweite gleichlautende F.T. geht ›an alle torpedoboote!‹

Der 43jährige Kapitän des Motorschiffes M/S *Gotenland*, Heinz Voll-mers, registriert diesen Funkspruch mit gemischten Gefühlen. Er hat 3 300

Menschen an Bord, meist Frauen und kleine Kinder. Sein Schiff hat am frühen Morgen des 30. Januar den Hafen von Pillau verlassen mit Ziel Swinemünde. Er stellt sich vor, daß sein Schiff von Torpedos getroffen wäre — — —

Furchtbar — überhaupt nicht auszudenken — — —

Auf die Gefahr hin, die *Gotenland* selbst einem U-Boot-Angriff auszusetzen, befiehlt er, Kurs auf die »Unfallstelle *Gustloff* zu nehmen.

Die Rettung von Schiffbrüchigen geht über alles.

Wird M/S *Gotenland* noch rechtzeitig an der Untergangsstelle eintreffen können? Denn die Fahrt dorthin dauert mehrere Stunden. M/S *Gotenland* ist nicht so schnell wie *M 341*.

Wird sich die *Gustloff* so lange halten können?

Auch in Gotenhafen, dem Auslaufhafen der *Gustloff*, ist inzwischen der Notruf des sinkenden Schiffes angekommen.

Im Hafenbecken I hatte am frühen Abend dieses 30. Januar 1945 das zur 17. Vorposten-Flottille gehörende Vorpostenboot *1703* festgemacht. Kapitänleutnant Helmut Hanefeld, der Kommandant von VP *1703*, hatte telefonisch seine Einlaufmeldung an die Flottille in Danzig-Langfuhr gegeben und danach »Feuer aus!« befohlen. Er wollte seinen Männern nach anstrengenden Tagen — das Boot war aus Libau gekommen — einige Tage Ruhe gönnen, sie hatten es verdient.

In den Mannschaftslogis sitzen sie zusammen: Die Seeleute, Heizer, Funker, Decksleute und Signalgasten. Viele von ihnen sind erfahrene Seeleute, die früher bei der Handelsmarine fuhren und zu Kriegsbeginn von der Kriegsmarine übernommen wurden. Zwei von ihnen haben ihre Handharmonikas aus dem Spind geholt, auf dem Tisch steht eine große Flasche Rum.

»Endlich einmal Ruhe . . . !«

Da schrillen die Alarmglocken.

»Alle Mann auf Stationen . . . !«

Das Vorpostenboot *1703* hat soeben Befehl erhalten, sofort zur ›Unfallstelle *Gustloff*‹ zu laufen. Sofort.

Als die Männer hören, daß 12 Seemeilen querab Stolpmünde die *Gustloff* nach Torpedotreffern sinkt und über 6 000 Frauen und Kinder an Bord sein sollen, ist jeder sofort auf seinem Posten. Man kann es kaum erwarten, daß VP *1703* ablegt.

Dreißig Minuten später befindet sich das Vorpostenboot bereits auf der Fahrt zur ›Unfallstelle‹. Mit äußerster Geschwindigkeit bahnt sich das Schiff seinen Weg durch die Ostsee.

Alle Männer an Bord wissen: Je früher wir ankommen, desto mehr Menschen werden wir noch retten können.

Doch der Weg bis zu der Stelle in der Ostsee, an der die *Gustloff* untergeht, ist weit, sehr weit — — —

An Oberdeck des Vorpostenbootes *1703* steht der Oberbootsmannsmaat Werner Fick. Die kommende Nacht wird ihm ein Erlebnis bringen, das eine einschneidende Veränderung in seinem Leben hervorrufen wird, ein Erlebnis, das ihn bis an das Ende seines Lebens begleiten wird. Ein fast unvorstellbares Erlebnis.

Ihm wird in dieser Nacht vom 30. zum 31. Januar des Jahres 1945 ein Kind geschenkt, ein elternloses Findelkind. Seine kinderlose Ehe wird damit einen neuen Inhalt bekommen. Sieben Stunden nach dem Untergang der *Gustloff* wird er einen eineinhalbjährigen Jungen aus der tobenden Ostsee fischen.

Korvettenkapitän Wolfgang Leonhardt, der Leiter der Zweigstelle Gotenhafen der 9. Sicherungsdivision, der versucht hatte, das Auslaufen der *Wilhelm Gustloff* wegen des fehlenden Geleitschutzes zu verhindern, erfährt von der Torpedierung des Schiffes fast als Letzter.

Wertvolle Zeit ist inzwischen verstrichen.

Er kann sich im Augenblick nicht erklären, warum der Notruf der sinkenden *Gustloff* erst so spät bei ihm eintrifft und warum dieser SOS-Ruf auf einer Welle gesendet wurde, die die 9. Sicherungs-Division überhaupt nicht empfangen kann. Erst später erfährt er, daß die *Gustloff* nach den Torpedotreffern wegen Stromausfall nicht mehr selbst funken konnte und daß der Hilferuf des Schiffes von dessen Begleitboot, dem Torpedoboot *Löwe*, gesendet und dann erst von den Leitfunkstellen auf Küstenkurzwelle wiederholt wurde.

Leonhardt tut sofort, was er kann und was überhaupt möglich ist.

Alle verfügbaren Schiffe werden zur ›Unfallstelle *Gustloff*‹, 12 Seemeilen querab Stolpmünde, 55.07 Grad Nord und 17.41 Grad Ost beordert.

Die Frage ist offen, wie schwer die *Gustloff* getroffen ist und wie lange sich das sinkende Schiff über Wasser halten kann. Daran schließen sich auch alle anderen Fragen und Hoffnungen.

Werden die Rettungsschiffe, die sich jetzt, nachdem die Katastrophe bereits in vollem Gange ist, von Gotenhafen aus in Marsch setzen, noch rechtzeitig bei der Unfallstelle eintreffen? Werden dann überhaupt noch Schiffbrüchige leben, wird nicht die Kälte und die Panik längst ihre Opfer gefordert haben?

Vielleicht sind nur noch wenige am Leben, wenn die Schiffe mit ihrer Rettungsaktion beginnen. Vielleicht auch hält sich die *Gustloff* noch einige Stunden.

Doch Korvettenkapitän Wolfgang Leonhardt hat noch eine große Hoffnung. Sie heißt:

Admiral Hipper !

Bei diesem Schiff, einem der größten Kriegsschiffe, welches die Marine im Januar 1945 noch besitzt, sind jetzt die Gedanken des Korvettenkapitäns.

Der Schwere Kreuzer *Admiral Hipper*, der eine Geschwindigkeit von 32 Knoten laufen kann, und damit doppelt so schnell ist, wie M/S *Wilhelm*

Gustloff, hatte erst am Nachmittag des 30. Januar Gotenhafen mit gleichem Kurs wie die *Gustloff* verlassen. Leonhard hatte sich schon am Nachmittag ausgerechnet, daß der Schwere Kreuzer *Hipper* und sein Begleitschiff *T 36* etwa gegen 22 Uhr die *Gustloff* überholen würden. Es war immerhin ein beruhigendes Gefühl für den Korvettenkapitän zu wissen, daß damit *Admiral Hipper* und *T 36* einige Stunden in der Nähe des M/S *Wilhelm Gustloff* waren.

Die zwar befürchtete, aber dennoch nicht erwartete Katastrophe war nach den F.T.-Meldungen gegen 21.16 Uhr eingetreten. Wie weit steht jetzt der Schwere Kreuzer von der sinkenden *Gustloff* noch ab? Wird sich *Hipper* noch an der Rettungsaktion beteiligen können?

Das ist die einzige und letzte Hoffnung des Chefs der 9. Sicherungs-Division in Gotenhafen.

Und Leonhardt hofft nicht umsonst.

Der Schwere Kreuzer *Admiral Hipper* hat bereits Kurs auf die ›Unfallstelle *Gustloff*‹ genommen und läuft diese mit höchster Fahrtgeschwindigkeit an.

Genau 15 Minuten nach den Torpedotreffern brachte der Funker des *Hipper* die Meldung zur Kommandobrücke.

Der Kommandant, Kapitän zur See Heningst, las die Meldung zweimal: »*Gustloff* sinkt nach drei Torpedotreffern . . . »Mehr als sechstausend Menschen sollen auf der *Gustloff* sein«, sagt Kapitän Heningst zu seinem I. Wachoffizier.

Auf dem *Hipper* weiß man schon seit einer Stunde, was in dieser Nacht auf dem Spiel steht. Denn vor etwa sechzig Minuten traf im Funkraum des Kreuzers die erste U-Boot-Warnmeldung ein, dieselbe, die die *Gustloff* wegen atmosphärischer Störungen nicht empfangen konnte.

Das sowjetische U-Boot *S-13* ist also doch bemerkt worden! Oder sind in dieser Nacht mehrere sowjetische U-Boote in der Höhe von Stolpmünde und warten am Zwangsweg 58 auf weitere Schiffe — vielleicht auf den Schweren Kreuzer *Admiral Hipper*?

Der Kommandant des Schweren Kreuzers befiehlt sofort die höchste Fahrtstufe. Denn die *Gustloff* fährt genau den gleichen Kurs, den die *Hipper* hat.

Und noch einen Befehl gibt Kapitän zur See Heningst:

»Niemand an Bord des *Hipper* darf erfahren, daß die *Gustloff* torpediert wurde und sinkt!«

Der Kommandant ist sich der Verantwortung bewußt, die er für alle Menschen an Bord seines Schiffes trägt. Auch der Schwere Kreuzer *Admiral Hipper* ist in dieser Nacht ein »Flüchtlingsschiff«. Denn neben der eintausendfünfhundertköpfigen Besatzung sind ebensoviel Flüchtlinge an Bord, rund 1 500.

Auf der Kommandobrücke des *Admiral Hipper* haben sich neben dem Kommandanten die leitenden Offiziere, der I. Offizier, Fregattenkapitän Lell, und der Navigations-Offizier, Fregattenkapitän Teubner, eingefunden.

Sie haben die Gläser an die Augen genommen und starren in die stürmische, aber etwas aufgeklarte Nacht.

Plötzlich, nach etwa einer halben Stunde schon, ertönt vom Vormars durch das Sprachrohr der Ruf:

»Rote Sterne Steuerbord voraus!«

Es sind die letzten Lebenszeichen der sinkenden *Gustloff*

Hart klingen die Kommandos des Kommandanten in das Mikrophon, die Maschinentelegraphen rücken auf »Äußerste Kraft«.

Auch das *Hipper* begleitende Torpedoboot T 36 sichtete zur gleichen Zeit die Seenotzeichen der sinkenden *Gustloff*.

Der Kommandant des T 36, Kapitänleutnant Hering, befindet sich vorübergehend in einem quälenden Zwiespalt, wie er sich verhalten soll. Ist es nicht in erster Linie seine Aufgabe, die dreitausend Menschen an Bord des Schweren Kreuzers *Admiral Hipper* zu schützen? Liegt nicht irgendwo unter der Küste ein russisches U-Boot auf der Lauer, um auch diesen ›fetten Brocken‹ auf den Grund des Meeres zu schicken? Immerhin — der Schwere Kreuzer *Admiral Hipper* ist jetzt die noch größte kampffähige Einheit der deutschen Kriegsmarine in der Ostsee — und damit unersetzlich.

Aber bei allem Für und Wider: Hier befinden sich über sechstausend Menschen in Seenot, in Todesgefahr, und nur diejenige Hilfe kann erfolgreich sein, die rechtzeitig kommt.

Deshalb befiehlt auch Kapitänleutnant Hering:

»Äußerste Kraft voraus!«

Nach seiner Berechnung müßten *Hipper* und T 36 gegen 22.00 Uhr die Untergangsstelle der *Gustloff* erreichen.

DER GLÄSERNE SARG

Die Menschen, die in den letzten Minuten nach oben geflüchtet sind, hat man nicht mehr auf das freie Oberdeck gelassen, sondern in das mit dicken Glasfenstern abgesperrte, 166 Meter lange Untere Promenadendeck. Hier sollen sie die Ankunft der Rettungsschiffe abwarten.

Das Oberdeck selbst darf niemand mehr betreten.

Grauenvolle Szenen spielen sich hier ab.

Hier ist ein erbarmungsloser Kampf um die Rettungsboote entbrannt. Längst haben die Menschen erkannt, daß die Boote bei weitem nicht ausreichen, alle aufzunehmen.

Überall stehen Panikposten mit entsicherten Pistolen. Sie haben Befehl, von der Schußwaffe Gebrauch zu machen und zu schießen, vor allem auf Männer, die in die Rettungsboote wollen. Ab und zu hallen auch Schüsse über Deck. Die meisten sind Schreckschüsse in die Luft.

Fast eintausend Menschen mögen es sein, oder auch einige hundert mehr, die in dem breiten Unteren Promenadendeck zusammengepfercht auf die

Rettungsschiffe warten, die da kommen sollen. Doch ihre Geduld weicht bald der Verzweiflung. Manche scheinen zu fühlen, daß der Tod schneller sein könnte als die Schiffe. Sie fühlen plötzlich, daß sie in einer gläsernen Falle sind. Angst und Grauen ist in ihren Gesichtern zu lesen.

Plötzlich wieder ein lautes Krachen. Polternd dröhnt es aus dem unteren Schiffsleib herauf.

Wahrscheinlich hat sich wieder eine der Schiffsmaschinen aus ihren Halterungen gelöst. Wieder neigt sich die *Gustloff* um einige Grade mehr nach Backbord.

Mit einem Schlage drängt alles wieder den Ausgängen zu. Jetzt peitschen Schüsse auf. Menschen brechen zusammen — zwei, drei, fünf auf einmal. Aus dem Getümmel heraus klingt die laute Stimme eines Offiziers, der versucht, sich Gehör zu schaffen.

»Ruhe bewahren — es werden Wasserbomben geworfen — das Schiff hält sich!«.

Aber nur wenige glauben dieser Beruhigungsparole noch. Viele ahnen, was das Krachen zu bedeuten hat — und das Rauschen, das dem Krachen folgt: Die Schotten brechen, das Wasser kommt, das Schiff sinkt!

Ein einziger Gedanke beherrscht jetzt Hunderte, die im Unteren Promenadendeck stehen und warten:

Raus — raus aus dieser Todesfalle, aus diesem gläsernen Gefängnis, das im nächsten Augenblick zu einem Massensarg werden kann.

Doch die Wachposten an den breiten Türen lassen keinen durch. Es ginge auch nicht. Denn die Aufgänge zum Oberdeck sind total verstopft. Hier steht Mensch an Mensch, dicht an dicht.

Da machen plötzlich ein paar Verzweifelte einen Ausbruchversuch. Sie reißen die Nebenstehenden um, stürzen über sie hinweg nach der anderen, tiefer liegenden Seite des Decks, klettern über die niedrigen Fensterbänke in die neben dem Unteren Promenadendeck liegenden großen Säle.

Sie rutschen fast durch die großen Säle, denn die Schlagseite nach der Backbordseite ist bereits sehr stark. Aber kaum sind sie verschwunden, da tauchen sie auch schon wieder auf, und hinter ihnen braust der Tod — das Wasser.

Wie ein Orkan pflanzt sich der Schrei von Mund zu Mund fort:

»Das Wasser kommt — das Wasser kommt!«

Jetzt neigt sich das Schiff immer stärker zur Backbordseite hinüber. Das verzweifelte Brüllen der Todgeweihten übertönt das dumpfe Gurgeln der Wassermassen.

Das sind keine Hilfeschreie mehr, die jetzt das Untere Promenadendeck erfüllen, das sind Todesschreie.

Als das einbrechende Wasser die Trennwände zwischen dem großen Saal und dem Unteren Promenadendeck stückweise aufreißt, fallen die ersten Menschen nach Backbord. In ganzen Knäueln fallen sie, sich fest aneinanderklammernd. Das Wasser reißt sie fort nach unten. Immer mehr werden es.

Auch die Männer, die bis jetzt noch standgehalten haben, verlieren die Nerven.

Was mögen wohl die Mütter in diesen Augenblicken der Todesangst leiden? So manches Kind faltet in diesem Moment noch einmal die Hände und schickt mit der Mutter zusammen ein letztes Gebet zu Gott. Die Qualen der Mütter beim Anblick der betenden Kinder sind mit Worten nicht wiederzugeben.

Noch einmal lehnen sich die Entschlossenen gegen das grausame Schicksal auf. Ein Mann schwingt sich auf die Schultern eines anderen, versucht, die Scheiben dieses gläsernen Sarges zu zertrümmern — doch vergebens. Er fällt zurück — die Scheiben sind dick wie Panzerplatten.

Maria Kupfer ist eine der Unglücklichen, die in diesen Augenblicken das Grauenhafte im Unteren Promenadendeck miterleben muß und die auf ihren Tod wartet.

Neben ihr steht ihr kriegsbeschädigter, armamputierter Mann, und zwischen ihnen beiden stehen der siebenjährige Harald und die elfjährige Waltraud, ihre beiden Kinder.

Vier Menschen, die auf den Tod warten.

Vier von eintausend im Unteren Promenadendeck.

Unaufhaltsam steigt das Wasser an ihnen hoch. Jetzt spielt es schon kalt um die Beine der Hilflosen.

Und nichts können sie zu ihrer Rettung tun.

Verzweifelt klammern sich die beiden Kinder an Vater und Mutter, wimmern, flehen, schreien:

»Mutti — Vati — so helft uns doch!«

Das Herz der Mutter dreht sich im Leibe um. Tränenüberströmt streicht sie über die Wangen der beiden Kinder. Und dann beugt sie sich zu ihnen herunter und sagt leise, so leise, daß es nur die beiden Kleinen hören können:

»Seid still — gleich sind wir alle beim lieben Gott!«

Dann drückt sie noch einmal ihren Mann an sich. Keiner bringt ein Wort hervor. Sie nehmen Abschied für immer.

Maria Kupfer will noch etwas sagen — —

Doch der Tod ist schneller.

Grausam faßt er nach den Menschen, reißt die Kinder an sich, dann den Mann.

Maria Kupfer ist übriggeblieben, der Tod hat sie zurückgelassen.

Es geht alles in Sekundenschnelle.

Da steigen neben ihr ein paar Männer auf die Körper der Gefallenen, Ertrunkenen, Ertrinkenden und hämmern mit ihren Fäusten gegen die dicken Scheiben, die jetzt schon fast senkrecht über ihnen stehen.

Doch die Scheiben brechen noch immer nicht.

Urplötzlich kommt ihnen das Wasser zu Hilfe. Eine riesige Welle spült in das Untere Promenadendeck, zerbricht das Glas, ein Fenster ist offen — —

Doch nur ein einziger Mensch wird nach draußen geschleudert, entkommt wie durch ein Wunder den einbrechenden Wassermassen, treibt im nächsten Augenblick in der Ostsee:

Maria Kupfer.

Sie allein ist dem gläsernen Sarg entkommen, eine von über Eintausend.

LEERE BOOTE AN BACKBORD

Fast zur gleichen Zeit, als der Tod die Tausend im Unteren Promenadendeck erreicht hat, hastet der Erste Offizier der *Gustloff*, Louis Reese, über das vereiste Bootsdeck. Sich an der Reling festhaltend, starrt er um sich und glaubt seinen eigenen Augen nicht zu trauen: Da hängen leere Rettungsboote.

Vom Wind bewegt, schwingen sie in den Davits.

Wie grotesk, denkt der Erste Offizier. Sechstausend Menschen kämpfen auf dem sinkenden Schiff um das nackte Leben, suchen verzweifelt nach Rettung, und hier an der Backbordseite hängen noch leere Rettungsboote in den Davits. Hunderte Frauen und Kinder würden in diesen stabilen Booten Platz finden.

Die Menschen, die an Reese vorbeihasten, haben ein anderes Ziel: Sie wollen auf die höhergelegene Steuerbordseite, zu den dort noch hängenden Booten. Niemand scheint in die hier an Backbord hängenden, noch leeren Booten Vertrauen zu haben, da das Schiff starke Schlagseite nach Backbord hat, eine Schlagseite, die auch jetzt wieder ruckartig weiter zunimmt.

Der Erste Offizier der *Gustloff* streicht sich über die Stirn, so als wolle er die Gedanken fortwischen, die ihn jetzt überfallen.

Er ist als Erster Offizier verantwortlich dafür, daß auch an Backbordseite der *Gustloff* die Rettungsboote im »Ernstfall« ordnungsgemäß zu Wasser kommen.

Und nun hängen noch sieben leere Rettungsboote in den Davits.

Kaum zu glauben.

Louis Reese ist machtlos. Ohne seine Mannschaft, die seine Befehle ausführt, kann er nichts, auch gar nichts tun.

An den Davits müßten jetzt seine Leute stehen und die Boote fieren, so wie sie es fast jeden Tag vor dem Auslaufen beim Bootsmanöver geprobt hatten. Bei diesen Probe-Manövern war jeder Mann auf seinem Posten. Jetzt, wo der »Ernstfall« eingetreten war, erwiesen sich alle vorausgegangenen Übungen als bloße Theorie. Die Fiermannschaften wohnten im Vorschiff der *Gustloff* und waren bereits tot oder lebend zum Sterben verurteilt.

Reese hastet weiter. Dort, im nächsten Boot, scheinen Menschen zu sein. Tatsächlich — in dem Boot hocken einige Gestalten, doch es ist keinesfalls voll besetzt. Es kann gut noch einmal so viele Menschen aufnehmen.

»Wartet noch!« ruft der Erste Offizier dem Bootsführer zu, den er als

Mann von der Zivilbesatzung erkennt. »Es haben noch mehr Platz in dem Boot — ich hole noch welche . . . !«

Über das Deck hastet der Erste Offizier, sich an den Bordaufbauten weiterhangelnd, auf die höher gelegene Steuerbordseite, wo einige hundert Menschen um die dort noch hängenden Boote kämpfen. Er will einige Leute auf die Backbordseite herüberholen. Doch es bleibt bei dem Versuch.

Genau in diesem Augenblick, als er sich in Höhe des Schornsteins befindet, tut das Schiff einen weiteren scharfen Ruck nach Backbord.

Der plötzliche unsanfte Ruck reißt den Ersten Offizier von den Beinen, mit einiger Geschwindigkeit saust er über die vereisten Deckplanken, findet keinen Halt mehr, rutscht immer weiter und landet schließlich dicht neben dem halbbesetzten Boot an der Backbordseite krachend an der Reling.

Im ersten Augenblick ist er wie benommen. Dann hört er plötzlich seinen Namen rufen. Irgend jemand in dem Boot scheint ihn erkannt zu haben und fordert ihn auf, in das Boot zu steigen. Doch der Erste Offizier kann dieser Aufforderung nicht nachkommen. Er scheint sich durch den Sturz verletzt zu haben, denn er fühlt plötzlich sehr starke Schmerzen.

»Ich glaube, ich habe mir etwas gebrochen!« ruft er den Bootsinsassen zu.

Da klettern kurzerhand zwei Männer aus dem Boot, heben ihn hinein, und einige Augenblicke später hebt eine meterhohe Woge, die über die Backbordreling heranrollt, das Boot aus den Davits und trägt es auf die offene See hinaus.

Ein Unfall bewirkt, daß Louis Reese — 68 Jahre alt — in einem Rettungsboot, unversehens und ohne eigenes Dazutun, Aufnahme findet.

»ALLE MANN VON BORD — RETTE SICH WER KANN!«

Aber nicht alle haben auf der *Gustloff* ein solches Glück im Unglück.

Nachdem zu erwarten ist, daß das Schiff endgültig verloren ist und in wenigen Minuten sinken wird, schallt von der sich immer stärker nach vorn backbord neigenden Kommandobrücke der *Gustloff* ein schauerliches Kommando:

»Rette sich wer kann!«

Es wird mit dem Typhon gegeben.

Schaurig hallt es über Deck: »Buuu — Buuuu — Buuuu!« Dreimal lang: »Alle Mann von Bord — es rette sich, wer kann!«

Der Kapitän hat seine Mannschaft von ihren Pflichten entbunden.

Zu denen, die sich in diesem Augenblick noch auf der sinkenden *Gustloff* befinden, gehöre auch ich.

Ich klammere mich an die vereiste Reling, als der schauerliche Ruf des Horns zu hören ist: »Rette sich — wer kann!«

Etwa vierzig Minuten sind seit der Torpedierung des Schiffes vergangen. Vierzig lange, bange Minuten, fast eine Ewigkeit. Unvorstellbares, kaum Begreifbares ist um mich herum geschehen, hat sich in meinem Gehirn oder meinem Unterbewußtsein — für immer unvergeßlich — eingeprägt. Meine Augen haben Szenen erfassen müssen, die der Verstand kaum registrieren konnte, und meine Ohren haben Hilfeschreie gehört, die aus der Seele der in Todesgefahr schwebenden Menschen kamen, nicht von ihren Lippen. All das Grauenhafte, das im Unterbewußtsein schwelt, bricht bei diesem fürchterlichen »Buuuu —Buuuu — Buuuu!« plötzlich hervor: »Rette sich — wer kann! — Alle Mann von Bord!«

Ich kann das nicht mehr hören. Meine Nerven sind am Ende, ich bin restlos erschöpft.

Vierzig Minuten auf einem Totenschiff, vierzig Minuten mit ansehen zu müssen, wie Kinder zertreten und erdrückt werden, Mütter sterben, Greise beten, Soldaten und Offiziere sich mit ihrer Pistole erschießen, Frauen vor den Rettungsbooten schreiend kniend Bitte — bitte — nehmen Sie mich mit —bitte!«.

Da faßt mich eine der Frauen am Arm: »Bitte — helfen Sie mir doch, Sie sind doch ein Mann . . . !«

Bin ich das überhaupt, denke ich Bruchteile von Sekunden. Bin ich mit meinen 18 Jahren und acht Monaten schon ein Mann oder noch ein Jugendlicher? Für den Heldentod bin ich sicher alt genug.

»Gestorben für Führer und Vaterland«, wird in der schwarzumrandeten Todesanzeige stehen. Und niemand wird jemals erfahren, wie jämmerlich und hilflos ich hier in dieser Nacht gestorben bin . . .

Wie eine Vision sind diese Gedanken auf mich eingestürzt. Aber zum Träumen und Nachdenken ist hier keine Zeit, im Nu bin ich wieder hellwach, begreife die Situation um mich, empfinde den Zwang, mich zu retten, wie auch immer — —

Doch schon wieder packt mich das Grauen.

Für einen kurzen Moment schließe ich die Augen, denn was ich jetzt sehe, muß eine Vision sein, ein Gespenst. Doch als ich die Augen wieder öffne, ist dieses Gespenst noch näher auf mich zugekommen — hält sich mit einer Hand an der Reling fest, rennt nicht, läuft nicht, geht nicht — es hüpft! Noch zwei Meter ist die Gestalt von mir entfernt. Mit beiden Händen halte ich mich an der Reling fest und will schreien.

Doch ich kann es nicht, meine Kehle ist wie zugeschnürt.

Ich starre in ein Gesicht, das einer Totenmaske gleicht. Und aus diesem Antlitz starren mich zwei Augen an, deren Blick seltsam erloschen ist und dennoch wie kalt glüht.

Die hüpfende Gestalt trägt einen Marineoffiziersmantel. Ich versuche, meinen Blick aus den Fängen des anderen loszureißen, doch es gelingt mir nicht. Erst, als jener den Mund öffnet, weicht das Entsetzen von mir, als ich die heiseren Laute höre, die noch nichts Menschliches verloren haben.

»Aus — aus — ich war da unten — ganz unten — im Vorschiff — als es knallte — aus — aus . . . « Stockend, röchelnd kommen diese Worte aus dem Mund.

Was muß dieser junge Fähnrich, kaum wenig älter als ich, erlebt haben?

Bevor ich wieder klar zu denken, geschweige denn zu antworten vermag, hüpft die lebend-tote Gestalt weiter. Entgeistert starre ich hinterher und erkenne jetzt erst das Grauenhafte des Geschehens. Der so merkwürdig Davonhüpfende hat nur noch einen Fuß, aus dem zweiten zerfetzten Hosenbein, das leer herabbaumelt, tropft Blut.

Meine Blicke bleiben auf der breiten, dunklen Blutspur hängen, die der Unglückliche auf dem verschneiten Deck hinterläßt.

Diese Begegnung gibt mir den Lebensmut zurück, so grotesk das auch ist. Aber plötzlich bin ich glücklich darüber, daß ich noch alle Glieder habe und noch unverletzt bin.

Neuer Lebensmut strömt in mich. Der Kapitän hat seine Mannschaft freigegeben. Auch ich bin jetzt nur noch für mich selbst verantwortlich. Meine Hoffnung ist das letzte Rettungsboot. Etwa fünfzehn Meter von mir hängt es noch in den Davits.

Immer noch hallt das Horn von der Brücke her über das sterbende Schiff: »Alle Mann von Bord — es rette sich, wer kann!«

Aber die Aussichten, in das letzte Rettungsboot der *Gustloff* zu gelangen, stehen eins zu tausend. Denn Hunderte wollen wie ich das gleiche. Jetzt, nachdem das Kommando »Rette sich — wer kann« gefallen ist, weiß jeder Seemann auf diesem Schiff, daß die Stunde geschlagen hat.

Ein einziges Rettungsboot gibt es noch, ein Boot für tausend Menschen oder mehr — — —

Doch außerdem ist noch eine große Anzahl der schweren Metallflöße an Bord, die für den einzelnen zu schwer sind, sie über Bord zu werfen. Man muß also abwarten, bis das Schiff unter den Flößen versinkt und die Wellen die Flöße in die offene See hinaustragen.

Aber was ist, wenn die sinkende *Gustloff* dabei einen starken Sog hinterläßt? Dann werden die Flöße unbarmherzig in den Strudel hineingezogen und untergehen.

Es ist deshalb ein Spiel mit dem Tod, sich einfach in ein Floß zu legen und auf den restlosen Untergang des Schiffes zu warten.

Sichere Rettung verspricht das letzte Rettungsboot der *Gustloff*.

Zu dieser Erkenntnis scheinen die meisten gekommen zu sein, die sich jetzt noch auf dem Achterschiff der *Gustloff* befinden.

Alle, die sich noch bewegen können, stürzen sich jetzt zu diesem Boot. Doch nur etwa vierzig gelingt es, hineinzukommen.

Noch einmal spielen sich grausame Szenen ab. Schüsse fallen. Da macht einer von seiner Pistole Gebrauch. Ich gehe in Deckung, lege mich flach auf die eiskalten Schiffsplanken, um nicht getroffen zu werden, richte mich dann wieder auf.

Das Boot ist jetzt restlos überfüllt. Neben den vierzig Frauen, Kindern und Männern, die in das Boot gelangten, haben sich noch einige an den Bootsrand geklammert und hängen frei in der Luft. Rücksichtslos schlagen die Insassen auf deren Hände. Einer nach dem anderen stürzt ab, fällt in die

See. Noch immer schwebt das Boot über dem Wasser. Keiner gibt das Kommando: »Fiert weg!«

Endlich fassen sich einige der am nächsten Stehenden ein Herz, und langsam wird das Boot ins Wasser gelassen.

Oben an Deck stehen die Zurückgebliebenen, klammern sich an die Reling und starren dem Boot nach. Auch ich.

Da — ein markerschütternder Schrei.

Die Verzweifelten lassen vor Schreck die Reling los, versuchen einen anderen Halt zu finden. Ruckartig hat sich das Schiff weiter geneigt. Ein auf Deck aufgestelltes Flakgeschütz hat sich aus den Halterungen gelöst, rutscht über die vereisten Planken, reißt die Reling mit sich und stürzt über die Bordwand hinunter — mitten auf das soeben gewasserte letzte Rettungsboot der *Gustloff*. Ein paar erstickte Schreie dringen noch von unten herauf, dann schlagen die Wellen über dem Boot zusammen.

Nun kann es eigentlich nur noch Augenblicke dauern, dann wird die Ostsee das Schiff verschlingen.

Mit dem letzten Boot ist auch meine Hoffnung auf Rettung dahin. Mir ist jetzt alles gleich. Ich glaube nicht mehr an meine Rettung. Ich warte auf den Tod.

»STIRB ANSTÄNDIG«

Zu den Flüchtlingen, die sich zu diesem Zeitpunkt noch an Bord befinden, gehört der Landrat Uschdraweit aus Angerapp. Er hat seine Eindrücke von diesen Minuten auf der sinkenden *Gustloff* in einer Tagebuchaufzeichnung festgehalten:

»Was soll ich tun, um mich zu retten? Soll ich versuchen, noch in ein Boot zu kommen? Dazu müßte ich auf das Bootsdeck. Schon renne ich los, um die Treppe nach oben zu erreichen. Kaum habe ich etwa 15 Schritte zurückgelegt, da schlägt ein gewaltiges Stück Eisen herab. Entsetzt springe ich zurück. Zur Besinnung gekommen, laufe ich auf der höher liegenden Schiffsseite weiter nach hinten. Da sehe ich, wie ein Rettungsboot herabgelassen wird. Das Boot steht plötzlich Kopf. Mit einem fürchterlichen Schreien fallen alle Bootsinsassen ins Meer. Ich sehe nach unten. Eine große Woge verschlingt sie.

Plötzlich krallt sich eine Hand in meinen Arm. Neben mir steht eine Frau mit einem Kind auf dem Arm. An ihrem Rock hängen noch zwei Kinder. Sie schreit mich an: »Nun helfen Sie mir doch. Sie sind doch ein Mann. Sie müssen doch wissen, was ich tun soll!« Da erkenne ich meine Nachbarin aus der Offiziersmesse. Herrgott, wie klein und hilflos komme ich mir vor. Die Boote sind weg und überall nur noch vereinzelte Flöße. »Bleiben Sie bei mir. Ich versuche, Sie mit den Kindern in ein Floß zu bringen!« —

»Sie sind ja wahnsinnig, ich kann doch mit den Kindern nicht in das eisige Wasser«, schreit mir die Frau zu und läuft mit schreckenswirren Augen mit

318

ihren Kindern weiter dem höherliegenden Heck zu.

Die eben erlebte Szene durchschüttelt mich. Die Angst steigt in mir hoch. Was soll ich tun? Wird sich die *Gustloff* noch schwimmend halten, bis die Rettungsschiffe kommen, oder geht es jetzt zu Ende — — — ?

Ich starre in die brausende See. Niemals wird meine Frau erfahren, wo ich den Tod fand. Denn wie sollte sie, in diesen Wirren der Zeit, Nachricht erhalten?

Die Menschen um mich herum sind weniger geworden. Alles rennt nach hinten. Schüsse fallen. Immer tiefer sinkt die *Gustloff*, immer höher schlagen die Wellen an die Bordwand. Ich habe Angst, gemeine Angst. Ich will nicht sterben, ich kann meine Frau nicht allein lassen.

Ich schreie vor mich hin: »Stirb anständig!«

Immer wieder.

Ich sehe keine Möglichkeit der Rettung für mich. Da reiße ich mich zusammen und entschließe mich, vor meinem Tode noch eine Zigarette rauchen. In der Pelztasche finde ich eine Schachtel »Juno«, die mir ein Zahlmeister in Angerburg zuwarf, als ich den Abtransport der letzten 800 Frauen und Kinder befahl, die ein sinnloser Befehl des Gauleiters Koch zurückgehalten hatte. Ich mache ein paar Züge und werfe die Zigarette über Bord. Ich stecke die zweite an, und erst die dritte rauche ich zu Ende. Da schreit mich jemand an:

»Wie können Sie in dieser Situation rauchen!?«

Ich sehe vor mir einen höheren Führer der Organisation Todt. Die Spangen der beiden E.K. blinken auf seiner Brust. Auf der linken Wange sehe ich Schmisse.

»Stecken Sie sich auch eine an, gleich ist ja doch alles vorbei«, antworte ich ihm. Er schreit irgend etwas und läuft weiter.

Nur noch wenige Männer hasten an mir vorbei. Da springt neben mir ein Matrose an die Reling, reißt sich die Uniformjacke vom Leibe und springt in die Tiefe. Es ist nicht mehr hoch bis zur Wasserfläche. Ich höre einen Schrei, dann nichts mehr.

Ich versuche jetzt, weiter nach vorn, zum Bug, zu gelangen und frage mich immer wieder, wie lange sich das Schiff wohl noch halten wird. Als ich dort angelangt bin, sehe ich, daß der Bug ganz vorn schon im Wasser verschwunden ist.

Ich drehe mich nach rechts, klammere mich fester an die Reling, um nicht auf dem eisigen Deck abzurutschen, da tauchen wenige Schritte von mir entfernt vier Gestalten auf, unter ihnen ein Oberleutnant.

»Es ist aus, der Bug ist schon weg!« ruft er mir zu und rutscht, eine Hand über die andere an die Reling greifend, näher an mich heran.

»Los — wir müssen uns retten, bevor es zu spät ist. Hier ist noch ein Floß!«

Ich lasse in diesem Augenblick die Reling los, sause an der Kommandobrücke das schräge Deck herab und lande an der Backbordreling bis zum Bauch im Wasser. Eine Woge kommt auf mich zu, und ich brülle aus voller Kraft:

»Beeilt Euch!«

Da kommt das Floß auf mich zugeschossen, und ich greife in den Seiten-
strick. Das Floß schlägt gegen meine Schienbeine, und nur meine hohen,
dicken Filzstiefel retten mich vor Beinbrüchen. An die Schmerzen zu denken habe ich keine Zeit mehr.

Da sausen über das abschüssige Deck auch schon die vier Männer auf mich
zu, halten sich an dem Tau, das um das Floß läuft, fest. Es ist der letzte
Augenblick. Denn schon rollt eine riesige Woge auf uns zu, sie hebt uns wie
Spielzeug hoch und schleudert uns gegen die dicken Scheiben der Kommandobrücke. Ich glaube in dem noch hellen Raum einige Gestalten zu sehen, da
reißt uns die zurückrollende Woge über die Reling ins Meer. Plötzlich, in
dem Augenblick, als ich in der eisigen Ostsee schwimme, ist meine Todesangst verschwunden und mein Lebenswille wieder da.

»Pullen — Pullen, wir kommen sonst in den Sog!« schreit der Oberleutnant. Mich mit dem linken Arm am Floßrand festhaltend, rudere ich mit
dem rechten wild im Wasser. Es gelingt uns auch, etwa 50 bis 70 Meter vom
Schiff abzukommen. Wir treiben nach hinten zum Heck der *Gustloff.*
Nachdem wir etwa 100 Meter weg sind, stemmen wir uns auf und setzen uns
auf den Floßrand, immer festhaltend, damit wir nicht hinuntergespült werden.

Da kommt das Furchtbarste dieser Schreckensnacht und meines ganzen
Lebens, und nie mehr wird es etwas geben, das mich mehr erschüttern und
bis zum Irrsinn erregen wird. Bisher hatte ich um mein Leben gekämpft,
gebangt und es aufgegeben. Nun ist meine Rettungsmöglichkeit gegeben,
und die Gedanken beginnen, sich zu ordnen. Als wir in der aufgewühlten See
schwimmen, sehen wir turmhoch, schräg über uns das Heck der *Gustloff*
ragen. Und von dort tönt nun das Schreien von Hunderten von Frauen und
Kindern, ein Schreien in Todesangst, so furchtbar, daß es niemand jemals
beschreiben kann, der es nicht selbst gehört hat. Das Schreien steigert sich
zum schrillen Heulen, als es aussieht, als ob das Schiff kentern würde. Der
Oberleutnant und ich sehen uns an, geisterhaft im Zwielicht der Winternacht.

Ich kann das Schreien nicht mehr hören, glaube, wahnsinnig zu werden
und beginne, selbst zu schreien — —

Erst der feste Griff des Oberleutnants, der mich an der Schulter faßt,
damit ich nicht vom Floß falle, bringt mich wieder zur Besinnung.

Es kann nur noch Augenblicke dauern, bis auch das Heck der *Gustloff* mit
den tausend oder mehr Menschen darauf im Meer verschwindet . . . «

»BITTE — ERSCHIESSE MICH!«

Die Marinehelferin Ursula Pautz, die gemeinsam mit ihrer Kameradin
Sigrid Bergfeld aus der Todesfalle im Schwimmbad entkommen war, Ober-

Januar 1945: Ostpreußen flieht vor
den Russen. Viel zu spät machen
sich die Trecks auf den Weg über
das Eis des Frischen Haffs. Nicht
immer hält das Eis. Flieger greifen
*an. Bomben fallen, das Eis reißt auf,
Wagen und Menschen versinken.*
(Fotos: BAKO)

Flüchtlingstrecks auf der Nehrung.
Es ist ein mühsamer Weg, den die
Trecks zurücklegen müssen, um in
einen Hafen zu kommen und ein
rettendes Schiff finden. *(Fotos:
BB/B)*

Unterwegs über das zugefrorene
Haff. Wird das Eis halten? Das ist
immer wieder die Frage, die sich die
Vertriebenen stellen. *(Foto: BB/B)*

»Kein Russe wird jemals ostpreußischen Boden betreten!« verkündete
im Herbst 1944 Gauleiter Erich
Koch in Königsberg (Foto). Die
Wahrheit erlebten die Ostpreußen
im Januar 1945, als sie vertrieben
wurden.. *(Foto: AHM)*

Die Strapazen der Flucht zeichnen
sich in den Gesichtern der Flüchtenden ab. Nach kurzer Rast zieht der
Treck weiter. Das Ziel ist Gotenhafen, die Schiffe, die dort liegen, darunter auch die *Wilhelm Gustloff*.
(Foto: BB/B)

Flüchtlingstrecks ostpreußischer Bauern, die versuchen, über das Kurische Haff vor den Sowjets auszuweichen und über die Kurische Nehrung in unbesetztes Gebiet zu gelangen. *(Foto: BBIB)*

Das sind die Überreste eines Flüchtlingstrecks über das Frische Haff im Januar 1945. *(Foto: BBIB)*

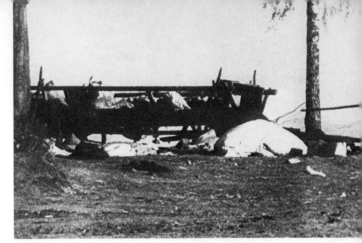

Einer der Flüchtlingswagen, die auf
dem Weg in einen rettenden Hafen
auf der Strecke blieben, wie viele vor
und nach ihm. *(Fotos: BAKO)*

Am Strand der Frischen Nehrung
bei Kahlberg werden Flüchtlinge auf
Marinefährprähme verladen. *(Foto:
BAKO)*

Eines der ersten Schiffe,
die im Januar 1945 bei
über 20 Grad Kälte
Flüchtlinge von Königs-
berg über die Ostsee nach
Westen bringt, ist der
Dampfer *General San
Martin* (Foto oben). Aber
auch andere Schiffe neh-
men in Königsberg Flücht-
linge an Bord. *(Fotos:
BAKO)*

Mit großen und kleinen
Schiffen, sogar mit KFK's
der Kriegsmarine (folg.
Seite oben), fliehen die
Ostpreußen über die Ost-
see. *(Fotos: BAKO)*

Großer Andrang herrscht
Mitte Januar 1945 im Ha-
fen von Pillau. Die Zahl
der Flüchtlinge, die im
Hafen auf Schiffe drängen,
wird von Tag zu Tag grö-
ßer. *(Fotos: CHTT/BA-
KO)*

Rechte Seite: Das erste
große Flüchtlingsgeleit mit
der *Ubena* (Foto oben),
der *Pretoria* (Foto Mitte)
und der *Robert Ley* (Foto
unten) verläßt den Hafen
von Pillau am 25. Januar
1945 und kommt ohne
Schaden in Kiel an. *(Fotos:
GAHS)*

Der Andrang auf die Schiffe wird Ende Januar 1945 stärker. Überfüllt verlassen große und kleine Schiffe die Häfen in Königsberg und Pillau, ihr Ziel ist Gotenhafen. Dort sollen die Flüchtlinge von großen Passagierschiffen übernommen werden, zum Beispiel von der *Wilhelm Gustloff*. *(Foto: BAKO)*

Endlich in Gotenhafen. Hier erfolgt der Umstieg auf die großen Schiffe, die im Hafen liegen. Doch noch ist es nicht soweit. Die großen Schiffe warten auf den Befehl, Flüchtlinge an Bord nehmen zu dürfen. *(Foto: BAKO)*

bootsmaat Fritz Henke, der im Gewühl auf der Treppe seine Frau Dunja aus den Augen verloren hatte, der Maschinenmaat Helmut Wuttke, Irene Darnedde, die Schwestern Erika und Hildegard Voigt, wie auch Gundula Beilfuß, Ruth Rossow, Irene Stender und Marineoberstabsarzt Dr. Helmut Richter, befanden sich noch immer auf der untergehenden *Wilhelm Gustloff*.

Ihre Chance, die Katastrophennacht zu überleben, wurde von Minute zu Minute geringer.

Der Stabsobermaschinist Gerhard Schmidt und der Bootsmaat Emil Kurzrock waren auf aushängenden Jakobsleitern bereits über Bord geklettert und schwammen in der See. Auch Erna Engisch war auf diesem Weg über Bord gegangen. Sie hatte dabei allerdings das Pech, von der Leiter ins Meer zu fallen, danach aber das Glück, sofort aus dem Wasser in ein Floß gezogen zu werden.

Christa Böttcher, der von einem hilfsbereiten Matrosen ihre zweieinhalbjährige Tochter Heidi abgenommen worden war, den sie dann aber plötzlich nicht mehr sah, wurde in eines der Rettungsboote gehoben, in dem sich schon Dunja Henke befand, die sich Sorgen um ihren verlorenen Mann machte.

Auch den 55jährigen Elbinger Eisenbahner Julius Rinnus hatte man in ein Boot aufgenommen.

Otto Beckmann und sein Kamerad Peter Ochtrup hatten es vorgezogen, über Bord zu springen, anstatt auf der *Gustloff* zu bleiben und das völlige Absacken abzuwarten. Sie hatten Angst vor einem möglichen Sog gehabt, der ihnen den Tod bringen könnte.

Alle, die jetzt noch auf der *Gustloff* sind, spüren, daß das Ende des Schiffes naht.

Die Schlagseite wird jetzt so steil, daß auf dem spiegelglatten Deck kein Halten mehr ist, sofern es einem nicht gelingt, sich an Tauen, den Aufbauten oder an der Reling festzuhalten. Unzählige gleiten in diesen Augenblicken schreiend über Bord. Auch Schlauchboote und Marineflöße, eben losgebunden und klargemacht, setzen sich unerwartet in Bewegung und ziehen die daran Festgeklammerten nach sich. Dennoch sind viele Männer der Besatzung unter schier übermenschlichen Anstrengungen dabei, Hilfe zu leisten, den Stürzenden Halt zu geben und Flöße und Schlauchboote zu Wasser zu bringen. Einige Schlauchboote und Flöße bleiben an der immer tiefer liegenden Backbordreling hängen, andere sind noch festgezurrt.

Bereits vor einigen Minuten hat man die ›Blaukammern‹ aufgemacht. Im Nu war das Blauzeug weg. Viele Frauen, die nur halbbekleidet über Deck geirrt waren, tragen jetzt blaue Hosen und Jacken, die vor der Kälte schützen. Mann und Frau sind in vielen Fällen jetzt nur noch an den Haaren zu erkennen.

Jetzt taucht die Reling des Vorschiffes völlig ins Wasser. Das Schiff neigt sich immer weiter nach vorn, das Heck richtet sich immer steiler aus dem Wasser.

329

Oben im Funkraum hat der Oberfunkmeister den Befehl ausgegeben, die geheimen Schlüsselunterlagen zu verpacken, ein Grundgewicht daran zu binden und mit einem Gewicht beschwert über Bord zu werfen. Es ist eigentlich sinnlos, was da geschieht. Aber auch in dieser Situation wird noch ›nach Vorschrift‹ gehandelt, pflichtbewußt wie vorgeschrieben.

Auch ich befinde mich noch auf der *Gustloff*.

Auch ich hoffe noch zu überleben. Doch ich bin mir bewußt: Die Chancen stehen eins zu tausend.

Wenige Meter von mir entfernt sehe ich einen höheren Parteiführer, erkennbar an seiner Uniform. Er hat mit seiner Frau und zwei Kindern an den Aufbauten Halt gefunden.

»Mach schnell ein Ende mit uns — — !« schreit ihm die Frau entgegen. Sich mit der linken Hand weiter festhaltend, zieht er mit der rechten seine Pistole — — Drei Schüsse erschrecken mich, fahren mir in die Glieder. Die Kinder und die Frau fallen an Deck, rutschen nach vorn zu dem schon verschwundenen Schiffsbug, eine Welle erfaßt sie und trägt sie ins Meer ——

Verzweifelt drückt der Mann die Pistole an die eigene Schläfe. Doch der Knall bleibt aus. Das Magazin ist leer — —

Der Mann setzt die Waffe ab, blickt sich um, schreit mir zu:

»Geben Sie mir Ihre Pistole — — — !«

»Ich habe keine!« rufe ich zurück.

Da verliert der braun Uniformierte den Halt, rutscht aus, saust über Deck nach vorn, lebend seiner Frau und den Kindern nach, die er vor wenigen Augenblicken in den Tod schickte.

Mich friert. Ist das der Tod, der nach mir greift?

Pistolenschüsse reißen mich aus diesem Gedanken. Offenbar sehen jetzt viele nur noch einen Ausweg, dem erbärmlichen Tod des Ertrinkens zu entgehen.

›Selbstmord!‹

Mir gelingt es, an die Backbordreling zu gelangen. Dort liegen noch einige Flöße, die hängengeblieben sind. In dem ersten Floß, das ich erreiche, liegt ein Panzersoldat mit Kopfverband. »Mein Bein, mein Bein«, stöhnt er. Vielleicht ist er gestürzt, hat sich ein Bein gebrochen. Angstvoll hält er mich fest, bittet, fleht:

»Bitte — Kamerad — bitte — erschieß mich!«

Ich versuche ihn zu trösten, ihm klarzumachen, daß sich die Flöße lösen, sobald das Schiff weiter sinkt.

Auch ich glaube dies.

DAS LETZTE VATERUNSER

Dann krieche ich in das nächste Floß und warte, daß die *Gustloff* weiter sinkt und mich eine Welle hinausträgt in die offene See. Es kann nur noch Sekunden dauern, bis sich diese Hoffnung erfüllt oder der Sog des sinkenden

Schiffes mich mit in die Tiefe nimmt und meinem Leben ein Ende setzt.

Der Augenblick ist ganz nahe, dem Tod ins Auge zu sehen.

Doch der Tod läßt sich Zeit. Viel Zeit.

Ich erschrecke, als ich plötzlich spüre, daß ich in dem Floß nicht allein bin. Neben mir regt sich etwas. Im Halbdunkel sehe ich blanke goldene Knöpfe an einer dunklen Uniform. Der andere scheint verletzt zu sein. Er stöhnt. Behutsam schiebe ich ihm meinen Unterarm unter den Kopf . . . Da fällt langes, blondes Haar über meinen Arm. Es ist eine Frau, ein junges Mädchen, das neben mir im Floß liegt. Vielleicht eine der Marinehelferinnen, die auf der *Gustloff* Zuflucht gefunden hatte? Vielleicht stammt die Uniform auch aus der ›Blaukammer‹.

Jetzt greife ich nach der Hand des Mädchens, fühle kaltes, fast lebloses Fleisch, rücke näher an das Mädchen heran, stütze ihren Kopf. Sie will mir offensichtlich etwas sagen.

Da stammelt ihr Mund einige Worte, so leise, daß ich ganz nahe an ihr Gesicht herangehen muß, um sie zu verstehen.

»Beten«. Und noch einmal sagt sie: »Beten — bitte!«

Jeden Augenblick kann das Schiff versinken, und dieses junge Mädchen fleht mich, den Tod im Angesicht, an: »Beten!«

Mir stockt der Atem, als ich diese Bitte höre, vielleicht die letzte Bitte dieses jungen Mädchens, das etwa so alt sein mag wie ich, 18 oder 19 Jahre.

Dann fasse ich die Hand des Mädchens, spüre ein Würgen in der Kehle, kann das Weinen nicht mehr unterdrücken — — und dann stammeln wir beide, ohne uns zu kennen, ohne gegenseitig zu wissen, wer wir sind, in dieser Stunde der gemeinsamen Furcht vor dem Tod das Vaterunser: ». . . und Dein Wille geschehe, im Himmel wie auf Erden — denn Dein ist das Reich — und die Kraft und die Herrlichkeit — in Ewigkeit — Amen!«

Die letzten Silben sind noch nicht verklungen, da kommt eine riesige Woge auf uns zu, hebt uns aus dem Floß, reißt uns über Bord und trägt uns hinaus in die dunkle, eiskalte See, in Nacht und Sturm.

Doch wir sind noch lange nicht die Letzten, die die Ostsee von Bord der *Gustloff* spült.

Fünfzig Minuten nach dem ersten Torpedotreffer steht der Pendelanzeiger im Kartenhaus der *Gustloff* auf 28 Grad.

Das Schiff hat jetzt eine Schlagseite von 28 Grad nach Backbord.

Und noch mehr als zehn Minuten wird sich das todwunde Schiffswrack noch halten.

Doch dies weiß niemand. Auch Korvettenkapitän Wilhelm Zahn nicht.

Noch immer hängen Kapitän Zahn, die Fahrkapitäne Weller und Köhler, der 2. Offizier Vollrath, der Obersteuermann Geiß, der Steurer Smeilus und einige Signalgasten in der Kommandobrücke, von stehen kann keine Rede mehr sein.

Immer höhere Wellenberge schlagen von vorn an die dickwandigen Fenster der Kommandobrücke.

Trotz des Chaos auf dem Schiff sind die Männer auf der Brücke der *Gustloff* noch ruhig. Sie sind wohl die einzigen, auf welche die Panikstimmung nicht übergegriffen hat. Sie sind auch die einzigen, die wissen, daß die Stelle, an der die *Gustloff* sinkt, eine Wassertiefe von 61 Metern hat und daß das Schiff vom Kiel bis zur Mastspitze 58 Meter mißt. Einen Sog kann es beim Untergang nach ihrer Meinung kaum geben.

Für einen Moment wird der Blick auf das Vorschiff wieder frei. Gerade können die Männer noch erkennen, wie einige Männer ein unter der Brücke festgezurrtes Floß besteigen wollen, da stürzt ein neuer Wellenberg heran, hebt das Floß, an dem die Männer sich festhalten, wie eine Spielzeugschachtel hoch und wirft es mit voller Gewalt gegen die Fenster der Kommandobrücke.

Doch die Scheiben halten.

Jetzt kommen auch die anderen noch leeren Flöße in Bewegung, werden von den immer stärker rollenden Wellen hochgetragen und gegen die Kommandobrücke geschleudert.

Einmal, zweimal, dreimal.

»Jetzt wird's aber Zeit — alle Mann raus hier!« schreit Korvettenkapitän Zahn den Leuten im Brückenraum zu. Keiner bleibt zurück, alle stürzen nach draußen, um nach achtern auf das Heck zu gelangen — —

Das war keinen Moment zu früh. Schon die nächste Woge zerschmettert die Scheiben der Brücke, gurgelnd stürzt das Wasser über das Steuer, die Maschinentelegraphen und den Kartentisch.

22 UHR 18 — DIE *GUSTLOFF* KENTERT

Um 22 Uhr 16, sechzig Minuten nach dem ersten Torpedotreffer, dem gleich darauf zwei weitere folgten, macht sich die *Gustloff* zum Sterben bereit. Niemand weiß, daß der Todeskampf des Schiffes noch genau zwei Minuten dauern wird.

Aber es geschieht noch viel in diesen 120 Sekunden.

Niemandem ist bekannt, wieviel Menschen in den letzten sechzig Minuten auf der *Gustloff* schon sterben mußten, zerrissen von den Torpedos, erstickt in den Detonationsgasen, erschlagen von umgestürzten Möbeln, zertreten in den Treppenaufgängen, ertrunken im Vorschiff, in den Gängen, den Kammern, in den Sälen und im Unteren Promenadendeck, das zu einem »gläsernen Sarg« wurde.

Und niemand kann wissen, wieviel der Sechstausendsechshundert, die am Mittag dieses Tages die hoffnungsvolle Reise mit der *Gustloff* über die Ostsee antraten, jetzt noch auf dem sterbenden Schiffswrack den letzten Funken Hoffnung auf Rettung in sich verspüren oder wieviel sich bereits in der See befinden, schiffbrüchig auf Flößen, in den Booten oder im eiskalten Wasser.

Niemand kann das alles wissen.

332

Gibt es für die, die sich jetzt noch auf dem Wrack befinden, überhaupt noch die geringste Chance des Überlebens?

Es gibt sie.

Noch immer ragt das Schiff mit der Steuerbordseite vom Heck bis zum Schornstein aus dem Wasser — —

Vielleicht sind es noch tausend Menschen, die sich in den letzten zwei an Deck befinden, sich an die Reling klammern, in einem Kutter oder Floß sitzen, wartend, daß die *Gustloff* unter ihnen versinkt.

Welle auf Welle rollt über Deck, reißt die Menschen von ihren Halten, trägt sie aus den Flößen, zerschmettert sie an den Aufbauten, an der Reling oder trägt sie hinaus in die See.

Der 2. Ingenieur Erich Goering, der dem Tod im Maschinenraum nur dadurch entkommen ist, weil er sich zum Zeitpunkt der Torpedierung auf »Freiwache« in seiner C-Deck-Kammer aufhielt, hat bis jetzt an Oberdeck Frauen und Kindern in die Boote geholfen.

In diesem Augenblick bemüht er sich gemeinsam mit Oberzahlmeister Peter Martin Jensen, ein Floß über die Backbordreling zu bringen. Da kommt eine Woge heran, spült das Floß, den Oberzahlmeister und einige Frauen und Kinder, die dabei stehen, über Bord. Er selbst kann sich im letzten Augenblick gerade noch festhalten.

Goering versucht mit aller Mühe, auf die höher liegende Steuerbordseite zu gelangen, klettert dort über die Reling und rutscht auf der Außenhaut des Schiffes zwischen den Bullaugen ins Wasser.

Er sieht nicht mehr, daß wenige Meter von ihm entfernt der Steurer Wilhelm Smeilus auf die gleiche ungewöhnliche Art von Bord geht.

Beide Männer fahren schon zur KdF-Zeit auf der *Wilhelm Gustloff*. Sie haben sich nie träumen lassen, auf diese tragische Art ihr Schiff verlieren zu müssen.

Auf der Backbordseite taucht die Reling jetzt immer stärker ins Wasser. Welle für Welle erfaßt nach und nach alle, die sich noch an Deck befinden und sich nicht mehr festhalten können. Sigrid Bergfeld, der Kapitänssteward Max Bonnet, der Maschinenmaat Helmut Wuttke, der Oberbootsmaat Fritz Henke und viele andere werden in diesen Augenblicken über Bord gespült.

Irene Darnedde, die ihre Familie verloren hat, hält sich krampfhaft an ihrer Tante fest. Sie will nicht in das kalte Wasser. Doch die nächste Welle erfaßt auch sie, reißt sie von der Tante los, und dann spürt sie schon das Wasser über sich zusammenschlagen.

Die Marinehelferin Ursula Pautz, die einen mutterlosen fünfjährigen Jungen bei sich hat, wird ebenfalls von Bord gespült und dabei von dem Jungen getrennt. Auch Erika Voigt hat einer Mutter ein Kind abgenommen, wird von einer Woge erfaßt und mit dem Kind ins Meer gerissen, wo sie das Kind nicht wiederfindet.

Ihre Schwester Hildegard ist schon einige Minuten vorher von Bord gegangen. Sie hat noch beobachtet, wie der 1. Offizier Wöhlbier von einem Boot, in dem er gestanden ist, um es mit einem Beil von den Davits loszumachen, kopfüber ins Meer stürzt, wie Kapitänleutnant Grochiwiak sich bemüht, einige Schlauchboote klarzumachen und dabei von Bord gerissen wird und Kapitänleutnant Beyer über die Reling springt Dann verlor Hildegard den Halt und ist ins Wasser gerutscht.

Auf der Steuerbordseite klebt in diesem Augenblick noch die Marinehelferin Ruth Rossow, fast auf dem Bauche liegend, auf der Außenhaut des Schiffes und versucht, sich an einem der Bullaugen festzuhalten. Doch als die Schlagseite noch stärker wird, rutscht auch sie über Bord.

Auf dem Heckdeck stehen jetzt noch drei große Marinekutter, die zusätzlich vor dem Auslaufen an Deck gestellt wurden. In einem der Kutter sitzen über dreißig Menschen. Der zweite Kutter ist ebenfalls besetzt. In beide Kutter steigen jetzt noch weitere Männer und Frauen.

In den dritten Kutter steigt in diesem Augenblick Marinemaler Professor Bock ein, der seit langem auf der *Gustloff* wohnt. Er hat wenige Tage vor dem Auslaufen eine gute Bekannte, die Baronin von Maydell, mit ihrem jüngsten Sohn Günther an Bord geholt und ihnen eine Kammer gegenüber dem Funkraum verschafft. Alle bisherigen Versuche, einen Bootsplatz zu finden, sind mißlungen. Nun ist er dabei, die Baronin und den Sohn in den Kutter zu ziehen, was auch gelingt. Als sie sich umsehen, erkennen sie an den vier goldenen Ärmelstreifen Kapitän Friedrich Petersen. Auch er befindet sich in dem Kutter.

Alle, die in den drei Kuttern sitzen, warten auf den Augenblick, in dem das Schiff endgültig in den Fluten versinkt. In diesem Augenblick werden die drei Kutter im Meer schwimmen.

Das jedenfalls hoffen die Kutterinsassen.

Ein Marinesoldat hilft nach. Er hatte ein Messer und kappt die Leinen des Kutters, in dem Petersen, der Professor und die Baronin sitzen. Bereits die nächste Woge trägt den Kutter in die See.

Die anderen beiden Kutter haben das Glück nicht auf ihrer Seite. Der zweite Kutter saust über Deck, schlägt auf das Wasser, kippt um und versinkt; der dritte zerschellt an der Reling.

Die Bootsinsassen werden hinausgeschleudert und verschwinden in der aufbrausenden Flut.

Als dies geschieht, ist der Kutter mit dem Kapitän schon so weit von dem todwunden Schiffswrack entfernt, daß jede Hilfeleistung für die Schiffbrüchigen unmöglich wurde.

Korvettenkapitän Zahn, der militärische Transportleiter auf der *Gustloff*, befindet sich zu dieser Zeit noch auf dem Schiff. Er versucht, auf der Steuerbordseite über das Bootsdeck nach achtern zu gelangen. Das kostet ihn einige Kraftanstrengungen. Man kann nur noch hangeln oder robben und sich festhalten, wenn eine Woge kommt.

Zahn, der weiß, daß auf dem achteren Bootsdeck eine große Anzahl von Flößen, Schlauchbooten und Kuttern aufgestellt sind, hofft, daß noch nicht alle über Bord gegangen waren.

Wie ein Artist arbeitet sich der Korvettenkapitän nach hinten. Er hat keine Sekunde mehr zu verlieren. Denn jeden Augenblick mußt das Schiff sich endgültig auf die Seite legen und in den Fluten verschwinden.

Wer dann noch an Bord ist, ist verloren.

Als Zahn endlich die Stelle auf dem Achterschiff erreicht hat, an der er eine Vielzahl von Kuttern, Flößen und Schlauchbooten vorzufinden hofft, sieht er noch ein einziges Floß. Zwei Marinesoldaten bemühen sich, das Floß, das jetzt ins Rutschen kommt, zu halten. Doch sie schaffen es nicht.

Der Korvettenkapitän sieht es mit Entsetzen.

Auf den vereisten Schiffsplanken liegend, halb hängend, greift Zahn zu — im letzten, allerletzten Augenblick.

Jetzt stürzt der Korvettenkapitän in ein Nichts, Sekunden später schlägt er auf dem Wasser auf, taucht unter, kommt wieder hoch.

Die Schwimmweste trägt ihn.

UNTERGANG MIT FESTBELEUCHTUNG

Jetzt ist die Todesminute der *Gustloff* gekommen.

Für alle, die noch an Bord sind, gibt es keine Rettung mehr.

Sie wollen nicht sterben, doch der Tod ist unerbittlich.

Aber einer ist an Bord, der sterben will. Er sitzt im Schornstein des Schiffes, der ja nur eine Attrappe ist, und wartet auf den Tod. Dieser Mensch will nicht gerettet werden, sondern er will sterben. Für ihn hat das Weiterleben jeden Sinn verloren.

Dieser Mann ist der 19 Jahre alte Wäschergehilfe, der seine ganze Familie, drei Generationen, vierzehn Menschen, an Bord im Vorschiff verloren hat.

Und er hat sie alle an Bord gebracht. Mit dem Tod seiner Lieben ist auch sein Mut zum Weiterleben stumpf geworden. Ohne sich zu wehren, läßt er sich von der nächsten Welle umschlingen, sich aus dem Schornstein spülen, in die stürmische Winternacht hinaustragen.

Damit wird er zum Leben verurteilt sein!

Auch ich ringe in der eiskalten Ostsee um das nackte Leben.

Hunderte von Menschen treiben neben mir im eisigen Wasser. Sie schreien um Hilfe, klammern sich an Bootsränder, kämpfen mit den Bootsinsassen und suchen nach irgendeinem Halt. Doch die Kälte läßt ihre Glieder schnell erstarren. Die See wirft die Menschen wie Spielzeug umher. Unter gurgelnden Hilferufen sind Unzählige bereits in den Fluten versunken oder hängen leblos in ihren Schwimmwesten. Manche haben diese trotz Unterweisung falsch angelegt, so daß der Kopf unter Wasser gedruckt, der Unterkörper jedoch vom Auftrieb emporgehoben wird.

Ich wundere mich, daß ich immer noch bei Besinnung bin.

Meine Augen versuchen das Dunkel der Nacht zu durchdringen.

Ab und zu bricht der Mond durch die Wolkenfetzen und beleuchtet mit seinem fahlen gelben Licht den grauenvollen Ort. Turmhoch wirft mich die Dünung empor und läßt mich dann wieder in tiefe Wellentäler sinken.

Bringt niemand Rettung?

Wenn nicht bald Schiffe erscheinen, sind alle, die hier im Wasser treiben, dem Tode preisgegeben.

Ich kann nicht wissen, daß in diesen Augenblicken jenseits — etwa hundert Meter vom Schiffswrack entfernt — das Torpedoboot *Löwe* bereits die ersten Schiffbrüchigen an Bord nimmt.

Viele Augenpaare starren jetzt hinüber zu dem sinkenden Koloß, der sich zum Sterben anschickt, denn die Todessekunde des Schiffes ist gekommen.

Ein lautes Dröhnen dringt von der *Gustloff* herüber, die letzten Schotten sind gebrochen.

Immer weiter dreht sich das Schiff, das Brüllen der an Bord verbliebenen Passagiere schwillt zu einem Orkan an. Immer mehr neigt sich das Wrack.

Und da geschieht das Unfaßbare! Wie von Geisterhand bedient, ist mit einem Schlage die gesamte Schiffsbeleuchtung angesprungen — im vollen Glanz erstrahlt das Schiff.

Es scheint wie ein Spuk.

Doch es ist kein Spuk.

Die *Gustloff* sinkt mit Festbeleuchtung. In seinem Glanz der heiteren Friedensjahre erstrahlt der sinkende Sarg, spiegelt sich tausendfältig in der schäumenden See, neigt sich den Wellen zu, stürzt in ein nasses Grab.

Über das zwanzig Meter breite Sonnendeck fallen die Menschen — in Trauben zusammengeballt — in wilden Knäueln — von der Lichtflut geblendet — mit einem Schrei des Entsetzens auf den Lippen — über Bord und klatschen auf dem Wasser auf.

Polternd sausen einige Flöße, durch die Schiffsdrehung losgerissen, über Deck, stürzen krachend über Bord in die Menschentrauben hinein.

Da — ein neuer Spuk?

Die Sirene setzt sich in Bewegung, allein.

Sie kündet den Untergang der *Gustloff* an.

Ein langgezogener Heulton erfüllt die Luft, wird leiser, heiserer.

Aus dem jetzt schon fast waagerecht zur Wasserfläche liegenden Schornstein wird ein Mensch herausgespült, ein Mensch, der sterben wollte.

Dann erstickt das Heulen der Sirene, verlöscht das Licht.

Das Schiff ist tot — — versinkt vollends in den gleißenden Fluten. Ein riesiger Wellenberg schlägt über der *Gustloff* zusammen, erstickt den allerletzten Todesschrei.

FÜNFTES KAPITEL

Tote und Überlebende

Die dramatische Rettungsaktion bei Nacht

Das Drama der Schiffbrüchigen / Schwerer Kreuzer Hipper *kann nicht helfen / Zwei Kapitäne in einem Boot / Torpedoboote im Rettungseinsatz / U-Boot-Angriff auf Torpedoboot T 36 / Die Schwangere im Rettungsboot / Flöße, Boote, Lebende und Tote / Das Wunder: Ein Kind wird geboren / Sieben Schiffe suchen Überlebende / Torpedoboot* Löwe *beendet Rettungsaktion / Ertrunken, Erfroren, Gestorben / Fünf Stunden nach der Katastrophe / Ein schwimmender Friedhof / »Tote ins Meer — Lebende an Bord« / Der letzte Überlebende / Der »Diebstahl« des Gustloff-Findlings / Rettungsschiffe — Tränenschiffe / »Gustloff-Gerettete aussteigen!« / Zum Leben verurteilt / Im Hafen von Swinemünde / Die Totenhalle in Gotenhafen / Eine Katastrophe unter vielen / Das Massengrab in Pillau / Verschollen in der Ostsee / Die Heldentat, die keine war / Ein Vermächtnis der Toten.*

DAS DRAMA DER SCHIFFBRÜCHIGEN

Ich schwamm bereits einige Minuten in der wildbewegten und eisigkalten Ostsee, als die *Wilhelm Gustloff* in etwa einhundert Meter Entfernung von mir unterging. Da sprang urplötzlich die gesamte Schiffsbeleuchtung an. Ich glaubte zunächst an eine Vision und schloß für einen Moment die Augen. Doch als ich sie wieder öffnete, sah ich das gleiche Bild, ein Bild des Entsetzens. Zum letzten Male hörte ich dann die Sirene des Schiffes, eines sterbenden Schiffes. Und ich hörte den Schrei aller, die sich jetzt noch auf dem untergehenden Schiff befanden, einen Schrei, der mich noch jahrelang in meinen Träumen verfolgen würde:

Den Todesschrei der Letzten auf der *Gustloff.*

Dann erstickte das Meer alles. Die *Gustloff* war in ein 61 Meter tiefes Grab gesunken.

Ich hatte befürchtet, der Sog des sinkenden Wracks würde mich mit in die Tiefe hinabziehen. Aber nichts davon war zu spüren. Für kurze Zeit wurden die Wellenberge etwas höher und die Täler etwas tiefer. Das war alles.

Oder empfinde ich überhaupt nichts mehr?

Mit Stärke 5—6 treibt der Wind jetzt eine hohe Dünung auf. Die Rettungsboote, die sich noch halten können, sind überfüllt. Zahllose Hände klammern sich auch von außen an die vereisten Bootsränder und drücken die Fahrzeuge fast unter den Wasserspiegel. Manch einer, der sich in den schwankenden Booten mühsam noch einen Stehplatz hart außen am Rand erkämpft hat, verliert das Gleichgewicht und geht über Bord.

Ich sehe das alles und gebe den Versuch auf, in eines der Boote zu gelangen. Meine Schwimmweste trägt mich.

Wann werden die Schiffe kommen, um uns aus dem Meer zu retten? Das ist die Frage, die alle bewegt, die im Wasser treiben, und die auf den Flößen und in den Booten sind.

Bei dem hohen Seegang und der dunklen Nacht, die nur ab und zu vom matten Mondschein erhellt wird, können die auf der Steuerbordseite des sinkenden Schiffes von Bord gegangenen Schiffbrüchigen nicht erkennen, daß das Torpedoboot *Löwe* bereits seit einiger Zeit in fieberhafter Eile Überlebende birgt.

Auch ich sehe das nicht.

Um mich herum sehe ich nur schlagende Wellen und ein Meer von Köpfen in Wellentälern und auf Wellenbergen. Dazwischen Flöße und Boote.

Und was ich höre, sind Schreie, furchterregende Schreie, Schreie um Hilfe, die keiner hört, der helfen könnte.

Es sind nicht wenige, die ohne Schwimmweste im Wasser treiben. Sie sind die Ersten, die der Tod dahinrafft.

Aber auch diejenigen, die jetzt noch von einer Schwimmweste getragen werden, haben noch lange nicht überlebt, sind noch lange nicht gerettet. Bei einer Wassertemperatur, die zwischen null und plus drei Grad liegen mag und einer Lufttemperatur von etwa 18 Grad unter Null sind die Überlebenschancen gering, wenn die Schiffbrüchigen nicht sehr bald aus dem Wasser geborgen werden.

Was hier über dem Grab der *Gustloff*, zwölf Seemeilen von Stolpmünde entfernt, in der Ostsee geschieht, ist nichts anderes als ein elendes Dahinsterben in Zeitlupe, ein Verdämmern bei klarem Verstand und ein wehrloses Absinken in den Tod.

Ich fühle weder die Kälte des Wassers und der Luft, noch den eisigen Wind. Ein Schleier hat sich über mein Bewußtsein gelegt. Ab und zu schrecke ich auf.

So treibe ich durch die Nacht, willenlos, gefühllos, mutlos, hoffnungslos. Denn ich kann nichts zu meiner Rettung tun und werde sterben müssen wie schon so viele vor mir — — —

Doch der Tod scheint mich noch aufgespart zu haben. Um mich herum sinkt einer nach dem anderen ab. Irgendwo reckt sich ein Arm gegen den dunklen Himmel, klingt ein letzter Schrei.

Eine Zeitlang treibt ein Kind neben mir, dessen kleines Herz längst aufgehört hat zu schlagen. So schwimme ich mit diesem stummen Begleiter durch das weite Feld der Lebenden und Toten, und fast fühle ich mich nicht mehr so verlassen. Manchmal fällt das bleiche Mondlicht auf das Gesichtchen, und dann spricht aus den gläsernen Augen die unendliche Qual seines Sterbens. Zuweilen ist es mir, als vernähme ich noch einen feinen, leisen Hauch von den fahlen Lippen des Kindes: »Hilfe — Mutter...« Wie oft mag dieses Kind diese Worte wohl in die eiskalte, stürmische Winternacht hinausgeschrien haben?

Ja, wo war die Mutter dieses Kindes? Gehörte sie zu denen, die schon im Gedränge auf den Treppen zertreten und zerquetscht wurden, oder war sie eine derjenigen, die im Unteren Promenadendeck starben, oder hatte sie das Kind in eines der Rettungsboote gegeben und war selbst auf dem Schiff geblieben?

Oder war seine Mutter jene Frau, die wenige Meter von uns entfernt trieb, leblos, einen Säugling fest im Arm haltend? Ganz fest hatten sich ihre Hände in das jetzt offene Deckenbündel verkrampft, als wolle sie ihren wertvollsten Schatz um keinen Preis freigeben, auch im Tode nicht — — —

Schreie, die zu einem Orkan anschwellen, reißen mich wieder in die Wirklichkeit zurück, die ich für wenige Minuten verlassen hatte.

Hunderte schreien plötzlich über dem Grab der *Gustloff*, scheinbar Tote sind plötzlich wieder lebendig geworden, brüllen, schreien, recken die Arme hoch, rufen:

»Ein Schiff — ein Schiff — — —!«

KREUZER *HIPPER* KANN NICHT HELFEN

Urplötzlich ist der Schatten eines riesigen Kriegsschiffes aufgetaucht. Mehrere Scheinwerfer flammen auf und lassen ihre Kegel gespensterhaft über das Wasser geistern. Hunderte von Augenpaaren folgen den grellen Lichtstrahlen, die über einen Schauplatz des Grauens huschen.

Mit einem Male ist die Unglücksstelle wieder voller Leben. Scheinbar Tote recken sich plötzlich höher aus dem Wasser empor und rufen um Hilfe. Minutenlang ist die Luft erfüllt von dem Schreien Hunderter. Fieberhafte Spannung belebt sie aufs neue. Jeder nimmt seine letzte Kraft zusammen. Mancher, der vor Erschöpfung kein Wort mehr hervorbringen kann, jubelt im Inneren: »Gerettet!«

Jetzt bleibt der Scheinwerfer an einem steuerlos treibenden Rettungsboot hängen und taucht es in ein gleißendes Licht. Die einzigen beiden Männer die im Boot sind, haben Mühe, die ungeduldigen Frauen zu beruhigen, die ihre Rettung nicht abwarten können, zumal das Jammern einer Schwangeren, die sich in diesem Boot befindet, an ihren Nerven reißt.

Da gellt plötzlich ein Schrei über das Wasser:
»Das ist ja der Russe — — —!«
In Windeseile pflanzt sich dieser Schrei fort — — —

Neues Entsetzen packt die Schiffbrüchigen. Die Angst, jetzt am Ende vielleicht noch beschossen zu werden, läßt für Sekunden jede Regung erstarren.

Doch von dem großen Schiff, das beidreht, dröhnt jetzt die Ankündigung:

»Haltet aus — wir retten Euch!«

Erleichtert atmen alle auf, die Rettung ist in Sicht.

Das mächtige Kriegsschiff, das so plötzlich an der Untergangsstelle der *Gustloff* erschienen ist und sich jetzt langsam in das Gewimmel von Booten, Flößen, Kuttern, Schlauchbooten und lebenden Menschenleibern hineinschiebt, in dieses jetzt tobende, brüllende, schreiende Chaos Hilfesuchender, ist der Schwere Kreuzer *Admiral Hipper*.

Die meisten Schiffbrüchigen haben ihn nicht einmal kommen sehen. Plötzlich war er da, aus der Dunkelheit aufgetaucht. Turmhoch ragt der Bug des gewaltigen Kriegsschiffes aus den Wellen. In diesem Riesenschiff sehen jetzt alle die Rettung, das Leben.

Alle Boote, die noch Ruder besitzen, noch steuern können, halten jetzt auf den Koloß zu. Ein jeder will der Erste sein.

Mit letzter Kraft kämpfen sich die im Wasser Treibenden an das Schiff heran.

Jetzt haben alle, die noch Leben in sich spüren, ein Ziel: Das Riesenschiff, das plötzlich da ist, irgendwoher gekommen, aus dem Dunkel der Katastrophennacht aufgetaucht.

Nur wenige Marineangehörige unter den Schiffbrüchigen erkennen in dem Schiffskoloß den Schweren Kreuzer *Admiral Hipper*. Die meisten Schiffbrüchigen wissen das nicht. Sie wissen auch nicht, daß *Admiral Hipper* und das ihn begleitende Torpedoboot T 36 bereits kurz nach Empfang des Notrufes um 21 Uhr 30 mit ›äußerster Kraft‹ hierher geeilt sind und schon auf der Fahrt mehr über das Schicksal der *Gustloff* und die Gefahr, in der das Schiff sich befindet, erfahren haben.

Unterwegs zur ›Unfallstelle *Gustloff*‹ hatten der Schwere Kreuzer und das Torpedoboot T 36 mehrere Meldungen ausgetauscht, die mit der Klappbuchse signalisiert wurden:

»k an k:

— zeit der torpedierung 21 uhr 16 — gustloff manövrierunfähig — treibt mit 6—7 grad backbordschlagseite — hilfe erbeten — lage erscheint aussichtslos — auf gustloff kann niemand ausmass der schäden feststellen —mit erneutem angriff und fangschuss ist zu rechnen — ausguck nimmt notsignale auf — *gustloff* schießt rote raketen —«

Damit wußten sowohl der Kommandant des *Admiral Hipper*, Kapitän zur See Henigst, als auch Kapitänleutnant Robert Hering auf T 36, daß für die *Gustloff* und alle Menschen, die sich auf ihr befanden, höchste Gefahr bestand.

Schon lange, bevor der Schwere Kreuzer die Unglücksstelle erreicht hatte, wurde alles für die Aufnahme Schiffbrüchiger vorbereitet. Die in Gotenhafen übernommenen 1 377 Flüchtlinge, die er mit nach Kiel nehmen wollte, haben in dem Schiff eine gute Aufnahme gefunden. Man hatte aber nicht verhindern können, daß einige Flüchtlinge die letzten Vorfälle, das geschäftige Treiben, das mit der Vorbereitung der Anbordnahme von Schiffbrüchigen zwangsläufig verbunden war, bemerkt hatten. Dann, als man der Unfallstelle näher kam, hatte das orkanartig anschwellende Hilfeschreien der Schiffbrüchigen, das unüberhörbar wurde, so manchen der an Bord des *Admiral Hipper* sicher geborgenen Flüchtlinge aus dem Schlaf gerissen. Der Kommandant des Kreuzers, seine Offiziere und Mannschaften, hatten sich in der letzten halben Stunde alle erdenkliche Mühe gegeben, die Flüchtlinge an Bord zu beruhigen und zur Disziplin zu ermahnen, um die Rettungsarbeiten nicht zu stören.

Ähnlich war es auf dem Torpedoboot T 36, das schon einige Zeit vor *Admiral Hipper* die untergehende *Gustloff* erreicht hatte, um 22 Uhr 10.

Kapitänleutnant Hering war mit seinem T-Boot um die *Gustloff* herumgefahren, hatte dabei das Ausmaß der durch die Torpedotreffer hervorgerufenen, äußerlich erkennbaren Schäden festgestellt. Er hatte bemerkt, daß das Schiff bereits eine Schlagseite nach Backbord von etwa 20 Grad hatte. Er hatte ferner versucht, mit der Kommandobrücke der *Gustloff* Verbindung aufzunehmen. Doch die Blinksignale von T 36 wurden nicht erwidert. Kapitänleutnant Hering sah auch, daß auf der Backbordseite des Havaristen ein T-Boot — es handelte sich um T *Löwe* — bereits mit der Bergung Schiffbrüchiger begonnen hatte.

Der Brückenausguck von T 36 meldete laufend alles Sichtbare:

»Unter der Steuerbordwand der *Gustloff* treiben drei vollbesetzte Rettungsboote — ein Floß mit vier Schiffbrüchigen darauf — neun leere Schlauchboote — zwei gekenterte Boote — drei Rettungsboote hängen noch in den Davits — ein Boot wird gefiert, die Achterleine reißt, die Personen stürzen ins Wasser, das Boot hängt senkrecht an der Steuerbordwand herab mit dem Bug an der Vorleine — — —!« Meldung folgt auf Meldung.

Als *Admiral Hipper* an der Unfallstelle eintrifft, informiert Kapitänleutnant Robert Hering Kapitän zur See Henigst über das Festgestellte.

Für beide Kommandanten gibt es jetzt nur noch einen Befehl:

»Retten — was noch zu retten ist!«

Doch jetzt, als die Besatzung des *Admiral Hipper* mit den so sorgfältig vorbereiteten Rettungsarbeiten beginnen will, machen sich die ersten unüberwindlichen Schwierigkeiten bemerkbar. Die hohen Aufbauten des Kreuzers machen die Bergung der im Wasser Treibenden unmöglich. Die Schiffbrüchigen sind viel zu erschöpft, als daß sie an den herabgelassenen Strickleitern noch aus eigener Kraft emporklettern könnten. Die Mannschaft müßte also die Erstarrten, einen nach dem anderen, aus dem Wasser heraufholen. Bei dem hohen Seegang wäre dies ein lebensgefährliches und zeitraubendes Unterfangen.

Inzwischen ist es 22 Uhr 18.

Nicht nur die Schiffbrüchigen im Wasser, auf den Flößen und in den Booten, auch die Besatzungsmitglieder auf *Admiral Hipper* und den Torpedobooten T *36* und *Löwe*, halten für einen Augenblick den Atem an, als in diesen Sekunden die *Wilhelm Gustloff* im gleißenden Licht in den Wellen verschwindet, begleitet von einem orkanartigen Schrei — — —

In diesem Augenblick erfolgt auf T *36* U-Boot-Warnung. Die Ortungsgeräte haben Motorengeräusche eines Unterwasserfahrzeuges in allernächster Nähe ausgemacht. Jeden Augenblick kann ein Angriff erfolgen, jeden Moment könnten die alles vernichtenden Torpedos eines sowjetischen U-Bootes heranschießen.

T *36* meldet an *Hipper*:

»k an k

— schaumstreifen in 20 grad entfernung 60 passiert — feind greift an —«

Auch der Kommandant des Schweren Kreuzers *Admiral Hipper* hat die todbringende Gefahr erkannt. Kapitän zur See Henigst gibt Kapitänleutnant Robert Hering auf dem Torpedoboot T *36* unverzüglich seine Entscheidung bekannt:

» k an k

— zweiter schaumstreifen beseitigt letzte zweifel — habe eineinhalbtausend flüchtlinge an bord — hohe kreuzerwand verhindert hilfe für die schiffbrüchigen — muß ihrem wendigen boot hilfeleistung allein überlassen — wünsche erfolg und gelingen —«

Kapitänleutnant Hering gibt zurück:

» k an k —

wünsche störungsfreie weiterfahrt ohne aufenthalt — bleibe an unfallstelle solange wie möglich und notwendig — folge dann so rasch als möglich —«

Admiral Hipper verläßt Augenblicke später die Unfallstelle *Gustloff*, ohne auch nur einen Schiffbrüchigen an Bord genommen zu haben. Dem Kommandanten bleibt keine andere Wahl. Jede Minute längeren Verweilens an dieser Stelle würde den Untergang des Schweren Kreuzers bedeuten.

Für die ringsum treibenden Schiffbrüchigen ist das der furchtbarste Augenblick seit dem völligen Versinken der *Gustloff* in den reißenden Fluten.

Bei einem der soeben erst mühsam am Heck des Kreuzers festgemachten *Gustloff*-Rettungsboote reißt durch den jähen Ruck die Vertäuung. Das Boot kentert, begräbt seine Insassen unter sich und treibt kieloben in der Hecksee.

Die Verzweiflungsschreie der sich verlassen Glaubenden sind erschütternd, schallen dem davongelaufenen Kreuzer nach, klingen über das Deck des Kriegsschiffes, durchdringen die dicken Stahlwände des Schiffes. So mancher der unter Deck wohnenden Flüchtlinge ahnt jetzt erst etwas von dem furchtbaren Geschehen.

Aber noch besteht für die Schiffbrüchigen der *Gustloff* Hoffnung auf Rettung. Für viele jedenfalls, die den Tücken des Wassers und der Kälte widerstehen können.

ZWEI KAPITÄNE IN EINEM BOOT

Einer der Schiffbrüchigen ist Korvettenkapitän Zahn. Auch er mußte zunächst mit der eiskalten Ostsee Bekanntschaft machen. Rasch hatte sich seine schwere Kleidung mit Wasser vollgesogen. Doch die Schwimmweste trug ihn.

Jetzt sitzt er in einem Zweimann-Schlauch-Floß. Ein Matrose hat ihn hineingezogen. Die Männer sitzen sich gegenüber auf dem Floßrand.

»Was machen wir bloß mit der Frau — —?« sagt plötzlich der Matrose.

Zahn denkt im ersten Moment: »Der phantasiert.« Als der Matrose den Satz wiederholt und dabei auf den Floßboden zeigt, wird der Korvettenkapitän neugierig. Was er sieht, erschreckt ihn. Aus dem offenen Floßboden, der nur durch breite Gurte durchzogen ist, ragt ein triefend nasser Frauenkopf, dem die Haare wirr im Gesicht hängen. Die Frau lebt. Sie weint. Wahrscheinlich war die Unglückliche bei der Katastrophe unter Wasser geraten, ist dann wieder hochgeschleudert und dabei mit dem Kopf durch das Geflecht der Gurte gedrückt worden.

Sofort versuchen die beiden Männer, die Frau aus ihrer lebensgefährlichen Lage zu befreien. Doch wie?

»Man müßte ein Messer haben, um die Gurte zu zerschneiden«, sagt Zahn. Doch sie hatten keines.

»Sie muß unter dem Floß wegtauchen«, meint der Matrose. Zahn kniet sich nieder, streicht der Frau die Haare aus dem Gesicht und sagt zu ihr:

»Sie müssen mit dem Kopf unter dem Floß wegtauchen — wir ziehen Sie dann ins Floß!«

Voller Todesangst blickt die Frau den Korvettenkapitän an:

»Ich kann nicht!«

Das sind ihre letzten drei Worte.

Mit ganzer Kraft drückt in diesem Moment der Matrose den Kopf der Frau aus den Gurten heraus unter das Floß. Er hatte sich dabei mit dem Bauch flach in das Floß gelegt, um die Unglückliche so weit wie möglich nach unten drücken zu können, damit sie im nächsten Augenblick wieder am Floßrand auftauchen sollte.

Doch der Rettungsversuch mißlingt.

Die Frau taucht nicht wieder auf.

Die Blicke der beiden Männer suchen sie vergeblich.

Zahn fröstelt plötzlich. Das Erlebnis hat ihn mitgenommen.

Einen Augenblick später traut der Korvettenkapitän seinen Augen nicht. Neben seinem Mini-Floß treibt ein leeres Boot vorbei.

Kurzentschlossen hechtet er ins Wasser, hat Glück, bekommt den Bootsrand zu fassen, stemmt sich hoch, fällt über den Bootsrand. Doch das Boot ist nur ein Wrack, es hat keinen Boden mehr.

Sich umblickend sieht Zahn, daß das Floß mit dem Matrosen schon weit abgetrieben ist, für ihn unerreichbar.

Es dauert einige Zeit, bis er erneut einen Kutter sichtet. Er scheint vollbesetzt zu sein. Aber er will die Chance nutzen. Er verläßt das Bootswrack und schwimmt in Richtung Kutter. Doch er ist weiter entfernt, als er geschätzt hat. Immer wieder treiben ihn die Wellen ab. Aber er ist zäh, gibt nicht auf.

Als er in Rufweite ist, schreit er:

»Nehmt mich mit — — —!«

Er hat Glück, man wird auf ihn aufmerkam.

Der Kutter hält auf ihn zu. Ein Mann beugt sich über Bord. Kräftige Arme ziehen ihn über den Kutterrand.

»Das ist ja unser Kapitän«, sagt einer der Insassen, als er den Geretteten erkannt hatte.

Einige Augenblicke später erfährt Zahn, daß er im gleichen Kutter sitzt wie Handelsschiffskapitän Friedrich Petersen. Auch Marinemaler Professor Bock, die Baronin Maydell und ihr Sohn Günther gehören zu den Bootsinsassen.

TORPEDOBOOTE IM RETTUNGSEINSATZ

23.00 Uhr ist inzwischen vorbei.

Torpedoboot *Löwe* und Torpedoboot T *36* sind noch immer dabei, *Gustloff*-Schiffbrüchige zu bergen. Und dies, obwohl beide Schiffe selbst bis in den letzten Winkel vor ihrer Ausfahrt aus Gotenhafen Flüchtlinge an Bord genommen hatten. Das alles spielt jetzt keine Rolle. Hier geht es um die Rettung von Menschenleben.

Und es warten noch viele Schiffbrüchige auf Rettung.

Kapitänleutnant Robert Hering auf T *36* hat die Durchführung der Rettungsaktion seinen Offizieren übertragen. Seine Aufmerksamkeit konzentriert sich jetzt auf die Sicherheit seines Schiffes. Ein feindliches U-Boot ist geortet, liegt ganz in der Nähe und wartet auf eine günstige Schußgelegenheit. Das ist sicher. Höchste Aufmerksamkeit ist deshalb geboten.

Mit geringer Maschinenkraft gleitet das Torpedoboot durch das Katastrophenfeld. Hilferufe von allen Seiten. Seit einer Stunde. Kaum einer der Schiffbrüchigen kann jetzt noch ein Glied rühren. Niemand kann mehr mit eigener Kraft die Bordwand erklettern. Und es ist unendlich schwer, die Schiffbrüchigen über das Freibord des T-Bootes zu bringen.

An der Bordwand des Torpedobootes sind meterhohe Seefallreeps angebracht, auf deren untersten Sprossen Seeleute stehen, die jeden einzelnen

344

Korvettenkapitän Wilhelm Zahn, Kommandant der II. Abteilung der 2. ULD, gibt am 21. Januar 1945 seinen Offizieren und der *Gustloff*-Schiffsleitung bekannt, daß die 2. ULD mit *Gustloff* und *Hansa* nach Westen verlegt wird und der »freie Schiffsraum mit Flüchtlingen belegt werden soll«. Die Würfel sind gefallen, die *Wilhelm Gustloff* wird ›Flüchtlingsschiff‹. *(Foto: PR/GAHS)*

Die *Gustloff* rüstet für ihre letzte Reise: Verpflegung für fünftausend Menschen wird an Bord gebracht und für den ›Ernstfall‹ weitere Rettungsboote, Flöße, Kutter und Schwimmwesten. Aus dem ›Kasernenschiff‹ wird am 25. Januar 1945 ein ›Fluchtlingsschiff‹. Der Sturm auf die *Gustloff* beginnt... *(Zeichnung n. Ang. d. Verf.: H. Rathe, Fotos: GAHS)*

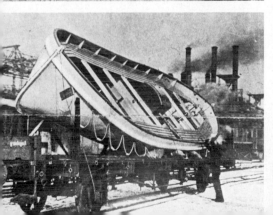

Alle verfügbaren Säle auf der *Gustloff*, so auch der Musiksaal, die große Halle (Fotos oben) und der Trachtensaal (Foto Mitte), werden in ›Massenquartiere‹ umgerüstet, um 4 000 Flüchtlinge an Bord nehmen zu können, das ist die ›Sollzahl‹. *(Fotos: GAHS)*

Als die ›Sollzahl‹ von 4 000 überschritten ist und noch weitere Flüchtlinge auf das Schiff drängen, werden auch noch die letzten Räume belegt, so auch der Rauchsalon und die ›Laube‹, die als Lazarett eingerichtet wird (Bilder unten). *(Fotos: GAHS)*

Zwei Tage vor dem Auslaufen der *Gustloff* kommen auch 24 *Prinz Eugen*-Frauen, zum Teil mit Kindern, an Bord. Ihre Männer, Offiziere und Unteroffiziere auf der in Gotenhafen liegenden *Prinz Eugen*, haben dafür gesorgt, daß ihre Familien, die in Gotenhafen wohnen, mit der *Gustloff* nach Westen fliehen können. Doch nur zwei der 30 Frauen überleben diese Flucht, die anderen finden den Tod in der Ostsee. *(Foto: WZB)*

Zu ›Flüchtlingsschiffen‹ umgerüstet werden in den letzten Januartagen 1945 auch die unmittelbar neben der *Gustloff* in Gotenhafen-Oxhöft liegenden Schiffe *Oceana* (2. Bild) und *Antonio Delfino* (3. Bild). *(Fotos: GAHS)*

Gemeinsam mit der *Gustloff* soll auch die *Hansa* am 30. Januar 1945 Gotenhafen-Oxhöft verlassen. *(Foto: GAHS)*

Lagebesprechung auf der
Hansa. (Foto: GAHS)

Die großen Passagierschiffe *Cap Arcona* (2. Bild),
Hamburg (3. Bild) und
Deutschland (Bild unten)
die Ende Januar 1945
ebenfalls in Gotenhafen
und Danzig liegen, werden
für den Flüchtlingstransport freigegeben und
nehmen zusammen fast
28 000 Menschen an Bord.
(Fotos: GAHS)

Kapitänleutnant Voigt, Kompaniechef auf der *Gustloff*, machte von der Möglichkeit Gebrauch, seine in Gotenhafen wohnende Familie an Bord zu bringen. Seine Frau und seine beiden Töchter waren die ersten drei Flüchtlinge, die am 2. Janaur an Bord kamen. Doch die *Gustloff* wird für sie zum Schicksalsschiff. *(Foto: PR/GAHS)*

Auch Elsa Freymüller findet mit ihrer Tochter Jutta und ihrem eineinhalbjährigen Sohn Frank-Michael Aufnahme auf der *Gustloff*. Der Unteroffizier Hermann Freymüller erfährt in seiner Dienststelle in Danzig telefonisch davon und ist darüber gar nicht glücklich. *(Fotos: PR/GAHS)*

Der Panzersoldat Heinz Klapp kam als Kranker an Bord der *Gustloff* und erlebte die letzte Fahrt in der Krankenstation. *(Fotos: PR/GAHS)*

Zwei Zivilbesatzungsmitglieder der *Gustloff*: Steurer Wilhelm Smeilus (links) und Rundfunktechniker Weber (rechts). *(Fotos: GAHS)*

Mechaniker
Theodor Schumann auf der
Gustloff. *(Foto:
GAHS)*

In dieser Kammer auf der
Gustloff für zwei Personen
werden bei der letzten
Fahrt am 30. Januar 1945
sechs Personen unterge-
bracht: eine Mutter mit
ihren vier Kindern. *(Foto:
GAHS)*

Torpedoboot *Löwe* im
Vordergrund in Gotenha-
fen einlaufend, im Hintergrund die *Gustloff*. T *Löwe* erhält Auftrag, die
Gustloff am 30. Januar
1945 als Geleitführer nach
Westen zu bringen. *(Foto:
GAHS)*

Die *Gustloff* (im Hinter-
grund der Aufnahme) vor
ihrer letzten Ausreise. Im
Vordergrund rechts: die
Hansa. Vorn im Bild T
Löwe. *(Foto: GAHS)*

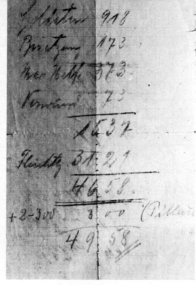

Louis Reese, der 1. Offizier der *Gustloff*, bemühte sich vor dem Auslaufen des Schiffes um zusätzliche Rettungsmittel: Kutter, Flöße, Schwimmwesten. *(Foto: GAHS)*

Die letzte handschriftliche Aufzeichnung des 1. Offiziers Louis Reese über die an Bord befindlichen Passagiere zwei Tage vor dem Auslaufen. Die Gesamtzahl aller an Bord befindlichen Menschen erhöhte sich bis zum 30. Januar mittags auf ca. 6 600. *(Foto: GAHS)*

Admiral Burchardi, Kommandierender Admiral Östliche Ostsee (Foto 2. Reihe links), Fregattenkapitän von Blanc (Foto daneben), Chef der 9. Sicherungsdivision, zuständig für die Geleitsicherung, Kapitän zur See Schütze (Foto unten), Führer der U-Boote Ausb. Er gab Korvettenkapitän Zahn telefonisch die Anweisung, nicht auf die *Hansa* vor Hela zu warten, sondern allein mit T *Löwe* nach Westen zu marschieren. *(Fotos: GAHS)*

Großadmiral Dönitz (Foto links) gab den Befehl zur ›Operation Hannibal‹, Verlegung der 2. ULD nach Westen. Seetransportchef Konteradmiral Engelhardt (Foto rechts) war der Organisator der Flucht über die Ostsee mit Schiffen der Kriegs- und Handelsmarine. Er leitete im Auftrag von Großadmiral Dönitz das größte Rettungswerk der Seegeschichte 1944/45 über die Ostsee, das mehr als 2,5 Millionen Menschen das Leben erhielt.
(Fotos: AHM/GAHS)

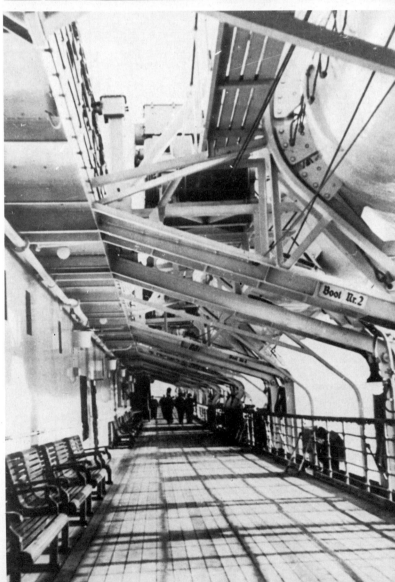

Am 30. Januar 1945 beginnt die Gustloff ihre Reise. An Bord befinden sich über 6 600 Menschen. Es ist bitter kalt, 18 Grad unter Null. Ab und zu schneit es. Die Rettungsboote beginnen zu vereisen. Als die Gustloff Hela hinter sich hat, fühlen sich viele an Bord schon gerettet. Sie ahnen nicht, daß noch in dieser Nacht ein erbitterter Kampf um die Rettungsboote einsetzen wird. (Foto: GAHS)

Schiffbrüchigen mit Tauen festbinden und ihn dann von drei, vier Mann an Deck hieven lassen.

Mancher Frau, die jetzt noch einen Pelzmantel trägt, wird dieser nun zum Verhängnis. Die nassen und vereisten Felle gleiten den Rettern immer wieder aus den Händen. Zwei erschöpfte Frauen verlieren, eben geborgen, an der Bordwand die letzten Kräfte und stürzen wieder ins Wasser.

Sofort springt einer der Matrosen nach und bringt sie mit Hilfe seiner Kameraden erneut in Sicherheit. Um jedes Leben wird gekämpft.

Auch die Insassen des Kutters, in welchem Handelsschiffskapitän Petersen und zuletzt Korvettenkapitän Wilhelm Zahn Platz gefunden haben, werden an Bord des Torpedobootes T 36 genommen.

Zahn ist völlig durchnäßt. Seine Uniform ist steinhart gefroren. Trotzdem meldet er sich sofort nach seiner Anbordnahme beim Kommandanten des Torpedobootes, Kapitänleutnant Robert Hering, auf der Kommandobrücke.

Da taucht unmittelbar vor der Kommandobrücke des Torpedobootes plötzlich eines der schiffseigenen *Gustloff*-Rettungsboote auf, überladen mit Schiffbrüchigen. An der Brücke vorbeigleitend, brüllt der Bootsführer hinauf:

»Brücke — wo kann ich längsseits gehen — um Bootsinsassen abzugeben — lege nachher wieder ab?!«

Der Mann weiß, daß noch viele im Wasser treiben und auf Rettung warten. Als das Boot leer ist und die Schiffbrüchigen T 36 übergeben sind, legt es wieder ab. Fünf Männer sind in dem Boot, sie fischen einen nach dem anderen aus der Ostsee, bis das Boot wieder voll ist, legen dann wieder an T 36 an.

Bald hat das Torpedoboot einige hundert Menschen mehr an Bord.

Die Lage auf dem kleinen Schiff wird langsam bedenklich, denn schon vorher sind neben der 200 Mann starken Besatzung 250 Flüchtlinge in Danzig übernommen worden. Viele von ihnen haben sich ans Oberdeck begeben um mitzuhelfen, die Schiffbrüchigen zu bergen. Alle Räume sind schon überfüllt. Auch der Maschinenraum.

Inzwischen ist es 23.20 Uhr.

Der Standort des feindlichen U-Bootes ist noch immer unverändert. Die Peilung hat ergeben:

»Backbord 15 Grad — 1 400 Meter.«

Auf der Kommandobrücke des Torpedobootes meldet der erste Wachoffizier dem Kommandaten:

»Das Schiff ist überfüllt. Die Mannschaft ist erschöpft. Lange können wir nicht mehr durchhalten.«

Was die Männer von T 36 in den letzten 80 Minuten geleistet haben, ist beispiellos. Unter Einsatz des eigenen Lebens hingen sie an Strickleitern und Tauen über der Wasserfläche, fischten Tote und Halbtote aus der wildbewegten See, kletterten in Boote, Flöße, Schlauchboote und Kutter, um die kraftlosen Schiffbrüchigen herauszuheben und mit letzter Kraft an Bord zu hieven. So ging das schon seit mehr als einer Stunde. Und immer noch ist T 36 von Flößen, Booten und schwimmenden, schreienden Menschen umgeben, die von der See umhergeworfen werden. Die Geretteten brechen an Oberdeck des Rettungsschiffes zusammen, bleiben liegen, bis sie unter Deck gebracht werden.

Kapitänleutnant Hering weiß das. Er weiß aber auch, daß sein Schiff für die Schiffbrüchigen vielleicht die letzte Hoffnung ist, ihr Leben zu retten.

Noch immer steht der Erste Wachoffizier im Brückenraum.

Schweigend sehen sich die Männer an. An ihre Ohren dringt das nicht abklingen wollende Schreien der Schiffbrüchigen, die noch draußen in den eisigen Wellen treiben.

Da entscheidet der Kommandant mit ernster Stimme:
»Weitermachen — es geht um Menschenleben!«

Widerspruchslos geht der Offizier von der Brücke. Er hat keinen anderen Befehl erwartet, er hätte in der gleichen Lage genauso entschieden.

U-BOOT-ANGRIFF AUF T-BOOT 36

Die Rettung *Gustloff*-Schiffbrüchiger wird für den Kommandanten des Torpedobootes T 36, Kapitänleutnant Robert Hering, von Minute zu Minute mehr zu einer reinen Nervenprobe. Jeden Augenblick kann das ganz in der Nähe befindliche sowjetische U-Boot zu einem Angriff ansetzen. Gelingt dieses, ist T 36 und alle Menschen, die darauf sind, verloren.

Trotz dieser Gefahr und dieses Risikos will Hering sein Boot so lange wie möglich an der Unfallstelle *Gustloff* halten, denn noch immer warten Hunderte Schiffbrüchiger in Booten und in Flößen auf Rettung.

Da legt wieder ein Boot an. Mit großer Mühe werden die fast bewegungsunfähigen *Gustloff*-Schiffbrüchigen auf das Deck des T-Bootes gezogen.

Darunter auch ich.

Ich hatte in der letzten Stunde jedes Gefühl für Raum und Zeit verloren. Nachdem ich längere Zeit geschwommen war, die Schwimmweste trug mich immer noch, hatte man mich auf ein Floß gezogen. Doch dieses Gefährt kippte nach wenigen Minuten durch Überbelastung um. Dann kam das nächste Floß. Das gleiche Spiel. An jedem Floß hing ein Knäuel Menschen, auf den Flößen saßen doppelt soviel, wie es tragen konnte. Ich fiel auch vom nächsten Floß. Das hielt mich wach.

Wieder im Wasser, klammerte sich plötzlich jemand hinten an mich. Ich sah, nachdem ich mich umgedreht hatte, daß es eine Frau war. Sie trug einen Pelzmantel und hatte keine Schwimmweste. Der Mantel hatte sich vollgesogen, daß sie unterzugehen drohte. Ich schien für sie der letzte Halt zu sein. Doch das wäre auch mein Tod gewesen. Mir gelang es, nachdem ich schon mit dem Kopf unter Wasser war, mich zu befreien, kam wieder an die Wasseroberfläche. Meine Kräfte waren am Ende.

Da sah ich wenige Meter von mir entfernt ein großes Rettungsboot. Ich reckte beide Arme hoch, schrie um Hilfe.

Man packte mich, zog mich ins Boot. Wie aus weiter Ferne hörte ich noch die Stimme einer Frau. Dann wurde es Nacht um mich — —

Wenig später wurde T 36 mein Rettungsschiff.

Wie ich an Bord kam, erfuhr ich erst später. Man hatte mich von meiner vereisten Bekleidung befreit und in einen kleinen Raum, der sich an der Backbordseite befand, direkt an die Außenwand gelegt. Hier lag ich nun, noch immer benommen, nicht wissend, daß der Tod in den nächsten Minuten zum zweitenmal an diesem Tage nach mir griff und daß das Geräusch, das ich, nachdem ich wacher geworden war, an der Bordwand zu hören glaubte, ein Torpedo war — —

Was geschah auf T 36 in den letzten Minuten, und was tut sich jetzt? Ist das Boot noch immer in Gefahr?

Unausgesetzt bleibt der Kommandant des T-Bootes über Standort und Lage des feindlichen U-Bootes auf dem laufenden. Keine Bewegung entgeht ihm.

Jetzt signalisieren die Geräte ein Herumholen des U-Boot-Bugs um 30— 35 Hektometer.

Sofort dreht T 36 bei, genau der U-Boot-Bewegung entgegen, um bei einem etwaigen Torpedoschuß keine Breitseite zu bieten.

Während sich das stumme Duell zwei einander unsichtbarer Gegner unter nervenzerreißender Spannung vollzieht, spürt niemand auf T 36, was sich hinter den rein zufällig scheinenden Bewegungen des Bootes verbirgt. Nur der Kommandant und der Befehlsübermittler wissen, daß der Tod sich erneut zu einem Beutezug anschickt, daß jede Sekunde eine neue Katastrophe heraufbeschwören kann, wenn es T 36 nicht gelingt, durch geschicktes manövrieren den Angreifer vom Torpedoschuß abzuhalten.

Es ist 23 Uhr 47.

Kapitänleutnant Hering sieht die Notwendigkeit und die Chance eines erfolgreichen Angriffs auf das feindliche U-Boot gekommen.

Er befiehlt:

»Rettungsaktion abbrechen — Klar bei Wasserbomben!«

Das ganze Schiff vibriert, als die Wasserbomben fallen.

Für Sekunden fällt das Licht aus. Die soeben Geretteten glauben an eine neue Katastrophe. Frauen und Kinder beginnen zu schreien, wissen nicht, was los ist, werden beruhigt — —

Nach langen Minuten weicht die Angst.

Doch die Gefahr ist noch lange nicht vorbei.

Inzwischen ist Mitternacht vorbei.

Die Horchposten geben laufend die Entfernungen und Peilungen zur Kommandobrücke:

»1 200 Meter...!«

Es ist ein gefährliches Katze- und Maus-Spiel — — —

»1000 Meter...!«

Korvettenkapitän Zahn, der neben Kapitänleutnant Hering steht, hat seinen Kaffee, der ihn aufwärmen sollte, längst beiseitegestellt. Als erfahrener U-Boot-Kommandant weiß er, in welcher Gefahr das Torpedoboot sich jetzt befindet.

»Nicht näher rankommen lassen als 800 Meter — dann ist's passiert — entweder angreifen oder abhauen!«

Für Sekunden sehen sich die beiden Offiziere an. Sie wissen beide um die Verantwortung für das Schiff und die Menschen, die darauf sind. Angreifen kann T 36 nicht. Also bleibt nur die Möglichkeit, die Unglücksstelle sofort zu verlassen. Doch ein blitzschnelles Verlassen der Unfallstelle würde Verletzte und Tote fordern. Alle, die jetzt an T 36 klammern oder in der Nähe sind, würden weggefegt.

Kapitänleutnant Hering nimmt das Megaphon an den Mund:

»Achtung — Achtung — weg vom Schiff — sofort — U-Boot-Gefahr —wir kommen wieder — haltet aus!«

Nicht alle haben den Kommandanten verstanden. Aber die, die ihn verstanden haben, überfällt die heillose Angst, nun kurz vor der sichtbaren Rettung doch noch zurückbleiben zu müssen. Sie klammern sich an die Strickleitern, die vom T-Boot herabhängen, an die Taue, halten sich an den Matrosen fest, bitten, flehen, schreien:

»Nehmt mich noch mit — — —!«

Doch es geht um Sekunden.

In diesem Augenblick meldet der Befehlsübermittler vom U-Boot-Ortungsgerät:

»Richtung 90 Grad — zwotes U-Boot — —!«

Hering und Zahn sehen sich entsetzt an. Jetzt ist die Gefahr vollkommen. Blitzschnell läßt der Kommandant das Funkmeßgerät ansetzen. Es besteht kein Zweifel, die Ortung stimmt, ein zweites U-Boot befindet sich in unmittelbarer Nähe. Wenn nicht blitzschnell gehandelt wird, ist die Torpedierung von T 36 mit nahezu eintausend Menschen an Bord sicher.

Robert Hering trifft die wohl schwerste Entscheidung seines Lebens. Hart und klar ertönen seine Kommandos:

»U-Boot-Alarm!«

Alle Besatzungsmitglieder, die sich um die Schiffbrüchigen bemühten, rasen auf ihre Stationen.

»Beide Maschinen 21 Seemeilen hart steuerbord!«

Blitzschnell dreht T 36 und nimmt höchste Fahrt auf. Das Leben der Tausend an Bord hängt in diesen bangen Sekunden am seidenen Faden.

Auch mein Leben!

Es ist buchstäblich der letzte Augenblick, denn schon kommen zwei Torpedos angeschossen. Mancher der noch im Wasser treibenden Schiffbrüchigen mag gespürt haben, daß irgend etwas im Wasser an ihm vorbeirauschte, aber keiner ahnt wohl, daß es Torpedos waren. Dicht unter der Wasseroberfläche schießen die beiden tödlichen Geschosse dahin. Unwillkürlich gehen die Männer auf der Kommandobrücke etwas in die Kniebeuge, als ein

Torpedo an der Backbordseitenwand entlangschnurrt, während der zweite steuerbord vorbeiläuft.

Dann sehen sie sich wortlos an. Zu sagen gibt es nichts — —

In letzter Sekunde ist T 36 dem Angriff ausgewichen. Kapitänleutnant Hering hat eintausend Menschen vor dem sicheren Tode gerettet. Und nur die Männer auf der Brücke wissen dies. Es wird kein Wort darüber verloren.

Die Uhr zeigt 0 Uhr 25. Der Tag: 31. Januar 1945.

Gegen Mitternacht trifft die Nachricht vom Untergang der *Gustloff* auf dem Schweren Kreuzer *Prinz Eugen* ein. Der Kommandant und der Nachrichtenoffizier entscheiden sich dafür, die Nachricht geheimzuhalten. Zunächst wird eingehend und rasch die Frage geprüft, ob *Prinz Eugen* zur Rettung -*Gustloff*-Schiffbrüchiger, darunter auch 30 Familien von Besatzungsmitgliedern des Kreuzers, auslaufen soll. Man prüft das Für und Wider. Nach den vorliegenden Meldungen ist die *Gustloff* bereits um 22.18 untergegangen. Die bittere Kälte — ein Thermometer auf *Prinz Eugen* zeigt 28 Grad unter Null — und das stürmische Wetter bieten nur geringe Aussichten dafür, daß der Kreuzer an der ›Unfallstelle Gustloff‹ überhaupt noch Lebende finden würde. Eine weitere Information besagt, daß eine Vielzahl von Schiffen sich bereits an der Untergangsstelle befinden und seit Stunden Schiffbrüchige retten. Das ist ein Trost, eine Hoffnung für die betroffenen Besatzungsmitglieder des Kreuzers, die von dem Unglück, das ihren Familien widerfahren ist, nichts wissen und auch in dieser Nacht nichts erfahren.

Der Kommandant des Kreuzers *Prinz Eugen* hat seine Entscheidung, nicht zur ›Unfallstelle Gustloff‹ zu laufen, sondern noch in der Nacht Gotenhafen mit Ziel Ostseeküste vor Königsberg zu verlassen, auch aus einem anderen wichtigen Grund getroffen: An der Untergangsstelle der *Gustloff* würde er, wenn überhaupt, nur noch wenige Menschen retten können. Mit dem Einsatz des Schweren Kreuzers vor der Samlandküste rettet er mit Sicherheit vielen tausenden von Ostpreußen das Leben.

Als er diese Entscheidung am Morgen des 31. Januar 1945 seiner Besatzung bekanntgibt, bevor die Beschießung feindlicher Truppen und Stellungen erneut beginnt, stockt dreißig Männern auf seinem Schiff der Atem, wie eine Faust trifft es den einen und den anderen:

»Die Gustloff ist untergegangen — meine Frau — meine Kinder waren an Bord — gebe Gott, daß sie überlebt haben!«

Als T 36 mit äußerster Kraft das Katastrophenfeld verläßt, nimmt es alles mit, was ihm vor den Bug kommt: Boote, Flöße und auch schwimmende Menschen. Das muß sein. Das Leben von eintausend Menschen steht auf dem Spiel.

Mehr als 500 Schiffbrüchige befinden sich an Bord. Das hat eine flüchtige Zählung ergeben. Sie liegen überall, vom Maschinenraum im untersten Deck bis in die oberen Decks, in Gängen, Kammern, Abstellräumen und sogar im Kabelgatt. T 36 ist total überfüllt. Mehr als zwei Stunden lang wurden Schiffbrüchige gerettet. Die Mannschaft hat Hervorragendes geleistet.

Und sie hat auch Opfer gebracht.

Zwei Matrosen befanden sich, als das Torpedoboot überraschend Fahrt aufnahm und davonlief, auf einem Floß, um eine Frau zu bergen. Mit Entsetzen sahen sie ihrem Schiff T 36 nach — —

Die beiden tapferen Seeleute haben ihre Hilfsbereitschaft mit dem eigenen Leben bezahlt.

Eine der Letzten, die die Mannschaft von T 36 aus einem Boot rettete, war die 17jährige Kapitänstochter Erika Voigt. Sie erinnert sich:

»Es war kurz vor Mitternacht, als unser Boot von einem Scheinwerfer erfaßt wurde. Dann kam das Schiff langsam näher.

›Zuerst die Kinder‹, hieß es. Sie wurden festgebunden und an Seilen hochgezogen. Dann kamen die Frauen an die Reihe. Ich war die Jüngste und Letzte. Ich wollte allein die Strickleiter hoch. Doch ich schaffte es nicht mehr. Zwei Matrosen zogen mich hoch und brachten mich unter Deck. Im Waschraum sah ich mein Spiegelbild. Ich erschrak. Ich kannte mich selbst nicht wieder. Die Schrecken der Nacht hatten mich gezeichnet.«

Erika Voigt ist nicht die einzige, die von T 36 gerettet wird. Neben Korvettenkapitän Zahn und Kapitän Petersen befinden sich auch Oberbootsmaat Beckmann, der Maschinenmaat Helmut Wuttke, der Kapitänsteward Max Bonnet, der Steurer Wilhelm Smeilus, der 2. Ingenieur Erich Goering, der Rundfunkmechaniker Ernst Weber, die Marinehelferinnen Ursula Pautz, Erna Engisch, Lisbeth Klaus und Christa Böttcher, die aus Gotenhafen geflohen ist, an Bord des Torpedobootes, das sich jetzt auf der Fahrt nach Westen befindet mit dem Ziel, den Schweren Kreuzer *Admiral Hipper* einzuholen und nach Kiel zu begleiten.

DIE SCHWANGERE IM RETTUNGSBOOT

Es ist die Hölle, was die Schiffbrüchigen der *Gustloff* in dieser Nacht in der wildbewegten Ostsee erleben müssen.

Wie Spielbälle von den meterhohen Wellen umhergeworfen, stürzen sie hinein in die Wellentäler und werden später von dem eiskalten Naß hochgeschleudert. Dann ist die See für kurze Augenblicke wieder scheinbar völlig ruhig, schon beginnt wieder das wilde Auf und Ab.

Hunderte haben den Kampf bereits aufgegeben, sind in den Wellen versunken oder treiben leblos inmitten dieses riesigen Feldes Lebender und Toter dahin.

Die wenigsten haben auf den Flößen, in den Schlauchbooten und Kuttern Platz gefunden. Auch in den Booten ist man noch lange nicht gerettet. Man schwebt dauernd in Gefahr, hinausgeschleudert zu werden, wenn man zu nahe am Bootsrand hockt, oder zerquetscht zu werden in diesem bestienhaften Kampf um die Erhaltung des eigenen nackten Lebens. Und viele, die in den Booten hocken, sind bei dieser grimmigen Kälte schon erfroren.

Ein Rettungsboot treibt dahin, eines der wenigen schiffseigenen *Gustloff*-Rettungboote, die zu Wasser gekommen sind.

Fast fünfzig Menschen sind darin, alles Frauen und Kinder, nur zwei Männer.

Der Befehl, nur Frauen und Kinder in die Boote zu lassen und keine Männer, die die Boote steuern können, rächt sich jetzt furchtbar.

Zwei Männer haben sich dann später vom Wasser aus in dieses Boot gerettet und nach und nach Ordnung zu schaffen versucht. Nicht einmal ein Ruder steht mehr zur Verfügung, so daß das Boot wehrlos von den Wellen hin- und hergeworfen wird. Aber die fünfzig sind auch viel zu erschöpft, um sich noch regen zu können.

Plötzlich schreit eine Frau, springt auf, fällt in sich zusammen, windet sich in Schmerzen. Die beiden Männer versuchen, die Bootsinsassen zu beruhigen, die — weil sie aufgeregt aufgesprungen sind — die Gefahr des Kenterns heraufbeschwören. Dann kümmern sie sich um die Frau, erschrecken. Die Schreiende ist hochschwanger. Bei der Fülle des Bootes hat das bisher keiner bemerkt, jeder hatte mit sich selbst zuviel zu tun. Bekleidet mit einem dicken Mantel, eingehüllt in zwei Decken, hatte die Frau bisher reglos im Boot gesessen und nur leise vor sich hingewimmert, wie das andere Frauen auch taten.

Nun aber war es offenbar: In dem Boot befand sich eine Schwangere, die ihre Stunde kommen sah, einem Kind das Leben zu schenken.

Keiner im Boot hatte von dem Schicksal dieser jungen Frau eine Ahnung. Es war die 21jährige aus Elbing, die noch am frühen Abend gehofft hatte, in der Geburtsklinik der *Gustloff* ihr Kind zur Welt bringen zu können.

Noch kurz nach 21 Uhr hatte ihr der Arzt gesagt: »Na, liebe Frau, seien Sie tapfer, in einer Stunde ist alles vorbei...«

Aber sechzehn Minuten später hatten drei Torpedos den Schiffsleib zerrissen.

Was dann geschah, konnte die junge werdende Mutter nur im Unterbewußtsein registrieren. Sie fühlte sich plötzlich aus dem Bett gerissen, mit einem Mantel bekleidet, in Decken gehüllt, von zwei Männern getragen — — — Erst auf dem Oberdeck, in der eiskalten Nachtluft, begriff sie für einen winzigen Augenblick das furchtbare Geschehen, die Katastrophe, dann saß sie schon in einem Rettungsboot.

In diesem Boot hier.

Und jetzt war der Augenblick gekommen, da sie gebären sollte.

Heiliger Himmel!

Das kann doch nicht geschehen, das darf einfach nicht sein. So dachte nicht nur die verzweifelte Frau, sondern auch alle anderen, die mit ihr im gleichen Boot sitzen. Der Gedanke daran läßt ihnen das Blut in den Adern erstarren, treibt ihnen den Schweiß auf die Gesichter. Die Gedanken jagen durcheinander, suchen einen Halt. Nein — nein — und tausendmal nein! Hier, über dem Grab der *Gustloff*, über dem Grab Tausender, inmitten eines Leichenfeldes, inmitten dieser wahnsinnigen Fülle im Boot, unter freiem Himmel, bei 18 Grad unter Null — nein! Hab' ein Einsehen, Herrgott! Die Mutter würde das nicht überstehen und das Neugeborene auch nicht.

Aber gegen die Gesetze der Natur gibt es keinen Widerstand. Das wissen die Mütter am ehesten, die mit in diesem Boot sitzen. Kein Mensch wird verhindern können, daß diese Frau jetzt in diesem Rettungsboot gebären wird — wenn ihre Zeit gekommen ist und Gott es will.

Höchste Erregung bemächtigt sich aller in dem steuerlos auf der Ostsee treibenden Rettungsboot.

Wie soll der Ärmsten geholfen werden?

Kaum einhundert Meter entfernt schwimmt ein anderes Boot. Aber dort führt ein Seemann das Kommando. Außerdem hat man Ruder an Bord, so daß man sich verhältnismäßig gut in den Wellen behaupten kann. Auch hier herrscht Not und Elend. Ein altes fast unbekleidetes Mütterchen ist vor Kälte fast erstarrt. Aber da zieht schon der Mann neben ihr seinen Mantel aus, obwohl er selber nur mit einem dünnen Unterhemd und Hose bekleidet ist.

Im Scheine des minutenlang hervortretenden Mondes gewahrt man hier jetzt das manövrierunfähige Boot, das querab steuerlos dahintreibt. Aus der Masse der nur schattenhaft sichtbaren Gestalten ragt ein Mann heraus, hat die Hände wie eine Sprechmuschel an den Mund gelegt und ruft etwas durch die Nacht.

Der Bootsführer glaubt nicht richtig gehört zu haben.

Das ist doch heller Wahnsinn, was jetzt von dort herüberschallt. Aber nun hören es alle deutlich:

»Habt ihr einen Arzt an Bord? —

Hier bekommt eine Frau ein Kind —

Wir können nicht helfen!«

Dieser Hilferuf läßt die Menschen im rudernden Boot einen Augenblick lang die eigene schwere Not vergessen.

Um Gottes Willen, hier auf dem Wasser, in der eisigkalten Ostsee entbinden, in einem steuerlos treibenden total überfüllten Rettungsboot bei 18 Grad unter Null? Eine Unmöglichkeit.

Und wo sollte hier ein Arzt herkommen — ein Gotteswunder wäre das. Und selbst, wenn einer im Boot wäre, hätte er keine Instrumente, keine Narkotika, keine warmen Tücher, nichts — nur seine kalten Hände.

Undenkbar das — — —

Doch da geschieht das Unfaßbare, das kaum Glaubhafte.

Ein Mann im Boot macht sich bemerkbar, versucht auf die Steuerbank zu steigen, zwei Männer halten ihn fest. Dann hört man die feste, entschlossene Stimme des Mannes:

»Hier ist ein Arzt — wir kommen und helfen!«

Für einige Augenblicke hört man kein Wimmern mehr und kein Stöhnen, kein Beten und kein Fluchen. Totenstille herrscht in dem Boot. Und alle sehen den Mann an, der noch immer auf der Steuerbank steht und noch einmal seinen Ruf wiederholt:

»Hier ist ein Arzt — wir kommen und helfen!«

Niemand weiß, wer dieser Mann ist. Es ist der Marineoberstabsarzt Dr. Helmut Richter von der *Gustloff*, der gleiche Mann, der der 21jährigen werdenden Mutter kurz vor der Torpedierung Mut machte und sagte: »Seien Sie ruhig, liebe Frau, in einer Stunde ist alles vorbei!«

Niemand in den beiden Booten kannte die Zusammenhänge.

Doch Gottes Ratschluß ist oft ebenso wunderbar wie unfaßbar.

Jetzt greifen die Männer in die Riemen, kämpfen sich meterweise an das manövrierunfähige zweite Boot, um den Arzt überzusetzen. Plötzlich schleudert eine große Welle das steuerlose Boot auf den nahenden Retter zu — — In beiden Fahrzeugen klammern sich die Insassen zu Tode erschrocken an den Bootsrand. Stoßen die beiden Boote zusammen, werden sie kentern und untergehen.

Doch es geht alles gut. Etwa einen Meter voneinander entfernt, treibt das steuerlose Boot mit der Schwangeren vorbei.

Aber der Versuch, den Arzt überzusetzen, muß aufgegeben werden, der Wellengang ist zu stark. Der von Wehen geschüttelten Schwangeren kann nicht geholfen werden.

Was nun?

In diesem Augenblick naht von anderer Seite Hilfe. Ein einziger Schrei ist aus den Booten zu hören:

»Ein Schiff — ein Schiff!«

Es ist das Torpedoboot *Löwe*.

FLÖSSE, BOOTE, LEBENDE UND TOTE

T 36 hat die Unfallstelle *Gustloff* verlassen.

Zurück bleiben Flöße, Boote, Lebende und Tote.

Die letzte Hoffnung der noch Lebenden ist das Torpedoboot *Löwe*. Es rettet noch immer. Pausenlos und trotz der U-Boot-Gefahr, die noch nicht vorüber ist.

Doch wie lange dauert es noch, bis auch dieses kleine Schiff den Letzten an Bord nehmen kann und das Katastrophenfeld verlassen muß? Sind es nur noch Minuten — oder?

Wieviel haben noch Platz auf diesem Boot — wer wird noch gerettet werden können, und wer wird noch sterben müssen?

Das ist die Frage aller, die noch bei klarem Verstand im Wasser treiben, verkrampft, zu Eisklumpen erstarrt an den Flößen hängen oder in den Booten hocken.

Das Drama der Schiffbrüchigen der *Wilhelm Gustloff* ist noch nicht zu Ende. Es grenzt ans Unmenschliche, was diese Menschen in dieser Nacht an körperlicher und seelischer Qual erleiden müssen — Kinder, Mütter, Mädchen, Männer.

Wird jemals ein Mensch ermessen können, was hier, eine Stunde nach Mitternacht, fast drei Stunden nach dem Tode der *Gustloff*, die mit Tausenden von Lichtern und ebenso vielen Menschen auf den Grund der Ostsee sank, vor sich geht? Denn bis der letzte Überlebende geborgen ist, bis sich der letzte Mund mit einem qualvollen Seufzer schließt und das letzte Herz stillsteht, vollzieht sich noch so manch erschütterndes Schicksal.

In einem der Rettungsboote steht, inmitten der sich eng aneinander drängenden Insassen, eine Mutter. Ihr Kind hockt am Boden und hat die Arme um ihre Beine geschlungen. Die Frau ist seit Stunden in eine dumpfe Lethargie verfallen und hat nicht mehr gemerkt, daß allmählich Wasser in das Boot eingedrungen ist und langsam an ihren Beinen immer höher steigt. Auf einmal greift sie wie im Traum nach ihrem Kind. — Aber nun, wo ihre tastenden Hände das eisige Wasser spüren, wird sie wach. Wild reißt sie den zweijährigen Jungen empor. — — Zu spät. Das Kind ist bereits tot.

Ein Schrei dringt aus ihrer Brust, ein Schrei, der allen in die Glieder fährt. Die Frau gebährdet sich wie eine Wahnsinnige und droht das Fahrzeug jeden Augenblick zum Kentern zu bringen. Als sich zwei Männer ihrer entschlossen bemächtigen, reißt sie sich los und stürzt mit einem verzweifelten Aufschrei über Bord.

An einer anderen Stelle halten drei Männer mühsam ein Schlauchboot über Wasser. Eine Frau, die sich als vierte bei ihnen befindet, wimmert ohne Unterbrechung: »Wolfgang, unsere drei Kinder — Wolfgang, unsere drei Kinder...« Keiner vermag ihr zu helfen. Es ist, als habe sie den Verstand verloren. Ihr Ältester wurde in der Kammer durch einen herabstürzenden Koffer getötet, den Zweiten, einen Jungen von acht Jahren, zertraten die irrsinnigen Massen in den Gängen des Schiffes und das Jüngste riß die See aus ihrem Arm.

Nun schreit sie immerfort nach ihrem Mann, der irgendwo an der Front steht — —

Jetzt sterben plötzlich die Worte auf ihren Lippen, und dann verlischt auch dieses Leben. Eine wie blind tastende Handbewegung noch, und der Körper der Frau sinkt in sich zusammen. Stumm starren die Männer vor sich hin.

Nach einer Weile ertönt außenbords ein schwacher Schrei. Dicht neben dem Boot treibt ein Körper in den Wellen. Wie auf ein Kommando greifen alle drei zu und ziehen ein junges, nur mit der Schwimmweste bekleidetes Mädchen aus dem Wasser, das völlig steif und kaum noch bei Bewußtsein ist. Einer der Männer zieht seine Jacke aus und hüllt die Ärmste notdürftig darin ein. Aber Ruhe ist gefährlich. »Nicht schlafen — Beine ins Wasser halten und dauernd bewegen!« schreien sie der Regungslosen ins Ohr. Aber dazu ist diese nicht mehr fähig. Kurz entschlossen binden sie das Mädchen darauf am Rand des Schlauchbootes fest, so daß die Beine ins Wasser hängen und von den Wellen hin und her geworfen werden. Während zwei die Erstarrte festhalten, bearbeitet der dritte ihr abwechselnd Rücken und Oberschenkel. Das bringt das Blut wieder in Bewegung und hält auch die Männer wach.

Der Wind hat etwas nachgelassen, aber noch immer reicht er aus, um die wenigen Boote wie Nußschalen auf den Wellen herumtanzen zu lassen. Die Zahl der Überlebenden wird kleiner und kleiner. Mit dem neuen Tag setzt ein großes Sterben ein.

Alle Spannkraft, alle Hoffnung hat mit einem Mal ein Ende. Von dem großen Geleitzug, der nicht weit entfernt zufällig Kurs auf das Grab der *Gustloff* genommen hat, ahnen die Schiffbrüchigen nichts. Hoffnungslosigkeit liegt über der Wasserwüste.

Der Wind hat die Boote allmählich voll Wasser geschlagen. Viele der Insassen sind eingeschlafen, um nie mehr aufzuwachen. In einem der kleinen Boote sind von 24 Insassen mit Sicherheit bereits sieben tot. Durch den heftigen Seegang und die Tieflage hat das Boot viel Wasser gefaßt und muß dringend entlastet werden. Die Leichen werden kurzerhand über Bord geworfen. Lautlos versinken die Namenlosen in den Wellen, drei Frauen und vier Kinder. Aber es scheinen noch mehr Tote im Boot zu sein. Man weiß überhaupt nicht recht, wer eigentlich noch am Leben ist und wessen Herz schon längst aufgehört hat zu schlagen.

Ein junges Mädchen sitzt steif und stumm da, als sei es bereits von allen irdischen Qualen erlöst. »Hier — die scheint auch hinüber zu sein«, meint ein Bootsmann. Vier Arme greifen zu, um die Erstarrte gleichfalls in das Wasser zu werfen. Da gellt ein verzweifelter Schrei auf: »Ich lebe doch noch!«

»Ist das überhaupt noch ein Leben? Oder sollte man sich lieber überwinden und in den Wellen den Tod suchen?« fragen sich viele der Bootsinsassen.

Wieder kommt Bewegung in die Menschen: Ein Schlauchboot ist aufgetaucht und treibt direkt auf das Rettungsboot zu. Nur ein Mann sitzt darin.

Jetzt reckt er sich aus seiner Versunkenheit auf und brüllt: »Setzt einen Mann herüber — ich bin allein — ich bin allein — setzt jemand über . . . !«

Aber niemand rührt sich.

»Ihr Feiglinge — Ihr feigen Hunde — warum will denn keiner?!« tönt es noch einmal. Und so plötzlich, wie das Schlauchboot aufgetaucht ist, verschwindet es wieder im Dunkel der Nacht.

Eine Stunde nach Mitternacht liegt Stille über dem Grab der *Gustloff*. Grabesstille.

Haben sich die noch lebenden Schiffbrüchigen bereits mit ihrem nahen Tod abgefunden, oder sind sie nicht mehr fähig, um Hilfe zu rufen? Beides! Und was nützt auch ein Hilfeschrei. Es würden ihn nur hören, die selbst Hilfe brauchen.

Da richtet sich in einem der Rettungsboote ein Mann auf und schreit in die Nacht hinein:

»S c h i f f e — — —!«

Im Nu ist das Katastrophenfeld lebendig. Vermeintlich Tote recken sich auf, lösen sich aus ihrer Erstarrung oder springen auf, strecken die Arme aus, brüllen, was ihre Lunge noch hergibt:

»Hilfe — Hilfe   !«

Viele der Rufer glauben zunächst, die Stimme eines Wahnsinnigen zu hören, als sie den Schrei ›Schiffe‹ vernehmen. Jetzt aber sehen sie, daß es kein Verrückter ist, der ruft, und daß alles kein Traum ist.

Drei Schatten kommen näher, werden größer und größer. Scheinwerfer blenden auf, mitten hinein in das Feld der Boote, Flöße, der Trümmer, der Leichen und der Lebenden.

Drei Schiffe laufen in das Katastrophenfeld — — —

Viele können es noch nicht fassen, nicht begreifen, daß das alles kein Spuk, sondern die Wirklichkeit ist.

Die drei Schiffe sind das Motorschiff *Gotenland* und die beiden Geleitfahrzeuge M *341* und M *387/TS 2*.

Die *Gotenland* hatte am 30. Januar den Hafen von Pillau verlassen. An Bord des nur 5 266 Bruttoregistertonnen großen Schiffes — die *Gustloff* war fast fünfmal so groß — befinden sich 3 300 Flüchtlinge, fast ausnahmslos Mütter mit kleinen Kindern.

Der Kapitän des M/S *Gotenland*, Heinz Vollmers, ein in Flüchtlingstransporten erfahrener Schiffsführer, weiß, daß auf seinem total überfüllten Schiff nicht einmal mehr eine Maus Platz hat. Trotzdem. Als er die Unfallstelle erreicht und die Schweinwerfer über das Katastrophenfeld huschen, trifft er ohne Zögern Anweisungen, sofort mit der Rettungsaktion zu beginnen, Boote auszusetzen und zu retten, was noch lebt.

Auf den beiden Geleitbooten sind die gleichen Kommandos gefallen. M *341* unter Führung von Oberleutnant zur See Henry Rickmers und M *387* unter Führung von Oberleutnant zur See Karl Brinkmann wissen zwar, daß auch ihre Möglichkeiten, *Gustloff*-Schiffbrüchige an Bord zu nehmen, begrenzt sind, da auch sie voll bis unter Deck mit Flüchtlingen beladen sind. Aber das spielt im Augenblick, da sich Menschen in Seenot befinden und auf Rettung warten, keine Rolle.

Jetzt, eine Stunde nach Mitternacht, um 01 Uhr am 31. Januar, schöpfen die *Gustloff*-Schiffbrüchigen neue Hoffnung.

Drei Schiffe sind da und retten!

Und da ist ja auch noch das Torpedoboot *Löwe*, das ebenfalls noch immer *Gustloff*-Schiffbrüchige an Bord nimmt, obwohl bereits alle Räume auf diesem Torpedoboot restlos überfüllt sind.

DAS WUNDER: EIN KIND WIRD GEBOREN

Wunder gibt es nicht — und es gibt sie doch!

In der Nacht, in der die *Gustloff* unterging, gab es Wunder. Menschen sahen sie, erlebten sie, wurden Zeugen des Geschehens, vergessen sie zeitlebens nicht.

Das, was mit der Schwangeren aus Elbing, die in einem steuerlos in der Ostsee treibenden Rettungsboot ihr erstes Kind gebären wollte, in dieser Nacht geschah, das war ein solches Wunder.

364

In letzter Minute, die Wehen hatten schon eingesetzt, holten zwei Männer von der Besatzung des Torpedobootes *Löwe* die Frau um 1 Uhr 18, genau vier Stunden später, nachdem die drei Torpedos die *Gustloff* auf den Meeresgrund schickten, an Bord und brachten sie unter Deck.

Und fast im gleichen Augenblick legte auf der anderen Seite des Torpedobootes ein zweites *Gustloff*-Rettungsboot an. Unter den mehr als vierzig Menschen, die sich in diesem Boot befanden, war auch der Marineoberstabsarzt Dr. Helmut Richter. Kaum hatte man ihm an Bord des T-*Löwe* die gefrorene Uniform vom Leib geschnitten und ihm aus dem Spind eines Bootsmaaten eine trockene Uniform gereicht, die er gerade anziehen wollte, als er einen Ruf auf dem Gang vernahm:

»Ist unter den Geretteten ein Arzt?«

Wir brauchen dringend einen Arzt!«

Dr. Richter wußte zwar nicht, wer der Verwundete sein mochte, dem er helfen sollte, und hatte auch keinerlei Instrumente und Medikamente, mit denen er hätte helfen können. Aber schon riß er die Tür auf und rief:

»Hier ist ein Arzt!«

Augenblicke später traute er seinen Augen nicht, als er in der Kammer des Obermaschinisten die 21jährige Frau aus Elbing wiedersah, die gleiche Frau, der er kurz vor der Torpedierung der *Gustloff* in seiner Geburtshilfestation gesagt hatte:

»Bleiben Sie ruhig, liebe Frau, in einer Stunde ist alles vorbei —!«

Nun — es waren inzwischen vier Stunden vergangen. Und in diesen 240 Minuten hatten beide, der Arzt und die Schwangere, eine Katastrophennacht erleben müssen, die sie nie vergessen würden.

Aber sie lebten beide. Und nur das zählte.

Jetzt standen sie vor dem Ereignis, einem Kind das Leben zu schenken —

Die junge Frau glaubte zunächst zu träumen, als sie den Arzt sah, als dieser sich über sie beugte und mit seinen Händen über ihr Gesicht strich

— —

Das konnte doch gar nicht sein, das gab es doch nicht, daß dieser nette Arzt von der *Gustloff* jetzt in diesem Augenblick wieder bei ihr war auf diesem Schiff, nach dieser Nacht — — —

»Herr Doktor — sind Sie das wirklich — — ?«

»Ich bin es — und ich helfe Ihnen!« antwortete ihr Dr. Richter.

Ihm fehlte alles, was er für eine Geburt brauchte. Es war nichts an Bord. Weder ein Instrument, noch ein Medikament, noch Verbandszeug. Alles war restlos aufgebraucht, denn seit Stunden brauchten die geretteten Schiffbrüchigen Hilfe. Nur eine Schere war da.

Aber der Arzt gab nicht auf. Er hatte der Frau versprochen zu helfen, und er half.

Halb knieend, halb liegend, ohne jedes Hilfsmittel, mit seinen bloßen Händen entband er die 21jährige aus Elbing von einem Kind.

Als dieser kleine Mensch mit einem lauten Schrei ein erstes Lebenszeichen von sich gab, flossen die Tränen. Nicht nur bei der jungen Mutter, die überglücklich ihre Arme ausstreckte nach dem Arzt, der die abenteuerlichste, aber auch die schönste Geburt seines Lebens vollbracht hatte:

Und die Mutter wollte, daß der Junge Leo heißen sollte, weil er auf dem Torpedoboot *Löwe* geboren wurde.

Er war ein Wunder dieser Katastrophennacht.

SIEBEN SCHIFFE SUCHEN ÜBERLEBENDE

Während die Mannschaften des Torpedobootes *Löwe*, des Motorschiffes *Gotenland* und der beiden M-Boote *M 341* und *M 387* eineinhalb Stunden nach Mitternacht noch immer das Katastrophenfeld der *Gustloff* nach noch lebenden Schiffbrüchigen absuchen, was mit fortschreitender Zeit immer aussichtsloser wird, trifft ein weiteres Geleit an der Unglücksstelle ein.

Es sind wiederum drei Schiffe: Der Dampfer *Göttingen*, das Minensuchboot M *375* und das Torpedofangboot TF *19*.

Der Dampfer *Göttingen*, von Pillau kommend, hat 2 436 Verwundete und 1 190 Flüchtlinge, darunter 113 Säuglinge und Kleinkinder, an Bord. Außerdem fünf An-Bord-Geborene. Das normalerweise etwa 500 Personen Platz bietende Schiffe transportiert auf dieser Reise einschließlich der Zivilbesatzung, den Sanitätern und der Flakbesatzung etwa 4 000 Menschen. Sämtliche Zwischendecks, beide oberen Bunkerdecks, alle Gänge, Wohn- und Eßräume und sämtliche Betten der Besatzung und der Flakmannschaften sind mit Frauen, Kindern und Verwundeten belegt.

Ähnlich ist dies auf den beiden Begleitbooten. Sie sind auf dieser Reise sowohl Bewacher als auch Flüchtlingstransporter.

Die atmosphärischen Störungen der letzten Stunden hatten verhindert, daß Dampfer *Göttingen* Nachricht vom Untergang der *Gustloff* erhielt. Kapitän Friedrich Segelken ist deshalb einigermaßen überrascht, als gegen 1 Uhr 30 sein Erster Offizier Braumüller in seiner Kammer erscheint und ihm meldet, daß das Geleitführerboot M *375* die Fahrt verlangsamt und auch das zweite Fahrzeug TF *19* eigenartige Manöver macht.

Sofort eilt Kapitän Segelken auf die Kommandobrücke. Was er hier sieht und hört, überrascht ihn noch mehr.

»Da — Flöße — Boote — Trümmer — und treibende Menschen!«

Schwache Hilferufe sind zu hören. Von Minute zu Minute werden sie stärker.

Was mag hier geschehen sein?

Während die Offiziere und Steuerleute auf der Brücke diese Frage noch diskutieren, hat Kapitän Segelken bereits befohlen:

»Wachen an Deck — Rettungsboote klar!«

Der Wind bläst mit Stärke 4 aus Nordwest, der Himmel ist bedeckt und dunkel, als die *Göttingen* mit ihrem Rettungswerk beginnt.

Auf dem Bootsdeck treten in fliegender Eile die Besatzungen der Rettungsboote an. Der II. Offizier Küster, Führer des Bootes 1, ruft die Namen der Männer auf, die mit ihm die Suche nach Schiffbrüchigen aufnehmen sollen: Matrosen Ehret, Schönfeld, Weile, Hashagen, Köhler, Stocklöv, Treumann, Göhnstedt, Schykowski, Schiffsjunge Ehling, Matrosen-Gefreite Hölzner und Maarer.

Danach besetzt der III. Offizier Schulz das Boot Nr. 2 mit dem III. Offizier Scharringhausen, den Matrosen Meyer und Stadel, dem Gefreiten Damster und den Obergefreiten Schänkele, Weingerl, Wistrach, Fritzler und Lampe.

Kurze Zeit später sind die beiden Boote der *Göttingen* zu Wasser gelassen und nehmen die Suche auf.

Die Männer in den beiden Booten packt das Grauen. Die Suche nach Lebenden ist schwer. Der Tod hat reich geerntet. Die meisten auf den Flößen, in den Kuttern und Booten sind tot. Erstarrt, erfroren. Auf einen Lebenden kommen zehn Tote — oder noch mehr.

Auch die beiden Geleitfahrzeuge des Dampfers *Göttingen*, M 375 und TF 19, haben inzwischen mit den Rettungsarbeiten begonnen.

Der Kutter des M 375 wird von Oberleutnant Frenzel geführt. An Bord befinden sich außer ihm die Matrosenobergefreiten Sippel, Bauerfeld und Leese und der Gefreite Schierl. Die fünf Männer finden in der ersten halben Stunde unter fünfzig Toten einen noch Lebenden, einen Marineoberleutnant. Da ihr Boot immer mehr von M 375 abtreibt, setzen sie es zurück. Der Kommandant des Minensuchbootes, Walter Weichel, läuft danach mit langsamer Geschwindigkeit in das Katastrophenfeld, mitten in die treibenden Flöße und Boote. Mit Wurfleinen werden die Boote und Flöße an die Bordwand gezogen und danach die noch Lebenden geborgen.

Auf TF 19 hat Oberleutnant Walter Schick, Kommandant des Torpedofangbootes, ebenfalls seinen I. WO, Peter Thiebach, mit den Rettungsarbeiten beauftragt, die nicht weniger mühsam sind als die des Minensuchbootes M 375.

Eines ist für alle, die jetzt um 2.00 Uhr morgens die Katastrophennacht überlebt haben, sicher — sie können noch gerettet werden, denn sieben Schiffe suchen jetzt nach Überlebenden: Das Torpedoboot *Löwe*, das Motorschiff *Gotenland* mit seinen Geleitfahrzeugen M 341 und M 387, und der Dampfer *Göttingen* mit M 375 und TF 19.

T-BOOT *LÖWE* BEENDET RETTUNGSAKTION

Nach vierstündigem ununterbrochenem Rettungseinsatz sieht sich der Kommandant des Torpedobootes *Löwe* gezwungen, gegen 2.30 Uhr die Rettungsaktion abzubrechen. Jetzt ist wirklich auf seinem Schiff kein Platz mehr frei und seine Leute sind total erschöpft, sie haben in den letzten Stunden alles gegeben was sie konnten.

Wieviel *Gustloff*-Schiffbrüchige sich an Bord befinden, weiß Kapitänleutnant Prüfe nicht, man hatte keine Zeit, sie zu zählen.

Als er befiehlt, Kurs auf Kolberg zu nehmen, hofft er, daß die noch an der Unfallstelle verbleibenden Schiffe weitere Überlebende bergen können, obwohl die meisten der im Wasser Treibenden schon tot sind. Ein Wunder, wer jetzt, mehr als vier Stunden nach dem Untergang der *Gustloff*, in dieser eiskalten Winternacht noch lebt.

Aber es gibt noch Wunder in dieser Nacht.

Diese Nacht ist nicht nur eine Nacht der Tränen und des Todes, es ist auch eine Nacht der Nächstenliebe und der Wunder.

Während das Torpedoboot *Löwe* mit Höchstgeschwindigkeit den Hafen von Kolberg anläuft, wird eine Liste der *Gustloff*-Geretteten aufgestellt. Zu den von T *Löwe* Geretteten zählen auch der I. Offizier Louis Reese, der II. Offizier Paul Vollrath, der Landrat Paul Uschdraweit, der Panzersoldat Heinz Klapp, die Marinehelferinnen Hildegard Voigt, Gertrud Agnesens und Dunja Henke, der Elbinger Eisenbahner Julius Rinne und der Marinoberstabsarzt Dr. Helmut Richter.

Auch die junge Mutter aus Elbing mit ihrem Leo wird in die Liste der *Gustloff*-Überlebenden aufgenommen. Die junge Elbingerin kann immer noch nicht begreifen, daß sie überlebt hat und jetzt Mutter ist — — —.

Ein Wunder ist geschehen. So empfindet sie es.

ERTRUNKEN, ERFROREN, GESTORBEN

Gegen drei Uhr morgens scheint die Untergangsstelle *Gustloff* nur noch ein großer, schwimmender Friedhof zu sein.

Und doch — in diesem weit auseinandergezogenen Leichenfeld gibt es noch immer Lebende.

Das Minensuchboot M *341* setzt unermüdlich seine Suche fort. Einige der 144 Flüchtlinge aus Königsberg, die der Kommandant des M-Bootes, Henry Rickmers, in Pillau an Bord genommen hatte, sind inzwischen aufgewacht und beteiligen sich an der Betreuung der *Gustloff*-Geretteten.

Gestoppt liegt jetzt das M-Boot am Rande der Unfallstelle. Tiefes Dunkel liegt noch über dem Meer, nur ganz langsam weicht es dem nahenden Morgen.

Scheinwerfer huschen über die Wellen. Überall liegen schwarze Schatten — —.

Eins, zwei, drei, vier, fünf, sechs Schiffe — — Helfer und Retter in letzter Stunde.

Und in der See, auf bewegtem Wasser, überall Köpfe, Trümmer, Flöße, Boote. Regungslos. Alles scheint tot. Gestorben. Ertrunken, erfroren.

Doch da leben noch einige. Sie schreien, als der Scheinwerfer sie erfaßt. Neue Hoffnung strömt in sie. Die Schreie wachsen, werden lauter, werden mehr.

»Hilfe!«

Nur ein Wort, dieses eine Wort, bringen die Schreienden noch hervor:

Kapitänleutnant Schmitz (Foto links), Kommandant des Torpedobootes *TF 1*, mußte vor Hela mit seinem Boot nach Gotenhafen, wegen einem Riß in der Schweißnaht, zurückkehren und dem Torpedoboot *Löwe* allein die Begleitung der *Gustloff* überlassen. (Foto: GAHS)

Bis zuletzt bei bester Laune: Kapitänssteward Max Bonnett (Foto rechts). Er überlebte die Katastrophe. (Foto: GAHS)

Minenexplosion kurz nach dem Auslaufen der *Gustloff* bei Hela, ein schlechtes Omen für die Reise des Schiffes? (Foto: GAHS)

So fährt am Abend des 30. Januar 1945 die *Gustloff* ins Verderben: Auf der Höhe von Stolpmünde liegt der Tod auf der Lauer, doch auf der *Gustloff* ahnt niemand etwas davon. (Foto: GAHS)

Vom finnischen Hafen Hangö aus ging das Sowjet-U-Boot *S 13* am 11. Januar 1945 auf ›Feindfahrt‹. Man nahm genug Torpedos mit (Foto unten links), um mehrere Schiffe versenken zu können. Am 30. Januar 1945 läuft die *Gustloff* vor die Torpedorohre von *S 13*, dem Tod direkt in den Rachen. (Foto: BRIL)

Kapitänleutnant J. Ranges Alexander Marinesko (Foto rechts), Kommandant von *S 13*, gibt um 21.15 Uhr deutscher Zeit den Todesbefehl für die *Gustloff* und die 6600, die darauf sind: »Feuer!« Drei Torpedos verlassen das sowjetische U-Boot und steuern auf die *Gustloff* zu — (Foto: BRIL)

Der erste Torpedo reißt
das Vorschiff auf, der
zweite explodiert im
Schwimmbad, der Notun-
terkunft von 175 Marine-
helferinnen. — Die mei-
sten von ihnen werden
vom Schlaf in den Tod ge-
rissen. *(Foto: GAHS)*

Frank Wisbar versuchte
1959 in seinem Film
»Nacht fiel über Gotenha-
fen« den Torpedotreffer
im Schwimmbad der *Gust-*

loff nachzugestalten. Sze-
nenfotos aus dem *Gust-*
loff-Film, bei dem der
Autor dieses Buches als
Fachberater mitwirkte.
(Fotos: DFHH/GAHS)

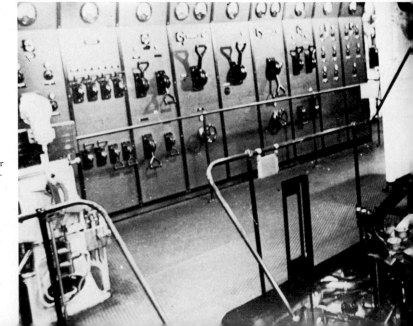

Der dritte Torpedotreffer
detonierte im Maschinen-
raum der *Gustloff.* Die
Maschinen stehen still.
Tonnenweise bricht das
Meer in das Schiff. Das
Foto zeigt einen Teil des
Maschinenraumes. *(Foto:*
GAHS)

Von drei Torpedos getroffen, sinkt die *Wilhelm Gustloff* mit starker Schlagseite nach Backbord. 6 600 Menschen, soweit sie noch nicht tot sind, beginnen einen Kampf um das nackte Leben... *(Zeichnung n. Ang. d. Verf.: H. Rathe)*

Auf der *Gustloff* rast die Panik. Was sich in den Augenblicken nach den Torpedotreffern im Schiffsinneren abspielt, hat kein Foto festgehalten. In »Nacht fiel über Gotenhafen« hat Frank Wisbar den Versuch gemacht, unter Beratung von Heinz Schön, einige Szenen nachzugestalten, was die vier Szenenfotos zeigen. *(Fotos: DFHH/GAHS)*

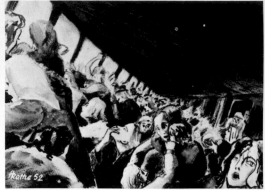

Mehr als eintausend Menschen warten im Unteren Promenadendeck auf die Ankunft von angekündigten Rettungsschiffen. Doch die Ostsee ist schneller, verschluckt die Menschen. Nur eine Mutter entkommt dieser Todesfalle, durch eine vom Wasserdruck des untergehenden Schiffes zersprengte Scheibe wird sie an die Wasseroberfläche geschleudert und überlebt. Foto oben: Das Untere Promenadendeck. Die Zeichnung von H. Rathe, nach Angaben des Verfassers, versucht dieses Geschehen bildhaft zu verdeutlichen. *(Fotos: GAHS)*

Der Schwere Kreuzer *Admiral Hipper* trifft als erstes großes Schiff an der ›Unfallstelle Gustloff‹ ein, doch wegen der hohen Aufbauten und der U-Boot-Gefahr kann der Kreuzer nichts zur Rettung der Schiffbrüchigen tun und muß wieder ablaufen. *Hipper* läßt aber sein Begleitboot, das Torpedoboot T 36 zurück, das sofort mit der Bergung beginnt. *(Foto: GAHS)*

Das Torpedoflottillenboot T 36 unter Führung von Kapitänleutnant Robert Hering nimmt sofort nach Eintreffen an der ›Unfallstelle Gustloff‹ die Rettung Schiffbrüchiger auf. Das Foto zeigt *T 36* bei seiner Indienststellung. *(Foto: PR/GAHS)*

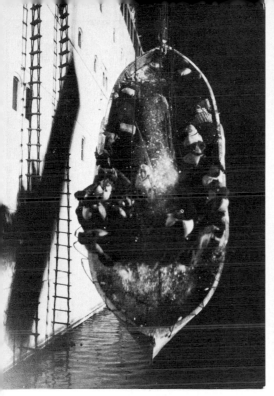

Ein Boot klinkt aus, steht senkrecht an der Bordwand, die Bootsinsassen stürzen ins Meer... Nachgestellt in dem *Gustloff*-Film »Nacht fiel über Gotenhafen« (Szenenfoto oben links). Ebenfalls ein Filmszenenfoto: Ein vollbesetztes Rettungsboot im Wasser. *(Fotos: DFHH/GAHS)*

25 Minuten nach Mitternacht, in der ersten Stunde des 31. Januar, verläßt das Torpedoboot *T 36* (Foto oben links) das Katastrophenfeld und nimmt Kurs auf Saßnitz. Kapitänleutnant Robert Hering (Foto oben rechts) und seiner Mannschaft, die bei der Rettungsaktion *Gustloff* Hervorragendes geleistet hat (Bild unten), verdanken 564 Gustloff-Gerettete ihr Leben. Die drei Aufnahmen wurden bei der Indienststellung von *T 36* 1944 gemacht. *(Fotos: PR/GAHS)*

Erika Voigt (Foto oben links) wird von *T 36* gerettet, ihr Vater (Foto oben Mitte) findet den Tod und auch ihre Mutter überlebt nicht. Zu dem von *T 36* Geretteten gehört auch Heinz Schön (Foto oben rechts). Darunter: Sein ›Abmusterungsschein‹. *(Fotos: PR/GAHS)*

Kapitänleutnant Paul Prüfe beendet mit *T Löwe* um 2 Uhr 30 die Rettungsaktion *Gustloff*. Seine Mannschaft hat in vierstündigem pausenlosem Einsatz 472 Menschen dem Tode entrissen. *T Löwe* läuft am Morgen des 31. Januar 1945 in Kolberg ein. *(Foto: PR/GAHS)*

Sechs von 472 *Gustloff*-Überlebenden, die *T Löwe* rettete: Obere Reihe v.l.n.r.: Marinestabsarzt Dr. Helmut Richter, Funkgefreiter Rudi Lange; Bootsmannsmaat Fritz Henke. Untere Reihe: Dunja Henke, Gertrud Agnesens und Hildegard Voigt. *(Fotos: PR/GUAHS)*

Dampfer *Gotenland* unter Führung von Kapitän Heinz Vollmers (Foto) findet eine Stunde nach Mitternacht an der Untergangsstelle der *Gustloff* nur noch zwei lebende Schiffbrüchige, die er an Bord nimmt. *(Foto: PR/GAHS)*

»Hilfe!« Da und dort klingt es zum Himmel, über das Wasser, zu den Rettungsschiffen, von denen die Boote zu Wasser gelassen werden, abstoßen, hineintauchen in das Dunkel der Nacht, in das weite Feld der Lebenden und Toten.

Verzweifelte, fast tierische Schreie klingen noch einmal auf. Menschen in Todesangst schreien, beten, fluchen. Es ist ein unvergeßliches, erschütterndes Bild, das die ›Unfallstelle *Gustloff*‹ bietet: Gellende Schreie zwischen umgekippten Booten, Flößen, Kisten und dahintreibenden leblos scheinenden Körpern. An den Rettungsbooten hängen Menschentrauben — erfroren.

Dann wieder schreit es langgezogen aus der Ferne, kreischt gellend neben der Bordwand, lacht wahnsinnig, plumpst zurück in die See, versinkt lautlos.

Das ist ein schwimmendes Massengrab.

Und mitten hindurch bahnt sich der Rettungskutter des Minensuchbootes 341, geführt von Oberbootsmannsmaat Rennies, den Weg. Doch in diesem Kutter sitzt schon der Tod. Soeben Gerettete sterben, andere lallen, lachen, beten, Wahnsinn in den Augen. Von dreizehn Geborgenen, die der Kutter zurückbringt, leben nur noch neun.

Dann legt der Kutter wieder ab, fährt hinaus in das Trümmerfeld, hinein in das Leichenfeld. Jedes Boot, jedes Holzstück wird mit dem Scheinwerfer abgetastet.

Auf einem Floß hockt zusammengekauert ein Mann:

»Los Kuttergäste — der lebt noch...!«

Keinen Ton gibt der Einsame von sich. Steifgefroren, Wahnsinn in den Augen, liegt er da. Zu zwanzig sind sie in dem großen Floß gewesen, die meisten halb im Wasser hängend, und ihre Hilfeschreie haben stundenlang über die Wogen geklungen. Dann ist einer nach dem anderen zurückgefallen und ertrunken — alle — bis auf einen — diesen hier — den letzten.

Es ist der Stabsobermaschinist Gerhard Schmidt, den die Männer von M *341* von dem Floß holen. Er ist der einzige, der überlebt hat.

Weiter!

Ein Schlauchboot — drei Menschen, kein Laut, keine Bewegung, erstarrt, erfroren.

Gespenstisch treiben Boote und Flöße mit den stummen Passagieren auf den Wellen. Schwarze, unförmige Menschenklumpen darauf.

Totenschiffe!

Überall das gleiche Bild: Flöße, Boote, Trümmer, Leichen.

Da treibt ein Floß. Ein Mensch steht darin. Ein Junge, sieben Jahre alt, mutterlos, allein. Der Junge hat mehrere Hosen an und zwei Mäntel. Um den Hals trägt er ein Holzschild mit seinen Personalien. Er ist noch quicklebendig. Für ihn war diese Nacht ein ganz großes Erlebnis, die Fahrt auf dem Floß sein größtes Abenteuer. Der kleine Kerl ahnt nicht, da er in dieser Nacht eine der größten Schiffskatastrophen aller Zeiten erlebt hat, und er weiß noch nicht, daß er mit der *Gustloff* seine Mutter und seine vier Geschwister verloren hat. Sie sind ertrunken, erfroren, tot! Sein Vater ist in

Rußland vermißt. Allein wird er übrigbleiben. Zeitlebens wird er später an diese Nacht zurückdenken.

Er wird als letzter in den Kutter genommen — — —

Siebzehn Überlebende sind in dem Kutter und ebensoviele Tote.

Siebenunddreißig Lebende kann das Minensuchboot M *341* bergen —und viele, viele Tote.

Als Oberleutnant Henry Rickmers an Bord des M-Bootes die Liste der Überlebenden aufstellt, hofft er, daß die anderen Schiffe mehr Lebende gerettet haben.

Auf der *Gustloff* waren doch sicher mehrere Tausend...

FÜNF STUNDEN NACH DER KATASTROPHE

Oberleutnant Karl Kröger leitet die Rettungsarbeiten von M *387*/TS *II*.

Bis kurz vor drei Uhr hatten seine Männer bereits etwa neunzig Überlebende der *Gustloff* bergen können. M *387* hatte zwar nur noch im Maschinenraum Platz für Schiffbrüchige. Aber mindestens zehn wollte der Oberleutnant noch retten.

Die drei letzten, die er um 3.00 Uhr noch an Bord nehmen kann, sind der Obersteuermann der *Gustloff* Rudolf Geiß, der Bootsmaat Ewald Kurzrock und das 17jährige Flüchtlingsmädchen Irene Darnedde aus dem Memelland.

Kurzrock und ein 18jähriger Matrosengefreiter hatten die letzten Stunden auf einem Floß zugebracht und sich gegenseitig wachgehalten. Neben ihnen trieb ein Floß mit zwei Frauen darauf. Alle vier hielten sich zuletzt mit Schreien wach, bis M *387* sie an Bord nahm.

Obersteuermann Geiß erinnert sich an die letzten Stunden als Schiffbrüchiger und seine Rettung:

»Ich hatte, nachdem ich eine Zeitlang geschwommen war, mit zwei Kameraden ein Kapokfloß erwischt, das eigentlich dafür bestimmt war, daß man sich schwimmend daran festhält. Wir setzten uns aber in das Floß und stellten die Füße auf das Gurtnetz in der Mitte. Dann nahmen wir noch drei Frauen auf. Die Köpfe nach innen gesteckt, das Gewicht gut verteilt, hielten wir uns über Wasser. Wir hielten uns eng zusammen und ermahnten uns gegenseitig, unsere Füße in Bewegung zu halten, damit sie nicht erfrieren.

Als ein Torpedoboot in unsere Nähe kam, winkten wir mit einer Taschenlampe, die eine der Frauen zufällig bei sich hatte. Sie fiel ihr aber aus den steifen Händen.

Die Frau, die aufgetanden war, kippte plötzlich nach hinten, hatte die Füße aber noch zwischen den Gurten und den Kopf im Wasser. Es gelang uns nicht, sie wieder in das Floß zu holen. Sie war tot. Wir lösten ihre Füße. Die Tote glitt ins Wasser. Dann starb die zweite Frau, ein schwarzhaariges Mädchen. Sie war erfroren.

Nach langer Zeit kam ein zweites Torpedoboot in Sicht. Oder war es das gleiche, das wir schon einmal gesehen hatten?

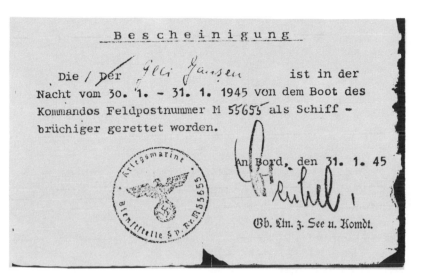

Fast alle Überlebenden haben nur das gerettet, was sie auf dem Leibe trugen. Die gerettete Flüchtlingsfrau Brunhilde Homuth findet nach ihrer Rettung in Kolberg in ihrer Tasche noch die Essenskarten, die sie auf der *Gustloff* erhielt. Sie bewahrt sie als Erinnerungsstücke an die Unglücksnacht der *Gustloff* auf.

Wir schrien aus Leibeskräften um Hilfe. Es half. Scheinwerfer erfaßten uns, eine Wurfleine kam geflogen, ich fing sie auf, hielt sie fest, so gut ich konnte. Unser Floß drehte bei, ging längsseits, und helfende Hände hoben einen nach dem anderen nach oben, bis auf mich. Da konnte ich die Leine nicht mehr halten, sie entglitt meinen Händen. Das Floß trieb mit mir achteraus. An meine Rettung war nicht mehr zu denken. Beim plötzlichen Abdrehen des T-Bootes und Fahrtaufnahme wäre ich fast in die Schraube geraten — —

Ich war nun allein auf dem Floß mit einer Toten, dem schwarzhaarigen Mädchen.

Mitternacht schien längst vorbei. Ich gab mein Leben auf. Minuten vergingen, Stunden vergingen. Ich nahm nichts mehr wahr, was um mich geschah.

Wie aus dem Nichts tauchte plötzlich ein Minensuchboot vor mir auf. Das Boot stoppte, als ich im Scheinwerferlicht war und man vermutete, daß ich noch lebte. Behutsam drehte das Boot bei. Ein Seemann, der bäuchlings angebunden auf einer ausgeschobenen Leiter lag, faßte mich an beiden Armen und zog mich an Bord. So kam ich auf M 387/TS 2. Da nirgendwo noch Platz war, legte man mich in die Bordapotheke.«

Auf der anderen Seite des M-Boote wurde zur gleichen Zeit, gegen 3 Uhr, Irene Darnedde gerettet. Sie wurde unter vielen Toten lebend in einem Boot gefunden. Sie war nicht mehr fähig, sich zu rühren und kam in den Maschinenraum des M-Bootes.

Die Rettungsaktion von M 387 lief weiter bis zum Morgengrauen. Doch fünf Stunden nach der Katastrophe fand man nur noch Tote.

EIN SCHWIMMENDER FRIEDHOF

Inzwischen sind die Uhrzeiger weitergerückt. Sie zeigen jetzt die vierte Stunde an.

Vier Stunden nach Mitternacht, fast sieben Stunden nach der Torpedierung und etwa sechs Stunden nach dem Untergang der *Gustloff* kann in dieser eiskalten Winternacht wohl kaum einer der Schiffbrüchigen noch am Leben sein.

Doch es gibt noch Lebende. Der Tod hat auch jetzt noch nicht alle von den unsagbaren Qualen dieser Katastrophennacht erlöst.

Die beiden Boote, die der Dampfer *Göttingen* ausgesetzt hat, suchen noch immer nach Überlebenden der *Gustloff*. Sie finden zwar fast nur noch Tote, doch sie finden auch noch Lebende.

Fünfundzwanzig Menschen hat inzwischen das Boot Nr. 1 bereits den Wellen entreißen können. Die Geretteten sind auf der *Göttingen* in Sicherheit. Nun ist es wieder in der See, sucht weiter.

Boot Nr. 2 hat viele, viele Tote gefunden. Doch auch zwei Frauen, die noch leben. Die eine ist Marinehelferin Ruth Rossow. Was sie in den sechs

Stunden als Schiffbrüchige erlebte, hat sie aufgeschrieben:

»Endlich, nach langer Zeit, wurde ich in ein Floß gezogen. Wir waren vier Frauen in dem Floß, darunter eine Schaffnerin aus Danzig, die auf der *Gustloff* ihre vier Kinder verloren hatte. Wir haben immer wieder gemeinsam gerufen. Doch niemand rettete uns. In unserer verzweifelten Lage wurden wir immer mutloser und apathischer. Jeder von uns vieren saß in einer Ecke des Floßes. Abwechselnd hatten wir unsere Beine in dem Floß oder über dem Floßrand ins Wasser hängend. Das Wasser war wärmer als die Luft. Meine Hausschuhe und Strümpfe hatte ich bereits verloren, als ich ins Wasser ging. Ich war barfuß und fürchtete das Schlimmste für meine Füße und meine Beine.

Die Kälte und der Wind waren fürchterlich. Um nicht zu erfrieren, hatten wir, in den Floßecken sitzend, unsere Gesichter in den Händen vergraben. Keiner sprach mehr ein Wort. So wußte ich nicht, ob eine der drei anderen Frauen schon tot war, oder zwei, oder alle drei. Ich lebte noch, aber ein merkwürdiges Gefühl hatte mich erfaßt. Kam mir der Tod jetzt näher, griff er auch nach mir?

Plötzlich blendete mich ein Scheinwerfer. Ich wollte mich rühren, aufstehen, rufen. Nichts konnte ich mehr. Ich war zu einem Eisklumpen erstarrt. Ich fühlte kräftige Männerhände, zwei, vier, sechs. Sie packten mich, hoben mich in ein Boot — —

Von diesem Augenblick an wurde es Nacht um mich.

Als ich aufwachte, befand ich mich auf dem Dampfer *Göttingen*. Man hatte mich aufgetaut. Ich hatte Erfrierungen 2. bis 3. Grades in den Beinen. Doch ich lebte — —

Die zweite Frau, die das Boot Nr. 2 noch lebend retten konnte, war Irene Stender aus Gotenhafen. Sie wurde aus einem Schlauchboot gerettet und in einer kleinen Kammer auf der *Göttingen* gemeinsam mit einer jungen Frau, einem 17jährigen Mädchen, einem 9- und einem 11jährigen Jungen und einem etwa 30jährigen Mann untergebracht. Bereitwillig hatte die Mannschaft die Kammern und die Kojen für die Überlebenden der *Gustloff* geräumt.

Die Rettungsaktion *Göttingen* steht jetzt, um vier Uhr 30 vor dem Abschluß.

Auch der vom Kommandanten des Minensuchbootes M 375 ausgesetzte Kutter unter Führung von Oberleutnant Frenzel hatte inzwischen Erfolg. Vierzig Schiffbrüchige konnten bisher lebend geborgen werden. Sie befanden sich bereits auf dem M-Boot und wurden schon versorgt.

Soeben hatte man die letzten drei noch Lebenden aus dem Floß geholt.

Da das Katastrophenfeld mit Trümmern, Booten, Flößen und schwimmenden Toten immer weiter auseinandertrieb, waren die Chancen, noch Überlebende zu finden, auf dem Nullpunkt angelangt.

Kurz nachdem die beiden Rettungsboote wieder an Deck der *Göttingen* sind, sichtet Kapitän Friedrich Segelken Leuchtzeichen eines der Sicherungsschiffe. Sie bedeuten:

»U-Boot-Gefahr in Richtung der abgeschossenen Sterne!«

Noch immer sind also feindliche U-Boote in der Nähe.

Um 4 Uhr 50 beendet deshalb die *Göttingen* die Rettungsaktion. Segelken will sein Schiff mit den vielen Menschen an Bord nicht noch in Gefahr bringen. Gemeinsam mit M *375* unter Führung von Oberleutnant Walter Weichel setzt sich das Geleit in Marsch, verläßt das Katastrophenfeld.

Das Torpedoboot TF *19*, das den Auftrag hatte, *Göttingen* von Hela bis auf die Höhe von Swinemünde zu geleiten und dann nach Gotenhafen zurückzukehren, bleibt an der Untergangsstelle der *Gustloff* zurück.

Der Dampfer *Göttingen* hat 28 Überlebende an Bord, M *341* hatte 43 Schiffbrüchige retten können.

Das Ziel beider Schiffe ist der Hafen von Swinemünde.

Wenig später beendet auch M/S *Gotenland* mit seinen beiden Sicherungs-fahrzeugen, den Minensuchbooten M *341* und M *387*, die Rettungsaktion.

Die *Gotenland* hatte nur zwei *Gustloff*-Schiffbrüchige an Bord, M *341* rettete 37 *Gustloff*-Schiffbrüchigen das Leben, M *387* hatte sogar 98 an Bord nehmen können.

Auch diese drei Schiffe laufen nach Swinemünde.

Was die fünf Schiffe gegen fünf Uhr zurücklassen, ist ein schwimmender Friedhof — —

Und ein Schiff — das Torpedofangboot TF *19*.

»TOTE INS MEER — LEBENDE AN BORD«

Die 17jährige Marinehelferin Sigrid Bergfeld, die mit Mühe und Glück dem ersten Torpedotreffer im Schwimmbad der *Gustloff* entkam, wartet sieben Stunden danach noch immer auf ihre Rettung.

Es ist ein Wunder, daß sie noch lebt.

Obersteuermann Peter Thiebach, I. WO auf TF *19*, erinnert sich an die Rettung der Marinehelferin, als läge das Geschehen erst wenige Tage zu-rück:

»Es ist eine eisige Nacht, die Nacht vom 30. zum 31. Januar 1945. Schneesturm, kalt und bewegte See, kaum die Hand vor den Augen zu sehen. Wir gehen mit der Fahrt herunter, als wir die Untergangsstelle der *Gustloff* erreichen. Beim Aufblenden unserer großen Scheinwerfer bleibt uns jedes Wort im Halse stecken. Diesen Anblick und die Todesschreie unzähli-ger Menschen hatten wir nicht erwartet. Damit beginnt eine Nacht, wie ich sie nie vorher im Krieg erlebt habe und auch nachher nicht. Überall Flöße, leere Rettungsboote, Menschen im Wasser, Trümmerstücke, Eisschollen — — und dann immer wieder dieser furchterregende Todesschrei.

Die Brückenwache hält schärfsten Ausguck, während unser ausgesetztes Boot an das erste Floß herangekommen ist. Bootshaken raus und Floß festhalten ist eins. Jetzt kommt die schwerste Arbeit. Durch die grobe See, durch Schlingern und Stampfen unseres Bootes sowie überkommendes Wasser wird die Rettungsaktion ungeheuer erschwert. Meine seemännische Nr. 1, Bootsmaat Schulz und ich versuchen, die Leute aus dem Floß hochzureißen. Aber wir schaffen es nicht. Unterdessen schreien die Menschen ununterbrochen weiter. Wir arbeiten wie die Wilden. Aber der Mann auf dem Floß versucht immer wieder vergeblich, die Schiffbrüchigen an Bord unseres Bootes zu reichen. Bei der groben See auf einem wildtanzenden Floß zu stehen, ist unmöglich. Ich ziehe meine Lederjacke aus und springe auf das Floß. Jetzt, zu zweit, geht es besser. Wir reißen die festgefrorenen Floßinsassen hoch. Die meisten sind tot. Wir werfen sie ins Wasser. Beim nächsten Hochkommen des Floßes springen wir an die Reling, halten uns fest. Kameraden nehmen uns den einzigen noch Lebenden ab. Es ist eine Frau, eine Krankenschwester aus Ostpreußen.

Weiter geht's. Pausenlos, stundenlang.

Auf dreißig, vierzig Tote kommt ein noch Lebender.

Bis 5.00 Uhr morgens retten wir, was noch zu retten ist.

Immer wieder die gleiche Arbeit, der gleiche Anblick. Runter aufs Floß, Tote ins Meer, Lebende an Bord. Es gibt keine andere Wahl. Nur noch sieben Lebende finden wir.

Die letzte ist eine 17jährige Marinehelferin. Durch Rudern mit einem Stück Holz hatte sie sich ihr Leben erhalten. Um sie herum finden wir nur noch Tote. Sie schwimmt in einem Leichenfeld. Das Mädchen hat Erfrierungen an beiden Beinen. Doch sie ist glücklich, überlebt zu haben.

Als fünf Minuten nach 5 Uhr morgens TF 19 Fahrt aufnimmt, atmen die sieben an Bord befindlichen *Gustloff*-Schiffbrüchigen auf. Endlich geht es in einen rettenden Hafen.

Doch Sigrid Bergfeld erschrickt, als sie ihren Retter, den Obersteuermann Thiebach fragt: »Wohin fahren wir — —?« und als sie die Antwort erhält: »Nach Gotenhafen —!«

Wie in Trance wiederholt die 17jährige diese zwei Worte:

»Nach Gotenhafen — —«, und sie denkt in diesem Augenblick daran, wie froh sie war, einen Tag zuvor mit der *Gustloff* dieser Hölle von Gotenhafen, dieser Stadt voller Flüchtlinge, entkommen zu sein. Jetzt wurde sie wieder in die Stadt gebracht, aus der sie geflohen war.

Dieser Gedanke ließ sie auch in den nächsten Stunden keine Ruhe finden.

DER LETZTE ÜBERLEBENDE

Das Drama der Schiffbrüchigen der *Wilhelm Gustloff* ist zu Ende. Es dauerte lange. Über sieben Stunden. Für die, die sofort nach den Torpedotreffern in die See sprangen, fast 60 Minuten länger.

Der Schauplatz des Geschehens, die Ostsee, 12 Seemeilen von der pommerschen Küste entfernt, auf der Höhe von Stolpmünde, ist jetzt nur noch ein einziger, riesiger schwimmender Friedhof. Nur noch Tote schwimmen zwischen Eisschollen, Wrackteilen, Schlauchbooten, Flößen, Kuttern und umgestülpten Rettungsbooten — Frauen, Kinder, Greise, Kranke, Krüppel, Verwundete, junge Mädchen und Soldaten. Der todbringende Krieg hatte sie alle dahingerafft. In einer Nacht, in wenigen Stunden. Keiner von ihnen starb den Heldentod für Führer und Vaterland. Alle starben unbeschreiblich qualvoll — erstarrten, erfroren, ertranken — — Und keiner der Toten wußte warum und wofür.

Sie waren zu sinnlosen Opfern eines sinnlosen Krieges geworden, der nun im Morden unschuldiger Frauen, Kinder und Greise sich einem Ende mit Schrecken näherte.

Und das alles geschah an einem denkwürdigen Tage — am 30. Januar 1945, dem Tage, an dem 50 Jahre zuvor Wilhelm Gustloff, der spätere Naziführer in der Schweiz, in Schwerin in Mecklenburg geboren wurde, den man 1936 ermordete und dessen Namen sein Freund Adolf Hitler einem Schiff, der *Wilhelm Gustloff*, gab mit dem Versprechen, ihm damit ein Denkmal zu setzen für alle Zeiten — — und an dem Tage, an welchem Hitler vor 12 Jahren die Macht ergriff und danach begann, ein ganzes Volk ins Unglück zu stürzen.

Doch von alledem weiß der Mensch nichts, der als letzter Überlebender noch im Trümmerfeld der untergegangenen *Gustloff* treibt und noch gerettet werden soll.

Dieser Mensch kann auch nicht um Hilfe rufen. Er kann sich nicht rühren und nichts zu seiner Rettung tun. Es ist ein kleiner einjähriger Junge. Er hat keine Chance mehr, aus dieser Eishölle lebend zu entkommen. Alle rettenden Schiffe haben die Unglücksstelle verlassen. Er ist mutterseelenallein mit den Toten dieser Unglücksnacht.

Von allen verlassen treibt dieser kleine Junge auf dem Wellengrab. Unter ihm, in sechzig Meter Tiefe, das Wrack, das mit Tausenden von Lichtern in die Tiefe ging. Unter ihm die Toten, die eben noch lebten, geschrien, getobt und gebetet haben. Neben ihm, rings um ihn herum Tote und die schaurige Einsamkeit dieser Nacht. Nur ein Wunder kann noch das Leben dieses Jungen retten. Aber manchmal geschieht das Unfaßbare, das man mit dem Verstand nie begreifen wird.

Es soll noch eine Rettung für dieses kleine Menschenkind geben — — —

Mit 12 Seemeilen Fahrt kämpft sich das Vorpostenboot *1703* unter Führung seines Komandanten, Kapitänleutnant Helmut Hanefeld, durch die schwere See dieses eiskalten Morgens des letzten Januartages. Mit Westkurs geht es der »Unfallstelle *Gustloff*« zu, die laut Funkmeldung auf der Höhe von Stolpmünde liegen soll.

Der Sturm ist auf 3—4 abgeflaut. Zeitweise schneit es, und im Wasser treiben Eisschollen.

Die gesamte Mannschaft des Vorpostenbootes ist dabei, alles Erforderliche für die Aufnahme etwaiger Schiffbrüchiger vorzubereiten. Auf der Kommandobrücke des VP-Bootes stehen der Kommandant und der I. Offizier, Leutnant zur See Meier. Sie besprechen die Lage.

Wird man nicht schon viel zu spät kommen zur Rettung Schiffbrüchiger? Immerhin ist die *Gustloff*, wie die Funkmeldung besagte, gegen 21.16 Uhr torpediert worden. Und jetzt zeigen die Leuchtzeiger der Uhr auf der Kommandobrücke des VP-Bootes auf 4.50 Uhr. Nach menschlichem Ermessen kann keiner der Schiffbrüchigen bei dieser Kälte mehr am Leben sein. Es sei denn, es wäre einer wie durch ein Wunder durch diese Nacht gekommen.

Dreißig Minuten später ist die ›Unfallstelle‹ erreicht. Aber kein Schrei ist mehr zu hören. Der Kampf der Schiffbrüchigen mit der grimmigen Kälte und dem eiskalten Wasser scheint längst zu Ende zu sein. Trotzdem gibt der Kapitänleutnant seinem I. Wachoffizier den Befehl, die noch umhertreibenden, offenbar menschenleeren Rettungsboote anzusteuern und systematisch zu untersuchen.

Langsam huschen die Lichtkegel der Bordscheinwerfer über die aufgewühlte See, über Eisschollen, leere Boote und Flöße. Nirgendwo ist mehr Leben zu entdecken.

Da — mitten im hellen Lichtstrahl taucht eines der schiffseigenen *Gustloff*-Rettungsboote auf. Steuerlos treibt es auf den Wellen. Auch dieses Boot scheint leer zu sein. Plötzlich hat der Scheinwerferstrahl zwei reglose Gestalten erfaßt.

Leben sie noch?

Es kostet Mühe, an das Boot heranzukommen. Die See treibt es immer wieder ab.

Endlich! Das Boot ist festgemacht.

Oberbootsmannsmaat Werner Fick springt kurz entschlossen in das Boot, um es mit seiner Taschenlampe zu untersuchen.

Entsetzt blickt der Obermaat in die starren, verzerrten Gesichter zweier Toter, eines etwa 10—15 Jahre alten Mädchens und einer Frau, deren Hand sich noch jetzt um eine schwarze Tasche krampft, die mit zwei kleinen, goldenen Halbkugeln verziert ist. Obersteuermann Fünfrock, der nach Werner Fick in das Boot gesprungen ist, hilft diesem, die beiden Leichen an Bord des Vorpostenbootes zu befördern. Das ist nicht einfach. Sie werden vorerst an Oberdeck gelegt. Einige Besatzungsmitglieder untersuchen die Geborgenen. Weder die Tasche, die die Frau krampfhaft umklammert hält, noch die Manteltaschen der Frau und des Mädchens enthalten irgendwelche Papiere oder Anhaltspunkte, wer diese beiden Toten sind. Ist die Frau die Mutter dieses Mädchens?

Unterdessen ist der Obermaat Fick noch einmal in das Rettungsboot zurückgeklettert. Er hat jetzt so seine eigenen Gedanken, muß an das tote Mädchen denken, das er soeben geborgen hat. Er hätte gern ein Kind gehabt, doch ihm war es nicht vergönnt, Vater zu sein. Das Schicksal hat ihm und seiner Frau Kinder versagt, für immer.

Nun untersucht er noch einmal das große Boot nach Gegenständen. Der Bootsboden ist mit Schnee bedeckt.

Es scheint, daß die anderen Bootsinsassen es bei ihrer Übernahme auf ein

Rettungsschiff sehr eilig hatten, denn Decken und Kleidungsstücke liegen noch auf den Planken. Der Obermaat hebt das Zeug auf und wirft es einem Matrosen zu, der an Deck des Vorpostenbootes steht.

Als Werner Fick dann das Boot verlassen will, ruft man ihm vom Vorpostenboot aus zu:

»Auf der achteren Steuerbank liegt noch was — da liegt noch ein Bündel — wirf es rüber — — —!«

Der Obermaat dreht sich um.

Tatsächlich, auf der verschneiten Steuerbank liegt noch ein Deckenbündel. Es ist völlig durchnäßt, steinhart gefroren und deshalb ziemlich schwer. Beim Zugreifen fühlt er durch die Decken plötzlich einen Arm. Hastig legt er das Bündel auf die Steuerbank zurück und reißt eine Seite auf — seine Augen werden starr: Wie angewurzelt steht er für wenige Augenblicke in dem schwankenden Rettungsboot und starrt auf den Inhalt des Deckenbündels. Der Kopf eines Kindes, eines etwa einjährigen Jungen ist zum Vorschein gekommen — —

Schnell schlägt der Mann die Decken wieder zusammen. Ob das Kind wohl noch lebt? Aber damit ist wohl kaum zu rechnen, wenn Erwachsene die furchtbaren Stunden auf offener See schon nicht überstanden haben — —

Schwer liegt das Bündel auf seinem Arm, als Werner Fick wieder auf das Vorpostenboot steigt. Ohne auf die Fragen seiner Kameraden: »Mensch —was hast Du denn da?« zu antworten, rennt er in die Kabine des Kommandanten. Er weiß, wenn das Kind noch lebt, geht es jetzt um Minuten.

Kapitänleutnant Helmut Hanefeld blickt den Obermaaten verwundert an, als dieser, ohne anzuklopfen, in die Kommandanten-Kabine stürzt und ohne ein Wort zu sagen, auf dem schmalen Tisch ein Deckenbündel aufwickelt.

Dann ist Werner Fick auch schon wieder an der Tür und schreit nach dem zufällig an Bord befindlichen Flottillenarzt Dr. Fleischer, der Sekunden später da ist.

Blitzschnell erfaßt der erfahrene Marinearzt die Situation, als sein Blick auf den Tisch fällt.

»Rasch — eine Schere — —!«

Nachdem die spärliche Bekleidung des Kindes heruntergeschnitten ist, fühlt der Arzt den Puls — und siehe da, er schlägt noch — ganz, ganz schwach...

Eine bange, bange Zeit vergeht.

Dem Arzt treten die Schweißperlen auf die Stirn. Unermüdlich versucht er, durch Wiederbelebungsversuche das erstarrte Kind vom Weg in den Tod zurückzuholen. Er versucht es mit Injektionen, mit einer Kampferspritze.

Der Komandant und der Obermaat stehen dabei, verfolgen die Bemühungen des Marinearztes mit größter Erregung.

Niemand spricht ein Wort — —

Nun wird sich in jedem Moment entscheiden, ob man ein lebendes oder ein totes Flüchtlingskind geborgen hat.

Da — plötzlich schlägt das Kind die Augen auf.

Der Junge lebt — —

Dr. Fleischer tritt zurück, wischt sich den Schweiß von der Stirn, atmet tief:

»Gottseidank — er lebt — —!«

Die drei Männer sehen sich den kleinen Blondschopf an. Ihre Augen schimmern feucht. Die Blicke des Kindes gehen von einem zum anderen. Es weiß nichts von alledem, was mit ihm geschehen ist, es weiß nichts davon, daß es schon fast tot war und nun wieder am Leben ist.

Der Junge weiß auch nicht, wer er ist. Er kann seinen Namen nicht nennen und seine Geschichte nicht erzählen, wie er auf die *Gustloff* kam und in ein Rettungsboot.

Er, dieser kleine einjährige Junge, ist der letzte Überlebende der *Wilhelm Gustloff*, er ist ein namenloser Flüchtlingsjunge, ein Findelkind!

DER »DIEBSTAHL« DES *GUSTLOFF*-FINDLINGS

»Gibt es denn wirklich für den Namen und die Herkunft des Kindes keinen Anhaltspunkt?« fragt Kapitänleutnant Hanefeld eindringlich.

Noch einmal untersuchen die Männer die Bekleidungsstücke des Kindes, die Decken, das gestreifte blaue Strickjäckchen und selbst die Gummiwindeln. Doch nirgendwo ist ein Kennzeichen zu entdecken.

Was soll nun aus dem Findelkind werden?

Obermaat Werner Fick ist an den Tisch herangetreten und hat den Knaben an sich genommen. Er hält es für seine selbstverständliche Pflicht, aber auch für sein Recht als Retter, für das Kind zu sorgen. Der Marinearzt Dr. Fleischer und der Kommandant des Vorpostenbootes *1703*, Helmut Hanefeld, haben auch nichts dagegen, daß der Obermaat das Kind behält, bis seine Herkunft geklärt ist. Sie kennen den Retter als einen tüchtigen, charakterstarken Mann.

Obermaat Marzella staunt nicht wenig, als kurze Zeit später sein Kabinenkamerad Werner mit dem Jungen auf dem Arm erscheint und erklärt:

»Das Kind behalte ich! —

Ab heute heißt der Junge Peter!«

Niemand auf dem Vorpostenboot ahnt, daß damit eine Tragödie um den letzten Überlebenden, den namenlosen *Gustloff*-Findling, ihren Anfang nimmt, eine Tragödie, die einem Vater Leid bringt, der bei der *Gustloff*-Katastrophe Frau und Tochter verlor und dem man jetzt, in diesem Augenblick, auch das Letzte nimmt, seinen einzigen Sohn, und die einem Manne Freude bringt, einem Retter, der dieses Kind in eisiger Ostseenacht in einem steuerlos auf der Ostsee treibenden Rettungsboot fand und in ihm ein Geschenk des Himmels für seine kinderlose Ehe sieht und der bereit ist, diesem namenlosen Menschenkind ein guter Vater zu sein, es zu lieben, als wäre es sein eigenes.

Vom ersten Augenblick an hat Werner Fick diesen Jungen liebgewonnen. Fest drückt er ihn an sich, bevor er ihn in seine eigene Koje legt. Gern schläft er auf dem Fußboden, um seinem Peter seine Koje zu überlassen. Noch nie war er so glücklich wie in diesem Augenblick, da er durch eine Katastrophe, die Tausenden das Leben kostete, Vater geworden ist, Vater eines Findelkindes. Und er will es auch bleiben.

Diesen Entschluß faßt er schon in diesen Augenblicken, als VP *1703* die ›Unfallstelle *Gustloff*‹ wieder verlassen hat und Kurs auf Gotenhafen nimmt. Und jede Minute, die er Zeit hat, sitzt er bei seinem Kind, füttert es, legt es trocken, hegt es wie Vater und Mutter zugleich.

Ist es nicht ein Gotteswunder, daß dieses Kind noch lebt, sieben Stunden nach dem Untergang der *Gustloff*? Und ist es nicht auch ein Wunder, daß ausgerechnet er, ein kinderloser Ehemann, der sich seit vielen Jahren ein Kind wünscht, diesen Jungen gefunden hat? Mit diesem Gottesgeschenk wird sein ganzes Leben einen neuen Sinn erhalten. Ein Gefühl durchströmt ihn, das er vorher nie gekannt hat. Und er stellt sich die Freude vor, die seine Frau zeigen wird, wenn er ihr den Knaben überreichen wird mit den Worten: »Das ist unser Kind — unser Peter!«

Auch Dr. Fleischer, der Marinearzt, glaubt an ein Wunder, ein medizinisches Wunder, als er den Knaben noch einmal untersucht hat.

Er hat nichts feststellen können, kein Fieber, keine Erkältung, keine Lungenentzündung, keine Erfrierungen — nichts. Und dies nach dem Untergang eines Schiffes bei 18 Grad unter Null in eisiger Nacht, draußen in der Ostsee. Das alles hat dieser einjährige Junge überlebt — —

Niemand, der dies nicht miterlebt hat, wird es jemals glauben.

Und es gibt einen Mann auf diesem Vorpostenboot, der seit der Rettung dieses Jungen nur noch einen Gedanken hat, für diesen, seinen Peter, alles zu tun. Alles.

Er kann nicht ahnen, daß eines Tages, Jahre nach dem Krieg, ein Mann sagen wird:

»Sie haben mein Kind gestohlen — geben Sie es wieder her!«

Und daß dieser Mann behaupten wird:

»Das ist mein Sohn Frank-Michael — ich will ihn zurückhaben, er ist alles, was mir der Krieg übrig ließ — ich liebe ihn noch mehr als Sie und werde um ihn kämpfen, bis ich sterbe!«

Werner Fick macht sich an diesem Morgen des 31. Januar 1945 keine Gedanken mehr über die Herkunft des Kindes. Das Glücksgefühl, jetzt einen Sohn zu haben, überschattet alles Denken und Tun. Andere Familien haben im Krieg liebe Menschen verloren, Söhne und Töchter. Doch ihm hat der Krieg einen Jungen geschenkt, den letzten Überlebenden der *Wilhelm Gustloff*.

Auch Kapitänleutnant Hanefeld hat sich über das weitere Schicksal des *Gustloff*-Findlings seine Gedanken gemacht, nachdem er den Funkspruch an den Küstenbefehlshaber und die 17. Vp-Flottille in Danzig-Langfuhr abgesetzt hat:

»Zwei Tote geborgen und ein lebendes Kind!«-

Hanefeld hat nichts dagegen, daß Werner Fick den Jungen behält. Wo sollte das Kind sonst hin in Gotenhafen oder Danzig, wo Hunderttausende Flüchtlinge auf ihren Abtransport warten? Nach der Katastrophe, die der Knabe überlebt hat, braucht er Pflege, liebevolle Pflege. Die kann ihm weder das Rote Kreuz noch die NSV in Gotenhafen oder Danzig geben.

Mit der Entscheidung, daß Werner Fick den *Gustloff*-Findling behalten und ihn einige Tage später in Swinemünde seiner Frau übergeben darf, die ihn mit nach Hause, nach Rostock nimmt, ist das Schicksal des letzten Überlebenden der *Wilhelm Gustloff* besiegelt.

RETTUNGSSCHIFFE — TRÄNENSCHIFFE

Acht Schiffe sind im Morgengrauen des 31. Januar 1945 unterwegs in der Ostsee, neben vielen anderen Schiffen. Doch diese Schiffe haben besondere Passagiere an Bord: Überlebende der *Wilhelm Gustloff*.

Auch ich gehöre zu ihnen.

Es hat lange gedauert, bis ich an Bord des Torpedobootes T 36 begriffen hatte, daß ich zu den Überlebenden zählte. Erst nachdem mir ein Sanitäter einen Becher mit Rum eingeflößt hatte, kam ich wieder zu mir und nahm wahr, was um mich geschah. Mit etwa zehn bis fünfzehn Personen lag ich in einem kleinen Raum ausgezogen in einer Ecke. Meine inzwischen getrockneten Sachen hatte man auf mich gelegt. Ich war der einzige Mann in diesem Raum. Alles andere waren Frauen und Kinder. Richtig wach wurde ich erst, als ich einige Männer sah, die um den in der Mitte aufgestellten Tisch standen und merkwürdige Bewegungen machten. Auch eine Frau war dabei in einem Kittel. Als dann plötzlich ein Kind schrie, ein Neugeborenes, ahnte ich, was auf dem Tisch geschehen war. Eine Geburt. Eine Überlebende der Katastrophennacht hatte ein Kind zur Welt gebracht. Es war eine Frühgeburt. Ein kleines Mädchen. Es lebte.

Dann versank ich in einen tiefen Schlaf.

Kapitänleutnant Robert Hering ließ inzwischen eine Liste der *Gustloff*-Geretteten aufstellen. Als sie fertig war, enthielt sie 564 Namen.

564 Menschen hatten die Männer des Torpedobootes dem sicheren Tode entrissen, 564 von über 6600, die auf der *Gustloff* waren. Wieviele die anderen Schiffe gerettet hatten, wußte der Kommandant des Torpedobootes nicht. Er hoffte — mehr.

Mit den in Danzig an Bord genommenen Flüchtlingen, den *Gustloff*-Geretteten und der Besatzung befanden sich jetzt annähernd 1000 Menschen auf T 36. Alle Räume waren belegt: die Kammern der Offiziere, der Unteroffiziere und Mannschaften, die man spontan geräumt hatte, alle Nebenräume, Abstellkammern, und selbst in der Kombüse und im Maschinenraum war jeder verfügbare Winkel genutzt worden, um niemanden auf dem eiskalten Oberdeck zu lassen.

Auf T *36* fließen Tränen. Da sucht eine Frau ihre Kinder. Vergeblich. Sie kann nur hoffen, daß die drei Mädchen von einem anderen Schiff gerettet wurden.

Dort sucht Christa Böttcher aus Gotenhafen vergeblich nach ihrer Tochter Heide. Sie findet sie nicht und sie ahnt auch nicht, daß sie ihre Tochter Heidi erst 35 Jahre nach dem Ende des Krieges als verheiratete Frau und selbst Mutter mehrerer Kinder, in einem anderen Deutschland, das sich DDR nennt, wiederfinden wird.

Durch die Gänge und Decks des Torpedobootes T *36* geht in dieser Nacht auch Gertrud Nießen. Sie sucht unter den Frauen und Kindern Frauen von *Prinz-Eugen*-Besatzungsmitgliedern. Doch sie findet weder eine Frau noch ein Kind.

Auch Erika Voigt sucht vergeblich nach Vater und Mutter und die Marinehelferin Lisbeth Klaus ihre 16jährige Tochter. Niemand der Gesuchten ist an Bord.

Doch da gibt es auch Tränen der Freude: Der Bordschneider der *Gustloff* findet seine Frau, die als Stewardess auf dem Schiff war, unverletzt wieder. In einem Gang begegnen sich plötzlich nach furchtbaren Stunden des Getrenntseins Mutter und Tochter, überglücklich. »Ich habe immer nur für Dich gebetet, daß Du gerettet wirst, die ganze Zeit habe ich gebetet, daß ich Dich wiederfinde« — — stammelt die 12jährige unter Tränen.

Die meisten suchen vergeblich nach ihren Angehörigen. So das vielleicht siebenjährige Mädchen, das unweit von mir auf dem Fußboden sitzt und unaufhörlich schluchzt und ruft: »Wo ist meine Mutti, wo ist meine Mutti— —?!«

Ein ähnliches Bild auf dem Torpedoboot *Löwe*, das Kurs auf Kolberg genommen hatte.

Die Marinehelferin Ursula Pautz, die dem Schwimmbad entkommen war, hielt Ausschau nach Anni Faust, ihrer Kameradin, die schon beim Anbordgehen ihren Tod auf der *Gustloff* voraussahnte. Ihre Ahnung hatte sich erfüllt. Sie war nicht unter den Geretteten.

Glück in der Katastrophennacht hatte die Marinehelferin Dunja Henke. Sie fand auf dem Torpedoboot *Löwe* ihren Mann wieder, von dem sie auf der untergehenden *Gustloff* getrennt worden war.

Auch der Angerapper Landrat Paul Uschdraweit war auf T-*Löwe* auf der Suche nach seinem Fahrer Fabian. Er fand ihn nicht und glaubte, ihn für immer verloren zu haben.

Auf dem Minensuchboot M *387* fand Irene Darnedde weder ihre Mutter wieder, noch eine der Schwestern oder Brüder. Auch sie hoffte, daß vielleicht andere Schiffe ihre Angehörigen gerettet hatten. Erst später erfuhr sie, daß sie allein übrig geblieben war — —

Ruth Rossow, die sich an Bord des Dampfers *Göttingen* befand, wurde während der Reise nach Swinemünde von einem 10jährigen Jungen getröstet, den alle den ›Kapitän‹ nannten. Er hatte allein die Schreckensnacht auf einem Floß überlebt, war glücklich darüber und munterte die *Gustloff*-Überlebenden auf.

Was während der Fahrt der acht Schiffe nach Gotenhafen, Kolberg und Saßnitz von den Besatzungsmitgliedern geleistet wurde, war beispielhaft. Nach der stundenlangen mühsamen Rettung der Schiffbrüchigen aus Seenot opferten sie nicht nur Uniformen, Bekleidung, Zigaretten, Schnaps, Verpflegung, um den Geretteten das Erlebte zu erleichtern. So mancher Marineangehörige holte durch Wiederbelebungsversuche schon Totgeglaubte ins Leben zurück.

Auf diesen acht Schiffen, die *Gustloff*-Überlebende an Bord hatten, zeigte sich, daß die Kriegsjahre nicht vermocht hatten, die Nächstenliebe zu töten. Hier half jeder jedem, so gut er konnte, und viele taten in dieser Nacht vom 30. zum 31. Januar beim Untergang der *Gustloff* und der Rettung der in der Ostsee treibenden Menschen mehr als ihre Pflicht — — ohne den Befehl, so handeln zu müssen, aus Liebe zum Nächsten.

»*GUSTLOFF*-GERETTETE AUSSTEIGEN!«

31. Januar 1945.

Ein neuer Morgen zieht herauf. Friede liegt über der Ostsee. Zwölf Seemeilen querab Stolpmünde, in einundsechzig Meter Tiefe, ruht ein Schiffswrack — und fünftausend tote Menschen.

Glutrot steigt die Sonne an diesem klaren kalten Wintermorgen aus dem Meer. Der feurige Ball wird langsam größer, das Rot noch leuchtender. Es scheint, als sei dieser feurige Ball getränkt mit dem Blut der Fünftausend, die in dieser Nacht mit der *Gustloff* ihr Grab in der Ostsee fanden.

Die Sonne steht schon etwas höher am Horizont, als die Rettungsschiffe die verschiedenen Häfen anlaufen.

Mehr als 6600 Menschen haben die Flucht über die Ostsee gewagt, nur 1252 überlebten sie.

Bereits um 6 Uhr 40 läuft das Torpedoboot *Löwe* im Hafen von Kolberg ein. 472 Schiffbrüchige hatte die Mannschaft dieses Bootes in über vierstündiger zäher Arbeit aus der Ostsee retten können. Neun sind während der Fahrt an Unterkühlung gestorben, und ein Knabe — Leo — hat gegen 1 Uhr 30 an diesem Morgen auf dem T-Boot das Licht der Welt erblickt.

Es ist ein erschütterndes Bild, als um 9 Uhr 30 die Überlebenden der *Gustloff* ihr Rettungsschiff verlassen.

Angestarrt von einer sich rasch sammelnden Menschenmenge formieren sich die noch Gehfähigen zu einem Marschzug, einem Haufen Menschen, der durch den Schnee den Weg in die Stadt sucht. Den Umstehenden bleibt der Mund offen stehen. Sie wissen nicht, woher diese Menschen kommen und wohin sie wollen. Niemand gibt ihnen Auskunft darüber.

Viele der Geretteten haben nicht einmal mehr Schuhe an den Füßen. Auf Strümpfen marschieren oder humpeln sie über das steinharte, mit Eis und Schnee bedeckte Pflaster. An den Straßenrändern bleiben Menschen stehen und starren auf den Pilgerzug, der aus dem Hafen kommt. Mancher von ihnen zieht seinen Mantel oder seine Jacke aus, hängt sie einem Mädchen um. Da ist eine andere. Sie zieht ihre Schuhe aus, kommt zu dem Pilgerzug, gibt sie einer jungen Frau, die barfuß in der Kolonne des Elends mitmarschiert. Dort holt eine Frau eine Decke aus dem Haus, reicht sie einer Mutter, die am Ende des Zuges geht und ein Kind auf dem Arm trägt, das sie jetzt in eine Decke wickelt — —

Im Kolberger Hafen spüren die Menschen an den Rändern der Straßen, daß diese Menschen hier Hilfe brauchen. Sie wissen nicht, welches Unglück sie erlebt haben, was mit ihnen geschehen ist. Denn vom Untergang der *Gustloff* weiß in dieser Stunde noch niemand etwas.

Um 13.55 Uhr macht das Torpedoboot T 36 am Eisenbahnkai im Saßnitzer Hafen fest. Fünf Minuten später erfolgt die Ansage:

»*Gustloff*-Gerettete aussteigen — — —!«

Kapitänleutnant Hering hat über Funk bereits die Hafenkommandantur benachrichtigt. Das im Hafen liegende ehemalige dänische Lazarettschiff *Kronprinz Olaf* ist bereits auf die Aufnahme nicht gehfähiger und verletzter Schiffbrüchiger vorbereitet.

Für die *Gustloff*-Geretteten ist es ein großer Augenblick, als sie ihr Rettungsschiff verlassen und über die schmale hölzerne Stalling nach unten wanken, wieder festen Boden unter den Füßen fühlen.

Die meisten sind nur notdürftig bekleidet, viele können mit eigener Kraft das Schiff nicht verlassen, werden gestützt oder an die Hand genommen.

Nachdem die Lebenden das Schiff verlassen haben und die Kranken und Verwundeten von Bord getragen worden sind, folgen die geborgenen Toten, mit Tüchern bedeckt, Opfer einer Katastrophennacht.

Als sich die Geretteten am Kai versammeln, blicken sie noch einmal hinüber zu ihrem Rettungsschiff. Im Brückennock steht der Kommandant, Kapitänleutnant Robert Hering, der Mann, dem die 564 von der *Gustloff* ihr Leben verdanken. Und neben dem Kommandanten steht eine betagte, weißhaarige Frau. Es ist die Mutter des Kapitänleutnants. Er hat sie aus Danzig mitgebracht, als Flüchtling unter vielen.

Die Geretteten blicken sich um, suchen mit ihren Blicken Kameraden, Kinder, Mütter. So mancher wird vermißt, einige sehen sich wieder:

»Gottseidank — Du bist auch dabei — —!«

Auch ich bin dabei, stehe in diesen Minuten am Kai in Saßnitz. Ich kann immer noch nicht begreifen, daß ich noch lebe, knie mich nieder auf die steinhart gefrorene Erde, fasse sie an, streiche mit der Hand darüber — —

»Der hat den Verstand verloren«, höre ich einen der Marineoffiziere sagen — —

Er irrt. Ich bin bei klarem Verstand. Ich habe nur versucht, mein Überleben zu begreifen.

Obere Reihe: Das Minensuchboot *M 341* unter Leitung von Oberleutnant Henry Rickmers (Foto) hat 37 *Gustloff*-Überlebende an Bord. *(Fotos: PR/GAHS und AKO)* — Mitte: Kapitän Segelken (Foto) läuft mit dem NDL *Göttingen* nach Mitternacht in das Katastrophenfeld. Er läßt sofort die Boote aussetzen und rettet 28 Schiffbrüchige. Sein Begleitboot M *387*/TS *II* kann noch 98 *Gustloff*-Schiffbrüchige bergen. *(Fotos: GAHS)*

Dem Minensuchboot M *375*/TS *8* unter Führung von Oberleutnant Walter Weichel (Bild) gelingt es in den frühen Morgenstunden des 31. Januar, noch 43 lebende *Gustloff*-Schiffbrüchige an Bord zu nehmen. *(Foto: PR/GAHS)*

Matrose Sippel (Bild) und Besatzungsmitglieder von *M 375*, die an der Rettungsaktion des Minensuchbootes *M 375/TS 8* beteiligt waren. *(Fotos: PR/GAHS)*

Die Marinehelferin Sigrid Bergfeld, die sich aus dem *Gustloff*-Schwimmbad retten konnte, wird von Obersteuermann Peter Thiebach (Foto links) aus dem Wasser auf *TF 19* gezogen. Morgens gegen 3 Uhr werden auch noch Irene Darnedde (Foto Mitte) und Obersteuermann Rudolf Geiß (Foto rechts) von *M 387/ TS II* gerettet. Die ›Rettungsurkunden‹ (Abb. unten) bewahrt der Obersteuermann noch heute auf. *(Fotos: PR/GAHS)*

Alarm auf Vorpostenboot *1703* am späten Abend des 30. Januar 1945 in Gotenhafen. Die Mannschaft springt auf als sie hört: »... die Gustloff sinkt mit 6000 Menschen..!« Der Kommandant, Kapitänleutnant Hanefeld: »Wir laufen aus — Kurs Unfallstelle Gustloff!« *(Fotos: PR/GAHS)*

Sieben Stunden nach dem Untergang der *Gustloff* findet der Bootsmaat Werner Fick in einem *Gustloff*-Rettungsboot zwei Leichen: eine Frau und ein Mädchen — und ein Deckenbündel. Darin ist ein etwa einjähriger Junge eingewickelt, der noch lebt. Der Retter (Foto links) nimmt den Jungen an sich und sagt: »Das Kind behalte ich, ab heute heißt der Junge Peter!« Ist dieses gerettete Kind Frank-Michael Freymüller? (Foto rechts). Als der Morgen anbricht, läuft VP *1703* mit Höchstgeschwindigkeit nach Gotenhafen zurück, an Bord zwei Tote — und ein namenloses Flüchtlingskind, der letzte Überlebende der *Gustloff*. *(Fotos: PR/GAHS)*

Die von *T 36* geretteten *Gustloff*-Flüchtlinge werden am 31. Januar 1945 in Saßnitz auf dem Lazarettschiff *Kronprinz Olav* (Foto) einquartiert, die überlebenden Soldaten und Zivilbesatzungsmitglieder werden in der Jägerkaserne untergebracht. Auch für die geretteten Marinehelferinnen findet man noch ein Quartier. *(Foto: GAHS)*

Obermaat Werner Fick (linkes Bild außen), übergibt wenige Tage nach der *Gustloff*-Katastrophe in Swinemünde den gefundenen Jungen, den er Peter nennt, seiner Frau, die ihn mit nach Hause, nach Rostock nimmt. Hermann Freymüller (Foto rechts) behauptet nach dem Krieg: Der Junge Peter Fick ist mein seit dem *Gustloff*-Untergang vermißter Sohn Frank-Michael. *(Fotos: GAHS)*

Nach dem Krieg wohnt das Ehepaar Fick mit dem *Gustloff*-Findling ›Peter‹ vorübergehend in Hamburg bei Verwandten, verzieht aber am 17. September 1946 (s. Dokument oben) wieder nach Rostock, um Nachforschungen nach den tatsächlichen Eltern des gefundenen Jungen durch das Rote Kreuz auszuweichen. Das Ehepaar Fick will ihren Peter auf alle Fälle behalten. *(Fotos: GAHS)*

Hermann Freymüller, der mit der *Gustloff* Frau und Tochter verlor, ist sicher, daß Peter Fick sein Sohn Frank-Michael ist. Als Beweis legt er den Jugendämtern in Lörrach und Rostock drei Fotos vor. Das Foto links zeigt Frank-Michael im Alter von 10 Monaten, das Bild in der Mitte, den Vater, Hermann Freymüller, als dreijähriges Kind, das Bild rechts, das das Jugendamt Rostock zur Verfügung stellte, zeigt Peter Fick im Alter von drei Jahren. *(Fotos: PR/GAHS)*

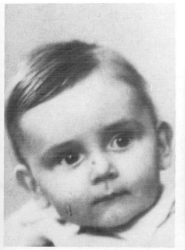

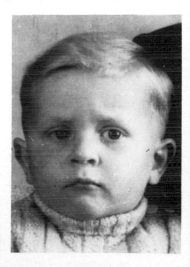

Hermann Freymüller (Foto oben links mit Heinz Schön) kämpft jahrelang vergeblich um seinen Sohn. Zwischen ihnen liegt die Zonengrenze, dann die Staatsgrenze. Das einzige, was ihm bleibt, sind einige Erinnerungsfotos an seine Lieben, die die *Gustloff* mit in den Tod nahm, außer seinem Sohn, über den er immer wieder sagt: »Mein Sohn ist tot — und doch am Leben.« Die Frage, ob Peter Fick tatsächlich Frank-Michael Freymüller ist, wird nie mehr geklärt werden können. Hermann Freymüller ist inzwischen verstorben. *(Fotos: GAHS)*

1959/60 versuchte der Regisseur Frank Wisbar die *Gustloff*-Katastrophe, die seiner Meinung nach die der *Titanic* weit übertrifft, in seinem Film »Nacht fiel über Gotenhafen« nachzugestalten. Er nutzte dafür die 1951 erschienene Buchveröffentlichung von Heinz Schön über den Untergang der *Gustloff* und engagierte den Autor als Fachberater für die Drehbuchmitarbeit und für die Dreharbeiten. Das Foto zeigt Frank Wisbar (rechts) im Gespräch mit Sonja Ziemann und Heinz Schön. *(Foto: DFHH/GAHS)*

200 Millionen-Schatz in dem Schiffswrack?

Polen wollen zur „Wilhelm Gustloff" tauchen

Von WERNER KAHL

Kolberg, 10. August

24 Jahre nach der Schlacht um Königsberg in Ostpreußen wird von polnischen Froschmännern ein neuer Versuch vorbereitet, die spurlos verschwundenen Millionenschätze aus Bernstein wiederzufinden. Die Taucher wollen das Wrack des mit 5000 deutschen Flüchtlingen an Bord vor der pommerschen Küste bei Kolberg versenkten Dampfers „Wilhelm Gustloff" nach den Kunstschätzen absuchen.

Der Gesamtwert des Bernsteinzimmers", das der preußische König Friedrich Wilhelm I. dem Zaren Peter I. schenkte, wird von Fachleuten auf rund 200 Millionen Mark geschätzt.

Nach Berichten aus Warschau hat eine Sonderkommission der Russen vor kurzem polnischen Stellen Hinweise auf das mögliche Versteck gegeben und um „sozialistische Amtshilfe" bei der Suche nach dem Verbleib des weltberühmten „Bernsteinzimmers" ersucht.

Die unter diesem Sammelnamen bekannten Kunstschätze waren während der Belagerung von Leningrad im II. Weltkrieg aus der ehemaligen Zaren-Residenz nach Königsberg transportiert worden.

Als die Sowjets in Ostpreußen vorrückten, wurden die einzelnen Teile des Bernsteinzimmers in Königsberg wieder in Kisten verpackt. Von diesem Augenblick an verliert sich die Spur in einem undurchdringlichen Nebel.

Seit 1950 sucht eine Sonderkommission der Sowjets nach den Verstecken

Schätze an Bord?
Die „Wilhelm Gustloff"

in Königsberg (heute Kaliningrad), in denen noch Kunstschätze verborgen sein könnten. Das zerstörte Königsberger Schloß wurde bis auf die Grundmauern abgesucht, unterirdische Bunker wurden buchstäblich ausgegraben

— aber das „Bernsteinzimmer" ist bis heute verschollen geblieben.

Die angekündigte Tauch-Aktion der Polen hat neue Hoffnungen geweckt, die Kisten mit den unersetzlichen Schätzen wiederzufinden. Eine Auswertung der von den Sowjets über

19 Jahre lang verfolgten Spuren führte jetzt auch zum Wrack der „Wilhelm Gustloff".

Das 25 000 BRT große Schiff war am Mittag des 30. Januar 1945 von Gotenhafen ausgelaufen. An Bord befanden sich Tausende von Flüchtlingen aus Westpreußen und aus dem Innern Ostpreußens. Als das Schiff gegen 21 Uhr die Höhe von Stolpmünde erreichte, trafen Torpedos aus den Rohren eines russischen Untersee-Bootes den Dampfer. Nach kurzer Zeit versank das Schiff mit fast zwei Drittel der Flüchtlinge. Es war eine der größten Schiffskatastrophen.

Was SS-Kommandos und Funktionäre des damaligen Gauleiters von Ostpreußen, Erich Koch, vor dem Auslaufen der „Wilhelm Gustloff" als Ladung an Bord mitgebracht hatten, darüber gibt es bis heute nur Vermutungen.

Erich Koch, in Warschau zum Tode verurteilt, aber heute noch Häftling in der Hinrichtungszelle, behauptet: Die Bernsteinschätze seien 1945 in Bunkern in Königsberg verborgen worden.

Dagegen glaubt Königsbergs letzter Oberbürgermeister Dr. Helmut Will: Das „Bernstein-Zimmer" habe sich im Keller des westlichen Schloßflügels befunden. Was aber nach der Besetzung der Stadt durch plündernde Horden geschah, wissen nicht einmal die amtlichen sowjetischen Stellen.

Am 10. August 1969 überraschte eine deutsche Sonntagszeitung mit der Meldung: »200 Millionen-Schatz in einem Schiffswrack — Polen wollen zur Gustloff« tauchen. Birgt das Wrack der *Gustloff* tatsächlich das berühmte ›Bernsteinzimmer‹?

Das berühmte ›Bernsteinzimmer‹, ein Geschenk Friedrich Wilhelm I. an Zar Peter den Großen (1716), wurde zunächst in Petersburg aufgetellt, danach in das Schloß Zarskoje Selo bei Leningrad gebracht und nach der Revolution 1917 der Öffentlichkeit zugänglich gemacht. *(Fotos: GAHS)*

Hauptfassade des Schlosses Zarskoje Selo bei Leningrad. *Foto: PR/GAHS)*

Als das Schloß Zarskoje Selo 1941 Kampfgebiet wurde (Foto: Das teilweise zerstörte Schloß), wird das Bernsteinzimmer von deutschen ›Kunstoffizieren‹ fachgerecht ausgebaut und nach Königsberg gebracht, wo es im Königsberger Schloß (Foto rechts) teilweise wieder aufgestellt wird. Am 15. Januar 1945 ist das ›Bernsteinzimmer‹ in Stahlkisten verpackt. Es steht im Königsberger Schloßhof und soll aus dem gefährdeten Königsberg herausgeschafft und in Sicherheit gebracht werden. Wurde es auf die *Gustloff* gebracht und liegt es heute im Wrack des Schiffes auf dem Grunde der Ostsee? *(Fotos: GAHS)*

Am späten Nachmittag gebe ich im Postamt Saßnitz ein Telegramm auf. Es ist an meine Eltern in Jauer in Niederschlesien gerichtet und enthält nur drei Worte:

»Ich lebe noch!«

Als ich mit zitternder Hand die Worte auf das Papier geschrieben habe, füllen sich meine Augen mit Tränen, ich beginne zu schluchzen.

Es stört mich nicht, daß mich die Umstehenden verwundert ansehen und ein Mann den Kopf schüttelt. Diese Menschen wissen nicht, was letzte Nacht draußen in der Ostsee geschehen ist und was jetzt in mir vorgeht, was ich in meinem Inneren fühle. Vielleicht bin ich mit meinen 18-einhalb Jahren noch nicht hart genug, noch nicht Mann genug.

Sicher bin ich nicht der einzige der *Gustloff*-Überlebenden, der an diesem Tage seinen Tränen freien Lauf läßt. Tränen der Freude und der Dankbarkeit für die Rettung. Doch viele andere weinen Tränen des Leides, weil sie liebe Menschen verloren haben. Mütter weinen um ihr ertrunkenes oder verschollenes Kind, und manches Kind weint um die Mutter, die draußen in der Ostsee geblieben ist.

ZUM LEBEN VERURTEILT

Am Mittag des 31. Januar läuft in Gotenhafen das Torpedofangboot *TF 19* ein. Der Kommandant, Oberleutnant Walter Schick, hat soeben zwei Zeilen in das KTB des TF-Bootes geschrieben:

»31. Januar 1945 — 13.15 Uhr — Ankunft in Gotenhafen — Ausschiffung von sieben *Gustloff*-Überlebenden.«

Hinter diesen zwei Zeilen verbergen sich sieben Schicksale. Nur zwei der sieben Geretteten können ohne fremde Hilfe an Land gehen.

Einer der zwei ist der 19jährige Wäschergehilfe Zokolowski. Er ist der einzige unter allen *Gustloff*-Überlebenden, der nicht glücklich ist über seine Rettung. Er wollte nicht gerettet werden. Er wollte sterben, mit der *Gustloff* untergehen, im Wasser ertrinken, erfrieren. Es sollte nicht sein. Sich selbst umzubringen, hat er ebenfalls nicht geschafft. Jetzt ist er zum Leben verurteilt.

Der junge Mann schleicht von Bord, als sei er ein Verbrecher. Er fühlt sich auch so. Denn er verlor in der letzten Nacht alle seine Lieben. Drei Generationen hatte er auf sein Schiff, die *Gustloff*, gebracht. Hier in Gotenhafen. Vierzehn Personen: Großeltern, Mutter, Vater, alle Geschwister und Verwandten, die in Gotenhafen wohnten. Er wollte sie retten. Nun sind sie alle tot. Umgekommen auf der *Gustloff*, elend erstickt und ertrunken im schottendichten Vorschiff.

Er allein ist gerettet und muß mit seiner Schuld, die er fühlt, die ihn fast erdrückt, weiterleben. Er ist wieder in der Stadt, aus der er mit seinen Lieben fliehen wollte.

Es ist ein einmaliges Schicksal, das ein Schiff, die Ostsee und ein grauenvoller Krieg heraufbeschworen hat.

Fünf *Gustloff*-Gerettete müssen von Bord getragen werden. Eine dieser fünf ist die 17jährige Marinehelferin Sigrid Bergfeld. Als sie auf einer Bahre von Bord getragen wird, drückt sie ihrem Retter, dem Obersteuermann Peter Thiebach, noch einmal dankbar die Hand. Eine Stunde später liegt sie im Festungslazarett in Gotenhafen-Oxhöft.

Am Abend des 31. Januar 1945 gibt der Oberbootsmannsmaat Werner Fick vom Vorpostenboot *1703* auf dem Postamt in Gotenhafen ein Brieftelegramm auf. Es ist an seine Frau Marie in Rostock-Gehlsdorf, Fährstraße 7, gerichtet und hat folgenden Inhalt:

»Wir haben ein Kind. Ich habe einen einjährigen Jungen in der Ostsee gefunden. Ich bringe ihn mit. Am 5. Februar bin ich in Swinemünde. Bitte komme und hole Peter ab!«

Der letzte Überlebende der *Wilhelm Gustloff*, das unbekannte Findelkind, wird in wenigen Tagen eine neue Mutter erhalten und vielleicht nie in seinem Leben erfahren, wer seine richtige Mutter ist.

IM HAFEN VON SWINEMÜNDE

Seit 9 Uhr 30 liegen im Swinemünder Hafen der Dampfer *Göttingen* und sein Geleitführer, das Minensuchboot M *375*/TS *8*. Gegen 15 Uhr gehen die *Gustloff*-Überlebenden von Bord oder werden von den beiden Schiffen heruntergetragen.

Oberleutnant Walter Weichel verabschiedet von M *375* dreiundvierzig Gerettete, nachdem er jedem von ihnen eine Bescheinigung über den Schiffbruch und den Verlust aller Ausweispapiere übergeben hat.

Die Liste, die Kapitän Friedrich Segelken auf dem Dampfer *Göttingen* während der Fahrt nach Swinemünde hat aufstellen lassen, enthält die Namen von 28 *Gustloff*- Überlebenden:

Lisa Kastner, Oberbootsmaat Wolfgang Fast, Maschinenmaat Max Helbing, Funkgefr. Heinz Bienenbeck, Marinehelferin Hildegard Krasemann, Bootsmaat Arthur Schäfer, Funkmaat Ernst Hübner, Angestellte Gertrud Willuhn, Mech. Maat Conrad Winkelhofer, Oberltn. zur See Paul Ditberner, Mar. San. Ob. Fähnr. Karl Seitz, Masch. Maat Heinz G. Bertram, Matr. Gefr. Arthur Fischer, Funkmaat Eduard Rohlinger, Stenotypistin Erika Harder, Hilfsangestellte Hildegard Gross, Marinehelferin Clara Paus, Funkmaat Karl Lindemann, Verkäuferin Gerda Tobjinske, Ob.Steuermann Wilhelm Berger, Funkgefr. Heinrich Rocker, Winfried Hartun (7 Jahre), Schülerin Eva Luck, Maat Andreas Rollmann, Marinehelferin Ruth Rossow, Med. techn. Assistentin Irene Stender, DRK-Helferin Leni Duckstein, Bootsmaat Günther Kuberka.

Hinter dem Letztgenannten muß der Kapitän vermerken: »Am 31. Januar 1945 gegen 4.00 Uhr an Bord der *Göttingen* an Erstarrung gestorben«.

So sind es nur noch 27 von der *Gustloff*, die ihr Rettungsschiff, die *Göttingen*, verlassen können.

Die Verwundeten und die in der Untergangsnacht verletzten Soldaten kommen in ein Swinemünder Lazarett, die verletzten oder kranken Flüchtlingsfrauen werden von der NSV und dem DRK betreut und in einem Parteilokal untergebracht, wo man sie mit dem Nötigsten versorgt und ihnen 20 Mark aushändigt.

Alle anderen erleben eine unangenehme Überraschung. Sie werden zu einem Schiff gebracht, das im Swinemünder Hafen liegt und fast genau so aussieht wie die *Wilhelm Gustloff*. Es ist die *Robert Ley*. Einige der Überlebenden lehnen es strikt ab, dieses Schiff zu betreten. Marinesoldaten, so der Stabsmaschinist Gerhard Schmidt, akzeptieren diese ›Einweisung‹. Doch als er am nächsten Tag erfährt, daß *Robert Ley* mit Flüchtlingen beladen nach Kiel auslaufen soll, verläßt er mit allen anderen *Gustloff*-Geretteten die *Robert Ley*. Auf dem Bahnhof in Swinemünde finden sie Aufnahme in einem Lazarettzug, der sie nach Kiel bringt.

Das Motorschiff *Gotenland* und seine beiden Geleitboote M *341* und M *387*/TS *2* treffen erst am 1. Februar 1945 abends gegen 19.30 Uhr in Swinemünde ein.

Bange Stunden liegen hinter diesen drei Schiffen.

Am 31. Januar, gegen 22.00 Uhr, mußte MS *Gotenland* plötzlich und unerwartet stoppen. Der Zwangsweg 58, auf dem sich die Schiffe auf dem Weg nach Westen befanden, war kurz zuvor von feindlichen Flugzeugen vermint worden. Jetzt mußten erst Minenräumer her, um die Fahrrinne freizumachen. Das kostete Zeit und dauerte die ganze Nacht. Bei heftigem Schneetreiben wurden die drei Schiffe durch Eisgang, Strom und Wind etwa 6 Seemeilen vertrieben. M *341* ging danach vor Anker und stellte zu *Gotenland* Schleppverbindung her.

Zu allem Unglück erfuhren die Männer auf den Kommandobrücken, daß auf der Höhe von Swinemünde der große Dampfer *Berlin*, der 15 286 Bruttoregistertonnen hatte, nach Minentreffern sank und dieses Schicksal zur gleichen Stunde auch die kleine *Memel*, die nur 1 157 Tonnen hatte, aber vollbeladen war mit Flüchtlingen, ereilt hatte.

So konnten die *Gotenland*, M *341* und M *387*/TS *2* erst am frühen Vormittag des 1. Februar ihre Fahrt nach Swinemünde fortsetzen, immer der Gefahr ausgesetzt, auf eine Mine zu laufen, die die Minenräumer nicht gefunden hatten.

Doch es ging alles gut.

Auf M *387* und M *341* blieben die *Gustloff*-Geretteten noch die Nacht an Bord und verließen erst am 2. Februar die Schiffe. M *341* gab 37 Überlebende von Bord, M *387* — 98.

Die zwei von M/S *Gotenland* geretteten *Gustloff*-Schiffbrüchigen verließen erst am 3. Februar ihr Rettungsschiff.

DIE TOTENHALLE IN GOTENHAFEN

Am 31. Januar 1945 und am 1. Februar 1945 gehen aber nicht nur Überlebende der *Gustloff*-Katastrophe an Land. Es werden auch viele Tote von den Schiffen getragen.

Nachdem die acht Rettungsschiffe in der Nacht und am frühen Morgen die ›Unfallstelle‹ verlassen hatten und auch das Vorpostenboot *1703* mit dem letzten Überlebenden an Bord die Rückfahrt nach Gotenhafen angetreten hatte, liefen ein Minensuchverband und einige andere kleine Schiffe, die sich vom Westen her auf der Fahrt nach Gotenhafen und Pillau befanden, um Flüchtlinge zu holen, in das Katastrophenfeld.

Die Schiffe nahmen die umhertreibenden Leichen an Bord. Hunderte. Zu Hauf wurden sie an den Oberdecks gestapelt und zugedeckt.

Am späten Nachmittag des 31. Januar laufen einige Boote in Gotenhafen ein. Sie machen im Hafenbecken I fest. Eiligst richtet man eine der großen Lagerhallen im Hafenbecken I als Leichenhalle ein. In langen Reihen legt man die *Gustloff*-Toten aus. Die Männer, die diese Arbeit verrichten müssen, wollen sie so rasch wie möglich beenden. »Nur schnell wieder raus aus diesem Leichenhaus«, ist ihr Gedanke.

Längst sind die Leichenwagen wieder fortgefahren, als ein Mann um die Ecke kommt. Er spricht ein paar Worte mit dem Posten, der vor der Halle steht. Ein Kopfnicken, dann öffnet sich die breite Tür einen schmalen Spalt. Der Mann zwängt sich hindurch und betritt zögernd den Raum.

Vor zwei Tagen hat der 58jährige Sanitätssoldat Erich Lehmann seine Frau und seine Kinder an Bord der *Gustloff* gebracht. Gestern hat er ihnen noch nachwinken können. Heute sucht er sie hier — unter den Toten.

Es ist der schwerste Gang im Leben dieses Mannes. Seine Füße sind wie Blei, als er in der halbdunklen Halle von einem zum anderen geht.

Plötzlich bleibt er stehen:

»Helmut — mein Junge...!«

Dann sinkt er an der Leiche seines 12jährigen nieder. Lange hört man nur den Sturm, der um die Halle braust. Nach einer Weile wird die große Schiebetür geöffnet.

»Heda — Sie müssen jetzt gehen!« ruft der Posten.

Der Mann erhebt sich taumelnd, als ob er aus einer tiefen Betäubung erwacht und verschwindet, wie er gekommen ist.

Am nächsten Morgen fahren Lastkraftwagen und Pferdegespanne vor der Lagerhalle vor, um die Toten zum Friedhof zu bringen. Einhundertdreiundvierzig Opfer der *Gustloff*-Katastrophe werden in Gotenhafen, in Papiersäcke gehüllt, der winterharten Erde übergeben. Särge gibt es nicht mehr. Das Holz ist knapp, und es gibt auch niemanden mehr, der Särge anfertigt.

Die Soldaten, die dem Beerdigungskommando angehören, sprechen keine Silbe. Für einige kurze Augenblicke stellt einer die Schaufel ab. Er hält ein kleines Bündel im Arm — einen toten Säugling, eines der vielen Kinder, denen die *Gustloff* den Tod brachte. Das Herz dieses Mannes, eines Vaters, der selbst Kinder hat, krampft sich bei diesem Anblick zusammen. Behutsam legt er das Kind nieder. Wenig später deckt es die Erde zu — —

EINE KATASTROPHE UNTER VIELEN

Der Untergang der *Wilhelm Gustloff* wirkte bei den verschiedenen Marinedienststellen wie ein Schock.

Im Büro des Seetransportchefs, Konteradmiral Konrad Engelhardt in der Alten Rabenstraße in Hamburg, schlug die Nachricht von der Torpedierung der *Gustloff* am 31. Januar vormittags wie eine Bombe ein. Und als man am frühen Nachmittag erfuhr, daß nur etwa 1 000 der über 6 000 an Bord befindlichen Flüchtlinge und Soldaten gerettet werden konnten, wurden die Umstände, unter denen diese letzte Fahrt der *Wilhelm Gustloff* stattgefunden hatte, besonders lebhaft diskutiert.

Dem Admiral war völlig unverständlich, warum man dieses große Schiff fast ohne jede Geleitsicherung auf den Weg nach Westen geschickt hatte. Das Torpedoboot *Löwe* konnte Engelhardt nicht als Geleitschutz betrachten. Ob Luft- oder U-Boot-Angriff oder Minentreffer, *Löwe* hätte maximal 500 Schiffbrüchige von der *Gustloff* übernehmen können. Mehr nicht. Und auf sich allein gestellt, konnte das Torpedoboot die *Gustloff* weder vor einem Bombenangriff noch vor einem U-Boot-Angriff schützen. Darüber hätte man sich klar sein müssen, bevor man das Schiff auf die Reise schickte.

Deshalb wurde dieser »Alleingang der U-Boot-Waffe« im Büro des Seetrachefs beonders lebhaft diskutiert. Denn das Schiff hatte seine letzte Fahrt nicht unter dem Schutz der 9. Sicherungsdivision angetreten, was notwendig gewesen wäre. Und die 10. Sicherungsdivision in Swinemünde erhielt den Funkspruch über das Auslaufen der *Gustloff* sogar später als die Meldung vom Untergang dieses Schiffes.

Andererseits hatten der Admiral und sein Stab Verständnis für die Entscheidung des Kommandeurs der 2. ULD, Kapitän zur See Neitzel und des F.D.U. — Ausbildung — Kapitän zur See Schütze, die *Wilhelm Gustloff* mit 1 000 U-Boot-Soldaten und über 5 000 Flüchtlingen an Bord nicht 24 Stunden oder noch länger vor Hela liegen zu lassen, bis die *Hansa* ihren Maschinenschaden behoben hatte. Diese beiden großen vollbeladenen Schiffe wären geradezu eine Einladung für sowjetische Bomber gewesen.

Und trotzdem blieb ein — Aber!

Aber die *Gustloff* nur mit dem Torpedoboot *Löwe* auf den Weg zu schicken, war ein noch größeres Risiko, das man gewagt hatte und das nun schiefgegangen war.

Der Untergang der *Gustloff* war eine unabänderliche Tatsache und nicht mehr wegzudiskutieren. Aber man mußte hieraus eine Lehre ziehen. Ohne ausreichenden Geleitschutz dürfte kein Flüchtlingstransport mehr durchgeführt werden. Dies wollte der Seetransportchef gegenüber allen zuständigen und verantwortlichen Stellen durchsetzen.

So gesehen war der Verlust der *Wilhelm Gustloff* eine heilsame Lehre für die weiteren Aktionen und Transporte der Flucht über die Ostsee.

Großadmiral Dönitz, der unmittelbar nach dem Eintreffen der Verlustmeldung beim Seetransportchef von Engelhardt per Blitzgespräch informiert worden war, nahm eine Führerkonferenz über Marineangelegenheiten, die am 31. Januar 1945 um 16 Uhr in Berlin stattfand, zum Anlaß, den Führer über den Verlust der *Wilhelm Gustloff* zu informieren.

In der Niederschrift über diesen Vortrag des Oberbefehlshabers der Marine heißt es u. a.:

»Zum Verlust des Passagierschiffes *Wilhelm Gustloff* durch U-Boot-Torpedos auf dem Außenweg nördlich der Stolpe-Bank führt der Oberbefehlshaber der Marine aus, daß bei den umfangreichen Transporten in der Ostsee Verluste von vornherein in Rechnung gestellt wurden und daß man es, so schmerzlich der Verlust auch immer im einzelnen ist, als ein besonderes Glück ansehen muß, wenn bisher nicht mehr Verluste eingetreten sind. Trotzdem muß darauf hingewiesen werden, daß die russischen U-Boote in der Ostsee nur wegen des Fehlens deutscher U-Bootsjagd durch Flugzeuge so ungestört auftreten können. Wegen des Mangels an eigenen Sicherungsstreitkräften muß sich die Kriegsmarine auf die unmittelbare Sicherung der Geleite beschränken und kann flächenmäßige U-Bootsjagd nur in geringstem Umfange betreiben. Das hierfür allein geeignete Mittel ist das mit Ortungsgerät ausgerüstete Flugzeug, das ja auch auf der Seite unserer Gegner unseren U-Boot-Krieg lahmgelegt hat...

Der Führer unterstrich die Ausführungen des Ob.d.M. und fordert Nachprüfung durch die Luftwaffe, wie hier geholfen werden kann.«

Kein Wort fiel über die Zahl der Toten und der Überlebenden. Die *Gustloff*-Katastrophe war in dieser Endphase des totalen Krieges nur eine Katastrophe in einer Katastrophenzeit, eine von vielen.

Das Bemühen, den Untergang der *Gustloff* geheimzuhalten, mißlang jedoch. Vierundzwanzig Stunden später sprach man darüber bereits in allen Ostseehäfen, von Kiel bis Königsberg, obwohl keine Zeitung, kein Nachrichtensprecher hierüber berichtete und keine offizielle oder inoffizielle Verlautbarung hierüber in Deutschland erfolgte. Lediglich eine schwedische Nachrichtenagentur verbreitete über den Untergang der *Wilhelm Gustloff* eine 10-Zeilen-Meldung.

DAS MASSENGRAB IN PILLAU

Am frühen Morgen des 1. Februar laufen in Pillau einige Schiffe ein. Keine großen Schiffe. Es sind nur Minensuchboote. Doch für die Tausende, die in Pillau darauf warten, über die Ostsee fliehen zu können, sind es Schiffe. Wie

THE TIMES
1 9 FEB. 1915

Shipping Vessels Wilhelm Gustloff

IX EDITION

GERMAN LINER REPORTED SUNK IN BALTIC

The German 25.000-ton "Strength through Joy" liner Wilhelm Gustloff, evacuating 3.70 U-boat men and nearly 5.000 refugees from eastern Germany, has been sunk after leaving Danzig, according to the Finnish radio. About 1.000 of the passengers were saved.

According to reports reaching Stockholm, the radio said, the liner was struck by a torpedo and sank within a few minutes.—*Reuter.*

9.000 i djupet med "Gustlow"

MALMÖ, tisdag.
T.T. Minst 10.000 människor var ombord på det tyska Kraft durch Freude-fartyget "Wilhelm Gustlow" när detta torpederades i Östersjön, meddelas till Sydsvenska Dagbladet från Gdynia.

Människorna stod fullkomligt packade både ovan och under däck då fartyget lämnade Gdynia. Endast ett par timmar efter avgången blev fartyget, som tidigare omtalats, torpederat, och förmodligen har blott omkring 950 personer kunnat räddas.

KielerNachrichten

Am 30. Januar 1945

versank in der eisigen Ostsee
mit Tausenden von Frauen und Kindern
das Flüchtlingsschiff „Wilhelm Gustloff"

Wir gedenken aller
auf See gebliebenen Landsleute
und des beispiellosen Einsatzes der
deutschen Kriegs- und Handelsmarine
zur Rettung
von Millionen Lebenden

Eine ostpreußische Familie

Der ostpreußischen Familie

vielen Dank für das Inserat in den Kieler Nachrichten vom 29. Januar 1983 zum Gedenken der Untergegangenen mit dem Flüchtlingsschiff „Wilhelm Gustloff".

Ebenfalls ein Dankeschön für das Gedenken aller auf See gebliebenen Landsleute sowie die Erwähnung des Einsatzes der deutschen Kriegs- und Handelsmarine zur Rettung von Flüchtlingen.

Mitglied eines Truppentransporters bis zu den letzten Tagen des Krieges

ein Lauffeuer verbreitet sich der Ruf »Schiffe kommen — Schiffe kommen — — !« durch Häuser, Straßen, Ruinen, Hallen, Lazarette, Bunker, dort, wo die Flüchtlinge Schutz vor der Kälte gesucht haben. Die Augen der Ärmsten beginnen zu leuchten, Herzen schlagen schneller, neue Kräfte werden lebendig, Steifgefrorene spüren plötzlich die Kälte weichen, können gehen, laufen, rennen. Und das alles nur wegen der zwei Worte: »Schiffe kommen!«

Die noch im Hafen sind, machen sich eilends auf den Weg. Zu Hunderten eilen sie durch die Straßen. Säcke, Kisten, Koffer, Wagen, Pferde, vieles wird am Straßenrand zurückgelassen, türmt sich auf. Immer mehr kommt dazu. Alles lästige Gepäck wird weggeworfen, stehengelassen.

Überall kriechen die Menschen hervor. Aus den Ruinen, abgebrannten Häusern, aus feuchten, dunklen Kellern und Fluren, aus den Lagerhallen strömen sie, aus Schulen und Gaststätten. Was noch Beine hat, läuft zum Hafen.

Sie alle wollen nur eins: Ihr nacktes Leben retten, mit einem Schiff über die Ostsee fliehen. Und im Hafen liegen Schiffe.

Immer wieder hört man das Keuchen abgehetzter Frauen, die zum vierten, fünften oder achten Male ihre Kinder auf den Arm oder an die Hand nehmen und zum Hafen hasten in der Hoffnung, dieses Mal, heute ein Schiff zu finden, das sie in Sicherheit bringt.

Doch als sie im Hafen sind, sehen sie nur drei kleine Schiffe, Minensuchboote, aber auch auf diesen dürfte für einige Hundert Platz sein.

Doch keines der Boote nimmt Flüchtlinge an Bord.

Posten sind aufgestellt, um die Heranstürmenden zurückzudrängen.

Paul Wehowski ist einer von ihnen. Er hat den Befehl, für Ordnung zu sorgen. Es macht ihm Mühe, sich durchzusetzen. Er hat nur noch einen Arm, den linken. Und in diesem steckt keine Kraft mehr.

Jetzt tut sich etwas auf den Minensuchbooten.

Beginnt man jetzt, Flüchtlinge an Bord zu lassen?

Nein!

Von den Minensuchbooten kommen Soldaten mit Tragbahren. Sie sind zugedeckt. Eine Bahre nach der anderen wird von Bord getragen.

Die Reihe reißt nicht ab. Ein LKW bringt einen ganzen Zug Sanitäter. Auch sie gehen an Bord, kommen zurück, zwei tragen immer eine Bahre.

Den Zuschauenden verschlägt es den Atem.

Paul Wehowski spricht einen der Matrosen, die eine Bahre an ihm vorbeitragen, an:

»Sag — Kamerad, sind das alles Tote?«

Der Angesprochene hält inne, blickt sich um, sieht, daß niemand in Hörweite ist und sagt:

»Ja — alles Tote — wir haben sie aufgefischt — auf der Stolpebank —alles Tote von der *Gustloff* — — !«

Das letzte Wort trifft Paul Wehowski wie ein Keulenschlag.

Wie versteinert steht er da, kann es nicht fassen.

Die *Gustloff* ist untergegangen — —

Auf der *Gustloff* waren seine Frau und seine drei Kinder — —

Mit dem kleinen Dampfer *Reval* hatte er sie von Pillau nach Gotenhafen geschickt, und sie waren kurz vor dem Auslaufen noch von der *Gustloff* aufgenommen worden.

Lange Augenblicke vergehen. Dann rührt sich Paul Wehowski langsam vom Fleck. Es scheint, als wäre er in den letzten Minuten um Jahre gealtert. Behutsam, ein Bein vor das andere setzend, geht er fast gebückt den Sanitätern nach. Sein Gesicht ist wachsbleich, sein Blick ist leer, so leer wie sein Herz.

Er findet die Halle, in die man die Toten gelegt hat, geht hinein, hebt Decken und Tücher, sucht nach seinen Lieben. Er will Gewißheit haben. Doch weder seine Frau noch eines seiner Kinder sind unter den Toten.

Und das gibt ihm einen letzten Funken Hoffnung, daß seine Lieben, seine drei Kinder oder wenigstens eines seiner Lieben gerettet wurden.

Noch in der Nacht werden die *Gustloff*-Toten heimlich, daß kaum jemand es bemerkt, der Erde übergeben.

Der Gefreite Paul Fürstenberg, Schreiber beim Gräber-Offizier der Seestadt Pillau, fertigt über diese Beerdigung von einhundertdreiundzwanzig Toten ein Protokoll an.

Die meisten der Toten sind ›Unbekannte‹. Nur bei 41 Menschen hat man etwas finden können, was die Leichen identifiziert.

Bei einem der Toten war es der Trauring mit der Eingravierung — E. J. 13. 3. 43 —

Der Tote ist Eugen Jeisle, der Borddrucker der *Wilhelm Gustloff*, der einen Tag vor dem Auslaufen des Schiffes seine Frau und seinen erst einige Wochen alten Sohn an Bord gebracht hatte, derselbe, dem der I. Offizier Louis Reese gesagt hatte:

»Ich würde meine Familie nicht an Bord bringen.«

Der Drucker Eugen Jeisle wollte Frau und Sohn aber nicht in Gotenhafen zurücklassen, holte sie an Bord. Und alle drei fanden den Tod. Gefunden wurde aber nur eine Leiche, die von Eugen Jeisle. Er liegt in Pillau in einem Massengrab mit 123 *Gustloff*-Toten.

VERSCHOLLEN IN DER OSTSEE

In den ersten Februartagen verlassen die Überlebenden der *Wilhelm Gustloff* die Rettungshäfen. Während ein Teil der U-Bootleute mit Schiffen nach Kiel gebracht wird, die Verwundeten in Lazaretten Aufnahme finden, ziehen es die unverletzt gebliebenen Flüchtlinge vor, die Bahn für die Weiterreise zu benutzen. Keiner von ihnen will noch einmal die Flucht über die Ostsee wagen.

Die überlebenden Zivilbesatzungsmitglieder haben Anweisung, sich in Hamburg bei ihrer Reederei, der Hamburg-Süd und der Kriegsmarinedienststelle zu melden. Dort erhalten alle vierzehn Tage Sonderurlaub.

Auch ich. Doch ich kann meinen Urlaub nicht antreten, nachdem ich erfahre, daß am 30. Januar meine Heimatstadt Jauer in Niederschlesien von den Russen eingenommen wurde. Ich kann nur hoffen, daß meine Eltern und meine Schwestern noch rechtzeitig flüchten konnten.

Die KMD Hamburg schickt mich auf das Wohnschiff *Jupiter*, das im Hamburger Hafen liegt. Auf diesem Schiff sind alle Seeleute, vom Schiffsjungen bis zum Kapitän, untergebracht, die in Hamburg keine Wohnung haben und arbeitslos sind.

Doch arbeitslos bin ich nicht.

Die Reederei bittet mich, bei den Abwicklungsarbeiten *Gustloff* zu helfen bei der Benachrichtigung der nächsten Angehörigen der in der Ostsee verschollenen Zivilbesatzungsmitglieder.

Es ist keine angenehme Beschäftigung für mich. ˙

Die Angehörigen erhalten individuelle Briefe. Doch einige Worte und Sätze wiederholen sich:

»...müssen Ihnen leider mitteilen, daß Ihr... seit dem Untergang eines unserer Schiffe, das in der Nacht vom 30. zum 31. Januar 1945 durch Feindeinwirkung in der Ostsee verlorenging, verschollen ist... Trotz sorgfältiger Nachforschungen konnten wir zu unserem großen Bedauern nicht feststellen, daß sich... unter den Geretteten befindet — — — Da aber am Morgen des 31. Januar weitere Schiffe die Unfallstelle angelaufen haben, besteht doch noch Hoffnung, daß...«

Obwohl der Name des Schiffes nicht in dem Schreiben genannt werden durfte, wußte jeder der Benachrichtigten, daß es sich um die *Wilhelm Gustloff* handelte. Es spricht sich auch schnell herum, daß sich im Reedereibüro der Hamburg-Süd an der Holzbrücke ein gerettetes Besatzungsmitglied aufhält.

Ich!

Und dann kommen die Angehörigen. Die Ehefrauen, Mütter, Väter, Kinder, Geschwister, Verwandten, Freunde.

Sie kommen aus Hamburg, aber auch aus der Nähe. Sie fragen und fragen, wollen wissen, wie das Unglück geschah, wie alles passiert ist, ob es nicht zu vermeiden gewesen wäre, und — und... Jede Einzelheit interessiert.

Einige wollen wissen, warum gerade ich gerettet wurde, während ihr Mann, ihr Sohn, ihr Bruder...

Fast schäme ich mich, daß ich noch lebe — —

Die Auskünfte und Fragen, Tag für Tag, gehen mir auf die Nerven. Ich merke, daß ich bald durchdrehe. An Schlaf ist überhaupt nicht mehr zu denken, so sehr sind meine Nerven strapaziert. Ich muß bald auf ein neues Schiff.

Inständig bitte ich die Reederei und die KMD darum.

Man hat ein Einsehen für meine Lage.

Gibt das Totenschiff ein Geheimnis preis?

Polnische Taucher wollen im Wrack des KdF-Dampfers „Wilhelm Gustloff" das Bernsteinzimmer der Zarin suchen / Von

Das verschollene Bernsteinzimmer

Moskaus neue Version

- 28 Jahre nach der wahrscheinlich schwersten Schiffskatastrophe der Geschichte sind gestern in der Ostsee polnische Taucher zum Wrack der „Wilhelm Gustloff" hinabgestiegen, die am

Eine Gruppe von Tauchern aus Danzig will sich in wenigen Tagen aufmachen, um das in der Höhe von Stolp in der Ostsee liegende Wrack des früheren deutschen Passagierschiffes „Wilhelm Gustloff" auszukundschaften. De einstige „Kraft-durch-Freude"-Da fer war hier Ende Januar 19⁴ sowjetischen Torpedos getr fast 7000 Flüchtlingen au⸍ Bord untergegange⸍ starke Expedition d⸍ Totenschiff au⸍ vorstoßen, ⸍ eine Fra⸍ tung „ei⸍

Kisten im Wrack der „Wilhelm Gustloff"?

„Bernsteinzimmer' auf dem Ostseegrund vermutet

Warschau (dpa). Das von den Nationalsozialisten aus der Sommerresidenz des Zaren geraubte Bernsteinzimmer befindet sich möglicherweise im Schiffswrack der „Wilhelm Gustloff" auf dem Grund der Ostsee. Wie die Warschauer Zeitung „Zycie Warszawy" jetzt meldete, hat ein neuer Hinweis aus der DDR diese Vermutung erhärtet.

Schatzsuche im stählernen

Polnische Taucher wollen im Wrack der „Wilhelm Gustloff" das „Bernsteinzimmer" finden

Das Geheimnis der Słupsker Bank

⸍er
⸍nen
⸍rden
⸍damals
⸍ei guter
⸍ in einem
⸍ei nur des-
⸍orden, weil
⸍s Bernstein-
⸍n er wolle.

⸍ Gustloff" ein
⸍ie es nicht leicht
⸍r als .200 Meter
⸍va 25 000 BRT gro-
⸍seinen neun Decks
Tiefe. Die Korrosion
⸍o weit fortgeschritten,
⸍körper ist so baufällig,
⸍cher hier nur unter
eindringen und arbeiten

Suche nach dem Bernsteinzimmer geht weiter

Danziger
⸍lb stets fünf
arbeiten. Eine
⸍ schwebt ständig
⸍e der Mannschaft.
⸍g als Unterwasser-
gerichtet.
⸍ geheimnisvoll wie die
⸍em Bernstein-Zimmer ist
⸍ die Frage, wer sich denn in
⸍n Jahren nach dem Krieg
⸍ zum Wrack der „Wilhelm
⸍ff" aufgemacht hat, um den
⸍erschrank auszunehmen, und was
dort wohl gesucht und gefunden hat.
Zur damaligen Zeit hatte das Wrack
noch außerhalb der Küsten-Hoheitsge-
wässer gelegen. Inzwischen hat Polen
seine Hoheitsgewässer auf zwölf Seemeilen ausgedehnt.

Von Faschisten geraubt:
Das .709 von Andreas Schlüter
und Gottfried Tousseau
geschaffene »Bernsteinzimmer«
(Foto) ist seit Anfang 1945
verschollen. Vermutungen, daß
es im Wrack des Nazi-Schiffes
»Wilhelm Gustloff« (Foto)
verborgen sei, geht eine
Gruppe junger polnischer
Taucher nach.

Sturm verhinderte Tauchversuch

Geheimnis der „Gustloff" bleibt vorerst ungelöst

Unternehmen »Ostseegold«

Polnische Taucher haben bereits mehrfach Versuche unternommen, im Wrack der Gustloff das ›Bernsteinzimmer‹ zu suchen — doch das Wrack des Totenschiffes gab dieses Geheimnis bis heute nicht preis.

411

Am 17. Februar erhalte ich meinen Heuerschein. Ich werde als Zahlmeister-Assistent auf den Dampfer *General San Martin* kommandiert und habe meinen Dienst sofort anzutreten.

Zusätzlich erhalte ich bei der KMD die beruhigende Antwort:

»Die *General San Martin* ist ein alter Kasten und nicht mehr fahrtüchtig, das Schiff liegt in Saßnitz als schwimmendes Lazarett.«

DIE ›HELDENTAT‹ — DIE KEINE WAR

Während ich im Reederei-Büro der Hamburg-Süd seit Tagen von den Angehörigen von *Gustloff*-Opfern mehrfach die Frage höre:

»War das nicht ein Verbrechen — die *Gustloff* mit über fünftausend Frauen und Kindern zu versenken, die Russen wußten doch sicher, daß auf dem Schiff nur Flüchtlinge und Verwundete waren — — ?« fährt Kapitän Alexander Marinesko mit seinem Sowjet-U-Boot *S-13* in der Erwartung nach Hause, für die Erfolge seiner nun beendeten letzten Feindfahrt die höchste Auszeichnung zu erhalten und zum ›Helden der Sowjetunion‹ dekoriert zu werden.

Mit stolzgeschwellter Brust hat er die Heimfahrt angetreten.

Es war ihm gelungen, seinem *Gustloff*-Versenkungserfolg einen weiteren hinzufügen: In der Nacht vom 9. zum 10. Februar schickte er mit seinen Torpedos das Verwundetentransportschiff *Steuben* auf den Grund der Ostsee. Dies geschah fast an der gleichen Stelle, an welcher er zehn Tage vorher die *Wilhelm Gustloff* versenkt hatte. Er schätzte, daß er mit diesem zweiten Abschuß mindestens 4 000 ›Hitleristen‹ getötet hatte.

Wie die beiden Schiffe hießen, die Marinesko versenkt hatte, und wieviel Menschen sich tatsächlich an Bord befunden hatten, wußte er nicht.

Der erfolgreiche U-Boot-Kommandant glaubte jedoch fest daran, daß man ihn nach seiner Rückkehr zum ›Helden der Sowjetunion‹ machen würde, und er träumte schon davon, den fünfstrahligen goldenen Stern mit dem roten Band, der nur sehr selten verliehen wurde, auf seiner Brust zu tragen.

Er ging auch davon aus, daß sein Boot *S-13* in den Rang der ›Elite-U-Boote‹ der Sowjetunion erhoben und in die Gruppe der ›Garde-U-Boote‹ eingereiht würde, von denen es bisher nur fünfzehn gab. Seine Erfolge rechtfertigten diese Annahme.

Daß auf beiden Schiffen, die *S-13* durch Torpedotreffer versenkt hatte, möglicherweise Kinder, Frauen, alte Leute, Kranke und Schwerverwundete gewesen sein könnten, die er in den Tod geschickt hatte, daran dachte Kapitän Alexander Marinesko nicht. Für ihn waren alle Deutschen ›Hitleristen‹, die vernichtet werden mußten und die nach der von Ilja Ehrenburg ausgegebenen Parole ›Blut um Blut‹ den Tod verdienten. Alle. Ausnahmslos.

Als sich Marinesko am 13. Februar 1945 dem Hafen von Turka näherte, ließ er zwei Schüsse abfeuern, um die Erfolge von *S-13* anzukündigen. Mit einem großen Dinner wurden seine Erfolge tags darauf auch gefeiert. Die gesamte Besatzung und alle zur Flottille gehörenden U-Boot-Kommandanten und Offiziere nahmen daran teil.

Doch die große Enttäuschung kam einige Tage später.

Kapitän Alexander Marinesko wurde weder als ›Held der Sowjetunion‹ ausgezeichnet, noch erhielt er den Lenin-Orden. Man bedachte ihn lediglich mit einem weiteren ›Orden der roten Fahne‹, einer schon 250000mal verliehenen Auszeichnung. Sein Boot *S-13* wurde auch kein ›Garde-U-Boot‹, sondern nur mit der kollektiven Auszeichnung ›Rote-Flagge-U-Boot‹ bedacht. Sein Argument, er habe zwei Faschistenschiffe mit insgesamt 52 144 Tonnen und mindestens 10 000 Hitleristen an Bord vernichtet, was einer ganzen Division entspreche, blieb ungehört.

Sein Zorn und seine Enttäuschung waren grenzenlos.

Die Versenkung der *Wilhelm Gustloff* und der *Steuben* wurden zu keinem Meilenstein, sondern zur größten Enttäuschung in seiner militärischen Laufbahn und im persönlichen Leben Alexander Marineskos, von der er sich zeitlebens nicht erholte.

Die ›Heldentat‹, die keine war, begleitete ihn das ganze Leben.

VERMÄCHTNIS DER TOTEN

Seit etwa vier Wochen bin ich auf dem Dampfer *General San Martin*.

Als ich mich in Saßnitz bei Kapitän Buuck und meinem Chef, Oberzahlmeister Wurll, an Bord meldete, erlebte ich eine Überraschung: *General San Martin* war weder ›fahruntüchtig‹, wie man mir in Hamburg gesagt hatte, noch lag der Dampfer als ›schwimmendes Lazarett‹ im Saßnitzer Hafen.

Das Schiff war ein im vollen Einsatz befindlicher Verwundeten- und Flüchtlingstransporter. Seine Aufgabe war es, Verwundete und Flüchtlinge aus Gotenhafen, Danzig und Hela zu holen und nach dem Westen zu bringen. Ich war auf der *General San Martin* also den gleichen Gefahren ausgesetzt wie auf der *Wilhelm Gustloff*.

Außer dem Kapitän und dem Oberzahlmeister wußte niemand an Bord, daß ich den Untergang der *Gustloff* miterlebt hatte. Einige unserer Brückenoffiziere wunderten sich sehr darüber, daß ich mich seit dem ersten Tage an Bord für die Anzahl der auf dem Schiff befindlichen Boote, Flöße, Schwimmwesten und auch für die Anzahl und die Art der Geleitfahrzeuge bei unseren Fahrten interessierte. Unser 3. Offizier kommentierte dies einmal mit der humorvollen Bemerkung:

»Du hast wohl Angst in der Hose — — !«

Er konnte nicht wissen, daß ich in der Tat Angst hatte, noch einmal die gleiche Katastrophe wie am 30. Januar erleben zu müssen.

Heute ist der 17. März 1945. Es ist 20 Uhr.

Ich sitze in meiner Kammer, die ich mit dem Funkoffizier teile und die auf der Brücke in der Nähe des Funkraumes liegt, und blättere in meinem

Tagebuch, das ich seit dem ersten Tage an Bord führe. In ihm halte ich alle Ereignisse fest, die bemerkenswert sind. Und das sind viele. Denn die Flucht über die Ostsee und das Chaos in den Ostseehäfen haben sich zugespitzt.

Soeben habe ich nochmals die Eintragungen der letzten vier Tage überflogen:

13. März, Dienstag: »Wir liegen noch immer auf der Reede von Swinemünde. 14.26 Uhr: schwerster Luftangriff der letzten drei Tage. Mehrere hundert Bomber. Angriffe auf Stadt, Hafen und Reede. Auf Swinemünde-Reede liegen etwa 70 Schiffe. G.S.M. kam ohne Schaden davon.«

14./15. März, Mittwoch/Donnerstag: »Reise von Swinemünde nach Danzig-Neufahrwasser. Im Geleit D. *Malaga* und D. *Masuren*. In den letzten 48 Stunden 17mal Fliegeralarm. Habe in den letzten zwei Nächten in einem Rettungsboot geschlafen.«

16. März, Freitag: »03.45 Uhr Ankunft Danzig-Neufahrwasser-Freihafen. Hafen total überfüllt. Zehntausende Flüchtlinge, ausnahmslos Frauen und Kinder, warten auf Abtransport über See. Weit mehr Menschen als Schiffe. Haben Mühe, die Masse vom Sturm auf das Schiff zurückzuhalten. Ordnungsdienst funktioniert nicht, ist dem Ansturm nicht gewachsen. Feldgendarmerie kommt und übernimmt Einschiffungskontrolle. Sankas und LKWs bringen Verwundete aus Danziger Lazaretten. Nehmen 1 211 liegende und 1 725 sitzende Verwundete an Bord. Dürfen nur 100 kinderlose Frauen für den Verwundetenbetreuungsdienst mitnehmen. Große Unruhe deshalb unter den Flüchtlingen am Kai. Mütter mit Kindern beschimpfen uns. Bordflak wird eingebaut. Habe den ganzen Tag über mit Proviantmeister Ströcker aus mehreren Verpflegungslagern Lebensmittel herangeschafft. Brauchen Verpflegung für 4 000 Personen für vier Tage. Beim Auslaufen aus Neufahrwasser schwerer russischer Artilleriebeschuß. Keine Treffer an Bord.«

Gerade habe ich die letzte Tagebuchzeile gelesen, da schrillen die Alarmglocken.

U-Boot-Alarm!

Im nächsten Augenblick bin ich draußen an Deck — —

Nach einer Stunde ist die Gefahr vorbei.

Ich habe in dieser Stunde darüber nachgedacht, was mit den über 4 000 an Bord geschehen wäre, wenn *General San Martin* von Torpedos getroffen würde — —

Nicht auszudenken — diese Katastrophe — —

Lange bleibe ich, die Schwimmweste umgebunden, an Oberdeck stehen.

Abendstille liegt über der Ostsee, als wären wir im tiefsten Frieden.

»Wo sind wir eigentlich?« frage ich den 2. Offizier Gularek, der von der Brücke kommend, an mir vorbeigeht.

»Auf der Höhe von Stolpmünde — —«

Bei dieser Antwort durchzuckt es mich wie ein elektrischer Schlag. — Auf der Höhe von Stolpmünde — —

»Und wie weit von Land?«

»Etwa zwölf Seemeilen!«

Als der 2. Offizier nach diesen Worten weitergeht, blicke ich auf die Uhr. Es ist 21 Uhr 16.

Und plötzlich übermannt mich die Erinnerung an den 30. Januar 1945, als um 21 Uhr 16 auf der Höhe von Stolpmünde in 35 Sekunden Abstand drei Torpedos den Schiffsleib der *Gustloff* zerrissen. Das, was ich in den letzten Wochen aus meinem Bewußtsein zu verdrängen versucht habe, steht plötzlich wieder vor meinen Augen, so, als sei es erst letzte Nacht gewesen — —

Über die Reling gebeugt, starre ich in das blaugraue Wasser der Ostsee. Meine Blicke suchen das Meer zu durchdringen — bis auf den Grund. Einförmig rauscht die See. Langsam gleitet *General San Martin* über das Grab der *Gustloff* hinweg — —

Mir ist in diesen Augenblicken so, als gellten noch einmal die Todesschreie der Tausende an mein Ohr, als vernähme ich das Heulen der Sirenen und das Schrillen der Alarmglocken — —

Dann liegt der Ort des Grauens hinter uns.

In diesen Minuten reift in mir der Entschluß: eines Tages, wenn dieser unselige Krieg vorbei ist und ich ihn überlebt haben sollte, der Nachwelt von dem furchtbaren Sterben der Fünftausend auf der *Wilhelm Gustloff* zu berichten. Ich fühle es als ein Vermächtnis der Toten, dies tun zu müssen.

Jahre sind seitdem vergangen — vier Jahrzehnte.

Die Opfer der *Wilhelm Gustloff* scheinen mitunter genauso vergessen zu sein wie die übrigen Millionen Toten des letzten Krieges. Noch sind die Wunden, die jene furchtbaren Jahre des zweiten Weltkrieges geschlagen haben, nicht vernarbt — und schon wieder stehen, drohenden Gewitterwolken gleich, die Schatten größerer und schrecklicherer Katastrophen am Horizont.

Das grausame Ende der *Wilhelm Gustloff* und der Fünftausend, die mit dem Schiff starben, möge uns allen eine eindringliche Mahnung sein; denn das ist die größte Tragik unserer Tage, daß trotz allem Unglück und aller Blutopfer des letzten Krieges die Angst vor noch Schlimmerem unser Leben überschattet und daß die Gefahr besteht, daß eines Tages ein noch größeres Schiff untergeht, vielleicht ein Schiff, so groß wie die ganze Welt — —

Epilog

Der *Gustloff*-Findling —
ein Kind, ein Schiff, ein Schicksal

Gotenhafen am 1. Februar 1945.

Der Liegeplatz der *Wilhelm Gustloff* im Oxhöfter Hafen ist leer. Das Schiff, das vor zwei Tagen von hier auslief, um 6 600 Menschen über die Ostsee zu retten, hat sein Reiseziel nicht erreicht. Drei sowjetische Torpedos haben den Schiffsleib zerrissen. Jetzt ruht das Wrack in einem 61 Meter tiefen Wellengrab, 12 Seemeilen querab Stolpmünde. Über 5 300 Menschen haben, unbeachtet im großen Kriegsgeschehen, bei dieser Katastrophe in eisiger Winternacht den Tod gefunden. Der letzte Überlebende, der geborgen wurde, ist ein kleiner, siebzehn Monate alter Junge.

Plötzlich schält sich dieses Einzelschicksal aus einem Massenschicksal heraus. Ein Mensch steht da, ein Kind, mit einer Geschichte, die jedem ans Herz greift, ein Schicksal von solcher Wucht, daß uns der Atem stockt. Sieben Stunden nach dem Schiffsuntergang, bei 18 Grad unter Null, wird dieses Kind fast nackt und kaum noch lebend aus einem steuerlos auf der Ostsee treibenden, fast leeren *Gustloff*-Rettungsboot geborgen. Geborgen von einem Mann, dessen Frau ihm nie Kinder schenken wird und dessen Herzenswunsch mit diesem Findelkind in Erfüllung geht. Er behält das Kind und gibt ihm den Namen Peter.

Damit beginnt die Geschichte des *Gustloff*-Findlings, die Krieg und Nachkriegszeit geschrieben haben, eine ungewöhnliche Geschichte, eine Geschichte ohne Ende.

Danzig am 1. Februar 1945.

Im Kraftfahrzeugpark Danzig sitzt der Unteroffizier Hermann Freymüller an seinem Schreibtisch. Es herrscht, wie in den letzten Wochen überhaupt, Hochbetrieb.

Aber die Gedanken des Mannes sind bei der *Gustloff*, auf der seine Frau und seine beiden Kinder Gotenhafen am 30. Januar verlassen haben und bald am Ziel sein müßten.

Nervös zieht Freymüller an seiner Zigarette. Da schrillt das Telefon. Als er den Hörer abnimmt, vernimmt er eine ihm unbekannte Stimme:

»Hier Polizeipräsidium Gotenhafen, Polizeiinspektor Wiens! Da Privatgespräche nicht mehr durchkommen, möchte ich Ihnen im Auftrage Ihrer Schwiegereltern eine wichtige Mitteilung machen. Hier in Gotenhafen sind Gerüchte im Umlauf, wonach der *Gustloff* etwas zugestoßen sein soll. Falls Sie auch in Danzig etwas hören, beunruhigen Sie sich bitte nicht. Wir haben Nachricht, daß die *Gustloff* auf einer Sandbank liegt, so daß mit Verlusten kaum zu rechnen ist!«

Wie erstarrt sitzt der Unteroffizier da; dann zermartert er sich den Kopf, auf welche Weise er Näheres erfahren und vielleicht seiner Frau und seinen beiden Kindern, Jutta und Frank-Michael, helfen könnte. Schließlich erbittet er sich einen Tag Urlaub, um selbst nach Gotenhafen zu fahren, um an Ort und Stelle Nachforschungen anzustellen —

Doch in Gotenhafen weiß niemand Näheres.

Ein grauer Wintermorgen liegt über der Stadt.

Er macht sich auf den Weg in den Hafen, geht durch die Hafenstraßen, bleibt grübelnd stehen, starrt auf die Schiffe. Wenige Schritte von ihm entfernt liegt an der Pier das Vorpostenboot *1703*, das Boot, das den letzten Überlebenden der *Wilhelm Gustloff* barg; den siebzehn Monate alten Frank-Michael Freymüller, der jetzt, schon zwei Tage nach dem Schiffsuntergang, Peter heißt und neue Eltern hat.

Wäre Hermann Freymüller näher an das Schiff herangetreten; hätte er durch ein Bullauge ins Achterschiff geschaut, dann hätte er sein Kind gesehen.

Da zerzauste sein Junge dem Oberbootsmaat vergnügt die Haare, wippte auf den Knien seines neuen Vaters und spielte mit den Knöpfen seiner Uniform.

Ahnungslos, unwissend, geht Hermann Freymüller weiter, am Leben von Frank-Michael vorbei, aus dem Leben seines Kindes heraus — — —

Eine Stunde später betritt er zum letzten Male seine verlassene Wohnung in Gotenhafen, Lenauweg 10. Noch einmal sitzt er in seinem Wohnzimmer und schaltet den Radioapparat ein. Der Soldatensender hat eine Platte aufgelegt: das berühmte Adagio aus dem Bruchschen Violinkonzert. Am letzten Abend, den Hermann Freymüller hier in diesem Zimmer mit seiner Frau verbrachte, hatte sie gesagt: »Wenn ich einmal tot bin, dann sollst du mir zum Abschied das Bruchsche Adagio aus dem Violinkonzert in g-Moll vorspielen lassen...«

Hermann Freymüller fühlt plötzlich, daß seien Frau tot ist. Er ist ganz sicher. Und seltsam — mit derselben Gewißheit glaubt er, daß sein Junge Frank-Michael noch lebt — —

Rostock-Gehlsdorf am 2. Februar 1945.

Morgens, kurz nach acht, klingelt es in einer Wohnung des Hauses Fährstraße 7 in Rostock-Gehlsdorf. Eine etwa 40jährige Frau öffnet.

»Sind Sie Frau Fick?«

Ja, das bin ich!«

Hier ist ein Telegramm für Sie!«

Frau Fick ist in die Wohnung zurückgetreten. Mit der Haarnadel reißt sie den Umschlag auf. Ein Telegramm von Werner... murmelt sie und überfliegt das Papier. Dann liest sie es wieder und wieder — der Inhalt scheint ihr unverständlich. Was telegrafiert ihr Mann da?

»Wir haben ein Kind! Ich habe einen Jungen gefunden, der jetzt uns gehört. Ich bringe ihn mit. In wenigen Tagen sind wir mit unserem Boot in Swinemünde. Dann kannst Du ihn abholen, Deinen Sohn Peter!«

Frau Frick weiß nicht, was sie denken soll. Wieviele Jahre ist sie nun glücklich verheiratet und wieviele Jahre sehnt sie sich vergeblich nach einem Kind — und jetzt wird ihr plötzlich ein Junge geschenkt!

Noch am selben Tage geht sie zum Polizeirevier, nachdem sie zuvor mit ihrem Mann telefoniert hat.

Polizeimeister Beu vom 1. Polizreivier in Rostock-Gehlsdorf ist nicht wenig erstaunt, als Frau Fick ›ihr‹ Kind anmelden will, obwohl sie es noch nicht einmal gesehen hat. Peter soll das Kind heißen. Aber so einfach ist das nicht, und viele schwierige Fragen sind zu beantworten.

Tage später, als der Junge längst zu Hause ist und sie einen Ausweis für ihn braucht, geht sie noch einmal zur Polizei. Als Protokoll wird aufgenommen:

»Es erscheint Frau Maria Fick, geb. Lübbe aus Rostock-Gehlsdorf, Fährstraße 7, und erklärt: Seit dem 6. Februar 1945 ist bei mir ein Findelkind, etwa ein Jahr alt, untergebracht. Es handelt sich hierbei um ein Kind männlichen Geschlechts, das nach dem Untergang des Dampfers *Wilhelm Gustloff* am 31. Janur 1945 vor Gotenhafen aus einem treibenden Schiffsboot durch meinen Ehemann, derzeit Oberbootsmannsmaat auf dem Vorpostenboot *1703*, Werner Fick, geborgen wurde. In diesem Schiffsboot hat neben dem Kinde die Leiche einer Frau, vermutlich der Mutter, gelegen. Näheres über die Personalien des geborgenen Kindes ist inzwischen nicht bekannt geworden. Mit Rücksicht auf die derzeit in Rostock-Gehlsdorf getroffenen Feststellungen bitte ich, diese Angelegenheit zu fördern, da ich dringend einen Ausweis über den Namen des Kindes zu meiner beabsichtigten Ausreise mit demselben nach Stellingen bei Hamburg bedarf«.

Wismar am 4. Mai 1945.

Danzig ist längst gefallen und die Halbinsel Hela völlig abgeschnitten.

Der Unteroffizier Hermann Freymüller wird am 4. Mai 1945 mit einigen Kameraden nach Wismar abkommandiert und erhält den Befehl, sich auf dem kleinen Frachtdampfer *Paloma* einzuschiffen. Am 7. Mai 1945 tritt die *Paloma* die Fahrt nach Westen an und erreicht am 13. Mai 1945 die Lübecker Bucht. Draußen auf See haben die Passagiere und Besatzungsmitglieder bereits erfahren, daß der Krieg zu Ende ist. Aus der Fahrt zu neuem Einsatz ist also eine Fahrt in die Gefangenschaft geworden.

Einen Tag später verläßt Hermann Freymüller in Neustadt das Schiff und wird am 12. Juli 1945 aus englischer Gefangenschaft entlassen.

Wohin nun? Er hat noch ein Ziel: Lörrach in Baden. Dort in seiner Heimat wohnen Mutter und Geschwister. Und von dort aus will er aufs neue nach dem Schicksal seiner Lieben forschen.

Hamburg am 12. September 1945.

An diesem Tag verlassen auf dem Hamburger Hauptbahnhof drei Menschen einen aus Rostock kommenden Zug: Werner Fick, seine Frau Maria und der kleine Peter.

Aus der schon im Februar 1945 geplanten Reise von Maria und Peter Fick nach Hamburg ist nichts geworden. Erst jetzt, nachdem Werner Fick aus englischer Gefangenschaft nach Hause gekommen ist, haben sie sich gemeinsam zu dieser Reise entschlossen. Bei einem Verwandten von Werner Fick, dem Kapitän und Hafenlotsen Segebarth in Hamburg-Stellingen finden sie Unterkunft, und der Seemann Fick hofft, in dieser großen Hafenstadt leichter eine Arbeit zu finden.

Groß ist das Erstaunen im Kapitänshaus, als das kinderlose Ehepaar plötzlich mit einem eineinhalb bis zweijährigen Jungen erscheint und diesen mit einem Ausweis auf den Namen ›Peter Fick‹ legitimiert.

»Ja — wo habt ihr denn den Jungen her?« ist die verwunderte Frage. Werner Fick erzählt ganz offen die Geschichte des Findelkindes und fügt abschließend hinzu: »Diesen Jungen gebe ich niemals wieder her!« Der Kapitän und seine Tochter sind jedoch völlig anderer Meinung. Sie wissen um das namenlose Leid von Tausenden deutscher Eltern, die nach ihren verlorenen Kindern suchen und machen dem Ehepaar Fick ernste Vorhaltungen. Hier in Hamburg befindet sich der Sitz des Deutschen Roten Kreuzes, hier wäre deshalb die beste Gelegenheit, die Herkunft des Kindes aufzuklären.

Vergeblich versuchen die Verwandten, den Pflegeeltern klarzumachen, daß das Kind eines Tages von ihnen Rechenschaft über die versäumte Gelegenheit fordern würde, seine wirkliche Herkunft festzustellen.

Aber Werner Fick bleibt unnachgiebig, zumal er in der Frau des Kapitäns eine Befürworterin seines Standpunktes findet.

Schließlich aber wird für das Ehepaar Fick die Situation in Hamburg unhaltbar. Es wird vor die Entscheidung gestellt, selbst das Findelkind beim Roten Kreuz anzumelden oder damit rechnen zu müssen, daß Kapitän Segebarth es tut.

Das ist das Alarmzeichen für Werner Fick, der sich unter keinen Umständen von dem Kind trennen will und daher auch kein Interesse an weiteren Nachforschungen hat. Ganz plötzlich und für die Segebarth's völlig überraschend packt die Familie Fick ihre Sachen und verzieht am 17. September 1945 wieder nach Rostock.

Über diesen plötzlichen Entschluß ist der Kapitän mehr als erstaunt, zumal Werner Fick in Hamburg ausreichend Wohnung und auch Arbeit gehabt hat. Glaubt sich Werner Fick mit seinem Peter in der Ostzone sicherer?

420

Der Kapitän überlegt sich, ob er mit dem Foto, das er von Peter Fick hat, nicht zum Deutschen Roten Kreuz gehen soll, um den Jungen als ›Gustloff-Findling‹ anzumelden — —

Er tut es auch.

Lörrach am 12. August 1948.

Seitdem Hermann Freymüller in seine Heimatstadt Lörrach zurückgekehrt ist, bemüht er sich von hier aus, das Schicksal seines Sohnes, seiner Tochter und seiner Frau zu klären. Er schreibt an Suchdienste und an den Rundfunk.

Am 12. August 1948 ist der fünfte Geburtstag seines Sohnes Frank-Michael. Neben das Bild, das in seinem Zimmer steht, hat er eine Rose gelegt. Am Spätnachmittag hört er im Rundfunk den Kindersuchdienst des Roten Kreuzes. Vielleicht wird heute seine Suchmeldung gesendet. Er hatte darum gebeten. Sie wird gesendet. Eingehend werden alle Einzelheiten seines Sohnes beschrieben, sein Aussehen, seine Bekleidung, als ihn seine Schwiegereltern auf die *Gustloff* brachten: hellblond, braunäugig, mit etwas abstehenden Ohren, ca. 75 cm groß, vermutlich mit einem gestreiften Wollpullover bekleidet und wahrscheinlich in eine hellblau-karierte Wolldecke eingewickelt ...

Hermann Freymüller beginnt wieder zu hoffen. Wird diese Meldung wohl den so lange ersehnten Erfolg bringen? Er ist inzwischen einsam geworden. Das einzige, was ihm geblieben ist, sind Erinnerungen und ein paar Familienfotos ...

Wieder vergehen Wochen und Monate. Hermann Freymüller wartet vergeblich. Wenn er Post bekommt, sind es meist Briefe von Suchdiensten, Antworten auf seine Fragen, Antworten, die keine sind. Denn sie sagen nichts.

Weihnachten 1948 kommt endlich der ersehnte Brief. Er wurde in Berlin vom »Suchdienst für vermißte Deutsche in der Sowjetischen Besatzungszone Deutschlands« geschrieben. Darin heißt es:

»... teilen wir Ihnen mit, daß sich in einer Rostocker Pflegestelle ein Kind mit dem Genannt-Namen Peter Fick, jetzt Gust, befindet, von dem wir annehmen, es könnte Ihr Sohn Frank-Michael sein. Ein Foto dieses Kindes fügen wir bei...«

Lange betrachtet Hermann Freymüller das Foto, hält alte Bilder daneben, auf denen sein Junge wenige Monate alt ist. Er vergleicht Augen, Kopfform, Nase, Mund und die Kinnpartie und die etwas abstehenden Ohren. Dann ist er ganz sicher: Das ist sein Junge, sein Frank-Michael.

Mit diesem Tag beginnt der tragische Kampf um das Kind.

Er geht zum Städtischen Jugendamt Lörrach, gibt alles zu Protokoll. Eine Akte wird angelegt: Suchkind Frank-Michael Freymüller ...

Das Jugendamt Lörrach schreibt an das Jugendamt Rostock. Auch hier legt man eine Akte an. Findelkind Peter Fick, jetzt Gust.

Briefe gehen hin und her. Viele Briefe...

Der Weg von einem Deutschland in das andere Deutschland ist weit. Sehr weit. Dazwischen liegt die Zonengrenze. Und die macht das Problem nicht kleiner, sondern größer.

Hermann Freymüller läßt nicht locker, er kämpft. Er schreibt an seine Schwiegereltern, die von Danzig in die Nähe von Rostock geflüchtet sind und in Bützow eine zweite Heimat gefunden haben. Die Großeltern Frank-Michaels, die den Kleinen damals am 30. Januar 1945 auf das Unglücksschiff brachten, fahren nach Rostock, gehen zum Stadtjugendamt. Der Beamte prüft die Unterlagen und die Bilder. Dann sagt er:

»Sie sind nicht die ersten, die hierherkommen und behaupten, der kleine Peter sei ihr Junge oder ihr Enkel. Was meinen sie, wer alles schon versucht hat, den Jungen zu bekommen! Es geht nicht um das Kind. Die meisten Leute wollen ihn nur wegen seiner Lebensmittelkarte haben...«

»Können wir das Kind sehen?«

»Selbstverständlich«, sagt der Beamte höflich.

Eine Schwester begleitet die alten Leute. Sie sagt auf dem Weg, die Pflegemutter des Kleinen sei schon unterrichtet. Sie habe geweint am Telefon, als ihr der Besuch angekündigt wurde. Sie weint jedesmal, wenn Leute kommen, die den kleinen Peter sehen wollen.

Werner Fick ist von der Arbeit geholt worden. Er will dabei sein, wenn es um seinen Jungen geht.

Dann sitzen sie zu viert im Wohnzimmer und blicken auf das Kind. Der Junge steht an der Wand, als möchte er sich verkriechen. Dann stellt er sich neben seinen Pflegevater, faßt nach seiner Hand, sucht offensichtlich Schutz. Die kindliche Geste zeigt, daß er sich zu seinem Pflegevater hingezogen fühlt, den er für seinen richtigen Vater hält. Denn der kleine Peter weiß nichts von seinem Schicksal, begreift nicht, was die fremden alten Leute wollen, warum sie ihn von allen Seiten anschauen. Stumm blickt er von einem zum anderen...

Es ist vollkommen unmöglich, in diesem fünf Jahre alten Jungen den kleinen Frank-Michael zu erkennen. Aber immer wieder stellt die alte Frau Klein, die Großmutter Frank-Michaels, Vergleiche an, sieht dem Jungen in die Augen, betrachtet seine kleinen Hände, die abstehenden Ohren... Das muß er doch sein!

Sie hat dem Jungen ein Stück Kuchen mitgebracht. Wortlos nimmt er es an, sagt kein Wort, blickt der Frau nur starr in die Augen.

Was mag in dieser Kinderseele jetzt vorgehen? Hat der Junge Angst, daß er mitgenommen wird, daß er fortgerissen wird von seinen Eltern? Ahnt er irgend etwas? Man weiß es nicht. Niemand kann in dieses Kinderherz hineinsehen.

Nach einer halben Stunde verabschieden sich die Eheleute Klein. Sie glauben, in dem Kleinen ihren Enkel erkannt zu haben. Sie haben aber auch erkannt, daß die Pflegeeltern den Jungen niemals freiwillig herausgeben werden, und sie haben auch gespürt, daß der kleine Peter seinen Vater lieb hat.

Peter Fick sagt nach dem Besuch des Ehepaares Klein zu seiner Frau Maria, die jetzt still vor sich hinweint:

»Maria — mach Dir keine Sorgen, der Junge bleibt bei uns. Wer unseren Peter haben will, soll erst einmal beweisen, daß das Kind ihm gehört!«

Bei dieser Meinung bleibt der ehemalige Oberbootsmannsmaat auch in den folgenden Wochen und Monaten. Auf Briefe, Vorschläge und Fragen hat er nur eine Antwort: Schweigen. Er liebt den Jungen, wie sonst nur ein Vater sein eigenes Kind liebt.

Hermann Freymüller in Lörrach ist verzweifelt.

Nachdem er den Bericht seiner Schwiegereltern in den Händen hat, gibt es auch für ihn keine Unklarheit mehr. Aber wer soll ihm nun weiterhelfen? Die Suchdienstzentrale hat ihm mitgeteilt, daß ihre Zuständigkeit sich auf die Auffindung von Adressen beschränke und alles weitere Sache der Behörde sei, denen jedoch noch überzeugendere Beweise als nur Bildvergleiche vorgelegt werden müßten.

Inzwischen rührt sich auch das Jugendamt Rostock wieder und teilt dem Jugendamt Lörrach mit, daß die Eheleute Klein laut Bericht des Pflegevaters bei der Gegenüberstellung in dem kleinen Peter *nicht* ihr Enkelkind erkannt hätten.

Hat Werner Fick damit erfolgreich versucht, den Gang der Dinge aufzuhalten? Hermann Freymüller vermutet das. Die Mitteilung des Rostocker Jugendamtes enthält aber auch einen neuen Hoffnungsschimmer für ihn. Das Lörracher Jugendamt wird in dem Schreiben um Übermittlung weiterer Merkmale als den bereits bekannten gebeten und erklärt, daß mit Rücksicht auf die Freymüllerschen Schritte das bereits laufende Adoptivverfahren für Peter Fick ausgesetzt sei.

Das ist schon ein Teilerfolg. Aber trotzdem — Hermann Freymüller befindet sich in einer Sackgasse.

Mehr als *die* Merkmale, die er schon angegeben hat, kann er nicht beibringen. Wie soll er Zeugen der damaligen Bergung des *Gustloff*-Findlings am frühen Morgen des 31. Januar 1945 finden?

Und wie kann er klären, warum in der noch vorhandenen Schiffsliste der *Gustloff* nur seine Frau Elsa und die Tochter Jutta, nicht aber Frank-Michael eingetragen wird?

Ein Zufall bringt ihm Hilfe, die ihn hoffen läßt, daß alles noch ein gutes Ende findet und er eines Tages seinen Frank-Michael wieder bei sich haben wird.

Hermann Freymüller wird Ende Februar 1949 auf einen Bericht über den Untergang der *Wilhelm Gustloff* aufmerksam, der in der Wochenzeitung ›Heim und Welt‹ veröffentlicht wird. Mit Interesse liest er diesen Bericht, setzt sich sofort an den Schreibtisch und schreibt der Zeitung und dem Verfasser, der in Göttingen wohnt, Heinz Schön.

So erhalte ich den ersten Kontakt mit Hermann Freymüller.

Sein Brief, geschrieben am 9. März 1949, erreicht mich am 11. März 1949. ›Heim und Welt‹-Verlag in Hannover und ich kommen überein, das Anliegen Freymüllers in Form eines Aufrufes zu veröffentlichen, mit welchem wir Augenzeugen der Rettung des *Gustloff*-Findlings suchen.

In einem Brief biete ich Hermann Freymüller meine persönliche Hilfe an. Am 5. April 1949 erteilt er mir eine rechtsverbindlich unterzeichnete und beglaubigte Vollmacht, nach der ich berechtigt und beauftragt bin, alle in der Angelegenheit der Auffindung und Heimschaffung von Frank-Michael Freymüller bei Behörden und sonstigen Stellen in Betracht kommenden Maßnahmen zu treffen und seine Rechte zu wahren.

Da der in ›Heim und Welt‹ veröffentlichte Appell sehr erfolgreich ist und sich eine Vielzahl von Augenzeugen meldet, gelingt es mir, nicht nur den Kommandanten des Vorpostenbootes *1703*, Helmut Hanefeld zu finden, der mit seiner Besatzung am Morgen des 31. Januar 1945 auf der Höhe von Stolpmünde den *Gustloff*-Findling barg, sondern auch einen Großteil der Besatzung des Vorpostenbootes *1703*, also Kameraden des damaligen Oberbootsmannsmaaten Werner Fick. Nacheinander melden sich u. a. der I. WO Heinz Meier, der II. WO Hans Fünfrock, die Oberbootsmannsmaaten Herbert Schulz und Johann Marzella, der Maschinenmaat Louis Reimers und die Besatzungsmitglieder Wilhelm Piepenbrink, Wilhelm Dusold, Rudolf Pollmann, Josef Honnef, Emil Finitzer, Erwin Gnewuch, Jupp Eberweiser, Gottfried Fella, Karl Wienandy und Rudolf Mogler.

Schließlich gelingt es mir, auch den ehemaligen Marine-Stabsarzt d.R. und Flottillenarzt der 17. Vp-Flottille, Dr. Engelbert Fleischer zu finden, der sich in der Unglücksnacht der *Wilhelm Gustloff* rein zufällig an Bord des Vorpostenbootes *1703* befand. Er ist der wohl wichtigste Augenzeuge, denn er war es, der den *Gustloff*-Findling unmittelbar nach seiner Bergung auf Vp *1703* ärztlich versorgte und ihm damit das Leben erhielt.

Durch die schriftlichen Aussagen und Berichte, die ich von allen mir bekannt werdenden Zeugen erbitte, entsteht nach und nach im Verlaufe von mehreren Monaten ein fast lückenloses Gesamtbild der Vorgänge um die Rettung des *Gustloff*-Findlings mit wichtigen Hinweisen auf seine damalige Bekleidung, die Decke, in die der Junge eingehüllt war und die beiden Toten, die Frau und das Mädchen, die ebenfalls in dem *Gustloff*-Rettungsboot gefunden worden waren.

Nach sorgfältiger Prüfung aller Unterlagen komme ich zu der Erkenntnis, daß mit an Sicherheit grenzender Wahrscheinlichkeit die tote Frau die Mutter, das Mädchen die Schwester des Jungen waren und das gerettete Kleinkind, der eineinhalbjährige Junge, Frank-Michael Freymüller, geboren am 12. August 1943 in Zoppot, ist.

Doch auch andere Erkenntnisse bringt die Zeugenbefragung: Alle Besatzungsmitglieder, vom Matrosen bis zum Kommandanten des Vorpostenbootes *1703*, stellen sich ausnahmslos hinter ihren ehemaligen Oberbootsmannsmaaten Werner Fick, dem sie uneingeschränkt ihre Hochachtung für die Rettung des *Gustloff*-Findlings zollen und den sie als hervorragenden

Kameraden bezeichnen, der sich in mustergültiger Weise um das gerettete Kind bemüht habe.

Zahlreiche Augenzeugen vertreten in ihren Briefen und Stellungnahmen die Auffassung, man solle den *Gustloff*-Findling bei seinem jetzigen Vater lassen, und es sei sicher nicht gut für den jetzt Sechsjährigen, ihn in eine völlig neue Umgebung zu verpflanzen und einem unverheirateten Mann zu geben. Selbst wenn dieser wieder heiratete, würde der Junge dann bei einer Stiefmutter aufwachsen müssen.

Viele ehemalige Kameraden Werner Ficks bescheinigen diesem, daß er recht getan hat, das Kind damals, am 31. Januar 1945 nicht in Gotenhafen bei der NSV oder dem Roten Kreuz abgegeben zu haben; sie erinnern daran, daß Gotenhafen damals eine Stadt des Elends und der Not war, in der sich viele zehntausend Flüchtlinge zusammenpferchten. In diesem Elend hätte der geborgene Säugling mit Sicherheit den Tod gefunden — —

Einen besonders klaren Standpunkt teilt mir schließlich der ehemalige Chef der Vorposten-Flottille, der VP *1703* angehörte, Kapitän Dittmer mit. Er schreibt u. a.:

»... Das Kind, welches an den Zustand von seiner Trennung von den wirklichen Eltern keinerlei Erinnerungen haben kann und zweifellos nur an den Pflegeeltern mit wirklicher Kindesliebe hängt, würde bei seinem wirklichen Vater ohne Mutter aufwachsen.

Daß dieser Eingriff eine tiefe Erschütterung in das Leben des Kindes bringen würde, kann nicht bezweifelt werden. Die Pflegeeltern, welche keine Aussicht auf eigene Kinder haben, würden ebenfalls für den Rest ihres Lebens ihres Daseinszwecks beraubt sein.

Als Ausgleich für dieses Unglück, welches drei Menschen treffen würde, kann man unmöglich die Befriedung des wirklichen Vaters anerkennen, der zweifellos durch den Schicksalsschlag der *Gustloff*-Katastrophe schwer getroffen ist, aber doch vielleicht immer noch die Möglichkeit hat, eine andere Lebensgefährtin zu finden und eigene Kinder zu haben.
Hierbei bleibt immer vorausgesetzt, daß sich die Identität des vermeintlichen Vaters Freymüller einwandfrei medizinisch nachweisen läßt...

Die Belassung des Kindes bei seinen jetzigen Pflegeeltern würde im schlimmsten Falle das weitere Leben eines einzelnen Menschen belasten, würde dafür aber vor allem das Kind, das doch sicher das wichtigste Lebensrecht besitzt, vor der Entwurzelung bewahren. Es wird doch wohl niemand annehmen, daß ein Kind die Verpflanzung aus einer gesunden bürgerlichen Heimat in einen mutterlosen Haushalt ohne Schaden für seine Seele und seinen Charakter erträgt...«

Hermann Freymüller liest auch diese mir übermittelte Stellungnahme.

Aber er gibt nicht auf. Er kann und will nicht auf *sein* Kind verzichten, auf das Einzige, was ihm der Krieg übriggelassen hat. Er würde einen solchen Verzicht nie vor sich selbst und seiner toten Frau verantworten können.

Er kämpft also weiter.

Ich helfe ihm, so gut ich kann, und gerate dabei immer mehr zwischen die Fronten.

Die Monate vergehen — das Jahr 1950 geht zu Ende.

Die Akten F 216 Peter Fick beim Stadtjugendamt Rostock und die Akte Frank-Michael Freymüller beim Jugendamt Lörrach werden immer dicker.

Neue Schwierigkeiten türmen sich auf. Westdeutsche Stellen schreiben, daß eine Forderung auf Herausgabe des Kindes vermutlich bei den Behörden in der Ostzone wenig Unterstützung finden würde. Das scheint zu stimmen, denn inzwischen hat Rostock trotz des Streites genehmigt, daß die Pflegeeltern den kleinen Peter adoptieren dürfen.

Aber noch ein weiteres schier unüberwindliches Hindernis trennt den Vater von seinem Kinde: die Zonengrenze.

Der Oberbürgermeister der Stadt Rostock, Herbert Schulz, schreibt am 13. Dezember 1950:

»Wir sind die letzten, die es nicht begrüßen würden, wenn es Ihnen, Herr Freymüller, gelänge, im Wege des ordentlichen Gerichtsverfahrens nachzuweisen, daß der gegenwärtige Peter Fick tatsächlich Ihr Kind Frank-Michael ist...«

Ich bedaure es sehr, daß die auch von uns nicht gewünschte Zerreißung des deutschen Volkes Sie, Herr Freymüller, in der Verfolgung Ihres angeblichen Rechts auf das Kind behindert...

Ich rufe Sie daher auf, tatkräftig mitzukämpfen, daß die Einheit Deutschlands bald wiederhergestellt, ein Friedensvertrag abgeschlossen wird und die Besatzungsmächte abziehen. Dann werden wir leichter die Möglichkeit haben, uns über kleine und große Probleme des deutschen Volkes auszusprechen. Ein Mittel dazu soll die Einrichtung eines Gesamtdeutschen Konstituierenden Rates sein, wie sie die Regierung der Volkskammer der Deutschen Demokratischen Republik vorgeschlagen hat.

Tun Sie auf Ihrem Posten alles, damit dieser Konstituierende Rat möglichst bald zustande kommt und Deutsche sich mit Deutschen ohne fremde Einmischungen über ihre eigenen Probleme aussprechen können...«

Hermann Freymüller ist nach dieser Nachricht noch verzweifelter. Zu lange dauert sein Kampf um sein Kind.

Hermann Freymüller kämpft weiter, schreibt weiter. Er schreibt nach Bonn, an die Badische Landesregierung, an alle möglichen Stellen und auch an Werner Fick und seine Frau. Die Antworten, die er erhält, sind nichtssagend, man rät ihm zu einem Prozeß.

Und die Pflegeeltern schweigen, antworten auf keinen Brief, auch nicht auf das Ansuchen einer persönlichen Aussprache in Rostock. Offenbar will man Hermann Freymüller dort nicht sehen.

Im Sommer 1951 plane ich eine Reise in die Schweiz. Ich will in Davos Informationen über das Wirken des Landesgruppenleiters der NSDAP, Wilhelm Gustloff, sammeln, der fast zwanzig Jahre in Davos lebte und am 4. Februar 1936 in seiner Wohnung von dem Studenten David Frankfurter erschossen wurde, und um in Chur, bei dem Verteidiger Frankfurters, in den dem Mord folgenden Prozeß Akteneinsicht zu nehmen, was mir angeboten ist. Diese Reise unterbreche ich in Lörrach an der deutsch-schweizerischen Grenze, um mit Hermann Freymüller zu beraten, was er noch tun könne, um sein Kind zurückzuerhalten.

Ich lerne Hermann Freymüller als einen sehr symphatischen Mann kennen, der trotz seiner bisherigen erfolglosen Bemühungen die Zuversicht noch nicht aufgegeben hat, mit letzter Gewißheit nachweisen zu können, daß der in Rostock lebende Junge Peter Fick tatsächlich sein Sohn Frank-Michael ist und daß er ihn eines Tages zurückerhalten wird.

Wir kommen überein, eine erbbiologische Untersuchung anzustreben, um letzte Gewißheit zu erlangen.

Daß dies notwendig ist, bestätigt auch der Oberbürgermeister der Stadt Rostock in einem an mich gerichteten Schreiben unter dem Aktenzeichen I/05-R/545/Dr.T./Sch., das eine noch weitergehende Empfehlung an Hermann Freymüller enthält.

In dem Schreiben heißt es u. a.:

»... Einreichung eines Antrages an das Landgericht Güstrow, Zweigstelle Rostock, auf Bewilligung des Armenrechtes und Beiordnung eines Rechts anwaltes für die zu erhebende Feststellungsklage dahin, daß der am 12. August 1943 in Zoppot geborene Frank-Michael Freymüller mit dem Kind Peter Fick identisch ist. In diesem Antrag müssen die Gründe dargelegt und die demnächstigen Beweismittel (Zeugen, erbbiologisches Gutachten, Blutprobe) angegeben werden. Es wird auch auf die Akten des Rates der Stadt Rostock, Abt. Mutter und Kind, Az: F 216 und des Vormundschaftsgerichtes Rostock II F 531 Bezug zu nehmen sein...

Die Klage hätte sich zu richten gegen das minderjährige Adoptivkind Peter Fick, vertreten durch den Adoptivvater Werner Fick...«

Also: Zunächst ist der Vaterschaftsnachweis durch eine erbbiologische Untersuchung von Peter Fick und Hermann Freymüller, verbunden mit einer Blutprobe beider, notwendig.

Am 1. Dezember 1951 schreibt Hermann Freymüller noch einmal einen ausführlichen Brief an das Ehepaar Fick. Er wiederholt noch einmal die ihm vorliegenden Aussagen von Augenzeugen und seine Gewißheit, daß Peter sein Sohn Frank-Michael ist, er bittet darum einzuwilligen, daß Peter sich einer erbbiologischen Untersuchung unterziehen darf, er lädt die Pflegeeltern mit dem Jungen zu einem Besuch in Lörrach ein, wobei er alle Kosten übernehmen will und auch die Kosten einer erbbiologischen Untersuchung in der Freiburger Universitätsklinik.

Der Brief endet mit den Schlußbemerkungen:

»Ich bitte Sie deshalb herzlich, mir meinen Weihnachtswunsch zu erfüllen und Ihr Schweigen zu brechen...

Mit gleicher Post sende ich an Ihre Adresse ein Paket für Peter. Legen Sie es dem Jungen unter den Weihnachtbaum, und nehmen Sie es hin als kleines Zeichen der Dankbarkeit und Liebe. Lassen Sie uns am Weihnachtstag —dem Fest des Friedens, der Freude, der Familie und der Liebe — vergessen, was zurückliegt. Reichen Sie mir die Hand zur Freundschaft und Schicksalsverbundenheit, und lassen Sie uns von dem Wunsch beseelt sein, künftig nicht gegeneinander, sondern miteinander zu gehen. Wir tragen gemeinsam die Verantwortung für ein Kind, das ein grausiges Schicksal aus seiner Familie herausriß, und damit für ein Kind, das es verdient, daß wir uns nicht darum streiten, sondern uns zur Versöhnung die Hand reichen.

Lassen Sie uns in Zukunft gemeinsam für das Wohl des Kindes sorgen, das bringt Freude für Sie und mich und Glück für den Jungen...

Eine Kopie des Briefes schickt Hermann Freymüller an den Bürgermeister der Stadt Rostock ›persönlich‹ in der Hoffnung, daß dieser sich vermittelnd einschaltet.

Freymüller ist sicher, daß sein Weihnachtsbrief auf das Ehepaar Fick nicht ohne Wirkung bleibt, daß die Pflegeeltern seines Sohnes Frank-Michael endlich ihr Schweigen brechen und die angebotene Hand der Hilfe und Freundschaft annehmen.

Die Eheleute Fick *müssen* antworten, wenn sie noch ein Herz im Leibe spüren — —

Doch es kommt alles ganz anders.

Das Ehepaar Fick antwortet nicht.

Statt dessen erhält Hermann Freymüller eine Aufforderung, beim Jugendamt Lörrach vorzusprechen. Dort legt man ihm ein Schreiben des Jugendamtes Rostock zur Kenntnisnahme vor. Die Mitteilung besagt: »Der Adoptivvater Werner Fick ist mit der vorgeschlagenen Blutgruppenuntersuchung seines Adoptivkindes Peter nicht einverstanden!«

Hermann Freymüller trifft diese Nachricht einen Tag vor Heiligabend wie ein Keulenschlag.

Ist dies das Ende all seiner Bemühungen, das Ende seines Kampfes um sein Kind?

Das Weihnachtsfest des Jahres 1951 wird das traurigste Fest seines Lebens. Er verbringt es in aller Stille. Seine Gedanken haben nur einen Inhalt, sie sind bei seinem Sohn in Rostock.

Am 31. Dezember 1951 klingelt der Postbote bei ihm, bringt ihm einen Brief und ein Päckchen, seine Sendungen an das Ehepaar Fick, auf beiden steht der Vermerk:

»Annahme verweigert — Rostock-Gehlsdorf, 24. Dezember 1951«

Das also ist die Antwort auf seinen versöhnenden Brief, den das Ehepaar Fick noch nicht einmal geöffnet und gelesen hat — —

Verbitterung kehrt in ihn ein, menschliche Enttäuschung und Hoffnungslosigkeit — —

Aber das Leben geht weiter.

Anfang 1952 macht Hermann Freymüller neue Versuche, sein Kind wiederzubekommen. Frau Elli Heuss-Knapp schaltet sich ein, der Französische Hohe Kommissar der Französischen Besatzungszone, zu der Lörrach zählt, nimmt sich der Sache an und fordert in Karlshorst die Behörden auf, sich des Falles anzunehmen. Doch alles ist vergeblich.

Da wagt Hermann Freymüller einen letzten Schritt. Er glaubt, daß ihm jetzt nur noch ein Mann helfen kann, der die Macht und die Kraft hat, das Schweigen der Eheleute Fick in Rostock zu brechen und sie zu veranlassen, sich der erbbiologischen Untersuchung des *Gustloff*-Findlings nicht weiter zu widersetzen. Dieser Mann, von dem Hermann Freymüller letzte Hilfe erwartet, heißt Otto Grotewohl.

Am 30. Januar 1952, dem 7. Jahrestag der *Gustloff*-Katastrophe, schreibt Hermann Freymüller an den Ministerpräsidenten der Deutschen Demokratischen Republik, Otto Grotewohl, Berlin, W 8, Prinz-Albrecht-Straße 3—4, einen ausführlichen Brief, in welchem er sein Anliegen vorträgt und begründet und der mit folgender Bitte schließt:

»Ich bitte Sie, sehr geehrter Herr Ministerpräsident, von dort aus endlich den gordischen Knoten bürokratischer Weisheiten der untergeordneten Stellen zu durchschneiden und eine gewissenhafte erbbiologische Untersuchung des Jungen anzuordnen. Sollten sich nach dieser Untersuchung, verglichen mit den Ergebnissen meiner Untersuchung, herausstellen, daß es sich bei dem *Gustloff*-Findling einwandfrei um meinen Jungen handelt, dürfte der Heimführung des Jungen nach siebenjähriger Trennung von mir auch Ihrerseits wohl nichts mehr im Wege stehen ...

In der Erwartung, daß Sie, sehr geehrter Herr Ministerpräsident, durch eine gerechte Entscheidung dem grausamen Spiel ein Ende bereiten, nachdem bis jetzt alle Amtsstellen auf beiden Seiten versagt haben, sind Sie meine letzte Hoffnung auf eine gerechte Entscheidung über das Schicksal des *Gustloff*-Findlings.«

Ministerpräsident Otto Grotwohl entscheidet auch.

Doch mit dieser Entscheidung hat Hermann Freymüller überhaupt nicht gerechnet.

»Peter Fick, genannt Gust, angenommen geboren am 31. Januar 1944 in Gotenhafen, wohnhaft bei seinem Adoptivvater Werner Fick und dessen Ehefrau Maria, in Rostock-Gehlsdorf, soll bei Erreichung seines 21. Lebensjahres selbst darüber entscheiden, ob er einer erbbiologischen Untersuchung zustimmt oder ob er bei seinen Pflegeeltern verbleiben will!«

Hermann Freymüller bricht zusammen.

Nach dieser Entscheidung soll er noch 13 Jahre warten, um dann möglicherweise zu erfahren, daß er seit 1945, ganze 20 Jahre, umsonst auf die Rückkehr seines Sohnes gewartet hat? In 13 Jahren — 1965 — wird er 66 Jahre alt sein — — —

Ihm wird in diesen Augenblicken das bewußt, was er sich selbst schon mehrere Male gesagt hat:

»Mein Kind ist tot — und doch am Leben!«

Politik, Paragraphen, Bürokratie — das ist der undurchdringliche Stacheldraht, der ihn von seinem Sohne trennt. Dahinter erst steht das Menschliche, der Konflikt, den dieses Kinderschicksal heraufbeschworen hat, zwei Väter trennt und zugleich miteinander verbindet:

Zuviel Liebe für ein Kind...

Nichts geht mehr. Das Spiel ist aus. Das Ringen um ein Kind zu Ende. Für Hermann Freymüller hat das Leben seinen Sinn verloren. Für Jahre — für viele Jahre.

Die Zeit des Wartens macht ihn müde.

Er schweigt auch mir gegenüber. Ich höre nichts mehr von ihm und kann ihm auch nicht mehr helfen. Das Jugendamt in Lörrach hat die Akte Frank-Michael Freymüller geschlossen, und sicher hat man beim Jugendamt Rostock die Akte des *Gustloff*-Findlings Peter Fick ebenfalls schon ›abgelegt‹.

Noch einmal werde ich mit dem ›Fall Freymüller‹, mit der einmaligen Geschichte des *Gustloff*-Findlings konfrontiert und muß alle Einzelheiten bis ins Detail berichten, an einem ungewöhnlichen Ort, vor einem Richter.

Mit Datum vom 8. Juni 1954 erhalte ich eine Ladung des Amtsgerichts Herford — wohin ich 1953 von Göttingen verzogen bin — mit folgendem Text:

»In der Todeserklärungssache der Frau Elsa Freymüller, geb. Klein, zuletzt wohnhaft gewesen in Gotenhafen, Lenauweg 10, sollen Sie gehört werden.

Zu diesem Zweck ist der Termin auf 12. Juni 1954, 9.45 Uhr, Zimmer 33 vor dem Amtsgericht in Herford, Auf der Freiheit 7, anberaumt. Auf richterliche Anordnung werden Sie zu diesem Zweck hiermit geladen«.

Nach dieser Vernehmung, der Schilderung der Katastrophennacht der *Wilhelm Gustloff* und der Rettung des *Gustloff*-Findlings sieben Stunden nach dem Untergang des Schiffes, finde ich an diesem Tage keine Ruhe mehr. Und auch in den nächsten Wochen nicht. Zu sehr beschäftigen sich meine Gedanken mit dem Schicksal dieses Kindes, das nach der *Gustloff*-Katastrophe noch einmal geboren wurde...

Ob die tote Frau, die neben dem Jungen in dem Rettungsboot lag, tatsächlich seine Mutter war, ist nie geklärt. Das Amtsgericht in Hamburg, zuständig für Todeserklärungen der *Gustloff*-Verschollenen, da Hamburg der Heimathafen der *Gustloff* war, hat Elsa Freymüller 1954 für tot erklärt.

Hermann Freymüller versinkt in Resignation. Die Monate und Jahre werden für ihn länger und länger. Doch niemand hält die Zeit auf. Der letzte Funke Hoffnung, an den er sich noch klammert, ist der 30. Januar 1965, der 21. Geburtstag des Peter Fick, seines Sohnes Frank-Michael.

Im Sommer 1964 hat Hermann Freymüller diese Hoffnung noch im Herzen. Doch wenige Monate später ist er tot. Er starb, ohne seinen Sohn wiederzusehen, den Jungen Peter Fick, von dem er mit Sicherheit wußte und es die ganzen Jahre in sich spürte, daß dieser sein Sohn Frank-Michael war...

Der Tod Hermann Freymüllers setzt einen Schlußstrich hinter seinen jahrelangen, aussichtslosen und ermüdenden Kampf um den *Gustloff*-Findling, von dem er bis zu seinem letzten Atemzug annimmt, daß es sein Sohn Frank-Michael ist.

Ist er das wirklich?

Jahrzehnte sind inzwischen seit dem Untergang der *Wilhelm Gustloff* und der Rettung des letzten Überlebenden, eines namenlosen Flüchtlingskindes, vergangen. Vieles ist in diesen Jahren geschehen: Aus der Ostzone ist die DDR geworden, aus der Zonengrenze eine Staatsgrenze...

Irgendwo hinter dieser Staatsgrenze, im anderen Teil Deutschlands, wohnt ein Mann. Wo, an welchem Ort, weiß niemand, seitdem er von Rostock ›unbekannt verzogen‹ ist. Dieser Mann heißt jetzt nicht mehr Peter Fick, sondern Peter Gust. Sein neuer Name stimmt ebensowenig wie sein vorheriger. Auch sein Geburtsdatum »angenommen geboren am 31. Januar 1944 in Gotenhafen« ist falsch.

Doch der heute 40jährige weiß es nicht besser. Er weiß nur eines:

Ich bin der letzte lebend Geborgene der *Gustloff*-Katastrophe, der am Morgen nach der Katastrophennacht, am 31. Januar 1945, in einem leeren Rettungsboot gefunden wurde, geborgen von einem Mann, der in der Stunde der Rettung mein Vater wurde, dem ich mein ganzes Leben für seine Güte und Liebe zu danken habe und der mir eine Mutter schenkte, wie ich sie besser und liebevoller nie hätte finden können — —

Wer der heute 40jährige *Gustloff*-Findling wirklich ist, wird nie mehr zu klären sein. Sein Schicksal hat der Krieg geschrieben, die Flucht über die Ostsee, und ein Schiff, die *Wilhelm Gustloff*. Er wird den Namen dieses Schiffes, nach dessen Untergang sein zweites Leben mit neuen Eltern und unter neuem Namen begann, zeitlebens nicht vergessen.

ANHANG:

Dokumentation

Der Verlustfall M/S *Wilhelm Gustloff* — 30. Januar 1945 —

DATEN — ZAHLEN — NAMEN — FAKTEN

ÜBERSICHT

433

Anlagen:

1. Bericht des Korvettenkapitäns Zahn über den Untergang des M/S *Wilhelm Gustloff* am 30. Januar 1945, abgegeben in Kiel am 4. Februar 1945, an das Marine-Oberkommando Ost zur Weitergabe an den Oberbefehlshaber der Marine.

2. Rettungsschiffe, die an der Rettung *Gustloff*-Schiffbrüchiger am 30. und 31. Januar 1945 in der Ostsee beteiligt waren.

3. Bericht des Korvettenkapitän Zahn an den Kommandierenden Admiral der Unterseeboote, z. Hd. von Herrn Korvettenkapitän Müller Arnecke vom 8. 2. 1945 über in Swinemünde zusammengefaßten Geretteten des Unterganges des M/S *Wilhelm Gustloff*, die im Sammeltransport nach Kiel überführt wurden.

4. Liste der vom NDL-Dampfer *Göttingen* in der Nacht vom 30. zum 31. Januar 1945 geborgenen Schiffbrüchigen des M/S *Wilhelm Gustloff*.

5. Liste über die lt. Meldung des Kommandierenden Admirals der Unterseeboote am 12. April 1945 beim Untergang der *Wilhelm Gustloff* am 30. Januar 1945 in der mittleren Ostsee, Höhe Stolpmünde, vermißten Angehörigen der Kriegsmarine.

6. Liste über die lt. Meldung des Kommandierenden Admirals der Unterseeboote vom 12. April 1945 beim Untergang der *Wilhelm Gustloff* am 30. Januar 1945 in der mittleren Ostsee, Höhe Stolpmünde, vermißten weiblichen Angehörigen der Kriegsmarine (Helferinnen die zur U-Boot-Waffe gehörten).

7. Liste der dem Oberkommando der Kriegsmarine am 16. Juni 1945 als vermißt gemeldeten Marine-Helferinnen, die am 30. Januar 1945 auf dem M/S *Wilhelm Gustloff* waren.

8. Liste der zivilen Besatzungsmitglieder des M/S *Wilhelm Gustloff*, die am 15. Februar 1945 von der Hamburg-Südamerikanischen Dampf- Schiffahrtsgesellschaft Hamburg der Kriegsmarinedienststelle Hamburg seit dem 31. Janaur 1945 als vermißt gemeldet wurden.

9. Liste über die gem. Verlustmeldungen des Kommandierenden Admirals der Unterseeboote vom 12. April 1945 beim Untergang des M/S *Wilhelm Gustloff* in der mittleren Ostsee, Höhe Stolpmünde, am 30. Januar 1945 gefallenen Angehörigen der Kriegsmarine.

10. Protokoll über die Beisetzung von 143 Toten, die nach dem Untergang des M/S *Wilhelm Gustloff* von verschiedenen Schiffen in Pillau dem Gräber-Offizier der Seestadt Pillau übergeben und am 2. Februar 1945, 23.00 Uhr, auf dem Friedhof Pillau I, rechts der Kapelle, in einem Massengrab beigesetzt wurden.

11. Nachweisung von Sterbefällen aus Anlaß des Unterganges des M/S *Wilhelm Gustloff*, zusammengestellt vom Standesamt I Berlin, Berlin-Dahlem, Lentzeallee 107, aus dem Sterbebuch des Standesamts Gotenhafen, Jahrgang 1945.

12. Liste der Überlebenden (unvollständig) des Unterganges des M/S *Wilhelm Gustloff* (Flüchtlinge, Kriegsmarineangehörige, Marinehelferinnen, Wehrmachtsangehörige, Verwundete, Zivilbesatzungsmitglieder und sonstige Personen), zusammengestellt nach vorliegenden Unterlagen vom GUSTLOFF-ARCHIV HEINZ SCHÖN.

I. Vorbemerkungen

Seit dem 31. Januar 1945 gibt es einen »Verlustfall Wilhelm Gustloff«. Unter dieser Aktenbezeichnung registrieren Dienststellen des Deutschen Roten Kreuzes, anderer Suchdienste und die »Deutsche Dienststelle für die Benachrichtigung der nächsten Angehörigen von Gefallenen der ehemaligen deutschen Wehrmacht« Namen und Fakten von Vermißten, Toten und Überlebenden des Unterganges des Motor-Schiffes *Wilhelm Gustloff* am 30. Januar 1945 in der Ostsee.

In der Nachkriegszeit wurden in deutschen und ausländischen Zeitungen, Zeitschriften und Büchern, im Rundfunk und im Fernsehen, immer wieder Zahlen über die auf der letzten Fahrt des M/S *Wilhelm Gustloff* eingeschifften Personen, der an der Rettungsaktion beteiligten Schiffe, sowie Zahlen von Toten und Überlebenden der Katastrophennacht veröffentlicht, die unrichtig, untertrieben oder übertrieben sind.

Als ich wenige Monate nach dem Ende des Zweiten Weltkrieges begann, alle erreichbaren Unterlagen über die ›Gustloff-Katastrophe‹ und ihre Zusammenhänge in meinem ›GUSTLOFF-ARCHIV‹ zusammenzutragen, schloß ich in diese Aufgabe von vornherein auch die Ermittlung konkreter Fakten über die Anzahl der an der letzten Fahrt eingeschifften Passagiere, die danach Vermißten und Toten wie auch der Überlebenden ein.

Für diese umfassenden Ermittlungsarbeiten benötigte ich 39 Jahre. Zu bewältigen war folgender Aufgabenkomplex:

1. Kontaktaufnahme mit allen Suchdiensten und Dienststellen, die sich mit dem ›Verlustfall M/S Wilhelm Gustloff‹ beschäftigten, einschließlich der Durchsicht und Auswertung der bei diesen Suchdiensten und Dienststellen vorhandenen Unterlagen.
2. Ermittlung aller Schiffe der Kriegs- und Handelsmarine sowie der Luftwaffe, die in der Nacht vom 30. zum 31. Januar 1945 an der Rettung *Gustloff*-Schiffbrüchiger beteiligt waren. Ermittlung der Anschriften der Kommandanten, Kapitäne und Decksoffiziere dieser Schiffe zum Zwecke der Befragung.
3. Die Befragung der Kommandanten, Kapitäne, Offiziere und ermittelter Mannschaftsmitglieder *aller* Rettungsschiffe durch persönliche Besuche, Gespräche, Telefonate, durch Briefe und spezielle Fragebögen, Auswertung dieser Ausssagen und Berichte.
4. Beschaffung der Originale oder Kopien der in den Archiven vorhandenen Listen und Aufstellungen über Gerettete, Tote und Vermißte, sowie Beigesetzte, Beschaffung der teilweise erhalten gebliebenen Einschiffungsliste des M/S *Wilhelm Gustloff* der letzten Reise am 30. Januar 1945.
5. Befragung aller Überlebenden der *Gustloff*-Katastrophe, deren Namen und Adressen mir bekannt wurden, um weitere Anschriften Überlebender zu erfahren.
6. Beschaffung der Stellungnahmen militärischer Stellen zum Untergang des M/S *Wilhelm Gustloff* und dessen Zusammenhänge, insbesondere der Stellungnahme des überlebenden Kommandeurs der II. Abteilung der 2. Unterseebootslehrdivision Gotenhafen-Oxhöft, Korvettenkapitän Wilhelm Zahn.

Erst diese intensiven, umfassenden und gezielten Nachforschungsarbeiten und die Durchsicht des vorhandenen Archivmaterials staatlicher und privater Archive und Sammlungen, vermittelten mir umfassendere Kenntnisse über die *Gustloff*-Katastrophe, ihre Zusammenhänge und über konkretere Zahlen und Fakten der eingeschifften, vermißten und überlebenden Personen der Todesfahrt des M/S *Wilhelm Gustloff*.

II. Bericht des Kommandeurs der II. Abteilung der 2. ULD, zum Untergang des M/S *Wilhelm Gustloff* am 30. Januar 1945:

Nach dem Untergang des M/S *Wilhelm Gustloff* sind immer wieder eine ganze Reihe wichtig erscheinender Fragen im Kreis der Überlebenden, der Marinedienststellen, der Angehörigen von Gustloff-Opfern und von zeitgeschichtlich Interessierten gestellt und diskutiert worden. So z. B. die Frage, warum die *Gustloff* ohne ausreichende Geleitsicherung Gotenhafen-Oxhöft verließ, warum nicht· der Küstenweg gewählt wurde, warum auf dem Zwangsweg 58 nicht Zick-Zack-Kurs gefahren und Höchstgeschwindigkeit gelaufen wurde und ob nicht hätte eine größere Anzahl Schiffbrüchiger gerettet werden können.

Zu diesen und anderen Fragen hat Korvettenkapitän Wilhelm Zahn, Kommandeur der II. Abteilung der 2. ULD, der den Untergang des Schiffes miterlebte, wenige Tage nach der Katastrophe, am 4. Februar 1945, in einem schriftlichen Bericht an das Marineoberkommando Ost, zur Weitergabe an den Oberbefehlshaber der Kriegsmarine, Stellung genommen.

— *Anlage 1 zur DOKUMENTATION* —

III. Eingeschiffte Personen am 30. Januar 1945 auf M/S *Wilhelm Gustloff*:

An Bord des M/S *Wilhelm Gustloff* befanden sich am 30. Janaur 1945 — nach Übernahme der letzten Flüchtlinge von dem aus Pillau kommenden Dampfer *Ravel* am Mittag den 30. 1. 45:

4 974	Flüchtlinge aus Ostpreußen, aus dem Memelland und aus Westpreußen, vorwiegend aus dem Raum Elbing, Gotenhafen, Danzig und Zoppot,
918	Offiziere, Unteroffiziere und Mannschaften der II. Abteilung der 2. Unterseebootslehrdivision Gotenhafen-Oxhöft,
173	Besatzungsmitglieder der Handelsmarine,
162	Schwerverwundete (Heer),
373	Marinehelferinnen der 2. ULD und Einheiten der U-Boot-Waffe, sowie der M.H. Bereitschaft des Wehrmachtskommandanten Gotenhafen, der Navigationsschule Gotenhafen, der Marine-Flak-Abteilung 219, der Marine-Flak-Abteilung 249, der Marine-Flak-Abteilung 259 und einige wenige Helferinnen anderer Einheiten.

Die ermittelte Gesamtzahl von 6 600 Passagieren, die sich in der Unglücksnacht an Bord befanden, ist keine absolute Zahl, erscheint jedoch sehr realistisch. Es mag sein, daß sich während der letzten Einschiffungsstunden, einige Flüchtlinge nicht in die Einschiffungsliste eintragen ließen, oder zahlenmäßig nicht erfaßt wurden, ihre Zahl dürfte jedoch 100 kaum überschritten haben.

Die oft veröffentlichte Angabe, mehr als 7 000 Menschen, in einigen Veröffentlichungen nannte man sogar die Zahl von 8 000 bis 10 000, hätten den Untergang des M/S *Wilhelm Gustloff* miterlebt, ist mit Sicherheit stark übertrieben und kann durch keinerlei Fakten bewiesen werden.

Die veröffentlichte Zahl von 904 Überlebenden, nach den von mir getätigten Ermittlungen bis zum 31. 12. 1950, stimmt ebenfalls nicht mehr; es wurden nachweislich über 1 200 Schiffbrüchige gerettet.

Auch über die Struktur des an Bord befindlichen Personenkreises, d. h. über die Zusammensetzung der 6 600 Passagiere nach den Geschlechtern geordnet, liegen jetzt Erkenntnisse vor:

Geht man davon aus, daß sich unter den Flüchtlingen, die auf der *Gustloff* waren, nur relativ sehr wenig Männer befanden und auch nur sehr wenig alleinstehende Frauen, sondern vorwiegend Mütter mit zwei und mehr Kindern, ergibt sich unter Berücksichtigung der Marinehelferinnen und der weiblichen Zivilbesatzungsmitglieder folgendes Bild:
Von den an Bord befindlichen 6 600 Personen waren

   1 300 Männer und
   5 300 Frauen und Kinder

Unter den 5 300 Frauen und Kindern betrug die Zahl der Kinder mit an Sicherheit grenzender Wahrscheinlichkeit ca. 3 100.
Daraus ergibt sich folgende Gesamtübersicht der an Bord befindlichen Personengruppen:

   1 300 Männer
   2 200 Frauen, zumeist Mütter
   3 100 Kinder vom Säuglingsalter bis zum 16. Lebensjahr.

Die teilweise erhalten gebliebene Einschiffungsliste des M/S *Wilhelm Gustloff*, die sich im GUSTLOFF-ARCHIV HEINZ SCHÖN, 4902 Bad Salzuflen 1, Auf dem Sepp 19 (Teils im Original, teils in Fotokopie vorhanden) befindet, enthält im Teil 1 — Buchstaben A—M 1 704 Namen, im Teil II — Buchstaben N—Z 2 665 Namen, insgesamt 4 369 Namen von Flüchtlingen.
Die Namen der Offiziere, Unteroffiziere und Mannschaften der 2. ULD, der Besatzungsmitglieder der Handelsmarine, der Marinehelferinnen und der an Bord genommenen Verwundeten sind in diesen Einschiffungslisten *nicht* enthalten.

IV. An der Rettung *Gustloff*-Schiffbrüchiger beteiligte Schiffe der Kriegs- und Handelsmarine:

Nachweislich waren an der Rettung *Gustloff*-Schiffbrüchiger folgende Schiffe der Kriegs- und Handelsmarine beteiligt:

1. Der Geleitführer des M/S *Wilhelm Gustloff* bei der letzten Fahrt, das *Torpedoboot Löwe* unter Führung von Kapitänleutnant Paul Prüfe.
2. Das mit dem Schweren Kreuzer *Admiral Hipper* an die ›Unfallstelle Gustloff‹ gelangte Begleitboot, das *Torpedoflottillen-Boot T 36* unter Führung von Kapitänleutnant Robert Hering.
3. Der Handelsdampfer *Göttingen* unter Führung des Handelsschiffs-Kapitäns Friedrich Segelken.
4. Das den Dampfer *Göttingen* begleitende Minensuchboot *M 387/TS II* unter Führung von Oberleutnant Karl Brinkmann.
5. Das ebenfalls den Dampfer *Göttingen* begleitende Minensuchboot *M 375/TS 8* unter Führung von Oberleutnant Walter Weichel.
6. Das zum Geleit *Göttingen* gehörende Torpedofangboot *TF 19* unter Führung von Oberleutnant Walter Schick.
7. Der Handelsdampfer *Gotenland* unter Führung von Handelsschiffskapitän Heinz Vollmers.
8. Das den Dampfer *Gotenland* begleitende Minensuchboot *M 341*; unter Führung von Oberleutnant Henry Rickmers.
9. Das aus Gotenhafen ausgelaufene Vorpostenboot *Vp 1703* unter Führung von Kapitänleutnant Helmut Hanefeld.

Diese neun Schiffe retteten insgesamt 1 252 Schiffbrüchige des M/S *Wilhelm Gustloff*.
Anlage 2 der DOKUMENTATION —

Als völlig unrichtig haben sich Nachkriegsveröffentlichungen erwiesen, wonach ein Frachter *Brigitte Leonhard* an der Rettung *Gustloff*-Schiffbrüchiger beteiligt war und 38 Überlebende geborgen hat. Einen Frachter *Brigitte Leonhard* hat es nie gegeben. Andere *Leonhard*-Schiffe waren in der Untergangsnacht der *Gustloff* nicht im fraglichen Seegebiet und können deshalb auch nicht an der Rettung *Gustloff*-Schiffbrüchiger beteiligt gewesen sein. Dies haben sorgfältige Recherchen eindeutig erwiesen.

Ebenso hat sich die Beteiligung eines Dampfers mit dem Namen *Sachsenwald*, der nach Veröffentlichungen 12 ›nicht namentlich erfaßte‹ Schiffbrüchige des M/S *Wilhelm Gustloff* geborgen haben soll, als unrichtig und unhaltbar erwiesen. Der 1910 gebaute HAL-Dampfer *Sachsenwald*, 4561 BRT, wurde bereits 1931 in Genua verschrottet, der 1944/45 auf der Flender-Werft gebaute Dampfer *Sachsenwald* wurde erst im März 1945 abgeliefert und danach in der Ostsee für Flüchtlingstransporte eingesetzt, an der Rettung *Gustloff*-Schiffbrüchiger kann schon vom Zeitpunkt der Ablieferung dieses Schiffes her die *Sachsenwald* nicht beteiligt gewesen sein.

Sowohl auf *T 36* als auch auf *T Löwe* wurden die geretteten *Gustloff*-Schiffbrüchigen namentlich in Listen erfaßt. Diese Unterlagen sind jedoch durch Kriegseinwirkungen verlorengegangen. Das gleiche trifft fast für alle anderen Rettungsschiffe zu mit folgenden Ausnahmen:

1. Korvettenkapitän Wilhelm Zahn, meldete dem Kommandierenden Admiral der U-Boote mit Schreiben vom 8. Februar 1948 diejenigen Soldaten der U-BootWaffe, die
   a) vom Minensuchboot *M 375/TS 8*,
   b) vom Minensuchboot *M 387/TS II*,
   c) vom Minensuchboot *M 341*
   d) vom Dampfer *Göttingen*

   gerettet, in Swinemünde an Land gesetzt und von dort im Sammeltransport nach Kiel überführt wurden.
   — Anlage 3 der DOKUMENTATION —

2. Vorhanden ist die von Kapitän Segelken aufgestellte Liste der vom Dampfer *Göttingen* geretteten *Gustloff*-Schiffbrüchigen.
   — Anlage 4 der DOKUMENTATION —

V. Vermißte

Über die nach dem Untergang des M/S *Wilhelm Gustloff* vermißten Personen liegen folgende Unterlagen vor:

1. Liste der vermißten Angehörigen der Kriegsmarine, (2. Unterseeboots-Lehrdivision Gotenhafen-Oxhöft).
   Die Liste enthält 390 Namen.
   — Anlage 5 der DOKUMENTATION —

2. Liste der weiblichen Marineangehörigen, (Marinehelferinnen der 2. ULD Gotenhafen-Oxhöft).
   Die Liste enthält 28 Namen.
   — Anlage 6 der DOKUMENTATION —

3. Liste der vermißten Marinehelferinnen verschiedener Einheiten.
   Die Liste enthält 222 Namen.
   — Anlage 7 der DOKUMENTATION —

4. *Liste der vermißten Besatzungsmitglieder der Handelsmarine.*
   Die Liste enthält 90 Namen.
   — Anlage 8 der DOKUMENTATION —

VI. Tote

Über tot geborgene Schiffbrüchige des M/S *Wilhelm Gustloff* gibt es mit einer Ausnahme: einer Liste über tot geborgene Angehörige der Kriegsmarine (2. ULD), die identifiziert und beigesetzt werden konnten, keine schriftlichen Meldungen und Unterlagen.
— *Anlage 9 zur DOKUMENTATION* —

Über die Beisetzung von Toten des Untergangs des M/S *Wilhelm Gustloff* ist das Protokoll der Beisetzung von 143 Personen am 2. Februar 1945 in Pillau, Friedhof I, vorhanden.
— *Anlage 10 zur DOKUMENTATION* —

Über Sterbefalle aus Anlaß des Unterganges des M/S *Wilhelm Gustloff* ist eine »Nachweisung, zusammengestellt vom Standesamt I Berlin, Berlin-Dahlem, Lentzeallee 107, aus dem Sterbebuch des Standesamtes Gotenhafen, Jahrgang 1945« vorhanden.
— *Anlage 11 zur DOKUMENTATION* —

Über die in Gotenhafen beigesetzten *Gustloff*-Toten waren ebensowenig Unterlagen und Aufzeichnungen auffindbar, wie über erfolgte Beisetzungen in Swinemünde, Kolberg und Saßnitz.

Seit dem Untergang des M/S *Wilhelm Gustloff* sind eine Vielzahl von Verschollenen (Vermißten) für tot erklärt worden. Für die Todeserklärungen ist als Heimathafen des M/S *Wilhelm Gustloff* das Amtsgericht Hamburg, Abteilung 54, gemäß § 1 des Verschollenengesetzes, zuständig.

VII. Überlebende

Aufgrund der Meldungen an Dienststellen der Kriegsmarine, der Unterlagen der Hamburg-Südamerikanischen Dampfschifffahrts-Gesellschaft Hamburg, die die *Gustloff* bereederte, der Ermittlungen des Deutschen Roten Kreuzes und anderer Suchdienste, der Deutschen Dienststelle in Berlin und nicht zuletzt des GUSTLOFF-ARCHIVS, wurde von mir eine Liste der Überlebenden des Unterganges des M/S *Wilhelm Gustloff* am 30. Januar 1945, erstellt, die allerdings keinen Anspruch auf Vollständigkeit erheben kann und will. Ein beachtlicher Teil Gustloff-Überlebender wohnt in der DDR und im Ausland und konnte trotz sorgfältiger Recherchen nicht ermittelt werden. Trotzdem ist es gelungen, etwa die Hälfte der Namen aller Überlebenden festzustellen und in die Liste aufzunehmen.
— *Anlage 12 der DOKUMENTATION* —

VIII. Schlußbemerkungen:

Die von mir ermittelten Zahlen und Fakten über die Zahl der Passagiere der letzten Fahrt der *Gustloff*, der danach Verschollenen, der Überlebenden und der tot Geborgenen, erheben zwar nicht den Anspruch auf absolute Vollständigkeit und Richtigkeit, kommen aber den tatsächlichen Zahlen mit Sicherheit sehr nahe; sie geben in jedem Fall den aktuellen Stand meiner 39jährigen Nachforschungsarbeit wieder, stellen Falschinformationen richtig und beantworten auch einige, in der Öffentlichkeit mehrfach gestellte Fragen. Einige Fragen können jedoch nicht definitiv beantwortet werden, Antworten hierauf wären nicht beweisbar.

So z. B. ist der Fragenkomplex schwer zu beantworten:

— Wie viele der insgesamt 6 600 Personen, die sich in der Unglücksnacht an Bord der *Wilhelm Gustloff* befanden, sind überhaupt auf die freien Oberdecks des Schiffes und danach ins Meer gelangt und

— wie viele starben unter Deck durch die Torpedoexplosionen, in den Gängen, Kabinen und im Unteren Promenadendeck.

Bei der Beantwortung dieser Fragen bin ich auf Schätzungen angewiesen, die ich aus meiner Sachkenntnis nach gründlichem Studium aller Unterlagen und Berücksichtigung aller Faktoren versuchen will.

Nach meinen vorsichtigen Schätzungen sind folgende Zahlen realistisch:

— Etwa eintausend Menschen starben durch die Torpedoexplosionen, durch herabstürzende Gepäckstücke in den Kammern, durch das Gedränge in den Treppenhäusern, oder sie wurden hierbei so stark verletzt, daß sie ohne fremde Hilfe nicht auf die Oberdecks gelangten und mit dem Schiff untergingen.

— Etwa eintausend Menschen, die im Unteren Promenadendeck auf Ankunft von Rettungsschiffen warteten und von den von Backbord hereinbrechenden Fluten überrascht wurden, fanden in diesem geschlossenen Deck den Tod,

— Etwa eintausendfünfhundert Menschen befanden sich noch an Bord des Schiffes, als dieses restlos in den Fluten der Ostsee versank. Dieser Personenkreis bestand wahrscheinlich nahezu ausschließlich aus Müttern mit Kindern. Da die Ausgabestellen für Gustloff-Fahrausweise in Gotenhafen nur Mütter mit zwei und mehr Kleinkindern für die Fahrt mit der *Gustloff* auswählte, war die Anzahl der eingeschifften Kinder ungewöhnlich groß. Die meisten Mütter scheuten sich die Kinder in Boote und Flöße zu setzen, selbst zurückzubleiben, oder sich von dem einen oder anderen Kind zu trennen. Viele Frauen waren durch die Panikstimmung so verwirrt, daß sie mit ihren Kindern hin und her liefen, verlorene Kinder suchten und sich auch nach Bitten und Aufforderungen der Marineangehörigen weigerten, in das Wasser zu springen,

— Etwa dreitausend der insgesamt sechseinhalbtausend Menschen können in die Ostsee gelangt sein, vielleicht auch einige mehr oder weniger. Für die Vermutung ›weniger‹ spricht die Tatsache, daß relativ wenige Schiffbrüchige tot geborgen und auch später nicht an Land gespült wurden. Wenn dreitausend Menschen in die Ostsee gelangten, wovon 1 252 lebend geborgen wurden, müßten etwa 1 800 den Tod auf Flößen, in Booten oder in der Ostsee treibend, gefunden haben. Bekannt wurde jedoch nur die Bergung von etwa 300 Gustloff-Toten.

Ausgehend von dem vorliegenden Zahlenmaterial, der Unterlagen und Meldungen erscheint mir folgende Feststellung besonders bemerkenswert: Die meisten Opfer der *Gustloff*-Katastrophe waren Kinder!

Dies ergibt sich aus folgenden Fakten:

— Von den 918 Offizieren, Unteroffizieren und Mannschaften der 2. ULD, die sich an Bord befanden, wurden 390 namentlich als ›Vermißt‹ gemeldet. Demnach haben 528 Soldaten überlebt.

— Von den 173 Zivil-Besatzungsmitgliedern wurden von der Reederei 90 als ›Vermißt‹ gemeldet. Überlebt haben demnach 83.

Von den militärischen und zivilen Besatzungsmitgliedern — insgesamt 1 091 — haben nach diesen konkreten Zahlen — 611 überlebt, sie stellen also fast genau die Hälfte aller Überlebenden. Dies ist mit Sicherheit darauf zurückzuführen, daß es sich hierbei um schiffsgewohnte, zum größten Teil junge Männer handelte, die sich schon lange an Bord befanden, die *Gustloff* von oben bis unten kannten und psychisch wie physisch die Katastrophe relativ leichter überstanden als die schiffsungewohnten Frauen und Kinder. Auch im Wasser treibend, hatten diese Männer die größeren Überlebenschancen.

— Von den insgesamt 373 eingeschifften Marinehelferinnen wurden genau 250 als ›Vermißt‹ gemeldet. 123 haben die Katastrophe überlebt. Auch hierbei handelte es sich um jüngere Menschen, Mädchen und Frauen.

— Von den 4 974 an Bord befindlichen Frauen, zumeist Müttern mit zwei und mehr Kindern und den 162 eingeschifften Schwerverwundeten (insgesamt 5 136 Personen), haben nur 518 überlebt, vorwiegend Frauen.

Es muß davon ausgegangen werden, daß von den an Bord befindlichen rund 3 100 Kindern weniger als hundert überlebt und etwa 3000 Kinder beim Untergang des M/S Wilhelm Gustloff den Tod gefunden haben.

Diese erschütternde, vierzig Jahre nach der Katastrophe durch diese DOKUMENTATION erstmalig in der breiten Öffentlichkeit bekannt werdende Tatsache, rückt die Tragödie des Unterganges des ehemaligen KdF-Schiffes Wilhelm Gustloff in der Nacht vom 30. zum 31. Januar 1945 in ein neues Licht: Das eherne Gesetz bei Schiffsunglücken in der ›christlichen‹ Seefahrt »Frauen und Kinder zuerst« zu retten, wurde bei der Gustloff-Katastrophe umgekehrt; hier starben Frauen und Kinder zuerst. Aber: — es handelte sich dabei nicht um ein ›Unglück‹ eines Schiffes, sondern um die bewußte Vernichtung von unschuldigen Frauen und Kindern in der Endphase eines mörderischen Krieges, der hier auf so tragische und erschütternde Weise endete, wobei Kinder und Frauen die größten Opfer bringen mußten. Sie starben bei der Gustloff-Katastrophe qualvoll in einem sinkenden, zu Tode getroffenen Schiff oder in eiskalter, stürmischer Winternacht in der Ostsee.

Die Torpedierung der Wilhelm Gustloff, durch das sowjetische Unterseeboot S 13 vernichtete nicht die »Elite-Soldaten der deutschen U-Boot-Waffe« und »mehrere tausend Hitleristen«, wie mehrfach in sowjetischen Nachkriegsveröffentlichungen dargestellt, sondern brachte 3 000 Kindern und fast 2 000 Frauen den Tod.

Das ist die moralische Schuld des sowjetischen U-Boot-Kommandanten Alexander Marinesko, der den Befehl gab, drei Torpedos auf das ›Flüchtlingsschiff Wilhelm Gustloff‹ zu feuern, das er für einen großen ›Truppentransporter‹ hielt und damit die größte Schiffskatastrophe des zweiten Weltkrieges heraufbeschwor, die keine Ruhmes- und Heldentat der sowjetischen U-Boot-Waffe war, und die für alle Zeiten als Tragödie eines Flüchtlingsschiffes unvergessen bleiben wird.

HEINZ SCHÖN

BERICHT DES KORVETTENKAPITÄN ZAHN ÜBER DEN UNTERGANG DES M/S *WILHELM GUSTLOFF* AM 30. JANUAR 1945,

abgegeben in Kiel am 4. Februar 1945 an das Marine-Oberkommando Ost zur Weitergabe an den Oberbefehlshaber der Marine

I. Allgemeines

1. *W. G.* lag etwa 5 Jahre still in Gotenhafen. Das seemännische Personal war weitgehend abgezogen und auf ein Minimum zur Erhaltung der Fahrbereitschaft von Gotenhafen bis etwa Stettin herabgesetzt. Der Kapitän des Schiffes war Kapitän Petersen (etwa 63 Jahre alt). Als Fahrkapitäne waren zwei junge Handelsschiffskapitäne etwa 5 Tage vorher eingestiegen. Das seemännische Personal war weitgehend durch Kroaten ersetzt und bestand nur in Schlüsselstellungen (Btsm. usw.) aus Deutschen.
2. Es war vorgesehen, *W.G.* im Verbande mit *Hansa* als zweites Schiff marschieren zu lassen. Als Transportchef war Kapt. z.S. Neitzel befohlen. Auf *W.G.* war als militärischer Leiter Korv. Kapt. Zahn, von Kapt. z.S. Neitzel eingesetzt worden.
3. Einige Tage vor dem Auslaufen hat bei F.d.U.Ausb. eine Sitzung stattgefunden, bei der Kapt. z.S. Neitzel anwesend war. Kapt. z.S.N. teilte mir danach mit, daß in erster Linie organisatorische Fragen besprochen wurden und daß für das Geleit *W.G./Hansa* einige Geleitfahrzeuge bereitgestellt seien (was bisher nicht sichergestellt war).
4. Vor dem Loswerfen *W.G.* wurden von mir noch drei Telefongespräche mit Korv. Kapt. Schulz, F.d.U.Ausb. geführt. Ich erhielt Anweisung, alleine mit Torpedoboot *Löwe* und *TF 1* mit *W.G.* loszumarschieren, da *Hansa* nicht bereit war. (*Hansa* hatte einen Tag vorher auf Gotenhafen-Reede verholt und mußte dort noch mehrere tausend Flüchtlinge aufnehmen.) Ich ließ mir am Telefon bestätigen, daß ich auf dem Tiefwasserweg nach Westen marschieren soll. Ziel sollte zunächst Stettin sein.
   Schriftliche oder mündliche Befehle über meine Stellung der Schiffsleitung gegenüber, über das Verhalten auf den Zwangswegen, Zick-Zack-Fahren, Laternensetzen usw. hatte ich von Kapt. Schulz nicht erhalten.
   Über die U-Bootslage war mir aus mehreren Gesprächen mit Kameraden bekannt, daß z. Zt. in dem vor uns bekannten Gebiet keine U-Boote festgestellt waren. Ich hatte auch angenommen, daß das fragliche Seegebiet vorher aufgeklärt und im Falle der Feststellung eines U-Bootes eine Warnung ergangen wäre.

II. Fahrtverlauf und Verlust

1. Am 30. 1. 45 um 13.00 Uhr warf *W.G.* von der Pier los.
An der Ansteuerungstonne ›Gotenhafen‹ erhielt *W.G.* sofort ein Geleitfahrzeug für den Weg nach Hela. Beim Passieren *Hansa* machte ich Kapt. z.S. Neitzel Meldung, daß ich gem. Befehl F.d.U. Ausb. alleine losmarschieren sollte, da *Hansa* erst in mehreren Stunden klar wäre.
2. Nach dem Abdrehen des Minengeleits ließ ich *Löwe* und *TF 1* an Stb.- und Bb.-Seite nach vorne kommen und befahl U-Boot-Sicherung zu fahren. Dies konnte wegen schwerer See praktisch nicht durchgeführt werden. *TF 1* meldete sofort »Riß in der Schweißnaht, Wassereinbruch, erbitte Entlassung Gotenhafen«. *TF 1* wurde von mir entlassen und ein diesbez. FT. an F.d.U. Ausb. gemacht. *Löwe* erhielt Befehl, sich vor *W.G.* zu setzen und zu zacken. Wegen schwerer See war dies jedoch praktisch nicht ausreichend durchführbar. *Löwe* machte nur kleine Schläge und kämpfte schwer mit dem Seegang.
3. *W.G.* lief 12 sm. Das Schiff wurde in Ablösung von zwei jungen Kameraden der Handelsmarine gefahren (einer davon fuhr früher *Mimi Horn* und hatte viele Geleitfahrten von Riga, Windau und Memel nach Gotenhafen hinter sich). Der Kapitän *W.G.*, Kapitän Petersen, schwebte über allen. Ich unterhielt mich auf der Brücke mit den Kapitänen und ließ mir ihre Erfahrungen mitteilen.
Sie sagten mir,
a) gezackt haben sie nie,
b) über 12 sm dürften sie nach ihren Anweisungen wegen der Minengefahr nicht laufen,
c) die Zwangswege dürften nicht verlassen werden.
4. Gegen 21.00 Uhr saß ich mit dem Kapitän des Schiffes, dem 1. Offizier und einem der jungen Kapitäne zusammen. Ich machte den Kapitän des Schiffes darauf aufmerksam, daß ich höhere Fahrt und Zick-Zack-Fahren doch für zweckmäßig hielte. Es wurde mir erklärt:
a) höhere Fahrt könne das Schiff auf die Dauer nicht laufen, da die Schadensstelle an der Schraubenhose (von einem Bombenangriff herrührend) nur notdürftig gelascht worden sei und die Belastung nicht aushielte. Außerdem bestünde für die Handelsschiffahrt Order, nicht über 12 sm zu laufen;
b) Zacken ginge nicht, da das Schiff zu schwerfällig sei (208 m lang und schwache Maschinen) und da sonst die Navigation (wegen der an sich großen Abdrift) auf dem Zwangsweg noch schwieriger sei. Außerdem sei es verboten, die Zwangswege zu verlassen.
5. Während dieses Gesprächs (gegen 21.20 Uhr) erfolgten in Abständen von 2 bis 3 Sekunden 3 Detonationen. Das Licht ging aus. Der Notdiesel sprang sofort an und sorgte für ausreichende Notbeleuchtung. Das Schiff hatte sofort etwa 5° Bb, Schlagseite. Brand war nicht entstanden. Die Back lag tiefer als normal. Alle Offiziere trafen sich auf der Brücke. Die Flüchtlinge erhielten Anweisung, an Oberdeck zu gehen. Keine Panik.
UK-Verbindung mit Torpedoboot *Löwe*. *Löwe* erhielt Anweisung, *Schreckwabos* zu werfen. Dies wurde nicht ausgeführt. Rote Sterne. Scheinwerferanruf an alle an der Kimm sichtbaren Lichter.
Es wurde versucht, die Rettungsboote des Schiffes zu Wasser zu lassen. Wegen starker Vereisung der Blöcke und, da die dafür abgestellten Kroaten des Schiffes nicht anwesend waren, kamen insgesamt nur etwa 4—6 Boote unter größten Schwierigkeiten und Einsatz unserer Soldaten zu Wasser.
Das Schiff nahm während der ersten 20 Minuten nur wenig an Schlagseite zu. Allmählich schien sich eine Panikstimmung breitzumachen. Wir beruhigten die Menschen durch Zurufen, daß das Schiff auf Grund aufgesetzt hätte. Ich gab Befehl an den Funkraum, die Schlüsselmittel zu vernichten.

Als die Schlagseite zunahm (etwa 15°), wurden die Menschen wieder unruhig. Wir riefen ihnen zu, daß das Schiff noch mehrere Stunden schwimmfähig bleiben würde. Als die Schlagseite 25° bis 30° erreicht hatte und schneller zunahm, wurden wir uns klar darüber, daß das Schiff nicht mehr lange schwimmen würde. Da nach meiner Erkenntnis auf dem Hinterschiff die meisten Rettungsmittel vorhanden waren (u. a. riesige Kutter) kletterte ich dorthin.

Die Schlagseite nahm sehr schnell zu. Das Oberdeck stand bald senkrecht. Panik. Das Schiff sank sehr schnell auf Bb.-Seite liegend mit senkrecht stehendem Oberdeck. Ich selbst arbeitete mich über die zahlreichen Rettungsflöße, teilweise schwimmend, an einen Kutter heran, in dem etwa 10 Menschen waren. Wir nahmen etwa 50 Menschen auf. Ich brachte den Kutter an ein Torpedoboot heran (*T 36*), das plötzlich in unserer Nähe lag. *Hipper* war auch erschienen, verließ aber die Unfallstelle bald wieder. Ich nahm an, daß die *Hipper* alle Boote aussetzen würde, um anschließend mit Ortungsgerät unter Einsatz der Artillerie in spitzer Lage das U-Boot anzulaufen und zu bekämpfen. Dabei hätte er auch im Abstand von 3—4000 m um die Unfallstelle herum mit hoher Fahrt laufen können. Die inzwischen vollgepackten Boote hätten mehrmals wieder ein- und ausgesetzt werden können. Es ist jedoch von hier aus nicht zu übersehen, wie sich die Lage von *Hipper* aus dargestellt hat.

Tausende von Menschen saßen auf den zahlreichen Rettungsflößen. Alles schrie um Hilfe.

6. Auf *T 36* sagte mir der Kommandant, daß er im Ortungsgerät 2 Ziele Bb. und Stb. voraus hätte. *T 36* lag seit 45 Minuten gestoppt und rettete. Das Bb.-Ziel kam näher. Der Kommandant entschloß sich, abzulaufen. Kurze Zeit hinterher mußte er einer Torpedolaufbahn (von ihm selbst berichtet) ausweichen.

T 36 hatte 550 Menschen aufgenommen und war, da es außer der Besatzung schon 250 Flüchtlinge an Bord hatte, vollkommen überfüllt. Weitere Rettungsaktion war nicht möglich. *T 36* warf auf mein Anraten Schreckwabos. Schießen mit den Flakwaffen war wegen Vereisung nicht möglich.

T 36 hat Vorzügliches geleistet und verdient besondere Anerkennung.

Über die Rettungsaktion von *Löwe* kann naturgemäß nichts gemeldet werden. *Löwe* kam einer wiederholten Aufforderung des Kdt. von *T 36*, Wasserbomben zu werfen, aus unbekannten Gründen erst nach sehr langer Zeit nach.

Zahn
Korv. Kapt.

Anmerkungen:

Mit dem vorstehenden Bericht beantwortete Korvettenkapitän Wilhelm Zahn 7 Fragen, die das MOK Ost im Auftrage des Oberbefehlshabers der Marine am 1. Februar 1945 nach dem Untergang des M/S *Wilhelm Gustloff* an ihn stellte.

Diese Fragen hatten folgenden Wortlaut:

1. »Wer war bei der Wegewahl und Geleitzusammenstellung zuständig?
2. In welchem Umfang ist Sicherungs-Schiffsraum vorhanden gewesen?
3. Wer war Geleitführer?
4. Wie lauteten Befehle über Zick-Zack-Fahren, weshalb wurde kein Zick-Zack-Kurs gesteuert?
5. Mit was für Ortungsgeräten waren Geleitboote ausgerüstet?
6. Sind Geräte benutzt worden, und welche Befehle bestanden für Einsatz der Ortungsgeräte?
7. Waren sonstige Maßnahmen zur Abwehr U-Bootgefahr befohlen worden?«

Quellen:

a) Auszug aus KTB (Kriegstagebuch) 1 Skl (Seekriegsleitung) Teil A vom 1. 2. 1945
b) Bundesarchiv — Militärarchiv — Freiburg/Br.

RETTUNGSSCHIFFE

An der Rettung *Gustloff-Schiffbrüchiger* waren am 30. und 31. Januar 1945 folgende Kriegs- und Handelsschiffe beteiligt:

Lfd. Nr.:	S c h i f f	Kommandant Kapitän	Anlauf- Hafen	Zahl der Geretteten
1.	Torpedoflottillenboot *T 36*	Kapitänleutnant Robert Hering	Saßnitz	564
2.	Torpedoboot *T. Löwe*	Kapitänleutnant Paul Prüfe	Kolberg	472
3.	Minensuchboot *M 387/TS II*	Oberleutnant d.R. Karl Brinkmann	Swinemünde	98
4.	Minensuchboot *M 375/TS 8*	Oberleutnant d.R. Walter Weichel	Swinemünde	43
5.	Minensuchboot *M 341*	Oberleutnant d.R. Henry Rickmers	Swinemünde	37
6.	Dampfer *Göttingen*	Handelsschiffskapit. Friedrich Segelken	Swinemünde	28
7.	Dampfer *Gotenland*	Handelsschiffskapit. Heinz Vollmers	Swinemünde	2
8.	Torpedofangboot *TF 19*	Oberleutnant Walter Schick	Gotenhafen	7
9.	Vorpostenboot *Vp 1703*	Kapitänleutnant Helmut Hanefeld	Gotenhafen	1

9 Schiffe retteten
Menschen insgesamt   1 252

Zusammenstellung: GUSTLOFF ARCHIV HEINZ SCHÖN

ANLAGE 3

GERETTETE

Kiel, den 8. 2. 45

An den
Kommandierenden Admiral der Unterseeboote
z. Hd. Herrn Korvettenkapitän Müller Arnecke
Postort

Nachstehende Soldaten von *Wilhelm Gustloff* wurden in Swinemünde zusammengefaßt und im Sammeltransport nach Kiel überführt:

Lfd. Nr./Dienstgrad	Zu- und Vorname	Str.-Nr.	Verbleib:
A: Gerettete von *TS 8/M 375*			
1. Oblt. z. See	Steegmann, Heinz		2.U.L.D.
2. Lt. z. See	Halstenbach, Dieter		2.U.L.D.
3. Stbs. Ob.Masch.	Schmidt, Gerhard	UO 629/33 T	2.U.A.A.
4. Ob. Masch.	Hussy, Josef	UON 2267/37 T	2.U.A.A.
5. Ob. Masch.	Martin, Erich	UO 1936/35 T	2.U.L.D.
6. Ob. Masch.	Othmer, Fritz	UO 1869/35 T	2.U.A.A.
7. Ob. Masch.	Konrad, August	UN 2363/36 T	2.U.L.D.
8. Verw.Feldw.V.S.	Ziegler, Erich	UO 39736 S	2.U.L.D. Stamm
9. San. Fähnr.	Hütter, Josef	N 10378/41 K	31 U-Flott.
10. Ob. Masch. Mt.	Obenauf, Willi	UN 1869/35 T	2.U.A.A.
11. Btsmt.	Dittrich, Max	UO 410/40 S	2.U.A.A.
12. Mech. Mt.	Orkwitz, Werner	UN 42878/42	2.U.A.A.
13. Masch.Mt.	Sander, Heinz	UO 13306/41 T	Laz. Kiel
14. Masch. Mt.	Nowak, Heinrich	UN 14413/41	2.U.A.A.
15. Fk. Mt.	Gunkel, Ernst	UN 2837/41 T	2.U.A.A.
16. Fk. Mt.	Schumacher, Heinrich	UN 830/41 T	2.U.A.A.
17. Fk. Mt.	Fuchs, Karl	UO 2747/39 T	2.U.A.A.
18. Fk. Gfr.	Kalweit, Oswald	UO 9667/44 T	Laz. Kiel
19. Fk. Gfr.	Drzewek, Heinrich	UN 23578/44 T	2.U.A.A.
20. Fk. Gfr.	Kühner, Werner	UN 2856/44 T	Laz. Kiel
21. Fk. Gfr.	Kaufmann, Erich	UN 1702/44 T	2.U.A.A.
22. Mtr. Gfr.	Mehler, Hans	UN 26678/43 S	M.R. 12
23. Mtr. I	Zimmermann, Wilh.	UN 73824/44 S	2.U.A.A.
24. Kammerverw.	Patzke, Friedr.	Angestellter	2.U.L.D.
25. Masch. Ob. Gfr.	Transfeld, Edgar	UO 15979/42 T	2.U.L.D.
B: Gerettet von *TS 2 / M 387*			
1. Ob. Masch.	Gren, Heinz	UO 1593/36 T	2.U.A.A.
2. Ob. Masch.	Schilling, Johannes	UN 1514/35 T	2.U.L.D.

446

Lfd. Nr./Dienstgrad	Zu- und Vorname	Str.-Nr.	Verbleib:
3.	Wagner, Kurt	UO 2136/38 T	2.U.L.D.
4. Ob. Masch.	Budack, Herbert	UON 202/36 T	2.U.L.D.
5. Ob. Strm.	Geiß, Rudolf	UO 256/37 K	2.U.L.D.
6. Masch. Mt.	Schönberg, H. Joach.	UO 16167/41 T	2.U.L.D.
7. Masch. Mt.	Grunner, Heinrich	UO 10154/40 T	Laz.Zug 618
8. Masch. Mt.	Hönemann, Wolfgang	UO 11483/41 T	2.U.A.A.
9. Masch. Mt.	Kratschmer, Reinhold	UN 164///41 T	2.U.A.A.
10. Masch. Mt.	Weimann, Ludwig	UN 15512/41 T	2.U.A.A.
11. Masch. Mt.	Schäfer, Otto	UN 11785/41 T	2.U.A.A.
12. Masch. Mt.	Sautter, Richard	UN 4893/40 T	2.U.A.A.
13. Masch. Mt.	Lüke, Roman	UN 388/42 D	Laz. Zug 618
14. Masch. Mt.	Liedtke, Günter	UN 11420/41 T	2.U.A.A.
15. Masch. Mt.	Strottner, Heinz	UN 5220/42 T	2.U.A.A.
16. Masch. Mt.	Wiener, Fritz	UN 6666/41 KT	2.U.A.A.
17. Btsmt.	Klein, Max	UO 9751/41 S	2.U.A.A.
18. Btsmt.	Kurzrock, Ewald	UN 2210/40 S	2.U.A.A.
19. Btsmt.	Runge, Helmut	UN 6869/41 KS	2.U.L.D.
20. Btsmt.	Rüssing, Karl	UN 414/40 KS	2.U.A.A.
21. Btsmt.	Wienold, Siegfried	UN 623/41 S	2.U.A.A.
22. Btsmt.	Glauwitz, Fritz	UO 1928/41 KS	Laz. Zug 618
23. Btsmt.	Piotrowski, Heinz	UON 2560/41 S	Laz. Kiel
24. Brsmt	Möller, Rudolf	UO 818/40 KS	Laz. Zug 618
25. Strm. Mt.	Laube, Heinz	UN 15579/41 S	2.U.A.A.
26. Fähnr. z. S.	Wiesenthaler, Laurenz	an 1. Komp.	2.U.L.D.
27. Fk. Mt.	Kühnen, Johann	UO 1586/40 KS	2.U.A.A.
28. Fk. Mt.	Höbel, Nikolaus	UN 1850/41 T	2.U.A.A.
29. Fk. Ob. Gfr.	Deutsch, Karl	UO 3642/41 T	2.U.A.A.
30. Fk. Gfr.	Dahm, Heinz	UN 44350/43 D	2.U.A.A.
31. Fk. Gfr.	Preuße, Günter	Un 6436/43	2.U.A.A.
32. Fk. Gfr.	Büchner, Eberhard	UO 14343/43 D	2.U.A.A.
33. Mtr. Ob. Gfr.	Klühn, Herbert	UO 25437/41 ES	2.U.L.D. Stamm
34. Mtr. I	Auserwählt, Franz	74130/44	2.U.A.A.
35. Fk. Hpt. Gfr.	Schapasser, Erwin	UO 6434/40 T	Genesungsurl. Laz. Kiel
36. Mech. Ob. Gfr.	Urban, Werner	UO 18269/41 S	2.U.A.A.
37. Mar. Stbs. Helf.	Müller, Ingeburg	MH 6315/43 U	2.U.L.D. Stamm
38. Mar. Stbs. Helf.	Böttcher, Gertrud	MH 12181/44 U	2.U.L.D. Stamm
39. Schwesternhelf.	Sentrowski, Lydia		2.U.L.D. Stamm

C: Gerettet von *M 341*

Lfd. Nr./Dienstgrad	Zu- und Vorname	Str.-Nr.	Verbleib:
1. Ob. Masch.	Schmierzek, Johann	UO 2665/39 T	Laz. Kiel
2. Ob. Btsmt.	Gest, Ernst	UN 16644/40 S	2.U.A.A.
3. Fk. Mt.	Pischnick, Fritz	UN 2281/41 T	2.U.A.A.
4. Fk. Mt.	Dietrich, Heinz	U 7154/40 T	2.U.A.A.
5. Fk. Mt.	Greve, Willi	UN 46826/42 T	2.U.A.A.
6. Masch. Mt.	Osterburg, Rudolf	UON 18838/41 T	2.U.A.A.

7. Btsmt.	Kuhla, Rudolf	UN 12016/40 S	2.U.A.A.
8. Hpt. Gfr.	Funke, Paul	UO 18544/40 S	M.O.K. Ost
9. Fk. Gfr.	Jansen, Heinz	UN 105070/43 T	Laz. Kiel
10. Fk. Gfr.	Junghans, Harri	UN 59676/43 T	2.U.A.A.
11. Fk. Gfr.	Krug, Hans	UN 60252/43 T	2.U.A.A.
12. Fk. Gfr.	Schippel, Josef	UO 1127/44	2.U.A.A.
13. Fk. Gfr.	Hambsch, Ernst	UN 16292/43	2.U.A.A.

D: Gerettet von Dampfer *Göttingen*

1. Oblt. z. See	Dittberner, Paul		2.U.L.D. Stamm
2. Ob. Strm.	Berger, Wilhelm	UO 1741/36 S	2.U.L.D.
3. Ob. Btsmt.	Faßt, Wolfgang	UO 2336/40 KS	2.U.A.A.
4. Btsmt.	Schäfer, Arthur	UO 14902/40 S	Laz.Zug 618
5. Fk. Mt.	Hübner, Ernst	UO 11176/40 T	2.U.A.A.
6. Fk. Mt.	Rohlinger, Eduard	N 28964/40 S	Laz.Zug 618
7. Fk. Mt.	Lindemann, Karl	UO 3373/41 T	2.U.A.A.
8. Ob. Ttsmt.	Pollmann, Andreas	UO 533/38 KS	2.U.A.A.
9. Masch. Mt.	Helbing, Max	UO 38075/42	2.U.A.A.
10. Masch. Mt.	Bertram, Heinz Günter	UN 59238/42 T	2.U.A.A.
11. Mech. Mt.	Winkelhofer, Konrad	24898/41 S	2.U.A.A.
12. Mtr. Gfr.	Fischer, Arthur	15256/44	2.U.A.A.
13. Fk. Gfr.	Bienenbeck, Heinz	UO 20231/44	2.U.A.A.
14. Fk. Gfr.	Rocker, Heinrich	UO 23260/43	2.U.A.A.
15. Masch. Mt.	Hohnholt, Adolf	UO 9779/42	2.U.A.A.

Zahn
Korv. Kapt.

ANLAGE 4

GERETTETE

Liste der durch den Dampfer *Göttingen* vom Norddeutschen Lloyd am 31. Januar 1945 von M/S *Wilhelm Gustloff* geborgenen Schiffbrüchigen:

1. Fräulein Lisa Kastner, geb. 9.2.21 in Wedel-Hamburg, Hamburg-Südamerikanische Dampfschifffahrtsgesellschaft, Hamburg
2. Oberbootsmaat Wolfgang Fast, geb. 20.2.22 in Danzig, 11/2 ULD Gotenhafen
3. Maschinenmaat Max Helbing, geb. 23.5.25 in Diedrichsroda/Halle, 12/2 ULD Gotenhafen

4. Funkgefr. Heinz Bienenbeck, geb. 26. 4. 26 in Hüls-Krefeld, Stabskomp. 2 ULD Gotenhafen
5. Marinehelferin Hildegard Krasemann, geb. 29. 8. 25 in Geenkof/Pom. 2. Sich.Fl. Gotenhafen
6. Angestellte Gertrud Willuhn, geb. 24. 2. 13 in Insterburg, Wehrkreisverwaltung Stettin verlagert von Königsberg
7. Bootsmaat Arthur Schäfer, geb. 11. 7. 20 in Meggen/Westf., 11/2 ULD Gotenhafen
8. Funkmaat Ernst Hübner, 6. 2. 21 in Hiddensee/Rügen, 7/2 ULD Gotenhafen
9. Mech. Maat Conrad Winkelhofer, 26. 1. 24 in Salzburg, 11/2 ULD Gotenhafen
10. Oberltnt. zur See Paul Ditberner, geb. 4. 7. 16 in Weissensee/Thür. 11/2 ULD Gotenhafen
11. Mar. San. Ob. Fähnr. Karl Seitz, geb. 13. 10. 23 Dessau/Anh. 7/2 ULD Gotenhafen
12. Masch. Maat Heinz G. Bertram, geb. 23. 5. 25 in Haan/Rhld. 12/2 ULD Gotenhafen
13. Matr. Gefr. Arthur Fischer, geb. 11. 6. 26 in Raibach/Odenwald, 10/2 ULD Gotenhafen
14. Funkmaat Eduard Rohlinger, geb. 20. 3. 23 in Dillingen/Saar, 7/2 ULD Gotenhafen
15. Stenotypistin Erika Harder, geb. 27. 5. 25 in Gerdauen, Gerdauen/Ostpr.
16. Hilfsangestellte Hildegard Gross, geb. 3. 2. 28 in Stettin, Gotenhafen, Albert-Forster-Str. 106
17. Marinehelferin Clara Paus, geb. 19. 8. 22 in Oberhausen, Mar.-Navigationsschule Gotenhafen
18. Funkmaat Karl Lindemann, geb. 30. 5. 21 in Duisburg, 7/2 ULD Gotenhafen
19. Verkäuferin Gerda Tobjinske, geb. 31. 10. 26 in Königsberg, Königsberg, Cranzer-Allee 78
20. Ob. Steuermann Wilhelm Berger, geb. 9. 10. 17 in Eschenbach/Bayern, 11/2 ULD Gotenhafen
21. Funkgefr. Heinrich Rocker, geb. 1. 3. 25 in Worrstadt/Mainz, Stabskomp. 2. ULD Gotenhafen
22. Winfried Hartun, geb. 11. 12. 37 (7 Jahre) in Oxhöft/Gotenhafen, Gotenhafen-Oxhöft, Adolf-Hitler-Str. 105
23. Schülerin Eva Luck, geb. 9. 10. 28 in Dorpat/Estland,
24. Maat Andreas Rollmann, geb. 11. 10. 15 in Stickelkampferfehn/Ostfr. 11/2 ULD Gotenhafen
25. Marineführerin Ruth Rossow, geb. 13. 10. 19 in Sagan, 1/5 Mar. Flugmelde Abtlg. Gotenhafen
26. Med. techn. Assistentin Irene Stender, geb. Schöler, geb. 8. 10. 17, Fellin in Estland, Gotenhafen, Horst-Wessel-Str. 13
27. DRK-Haupthelferin Leni Duckstein, geb. 21. 04. 02 in Danzig/Oliva, Danzig-Oliva, Rudolfinerstr. 9
† 28 Bootsmaat Günther Kuberka, geb. 5. 4. 23 in Klasow/Meckl. 11/2 ULD Gotenhafen (K. ist am 31. 1. 45 gegen 4 Uhr a.B.D. *Göttingen* an Erstarrung verstorben).

D. *Göttingen*
NDL Bremen
am 31. 1. 45

Friedrich Segelken
Kapitän

ANLAGE 5

VERMISSTE

Liste über die lt. Meldung des Kommandierenden Admirals der Unterseeboote vom 12. April 1945 beim Untergang des
MS *Wilhelm Gustloff* am 30. Januar 1945 in der mittleren Ostsee,
Höhe Stolpmünde vermißten Angehörigen der Kriegsmarine.

Lfd. Nr.:	Dienstgrad	N a m e	Geburts- datum- und Ort	Heimatanschrift bzw. letztes Kommando
1	Kptlt.MA d.R.	Beyer, Willi	Magdeburg 6.9.99	Ehefrau: Maria B. Brandenburg/Havel Kaiser-Friedr.-Str.37
2	Kptlt.MA z.V.	Voigt, Alfred	Großenhain/ Saale 2o.7.85	Ehefrau: Erna V. Dresden, Elisenstr. 8o
3	Oblt.z.S. d.R.	Brünjes, Lüder	Grasberg b.Bremen 22.6.17	Mutter:Erna B. Dobra, Königsbrück i.Sa.
4	Oblt.z.S. d.R.	Grube, Gerhard	Hamburg 6.6.22	Vater:Wilhelm Grube, Hamburg-Volksdorf Schemmannstr. 49
5	Oblt.MA (Kr.O)	Klose, Walter	Breslau 3o.8.o7	Ehefrau: Martha K. Plön/Holst. Tirpitzstr. 5
6	Lt.z.S.	Rullmann, Kurt	Wiesbaden- Biebrich 21.7.22	Vater: Georg Rullmann Wiesbaden-Biebrich Rathausstr. 57
7	Lt.z.See	Möller, Willi	Celle 12.2.24	Vater: Heinrich M. Celle, Wittestr. lo
8	Lt.d.R.	Ulbrich, Werner	Niederlungwitz 2o.1.24	Vater: Ernst U. Niederlungwitz/Kr. Glauchau Ad.Hitler-Str. 22
9	San.Ob.Fähnr.	Brammer, Klaus	Uelzen 27.4.22	Vater: Wilhelm B. Hannover Altenbekener Damm 37
lo	San.Ob.Fähnr.	Calek, Lothar	Tiegenhof/ Danzig 9.8.23	Vater: Rudolf C. Berlin SW 61 Grossbeerenstr. 56 E
11	San.Ob.Fähnr.	Weihmann, Volkert	Neumünster 6.5.24	Vater: Bernhard W. Bad Oldesloe Kirchweg 6
12	San.Fähnr.d.R.	Fehr, Gustav	Wuppertal- Barmen 26.2.21	Vater: Heinrich F. Wuppertal-Barmen Hangweg 38
13	San.Fähnr.d.R.	Hauer, Winzenz	?	?
14	San.Fähnr.d.R.	Gerlich, Kurt	?	?

Lfd. Nr.:	Dienstgrad	N a m e	Geburts- datum- und Ort	Heimatanschrift bzw. letztes Kommando
15	San.Fähnr.d.R.	Sieven, Max-Joachim	?	?
	San.Fähnr.d.R.	Stech, Kurt	?	?
17	Ob.Masch.Mt.	Barthelt, Wilhelm	Münster/Westf. 6.2.19oo	Ehefrau: Gertrud B. Ochtrup/Westf. Lindenhorststr. 15
18	Matr.Gefr.	Bauckner, Karl	Pflaumfeld- Gunzenhausen Ober-Mittelfranken 2.4.26	Vater: Friedrich B. Pflaumfeld-Gunzenhausen Nr. 32
19	Masch.Mt.	Baumeier, Kurt	M.-Gladbach 8.9.21	Mutter: Klara B. M.-Gladbach Waldhausstr. 42
2o	Fk.Gefr.	Becker, Julius	Duderstadt 31.8.25	Vater: Julius B. Göttingen Oesterreicherstr. 7
21	Masch.Mt.	Becker, Wilhelm	Rüdesheim/Rh. 21.1o.2o	Ehefrau: Rosa B. Haselbach/Kr.Sonneberg/ Thür.,Giftigstr. 27
22	Masch.Mt.	Bender, Gerhard	Erfurt 3o.8.23	Vater: Albert B. Erfurt, Brühlerstr. 6
23	San.Mt.	Bittkowski, Franz	Michelsdorf 8.11.21	Vater: August B. Castrop-Rauxel IIC Str. 18
24	Ob.Masch.	Block, Karl	Hamburg 12.1o.14	Ehefrau: Anne-Marie B. Kollmar/Holst. üb/Elmshorn
25	Ob.Masch.	Bock, Friedrich	Mosbach-Baden 15.1.17	Ehefrau: Annemarie B. Gotenhafen Fichtestr. 39
26	Matr.Hpt.Gfr.	Boldt, Willi	Berlin-Branden- burg 7.4.15	Ehefrau: Ilse B. Berlin N 113 Glasbrennerstr.13
27	Ob.Masch.	Borchert, Werner	Essen- Rütten- scheid 6.9.19	Ehefrau: Hiltraud B. Danzig-Zigankenberg Beethovenweg 2o
28	Masch.Mt.	Buhler, Alfred	Wien 27.9.21	Vater: Josef B. Wien 75 Fliederhof 14, 1o.Bezirk
29	Fk.Ob.Gfr.	Buldt, Karl	Mühlheim/Ruhr 18.8.24	Vater: Fritz B. Mühlheim/R. Kreftenscheerstr. 52
3o	Ob.Strm.	Bulicka, Rudolf	Wien 11.7.19	Mutter: Marie B. Wien 16, Herststr. 59
31	Ob.Mech.Mt.(T)	Burkhardt, Ludwig	Duisburg-Wedau 13.9.2o	Mutter: Josefine B. Duisburg-Wedau Wedauerstr. 364
32	Fk.Gfr.	Burmann, Gerhard	Lübben/Bez. Frankfurt/O. 29.12.25	Vater: Willi B. Weisswasser/O.L. Uhlandstr. 17
33	Btsmt.	Busch, Gustav	Düsseldorf- Gerresheim 17.7.2o	Vater: Gustav B. Düsseldorf Schönaustr. 23
34	Masch.Mt.	Busse, Heinrich	Neuwokorn 6.3.2o	Ehefrau: Jutta B. Güstrow, Ulrichstr. 5

Lfd. Nr.:	Dienstgrad	Name	Geburts- datum- und Ort	Heimatanschrift bzw. letztes Kommando
35	Ob.Masch.	Busser, Konrad	Essen-Rütten- scheid 24.2.19	Vater: Konrad B. Harburg/Bay. Donauwörtherstr. 6o
36	Btsmt.	Butzmann, Werner	Halle/Saale 23.7.21	Mutter: Martha B. Halle/Saale, Steg 8
37	Ob.Masch.	Broge, Heinz	Düsseldorf 12:12.19	Ehefrau: Jenny B. Düsseldorf, Ackerstr.53
38	Fk.Mt.	Chapler, Helmut	Rathenow 16.9.21	Vater: Joachim Ch. Rathenow, Schützenstr.8
39	Verw.Gfr.	Chudzinski, Joachim	Breslau 2o.2.26	Vater: Martin Ch. Breslau, Reuterstr. 38
4o	Masch.Mt.	Clausen, Otto	Schleswig 4.8.21	Mutter: Ida Cl.,Hbg.- Altona,Kl. Bergstr. 27
41	Fk.Gfr.	Daffy, Karl-Heinz	Burkersdorf 3.1.26	Vater: Rudolf D. Burkersdorf/Ortrand, Kr.Hoyerswerda/Schles.
42	Fk.Gfr.	Dick, Rudolf	Weipert-Press- nitz/Sudg. 11.9.25	Schwester: Anna Neubert, Weipert, Bergstr. 129
43	Fk.Gfr.	Dominick, Grogor	Köln-Lindenth. 5.2.26	Vater: August D. Köln, Ulrichgasse 18 d
44	Ob.Masch.Mt.	Dorschel, Gerd	Velbert/Rhld. 11.11.17	Ehefrau: Ilse D. Wiesbaden-Kloppenheim Schulstr. 2o
45	Matr.Hpt.Gfr.	Dreske, Wilh.	Gr.Apenburg 16.3.94	Ehefrau: Elise D. Apenburg b/Salzwedel Hindenburgstr. 18
46	Masch.Mt.	Düllmann, Josef	Hagen 6.4.25	Vater: Josef D.,Hagen- Döhle, Hagenerstr. 23
47	Mech.Mt.(T)	Edelmann, Günter	Dillenburg 3o.5.23	Vater: Theodor E. Dillenburg/Dillkreis Baumgartnerstr. 14 a
48	Fk.Ob.Gfr.	Eichholz, Werner	Wuppertal 17.9.21	Vater: Wilhelm E. Wuppertal-Barmen Zirpelstr. 1
49	Btsm.	Enke, Walter	Chemnitz 29.11.99	Ehefrau: Helene E. Chemnitz Zschopauerstr. 187
5o	Ob.Masch.	Erdmann, Franz	Neu-Vierzighuben 2o.1o.17	Ehefrau: Erika E. Düsseldorf 1o Mühlheimerstr. 1
51	Btsmt.	Fahrenkrog, Walter	Kiel 2.7.2o	Vater: Wilhelm F. Kiel, Papenkamp Nr. 57
52	Fk.Gfr.	Fassbender, Josef	Gustorf 3.7.25	Vater: Heinrich F. Gustorf,Kr.Düsseldorf Grabengasse 5
53	Ob.Strm.	Feldmann, Gerhard	Schildesche 15.4.19	Vater: Wilhelm F. Schildesche b/Bielefeld Dittfurtstr. 46
54	Ob.Masch.	Fischer, Heinz	Leubnitz 15.12.19	Ehefrau: Irmgard F. Zwickau/Sa. Weststr. 19
55	Masch.Mt.	Fischer, Helmut	Neisse O/S 5.1.21	Vater: Max F.,Neisse O/S Altstätterplatz 5

452

Lfd. Nr.:	Dienstgrad	Name	Geburts- datum- und Ort	Heimatanschrift bzw. letztes Kommando
56	Fk.Gfr.	Fischer, Karl	Essen-Kray 19.4.25	Vater: Karl F. Essen-Kray Schwelmhöferstr. 23
57	Matr.Hpt.Gfr.	Forst, Eugen	Berg-Neukirchen 15.6.96	Ehefrau: Johanna F. Pattscheid, Hauptstr. 78
58	Masch.Mt.	Förger, Walter	Oberlahnstein 31.1.22	Vater: Jakob F. Wilhelmshaven Otto Meentstr. 43
59	Matr.Gfr.	Förster, Raimund	Dresden 29.7.26	Mutter: Agnes F. Dresden N 16 Kl.Meissner Casssel IV
6o	Masch.Mt.	Frank, Wilhelm	Grossauheim 16.2.25	Vater: Christian F. Grossauheim/Kr.Hanau Adolf-Hitler-Str.
61	Ob.Masch.	Freisleben, Gerhard	Seebad Herings- dorf 12.9.15	Ehefrau: Annemarie F. Dietrichsdorf Dietrichsdorferhöhe 13 b/Lachs
62	Mech.Ob.Gfr.	Friedl, Josef	Ternitz 2o.8.24	Vater: Josef F. Unternitz 55, Kr.Neunkirchen/Saar
63	Matr.Gfr.	Fuchs, Kurt	Aalen 26.7.26	Vater: Wilhelm F. Aalen/Wttbg.Schwabstr. 7
64	Matr.Gfr.	Fuest, Gerd	Röhlingshausen 22.9.25	Vater: Josef F. Wanne-Eickel Gabelshergerstr. 6
65	Masch.Mt.	Fürstenberg, Friedrich	Dudweiler 26.1.21	Vater: Otto F. Saarbrücken, II Varzinerstr. 1o a
66	Ob.Btms.	Gast, Willibald	Wien 7.7.96	Ehefrau: Maria G. Wien XII, Akazienhof 12, II, 9
67	Ob.Masch.Mt.	Gawellek, Werner	Hamburg 8.1.17	Vater: Georg G. Lückow, Langestr. 49 b/Schröder
68	San.Mt.	Giese, Karl	Vierbach 15.6.22	Vater: Ludwig G. Kassel Holländische Str. 234
69	Ob.Strm.	Gössner, Hans	Leipzig-Dösen 1o.9.19	Mutter: Emilie G. Leipzig S 36 Johannastr. 2˙
7o	Ob.Zim.Mt.	Gräsner (Gräser) Gerhard	Plauen/Vgtl. 5.2.21	Vater: Paul G.Plauen/Vgtl. Karlstr. 48
71	Masch.Mt.	Greife, Alfred	Diebrock 18.5.24	Vater: Hermann G. Diebrock 79 üb.Herford
72	Matr.Ob.Gfr.	Grell, Ernst	Nienwohld 2.1o.o2	Ehefrau: Auguste G. Oering/Seegeberg, Bad Oldesloe
73	Btsmt.	Gross, Paul	Kykoit 23.11.2o	Ehefrau: Erna G. Marienburg/Wpr. Moltkestr. 17
74	Ob.Masch.	Gunkel, Franz	Eichenberg 9.2.19	Ehefrau: Johanna G. Kiel, Fichtestr. 2
75	Ob.Strm.	Hahn, Adolf	Wiener-Neustadt 6.7.19	Vater: Leopold H. Wiener-Neustadt Moorgasse 5

Lfd. Nr.:	Dienstgrad	Name	Geburts- datum- und Ort	Heimatanschrift bzw. letztes Kommando
76	Mech.Mt.(T)	Hahnen, Heinrich	Oberhausen/Rhld. 21.9.24	Vater: Tottfried H. Oberhausen/Rhld. Erich-Königstr. 2oo
77	Matr.Ob.Gfr.	Hamleser, Karl	Waldsee 26.9.o7	Ehefrau: Katharina H. Waldsee b/Speyer/Westmark Altriperstr. 9
78	Btsmt.	Happel, Heinrich	Hausen-Ziegenhain 18.6.23	Vater: Peter H. Treysa-Ziegenhain H.-Wesselstr. 28o
79	Btsmt.	Harl, Florian	Komberg 26.9.23	Vater: Florian H. Komberg Nr. 3 Post Hengsberg (12a)
8o	Ob.Masch.	Harmstorf, Friedrich	Hamburg 1.4.18	Ehefrau: Margarete H. Norderney, Schmiedestr.9
81	Fk.Gfr.	Hartmann, Heinz	Karlsruhe 18.4.25	Vater: Heinrich H. Karlsruhe, Eisenlohrstr.41
82	Fk.Gfr.	Haslinger, Erwin	St. Pölten 7.12.25	Mutter: Anna H. St.Pölten,Daniel-Gran- Str. 11
83	Fk.Gfr.	Häusser, Karl-Heinz	Wiesbaden 1.11.25	Vater: Kurt H. Wiesbaden ?
84	Matr.Ob.Gfr.	Heer, Hugo	Bochum-Lgdr. 1.3.23	Vater: Otto H. Bochum-Langendreer,Hör- derstr. 1o8
85	Btsmt.	Heil, Nikolaus lebt	Mühlheim 27.3.2o	Vater: Nikolaus H. Mühlheim/Ruhr, Bülowstr. 153
86	San.Ob.Mt.	Heiler, Anton	Oberlahnstein 16.12.19	Mutter: Rosita H. Lübeck, Dörnestr. 4o a
87	Matr.IVFk.	Heitzler, Erich	Waltershofen 16.7.23	Vater: Hermann H. Waltershofen b./Brei- burg/Brsg.,Hauptstr.65
88	Mech.Mt.	Hellbing, Herbert	Neudorf 29.6.2o	Vater: Hermann H. Altenessen,Erlebruch 5
89	Btsmt.	Henkelmann, Johann	Neudorf 6.5.22	Vater: Alois H.,Neudorf, Kr.Geroldshofen Mainfranken
9o	Ob.Masch.	Hensel, Kurt	Gröditz 5.7.18	Ehefrau: Erika H. Chemnitz,Grenzgraben 56^I
91	Masch.Mt.	Hermann, Walter	Atsch 2.8.23	Mutter: Maria H. Schwenning,Kr.Herfort
92	Fk.Gfr.	Herrmann, Kurt	Etzdorf 1.11.25	Vater: Otto H. Halle/Saale,Kaiser-Pl.11
93	Fk.Gfr.	Hiemer, Heinz lebt	Chemnitz 7.2.25	Vater: Robert H. Chemnitz, Gutsweg 5
94	Ob.Strm.	Himmel, Alfred	Walle 7.6.19	Vater: Julius H. Aurich/Ostfrsld. Adolf-Bunkmannstr. 7
95	Ob.Masch.	Hirsch, Helmut	Wittgendorf 4.1o.18	Ehefrau: Charlotte H. Bremen 11,Föhrenstr.62
96	Fk.Gfr.	Hoffmann, Karl-Heinz	W'haven 12.7.25	Mutter: Elise H. Wilhelmshaven, Föhrerweg 1
97	Mech.Mt.(T)	Hofmann, Konrad	Neudorf 6.5.24	Vater: Max H. Cranzahl/Erzgeb. Siedlung 133

Lfd. Nr.:	Dienstgrad	N a m e	Geburts- datum- und Ort	Heimatanschrift bzw. letztes Kommando
98	Fk.Gfr.	Hog, Erich	Rastatt 21.9.25	Vater: Heinrich H. Elschesheim/Kr.Rastatt, Hauptstr. 9
99	Ob.Masch.	Hohmann, Heinrich	Iba/Kr.Rothenburg 17.1o.19	Ehefrau: Elli H. Bebra/Bez.Kassel Schillerstr. 6
1oo	Btsmt.	Hoppe, Heinrich	Wulsdorf 25.11.17	Vater: Heinrich H.,Weser- münde-G.,Vierhöfen 12
1o1	Ob.Masch.	Hornauer, Johannes	Kiel 3o.6.16	Mutter: Elsbeth Kloth verw.Hornauer, Kiel, Lornsenstr. 32 III
1o2	Masch.Mt.	Höppner, Hans-Georg	Lübeck 17.9.22	Ehefrau: Ursula H. Kiel, Annenstr. 24
1o3	Fk.Gfr.	Hössler, Werner	Burghausen 29.7.25	Vater: Johannes H. Burghausen b.Leipzig Dorfplatz 15
1o4	Fk.Gfr.	Hunstein, Kurt	Kabel Hagen- Arnsberg 24.12.25	Vater: Wilhelm H.,Hagen, Helfeweg 6 b/Suhren
1o5	San.Ob.Gfr.	Hüffmeyer, Alfred	Dortmund 9.1.24	Vater: Wilhelm H. Dortmund-Marten, Schulte Heuthausstr. 43
1o6	Fk.Gfr.	Hüsch, Wilh.	Duisburg-Meiderich 19.1.25	Vater: Wilhelm H. Duisburg-Meiderich Paul-Bäumerstr. 2o
1o7	Masch.Mt.	Jahn, Otto	Friedland/Troppau 18.2.23	Mutter: Hedwig J.Gr.Stohl, Römerstadt Nr. 74 b/Troppau
1o8	Masch.Mt.	Jakob, Herbert	Gruna 2o.7.2o	Ehefrau: Lucie J.,Mühlen- fischte/Sa.,Flöhathal
1o9	Fk.Mt.	Janz, Heinrich	Neu-Ulm 26.1.24	Vater: Moritz J.,Neu-Ulm, Hindenburgstr. 39
11o	Fk.Gfr.	Jochmann, Roland	Darmstadt 17.9.25	Vater: Eduard J.,Darmstadt, Schlossgasse 27
111	Ob.Strm.	Kelting, Hans	Schadendorf 1o.2. ?	Mutter: Auguste K.Uetersen, Kr.Pinneberg,Mühlenstr. 11
112	Masch.Mt.	Kern, Walter	Rommelsbach 2o.1.23	Mutter: Anna K.,Pliezhausen Kr.Tübingen, Bachstr.
113	Ob.Btsmt.	Kiau, August	Pagelkau 27.3.94	Ehefrau: Emma K.,Prechlau/ Kr.Schlochau, Gemelerstr.
114	Ob.Masch.	Jonetat, Fritz	Königsberg 11.8.19	Ehefrau: Klara J. Streudorf,Kr.Insterburg
115	Ob.Masch.Mt.	Jurenda, Herbert	Leipzig-Leutsch 14.9.2o	Ehefrau: Ingeburg J., Kiel, Alsenstr. 2o
116	Ob.Masch.	Kaminski, Karl	Hamburg 9.7.18	Ehefrau: Wilma K. Kiel, Kantstr. 32
117	Ob.Masch.	Kannengiesser, Alfred gefallen, beigesetzt	Sinnerthal/ Kr.Neukirchen 11.9.18	Ehefrau: Kreszentia K. Wemmetzweiler/Saar Strasse ees 13.Jan. 21
118	San.Mat.	Karalus, Elimar	Bremen 18.1o.22	Vater: Heinrich K.,Bremen, Ingelheimerstr. 44 II
119	Fk.Gfr.	Karthaus, Siegfried	Lichtendorf- Iserlohn 21.8.25	Vater: Franz K.,Lichtendorf, Kr.Iserlohn, Lambergstr.17
12o	Ob.Masch.Mt.	Kaprzak, Rudi	Harbke/Magdeburg 5.12.17	Ehefrau: Lotte K. Kiel,Freiligrathstr. 9

455

Lfd. Nr.:	Dienstgrad	N a m e	Geburts- datum- und Ort	Heimatanschrift bzw. letztes Kommando
121	Masch.Mt.	Keil, Franz	Bieblis-Bensch/ Hessen ?	Vater: Karl K.,Mannheim- Waldhof, Zellstoffstr. 63
122	Ob.Masch.	Kirmeir, Karl	Vohenstrauss 16.7.16	Stiefvater: Karl K. München 6o, Boxbergerstr. 22
123	Ob.Masch.Mt.	Kittel, Rolf	Karlsruhe 1.3.18	Vater: Richard K. Karlsruhe, Amalienstr. 4
124	San.Mt.	Klaas, Albert	Werne 2.7.23	Vater: Bernhard K. Werne a.d.Lippe, Bergstr. 4
125	Fk.Gfr.	Klaphek, Helmut	Essen-Schönebeck 22.12.26	Mutter: Elisabeth K. Bochum, Halfmannswiese 67
126	Ob,-Fs.Mt.	Klauke, Kurt lebt	Kleve 3.4.22	Vater: Wilhelm K. Kleve, Opschlagstr. 4o
127	San.Ob.Mt.	Klein, Gerhard	Frankf./Oder 5.7.2o	Vater: Paul K. 6o Frankf./Oder,Schwedenschanze
128	Ob.Strm.	Klicpera, Josef	Neukettenhof 11.1.21	Vater: Karl K. Wien IV, Petrusgasse 3/14
129	Ob.Strm.	Kluge, Friedrich	Elbing 11.8.17	Ehefrau: Eva K. Elbing/Wpr.Tannenbergallee 55
13o	Fk.Mt.	Knorr, Albert	Mödlitz-Coburg 1.2.22	Vater: Brunhold K. Mödlitz/Kr.Coburg,Haus 4 a
131	Matr.Ob.Gfr.	Koch, Artur	Pilgramshain 16.9.o3	Ehefrau: Else K. Striegau/Schles.,Steinstr.2
132	Fk.Gfr.	Koller, Heinrich	Oberhausen 28.9.26	Vater: Theodor K. Oberhausen/Rhld.Moltkestr.146
133	Fk.Gfr.	Koort, Franz	Recklinghausen 25.25	Vater: Theodor K. Recklinghausen o6 Emschertalweg 62
134	Mtr.Hpt.Gfr.	Korol, Leo	Sereth/Rumänien 24.7.96	Ehefrau: Maria K. Wartheblick/Kr.Schrimm 17
135	Fk.Gfr.	Korn, Friedr.Wilh.	Duisburg 25.11.25	Vater: Paul K. Duisburg, Albertstr. 21
136	Fk.Mt.	Kothlow, Gerhard	Altona/Schlesw. Holst.17.9.21	Vater: Ferdinand K. Hamburg-Altona,Arnoldstr.75
137	Masch.Ob.Gfr.	König, Kurt	Lüttendosse Ost-Priegnitz 7.1o.21	Vater: Wilhelm K. Berlin-Reinickendorf-West Graf-Haeselerstr. 4
138	Fk.Gfr.	Körber, Clemens	Hallerdorf/ Forchheim 18.4.26	Onkel: Josef Koller, Burgoberbach 25 b/Ansbach
139	Btsmt.	Krajewski, Alfred	Bergfriede/ Kr.Osterode 6.6.2o	Vater: Julius K. Bergfriede/Kr.Osterorde/Opr.
14o	Fkmt.	Krause, Günther	Cottbus,Frankf./Od. 18.3.24	Vater: August K. Cottbus, Bismarckstr. 88
141	Fk.Gfr.	Krause, Heinz	Rehau/Ob.Fr. 15.5.26	Vater: Karl K.,Rehau/Ober- franken, Am Sattelberg 8
142	Ob.Masch.	Kröger, Gustav	Elmshorn/Pinneberg 31.5.15	Vater: Heinrich K. Elmshorn, Wrangelpromenade 2
143	Fk.Gfr.	Kruczek, Herbert	Ratibor/Oppeln 9.3.26	Vater: Johann K. Ratibor O/S, Fabrikstr. 1o
144	Btsmt.	Kuberka, Günther	Glasow/Meckl. 15.4.23	Vater: Rudolf K. Glasow, b.Teterow

456

Lfd. Nr.:	Dienstgrad	Name	Geburts- datum- und Ort	Heimatanschrift bzw. letztes Kommando
145	Fk.Gfr.	Kuck, Herbert	Pronzendorf/ Breslau 27.2.23	Vater: Otto K. Köslin, Basterweg 11
146	Mech.Mt.	Kuhlmann, Gustav	Altenhagen 2.12.23	Mutter: Paula Kollmeyer, Altenhagen 157 üb. Bielefeld
147	Ob.Strm.	Kunadt, Karl	Burgborg/Crimma Sa., 19.4.21	Vater: Max K. Leipzig W 33, Schadowstr. 1o^I
148	Fk.Gfr.	Kunz, Gerhard	Osterode/Harz 5.3.25	Vater: Hans K.,Kronsberg/ Taunus, Frankfurterstr. 55
149	Fk.Gfr.	Kühl, Johannes	Reher/Steingeh. 1.3.25	Vater: Heinrich K. Reher/Kr.Steinburg/Schleswig
15o	Ob.Strm.	Kühnemund, Herbert	Hohenstein 22.11.16	Ehefrau: Emma K. Wilhelmshaven,Störtebecker- str. 17
151	Ob.Masch.	Kürth, Kurt	Oberstösswitz/Sa. 5.9.13	Vater: Max K. Oberstössmitz 22/Sa.
152	Mech.Mt.(T)	Küster, Herbert	Lockstedt 1o.11.22	Ehefrau: Irmtraut K. Berlin N 2o,Koloniestr. 44 a
153	San.Ob.Mt.	Laakmann, Wilhelm	Essen 14.4.2o	Ehefrau: Elli L. Essen-Süd, Werrastr. 36
154	Fk.Gfr.	Lader, Ernst	Altenau/Hildesheim 3o.6.23	Vater: Wilhelm L. Altenau, Oberstr. 78 Kr.Zellerfeld/Hann.
155	Btsmt.	Lange, Alfred	Radeberg/Sa. 3.2.23	Ehefrau: Isolde L. Radeberg/Sa. Klein-Wolmsdorferstr. 9
156	Fk.Mt.	Laskowski, Herbert	Halberstadt 17.6.23	Vater: Maximilian L, Halberstadt, Westendorf 57
157	Fk.Mt.	Latuszek, Fritz	Reichenau 1o.2.22	Ehefrau: Anita L. Leipzig N 24, Klara-Wiekstr.4, III
158	Ob.Masch.	Lau, Heinz	Rehfelde 14.7.2o	Vater: Otto L. Garzau/Kr.Oberbarmin Dorfstr. 2
159	Btsmt.	Lähne, Heinz Paul	Ammendorf/Sa. 11.3.23	Vater: Paul L.,Zöberitz, Halle-Saale,Berlinerstr. 1
16o	Ob.Strm.	Lebejko, Albert	Reval/Estl. 3o.3.16	Alma Lebejko, Posen I, Kanzlei d.Reichsbahndirektion
161	Ob.Masch.	Lechner, Adolf	Augsburg 12.1o.18	Ehefrau: Walli L. Werne (Müritzsee)Feldstr. 25
162	Btsmt.	Lehmann, Artur	Eisermühl/Opr. 3o.12.21	Mutter: Renate L. Löbau/Sa.,Weissenbergstr. 1
163	Fk.Gfr.	Lehner, Friedr.	Behamperg/ Amstetten 3o.3.26	Vater: Johann L. Steyr/Ob/Donau, Franz-Leepstr. 14
164	Btsmt.	Leib, Helmut	Treis a.d.Leumda/ Giessen 3.12.21	Vater: Karl L. Kofdorf,Launsbacherstr. 273
165	Matr.Hpt.Gfr.	Lembke, Wilh.	Karow/Wismar 1o.4.96	Ehefrau: Karoline L. Schimm/Wismar/Meckl.
166	Btsmt.	Lieb, Friedrich	Konstanz 2o.3.22	Vater: Arnold L. Konstanz, Turniestr. 22
167	Fk.Gfr.	Liebermann, Heinz	Berlin 16.5.26	Mutter: Gertrud L. Rabensbruck/Kr.Templin Dorfstr. 23

Lfd. Nr.:	Dienstgrad	Name	Geburts-datum und Ort	Heimatanschrift bzw. letztes Kommando
168	Fk.Ob.Gfr.	Lietz, Heinz	Hammerstein 24.6.24	Vater: Albert L. Hammerstein/Kr.Schlochau Mittelstr. 1
169	Fs.Mt.	Lindenau, Horst	Elbing 18.11.22	Ehefrau: Hanna L. Hildesheim, Goschenstr. 67
17o	Masch.Ob.Gfr.	Lipphart, Erwin	St. Pölten 11.8.22	Vater: Karl L.,St.Pölten/ Niederdonau, Lenaustr. 2o2
171	Ob.Masch.	Lohse, Karl-Heinz	Oldenburg 2o.12.2o	Vater: Heinrich L. Lemwerder/Oldbg. Rilsenbüttelerstr. 7
172	Masch.Mt.	Loos, Max	Nürnberg 6.9.19	Vater: Georg L. Nürnberg, Löbleinstr. 68
173	Masch.Mt.	Löser, Harry	Dresden 14.5.25	Mutter: Frau Martha Jahn Dresden A 21, Lauensteinerstr. 78
174	Ob.Masch.	Lucas, Gerhard	Leipzig-Ange-rottendorf 29.1.2o	Ehefrau: Herta L. Danzig, Am Holzraum 19
175	Fk.Gfr.	Luchterhand, Christoph	Berlin 25.12.26	Vater: Walter L. Woldegk/Meckl.,Zuckerfabrik
176	Masch.Mt.	Ludwig, Erwin	Bensheim 8.1.2o	Vater: Anton L., Bensheim a.d.Bergstr.,Siegfriedstr.21
177	Masch.Mt.	Luge, Willi	Pudigau/Strehlen 26.12.22	Vormund: Erhard Gummich, Faulbrück/Kr.Reichenbach i.Schles.
178	Fk.Gfr.	Lück, Erich	Gr.Sabin/Dramburg 25.2.26	Mutter: Emma L. Neuhof-Dramburg
179	Fk.Gfr.	Madlehner, Anton	Saulgau/Wttbg. 16.11.26	Vater: Anton M. Schwenningen/Neckar Reutestr. 4o
18o	Fk.Gfr.	Maevers, Herbert	Hannover 1.2.26	Mutter: Maria Pinkernelle Brünningshausen 56 Kr. Hameln
181	Btsmt.	Marzinek, Walter	Schondorf/Ratibor 2.2.24	Vater: Robert M. Buchenlust/ Gleiwitz Dorfstr. 25
182	Fk.Gfr.	Maurer, Walter	Ulm/Donau 26.1o.26	Vater: Wilhelm M. Heilbronn, Äussere Rosenbergstr. 1
183	Btsmt.	Maury, Wilhelm	Bahrdorf 21.1.22	Vormund: Georg Vollmer Wöhle b/Hildesheim
184	Ob.Masch.	May, Heinz	Bottrop 2.3.18	Ehefrau: Ruth M. z.Zt. Zeven b/Bremen,Hansastr. 17 bei Fam. Detjen
185	Btsmt.	Megoleit, Arthur	Medischkehmen 12.7.23	Vater: David M., Tilsit, Johanna Wolffstr. 15
186	Masch.Mt.	Meister, Willy	Kattenhochstatt 13.6.23	Vater: Michael K.,Katten-hochstadt/Kr.Weissenburg i.Br. Nr. 24
187	Ob.Feldw.	Mell, Herbert	Altenburg 27.9.o9	Ehefrau: Charlotte M., Mittweida i.Sa.,Moltkestr.1
188	Fk.Gfr.	Meller, Peter	Kirchberg 25.6.25	Vater: Friedrich M. Brückenfeld üb/Beckum b.Fam. Brie
189	Ob.Masch.	Melzer, Heinz	Wilhelmshaven 26.7.17	Vater: Hermann M. Hannover, Seumestr. 6 b

Lfd. Nr.:	Dienstgrad	N a m e	Geburts- datum- und Ort	Heimatanschrift bzw. letztes Kommando
19o	Masch.Mt.	Michelis, Werner	Hamburg 25.2.24	Vater: Willi M.,Hamburg La.1, Langenhornersch. 385 b/ Ehlert
191	Masch.Mt.	Mollzahn, Günter	Neuendorf/ Angermünde 1o.3.23	Vater: Wilhelm M. Oderberg/Mark, Kietzerstr.85
192	Masch.Mt.	Moser, Gerhard	Lindenthal-Leipzig 12.9.24	Mutter: Wally M. Lindenthal/Leipzig, Hausenstr. 11
193	Ob.Btsmt.	Much, Josef	Zaborze 16.1o.14	Ehefrau: Ingeburg M. 134 Kiel-Kronshagen,Kopperpahl
194	Ob.Masch.	Müller, Günther	Krefeld 3.7.19	Vater: Ferdinand M.,Krefeld- Lindental, Randstr. 43
195	Ob.Masch.	Müller, Hans	Schortens 7.5.15	Ehefrau: Adele M.,Brever- stedt/Kr.Wesermünde, Logestr. 38
196	Ob.Masch.	Müller, Heinz	Dresden 3o.1.17	Mutter: Frieda M.,Dresden N 3o,Scharfenbergerstr. 6o
197	Fk.Gfr.	Müller, Henry	Falkenstein 3.9.25	Vater: Oskar M.,Falkenstein/ Vogtld.,Melanchthonstr. 24
198	Ob.Masch.Mt.	Müller, Walter	Chemnitz 23.8.17	Ehefrau: Erika M. Danzig, Samtgasse 2
199	Fk.Gfr.	Müller, Walter	Hungen/Giessen 14.11.25	Vater: Robert M.,Hungen/Ober- hessen, Giessenerstr. 38
2oo	Matr.Ob.Gfr.	Münzel, Johann	Warnsdorf 25.11.o8	Ehefrau: Anna M.,Tetschen- Bodenbach II/Elbe Turnerstr. 1o16
2o1	Ob.Strm.	Nawrath, Josef	Gleiwitz O/S 12.3.15	Ehefrau: Herta N.,Ehlersdorf üb/Rendsburg b/Bahr
2o2	Fk.Gfr.	Neuber, Kurt	Herlich Dux 4.9.25	Vater: Adolf N. Herlich-Dux, i.Sudetengau, Lindenhof 8
2o3	Maschmaat	Neudeck, Erich	Raudnitz/Greiz 3o.11.22	Ehefrau: Irmgard N.,Mohls- dorf/Kr.Greiz, Adolf Hitlerstr. 25
2o4	Btsmt.	Neumann, Alfred	Landsberg 26.1o.oo	Mutter: Martha N.,Berlin- Weissensee, Sedanstr. 47
2o5	Masch.Mt.	Neumann, Gustav	Deutsch-Pankraz 4.2.22	Ehefrau: Martha N. Kriesdorf 3o3,Deutsch-Gabel
2o6	Masch.Mt.	Niebuhr, Heinrich	Detmold 23.8.22	Vater: Heinrich N. Lage/Lippe, Bottenhauserstr.1
2o7	Ob.Masch.	Nitschke, Heinz	Halbau 23.12.2o	Ehefrau: Ilse N. Wesermünde/M.,Zollinlandstr.1(
2o8	Stbs.Ob.	Nöschel, Alex	Suhler/Neudorf 16.2.13	Elisabeth N. Suhl/Th., Lilistr. 6
2o9	Ob.Zimm.Mt.	Obigt, Kurt	Altenburg/Th. 13.11.18	Ehefrau: Elfriede O. Gotenhafen,Ad.Hitlerplatz 18
21o	Masch.Mt.	Ohletz, Horst	Tettenborn 3o.5.21	Ehefrau: Ruth O. Braunschweig,Lohengrinstr.32
211	Btsmt.	Opitz, Walter	Breslau 17.4.22	Vater: Paul O. Breslau, Goethestr. 16
212	Fk.Gfr.	Osenbühn, Harald	Barmen 25.7.25	Vater: Alex O.,Halle/Saale, Magdeburgerstr. 75
213	San.Ob.Mt.	OWEL, Kurt	Hannover 18.7.16	Ehefrau: Ursula O.,Hamburg- Wohldorf,Meoterbrocksweg 1

Lfd. Nr.:	Dienstgrad	N a m e	Geburts- datum und Ort	Heimatanschrift bzw. letztes Kommando
214	Masch.Mt.	Öhlsen, Heinz	Göttingen 5.2.22	Vater: Gustav Ö. Göttingen,Obere Maschstr.4
215	Mech.Mt.(T)	Paul, Horst	Eisenberg/Th. 24.4.24	Emil P. Eisenberg/Th.,Jenaischestr.17
216	Ob.Fk.Mt.	Pauleweit, Horst	Alt-Löwenthal 3o.7.21	Ehefrau: Ilse P.,Hamburg- Altona, Lobuschstr. 8 III
217	Ob.Masch.	Pawel, Walter	Marne 19.6.18	Vater: Reinhold P., Marne/H. St.Michaelis-Donnerstr. 19
218	San.Mt.	Pech, Ernst	Kladen/Ostm. 26.5.2o	Ehefrau: Maria P.,Neupohlen Nr.44/Krs.Krummau a.d.Moldau/ O.D.
219	Btsmt.	Peters, Paul	Damerow/Parchim 31.11.22	Ehefrau: Hildegard P. Danzig-Heubude,Am Eulenbruch[28]
22o	Ob.Btsmt.	Pfaff, Horst	Wiebelskirchen 11.11.19	Ehefrau: Hildegard P. Zittau/Sa.,Blumenstr. 19
221	Mech.Mt.(T)	Pfaffenberger, Johann	Brühl-Pingsdorf 6.1.24	Vater: Wolfgang Pf.,Brühl- Pingsdorf,Köln-Land Wehrbachweg 1o8
222	Ob.Btsmt.	Pflügler, Josef	München/Ob.Bay. 26.5.92	Ehefrau:Theda Pfl. München, Senefelderstr.14/II
223	Btsm.	Philipsen, Otto	Tiegenhof/Dzg. 21.1.95	Ehefrau: Lieselotte Ph. Bremen, Gösselstr. 93
224	Masch.Ob.Gfr.	Pinkenelle, Otto	Hohendodeleben 22.4.2o	Vater: Otto P.,Hohendodeleben, Krs.Wansleben, Otterleben Tor 188
225	Ob.Btsmt.	Plamann, Heinz	Altona/Elbe 16.11.19	Ehefrau: Helene P., Danzig- Langfuhr, Elsenstr. 21
226	Ob.Fk.Mt.	Plischke, Kurt	Neudorf/Westpr. 3.4.2o	Vater: Alfred P., techn. Angest.d.Heeresbauleitung Stendal, Weberstr. 39
227	Fk.Mt.	Pohle, Werner	Altenburg/Thür. 3.8.22	Vater: Artur P., . Kiel, Eckernförderstr.29/III
228	Masch.Mt.	Poplawski, Paul	Hamburg 2.1o.19	Ehefrau: Johanna P. Heisfeld b.Leer,Bahndamm 14
229	San.Ob.Mt.	Preiss, Lothar	Eilenburg/Delitzsch 18.3.19	Ehefrau: Lydia Pr. Eilenburg, Lehneberg 18
23o	Masch.Mt.	Pressler, Balduin	Wanne-Eickel 16.9.19	Vater: Heinrich Pr. Bochum, Ruppelstr. 7
231	Fk.Mt.	Pustelnick, Hans	Görlitz/Flus 24.11.2o	Vater: Andreas P., Görlitz,Horst Wesselstr. 5
232	Btsm.	Querfurth, Hermann	Hasserode/Werniger 22.3.98	. Ehefrau: Martha Qu. Wernigerode, Amtsgasse 2
233	Ob.Masch.	Rattat, Heinz	Rüstringen 3o.12.18	Vater: F.W. R. Wilhelmshaven, Börsenstr.1o2
234	Fk.Gfr.	Reichmann, Karl	Siegen-Arnsbg. 1o.8.25	Vater: Gustav R.,Siegen/W. Sieghütter Hauptweg 5o
235	Ob.Zim.Mt.	Reitmeyer, Friedr.	Bremen 24.4.21	Ehefrau: Christel R. Danzig, Neugarten 9-1o
236	Fk.Gfr.	Reitzig, Herbert	Rabenkirchen/Schlesw. 13.9.25	Vater: Wilhelm R. Rabenkirchen/Krs.Schleswig
237	Masch.Mt.	Renzinghoff, Werner (Rensinghoff)	Witten 13.12.22	Mutter: Herta Nöllecke, Burgsteinfurt/W.Vehltrop
238	Mech.Mt.	Renz, Kurt	Königshuld/Oppeln 8.6.23	Vater: Emanuel R.,Königshuld/ Oppeln, Waldstr. 6

Lfd. Nr.:	Dienstgrad	N a m e	Geburts- datum- und Ort	Heimatanschrift bzw. letztes Kommando
239	Strm.Mt.	Rettkowski, Herbert	Bottrop/Westf. 12.1o.19	Vater: Alfred R. Bottrop,Gladbeckerstr. 354
24o	Fk.Ob.Gfr.	Richter, Bodo	Magdeburg 22.8.22	Mutter: Gertrud R. Magddburg, Friesenstr. 39
241	Fk.Gfr.	Richter, Eberhard	Heidenau/Pirna 26.12.25	Vater: Reinhold R.,Heidenau/ Pirna, Rich.Wagner-Pl. 4
242	Ob.Strm.	Rieck, Kurt	Kiel 13.12.16	Ehefrau: Margarete R. Königsberg-Moditten,b.Liebe
243	Mech.Mt.(T)	Riedel, Rudolf	Ohlau/Schles. 7.11.22	Vater: Bruno R. Ohlau/Schles.,Ernst-Raabestr.1
244	Ob.Masch.	Rohbrahn, Heinz	Demern 3o.8.19	Vater: Heinrich R. Demern/Krs.Schönberg/Meckl.
245	Ob.Btsmt.	Rochel, Willy	Berlin 19.2.94	Ehefrau: Sophie R., Berlin NO 18, Schönlankerstr.12
247	Ob.Strm.	Rödenbeck, Heinz	Sülbeck-Bückeburg 26.7.2o	Ehefrau: Charlotte R.,Magde- burg, Zur Tischlerbrücke 1
246	Masch.Mt.	Rosteck, Heinz	Weißuhnen/Allen- stein 1o.3.23	Vater: August R.,Weißuhnen, Krs.Johannesburg/Alleinstein
248	Schr.Mt.	Ruschhaupt, Heinrich	Borgholzhausen 15.6.22	Vater: Heinrich R.,Borgholz- hausen,Klockenbrinkstr. 36
249	San.Ob.Mt.	Rutsch, Siegfried	Libichau 27.11.17	Ehefrau: Magdalene R. Muskau/O.L.,Keramikstr. 5o
25o	Ob.Masch.	Sadlowski, Kurt	Halberstadt 15.12.19	Ehefrau: Irmgard S. Halberstadt, Nelkenweg 24
251	Ob.Masch.	Saile, Wilhelm	Tailfingen 21.9.18	Vater: Wilhelm S.,Mühlen Krs.Horn/N.,Thalstr. 1
252	Mech.Mt.(T)	Salk, Walter	Essen-Altenessen 29.9.23	Vater: Wilhelm Salk, Essen- Altenessen, Rahmstr. 142
253	Masch.Ob.Gfr.	Sattler, Arthur	Altenburg/Thür. 28.6.21	Vater: Arthur S., Altenburg/Th. Blücherstr. 6
254	Masch.Mt.	Sell, Adolf	Viergest 11.2.24	Mutter: Helene Engelke, Kiel, Holtenauerstr. 71
255	Btsmt.	Senger, Bernhard	Bromberg 25.5.23	Vater: August S. Bromberg, Ad.Hitlerstr. 64
256	Masch.	Sieben, Konrad	Erfurt 8.9.19	Ehefrau: Hildegard S.,Danzig- Langfuhr, Ad.Hitlerstr. 216
257	Masch.Mt.	Skieba, Josef	Lobstädt 8.12.23	Vater: Josef S.,Borna/Krs.Lpz. Str.d.3o.Jan. Nr. 3
258	Ob.Fk.Mt.	Stemski, Ernst	Crossen/Frkf. 3.9.22	Vater: Karl S.,Fürstenwalde/ Spree, Schellingstr. 27
259	Btsmt.	Schäfer, Kurt	Donndorf 6.7.21	Vater: Hermann Sch. Donndorf, Kölledaerstr. 55
26o	Ob.Masch.	Schäfer, Walter	Bln-Schöneberg 15.5.18	Ehefrau: Christel Sch. Berlin SW, Wassertorstr. 19
261	Ob.Masch.	Schäper, Johannes	Münster/W. 27.6.17	Ehefrau: Hilde Sch. Münster/W.,Unterste Meerstr.1o
262	Masch.Mt.	Schenkin, Rudolf	Berlin 23.5.21	Vater: Hans Sch. Berlin N 113,Langbehnstr. 12 II
263	Matr.I	Scherer, Nathanel	Dennewitz/Rußl. 6.1.95	Ehefrau: Olga Sch.,Ruhenheim b.Grätz/Wartheland
264	Btsmt.	Schiefel,Hans-Joachim	Wuppertal 23.11.21	Vater: Ernst Sch.,Wuppertal- Elberfeld, Wiesenstr. 1o1

Lfd. Nr.:	Dienstgrad	Name	Geburts- datum- und Ort	Heimatanschrift bzw. letztes Kommando
265	San.Hpt.Gfr.	Schlüter, Ferdinand	Kleve 4.9.21	Vater: Wilhelm Schl., Leipzig S 3, Scheffelstr. 53
266	Btsmt.	Schmeiser, Franz	Kl.Heringsdorf 12.1.22	Vater: Johann Sch. Klein-Heringsdorf/Sudg.
267	Masch.Mt.	Schmidt, Walter	Hallungen/Eisen. 11.5.23	Vormund: Wilh.Schmidt, Hal- lungen, Krs.Eisenach Karl Grübelstr. 33
268	Ob.Strm.	Schmidt, Günther	Stendal 2o.2.2o	Ehefrau: Erika Sch. Marienwerde, Mackensenstr.15
269	Btsmt.	Schmidt, Willi	Kleutsch/Dessau 12.3.22	Vater: Paul Sch. Sollnitz b.Dessau, Haus Nr.52
27o	Btsmt.	Schmiedel, Günther	Zschopau 12.7.23	Ehefrau: Brunhilde Schm. Gr.Olbersdorf/Erzgb.Nr.116 E
271	Ob.Masch.Mt.	Schmieder, Heinz	Halle/ Saale 21.1.2o	Stiefv.: Franz Hempel, Halle/S.,Freiligrathstr. 2
272	Fk.Gfr.	Schmitz, Paul	Duisburg-Laar 9.3.25	Mutter: Käthe Schm. Duisburg, Heinrich-Beckerstr.1
273	San.Mt.	Schneider, Josef	Niederzier/Rh. 3.1.22	Ehefrau: Eugenie Schn. Hötzelrode b. Eisenach
274	Ob.Masch.Mt.	Schneider, Wilhelm	Güdesweiler Krs.St.Wendel 25.11.19	Ehefrau: Erna Sch. Pillau I, Predigerstr. 7
275	Mech.Mt.(T)	Schneider, Rudi	Theuma/Plauen 3.3.25	Vater: Enno Schn. Themau/Vgtld.,Haus Nr. 7o D
276	Fk.Gfr.	Schrameck, Franz	Wachtl/Mähr.Trüb. 23.2.26	Mutter: Stefani Schr. Wachtl Nr. 18,Krs.Mähr.Trübau
277	Ob.Masch.Mt.	Schramm, Manfred	Zittau 1o.6.16	Schwiegerv.: Franz Kuligowski, Kiel-Wik, Projendorferstr.252
278	Fk.Gfr.	Schröder, Gerhard	Dortmund 24.11.26	Vater: Johann Sch. Dortmund, Sonnenstr. 21o
279	Ob.Masch.	Schröder, Hans	Hamburg 6.1.17	Ehefrau: Margarete Sch. Hamburg 6, Schanzenstr.99
28o	Ob.Masch.Mt.	Schröder, Lorenz	Sangenstedt 21.3.14	Mutter: Dora Kröger, Sangen- stedt, Krs.Harburg Nr. 2o
281	Fk.Gfr.	Schukies, Alfred	Juditten/Kgb. 17.6.23	Vater: Ferdinand Sch. Vietkow P. Virchenzin/Krs. Stolp, b.Ida Schiewer
282	Fk.Gfr.	Schuller, Johann	Siegendorf 29.8.26	Vater: Jakob Sch.,Siegendorf Nr.88 üb.Eisenstedt N.D.
283	Ob.Masch.	Schulte, Friedr.	Sölde/Drtm. 5.4.19	Ehefrau: Ilse Sch.,Hamburg- Ohlstedt, Hasselwisch 11
284	Ob.Masch.	Schulte, Wilhelm	Paderborn 25.5.21	Ehefrau: Ursula Sch., Eslohe/Westf.,b.Fritschler
285	Fk.Gfr.	Schultes, Otto	Elberfeld 7.9.25	Vater: Friedrich Sch.,Wupper- tal-Elberfeld, Anilinstr.34
286	Matr.II	Schultz, Willi	Bellheim 3.5.24	Vater: Michael Sch.,Bellheim/ Westm.,Gust.Ullrichstr. 16
287	Masch.Mt.	Schultze, Manfred	Goldberg 2.11.22	Vater: Otto Sch. Goldberg/Sch., Komturstr. 4
288	Fk.Gfr.	Schumann, Rudolf	Chemnitz 15.8.26	Vater: Kurt Sch., Chemnitz 14, Oststr. 2o4
289	Ob.Masch.	Schürmann, Erich	Metten 15.12.13	Ehefrau: Hilde Sch.,Gotenhafen- Neu-Oxhöft, Gelbestr. 5

462

Lfd. Nr.:	Dienstgrad	Name	Geburts- datum und Ort	Heimatanschrift bzw. letztes Kommando
29o	Masch.Mt.	Schüssler, August	Haligen/Iserlohn 22.1.2o	Vater: August Sch.,Halingen üb.Schwerte,Provinzialstr.48
291	Masch.Mt.	Schütze, Fritz	Friedrichgrätz/ Oppeln 9.11.19	Vater: Karl Sch. Leipzig C 1, Sidonienstr.33
292	Masch.Mt.	Schwarz, Hans	Dortmund 25.5.24	Mutter: Selma Samulski Dortmund-Hörde, Suebenstr. 5
293	Ob.Mech.Mt.(T)	Spangenberg, Walter	Kiel 1o.3.2o	Ehefrau: Lisbeth Sp. Kiel, Knorrstr. 18
294	Masch.Mt.	Spannenkrebs, Franz	Launau/Heilsbg. 17.2.21	Vater: Albert Sp.,Heilsberg/ Ostpr.,Crossendorferstr. 17
295	Masch.T.	Speer, Alfred	Lampertswalde 3.5.23	Vater: Friedrich Sp.,Lamperts- walde b.Grossenhain Nr. 55 c
296	Fk.Gfr.	Spörhase, Willy	Niedernjesa 27.1o.26	Vater: Karl Sp., Göttingen, Herzberger-Landstr. 21
297	St.Ob.Masch.	Stangl, Friedrich	Augsburg 4.9.12	Vater: Johann St., Harburg/ Schwaben, Donauwörtherstr. "Gasthaus zum Schmarrn"
298	Matr.Ob.Gfr.	Starck, Herbert	Magdeburg 18.8.11	Vater: Paul St., Magdeburg, Helmstädterstr. 23
299	Masch.Mt.	Staufenberg, Hans	Mengsberg 22.6.23	Vater: Johann St.,Mengsberg Krs. Ziegenhain, Nr. 31
3oo	Masch.Mt.	Stein, Günther	Clevenow/Grimmen 3o.8.19	Ehefrau: Hildegard St. Briggow/Meckl.
3o1	Ob.Masch.	Steiner, Karl	Karlsruhe 24.11.17	Vater: Franz St., Karlsruhe Hohenzollernstr. 18
3o2	Mech.Mt.(T)	Stiller, Walter	Neurode 6.11.21	Vater: August St.Neurode/ Glatz, Hospitalstr. 4
3o3	Verw.Mt.	Störmer, Helmut	Marl 15.1o.23	Vater: Hermann St. Marl/Westf.,Bismarckstr.55 d
3o4	Fk.Ob.Gfr.	Stoppel, Heinrich	Sipperhausen 7.8.23	Mutter: Elise St. Sipperhausen Bz.Kassel,Nr.34
3o5	Fk.Gfr.	Stöckel, Harald	Osnabrück 9.3.26	Vater: Gustav St. Osnabrück, Grosse Kirchstr.6
3o6	Mech.Mt.	Straube, Lothar	Neukirchen/Sa. 31.1o.23	Vater: Max Str.,Neukirchen/ Krs.Chemnitz, Pfarrweg 2
3o7	Masch.Mt.	Sträter, Friedr.	Schwelm 28.4.24	Mutter: Grete Str.,Wuppertal- Nachstebreck, Hasenkamp 1
3o8	Fk.Gfr.	Struwe, Gottfried	Bautzen/Sa. 3o.8.26	Großeltern: Friedrich Struwe Bautzen/Sa.,Fischergasse 6
3o9	Masch.Ob.	Sturm, Albert	München 3.7.23	Mutter: Julie St. München NW 2, Lothstr.6o/11 r.
31o	Ob.Masch.	Teetzen, Otto	Hermannsthal 18.4.14	Ehefrau: Elisabeth T. Lanke, Post Alt-Sarnow (Gollnow I)
311	Ob.Masch.	Teichmann, Gerhard	Hamburg 12.7.14	Mutter: Ida T.,Hamburg 36, Alsterterrasse 15 / I
312	Fk.Gfr.	Tente, Rolf	Bielefeld 23.12.26	Vater/ August T. Bielefeld, Viktoriastr. 29
313	Fk.Gfr.	Theiss, Werner	Rammelsbach 31.1.26	Vater: Friedrich Th. Rammelsbach/Westf., Hinzigbergstr. 19
314	Btsmt.	Thielmann, Heinz	Waltrop 19.7.21	Vater: Roman Th.,Waltrop/ Dortmund, Felsenstr. 168

Lfd. Nr.:	Dienstgrad	N a m e	Geburts- datum- und Ort	Heimatanschrift bzw. letztes Kommando
315	Fk.Mt.	Thor, Günther	Neuendorf/ Liebenwerder 22.21	Vormund: Otto Lehmann, Reins- dorf b. Wittenberg, Dorfstr. loo
316	Masch.Mt.	Thümmler, Gerhard	Zwickau/Sa. 25.1.22	Vater: Johannes Th. Zwickau/Sa.,Johannisstr.31/I
317	San.Stbs.Ob. Feldw.	Till, Otto	Wehlau 22.9.94	Ehefrau: Käthe T., Lübeck, Schöböckenerstr. 33 b
318	Matr.Hpt.Gfr.	Tobolik, Anton	Wien 19.12.94	Ehefrau: Karoline T.,Wien XVI Effinger Gasse 31/8/3/28
319	Masch.Mt.	Tönnies, Heinz	Lehndorf 25.2.24	Vater: Otto T.,Braunschweig- Lehndorf, In den Rosenäckern 37
32o	Fk.Mt.	Triebes, Gerd	Elbing/Wpr. 24.12.21	Vater: Max T. Elbing, Georgendamm 12
321	Btsmt.	Trommler, Rudolf	Ölsnitz/Erzgb. 1o.5.22	Stiefv.: Fritz Rötzsch, Ölsnitz, Concordiastr. 3o
322	Mech.Mt.(T)	Trott, Josef	Hofaschenberg 15.12.23	Vater: Willibald T. Hünfeld, Gersfelderstr. 234
323	Ob.Btsmt.	Trumpjan, Herbert	Tilsit 3.1.17	Ehefrau: Kydia T.,Gotenhafen- Oxhöft, Dickmannstr. 13
324	Mech.Mt.	Uerkwitz, Werner	Altenrade/Holst. 17.12.23	Vater: Otto U., Hohenfeld-Plön/Schleswig
325	Fk.Gfr.	Ulke, Werner	Fellhammer 25.1.25	Vater: Willy U.,Fellhammer/ Breslau, Schulstr. 1o
326	Masch.Mt.	Ullwer, Alfred	Ruppersdorf 31.3.24	Vater: Franz U.,Ruppersdorf- Reichenberg/Sdg.,Baltenstr.24
327	Fk.Gfr.	Urban, Franz	Schelesen 25.12.26	Vater: Josef U., Wurzmes/ Komotau 39 /Sudetengau
329	Fk.Ob.Gfr.	Völzke, Günther	Rendsburg 6.4.25	Vater: Ewald Völzke, Hamburg- Bramfeld, Swartenhorst 3
328	Ob.Strm.	Völker, Karl	Essen 9.3.16	Ehefrau: Helene V., Gelsenkirchen,Grothusstr. 1
33o	Fk.Gfr.	Wagner, Hans	Bergen-Enkheim Hanau 18.2.26	Vater: Peter W., Bergen- Enkheim, Krs.Hanau Günthergasse 2
331	Fk.Gfr.	Wagner, Hans	Breslau 1o.9.25	Vater: Reinhold W., Herrn- stadt/Schles.,Krs.Guhrau, Ring 21
332	Matr.Ob.Gfr.	Wagner, Nikolaus	Orscholz 6.1o.19oo	Ehefrau: Maria W., Rotenburg a.F., Querweingasse 16
333	Fk.Gfr.	Walter, Heinz	Oels 15.12.21	Vater: Adolf W. Oels/Schles., Ohlauerstr. 52
334	Masch.Mt.	Walter, Richard	Markranstädt 1.11.2o	Vater: Richard W., Berlin- Spandau, a.d.Kappe 78
335	Ob.Masch.	Weber, Adolf	Karlsruhe 24.6.17	Ehefrau: Eva W., Swinemünde, Ost-Swine, Kirchenstr. 78 b
336	Masch.Mt.	Weber, Erich	Unna/Westf. 17.6.23	Vater: Karl W., Unna/Westf. Adolf Hitlerstr. 4o
337	Fk.Gfr.	Weber, Heinrich	Bilin 23.8.26	Mutter: Lydia W.,Stuttgart- Vaihingen, Hessenlauweg 15
338	Fk.Gfr.	Weiffen, Franz	Arnsberg/Westf. 8.4.26	Vater: Wilhelm W., Arnsberg, Lerchensteg 1o
339	Ob.Btsmt.	Weimar, Kurt	Bad Frankenhausen 14.11.19	Ehefrau: Ruth W., Atzendorf üb.Stassfurt,Krs. Calbe, Langestr. 46

464

Lfd. Nr.:	Dienstgrad	Name	Geburts- datum- und Ort	Heimatanschrift bzw. letztes Kommando
34o	Btsmt.	Weise, Herbert	Niedersehland 25.2.2o	Vater: Richard W., Niedersehland Nr. 45
341	Btsmt.	Welters, Josef	M.-Gladbach 24.2.22	Ehefrau: Marianne W.,München-Gladbach, Bergstr. 27
342	Ob.Strm.	Werda, Franz	Katernberg 13.5.17	Vater: Franz W., Essen-Katern-berg, Altenessenerstr. 25o
343	Ob.Strm.	Werner, Helmut	Bln.-Spandau 1o.7.22	Vater: Hieronymus W., z.Zt. Kleeth,Krs.Malchin/Meckl.
344	Mech.Mt.(T)	Wichmann, Fritz	Bln.-Reinickendorf 21.4.21	Mutter: Emilie W., Berlin-Spandau, Weverstr. 72
345	San.Ob.Mt.	Wiebach, Karl	Hornhausen 25.1o.14	Vater: Karl W., Oschersleben/ Harz, Berlinerstr. 4o
346	Btsmt.	Wiggenhauser, Kuno	Güttingen 11.9.21	Vater: Josef W., Güttingen, Krs.Konstanz, Ortsstr. 1o8
347	Stbs.Ob. Feldw.	Wilhelm, Heinrich	Alt-Wildungen 2o.11.o8	Ehefrau: Luise W., Wuppertal-Barmen, Berlinerstr. 83
348	Ob.Masch.	Winkler, Georg	Modlau 29.9.16	Vater: August W., Siegendorf b. Liegnitz 64
349	Ob.Mech.Mt.(T)	Wippich, Heinz	Röhlingshausen 13.12.21	Ehefrau: Betty W., Danzig-Neufahrwasser, Wilhelmstr.171
35o	Masch.Mt.	Wirth, Helmut	Dortmund-Arnsberg 9.11.24	Mutter: Olga W., Dortmund-Mengede, Alfred-Langestr. 67
351	Fk.Gfr.	Wiesel, Leo	Recklinghausen 13.2.25	Vater: Johann W.,Recklinghau-sen III/Ulrich v.Huttenstr.132
352	Ob.Masch.	Wissmann, Heinz	Berlin 25.11.19	Vater: Alfred W., Berlin N 4, Tieckstr. 21
353	Masch.Mt.	Wolf, Gerhard	Berlin 23.7.22	Vater: Gerhard W., Berlin-Niederschönhausen, Teutonen-str. 17
354	Fk.Gef.	Worbs, Werner	Ullersdorf 18.3.25	Vater: Hermann W., Hosenau/ Oberlaus.,Dresdnerstr. 6
355	Stbs.Ob. Feldw.	Wörncke, Harry	Balgersdorf 22.3.15	Ehefrau: Lisa W., Wilhelms-haven, Papingastr. 28
356	Masch.Mt.	Wysinski, Willy	Ausleben 3.5.25	Vater: Bernhard W., Magdeburg S.,Gablonzerstr. 25
357	Fk.Ob.Gfr.	Zebralla, Josef	Ratibor 19.9.23	Vater: Josef Z., Aussit-Türmitz, Knabenschule
358	Masch.Mt.	Zellinger, Adolf	Trostberg 3o.5.23	Vater: Albert Z., Trostberg/Obbay., Uferstr. 14
359	Fk.Gfr.	Ziese, Karl Heinz	Neuhaldensleben 6.1.26	Vater: Erich Z. Haldensleben, Hagenstr.
36o	Mech.Mt.(T)	Zimmer, Karl	Kirschseiffen/ Schleiden b.Aach. 13.3.19	Ehefrau: Thekla Z., Hellen-thal/Eickel, Hohenbergstr. 35
361	Matr.Gfr.	Zimmermann, Helmut	Lasnow/Löwenstadt 13.2.95	Ehefrau: Pauline Z., Litzmannstadt, Marktstr. 39 K
362	Stbs.Ob.Masch.	Zinnkann, Otto	Westhofen 11.6.13	Ehefrau: Edith Z.,Schönebeck/ Elbe, Elbtor Nr. 7
363	Masch.Mt.	Zorr, Gerhard	Erfurt 2o.12.2o	Vater: Walter Z. Erfurt, Salinenstr. 121
364	Mech.Mt.(T)	Zscherper, Konrad	Meissen 6.2.25	Vater: Paul Z. Meissen, Jahnstr. 24
365	Mech.Mt.(T)	Zipfer, Josef	Nürschan 28.9.23	Vater: Johann Z. Nürschan, Befreiungsstr. 117

Lfd. Nr.:	Dienstgrad	Name	Geburts- datum- und Ort	Heimatanschrift bzw. letztes Kommando
366	Ob.Strm.	Ebsen, Heinrich	Flensburg 2o.7.1o	Ehefrau: Annemarie E., Schleswig, Herm.Göringstr. 47
367	San.Mt.	Hintermeyer, Hans	Wien 3o.1o.14	Mutter: Antonia H. Velm N.D. b. Mädling Nr. 52
368	Fk.Gfr.	Kruse, Heinz	Bremen 2.1.26	Vater: Heinrich K. Hoya a.d.Weser, Langestr. 99
369	Fk.Gfr.	Melzer, Helmut	Dittersdorf/Sa. 13.12.26	Vater: Albert M. Dittersdorf, Wiesenstr. 3
37o	San.Mt.	Moneta, Helmut	11.3.23	Vater: August M. Niedlum 19o - Wesermünde
371	Fk.Gfr.	Schlubach, Franz	Soldau 2.12.22	Vater: Hermann Sch.,Neustadt/ Wpr., Krockowerstr. 26
372	San.Mt.	Schollerer, Max	6.9.23	Vater: Eduard Sch.,Harrling 17 1/2 b.Kötzingen/Regensburg
373	San.Mt.	Thiel, Walter	Königsberg 7.4.2o	Mutter: Else Malerius, Königsberg, Auf der Palve 35
374	San.Mt.	Wisch, Kurt	Neuoppel 25.11.2o	Vater: Erwin W. Rheinsberg/Mark, Königsstr. 19
375	Masch.Mt.	Fischer,Hans-Joachim (Hans-Jürgen)	Uchte 3.9.22	?
376	Fk.Gfr.	Kiepe, Werner	Göttingen 7.4.25	Vater: Theodor K., Göttingen, Hegemühlenweg 22 I
377	San.Mt.	Teschke, Gerhard	Hammerstein ? 25.8.2o	?
378	Fk.Mt.	Zimmermann, Kurt	Hartha/Sa. 26.7.21	?
379	Fk.Gfr.	Abt, Werner	Lichtowitz 4.6.25	Vater: Josef A., Lobositz, Hafenplatz 1/Aussitz
38o	Btsmt.	Ackermann, Walter	Herringen 28.8.23	Vater: Emil A. Herringen, Ostfeldstr. 186 b
381	Fk.Gfr.	Adebahr, Werner	Wewelsfleth 12.8.25	Vater: Arthur A., Wewels- fleth/Holst,Ad.Hitlerstr.5
382	Fk.Gfr.	Albert, Erich	Obergraulitz 8.3.26	Vater: Ernst A. Greiz/Thür., Parkgasse 36
383	Ob.Masch.	Alex, Kurt	Rüstringen-Wil 19.12.17	Ehefrau: Ruth A., Kiel-Wik, Prinz Heinrichstr. 9 b. Zelewski
384	Ob.Masch.	Alexy, Paul	Camionken 16.12.14	Ehefrau: Hildegard A., Pohie- bels,Krs.Rastenburg,b.Stahnke
385	Ma.Ob.Gfr.d.L.	Anders, Josef	Hedwigsruh 3o.6.99	Ehefrau: Maria A. Guttentag O.S., Schützenhaus
386	Mtr.Ob.Gfr.	Andresen, Hans	Wanderup 6.12.o2	Ehefrau: Anna A. Wanderup/ Flensburg
387	Ob.Masch.	Armgart, August	Gr.Lafferde/Peine 9.1o.19	48 Vater: August A.,Gross- Lafferde, Peine-Land
388	Matr.Gfr.	Arzt, Werner	Berlin 27.3.26	Vater: Fridolin A., Norken O. Westerwald,üb.Marienberg
389	Btsmt.	Bachmann, Franz	Neumünster 16.4.2o	Ehefrau: Elisabeth B., Goten- hafen-Oxhöft, Kempe 36
39o	Masch.Mt.	Barrein, Josef	Bretzenheim 19.3.24	Mutter: Katharina B. Bretzenheim-Nahe Kreuznacherstr. 164

466

Anmerkungen:

Lfd. Nr.:   85 = Nachträglich als gerettet festgestellt
Lfd. Nr.:   93 = Nachträglich als gerettet festgestellt
Lfd. Nr.: 119 = Tot geborgen. Beigesetzt.
Lfd. Nr.: 126 = Nachträglich als gerettet festgestellt

Gustloff-Archiv Heinz Schön

ANLAGE 6

VERMISSTE

Liste über die lt. Meldung des Kommandierenden Admirals der Unterseeboote am 12. April 1945 beim Untergang des M/S *Gustloff* am 30. Januar 1945 in der mittleren Ostsee, Höhe Stolpmünde vermißten *weiblichen* Angehörigen der Kriegsmarine.

Lfd. Nr.:	Dienstgrad	Name	Geburts- datum- und Ort	Heimatanschrift bzw. letztes Kommando
1	MUF.	Besserer, Edith	Torgelow 1.8.22	Gatte: Stbs.Arzt Dr.med.B. Flensburg, Mar.Laz.Haus D
2	M.H.	Braumann, Gisela	Blumenfelde 19.11.25	Vater: Robert B., Berlin- Oberschöneweide, Elisonerstr.14
3	M.H.	Esterwitsch, Irmgard	Hamburg 26.1.23	Vater: Franz Huber, Wien VIII, Josefstädterstr. 93/6
4	M.H.	Friedrich, Marta	Kelbra 4.5.23	Vater: Wilhelm F., Kelbra/ Kyffh., Auestr. 11
5	M.H.	Giro, Elisabeth	Ixheim 12.12.2o 2o.12.2o ?	Mutter: Elisabeth Weber, Ixheim, Habenerstr. 8
6	M.H.	Griessmer, Erika	Strassburg 18.3.25	Mutter: Maria Gr.,Strassburg- Bischheim, Planetengasse 9
7	M.H.	Gresens, Gerda	Gr.Krössin 3o.7.21	Vater: Max Anwes, Gr.Krössin, Dorfstr. (Neustettin)
8	M.H.	Jäckel, Erika	Mengede 12.1o.23	Vater: Franz Nowaczyk, Dort- mund-Mengede, Marschallstr.37
9	M.H.	Linherr, Albertine	Bludenz 1.11.23	Vater: Engelbert L., Runge- ling 9/Bludenz-Vorarlberg/Ostm.
1o	M.H.	Linherr, Theresia	Bludenz 1.11.23	Vater:Engelbert L., Runge- ling 9/Bludenz-Vorarlberg/Ostm.
11	M.H.	Martin, Johanna	Gersheim 6.0.19	Bruder: Peter M., Gersheim/Saar, im Bahnhof
12	M.H.	Müller, Lottchen	Erlbach 29.6.21	Großvater: Paul Schindler, Erlbach/Vgtld.,Tetschen 3 b

Lfd. Nr.:	Dienstgrad	N a m e	Geburts- datum- und Ort	Heimatanschrift bzw. letztes Kommando
13	M.H.	Nietzelt, Luise	München 15.5.08	Vater: Wilhelm N., München 5, Dreimühlenstr. 25
14	M.H.	Pommerening, Gertrud	Belgard 24.5.23	Mutter: Ida P. Belgard, Strillengang 3
15	M.H.	Rehm, Wally	Dresden 8.9.17	Mutter: Marta R., Dresen N 3o Herbststr. 9 / II
16	M.H.	Rhinn, Maria	Diedenhofen 8.11.25	Vater: Alfons Rh., Straßburg, Schiltigheim, Mibauerstr. 26
17	M.H.	Runkel, Marga	Boppard 5.5.2o	Stiefeltern: Hanna Böhmer, Boppard/Rh., Parkstr. 24
18	M.H.	Rücker, Anneliese	Aussig/Sud. 27.4.23	Vater: ?, Schwäb. Gmünd, Richard Vogtweg 3
19	M.H.	Sauerer, Anna	Nitenau 3.12.25	Vater: Josef S., Nitenau/Obpf. Ritter v.Eppstr. 39
20	M.H.	Skotz, Lydia	Kattowitz O.S. 6.7.22	Mutter: Maria Sk., Karlshorst/O.S. Bergstr. 2,Krs.Gr.Strehlitz
21	M.H.	Schacke, Yvette	Strassburg 7.7.25	Vater: Johann Sch., Bruenat,Krs. Strassburg, Wiesenstr. 8
22	M.H.	Schellenberger, Irene	Paris 7.1o.25	Vater: Eugen Wiß, Allkirch- Grafenstaden, Mühlhauserstr. 19
23	M.H.	Thöns, Christa	Pyritz 15.9.24	Vater: Hermann Th., Pyritz, Adolf Hitlerstr. 1
24	M.H.	Steege, Rita	Berlin 29.3.25	Vater: Walter St., Berlin SO 16, Melchiorstr. 44
25	M.H.	Goerke, Charlotte	? 26.11.99	Margarete Erdmann, Krügershausen- Land, Krs. Thorn
26	M.H.	Jamni (Janni ?),Helene	Mallschütz 17.2.22	Vater: Reinhold J., Hohensprenz,Krs.Güstrow/Meckl.
27	M.H.	Pomplun, Lucie	Stolp 5.3.23	Vater: Max P., Ritzow üb.Stolp, Waldkaterschule
28	M.H.	Reimus, Ingeborg	Dortmund 31.1o.23	Vater: Paul R., Dortmund-Mengede, Annerstr. 14

468

ANLAGE 7

VERMISSTE MARINE-HELFERINNEN

Liste der dem Oberkommando der Kriegsmarine am 16. Juni 1945 als vermißt gemeldeten Marine-Helferinnen, die am 30. Januar 1945 auf der *Wilhelm Gustloff* waren.

Lfd. Nr.:	Dienstgrad	Name, Vorname	Geburtstag- und Ort	Kommando oder Anschrift der nächst. Angehörigen
1	Mar.Helf.	Mikeleit, Gerda	–	MOK Ost Kiel
2	Mar.Helf.	Weiser, Katharina	Mittenbrück 5.4.23	MOK Ost Kiel
3	Mar.Helf.	Müller, Edith	15.12.26 15. 2.26	1.MEA Neustrelitz
4	Mar.Helf.	Hermann, Gertrud	– –	1.MEA Neustrelitz
5	Mar.Helf.	Schadlinger, Hildegard ~~Studlinger~~	Buchen 7.9.21	1.MEA Neustrelitz
6	Mar .Helf.	Onderke, Gertrud ~~Onderka~~	Hultschin 23.2.09	1.MEA Neustrelitz
7	Mar.Helf.	Brödel, Marie ~~Bröderl~~	Dudweiler 19.6.2o	MOK Ost Kiel
8	Mar.Helf.	Niedersätz, Lissy ~~Elisabeth~~	Berlin-Char- lottenburg 7.9.23	MOK Ost Kiel
9	Mar.Helf.	Kompatzki, Irmgard ~~(Konopatzki)~~	Johannisburg 29.4.25	MOK Ost Kiel
1o	Mar.Helf.	Faust, Anni	Nachrodt 5.9.22	MOK Ost Kiel
11	Mar.Helf.	Masurkeritz, Eva ~~Magurkeritz~~ ~~Masurkvitz~~	Heydekrug 16.1o.25	MEA Neustrelitz
12	Mar.Helf.	Karsten, Irene ~~Kasten~~	Balzen 26.2.25	MOK Ost Kiel
13	Mar.Helf.	Holst, Anni ~~Holtzt~~	Kl. Jauhe 1.11.23	MOK Ost Kiel
14	Mar.Helf.	Mühl, Sibilla ~~Sybille~~	Duisburg 12.8.25	MOK Ost Kiel
15	Mar.Helf.	Steiner, Inge	– –	MOK Ost Kiel
16	Mar.Helf.	Sliwa, Grete	Duisburg-Laar 7.9.25	MOK Ost Kiel
17	Mar.Helf.	Feldner, Charlotte	Dt.Wusterhausen 3.5.19	MOK Ost Kiel
18	Mar.Helf.	Nitsch, Ursula	Marwitz/Warthe 3o.7.25	MOK Ost Kiel
19	Mar.Helf.	Fritsche, Erika	–	MOK Ost Kiel

Lfd. Nr.:	Dienstgrad	Name, Vorname	Geburtstag- und Ort	Kommando oder Anschrift der nächst. Angehörigen
2o	Mar.Helf.	Thalhammer, Katharina ~~Karin~~	München 21.11.14	1.MEA Neustrelitz
21	Mar.Helf.	Köhn, Karola	Schwerin 14.1o.21	MOK Ost Kiel
22	Mar.Helf.	Weimer, Elli	– –	MOK Ost Kiel
23	Mar.X.Helf.	Bonk, Dorothea	Horneck 2o.2.25	MOK Ost Kiel
24	Mar.Helf.	Schmidtchen, Hildegard ~~evtl. Edelgard~~	Bobelwitz 1o.7.25	MOK Ost Kiel
25	Mar.Helf.	Milke, Margarete	Springkrug 13.2.25	MOK Ost Kiel
26	Mar.Helf.	Metzel, Erika	– –	MOK Ost Kiel
27	Mar.Helf.	Dahse, Ursula ~~Dahse~~	Staßfurt 1o.3.26	MOK Ost Kiel
28	Mar.Helf.	Bauer, Elsbeth	Chemnitz 18.4.2o	MOK Ost Kiel
29	Mar.Helf.	Paulick, Ilse ~~Paulik~~	Cannewitz 15.5.24	MOK Ost Kiel
3o	Mar.Helf.	Heinze, Ursula	Breslau 21.1.24	MOK Ost Kiel
31	Mar.Helf.	Wirkner, Gerda	Halle 28.9.13	Wirkner, Halle Gustav-Herzberg-Straße 8
32	Mar.Helf.	Rudat, Emma	Ragnit 28.11.o2	Feldw.Rudat, 1./5.Fluma Gotenhafen
33	Mar.Helf.	Assmann, Rosa	– –	Anton A., Neustrelitz Buchstraße 15
34	Mar.Helf.	Danielczak, Lena ~~Damdiczak~~	– 2o.9.25	v.D., Berlin-Lichtenberg, Sofienstr. 32
35	Mar.Helf.	Winter, Elisabeth	– –	M.V.Siever, Dresden A 24, Hodefreystr. 3
36	Mar.Helf.	Paschke, Gerda	– –	Paschke b. Sternkieker, Bussdorf/Schlesw.
37	Mar.Helf.	Goldberg, Inge ~~Ingeborg~~	Danzig 1o.7.18	Mapspending, Potsdam-Babelsberg II, In der Aue 34
38	Mar.Helf.	Küthe, Maria	– 6.4.21	Küthe, Giebelscheid b.Fretter/ Sauerland
39	Mar.Helf.	Faisst, geb.Guhl ~~Feist – Martha~~	Basel 17.5.19	Guhl, Grenzbach i. Gaden Bärenfelsstr. 27
4o	Mar.Helf.	Schiefferer, Lotte ~~Schieferer~~	Frankfurt/M. 6.6.25	Schieferer, Frankfurt/M, Kaiserstr. 65
41	Mar.Helf.	Herzberg, Gertrud	– –	Hermann Herzberg, Warbend üb. Neustrelitz
42	Mar.Helf.	Wolf, Karin	– –	Alwin Sepa, Klausthal/Harz, Marie-Hedwig-Str. 7
43	Mar.Helf.	Kupper, Erika	– –	Franz K., Vitz/Osterbern Mittelstr.
44	Mar.Helf.	Schädereit, Ella	– –	E.Schädereit, Sehma/Erzgeb., Gaststätte z.Wartbg. b.Ihm
45	Mar.Helf.	Kessing, Frieda	– 15.12.16	Mar.Helf.Ers.Abt. Neustrelitz

Lfd. Nr.:	Dienstgrad	Name, Vorname	Geburtstag- und Ort	Kommando oder Anschrift der nächst. Angehörigen
46	Mar.Helf.	Schmidt, Margarete	- -	E. Schmidt b. Lading Greifenhagen/Pommern
47	Mar.Helf.	Morgenroth, Anni	- 3o.9.21	Chr.Morgenroth, Unterleiter P. Zapp, Haus 5
40	Mar.Helf.	Broichhaus, Maria	Oberbeck 3.3.16	Theo Broichhaus, Oberdeck, Bezirkstr. 2o2
49	Mar.Helf.	Dorm, Margot	Memel 12.1.27 (23)	M. Gräte, Jena, N.St. Jakobstr. lo
5o	Mar.Helf.	Damerow, Inge ~~(Dannerow)~~	Danzig 1.8.26	keine Anschrift
51	Mar.Helf.	Kujawa, Martha	Dischofsburg 21.6.2o	keine Anschrift
52	Mar.Helf.	Linsmeier, Maria ~~(Charlotte)~~	Münchsdorf/Nieder- bayern 8.3.26	Linsmeier, Peter Minsdorf b. Arnsdorf
53	Mar.Helf.	Müller, Charlotte	- 27.9.11	Bernh. Müller,Belling/Pase- walk, Kreis Uckermünde b. Hidle
54	Mar.Helf.	Müller, Margarete	- 2o.5.o3	Bernhard Müller, Belling/ Pasewalk, Krs.Uckermünde b.Hidle
55	Mar.Helf.	Matz, Anneliese	Essen lo.3.18	L.Matz, Wilhelmshaven-Nord, Federwardergerode, Marien- werderstr. 19
56	Mar.Helf.	Müllmeier, Lieselotte	- -	Hermann Müllmeier, Mannheim 17, 18 Nr. 5
57	Mar.Helf.	Müller, Erna	Memel 7.12.24	Niemdorf b.Ochsenfort/Hamburg Gr.Börsteler Str. 5
58	Mar.Helf.	Paszehr, Lena ~~Passehr~~	- -	Wunderlich, Plauen i.Vogtland Quenstr. 1
59	Mar.Helf.	Petz, Gertrud	- -	Fr.Wassiglew b.Scholz,Halber- stadt, Kl.Quenstadt, Bäcker- gasse 21
6o	Mar.Helf.	Patermann, Renate	- -	-
61	Mar.Helf.	Rudolph, Ruth	Memel 27.3.2o	Fr.Pahlke, Berlin-Zehlendorf, Windemarke 17
62	Mar.Helf.	Sebald, Antonia	Memel 6.4.23	Fam.Sebald, Swinemünde, Mar.Lazarett
63	Mar.Helf.	Schlasse, Herta ~~oder Schäße~~	- -	Joh. Schäße, Schwarzenburg/ Erzgeb.,Oberschloßstr. bei Adam
64	Mar.Helf.	Saal, geb.Rusinek	Kalisch 31.12.11	Willi Saal, Essen, Kastanienallee 51
65	Mar.Helf.	Schmidt, Helga	- -	Edith Schmidt, Berlin N Fehrbellinerstr. 91
66	Mar.Helf.	Spurk, Anneliese	- 1921	-
67	Mar.Helf.	Schierz, Hanna	Memel 29.11.24	Schierz, Dresden A 2o Koritzstr.
68	Mar.Helf.	Sturhmann, Anni	- 17.1.22	Irene Sturhmann, Hamburg, Jägerstr.
69	Mar.Helf.	Schelle, Herta ~~geb.Skripjak~~	Kl.Schönwalde 7.6.22	Skripjak, Weitenhagen b.Greifswald

Lfd. Nr.:	Dienstgrad	Name, Vorname	Geburtstag- und Ort	Kommando oder Anschrift der nächst. Angehörigen
7o	Mar.Helf.	Thiel, Helene	- -	Thiel, Arbstadt/Thür. Stadtilmerstr. 34
71	Mar.Helf.	Totz, Elfriede	- -	Fam.Totz, Sagan/Schl. Parche 39, bei Burghard
72	Mar.Helf.	Göde, Leni	- -	Richard Göde, Schleswig, Poststr. 4
73	Mar.Helf.	Silkeit, Margarete	- -	Christ.Silkeit b. Schäfer, Nörsdorf, P.Rischein-Gersdorf, Bez.Dresden
74	Mar.Helf.	Hobus, Charlotte	- 3o.1o.24	Otto Wobus , Stolp Turnvater Jahnstr. 1
75	Mar.Helf.	Tiedemann, Hildegard geb. Schlesis	Königsberg 6.9.23	-
76	Mar.Helf.	Herzig, Erna Herzwig	- -	Förster, Leopoldheim, Görlitz
77	Mar.Helf.	Hackbusch, Annemarie geb. Lauger	Forchheim 22.6.22	Wilhelm H., Grabow/Mecklbg. Binnung 6o
78	Mar.Helf.	Leopold, Helene	-	Potsdam, Burgstr. 49 bei Frau Luise Loche
79	Mar.Helf.	Czernitzki, Katharina Czernitzki	- -	1.M.H.E.A. Neustrelitz
8o	Mar.Helf.	Schmitz, Elisabeth	- -	1.M.H.E.A. Neustrelitz
81	MUF	Krause, Margarete	- -	Marta Müller, Kolberg, Stettiner Str. 67
82	Mar.Helf.	Schulz, Eugenie	- -	Ida Tornow, Demmin/Pommern Nordsackg.
83	Mar.Helf.	Urban, Anna	- -	Melanie Bersing, Berlin- 1o Schlachtensee, Spanische Allee
84	Mar.Helf.	Ewert, Gisela	- -	Czech, Altenburg/Thür. Herm. Kohlerstr. 66
85	Mar.Helf.	Mechmerzhausen, Hedwig	-	Berd Mechmershausen, F.P.Nr. 59752
86	Mar.Helf.	Claassen, Marie Claassen	Dülken 23.6.17	Tilly Paradys, Kiel-Ellerbeck, Klausdorfer Weg 163
87	Mar.Helf.	Müller, Alexandra	- -	Schwester Alice Pauluhn, Hamburg, Grafkenstr. 2o
88	Mar.Helf.	Freymann, Senta	- -	Elise Friedrichs, Wismar/Meckl. Krämerstr. 18
89	Mar.Helf.	Schulz, Rita	Ohra 2.9.26	-
9o	Mar.Helf.	Marohn,Elisabeth	Stargard 26.12.o9	Alb.Marohn, Stargard/Pommern Barnimstr. 1
91	Mar.Helf.	Neubauer-Olschewski Herta	- 18.2.13	Stabsabteilung
92	Mar.Helf.	Sager, Ottilie	- -	Stabsabteilung
93	Mar.Helf.	Linsi, Rikarda	- -	Stabsabteilung
94	Mar.Helf.	Kutschmann, Herta	- 6.4.25	Stabsabteilung
95	Mar.Helf.	Bohn, Christel Bohn	- -	Stabsabteilung

472

Lfd. Nr.:	Dienstgrad	Name, Vorname	Geburtstag- und Ort	Kommando oder Anschrift der nächst. Angehörigen
96	Mar.Helf.	Frahm, Ursula	Liessow 24.7.21	Stabsabteilung
97	Mar.Helf.	Hanke, Ida	Zerlitz 19.3.98	Stabsabteilung
98	Mar.Helf.	Schmidt, Inge	– –	Stabsabteilung (Berlin-Lichtenberg, Scheffelstr. 22)
99	Mar.Helf.	Szobries, Irma	– 23.3.25	Stabsabteilung
1oo	Mar.Helf.	Böttner, Helene	– –	Stabsabteilung
1o1	Mar.Helf.	Gierke, Margot	Berlin 25.4.25	Stabsabteilung
1o2	Mar.Helf.	Wedekind, Sigrid (Sigrid)	Hannover 25.9.25	Stabsabteilung
1o3	Mar.Helf.	Grünberg, Erna	Memel 2o.11.13	Stabsabteilung
1o4	Mar.Helf.	Hoppe, Hildegard (Hopp)	Konitz 9.12.23	Stabsabteilung
1o5	Mar.Helf.	Knust, Ursula geb. Hegemann	– –	Stabsabteilung
1o6	Mar.Helf.	Guth, Agnes	– –	9.Feuerschutzabteilung
1o7	Mar.Helf.	Schorris, Margarete Schorris	Wolfsberg 13.1.25	9.Feuerschutzabteilung
1o8	Mar.Helf.	Röder, Lieselotte	– 192o	9.Feuerschutzabteilung
1o9	Mar.Helf.	Dill, Karla	– 22.1.23	9.Feuerschutzabteilung
11o	Mar.Helf.	Göpel, Elfriede	Langenfeld 1.8.21	9.Feuerschutzabteilung
111	Mar.Helf.	Bindner, Trudel Binder	– –	9.Feuerschutzabteilung
112	Mar.Helf.	Kirsten, Elisabeth	Leipzig 1o.7.11	3.Sicherungsflottille
113	Mar.Helf.	Voss, Irmgard	Wuppertal-Elberf. 1.8.25	3.Sicherungsflottille
114	Mar.Helf.	Keuchel, Lucie	Mohrungen 29.12.17	3.Sicherungsflottille
115	Mar.Helf.	Hauptmann, Margarete	Wien 1o.6.27	3.Sicherungsflottille
116	Mar.Helf.	Sekura, Edith Sikura	Berlin 9.2.25	3.Sicherungsflottille
117	Mar.Helf.	Schröder, Luise	– 13.2.24	Pionierstab
118	Mar.Helf.	Ruprecht, Ilse	– –	Stabszug K.M.A.
119	Mar.Helf.	Küderle, Ella	Marienwerder 12.5.15	Stabszug K.M.A.
12o	Mar.Helf.	Drey, Franziska	– –	T.M.E.K.
121	Mar.Helf.	Doletzki, Eleonore Doletzki	Bartenstein 25.3.24	Kraftf. Komp.

473

Lfd. Nr.:	Dienstgrad	Name, Vorname	Geburtstag- und Ort	Kommando oder Anschrift der nächst. Angehörigen
122	Mar.Helf.	Hurter, Maria ~~Hurber~~ ~~Hueber~~	– 13.1.21	Kraftf.Komp.
123	Mar.Helf.	v. Lützow, Ellen	Semarang 4.11.18	Kraftfahr Komp.
124	Mar.Helf.	v. Lützow, Dina Ina-Margit	– 9.7.92	Kraft.Komp.
125	Mar.Helf.	Lange, Johanna	– –	Kraftf.Komp.
126	Mar.Helf.	Kaischat, Herta ~~Kaischat~~	– –	Lydia Wisbar, Hartbreitungen Vera, Straße d.S.A.
127	Mar.Helf.	Kolwohl, Hulda ~~Kohwohl~~	– –	Peter Kohwohl, Oldenburg/ Ostfriesland, Tebkengang 5
128	Mar.Helf.	Krause, Herta	Karlshof 17.11.o3	Meta Krause, Kolberg, Stettiner Str. 67
129	Mar.Helf.	Reitz, Erna	Gumbinnen 21.4.25	Soldat Reitz, 2./5.Fluma Danzig
13o	Mar.Helf.	Fritzsche, Lieselotte	Weigmannsdorf 1o.8.19	Fanay Timme, Weigmannsdorf üb.Freibg./Sachsen 29 b
131	Mar.Helf.	Maironat, Hedwig ~~Mairinat~~	– –	Friedrich Mairinat, Essen II, Alten-Essen,Bruckmannstr.
132	Mar.Helf.	Brade, Erika	Rodetal 1o.5.23	Fam.Brade, Heerwegen/Schl., Stockhausstr. 2
133	Mar.Helf.	Schäfer, Christel	Ahrweiler 7.6.25	Mathias Schäfer,Altweiler, Johanniswald 13
134	Mar.Helf.	Pakulies, Helene	Memel 6.1o.19	Fam.Weugler, Lindau/Bodensee, Hoyerberg 1o8
135	Mar.Helf.	Nest, Rita	Heeger-Gritta- Mühle 17.6.25	Frieda Nest, Finow/Mark, b.Eberswalde, Bienenthaler- str.
136	Mar.Helf.	Zehe, Rosa ~~Zahe~~	Weißenfels 7.1o.26	Fr.Marta Zahe, Neudietendorf, bei Gotha, Skagerrakstr. 27
137	Mar.Helf.	Widuch, Ursula	Kunzendorf 8.2.22	Fam.Widuch, Gleiwitz/Ob.Schl. Knappenweg 27
138	Mar.Helf.	Reim, Johanna	Waldenburg 31.8.23	Walter Reim, Waldenburg i.Sa., Jahnstr. 2
139	Mar.Helf.	Wilke, Margarete	Michelsdorf 19.2.25	Emma Wilke, Michelsdorf üb.Werder/Havell.
14o	Mar.Helf.	Jung, Hedwig	– 3o.12.25 3o. 9.25	Nikolaus Jung Obernhausen-Osterfeld, Glückaufstr. 25
141	Mar.V.Helf.	Deutsch, Gertrud	Berlin-Schöneberg 3o.5.o8	Stabs-Battr.9.Flak-Regt.
142	Mar.V.Helf.	Didßum , Hildegard ~~Didfuss~~	– –	Stabs-Battr.9.Flak-Regt.
143	Mar.V.Helf.	Hackbarth, Erna	Schivelbein 18.1o.24	Stabs-Battr.9.Flak-Regt.
144	Mar.V.Helf.	Herbecke, Erna	Göritten 25.8.23	Stabs-Battr.9.Flak-Regt.
145	Mar.V.Helf.	Ißmer , Erika ~~Isemer~~	– 22.4.24	Stabs-Battr.9.Flak-Regt.
146	Mar.V.Helf.	Sachs, Maria	– –	Stabs-Battr.9.Flak-Regt.

Lfd. Nr.:	Dienstgrad	Name, Vorname	Geburtstag- und Ort	Kommando oder Anschrift der nächst. Angehörigen
147	Mar.V.Helf.	Schubert, Annemarie geb. Dreuer	– 28.1o.22	Stabs-Battr.9.Flak-Regt.
148	Mar.Helf.	Schulz, Else	Gokel 1o.9.21	Stabs-Battr.9.Flak-Regt.
149	Mar.V.Helf.	Szwillus, Else Schwillus	Memel 12.2.2o	Stabs-Battr.9.Flak-Regt.
15o	Mar.Helf.	Trettin, Ingeborg	– –	Stabs-Battr.9.Flak-Regt.
151	Mar.V.Helf.	Honisch, Anna	Heinrichsdorf 24.8.22	Stabs-Battr.9.Flak-Regt.
152	Mar.Helf.	Schnabel, Christa	– 22.6.24	M.Fla.A. 219
153	Mar.Helf.	Schmidt, –	– –	M.Fla.A. 219
154	Mar.Helf.	Gräbert, –	– –	M.Fla.A. 219
155	Mar.Helf.	Kroll, Irmgard	– 26.9.21	M.Fla.A. 219
156	Mar.Helf.	Schendel, – Schandel	– –	M.Fla.A. 219
157	Mar.Helf.	Hartung, –	–	M.Fla.A. 219
158	Mar.Helf.	Buchebner, Leopoldine	Saffen 31.1o.18	M.Fla.A. 219
159	Mar.Helf.	Scholle, Ruth	– –	M.Fla.A. 219
16o	Mar.Helf.	Schott, Erika	Marienwerder 25.1o.2o	M.Fla.A. 219
161	Mar.Helf.	Fiedler, Brunhilde	Berlin 16.4.22	M.Fla.A. 219
162	Mar.Helf.	Halemba, Anneliese	– –	M.Fla.A. 219
163	Mar.Helf.	Fuierer, Hildegard Fuierer	Bayreuth 8.6.22	M.Fla.A. 219
164	Mar.Helf.	Ebert, –	– –	M.Fla.A. 219
165	Mar.Helf.	Bürger, Ella	Wandsbek 8.3.o7	M.Fla.A. 219
166	Mar.Helf.	Miner, Hanni Miner, Maria Maja	Bad Ems 12.2.15 5.12.15	M.Fla.A. 219
167	Mar.Helf.	Erdmann, Else	– 11.1.21	M.Fla.A. 219
168	Mar.Helf.	Mary, Anneliese	– 28.7.25 (?)	M.Fla.A. 219
169	Mar.Helf.	Hellert, Else Heller	– 6.11.1o	Heller, Marienburg/Westpr. Hintere Zielg. 6
17o	Mar.Helf.	Gillmer, Ursula	– 26.12.24	Gillmer, Seestadt Rostock, Johann-Albrecht-Str. 15
171	Mar.Helf.	Hollergeschandtner, Maria Hollergeschandtner	– 4.12.24	Frau H., Wien 25 Kalteleutegeben

475

Lfd. Nr.:	Dienstgrad	Name, Vorname	Geburtstag- und Ort	Kommando oder Anschrift der nächst. Angehörigen
172	Mar.Helf.	Rogalinski, Charlotte	– 8.1o.21	Emil Rogalinski, Niederrottendorf 27 bei Leuna, Krs. Pirna
173	Mar.Helf.	Monhaupt, Else ~~Mohnhaupt~~	– 8.8.17	Marie Bähle, Freiburg i.B. Moltkestr. 42
174	Mar.Helf.	Sostar, Flora ~~Soester~~	Mittendorf 21.9.21	Sophie Soester, Mittendorf 47 im Salzkammergut
175	Mar.Helf.	Mahla, Hannelore ~~Mahle~~	Frankfurt/M. 3o.11.25	Lotte Fingerhut, Bauernheim b.Friedberg, Nebenstr. 9
176	Mar.Helf.	Reschke, Ursula	– –	Gertrud Reschke, Kottbus-Strobnitz, Adolf-Hitler-Str.48
177	Mar.Helf.	Katz, Ursula	– –	Hermann Katz, Witten-Rüding-hausen, Kreisstr. 84
178	Mar.Helf.	Ganseleiter, Lore ~~Gandeleiter~~	– –	Emma Gandeleiter b. Tasch, Uckermünde, Im Siendenfeld 1
179	Mar.Helf.	Fischer, Lucie	– –	Fischer, Toplitz-Bebelin Kreis Wismar
18o	Mar.Helf.	Funke, Gertraude	– 28.7.24	Funke, Forst Lausitz, Ringstr. 45
181	Mar.Helf.	Quast, Anni	– 8.5.25	Quast, Blumenau/Ostpr. Klotsinen üb.Heilsberg
182	Mar.Helf.	Bertuck ~~JG~~, Rosel ~~Bertuch~~	– 1o.6.25	Bertuck, Gipserleben Witi, Kuhheuserstr. 34
183	Mar.Helf.	Zimmermann, Elli	– 1o.5.25	Zimmermann, Landsberg/W. Grünerweg 32
184	Mar.Helf.	Hartmann, Johanna	– –	Weidna, Beiderode,Krs.Worgau, A.-Hitler-Str. 13o
185	Mar.Helf.	Dreier, Elli	– –	Dreier, Hamburg Goelamstr. 7o a
186	Mar.Helf.	Fuß, Hulda	– –	Fuß, Brannhardshausen P. Bergbach/Rhön
187	Mar.Helf.	Selinger, Gisela	Ohrigbien 28.2.25	Jula Jansen, Grünstadt/Pfalz, Adolf-Hitler-Str. 16
188	Mar.Helf.	Keck, Elli ~~Kuk~~	Ammendorf 11.1o.25	Fam. Paul Kuk, Ammendorf, Wasserstr. 9
189	Mar.Helf.	Jenk, Herta	Düsseldorf 7.1.27	Paul Jenk, Hohengandern und Witzehausen
19o	Mar.Helf.	Kaum, Margot	– –	Ellen Kaum, Braunschweig, Sophienstr. 37
191	Mar.Helf.	Marek, Else	– –	Alois Marek, Ratibor/O.S., Sudetenstr. 98
192	Mar.Helf.	Bünten, Henriette	Duisburg 23.1o.....	Johann Bünten, Duisburg-Ort, Mannheimer Str. 269
193	Mar.Helf.	Hübers, Sophie	– –	Alaida Hübers, Elten-Nieder-rhein, Zeranewstr. 4
194	Mar.Helf.	Mateck,Erna ~~Mareck~~	– 3o.11.2o	Wilhelm Mareck, Dortmund-Dorstfeld, Hellweg 66
195	Mar.Helf.	Raible , Toni	– 1.4.23	Karl Haible, Göttelfingen/Neckar Kreis Hor
196	Mar.Helf.	Selzle, Regine	– –	Klara Wösching, Zäschings-weiler/Donau,/Schwaben
197	Mar.Helf.	Hegner, Gertrud	– –	Fritz Hegner, Neustadt/Orla Sachsenburg

476

Lfd. Nr.:	Dienstgrad	Name, Vorname	Geburtstag- und Ort	Kommando oder Anschrift der nächst. Angehörigen
198	Mar.Helf.	Buchta, Anna	Znaim 7.4.21	Johann Buchta, Znaim N.D., Vrbkag. 19
199	Mar.Helf.	Schmidt, Charlotte ~~geb. Berger~~	- 17.11.18	Luise Bierlich, Berlin-Pankow, Mühlenstr. 35
2oo	Mar.Helf.	Hufschmidt, Elise ~~geb. Greve~~	Norddeich 28.4.o5 28.4.o6	Wilhelm von der Ohe, Norddeich/Ostfriesl., Dorfweg 7 a
2o1	Mar.Helf.	Schöpflin, Margarete Edith	- 17.1o.26	Friedr.Schöpflin, Hauingen Bahnhofstr. 113
2o2	Mar.Helf.	Schönknecht, Edith	Freiburg 17.5.24	Rudolf Werner, Freiburg/D. Sandstr. 6
2o3	Mar.Helf.	Saschen-Becker, Gerda ~~Saschenbrecker~~	- 8.1.25	Robert Rath, Seestadt Wismar, ABC-Str. 2o
2o4	Mar.Helf.	Rimkus, Gerda	Stucken 1o.3.26	Johann Rimkus, Kuckerneese, Borkstr. 23
2o5	Mar.Helf.	Hinrichsen, Magda ~~Martha~~	- 23.7.2o 23.6.23	Ww.Anna Hinrichsen Friedrichsrode
2o6	Mar.Helf.	Halbin, Emmi	- 8.11.15	Klara, Halbin, Schwarzheide, Viktoriastr. 3
2o7	Mar.Helf.	Grimm, Zita	- 19.7.24	Albert Grimm, Kühlstein, Werda/Westf.,Hindenburgstr. 21
2o8	Mar.Helf.	Bürger, Ingeborg	- 6.9.24	Bürger, Lindenbrück/ Warthegau
2o9	Mar.Helf.	Hoffmann, Johanna	Marienberg 25.5.22	Else Hoffmann, Gablonz/Neisse Wüstingerstr. 21
21o	Mar.Helf.	Eilers, Ännchen	- 22.1.25	Albert Eilers, Wilhelmshaven, Falklandstr. 7
211	Mar.Helf.	Prothmann, Erika ~~geb. Schuster~~	Jena 13.12.22	Schreiber, Jena/Thür. Wilhelm-Ernst-Str. 8
212	Mar.Helf.	Rüschenbaum, Klärchen	- 14.11.25	Karl R., Iserlohn/Westf. Bohnenstr. 3
213	Mar.Helf.	Presslmayr, Irma ~~Presl-Mayer, Elfriede~~	Wien 13.12.23	Anna Neumiller, St.Oswald O.D.
214	Mar.Helf.	Endler, Elfriede	- 1o.3.2o	Anna Endler, Dellnitz, Kreis Aussig
215	Mar.Helf.	Koch, Katharina	Busen 13.2.22	Theodor Koch, Warden/Göngen Kinzweilerstr.
216	Mar.Helf.	Lehmann, Ursula	- 12.4.22	Hans Paplinski, Dortmund, Günterstr. 1o4
217	Mar.Helf.	Börsch, Gerda	- 7.6.22	Hedwig Gropp, Buchholz Sachs. Anton-Günterstr. 2o
218	Mar.Helf.	Hentsch, Wanda	- 28.2.24	Peter Hentsch, Ozergor, Straße der S.A.
219	Mar.Helf.	Sweekhorst, Lieselotte	- 28.1.26	Klemens Sweekhorst, Duisburg, Landstr. 73
22o	Mar.Helf.	Biedler, Lucie ~~Biedler~~ ~~geb. Fürst~~	Aschaffenburg 17.4.25	Barbara Fürst, Aschaffenburg, Friedrichstr. 1
221	Mar.Helf.	Pampel, Erika	- -	Kurt Pampel, Glaucha/Sa. Rothanbacher Str. 4o
222	Mar.Helf.	Fleischhacker, Emmy	- 21.9.26	Adolf F., Werda/Westf. Hindenburgstr. 21

Lfd. Nr.: 31— 90 = 5. Marineflugmeldeabteilung Gotenhafen
Lfd. Nr.: 91—125 = M.H. Bereitschaft des Wehrmachtskommandanten
Lfd. Nr.: 126—140 = Navigationsschule Gotenhafen
Lfd. Nr.: 152—168 = Marine-Flak-Abteilung 219
Lfd. Nr.: 169—190 = Marine-Flak-Abteilung 249
Lfd. Nr.: 191—259 = Marine-Flak-Abteilung 259
Lfd. Nr.: 38   = Nachträglich als gerettet festgestellt
Lfd. Nr.: 104   = Nachträglich als gerettet festgestellt
Lfd. Nr.: 117   = Nachträglich als gerettet festgestellt
Lfd. Nr.: 151   = Tot geborgen. Beigesetzt Kriegsgräberfriedhof
                     Pillau I, R. 2, E 324
Lfd. Nr.: 163   = Tot geborgen. Beigesetzt Kriegsgräberfriedhof
                     Pillau I, R. 3, E 109
Lfd. Nr.: 219   = Soll überlebt haben und in der Zeit vom 12. 6. 1949 bis zum
                     21. 6. 1949 im Kriegsgefangenenlager Sukrez 7456/2 oder
                     74774/2 gewesen sein.

GUSTLOFF-ARCHIV HEINZ SCHÖN

ANLAGE 8

VERMISSTE BESATZUNGSMITGLIEDER (HANDELSMARINE)

Liste der zivilen Besatzungsmitglieder der *Wilhelm Gustloff*, die am 15. Februar 1945 von der Hamburg-Südamerikanischen Dampfschifffahrts-Gesellschaft der Kriegsmarinedienststelle Hamburg seit dem 31. Januar 1945 vermißt gemeldet wurden.

Lfd. Nr.:	Dienstgrad	Name, Vorname	Geburtstag- und Ort	Heimatanschrift
1	Steurer	Albrecht, Helmut	Stettin 28.9.06 (o5)	Frau Albrecht, Hamburg, Wilhelminenstr. 5o
2	Wäscher	Bahls, Hermann	Oldesloe 8.6.1o	Frau Bahls, Zoppot, Brombeertalweg 5
3	Wäscher	Bartel, Karl	Hamburg 17.4.oo	Frau Bartel, Hamburg 19, Voigtstr. 5, II
4	Steward	Bensch, Richard	Hamburg 25.9.91	Frau Anna Bensch, Ernst/Verden a.d.Aller, b/Puvagel
5	Steward	Beyer, Hans	Landsberg/W. 13.1.96	Frau Vally Beyer, Hamburg, Grundstr. 29

Lfd. Nr.:	Dienstgrad	Name, Vorname	Geburtstag- und Ort	Heimatanschrift
6	Steward	Boost, Hermann	Holzweißig 16.1.oo	Frau Boost, Hamburg, Lincolnstr. 15
7	Aufwäscher	Boetcher, Joh.	Wesermünde-L. 16.8.o7	Frau Adele Boetcher, Wesermünde-Lehe, Neue Landstr. 9
8	I.Zimmermann	Brandt, Karl	Ellenberg 5.5.89	Frau Margarete Brandt, Kappeln/Schlei, Prinzenstr. 16
9	Plätterin	Brümmer, Edith	Hamburg 2o.1.15	Fam. Brümmer, Gotenhafen, Albert Forsterstr. 33
1o	Stewardeß	Buschhusen, Lilo	Hamburg 6.2.26	Frau Margarete Buschhusen, Camm/Oberpfalz,Katzberg 35
11	Aufwäscher	Cappelmann, Bernh.	Spaden, Kr.Wesermünde 3o.7.o3	Frau Alwine Cappelmann, Spaden Krs.Wesermünde Sögeborgsweg 244
12	Steward	Dunker, Erich	Hbg.-Altona 27.9.o3	Frau Dunker, Gotenhafen-Adlershorst, Helablick 12
13	I.Mech.	Dwenger, Rudolf	Hannover 14.1.89	Frau Dwenger, Gotenhafen-Oxhöft, Ad.Hitlerstr. 146
14	Steward	Gamst, Rowald	Hbg.-Harburg 24.12.97	Frau Gamst, Hamburg, Thalstr. 27, Hs. 6
15	Kochsgeh.	Grünmeyer, Heinz	Hamburg 31.8.27	Fam. Grünmeyer, Hamburg 13, Pappctr. 9
16	Stewardeß	Grunwaldt, Emmy	Düsseldorf 1o.3.14	Fam. Schmielewski, Hamburg 4, Erichstr 18 II
17	Steward	Gundelach, Eduard	Magdeburg 27.12.86	Fam. Gundelach, Hamburg 4, Paulinenstr. 12
18	Steward	Hene, Fritz	Zeitz 5.8.o5	Frau Elisabeth Hene, Zeitz in Sa., Rossmarkt 11
19	2.Bäcker	Herbstritt, Karl	Herboldsheim 17.5.9o (25.5.9o)	Frau Herbstritt, Danzig, Brabank 21
2o	Steward	Hiller, Rudolf	Gösau 17.1.o3	Frau Hiller, Schmölln/Thüringen Gössnitzerstr. 32
21	Stewardeß	Hirschberg, Magda	Hamburg 1o.4.o4	Fam. Hirschberg, Hamburg, Eckenfelderstr. 67
22	Steward	Hogreve, Albert	Nordheim 3o.7.92	Frau Erna Hogreve, Hamburg 4o, Gertigstr. 6o
23	2.Koch	Homann, Hans	Hamburg 11.3.83	Frau Homann, Hamburg-Waltershof, M-Lerchenfeld 28o
24	Friseurgeh.	Jagodzinski, Paul	Danzig 1o.3.o4	Frau Jagodzinski, Danzig-Langfuhr, Baumbachallee 16 a
25	1.Drucker	Jaissle, Eugen	Weilheim 13.3.o8	--
26	1.Zahlmstr.	Jensen, Martin	Övernum 28.12.89	--
27	Steward	Jespersen, Hans	Flensburg 5.1.95	--
28	Stewardeß	Jürgens, Christel	Annuschen,Krs.Tilsit 27.11.22	--
29	Steward	Katenbein, Wilhelm	Bremen 5.2.o2	--
3o	I.Anrichtekoch	Krohn, Arthur	Hamburg 13.7.o7	--

479

Lfd. Nr.:	Dienstgrad	Name, Vorname	Geburtstag- und Ort	Heimatanschrift
31	Stewardeß	Krohn, Mimi	Hamburg 7.12.o3	--
32	1.Bäcker	Krüger, Paul	Preusslitz/Anhalt 3.11.82	--
33	2.Bootsm.	Lamprecht, Otto	Elmshorn 5.1o.06	--
34	Aufwäscher	Landsberg, Albert	Eggestadt 21.7.o3	--
35	Messejunge	Laschützа, Wolfgang	Grebendorf/Eschwege 23.11.28	--
36	III.Off.	Lehe, Friedrich	Zeuthen/Berlin 9.12.21	--
37	Steward	Lemke, Hermann	Hamburg 12.5.87	Natterheide b/Osterburg b.Bauer Penegel
38	Messejunge	Lubinitzki, Gerhard	Johannisburg 8.5.26	Königsberg/Pr. Stägemannstr. 82
39	Steward	Platte, Ernst	Hamburg 11.8.91	Hamburg, Dammtorwall Nr. 165
4o	Stewardeß	Prade, Maria	Mittwaida 3o.11.o8	Gotenhafen Schillerstr. 34
41	Koch	Rassek, Edmund	Bogutschütz 27.1o.o1	Gotenhafen Gotenstr. 7
42	Oberst.Ass.	Rathkamm, Alfred	Ehmelingen 31.1o.o2	Hamburg 2o Moorweg 3o
43	Anr.Koch	Rolfes, Hinrich	Bremen 3o.3.93	Schwiegervater: Max Wilhelm, Hbg.19, Methfesselstr.39,IV
44	1.Elektr.	Ruge, Rudolf	Hamburg 3o.1.94	Hamburg 24, Mettlerkampsweg 25, III
45	Masch.Wrt.	Saal, Hermann	Blumenthal 14.5.15	Mutter: Anna Saal, Ww. Bremen-Blumenthal Mühlenstr. 114
46	2.Zimmermann	Sander, Eduard	Mutafka 2.8.o6	Trankwitz/Samland Ostpreußen
47	Küper	Schäfer, Erich m.Ehefrau u. 2 Kind.	Kindisch/Sa. 14.1o.o9	Gotenhafen Joh.Seb.-Bach Weg 13
48	Küper	Scharrer, Ludwig	Straubing 3.8.11(11.3.11)	Mainkofen b.Plattling/Bayern
49	Koch	Schmidt, Karl	Flötenau 27.7.92	Frau Ingeborg Schmidt Güstrow i/M.,Mühlenstr. 13
5o	Stewardeß	Schmielewski, Wilhel- mine	12.1o.o2	Hamburg 4, Erichstr. 18 II Nichte: Fr.Bücker, Hamburg 39, Haidbergstr. 53
51	Steward	Schneider, Ernst	Darkehnen 1o.1o.o4	Frau E. Schneider,Süllfeld I.H.ü./Bad Oldesloe Gr.Graben 3 b/ Ehlers
52	Obersteward	Schröder, Max	Timmendorf 7.5.88	Frau Martha Schröder,Hamburg 3 Langenkamp 3, b. Kaufel
53	Steward	Schüler, Paul	Brehna 13.1o.79	Hamburg 4, Kielerstr. 45 II b/Münster
54	Schmierer	Selck, Heinrich	Bundhorst 12.9.87	Hamburg 4, Seilerstr. 29 III b/ Skowronek
55	Schmierer	Sturm, Theodor	25.2.o4	Altona-Lurup, Fahrenort 115

Lfd. Nr.:	Dienstgrad	Name, Vorname	Geburtstag- und Ort	Heimatanschrift
56	Plätterin	Szonowski, Maria	Zerkow 25.3.91	Schwester: Rosalia Osnabrück, Hamburg 2o, Curschmannstr.15
57	Heizer	Thormählen, Carl	- 17.3.84	Frau Vera Thormählen, Hamburg 4, Wilhelmplatz 16
58	Küper	Trunsch, Paul	Flensburg 11.11.93	Hamburg-Rahlstedt, Ringstr. 167, II
59	Steward	Weber, Balthasar	Grasowang 1.6.oo	Frau Aenne Weber, Hamburg 4, Glashüttenstr. 113, Haus 3
6o	Steward	Weber, Franz	Aschaffenbg. 16.8.oo	W. gab als Wohnungsanschrift lediglich "an Bord" an
61	Stewardeß	Weise, Elfriede	Hamburg 1o.11.1o	Hamburg 4- Barmbeck Flotowstr. 22
62	Bademeister	Willerich, Friedrich	Harburg 22.2.83	Danzig-Heubude, Stammstr. 28 b
63	Ingenieur	Wöhlbier, Herrmann	Hamburg 28.1.o7	Hamburg 2o, Meldorferstr. 5
64	Stewardeß	Wolff, Anita	Barnstedt 1o.1o.06	Hamburg 4, Pinnasberg 13
65	Friseör	Wommer, Peter	Hühnerfeld 25.4.1o	Hühnerfeld/Saar Grühlingstr. 79
66	Steward	Zochert, Paul	Neu-Königsförde 7.2.93	Hamburg 19 Haussweg 86
67	1.Schlachter	Erdrich, Heinrich	Oberehnheim 24.3.79	Hamburg, Langenhorn, Ehndacker 14
68	Stewardeß	Meyer, Klara	Gr.Deuben 13.7.o8	Mutter: Fr.Martha Reuther, verw.Meyer, Mark-Kleeberg b.Leipz., Ritterstr. 11 Sohn: Mtr. Heinz Meyer, F.Nr. M 44o16
69	1.Ingenieur	Schmidt, Hermann	- 8.8.86	Hamburg-Wellingsbüttel, Hoheneichen 15 b/Thomsen
7o	Trimmer	Kundl, Anton	Vukovar/Kroatien 13.8.27	Mutter: Theresia K., Kacieva bt.22, Vukovar, F.N.R./Jugoslavija
71	Ing.Asp.	Bajac, Mirko	Serajewo 14.7.2o	Heim.Anschr.: Tojnica K/K
72	Aufw./Kochs-maat	Linzner, Anton	Ruma/Jugosl. 31.5.98	Ehefrau: Katharina L., Pramet, Hartlhof 3/OO
73	Trimmer	Barbalic, Vinko	Baska/Draga/ Jugosl. 23.9.25	Insel Krk/Kroatien N. 97
74	Kochsmaat/ Schlachter	Beinrauch, Johann	Vukovar/Jugosl. 2o.8.17	Vukovar/Jugosl. Trirojen 54
75	Stewardeß	Dordevic, Radnlla	Belgrad 5.1o.2o	Belgrad, Königsbäder Nr. 7
76	Trimmer/ Kochsmaat	Dudic, Jilija	Rab 26.12.24	Mandac Duchic- Otok Rab
77	Matrose/ Kochsmaat	Jurcic, Konrad	Zagreb 2o.11.oo oder 24. 1.oo	Anaivanuzig/Cvetkovic
78	Trimmer/ Aufwäscher	Keko, Slavko	Berst 4.6.26	Dorf Barbard b. Otok Rab
79	Kochsmaat	Gulic, Angelo	Supertarska 4.12.2o	Supertarska-Draga.3 b/ Otok Rab

Lfd. Nr.:	Dienstgrad	Name, Vorname	Geburtstag- und Ort	Heimatanschrift
8o	Trimmer/ Kochsmaat	Gulic, Josip	Supertarska 26.3.26	Supertarska-Draga Otok Rab
81	Matrose	Sime, Marzic ~~(Marcic)~~	Pag 3.6.14	Agram Gredisca 22
82	Reiniger/ Aufwäscher	Molenski, Misa	Jlok/Kroat. 11.1o.1o	Kroatien/Jlok
83	Schmierer	Petrovic, Anton	Sarengrad 9.1.23	Vukovar Eugen Kunicic 1 17
84	Trimmer/ Kochsmaat	Pogorelc, Juraj	Pooljane 8.9.21	Vater: Poolonic Nr. 93 Kroatien
85	Aufwäscher	Lokmer, Vlado	Agram 7.7.26	Agram, Prudi Nr. 6
86	Trimmer	Radic, Milan	Zrvani 26.1o.19	Zrvanj/Kroatien
87	Trimmer/ Aufwäscher	Rak, Josip	Supertraska b/Otok Rab 11.4.23	Supertraska/Draga b/Otok Rab
88	Kochsmaat	Silovic, Boris	Split/Kroatien 6.2.23	Split, Borica Bariveva 3
89	Aufwäscher	Simicic, Bozo	Barbata 2.6.26	Dorf Barbara 12 b/Otok Rab
9o	Kochsmaat	Tot, Stjepan	Vukovar 19.12.21	Vukovar, Kativiwa 25

482

ANLAGE 9

TOTE

Liste über die gemeldeten Verlustmeldungen des Kommandierenden Admirals der Unterseeboote vom 12. April 1945 beim Untergang der *Wilhelm Gustloff* in der mittleren Ostsee, Höhe Stolpmünde, am 30. Januar 1945 gefallenen Angehörigen der Kriegsmarine.

Lfd. Nr.:	Dienstgrad	Name, Vorname	Geburtstag- und Ort	Grablage
1	Ob.Masch.Mt. gef.31.1.45	Püschel, Albert	Linde 17.1o.19	---
2	Ob.Btsmt.	Matteit, Wilhelm	- 3.9.22	Gem.Friedhof Saßnitz/Rügen Gr.Nr.42 Soldat.Teil
3	Fk.Gfr.	Mrozek, Egon	Geesthacht/ Elbe 28.6.24	Beigesetzt 5.2.45 in Gotenhafen, Ehrenfriedhof Vitcmia,Grb.Nr.359-361
4	Ob.Fk.Mstr.	Brüning, Johann	Bremen 24.12.16	" " "
5	Ob.Btsmt.	Dinkel, Georg	Eschelbronn/Sinsheim Heidelberg/Baden 17.3.21	" " "
6	Zim.H.Gfr.	Dölz, Gerhard	Gera/Thür. 29.1o.19	" " "
7	H.Feldw.d.L.	Duhm, Friedr.	Quedlinburg 24.4.97	" " "
8	Ob.Masch.	Engelmann, Kurt	Gladitz Krs. Weissenfels 15.12.19	" " "
9	Masch.Mt.	Eckey, Willi	Hörde,Krs.Dortmund 3.3.24	" " "
1o	Masch.Obgfr.	Gasser, Ernst	Konstanz 29.8.24	" " "
11	Stbs.Ob.Sig. Mstr.	Krumm, Paul	Kummer/Mecklbg. 19.9.o1	" " "
12	Ob.Btsmt.	Leenings, Wilh.	Horrem, Bez. Köln 7.11.19	" " "
13	Stbs.Btsm.	Loll, Paul	Nippogleuse 3o.1o.o2	Beigesetzt 5.2.45 in Gotenhafen, Ehrenfriedhof Vitcmia, Grb.Nr. 359 - 361
14	Ob.Btsmt.	Lux, Bruno	Altena 5.5.19	" " "
15	Ob.Masch.	Maximini, Josef	Sablon b.Metz 3.2.18	" " "
16	Fk.Gfr.	Mertin, Horst	Erkner 1.12.25	" " "
17	Fk.Mt.	Reitze, Georg	Falkenberg/Kassel 17.3.23	" " "

Lfd. Nr.:	Dienstgrad	Name, Vorname	Geburtstag- und Ort	Grablage		
18	Btsmt.	Renner, Helmut	Peterswaldau/ Eulengebirge 18.4.22	"	"	"
19	Btsmt.	Schmöller, Heinrich	Lackenhäuser 18.5.24	"	"	"

ANLAGE 10

TOTE

Protokoll über die Beisetzung von 143 Toten, die nach dem Untergang des Schiffes *Wilhelm Gustloff* von verschiedenen Schiffen in Pillau dem Gräber-Offizier der Seestadt Pillau übergeben wurden und die am 02. Februar 1945, 23.00 Uhr, auf dem Friedhof Pillau I, rechts der Kapelle, in einem Massengrab beigesetzt wurden:

1. Gerd Koswig, geb. 28. 11. 1936 (3/1154), Gotenhafen, Horst-Wessel-Str. 97
2. Sohn des Obersekretärs Pwine, Nadendeck, Kammer 16
3. Adelheid Dörffle, Danzig-Oliva, Blücherstr. 38
4. E. Landschat (Name war im Taschentuch eingestickt), an rechter Hand fehlt der Mittelfinger
5. Erika Dacker, Gotenhafen, Gotenstraße 23 (1/2028)
6. Margarete Rohte
7. Lüsa Kalleste, geb. am 29. 8. 89 Gemd. ORU. (Estland)
8. Sohn des Technikers Joh. Raetsch, Gotenhafen, Gotenstr. 21—23
9. Windried Hinzmann ? (Schrift war durch die Witterung stark verwischt.)
10. Klaus Bruhn, Gotenhafen, Hermann-Löns-Straße 36 (sollte nach Kappeln/-Schles., Mühlenstr. 51 zu Andresen reisen.)
11. Käthe Paul, Gotenhafen Hafenstraße 4 II
12. Edmund Zipplies, Gotenhafen, Burgundenstraße 9
13. Jan Jürgen Hackmann, geb. am 23. 5. 1932 Rehmel-Schmelztal, Forststraße 97
14. Inhaberin des Postscheckkonto Nr. 3967 Danzig
15. Käte oder Lina Marquardt, Ebenrode/Ostpr.
16. Alfred Berger, geb. am 4. 6. 1902 in Rummy, Krs. Ortelsburg, Ostpr. —Allenstein lt. Wehrp.
17. Leo Pondorf, Gotenhafen
18. Hermann Jurrat, Elbing, Kleiststraße 16
19. Charlotte Kusch, geb. Stadtaus, Königsberg Pr. Meyer Waldeckstraße 30
20. L. Rottmann
21. Lok. Heizer Fritz Bondzio der *Wilhelm Gustloff*
22. Frau Helene Pfeiffer, Gotenhafen, Bahnhofstraße 11
23. Marlin Schwarz, geb. am 24. 5. 28, Elbing, Spittelhof
24. Katharina v. Mindnig, geb. am 2. 5. 1938 Gotenhafen, Fichtestraße 44 Wo 1 Reiseziel: Bremen, Moltkestr. 47 Prof. v. Poppen

25. Anneliese Berg b. Ob. Maat Henke, Kammer 342
26. Ella Kluge, geb. am 26. 2. 00 Kl. Binder, Krs. Danzig Land
27. Frau Anna Urban, Gotenhafen, Horst-Wessel-Str. 38, Wo. 6
28—32 Frau Anna Schiemann mit ihren 4 Kindern
    Olaf, Helga, Marianne, Friedrich Schiemann,
    Neu-Oxhöft, Blauestr. 47
33. Ehefrau Alma Pünner (im Mantel Firmenzeichen v. Kaufhaus Walter Bönisch,
    Dirschau)
34. Klaus Ahrenknecht, Zopot, Adolf Hitler-Straße
    Nr. 787 Tel. 31 388 (Breski)
35. Hortführer Kurt Behrendt, geb. am 1. 12. 1926
    Gotenhafen, Unterführung II
36. Hildegard Christochowitz, geb. am ?? ? ?? in
    Kohmersdorf, Krs. Lyck / Ostpr.
37. Frl. Lydia Kantel, Gotenhafen, Adolf-Hitler-Str. 139
38. Helene Dank od. Hildegard Danka, lt. Schiffs-Essen-Karte
39. Frau H. Pfeiffer, Gotenhafen, Bahnhofstraße 11
40. Angestellter der Schiffsdruckerei *Wilhelm Gustloff*,
    Trauring gez. U.L.! 13. 3. 43
41. Frau Wilhelmine Neubauer, Danzig, Gr. Mühlengasse
    und 82 Unbekannte.

Für die Richtigkeit dieses Protokolls:
Paul Fürstenberg, Gefr.
Schreiber beim Gräber-Offizier der Seestadt Pillau

ANLAGE 11

Tote

Nachweisung von Sterbefällen aus Anlaß des Unterganges des M/S *Wilhelm Gustloff, zusammengestellt vom Standesamt I Berlin, Berlin-Dahlem, Lentzeallee 107, aus dem Sterbebuch des Standesamtes Gotenhafen. Jahrgang 1945:*

Lfd. Nr.:	Reg. Nr.:	Familienname, Vorname	Beruf	Geburts-Tag und Ort	Sterbedatum
1	405	Antoniewicz, Wanda Anastasia	Friseuse	17.12.1918 Grohn	30.01.1945
2	317	von Baggehofoudt, Eduard	Baumschulenbesitzer	30.10.1870 Reval	30.01.1945
3	350	Buttstädt, geb. Eiler, Herma	–	24.09.1913 Hannover	30.01.1945
4	282	Dahm, geb. Klein, Elfriede Elisab.		12.07.1922 Danzig	30.01.1945

485

Lfd. Nr.:	Reg. Nr.:	Familienname, Vorname	Beruf	Geburts-Tag und Ort	Sterbedatum
5	582	Domke, Hildegard	Schülerin	07.01.1938 Gelsenkirchen-Buer	30.01.1945
6	238	Gronke, Doris Helga	-	13.03.1934 Danzig-Langf.	30.01.1945
7	237	Gromke,geb.Rauhut,Käte Luise Olga	-	28.09.1911 Groß-Nipkau	30.01.1945
8	272	Hackmann, Hedwig	-	04.11.1938 Hamburg	30.01.1945
9	279	Jagodzynski, Paul	Friseur	10.03.1904 Danzig	30.01.1945
1o	408	Krachmanow, Evelyn	Schülerin	26.03.1931 Riga	30.01.1945
11	451	Kumolka,geb.Busch, Emma Ida	-	09.10.1919 Hamburg	30.01.1945
12	27o	Lehmann, Harri Adolf Julius	Schüler	15.11.1932 Danzig-Neufw.	30.01.1945
13	330	Labahn,geb.Krüger Elli	-	05.02.1924 Danzig-Langf.	30.01.1945
14	454	Matzeschke, Georg	Klempner	17.08.19o5 Zoppot	30.01.1945
15	295	Müller,geb.Kasick, Alexandra	-	17.08.1905 Zoppot	30.01.1945
16	749	Perling, Hartmut	Schüler	27.02.1939 Danzig-Langf.	30.01.1945
17	269	Pinther, Ursula	-	Jahrg.1943 Danzig-Neufw.	30.01.1945
18	453	Ratsch, Erhard	-	30.08.1941 Gotenhafen	30.01.1945
19	747	Ross, Gisela	Schülerin	18.02.1931 Danzig-Langf.	30.01.1945
2o	271	Scheidereiter,geb.Neumann,Wilhelmine	-	24.07.1886 Windau	30.01.1945
21	484	Schimmer, Erna	-	16.01.1921 Zoppot	30.01.1945
22	472	Walter, Minna	Mamsell	17.03.1879 Danzig	30.01.1945
23	483	Weide, Siegfried	Schüler	19.1o.1931 Danzig	30.01.1945
24	399	Zach, Ruth	Schülerin	08.04.1935 Königsberg	30.01.1945

ÜBERLEBENDE

Liste (unvollständig) *der* Personen (Flüchtlinge, Kriegsmarineange-hörige, Marine- und Wehrmachtshelferinnen, Wehrmachtsangehöri-ge, Verwundete, Zivilbesatzungsmitglieder und sonstige Personen), die den Untergang des M/S *Wilhelm Gustloff* am 30. Januar 1945 in der Ostsee überlebt haben:

Lfd. Nr.:	Name, Vorname	Angaben zur Person
1	Abt. Hans	Zivilbesatzung
2	Agnesens, Gertrud	Marinehelferin
3	Albrecht, Margarete	Marinehelferin MF 249
4	Androic, Branco	Kroate, Zivilbesatzung
5	Angst, Ursula	Flüchtling
6	Arndt, Alfred	geb.5.9.1919, Flüchtling aus Königsberg
7	Arndt, Helga	Marinehelferin, verh. List
8	Auserwählt, Franz	Matrose, KM, gerettet von TS 2
9	Bade, Ursula	Marinehelferin, Revier, 2.ULD Gustloff
1o	Badeschewski, Lore	Marinehelferin M.Fl. 219
11	Barisch, Oswald	Flüchtling
12	Baron, Rosel	Marinehelferin M.Fl. 219
13	Baron, Elisabeth	Marinehelferin M.Fl. 219
14	Baron, Marie	Flüchtling
15	Barenheim, Maria	Flüchtling, geb. 5.4.1918
16	Bartholomäus, Heinrich	Flüchtling
17	Bartsch, Irmgard	Flüchtling, geb. 19.6.1924
18	Bast, Liesbeth	Marinehelferin, 3.M.Fl.219, geb.13.3.24 verh. Breyer
19	Baumhauer, Karoline	Marinehelferin, 4.M.Fl.219
2o	Beck, Edeltraud	Marinehelferin
21	Beck, Hildegard	Marinehelferin, T.M.H.K.
22	Beckmann, Otto	Obermaat 2.ULD
23	Beckmann, Otto	Flüchtling
24	Behr, Willi	Flüchtling
25	Behrens, Elisabeth	Marinehelferin, M.Fl.219, 6659/43
26	Beilfuß, Gurdula	Marinehelferin, 71/33. 2.ULD
27	Bendrich, Hilda	Flüchtling, geb. 9.1o.1917, geb. Felsch
28	Bendrich, Ingeborg	Flüchtling, geb. 28.12.42
29	Berger, Wilhelm	Obersteuermann, geb. 9.1o.1917, 11./12. ULD gerettet von D."Göttingen"
3o	Bergfeld, Sigrid	Marinehelferin, 12o67/44. 2. ULD
31	Bertram, Heinz-Günther	Maschinenmaat, 12.K./2.ULD, geb.23.3.1925
32	Besener, Lucie	Marinehelferin
33	Best, Sigrid	Flüchtling aus Zoppot
34	Bettaque, Ursula	Marinehelferin, 5. Fluma
35	Betz, Richard	Marineangehöriger 2.ULD
36	Beuthling, Heinz	Funkobergefreiter 2.ULD, geb.29.4.22

37	Beyer, Heinz	Wehrmachtsangehöriger, Lazarett "Gustloff"
38	Biehl, Helene	Flüchtling, geb. Olschewsky
39	Bienenbeck, Heinz	Funkgefreiter Stbskomp.2.ULD, geb. 2o.4.24
4o	Binder, Gabriele	Marinehelferin, 9.Flak.Reg.
41	Bittner, Alfred	Steward, Zivilbesatzung
42	Blessin, Karl	Zivilbesatzung
43	Blonsin, Michael	Flüchtling
44	Bock, Heinrich	Professor, Marinemaler an Bord der "Gustloff"
45	Bode, Erika	Marinehelferin 2.ULD, 23 Jh.
46	Böhm, Elfriede	Marinehelferin, 9.Flak.Reg.
47	Boese, Elisabeth	Marinehelferin, M.Fl.Abt. 219
48	Böttcher, Christa	Flüchtling aus Gotenhafen
49	Böttcher, Gertrud	Marinestabshelferin 2.ULD
5o	Bohn, Christel	Marinehelferin, 9.Feuerschutz-Abt.
51	Bojanowsky, Jphn Henry	Wehrmachtsangehöriger, Verwundeter, Lazarett "Gustloff"
52	Bonnet, Max	Kapitänssteward, Zivilbesatzung
53	Bollinger, Eduard	Funkmaat, 2.ULD
54	Borg, Franz	Flüchtling, geb. 24.3.1931
55	Bothe, Ursula	Flüchtling
56	Brandt, Johanna	Marinehelferin, 5.Fulma, 32245/43
57	Brassas, Gerda	Marinehelferin
58	Brassas, Ursula	Marinehelferin
59	Braun, Hedwig	Marinehelferin
6o	Brock, Joachim	Leutnant z.S., 2.ULD
61	Broustin, Joseph	Flüchtling
62	Bruhn, Martha	Marinehelferin M.Fl. Abt. 219
63	Bruhn, Martha	Marinehelferin 3./5.Fluma Pillau
64	Busch, Wilma	Marinehelferin 779/44 MNO
65	Buchold, Martha	Stewardess, Zivilbesatzung
66	Budack, Herbert	Obermaschinist 2.ULD
67	Büchner, Eberhard	Funkgefreiter 2.ULD
68	Burg, Erni	Marinehelferin
69	Conrad, Auguste	Flüchtling, verh. Kreiepl, geb. Wegener
7o	Conrad, Ernst	Feldwebel, I.Àbt. 2.ULD
71	Claaßen, Erna	Flüchtling, geb. 15.5.1917
72	Clemens, Maria	Marinehelferin, 5.Fl.Reg.
73	Cordes, Marie	Flüchtling
74	Cwicklo, Klara	Flüchtling, geb. 14.5.99, geb. Kusch
75	Dahm, Heinz	Funkgefreiter 2.ULD
76	Danöhl, Gertrud	Flüchtling, geb. 29.O1. 1906
77	Danöhl, Hannelore	Flüchtling, geb. O5.O1. 1935
78	Danöhl, Jürgen	Flüchtling, geb. 31.12. 1935
79	Danöhl, Peter	Flüchtling, geb. 9.11. 1933
8o	Danöhl, Manfred	Flüchtling, geb. 24. 7. 194o
81	Darnedde, Irene	Flüchtling aus Szugken, Kreis Tilsit/Memelland
82	Daumeter, Carla	Flüchtling aus Danzig, geb. 16.8.1924
83	Davhselt, Günter	Marineangehöriger, geb. 24.1.22
84	Denker, Ingeborg	Flüchtling, geb. 26.2.1933
85	Descholin, Karl	Matrose, Zivilbesatzung
86	Dethlefsen, Wolfgang	Wehrmachtsangehöriger, geb. 25.6.1921
87	Deutsch, Karl	Funkobergefreiter 2.ULD

488

88	Dickstein, Leni	DRK-Haupthelferin, geb. 21.4.19o2
89	Dielinski, Ilse	Flüchtling
9o	Dietl, Maria	Zivilbesatzung
91	Dietrich, Heinz	Funkmaat, 2.ULD
92	Dinske, Hildegard	Marinehelferin
93	Distl, Maria (9o ?)	Zivilbesatzung, Kroatin
94	Dittberner, Paul	Oberleutnant z.S.,2.ULD, geb. 4.7.1916
95	Dittrich, Max	Bootsmaat, 2.ULD
96	Döbbeck, Anna	Marinehelferin, geb. Wanger
97	Dörr, Maria	Marinehelferin, Stabs-Komp. 2.ULD
98	Dóliński, Ulse	Marinehelferin, M.Fl. Abt 249
99	Domanski, Jonina	Stewardeß, Zivilbesatzung
1oo	Donath, Heinrich	Flüchtling
1o1	Dorn, Ingeborg	Marinehelferin
1o2	Dreier, Grete	Plätterin, Zivilbesatzung, geb.16.9.19o2
1o3	Drzewek, Heinrich	Matrose, 2.ULD
1o4	Drews, Marianne	Flüchtling
1o5	Drey, Franziska	Flüchtling
1o6	Drey, Theresia	Marinehelferin, verh. Brinkmann, geb.29.1o.1924
1o7	Duckstein, Leni	Zivilbesatzung, geb. 21.4.19o2
1o8	Dundowik, Jure	Zivilbesatzung
1o9	Dunker, Henny	Flüchtling, geb. Ruowalzky, geb. 31.12.1962
11o	Dzaack, Horst	Flüchtling, geb. 19.8.1928
111	Echl, Helene	Flüchtling, geb. Olschewski, geb. 18.8.11
112	Eder, Walter	Marineangehöriger, 2.ULD., geb. 28.5.19o9
113	Ehlert, Gustav	Marineangehöriger
114	Eickhoff, Johanna	Plätterin, Zivilbesatzung, geb. 8.1o.1912
115	Eickhoff, Karl	Lagerhalter, Zivilbesatzung
116	Eickstädt, Leoni	Flüchtling
117	Elbrechtsz, Ursula	Flüchtling
118	Engisch, Erna	Flüchtling
119	Erker, Karl	1.Koch, Zivilbesatzung
12o	Erwied, Betty	Flüchtling
121	Falk, Betty	Flüchtling
122	Faltin, Erika	Flüchtling, geb. Regier, geb. 16.4.1897
123	Fast, Wolfgang	Oberbootsmaat, 2.ULD, geb. 2o.2.1922
124	Faust, Anni	Marinehelferin
125	Feuersenger, Hildegard	Flüchtling
126	Fick, Erwin	Zivilbesatzung
127	Fige, Lydia	Flüchtling, geb. Schwarz, geb. 28.9.1922
128	Fischer, Arthur	Matrosengefreiter, 1o.K.2.ULD, geb. 11.6.1926
129	Flauss, Gerhard	Fähnrich, I/9.M.F.S., Marinelazarett Gotenhafen
13o	Fox, Gisela	Flüchtling, geb. 3o.4.1927
131	Frenkel, Elsa	Flüchtling
132	Friedrich, Gertrud	Marinehelferin, 9.Fla.Reg.
133	Frost, Gertrud	Flüchtling
134	Funke, Paul	Fernschreibhauptgefreiter 2.ULD
135	Fuchs, Karl	Funkmaat, 2.ULD
136	Gabler, Johanna	Plätterin, Zivilbesatzung
137	Gardeleben, Ruth	Marinehelferin, 12787/44 M.Fla.Abt. 259
138	Gast, Ernst	Oberbootsmaat
139	Geest, Ernst	Obermaat 2.ULD

489

Lfd. Nr.:	Name, Vorname	Angaben zur Person
14o	Geiß, Rudolf	Obersteuermann d.R. 2.ULD
141	Gelinski, Elisabeth	Stewardess, Zivilbesatzung
142	Gerlach, Dorothea	Flüchtling, Marinehelferin, 6167/43.M.Stabsabt.
143	Gerke, Erna	Flüchtling
144	Gerwin, Erika	Flüchtling
145	Gladies, Vera	Marinehelferin, 13377/44, Kraftf. Komp.
146	Glauwitz, Fritz	Bootsmaat 2.ULD
147	Göbel, Lieselotte	Marinehelferin, 843/43 3.M.Fl.A.258
148	Goering, Erich	2.Ing.,stv.Chefing.Zivilbesatzung
149	Götz, Georg	Bootsmaat, Ausbilder auf "Gustloff", 2.ULD
15o	Gosse, Margarete	Marinehelferin, 3.M.Fl.A. 258
151	Graulich, Heinrich	Flüchtling
152	Gren, Heinz	Obermaschinist
153	Greulich, Karl	Wehrmachtsangehöriger, Lazarett auf "Gustloff"
154	Greve, Wilhelm	Funkmaat, 7.Komp./2.ULD
155	Griechen, Theodor	1.Bootsmann, Zivilbesatzung
156	Gringinger, Margarethe	Marinehelferin, 8595/43, 9.Flak-Abt. 258
157	Grochowiak, Edmund	Kapitänleutnant, 12.Komp./2.ULD
158	Gross, Hildegard	Zivilbesatzung, geb. 3.2.1928, Flüchtling ?
159	Großpietsch, Grete	Marinehelferin, 7565/44, M.Fla.Abt. 249
160	Grünschloss, Annemarie	Marinehelferin, 9489/44 MNO Gotenhafen
161	Grunner, Heinrich	Maschinenmaat 2.ULD
162	Günter, Erwin	Wehrmachtsangehöriger, geb. 14.7.1924
163	Guhl, Erich	Oberbootsmaat, 2.ULD
164	Gunkel, Ernst	Funkmaat, 2.ULD
165	Haase, Henry	Marineangehöriger e.ULD
166	Habisch, Brigitte	Flüchtling
167	Habisch, Kurt	Flüchtling
168	Hagemeister, Heinz, von	Flüchtling
169	Halstenbach, Dieter	Leutnant z.S., 2.ULD
170	Hambach, Ernst	Funk-Gefreiter 2.ULD
171	Harder, Erika	ZB, Flüchtling, geb. 27.5.1925
172	Harthun, Otto	Flüchtling, geb. 27.4.1929
173	Harthun, Winfried	Flüchtling, geb. 11.12.1937
174	Hartinger, Hildegard	Marinehelferin, 7565/44 M.Fl.Abt. 249
175	Hatzig, Marianne	Flüchtling, geb. Munschies
176	Hefft, Inge	Flüchtling
177	Heinemann, Kurt, Gustav	Flüchtling, geb. 25.5.1913
178	Heinrichsmeier, Adelheid	Marinehelferin, 1521/43, M.Fla.Abt. 259
179	Heisel, Ruth	Marinehelferin, verh. Rossow
180	Helbing, Max	Maschinenmaat, 12/2.ULD, geb. 23.5.1925
181	Heldt, Elfriede	Marinehelferin, 1123/43, M.Fla. Abt. 219
182	Helfert, Rudolf	Oberkoch, Zivilbesatzung
183	Henke, Dunja	Marinehelferin, 1o263/43
184	Henke, Fritz	Oberbootsmaat, 2.ULD
185	Herwig, Erna	Marinehelferin, verh. Degener
186	Herzke, Marianne	Marinehelferin, 1451o/43
187	Hey, Maria	Zivilbesatzung
188	Heydrich, Ingrid	Marinehelferin, 7381/43 Stbs.Komp.2.ULD
189	Hilgemann, Jakob	Flüchtling
190	Hintzen, Paul	Steward, Zivilbesatzung
191	Höbel, Nikolaus	Funkmaat, 2.ULD

490

Lfd. Nr.:	Name, Vorname	Angaben zur Person
192	Höfling, Irma	Stewardess, Zivilbesatzung
193	Höfling, Karl	Steward, Zivilbesatzung
194	Hönnemann, Wolfgang	Maschinenmaat, 2.ULD
195	Hofer, Frieda	Marinehelferin
196	Hofmann, Adolfine	Flüchtling
197	Hohnholt, Adolf	Maschinenmaat
198	Hollert, Maria	Marinehelferin, 1 M.E.A Neustrehlitz, geb. Riefert
199	Hoppe, Horst	Marineangehöriger, geb. 19.3.1924
200	Hornauer, Hans	Obermaschinist, 2.ULD
201	Hornbostel, Anneliese	Flüchtling
202	Hornbostel, Edgar	Flüchtling
203	Hubert, Käthe	Marinehelferin, 11671/44, M.Fla.Abt. 219
204	Hübner, Ernst	Funkmaat, 7.Kmp./2.ULD, geb. 6.2.1921
205	Hübner, Werner	Funkgefreiter 2.ULD
206	Hübner, Wally	Marinehelferin, geb. Darga, 1.M.E.A. Neustrelitz
207	Hübert, Katharina	Flüchtling
208	Hüttner, Erika	Flüchtling
209	Hütter, Josef	Sanitäts-Fähnrich
210	Hussey, Josef	Obermaschinist, 2.ULD
211	Jahnke, Otto	Zivilbesatzung
212	Jansen,Heinz	Funkgefreiter, 2.ULD
213	Jelsen, Egon	Zivilbesatzung
214	Jendrzejewski, Erwin	Sanitätsfeldwebel
215	Junghanns, Harry	Funkgefreiter, 2.ULD
216	Kalweit, Oswald	Funkgefreiter, 2.ULD
217	Kämper, Susanne	Marinehelferin, 529/44, 5.Flma
218	Karla, Emma	Marinehelferin, 1429/44, Navigationsschule Gotenhafen
219	Kastner, Lisa	Zivilbesatzung, geb. 9.12.1921
220	Kaufer, Hans	Obersteuermann, 2.ULD
221	Kaufmann, Erich	Funkgefreiter, 2.ULD
222	Kierstein, Friedel	Flüchtling
223	Klages, Anneliese	Marinehelferin, 11521/43, Navigationsschule Gotenhafen
224	Klapp, Heinz	Wehrmachtsangehöriger, Lazarett "Gustloff"
225	Klaus, Elisabeth	Marinehelferin, 32947/43, 3.Sich.Flott.
226	Kleinbrink, Theo	Marineangehöriger, 2.MS Flott. Kiel
227	Klein, Friedel	Flüchtling, geb. 28.8.1926
228	Klein, Max	Bootsmaat, 2.ULD
229	Klein, Franz	Zivilbesatzung
230	Kleiner, Erwin	Marineangehöriger 21 J.
231	Kleinig, Georg	Zivilbesatzung
232	Klimm, Edith	Flüchtling, geb. Escher
233	Klocke, Reinhard	Flüchtling
234	Klühn, Herbert	Matrosenobergefreiter, 2.ULD
235	Knorr, Kurt	Zivilbesatzung, Matrose
236	Knust, Paula Marie	Marinehelferin
237	Knust, Walter	Ltd.Ing., Zivilbesatzung
238	Koczelowski, Walter	Marineangehöriger
239	Köhler, Karl-Heinz	Handelsschiffskapitän, Zivilbesatzung
240	Köhm, Toni	Flüchtling, geb. Bender
241	Königsmann, Heinz	Flüchtling

242	Körner, Otto	Marineangehöriger, 2.ULD
243	Konrad, August	Obermaschinist, 2.ULD
244	Korella, Käthe	Flüchtling, 29.8.1903
245	Korn, Inge	Marinehelferin, 8962/43 M.Fest.Pion.
246	Korth, Martha	Flüchtling
247	Kossmann, Elfriede	Flüchtling
248	Koswig, Irene	Flüchtling
249	Kramp, Ingeborg	Marinehelferin 5385/43, 3.Sich.Flott. geb. 30.10.1918
250	Krasemann, Hildegard	Marinehelferin, 3.Sich.Flott., geb. 29.8.1925
251	Kratschmer, Reinhold	Maschinenmaat, 2.ULD
252	Krawelitzki, Hildegard	Marinehelferin, 6419/43, Stbskomp.2.ULD
253	Kreißelmeier, Frieda	Flüchtling
254	Krieg, Karl	Zivilbesatzung
255	Krienje, Gustav	Flüchtling
256	Krischke, Karola	Flüchtling
257	Krombusch, Heinrich	Funkmaat, 2.ULD
258	Krotzek, Willy	Marineangehöriger
259	Krüggel, Ella	Flüchtling
260	Krug, Hans	Funkgefreiter, 2.ULD
261	Krug, Gisela	Flüchtling
262	Kruggel, Ella	Marinehelferin, 2.Inf.Reg. 261
263	Kühnen, Johann	Funkmaat, 2.ULD
264	Kuberka, Günter	Bootsmaat, 2.ULD
265	Kuhla, Rudolf	Bootsmaat, 2.ULD
266	Kupfer, Edith	Flüchtling
267	Kurzrock, Ewald	Bootsmannsmaat, 2.ULD
268	Kusel, Maria	Marinehelferin, 7489/44 Stabsbatt.
269	Kutelewski, Hans	Messejunge, Zivilbesatzung
270	Kuttke, Helmut	Marineangehöriger
271	Kutschka, Herbert	Oberbootsmannsmaat, Ausbilder auf "Gustloff"
272	Lämmel, Waltraud	Marinehelferin, 2213/44 M.Fl.Abt. 259
273	Lafranz, Alma	Flüchtling
274	Lamberdt, Josef	Marineangehöriger, geb. 24.5.1909
275	Lammade, Hildegard	Flüchtling
276	Lang, Franz	Zivilbesatzung
277	Lange, Erna	Flüchtling, geb. Stubbe
278	Lange, Rudi	Funkgefreiter
279	Langsch, Edith	Flüchtling, geb. 1.7.1915
280	Latsch, Lorenz	Zivilbesatzung, 1.Elektriker
281	Laube, Heinz	Steuermannsmaat, 2.ULD
282	Lawrenz, Alma	Marinehelferin, 14085/43, 5.Fuma
283	Lehmann, Erna	Flüchtling, 19 Jhr.
284	Leidferth, Martha	Flüchtling
285	Leitrow, Helene	Marinehelferin, Marine-Stbs-Abt.
286	Leweke, Adolf	Zivilbesatzung, Dreher
287	Liebe, Erich	Korvettenkapitän (V) 2.ULD
288	Liedtke, Gertrude	Flüchtling, geb. Miller
289	Liedtke, Hedwig	Flüchtling, geb. Grundwald
290	Liedtke, Helga	Flüchtling aus Freystadt/Wpr., geb. 27.3.1921
291	Liedtke, Else	Flüchtling
292	Lietke, Günther	Maschinenmaat 2.ULD

492

293	Lindemann, Karl	Funkmaat, 7.Komp./2.ULD, geb. 3o.5.1921
294	Lindner, Hildegard	Marinehelferin
295	Lissek, Bernhard	Marineangehöriger
296	Lierwa, Gerda	Flüchtling
297	Löbel, Franz	Zivilbesatzung, 1.Ing.
298	Luck, Eva	Flüchtling, geb. 9.1o.1928
299	Luckas, Maria	Flüchtling, geb. 5.2.1922
300	Luckas, Andreas	Flüchtling
301	Lüdischer, Maria	Flüchtling
302	Lüke, Roman	Maschinenmaat, 2.ULD
303	Luth, Gerhard	Zivilbesatzung, Unterzahlmeister
304	Lupic, Mate	Zivilbesatzung
305	Mack, Therese	Marinehelferin, 11923/44, Stbs.Komp.2.ULD
306	Macijewski, Luise	Flüchtling, Marinehelferin, 8419/44 9.Flak.Regm. 249
307	Makowka, Horst	Funkmaat, 2.ULD, geb. 26.1o.1921
308	Markus, Siegfried	Marineangehöriger, II.M.E.A. Gotenhafen
309	Marsen, Rolf	Flüchtling
310	Martin, Erich	Obermaschinist, 2.ULD
311	Matschkowski, Helmut	Zivilbesatzung, Reiniger
312	Mau, Otto	Flüchtling
313	Maudrich, Kurt	Wehrmachtsangehöriger, 21 .Jhr.
314	Maydell, von, Ebbi, Baronin	Flüchtling aus Gotenhafen
315	Maydell, von, Günther	Flüchtling aus Gotenhafen
316	Mehler, Hans	Matrosengefreiter, 2.ULD
317	Meinhold, Annemarie	Flüchtling
318	Menges, Gertrud	Marinehelferin, 13459/44, 3.Sich.Flott.
319	Mertins, Elli	Marinehelferin, 2o55/43, M.Fl.A.259,Stbs-Komp.
320	Michel, Gertrud	Flüchtling
321	Millahn, Dora	Flüchtling, geb. 22.11.1922
322	Möller, Rudolf	Bootsmaat, 2.ULD
323	Mrohs, Theodor	Funkmaat, 2.ULD
324	Müller, Gertrud	Marinehelferin, M.Fl.Abt. 259, 8.Batt.
325	Müller, Herbert	Marineangehöriger, Zivilangest.
326	Müller, Ingeborg	Marinestabshelferin, 7315/43, Stabskomp.2.ULD
327	Mundstock, Gerda	Flüchtling, 31.3.1926
328	Muswieck, Bruno	Flüchtling
329	Nagel, Gustav	Marineangehöriger, 1o.Komp. 2.ULD
330	Nerlich, Harry	Marineangehöriger, 1o.Komp. 2.ULD
331	Nolte, Dorothea	Flüchtling, geb. 16.8.192o
332	Nowak, Heinrich	Maschinenmaat, 2.ULD
333	Nothardt, Bruno	Flüchtling aus Gotenhafen
334	Obenauf, Willi	Obermaschinenmaat, 2.ULD
335	Obenauf, Elisabeth	Marinehelferin, 5633/44
336	Oedinger, Emmi	Marinehelferin, 17477/43, 9.Feuerschutzabt.
337	Oesterreich, Herbert	Marineangehöriger, geb. 28.12.1921
338	Ofner, Aloisius	Marinehelferin, 7239/44, M.Fl.Abt. 259
339	Olbertz, Peter	Marineangehöriger
340	Orkwitz, Werner	Maschinenmaat, 2.ULD
341	Osmers, Heinz	Marineangehöriger, 2o.7.24
342	Osterburg, Rudolf	Maschinenmaat, 2.ULD
343	Othmer, Friedrich	Obermaschinist, 2.ULD

Lfd. Nr.:	Name, Vorname	Angaben zur Person
344	Pätsch, Eva	Flüchtling
345	Patzke, Friedrich	Kammerverwalter, Angestellter
346	Paus, Klara	Marinehelferin, Navigationsschule Gotenhafen geb. 19.8.1922
347	Pausch, Kurt	Korvettenkapitän (V), 2.ULD
348	Pawlowski, Bruno	Flüchtling, geb. 1.1.1935
349	Pawlowski, Heinz	Flüchtling, geb. 1.1.1935
350	Peters, Maria	Flüchtling
351	Petersen, Bruno	Oberleutnant z.S., 2.ULD
352	Petersen, Gerda	Flüchtling
353	Petersen, Gerhard	Ober-Ass.Arzt, 2.ULD
354	Petersen, Friedrich	Zivilbesatzung, Kapitän
355	Philipp, Johann	Zivilbesatzung, Steward
356	Pichnik, Fritz	Funkmaat, 2.ULD
357	Piotrowski, Heinz	Bootsmaat, 2.ULD
358	Pixberg, Erich	Flüchtling, geb. 2o.3.o4
359	Plautz, Ursula	Marinehelferin, 5245/44, MNO Gotenhafen
360	Poeschke, Herbert	Oberleutnant, Stab 2.ULD
361	Pollmann, Andreas	Oberbootsmaat, 2.ULD
362	Pommerenke, Martha	Flüchtling, geb. Sullei
363	Popilat, Heinrich	Zivilbesatzung, Maschinenwärter
364	Pott, Werner	Maschinenmaat, 2.ULD
365	Potz, Anneliese	Flüchtling
366	Preuße, Günter	Funk-Gefreiter, 2.ULD
367	Priess, Fritz	Zivilbesatzung
368	Profe, Adelheid	Flüchtling
369	Przywarra, Else	Flüchtling, geb. 2o.6.1913
370	Przywarra, Gerda	Flüchtling, geb. 2o.5.1931
371	Przywarra, Reinhold	Flüchtling, geb. 24.11.1911
372	Quast, Heinz	Wehrmachtsangehöriger
373	Raab, Walter	Maschinenmaat, 2.ULD, geb. 13.2.1924
374	Radzuweit, Hildegard	Flüchtling
375	Raschke, Helene	Marinehelferin, 18663, Navig.Schule Gotenhafen
376	Ratje, Marga	Flüchtling
377	Ratzke, Helene	Flüchtling
378	Rauch, Walter	Kapitänleutnant, 2.ULD
379	Raulin, Elli	Flüchtling
380	Raunecker, Hedwig	14315/43 9.Fl.Regt. Marinehelferin
381	Rautenberg, Anneliese	11241/44, Navig.Schule Gotenhafen, Marinehelferin
382	Reese, Louis	Zivilbesatzung, I.Offizier
383	Regler, Gisela	Flüchtling
384	Rehm, Alfred	Zivilbesatzung, 1.Koch
385	Reichel, Edith	Marinehelferin, 9369/44 MNO Gotenhafen
386	Reicke, Lieselotte	Flüchtling, geb. 12.5.191o
387	Repparitsch, Josef	Zivilbesatzung, Kochsmaat
388	Resas, Ursula	Marinehelferin, 16951/43, 5.Mar.Pluma
389	Resas, Rosemarie	Marinehelferin, 33595/43, 5.Mar.Pluma
390	Resas, Irmgard	Flüchtling
391	Reschke, Marie	Flüchtling
392	Rest, Sigrid	Flüchtling, 18 J.
393	Reuter, Helga	Flüchtling, geb. 18.3.27
394	Ried, Karl	Bootsmaat, 2.ULD

494

Lfd. Nr.:	Name, Vorname	Angaben zur Person
395	Richert, Adalbert	Flüchtling, 31.1o.31 geb.
396	Richter, Karl	Flüchtling, 60 J.
397	Richter, Emma	Flüchtling, geb. 11.7.1907, geb. Unger
398	Richter, Helmut	Marine-Oberstabsarzt, 2.ULD
399	Rinnus, Julius	Flüchtling, Eisenbahner, geb. 11.7.189o
400	Rocker, Heinrich	Funkgefreiter, 2.ULD, geb. 1.3.1925
401	Roesnick, Eva	Flüchtling
402	Rogge, Erna	Flüchtling
403	Rohlinger, Eduard	Funkmaat, 2.ULD, geb.2o.3.1922, 7.Komp.
404	Rollmann, Andreas	Bootsmaat, 11.Komp./2.ULD, geb. 11.1o.1919
405	Rössow, Ruth	Marinehelferin, geb.Heisel, 3451/43, Flugm.Abt.,13.1o.19,Führerin
406	Rother, Heinrich	Bootsmaat, 2.ULD, geb. 8.2.1924
407	Ruchert, Martha	Zivilbesatzung, Stewardess, geb. Blohm
408	Runge, Helmut	Bootsmaat, 2.ULD
409	Ruth, von, Eva	Flüchtling
410	Rusch, Hilde	Flüchtling, geb. 18.1o.1924
411	Rüssing, Karl	Bootsmannsmaat, 2.ULD
412	Rusch, Karl	Wehrmachtsangehöriger, geb. 15.1.1919
413	Saal, Stefanie	Marinehelferin, geb. Russinek
414	Saalmann, Christel	Flüchtling
415	Sander, Heinz	Maschinenmaat, 2.ULD
416	Santrowski, Lydia	Schwesternhelferin
417	Sautter, Richard	Maschinenmaat, 2.ULD
418	Seemann, Willy	Zivilbesatzung, 2.Koch
419	Seifert, Rudolf	Wehrmachtsangehöriger, geb. 3o.3.192o
420	Seitz, Karl	Mar.San.Oberfähnrich, geb. 13.1o.1923, 7/2 ULD
421	Sendrowski, Lydia	Revier, 2.ULD, geb. 12.4.1923
422	Serapins, Gertraud	Flüchtling
423	Setzer, Lisbeth	Flüchtling, Mar.Helferin, 147o1, 5.Mar.Pluma
424	Siegfried, Margarethe	Flüchtling, geb. Pfahl
425	Simon, Kurt	Marineangehöriger, 2.ULD
426	Sindakki, Joseph	Zivilbesatzung, Steurer
427	Skottnik, Irmgard	Marinehelferin, 4539/43, Stabsabtl.Gotenhafen geb. 1.2.1926
428	Smeilus, Wilhelm	Zivilbesatzung, Steurer
429	Smirtoze, Martin	Zivilbesatzung, Bootsmaat
430	Sobzyk, Christa	Marinehelferin, 14113/43, M.Fl.Abt. 249
431	Södenbohm, Paul	Zivilbesatzung, Heilgehilfe
432	Söhnchen, Klara	Flüchtling, geb. Paas
433	Solke, Reinhard	Flüchtling, geb. 1943
434	Sperling, Frieda	Flüchtling
435	Sprenger, Helene	Flüchtling, 34 J., geb. Richter
436	Sullei, Anna	Flüchtling, geb. 21.12.1892
437	Szardening, Gerda	Marinehelferin
438	Schäfer, Arthur	Bootsmaat, 11/2.ULD, geb. 11.7.2o
439	Schäfer, Otto	Maschinenmaat, 2.ULD
440	Schäfer, Willi	Maschinenmaat, 1o/2.ULD, geb. 6.12.19
441	Schablowski, Charlotte	Marinehelferin, 983/43, Stabsabt. 9.Fl.Reg.
442	Schapasser, Erwin	Funk-Hauptgefreiter, 2.ULD
443	Schattling, Eva	Flüchtling
444	Schatz, Ilse	Marinehelferin, 577/44, 3.Sich.Flott.Gotenh.
445	Scheel, Irene	Marinehelferin, 14oo5/43, M.Fl.Abt. 259

446	Scheer, Rudolf	Obermaschinist, 2.ULD
447	Schettler, Charlotte	Marinehelferin, 33267/43, 5.Mar.Fluma,geb.Maurus geb. 28.8.21
448	Schmidt, Marga	Marinehelferin, 2.A.d.O., Kiel
449	Schmidt, Helene	Flüchtling, 4o J.
450	Schmidt, Gerhard	Stabsobermaschinist, 2.ULD
451	Schmidt, Inge	Marinehelferin, 1.MEA Neustrehlitz
452	Schmiersek, Johann	Obermaschinist, 2.ULD
453	Schilling, Johannes	Obermaschinist, 2.ULD
454	Schilder, Margit	Flüchtling, geb. 6.1.1926
455	Schippel, Josef	Funkgefreiter, 2.ULD
456	Schmähl, Elisabeth	Marinehelferin, 98o9/43, Stabsabt. 9.Fl.Reg.
457	Scholz, Benno	Zivilbesatzung
458	Schön, Heinz	Zivilbesatzung, Zahlmeister-Anw.
459	Schönberg, Hans-Joachim	Maschinenmaat, 2.ULD
460	Schönberg, Leonarda	Marinehelferin, 22881/43, 5.Mar.Fluma
461	Schröder, Christa	Marinehelferin, 583/44, 3.Sich.Flott.Gotenhafen
462	Schröder, Helmut	Zimmermannsobergefreiter 2.ULD
463	Schröder, Luise	Wehrmachtsangestellte, geb. 12.2.1924
464	Schulten, Peter	Bootsmaat, 2.ULD
465	Schulte, Heinz	Wehrmachtsangehöriger
466	Schulze, Sigrid	Marinehelferin, 5889/43 Stbatt.9.Fla.Reg.
467	Schulz, Franz	Marineangehöriger, 21 J., 2.ULD
468	Schumacher, Heinrich	Funkmaat, 2.ULD
469	Schumann, Theodor	Zivilbesatzung, 2.Mechaniker
470	Schuster, Agnes	Flüchtling, geb. Wittkowski
471	Schuster, Gustav	Wehrmachtsangehöriger, geb. 24.12.19o5
472	Schwarz, Herbert	Flüchtling
473	Schwarz, Maria	Flüchtling
474	Schwarz, Martin	Flüchtling
475	Schwarz, Ilse	Flüchtling
476	Schwarz, Hilde	Flüchtling
477	Schwarz, Margarete	Marinehelferin, 5581/44, M.F.Abt. 259
478	Schwerdt, Rolf	Wehrmachtsangehöriger
479	Steegmann, Heinz	Oberleutnant z.S., 2.ULD 11.Komp.
480	Steidtel, Kurt	Wehrmachtsangehöriger
481	Stein, Eva	Flüchtling, 15 J.
482	Stein, Friedrich	Zivilbesatzung, Steward, geb. 15.7.19o4
483	Steinhardt, Lucie-Irene	Flüchtling, geb. 9.11.1925
484	Stender, Irene	Flüchtling, geb. Schoeler, geb. 8.1o.1917
485	Stix, Elfriede	Marinehelferin, 9o13/44, MNO Gotenhafen
486	Stodollik, Franziska	Flüchtling
487	Storning, Josef	Marineangehöriger 2.ULD, Obermaat
488	Stresing, Siegfried	Flüchtling, geb. 7.6.1934
489	Strohwasser, Katharina	Marinehelferin, 1oo63/43, 5.Mar.Fluma
49o	Strottner, Heinz	Maschinenmaat, 2.ULD
491	Strubbe, Hermann	Zivilbesatzung, Bootsmann
492	Stubbe, Robert	Wehrmachtsangehöriger
493	Takatsch, Branco	Zivilbesatzung, Reiniger
494	Tancabelitsch, Franjo	Zivilbesatzung, Matrose
495	Taube, Irmgard	Marinehelferin, 2.ULD
496	Teitzel, Anna	Marinehelferin, 2.ULD, verh. Krieger

496

Lfd. Nr.:	Name, Vorname	Angaben zur Person
497	Tennstedt, Ursula	Marinehelferin, 2o5o7/43, M.Fl.Abt. 219
498	Theune, Richard	Stabsoberfeldwebel, 2.ULD
499	Thomsen, Karl-Heinz	Wehrmachtsangehöriger
5oo	Thormann, Margarete	Marinehelferin, 12673/43, Stabsabt.
5o1	Timmermann, Fritz	Marineangehöriger, 2.ULD, 22 J.
5o2	Tobjinski, Gerda	Flüchtling, 31.1o.1925
5o3	Todtenberg, Margot	Marinehelferin, 7273/43, 9.Fl.Reg.,geb.24.8.24
5o4	Tormann, Margarete	Flüchtling
5o5	Trampert, Roland	Flüchtling
5o6	Transfeld, Edgar	Maschinenobergefreiter 2.ULD
5o7	Troot, Gerda	Flüchtling
5o8	Tuttlies, Frieda	Flüchtling, geb. Retzlaff, geb. 29.9.1923
5o9	Tuttlies, Wolfgang	Flüchtling, geb. 1o.1.1943
51o	Twoziesky, Hermine	Marinehelferin, 1.MEA, 747/44 MNO Gotenhafen
511	Unbekannt	alias Frank-Michael Freymüller, jetzt Peter Fick, geb. 31.1.1944
512	Urban, Anneliese	Marinehelferin, 34o75/43, 5.Mar.Fluma
513	Urban, Werner	Maschinenobergefreiter 2.ULD
514	Uschdraweit, Paul	Flüchtling, Landrat des Kreises Angerapp/Ostpr.
515	Vehling, Kurt	Flüchtling
516	Völkl, Anna	Marinehelferin, 7145/44, M.Fl.Abt.419,verh.List
517	Vogelsang, Hildegard	Marinehelferin, 12479/43, M.Fl.Abt. 259
518	Voigt, Erika	Marinehelferin, verh. Ross
519	Voigt, Hildegard	Marinehelferin, verh. Petermann
52o	Vollrath, Paul	Zivilbesatzung, 2.Offizier
521	Vrecko, Josefine	Flüchtling
522	Vrecko, Ruth	Flüchtling, geb. 6.5.1923
523	Wachsmuth, Ilse	Marinehelferin, 341o7/43, 1./5.Flott.
524	Wagner, Anni	Marinehelferin, 21535, M.Fl.Abt. 259 geb. Döbbeck
525	Wagner, Kurt	Obermaschinist, 2.ULD
526	Wagner, Waltraud	Flüchtling, geb. 14.9.191o
527	Weber, Ernst	Zivilbesatzung, Rundfunkmechaniker
528	Wegerhoff, Hilde	Marinehelferin, 7499/44 Stbsabt.9.Fl.Reg.
529	Weide, Brigitte	Flüchtling, geb. 11.2.19o1
53o	Weide, Brunhild	Flüchtling, geb. 2.2.1936
531	Weide, Kurt	Flüchtling, geb.11.7.1889, Hilfsbeamter
532	Weidmann, Ingeborg	Flüchtling
533	Weidmann, Ludwig	Maschinenmaat, 2.ULD
534	Weinberg, Gertraude	Marinehelferin, 14129/44,Navig.Schule Gotenh.
535	Weingart, Alice	Marinehelferin, 19957/43, 2.ULD
536	Weiss, Elfriede	Zivilbesatzung, Stewardess
537	Weissfeldt, Martha	Weissfeldt, Marina, Marinehelferin, 2.Inf.Fl.Reg.261
538	Weller, Harry	Zivilbesatzung, Kapitän
539	Wenzel, Gertrud	Marinehelferin, geb. 32.1.1925, 7251/44
54o	Westphal, Herbert	Wehrmachtsangehöriger
541	Wiener, Fritz	Maschinenmaat 2.ULD
542	Wienhold, Siegfried	Bootsmaat, 2.ULD
543	Wiesenthaler, Laurenz	Fähnrich z.S., 2.ULD
544	Will, Robert	Matrosengefreiter, 2.ULD, geb. 27.3.1896
545	Willuhn, Gertrud	Flüchtling, geb. 24.2.1913
546	Winkelhöfer, Konrad	Mechanikermaat, 2.ULD, geb. 26.1.1924,11./2 ULD

Lfd. Nr.:	Name, Vorname	Angaben zur Person
547	Winter, Willi	Marineangehöriger, 24 J.
548	Witt, Helmut	Marineangehöriger, geb. 31.3.2o
549	Wittmann, Jüle	Bootsmaat, 2.ULD
55o	Wittkowski, Christa	Flüchtling aus Elbing, 31.5.2o
551	Wittkowski, Rosali	Flüchtling, 39 J.
552	Wolle, Herbert	Zivilbesatzung, Filmvorführer
553	Wuttke, Helmut	Marineangehöriger 2.ULD
554	Zahn, Wilhelm	Korvettenkapitän, Komm.II.Abt. 2.ULD geb. 29.7.191o
555	Zaspel, Richard	Zivilbesatzung
556	Zegke, Josefa	Flüchtling
557	Zegka, Gisela	Flüchtling, geb. 2o.2.1943
558	Ziegler, Erich	Verwaltungsfeldwebel, 2.ULD
559	Zimmermann, Wilhelm	Matrose, 2.ULD
56o	Zokolwski, ~~Gerhard~~ Helmut	Zivilbesatzung, Wäschergehilfe

Nachtrag

Lfd. Nr.:	Name, Vorname	Angaben zur Person
561	Albrecht, Eilli	Flüchtling aus Danzig, Jahrg.1922
562	Arend, Herta	Flüchtling aus Danzig
563	Auwärter, Werner	Maschinenmaat, 2.ULD.
564	Bachmann, Ellen	Flüchtling o.n.A.
565	Bartling, Heinrich	Obersteuermann, 2. ULD.
566	Behringer, Margarete	Flüchtling aus Gotenhafen,Jahrg.1924
567	Brunner, Herta	Wehrmachtshelferin, Jahrgang 192o
568	Büge, Siegfried	Funk-Obergefreiter, Jahrgang 1923
569	Casper, Erich	Unteroffiz.(Verw.), Jahrgang 1922
570	Deichmann, Ruth	Flüchtling o.n.A.
571	Erfurt, Walter	Matr.-Hauptgefreiter,Jahrgang 1922
572	Esselmann, Jürgen	Leutnant zur See, 2.ULD., Jahrg.1923
573	Feyrer, Josef	Marineangehöriger o.n.A.
574	Gänsdorfer, Raimund	Marineangehöriger o.n.A.
575	Glöckner, Hildegard	Flüchtling o.n.A.
576	Hansen, Ilse	Marinehelferin
577	Hawranka, Erika	Flüchtling aus Danzig Oliva
578	Hawranka, Wolfgang	Flüchtling aus Danzig-Oliva
579	Helbeck, Hedi	Marinehelferin
58o	Hoffmann, Karl	Oberbootsmannsmaat 2.ULD,Jg.1921
581	Hustedt, Marine-Luise	Flüchtling aus Adlershorst,Jg.1934
582	Jansen, Elli	Flüchtling aus Gotenhafen, Jg.1917
583	Jansen, Sohn	Flüchtling aus Gotenhafen, Jg.1938
584	Jochem, Willy	Oberbootsmannsmaat. 9.K./2.ULD
585	Kammer, Helene	Flüchtling aus Adlershorst,Jg.19o2
586	Klapproth,Karl-Heinrich	Marineangehöriger

Lfd. Nr.:	Name, Vorname	Angaben zur Person
587	Klapproth, Ehefrau	Flüchtling o.n.A.
588	Kircher, Waldemar	Funk-Gefreiter, 2.ULD, Jahrg.1925
589	Koch, Walter	Maschinen-Maat, 12.K./2.ULD,Jg.1924
590	Krauß, Kurt	Marineangehöriger o.n.A.
591	Laakmann, Heinz	Gefreiter, Stabskomp.2.ULD,Jg.1925
592	Lehnen, August	Bootsmaat, 10.K./2.ULD,Jahrg. 1920
593	Lindner, Georg	Rittmeister d.Res.,Flüchtling
594	Mainer, Anton	Marineangehöriger o.n.A.
595	Meißner, Manfred	Marineangehöriger , Jahrgang 1921
596	Misakow, Irmgard	Flüchtling o.n.A.
597	Mühlner, Hans-Georg	Obermaschinist 2.ULD.
598	Niessen, Gertrud	Flüchtling aus Gotenhafen,Jg.1920
599	Ortmann, Franz Josef	Bootsmaat, 2.ULD
600	Petersen, Henning	Obersteuermann, Jahrgang 1921
601	Plaitiker, Christa	Marinehelferin, Jahrgang 1924
602	Radatz, Heinz	Marineangehöriger o.n.A.
603	Richter, Inge	Marinehelferin
604	Rinser, Philipp	Marineangehöriger o.n.A.
605	Rothschild, Eva	Marinehelferin
606	Schoepke, Irmgard	Marinehelferin, Jahrgang 1923
607	Schröder, Gerhard	Masch.Maat, 12.K./2.ULD,Jahrgang 1921
608	Schröder, Christian	Flüchtling aus Danzig-Oliva,Jg.1931
609	Schwarz, Helga	Flüchtl.aus Schwarzort, Jahrg.1938
610	Schwarz, Nora	Flüchtl.aus Schwarzort, geb.27.12.1912
611	Schwarz, Rüdiger	Flüchtl.aus Schwarzort, geb.11.08.1942
612	Schwarz, Uwe	Flüchtl.aus Schwarzort, geb.22.09.1940
613	Schwardt, Rolf	Marineangehöriger o.n.A.
614	Sommer, Karl-Heinz	Marineangehöriger o.n.A.
615	Specht, Walter	Funk-Gefreiter 11.K./2.ULD.
616	Ströhlein, Willi	Obergefreiter, Jahrgang 1926
617	Tutlewski, Fritz	Marineangehöriger o.n.A.
618	Uscinowiez, Ursula	Flüchtling aus Lettland

Zusammenstellung: *Gustloff-Archiv Heinz Schön*
Nicht in der Liste aufgeführte Überlebende der *Gustloff*-Katastrophe werden um schriftliche Meldung bei Heinz Schön, 4902 Bad Salzuflen 1, Auf dem Sepp 19, gebeten. Dies gilt auch für Angehörige bereits verstorbener *Gustloff*-Überlebender.

Quellen- und Literatur-Verzeichnis

Die Aussagen des Buches *Die Gustloff-Katastrophe* stützen sich neben dem eigenen Erleben und den persönlichen Aufzeichnungen des Autors in der Hauptsache auf das *Gustloff-Archiv Heinz Schön* 1933—1945, das mehr als zweitausend Dokumente über Wilhelm Gustloff, M/S *Wilhelm Gustloff*, den Einsatz dieses Schiffes vom Stapellauf bis zum Untergang, die Katastrophe und ihre Zusammenhänge sowie die KdF-Flotte und den Verbleib der KdF-Schiffe in und nach dem Zweiten Weltkrieg, umfaßt, darunter:

— Erlebnis- und Augenzeugenberichte von Teilnehmern an KdF-Reisen 1931—1939,
— Erlebnisberichte von Überlebenden der *Gustloff*-Katastrophe, (Flüchtlinge, Marinehelferinnen, Kriegsmarineangehörige, Verwundete, Handelsschiffsbesatzungsmitglieder),
— Berichte von Kommandanten, Kapitänen und Besatzungsmitgliedern der an der Rettung der *Gustloff*-Schiffbrüchiger beteiligten Schiffe,
— Berichte von Wissensträgern, die in verschiedenen Dienststellen mit der letzten Fahrt der *Gustloff*, der Katastrophe und ihren Folgen befaßt waren,

ferner

— auf die Auswertung von Reederei-Archiven, insbesondere der Hamburg-Süd, des NDL, der HAL und Hapag-Lloyd,
— auf die Auswertung von persönlichen Tagebüchern, Aufzeichnungen, Protokollen, Niederschriften, Tagesmeldungen, Berichten, Schiffstagebüchern usw.,
— auf die Auswertungen amtlicher, halbamtlicher und privater Archive und Unterlagen von Dienststellen und Institutionen,
— auf die Auswertung der Suchdienste, u.a. DRK, Wast Berlin, Kirchliche Suchdienste u.a.,
— auf die Auswertungen von Veröffentlichungen in Zeitungen und Zeitschriften, Büchern, Broschüren und unveröffentlichten Manuskripten.

Nachstehend sind die wichtigsten Quellen angegeben, die dem Autor zur Verfügung standen:

BERICHTE ÜBERLEBENDER

des Untergangs des M/S Wilhelm Gustloff am 30. Januar 1945, größtenteils unveröffentlicht, Briefe, Stellungnahmen, Fragebogenantworten:

Agnesens, Gertrud, Marinehelferin
Bachmann, Ellen, Flüchtling
Baron, Elisabeth, Marinehelferin
Beckmann, Otto, Oberbootsmaat
Bendrich, Hilda, Flüchtling
Berger, Wilhelm, Obersteuermann
Bergfeld, Sigrid, Marinehelferin
Bertram, Heinz-Günther, Maschinist
Beuthling, Heinz, Funk-Obergefreiter
Betz, Richard, KM-Angehöriger
Bock, Heinrich, Prof., Marinemaler
Böttcher, Christa, Flüchtling
Bohn, Christine, Marinehelferin
Bojanowsky, John-Henry, Verwundeter
Bonnet, Max, Kapitänssteward (ZB)
Brinkmann, Theresia, Marinehelferin
Buchold, Martha, Stewardeß
Danöhl, Gertrud, Flüchtling
Darnedde, Irene, Flüchtl. (Memelland)
Dinske, Hildegard, Marinehelferin
Dittberner, Paul, Oberleutnant z.S.
Dittrich, Max, Bootsmannsmaat
Ditzel, Helga, Marinehelferin
Döbbeck, Anni, Marinehelferin
Dreier, Grete, Plätterin (ZB)
Drezeweck, Heinrich, Funkgefreiter
Eickhoff, Karl, Lagerhalter (ZB)
Eickstädt, Leonie, Flüchtling
Engisch, Erna, Marinehelferin
Erker, Karl, 1. Koch (ZB)
Falk, Betty, Flüchtling (Gotenhafen)
Feuersenger, Hildegard, Flüchtling
Flauss, Gerhard, Fähnrich
Funke, Paul, Fernschreibhauptgefr.
Gabler, Johanna, Plätterin (ZB)
Geest, Ernst, Oberbootsmannsmaat
Geiß, Rudolf, Obersteuermann
Goering, Erich, 2. Ing. (ZB)
Goetz, Gerhard, Bootsmaat
Greulich Kurt, Verwundeter (Heer)
Grewe, Wilhelm, Funkmaat

Griechen, Theodor, 1. Bootsmann (ZB)
Grochowiak, Edmund, Kapitänleutnant
Guhl, Erich, Oberbootsmannsmaat
Hambach, Ernst, Funkgefreiter
Halstenbach, Dieter, Leutnant
Hawranka, Erika, Flüchtling
Heft, Inge, Flüchtling
Heisel, Ruth, Marinehelferin
Henke, Dunja, Marinehelferin
Henke, Fritz, Oberbootsmaat
Herwig, Erna, Marinehelferin
Herzke, Marianne, Marinehelferin
Hintzen, Paul, Steward (ZB)
Höfling, Irma, Stewardeß (ZB)
Hohnholt, Adolf, Maschinenmaat
Jansen, Elli, Flüchtling
Jendrzejewski, Erwin, Sanitätsobermaat
Kammer, Helene, Flüchtl. (Adlershorst)
Kaufer, Hans, Obersteuermann
Konrad, August, Obermaschinist
Kircher, Waldemar, Funkgefreiter
Klapp, Heinz, Verwundeter
Klaus, Lisbeth, Marinehelferin
Klimm, Edith, Flüchtling
Klocke, Reinhard, Flüchtling
Koehler, Karl-Heinrich, Kapitän (ZB)
Kossmann, Elfriede, Flüchtling
Kramp, Ingeborg, Marinehelferin
Krieger, Anni, Marinehelferin
Krombusch, Heinrich, Funkmaat
Kupfer, Edith, Flüchtling
Kurzrock, Ewald, Bootsmaat
Kutschka, Karl, Oberbootsmaat
Lange, Rudi, Funkgefreiter
List, Anna, Marinehelferin
Lietke, Helga, Flüchtling
Loebel, Franz, Leitender Ing. (ZB)
Matschkowski, Helmut, Reiniger (ZB)
Meinhold, Annemarie, Flüchtling
Menges, Gertrud, Marinehelferin
Mrohs, Theodor, Funkmaat

Nießen, Gertrud, Flüchtl. (Gotenhafen)
Nodhart, Bruno, Flüchtling
Pautz, Ursula, Marinehelferin
Petersen, Friedrich, Kapitän (ZB)
Poeschke, Herbert, Oberleutnant z.S.
Pollmann, Andreas, Ob. Bootm.Maat
Popilat, Heinrich, Masch. Wärter (ZB)
Pott, Werner, Maschinenmaat
Raab, Walter, Machinenmaat
Rauch, Dieter, Dr., Kapitänleutnant
Reese, Louis, 1. Offizier (ZB)
Rehm, Alfred, 1. Koch (ZB)
Resas, Rosemarie, Flüchtling
Richter, Helmut, Dr., Marinestabsarzt
Ried, Hans, Bootsmaat
Rinnus, Julius, Flüchtling (Elbing)
Rogge, Erna, Flüchtling
Rohwer, Hans, Maschinenmaat
Rother, Heinz, Bootsmaat
Rüssing, Karl, Bootsmannsmaat
Saal, Stefanie, Marinehelferin
Smeilus, Wilhelm, Steurer
Söhnchen, Klara, Flüchtling
Szardening, Ursula, Marinehelferin
Schäfer, Willi, Maschinenmaat
Schalk, Herbert, Obermaschinist
Scheer, Rudolf, Obermaschinist
Schilling, Johannes, Obermaschinist

Schmidt, Gerhard, Stabsobermaschinist
Schroeder, Luise, Marinehelferin
Schulten, Peter, Bootsmaat
Schuhmacher, Heinrich, Funkmaat
Schumann, Theodor, Maschinist (ZB)
Schwarz, Herbert, Flüchtling
Steegmann, Heinrich, Oberleutn. z.S.
Stein, Friedrich, Steward (ZB)
Stender, Irene, Flüchtling
Strubbe, Hermann, Bootsmann (ZB)
Theune, Richard, Oberfeldwebel
Todtberg, Margot, Marinehelferin
Uschdraweit, Paul, Landrat, Flüchtling
Voigt, Erika, Marinehelferin
Voigt, Hildegard, Flüchtl. (Gotenhafen)
Vollrath, Paul, 2. Offizier (ZB)
Vrecko, Edith, Flüchtling
Weber, Ernst, Radiomechaniker (ZB)
Wehling, Kurt, Funkgefreiter
Wenzel, Gertrud, Marinehelferin
Wiener, Fritz, Maschinenmaat
Will, Robert, Matrosengefreiter
Wittkowski, Christa, Flüchtl. (Elbing)
Wittmann, Jüle, Bootsmaat
Wolle, Herbert, Filmvorführer (ZB)
Wuttke, Helmut, Maschinenmaat
Zahn, Wilhelm, Korvettenkapitän
Zokolowski, Helmut,
Wäschergehilfe (ZB)

AUGENZEUGEN-BERICHTE

Berichte, Briefe, Stellungnahmen, Fragebogenantworten von Kommandanten, Kapitänen, Offizieren und Besatzungsmitgliedern der beim Untergang der *Wilhelm Gustloff* in der Nacht vom 30. zum 31. Januar 1945 eingesetzten Rettungsschiffe:

Barthel, Friedrich
Bes. Mitgl. *Admiral Hipper*
Berendonck, Gerhard
Leutnant z. S., *T 36*
Biniek, Günter
Bes. Mitgl. *T 36*
Braumüller, Rudolf
1. Offizier, *D. Gottingen*

Breithaupt, Horst
Mechanikergefreiter, *TF 19*
Brinkmann, Karl
Oberleutnant z.S. d. R.
Kommandant *M 387/TS 11*
Cippé, Reinhard
Oberfähnrich z.S., *T 36*
Diedrich, Gustav-Adolf

Oberleutnant z.S. *T 36*
Dillenburg, Albert
Oberleutnant z.S. *Admiral Hipper*
Dimke, Dietrich
Obersteuermann, *T 36*
Dusold, Wilhelm
Hauptgefr., *Vp 1703*
Felder, Theo
Bes. Mitgl. *T 36*
Fick, Werner
Oberbootsmannsmaat *Vp 1703*
Fünfrock, Hans-Peter
Obersteuermann, *Vp 1703*
Frenzel, Hans
Oberleutn. z.S., *M 375/TS 8*
Hanefeld, Helmut
Kapitänleutnant z.S.d.R.
Kommandant *VP 1703*
Henigst, Hans
Kapitän zur See
Kommandant *Admiral Hipper*
Hering, Robert
Kapitänleutnant zur See
Kommandant *T 36*
Huber, Paul
Mechanikergefreiter, *T Löwe*
Hummel, Karl
Maschinenmaat, *Admiral Hipper*
Jakobi, Ewald
Maschinenmaat, *T 36*
Kröger, Karl
Oberleutn. z. S., *M 387/TS II*
Küster, Gerhard
1. Offizier, D. *Göttingen*
Kudlek, Johannes
Oberbootsmannsmaat, *T 36*
Lell, Rudolf
Kapitän z. See, *Admiral Hipper*
Lepper, Erich
Bes. Mitgl. *Admiral Hipper*
Marzelle, Johann
Obermaat, *Vp 1703*
Meier, Heinz
Leutnant z.S., *Vp 1703*
Oberacker, Wilfried

Oberfunkmeister *M 341*
Pöhler, Heinz
Bes. Mitgl. D. *Göttingen*
Prüfe, Paul
Kapitänleutnant zur See
Kommandant *T Löwe*
Reimers, Louis
Obermaat, *Vp 1703*
Rickmers, Peter
Oberleutnant z.S.d.R.
Kommandant *M 341*
Richter, Heinz
Funkmaat, *T Löwe*
Segelken, Friedrich
Kapitän D. *Göttingen*
Simon, Kurt
Bes. Mitgl. *T 36*
Szillat, Gerhard
Bootsmannsmaat *Admiral Hipper*
Schäfer, Otto
Oberleutn. z.S. *T 36*
Schick, Walter
Oberleutnant zur See d.R.
Kommandant *TF 19*
Schierl, Erich
Matrosengefreiter, *M 375/TS 8*
Schlipkötter, Hans-Werner
Mar.San.Oberfähnrich, *T 36*
Schwarz, Paul
Oberleutnant (Ing.), *T 36*
Schulz, Herbert
Oberbootsmannsmaat *Vp 1703*
Sippel, Heinrich
Matrosenobergefr., *M 375/TS 8*
Thiebach, Peter
Obersteuermann, *TF 19*
Vollmers, Heinz
Kapitän D. *Gotenland*
Weichel, Walter
Oberleutnant z.See d,R.
Kommandant *M 375/TS 8*
Winandy, Karl
Matrose, *Vp 1793*
Wahner, Fritz
Oberbootsmannsmaat *Adm. Hipper*

WISSENSTRÄGER

Berichte, Briefe, Stellungnahmen, Fragebogenauswertungen:

Bertram, Heinrich
1. »Als Kapitän auf dem KdF-Schiff *Wilhelm Gustloff*.«
2. »Als Kapitän auf dem ›Lazarett-schiff‹ und ›Wohnschiff‹ WG.«
Blanc, von, Adalbert
1. »Die Aufgaben der 9. Sicherungs-division bei der Rückführung von Flüchtlingen, Verwundeten und Sol-daten 1944/45 über die Ostsee.«
2. »Stellungnahme zur Geleitsiche-rung des M/S *Wilhelm Gustloff* am 30. Januar 1945.«
Braun, Horst
»Als KdF-Berichterstatter auf der *Wilhelm Gustloff*.«
Gaanitz, Admiralrarat
»Der Einsatz der *Wilhelm Gustloff* als Lazarettschiff.«
Dietz, Werner
»Gotenhafen im Januar 1945.«
Engelhardt, Konrad, Konteradmiral
»Stellungnahme zur Geleitsicherung *Wilhelm Gustloff* am 30. Januar 1945.«
Freymüller, Hermann
»Das Schicksal meines Sohnes beim Untergang des *Wilhelm Gustloff* und meine Bemühungen um Rückgabe des *Gustloff*- Findlings.«
Fürstenberg, Paul
»Die Beisetzung von *Gustloff*-Op-fern auf dem Friedhof der Seestadt Pillau.«
Gralla, Peter
»Einmal Norwegen und zurück — Meine Reise mit der *Gustloff* in Norwegische Fjorde.«
Goering, Erich
»Wie ich als 2. Ing. auf die *Gustloff* kam«, »Meine KdF-Reisen mit der *Gustloff*«.
Jauß, Emil, Kapitänleutnant (Ing) d.R.
»Das Auslaufen der *Gustloff* am 30.

Januar 1945 aus Gotenhafen-Ox-höft.«
Juli, Herbert, Kapitänleutnant
»Die Ereignisse auf D. *Hansa* am 30. und 31. Januar 1945.«
Krannhals, Dr., von
1. »Die NSDAP und der Bau der *Wilhelm Gustloff*,«
2. »Die letzte Fahrt der *Gustloff* und das Problem des Geleitschutzes.«
Kirchner, Karl
»Die Herausnahme des Torpedo-fangbootes *TF 1* auf dem *Gustloff*-Geleit.«
König, Otto
»Die Einschiffung von Flüchtlingen in den letzten Januartagen auf den Dampfer *Hansa* in Gotenhafen-Ox-höft.«
Kratzenberg, Ernst, Konteradmiral
»Stellungnahme zur Frage der Ge-leitsicherung *Wilhelm Gustloff* bei der Fahrt am 30. Januar 1945.«
Leder, Richard
»Bericht über den Seenot-Einsatz beim Untergang des M/S *Wilhelm Gustloff*.«
Lehmann, Erich
»Die Suche nach meinen Angehöri-gen nach dem Untergang der *Gust-loff*.«
Leonhardt, Wolfgang, Korvettenkapi-tän
»Der Fall M/S *Wilhelm Gustloff* aus der Sicht der 9. Sicherungsdivision, Zweigstelle Gotenhafen.«
Lübbe, Jürgen
»Mein Vater als 1. Kapitän auf dem KdF-Schiff *Wilhelm Gustloff*.«
Meyer, Gertrud
»Meine unvergeßliche Italien-Reise mit der *Wilhelm Gustloff*«
Neitzel, Karl, Kapitän zur See
»Stellungnahme zur letzten Fahrt

der *Gustloff*, deren Untergang und die Zusammenhänge«

Petersen, Friedrich, Handelsschiffskapitän
1. »Vom Schiffsjungen zum Kapitän«,
2. »Als Kapitän auf dem KdF-Schiff *Monte Olivia* und anderen Schiffen der Hamburg-Süd«
3. »Die letze Fahrt der *Gustloff* aus meiner Sicht.«

Radike, Gerhard
»Der Einsatz des Torpedofangbootes *TF 1* am 30. Januar 1945 beim Auslaufen der *Gustloff* aus Gotenhafen-Oxhöft.«

Reese, Louis
»Mein Leben auf Schiffen der Hamburg-Süd und zuletzt auf der *Wilhelm Gustloff*.«

Remien, Walter
»Der Auslaufbefehl für die *Gustloff*, aus der Sicht des Geleitreferenten der 9. Sicherungsdivision, Zweigstelle Gotenhafen.«

Sander, Dr.
»Meine Tätigkeit als Leitender Marineoberstabsarzt auf dem Lazarettschiff *Wilhelm Gustloff*.«

Smeilus, Wilhelm
1. »Wie ich als Steurer auf die *Gustloff* kam,«
2. »Meine KdF-Reisen mit der *Wilhelm Gustloff*.«

Schmitz, Josef, Kapitänleutnant
»Warum das Torpedofangboot *TF 1* die *Gustloff* am 30. Januar 1945 nicht begleiten konnte.«

Schulz, Wilhelm, Korvettenkapitän
»Die Rolle des Führers der U-Boote (Ausb) bei der Verlegung der 2. ULD Ende Januar 1945 nach dem Westen.«

Striesel, Anneliese
»Das DRK in Gotenhafen und die Einschiffung von Flüchtlingen auf die *Gustloff* Ende Januar 1945.«

Ulbrich, Hans, Oberleutnant z.S.
»Nach dem Auslaufen der *Gustloff* am Kai von Gotenhafen-Oxhöft.«

Wotke, Karl
»Einmal Madeira und zurück — Als KdF-Reiseteilnehmer an Bord der *Wilhelm Gustloff*.«

ZEITUNGEN, ZEITSCHRIFTEN

Beiträge und Berichte in Zeitungen und Zeitschriften des In- und Auslands:

›Artis aktuell‹, eig. Bericht:
»Verbleib des Bernsteinzimmers« Nr. 1/75, Jan. 1975

Baranow O. und Panow I.:
»Ein persönlicher Feind des Führers« in ›Geroi I Podwigt‹, Moskau 1958

Bekker, Cajus:
»Ostsee — Meer der Hoffnung, Meer der Tränen« ›Deutscher Hausfreund‹, 13. Jhrg. 1960

›Berliner Börsenblatt‹, eig. Bericht:
»Eine Erinnerung an Wilhelm Gustloff«, Ausgabe 5/21936

Biallas, Hans:
»St. Louis — Der Sonne entgegen — Deutsche Arbeiter auf Madeira« ›Berliner Werkszeitung‹ 1936

Bonnecker, Wilhelm:
»Das war Wilhelm Gustloff — der Landesgruppenleiter der NSDAP in der Schweiz« In ›Der Auslandsdeutsche‹, Nr. 3/März 1936

Broszcack, Boleslaw:
»Das Geheimnis der Stupksker
Bank«
in ›Wochenpost‹/DDR — 32/74
Carl, Herbert:
»Die Deusche Handelsschiffahrt
1937/38«
In ›Köhlers Flottenkalender‹ 1939
›Charlottenburger Zeitung‹, Berlin:
»Das war der Gustloff-Kapitän Lüb-
be«, Ausgabe 28. April 1938
Cürtes, Wilhelm:
»Drei Torpedosalven«
In ›Kölnische Rundschau‹, Nov.
1965
Dressler, Rudolf:
»Soll Rudolf Heß mit dem Bern-
steinzimmer freigetauscht werden«
In ›Westfalenblatt‹, Ausgabe 30.
April 1983
›Deutsche Allgemeine Zeitung‹, eig. Be-
richt:
»Kapitän Lübbe«
Ausg. 23. 1. 38
Donbrowski, Hans-Dieter:
»Schatzsuche im stählernen Sarg«
In ›Bild am Sonntag‹ 5. August 1973
›Expresse Poznanski‹, eig. Bericht:
»›Goldenes Wrack‹ auf dem Grunde
der Ostsee«
Ausgabe 245 vom 19. 10. 1970
›Frankfurter Allgemeine‹, eig. Bericht:
»Das verschollene Bernsteinzimmer«
18. Juli 1966
›Gazeta Poznanska‹, eig. Bericht:
«Wilhelm Gustloff — Geheimnis der
Ostsee«
Nr. 225 vom 22. 9. 1971
›Germania‹, Berlin, eig. Bericht
»Das Schiff auf den Namen —Wil-
helm Gustloff — getauft!«
Nr. 125/1938
Goering, Erich
»Motorschiff Wilhelm Gustloff«
in ›Schiffs-Ingenieur-Journal‹ Nr.
148/82
›Hamburger Fremdenblatt‹, eig. Bericht
»Trauerzug der 35 000 am Sarge
Gustloffs«

Ausgabe 43 vom 12. Februar 1936
›Hamburger Fremdenblatt‹, eig. Bericht
»Der Gustloff-Prozeß in Chur«
Ausgabe 163 vom 13. Juni 1936
›Hamburger Fremdenblatt‹, eig. Bericht
»Des Kämpfers Gustloff letzte
Fahrt«
Ausgabe 42 vom 11. Februar 1936
›Hamburger Tageblatt‹, eig. Bericht
»Die Jungfernreise des KdF-Schiffes
Wilhelm Gustloff«
Nr. 120 vom 5. Mai 1937
›Hansa, Deutsche Schiffahrtszeit-
schrift‹, eig. Bericht:
»Motorschiff Wilhelm Gustloff in
Dienst gestellt«, Nr. 14/1938
›Hansa, Deutsche Schiffahrtszeit-
schrift‹, eig. Bericht
»England ehrt die Rettungstat des
KdF-Schiffes Wilhelm Gustloff«
Nr. 34/1938
Heidkämper, Otto:
»Die Abwehrschlacht in Ostpreußen
in den Kriegstagen des Januar 1945«
In ›Wehrkunde‹, Juli 1954
Krötz, Robert:
»Frau Gustloff sagte aus . . . !«
In ›Völkischer Beobachter‹, Nr. 346,
11. 12. 1936
Krötz, Robert:
»Der Prozeß gegen den Mörder
Gustloffs«, in ›Völkischer Beobach-
ter‹, 11. 12. 1936
›Konsomolskaja Prawda‹, Moskau, eig.
Bericht:
»Die Torpedierung des M/S Wilhelm
Gustloff durch das Sowjet-U-Boot
S 13«
Leisegang, Dr. Herbert:
»Seereisen für alle durch Kraft durch
Freude«
In ›Köhlers Flottenkalender‹ 1937
›Neue Basler Zeitung‹, eig. Bericht:
»Vor dem Churer Prozeß«
Nr. 285/1936
›Neue Westfälische‹, Bielefeld
»Kisten im Wrack der Wilhelm
Gustloff?«
Ausgabe 23. November 1974

Pollack, Hans:
   »Unternehmen Ostseegold«
   In ›Wochenpost‹ DDR, Nr. 8/1975
Rickmers, W.:
   »Die deutsche Handelsschiffahrt
   1938/39«
   In ›Köhlers Flottenkalender 1940‹
Rohwer, Jürgen, Prof. Dr.:
   »Die Russen als Gegner zur See«
   In ›Die Rote Flotte‹ Hrsg. M. G.
   Saunders
Rohwer, Jürgen, Prof. Dr.:
   »Die sowjetische U-Boot-Waffe in
   der Ostsee 1939—1945«
   In ›Wehrwissenschaftliche Rund-
   schau‹ X/56
Seehofer, Herbert:
   »Der Fall Gustloff«, in ›Völkischer
   Beobachter‹, Nr. 155 — 3. 6. 1936
Seehofer, Herbert:
   »Hitlers Abschied von Wilhelm
   Gustloff«, in ›Völkischer Beobach-
   ter‹, Nr. 44 — 13. 2. 1936
Seehofer, Herbert:
   »Über Gräber vorwärts — die Bei-
   setzung des ermordeten Wilhelm
   Gustloff«, in ›Völkischer Beobachter‹
   Nr. 43 — 12. 2. 1936
Schaffner, Jakob:
   »Volk zu Schiff«
   In ›Köhlers Flottenkalender 1938‹
Schön, Heinz:
   »Die Tragödie der Wilhelm Gustloff
   in der Ostsee«
   In ›Heim und Welt‹ 1949
Schön, Heinz:
   »Tot — und doch am Leben — Das
   Schicksal des Gustloff-Findlings«
   In ›Heim und Welt‹ 1951, 12 Fts.
Schön, Heinz:
   »Die Gustloff-Katastrophe — Eine
   Bilanz — Zahlen, Daten, Fakten«
   In ›Damals‹, Zeitschrift für ge-
   schichtliches Wissen, 1/1971
Schwarz, Hans:
   »Wilhelm Gustloff — der Diktator
   von Davos — Eine notwendige Ab-
   rechnung«, in ›Die Nation‹ Zürich,
   Nr. 40 / Okt. 1944
Schützack, Axel:
   »Die Flucht über die Ostsee —Eva-
   kuierung des deutschen Ostens«
   In ›Die Welt‹, April 1965
›Völkischer Beobachter‹, eig. Bericht:
   »Der Führer beim Stapellauf des er-
   sten KdF-Schiffes«
   Ausgabe 7. 5. 1937
›Völkischer Beobachter‹, eig. Bericht:
   »Die Taufe des Arbeiterschiffes Wil-
   helm Gustloff«
   Ausgabe 8. 5. 1937
›Völkischer Beobachter‹, eig. Bericht:
   »Ein unerhörtes Erlebnis — Tausend
   glückliche Österreicher auf dem
   KdF-Schiff Wilhelm Gustloff«
   Ausgabe 85 / 26. 3. 1938
›Völkischer Beobachter‹, eig. Bericht:
   »Robert Ley — Kapitän Lübbe —
   ein deutscher Seemann«
   Ausgabe 24. April 1938
Vogt, Dieter:
   »Drei Treffer — siebentausend Tote«
   In ›Frankfurter Allgemeine‹, Ausg.
   9. 10. 1979
Wendt, Hans:
   »Am Sarge Gustloff's«
   In ›Deutsche Allgemeine Zeitung‹
   Nr. 71/1936
Zerkaulen, Heinrich:
   »Freut euch des Lebens — Kleine
   Bilder einer Seereise nach Madeira«
   In ›Köhlers Flottenkalender 1940‹
Zethauser, Leopold:
   »Kraft durch Freude — Seereise —
   mit dem Schiff ohne Klassen«
   In ›Berliner Werkszeitschrift‹, Nov.
   1938
›Züricher Zeitung‹, eig. Bericht:
   »Die Schweiz und der Fall Wilhelm
   Gustloff — David Frankfurter«
   Ausgabe 658 12. 12. 1936
›ZVCIE WARSZAWA‹, Warschau, eig.
   Bericht:
   »Bernsteingemach im Wrack der
   Gustloff auf dem Meeresgrund«
   Ausgabe 95/1974

BÜCHER, BROSCHÜREN

Aloff, E. u. a.:
»Das dritte Reich«
Hannover 1979

Aloff, E. u. a.:
»Deutsche Seestrategie im Zweiten
Weltkrieg«
Heidelberg 1957

Aurich, Peter:
»Der sowjetisch-politische Septem-
ber 1939«
München 1979

Baasch, Herbert:
»Handelsschiffe im Kriegseinsatz«
Oldenburg 1975

Bagranjan, Ivan:
»Wie wir den Sieg errangen«
Moskau 1978

Bauer, M.:
»Geschichte des Marinesanitätswe-
sens bis 1945«
Frankfurt/M 1958

Bekker, Cajus:
»Flucht übers Meer — Ostsee, deut-
sches Schicksal 1945«
Oldenburg 1964

ders.:
»Verdammte See — ein Kriegstage-
buch der deutschen Marine«
Herford 1978

Berthold, Willi:
»Der große Treck — Die Vertreibung aus den deutschen Ostgebie-
ten«
München 1980

Böddecker, Günter:
»Die Flüchtlinge — Die Vertreibung
der Deutschen aus dem Osten«
München 1980

Brandenburg, Hans-Christian:
»Die Geschichte der HJ — Wege
und Irrwege einer Generation«
Köln 1981

Buchholz, Wolfhardt:
»Die Nationalsozialistische Gemein-
schaft Kraft durch Freude — Frei-
zeitgestaltung und Arbeiterschaft im
Dritten Reich«
München 1976

Clapier, Louis:
»Festung Königsberg«
Köln 1952

Diewerge, Wolfgang:
»Der Fall Gustloff — Vorgeschichte
und Hintergrund der Bluttat von
Davos«
München 1936

Dinklage, Ludwig:
»Die Deutsche Handelsflotte 1939—
1945 unter besonderer Berücksichti-
gung der Blockadebrecher«,
Band 1
Göttingen 1971

Dickert-Großmann:
»Der Kampf um Ostpreußen —Dokumentarbericht über das Kriegsgeschehen in Ostpreußen«
Stuttgart 1980

Dmitrijew, Wassilij:
»U-Boote im Angriff«
Moskau 1964

Dönitz, Karl:
»Mein wechselvolles Leben«
Göttingen 1968

ders.:
»Deutsche Strategie zur See im
Zweiten Weltkrieg«
Frankfurt 1970

ders.:
»10 Jahre und 20 Tage«
München 1980

Dobson/Miller/Payne:
»The Gruellest Night«
London — Hamburg 1979

Ehrenburg, Ilja:
»Memoiren, Menschen, Jahre, Leben«, München 1962

Fredmann, Ernst
»Sie kamen übers Meer«
Köln 1971

Germanow, Viktor:
»Die Heldentat von S 13«
Kalingrad 1970

Gröner, Erich:
»Die Schiffe der deutschen Kriegsmarine und der Luftwaffe 1939—
1945 und ihr Verbleib«
München 1954

Grube, Frank und Richter, Gerhard:
»Flucht und Vertreibung. Deutsch-
land zwischen 1944—1946«
Hamburg 1980

Hoßbach, Friedrich:
»Die Schlacht um Ostpreußen«
Überlingen 1951

Hubatsch, Walter:
»Flüchtlingstransporte über die Ostsee«, Frankfurt 1962

Kahl, Werner:
»Der deutsche Arbeiter reist«
Berlin 1940

Karweina, Günter:
»Der große Treck«
Stuttgart-Wien 1958

Kludas, Arnold:
»Die Schiffe der Hamburg-Süd
1871—1951«
Oldenburg 1976

Kieser, Egbert:
»Danziger Bucht 1945«
Esslingen 1978

Kühn, Volkmar:
»Torpedoboote und Zerstörer im
Einsatz 1939—1945«
Stuttgart 1977

Lass, Edgar Günther:
»Die Flucht — Ostpreußen 1944/45«
Bad Nauheim 1964

Ley, Dr. Robert:
»Organisation der Deutschen Ar-
beitsfront — DAF — und der NS-
Gemeinschaft Kraft durch Freude —
Kdf —«, Berlin 1935

Lohmann, Walter und Hildebrand,
Hans:
»Die deutsche Kriegsmarine 1939—
1945, Gliederung, Einsatz, Stellenbe-
setzung«
Bad Nauheim 1956

Ludwig, Emil:
»Der Mord von Davos«
Amsterdam 1936

Meran, Didier:
»Die Affäre Frankfurter«
Amsterdam 1937

Meister, Jürgen
»Der Seekrieg in den osteuropäi-
schen Gewässern 1941—1945«
München 1958

Piekalkiewicz, Janusz:
»Seekrieg 1939—1945«
München 1980

Prager, Hans Georg:
»Blohm & Voss, Schiffe und Ma-
schinen für die Welt«
Herford 1977

Resch, Gerhart:
»Das Gesicht des deutschen Arbeiters — Sonderheft der NS-Gemeinschaft Kraft durch Freude zum Tag
der nationalen Arbeit 1938«
Berlin 1938

Rohwer, Jürgen und Hümmelchen,
Gerhard:
»Chronik des Seekrieges — 1939—
1945«, Oldenburg 1968

Ruge, Friedrich:
»Die Sowjetflotte als Gegner im
Seekrieg 1941—1945«
Stuttgart 1981

Sajer, Guy:
»Denn dieser Tage Qual war
groß«
Wien, München, Zürich 1969

Salewski, Michael:
»Die deutsche Seekriegsleitung
1939—1945«
Frankfurt/M, 1970

Schmelzkopf, Reinhart:
»Die deutsche Handelsschiffahrt
1919—1939«
Oldenburg 1975

Schmidt, Rudolf und Kludas, Arnold:
»Die deutschen Lazarettschiffe im
Zweiten Weltkrieg«
Stuttgart 1979

Schön, Heinz:
»Der Untergang der Wilhelm Gustloff« — Tatsachenbericht eines Überlebenden
Göttingen 1952

ders.:
»Die letzte Fahrt der Gustloff
vom Schiff der Lebensfreude zum
Schiff des Todes«
Rastatt 1960
ders.:
»Ostsee '45 — Menschen, Schiffe,
Schicksale« — Dokumentarbericht
über die Flucht über die Ostsee
1944/45«
Stuttgart 1983
Schramm, P. E. (Hrsgb.):
»Kriegstagebuch des Oberkomman-
dos der Wehrmacht —Wehrmachts-
führungsstab —1940/1945, Band 4,
Teil 1 und 2 —1944/45«
Frankfurt 1965
Schramm, P. E.:
»Kriegstagebuch OKW — Januar
1944 — Mai 1945«
Frankfurt 1961
Schwadtke, Karl-Heinz:
»Deutsche Handelsschiffe 1939—
1945«
Oldenburg 1974
Steinweg, Günther:
»Die deutsche Handelsflotte im
Zweiten Weltkrieg«
Göttingen 1954
Struss, Dieter:
»Das war 1933«
Daten, Fakten, Zahlen, Schicksale
ders.:
»Das war 1939« —
»Das war 1942« —
»Das war 1943« —
»Das war 1944« —
»Das war 1945« —
München 1980—1983
Thorwald, Jürgen:
»Die große Flucht«
Stuttgart 1963

Wagner, Gerhard:
»Lagevorträge des Oberbefehlshabers
ders.:
der Kriegsmarine vor Hitler 1939—
1945«, München 1972
Wilkens, Hans-Jürgen, von:
»Die große Not«
Hannover 1957
Witthöft, Hans Jürgen:
»HAPAG — Hamburg—Amerika-
Linie«
Herford 1973
»HAPAG — LLOYD«
Herford 1974
ders.:
»Die deutsche Handelsflotte 1939—
1945 — unter besonderer Berück-
sichtigung der Blockadebrecher«
Göttingen 1971
Zayas, Alfred N. de.:
»Die Anglo-Amerikaner und die
Vertreibung der Deutschen —Vor-
geschichte, Verlauf, Folgen«
München 1970
Zentner, Kurt:
»Lexikon des Zweiten Weltkrieges
mit einer Chronik der Ereignisse
1939—1945 und ausgewählten Do-
kumenten«
Hamburg 1977
Ziemer, Gerhard:
»Deutsches Exodus — Vertreibung
und Eingliederung von 15 Millionen
Deutschen aus dem Osten —heraus-
gegeben vom Bundesministerium für
Vertriebene, Flüchtlinge und Kriegs-
beschädigte in Verbindung mit Adolf
Diestelkamp, Rudolf Laun, Peter
Rassow und Hans Rotfels, bearbei-
tet von Theodor Schieder:
Band I/1, Band I/2, Band I/3 Beiheft
a und Beiheft 3. Stuttgart 1973

ARCHIVE

Staatliche Archive, Archive von Bibliotheken, Institutionen, Organisationen Reedereien, Private Archive, Zeitungsarchive:

Archiv des Presse- und Informationsamtes der Bundesregierung, Bonn
Archiv für Publizistische Arbeit, Munzinger-Archiv, Ravensburg/Württbg.
Archiv der Bibliothek für Zeitgeschichte, Stuttgart
Archiv der See-Berufsgenossenschaft, Hamburg
Archiv des Verbandes Deutsche Reedereien, Hamburg
Archiv des Instituts für Zeitgeschichte, München
Archiv der Bayerischen Staatsbibliothek, München
Archiv der Berliner Zentral-Bibliothek, Berlin
Archiv der Schiffsbauwerft Blohm & Voss, Hamburg
Archiv der Deutschen Werft, Howaldtswerke, Hamburg
Archiv der Hamburg-Amerika-Linie, Hamburg
Archiv des Norddeutschen Lloyd, Bremen
Archiv Hapag-Lloyd, Hamburg
Archiv der Schiffsbauwerft Vulkanwerke, Bremen
Archiv der Hamburg-Südamerikanischen-Dampfschifffahrtsges., Hamburg
Archiv des Instituts für Schiffahrtsforschung, Bremen
Archiv des Deutschen Schiffahrts-Museums, Bremerhaven
Archiv Heinrich Hoffmann, München-Hamburg
Bundesarchiv, Bonn
Bundesarchiv, Militärarchiv Freiburg/Br.

Bundesarchiv, Zentralnachweisstelle, Kornelimünster
Bundesverkehrsministerium, Abt. Seeschiffahrts-Rechte, Hamburg
Bund der Danziger e.V., Archiv Lübeck
Bund der Vertriebenen, Vereinigte Landsmannschaften, Archiv, Bonn
Deutsche Dienststelle, Wast, Berlin
Forschungsstelle Ostsee, Archiv, Lüneburg
Hamburger Weltwirtschafts-Archiv, Hamburg
Marineamt der Bundeswehr, Archiv, Wilhelmshaven
Marineschule der Bundeswehr, Archiv, Flensburg/Mürwik
Militärgeschichtliches Forschungsamt, Archiv, Freiburg/Br.
National Maritime Museum, Abt. Archiv, London
Ostdeutsche Akademie, Zeitgeschichtliches Archiv, Lüneburg
War-Museum, Archiv, London
Zeitungs-Archive:
›Wochenpost‹ Berliner-Verlag Berlin
›Daily Mail‹, London
›Daily Express‹, London
›Förening för Sjövaärn Sjöfart‹, Stockholm
›Hamburger Abendblatt‹, Hamburg
›Kölnische Rundschau‹, Köln
›Morning-Post‹, London
›Sowjetunion heute‹, Köln-Bonn
›Schiff und Hafen‹, Hamburg
›Stern‹, Hamburg
›The Times‹, London
›The British Library‹, London

DIE ABBILDUNGEN (Fotos)

stellten freundlicherweise folgende Autoren Archive, Agenturen, Reedereien und Bilddienste zur Verfügung:

ABVO	= Archiv Schiffsbauwerft Blohm & Voss, Hamburg
ABVU	= Archiv Schiffsbauwerft Bremer Vulkan, Bremen
AHIM	– Archiv Heinrich Hoffmann, München
AKLU	= Archiv Arnold Kludas, Bremerhaven
AKOW	= Archiv Gerhard Koop, Wilhelmshaven
AWAV	= Archiv Hans Wagner, Vlotho
BAKO	= Bundesarchiv Koblenz
BBIB	= Bundesbildstelle, Bonn
BRIL	= British Library, London
CHTT	= Carl Henrich, Traben-Trarbach
DFHH	= Deutsche Film-Hansa, Hamburg
DPA	= dpa — Deutsche Presse Agentur
GAHS	= Gustloff-Archiv Heinz Schön, Bad Salzuflen
HAL	= Hamburg-Amerika-Linie, Hamburg
HPAG	= Hamburger Paket-Fahrt AG, Hamburg
HPLD	= Hapag-Lloyd, Bremen-Hamburg
HSDG	= Hamburg-Südamerikanische-Dampfschifffahrts-Ges. Hamburg
KHSB	= Karl-Heinz Schwadtke, Berlin
NDL	= Norddeutsche Lloyd, Bremen
PR	= Private Fotos von Erlebnisträgern
ULLS	= Ullstein, Berlin
WIHA	= Jürgen Witthöft, Hamburg
WZW	= WZ-Bilderdienst, Wilhelmshaven

Dank des Autors

Zu diesem dokumentarischen Bericht *Die Gustloff-Katastrophe* haben mehrere hundert Personen: ehemalige KdF-Fahrer, Bordberichterstatter, Journalisten, Handelsschiffsleute vom Kapitän bis zum Schiffsjungen, Kriegsmarineangehörige vom Matrosen bis zum Admiral, Wehrmachtsangehörige vieler Dienstgrade, Flüchtlinge, darunter viele Frauen, Überlebende des Unterganges der *Gustloff*, Kommandanten, Kapitäne, Offiziere, Unteroffiziere und Mannschaften der Rettungsschiffe und eine Vielzahl von Wissensträgern durch Aussagen, Berichte, Detailinformationen oder Fotos beigetragen. Alle hier namentlich zu erwähnen, ist mir leider nicht möglich. Weit über eintausend Menschen haben mir in den vergangenen 39 Jahren Material zu diesem Buch geliefert. Diese Zeit benötigte ich, um das Schicksal des ehemaligen KdF-Schiffes *Wilhelm Gustloff*, vom Bauauftrag bis zum tragischen Ende am 30. Januar 1945 in der Ostsee, die Hintergründe der Namensgebung, die KdF-Einsätze und andere Ereignisse im Leben dieses ›Parteischiffes‹ des Dritten Reiches, bis ins letzte Detail zu klären.

Einigen Persönlichkeiten, die mir in den ersten Nachkriegsjahren und auch später, mit sehr wesentlichen Informationen und Berichten geholfen haben, bin ich zu ganz besonderem Dank verpflichtet. Es sind dies die beiden Kapitäne der *Gustloff*, Heinrich Bertram (†) und Friedrich Petersen (†), der 1. Offizier Louis Reese (†), der 2. Offizier Paul Vollrath, der 2. Ingenieur Erich Goering und der Steurer Wilhelm Smeilus (†).

Ebenso dankbar bin ich dem ehemaligen Chef der 9. Sicherungsdivision und späterem Flottillenadmiral der BM, Adalbert von Blanc, (†), dem Korvettenkapitän Wolfgang Leonhardt, dem Kommandanten des Schweren Kreuzers *Admiral Hipper*, Kapitän zur See Henigst und allen Kommandanten und Kapitänen der an der Rettung *Gustloff*-Schiffbrüchiger beteiligten Schiffe, deren Namen ich bereits an anderer Stelle dieses Buches hervorgehoben habe.

Sehr geholfen haben mir bei den Recherchen über die Schiffe der ehem. KdF-Flotte, zu der auch M/S *Wilhelm Gustloff* zählte, die Schiffsbauwerften Blohm & Voss in Hamburg und die Bremer Vulkan in Bremen, ferner die Reederei Hamburg-Südamerikanische Dampfschifffahrts-Gesellschaft in Hamburg, der Norddeutsche Lloyd, Bremen, Hapag-Lloyd und die Hamburg-Amerika-Linie in Hamburg.

514

Arnold Kludas vom Deutschen Schiffahrtsmuseum in Bremerhaven, Hans-Jürgen-Witthöft Hamburg, Karl-Heinz Schwadtke Berlin und H. Hoffmann München, stellten mir aus ihren Archiven eine Vielzahl von Aufnahmen zur Verfügung — ebenso wie die Reedereien und Werften — die mir eine großzügige und einmalige Illustration dieses Werkes ermöglichten.

Bei der Erarbeitung der Liste der *Gustloff*-Überlebenden haben mir die Deutsche Dienststelle für die Benachrichtigung der nächsten Angehörigen von Gefallenen der ehemaligen deutschen Wehrmacht in Berlin, der Suchdienst Hamburg des Deutschen Roten Kreuzes, der Zentrale Suchdienst des DRK in München, die Heimatortskartei Nordosteuropa, Pommern, Danzig-Westpreußen-Ostpreußen in Lübeck und die Landsmannschaften der Ostpreußen, Memelländer, Westpreußen und Pommern wertvolle Hilfe geleistet.

Allen sage ich noch einmal: Danke!

Nicht zuletzt bedanke ich mich bei meiner Tochter Jutta Shurety, die einen großen Teil meiner Korrespondenz und der umfangreichen Archivarbeiten erledigte und Frau Elfriede Kottmann, die in bewährter Weise die Reinschrift des Manuskriptes fertigte.

Ohne die Hilfe so Vieler wäre es mir nicht möglich gewesen, diesen umfassenden dokumentarischen Bericht über das Schicksal des M/S *Wilhelm Gustloff* zu schreiben.

HEINZ SCHÖN

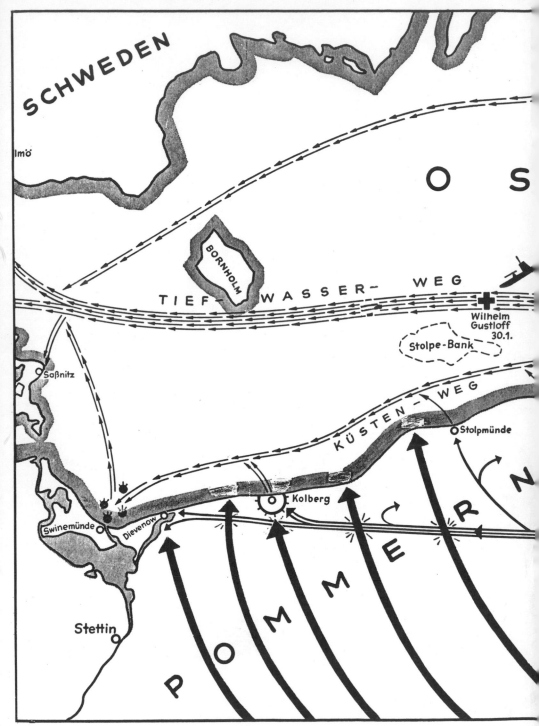

Die *Wilhelm Gustloff* auf Todeskurs. Für die Flucht über die Ostsee gab es zwei Wege: den längeren, verminten Küstenweg und den minenfreien kürzeren ›Tiefwasserweg‹ — ›Zwangs-